大变局

谌旭彬

著

晚清改革五十年

浙江人民出版社

图书在版编目（CIP）数据

大变局：晚清改革五十年 / 谌旭彬著. — 杭州：
浙江人民出版社，2024.1（2024.4重印）
ISBN 978-7-213-11198-3

Ⅰ. ①大… Ⅱ. ①谌… Ⅲ. ①中国历史－研究－清后
期 Ⅳ. ①K252.07

中国国家版本馆CIP数据核字（2023）第180098号

大变局：晚清改革五十年

DABIANJU：WANQING GAIGE WUSHI NIAN

谌旭彬　著

出版发行：浙江人民出版社（杭州市体育场路347号　邮编：310006）
　　　　　市场部电话：（0571）85061682　85176516
责任编辑：潘海林　方　程　魏　力
策划编辑：魏　力
营销编辑：陈雯怡　张紫懿　陈芊如
责任校对：杨　帆　陈　春　姚建国　汪景芬
责任印务：幸天骄
封面设计：天津北极光设计工作室
电脑制版：北京之江文化传媒有限公司
印　　刷：杭州丰源印刷有限公司
开　　本：710毫米×1000毫米　1/16　　　印　　张：48.5
字　　数：765千字　　　　　　　　　　　插　　页：4
版　　次：2024年1月第1版　　　　　　　印　　次：2024年4月第3次印刷
书　　号：ISBN 978-7-213-11198-3
定　　价：198.00元

序　言

历史不能假设，但可以复盘

　　旭彬多年来主持腾讯历史频道，主编的"短史记"系列选题视野开阔，行文轻松，喻义无穷，曾是我追踪阅读的栏目。旭彬个人著述量大质高，几乎出一本热一本，毫不夸张地说，早已成为新一代历史类写作台柱子之一。以这几年出版的《秦制两千年：封建帝王的权力规则》《活在洪武时代：朱元璋治下小人物的命运》为例，史料丰沛新鲜，思想深刻，行文老练，一时间洛阳纸贵，成为各界具有共同阅读兴致的历史类读物，实属难得。

　　旭彬的新书《大变局：晚清改革五十年》，主要研究描述1861—1911年这50年间中国的改革进程。从大历史角度看，这50年虽然为时不长，但确为殷周以来3000年最为关键的历史节点。集中精力研究这段历史，弄清这段历史的起承转合与前因后果，无疑是非常有意义的一件学术工作。旭彬的这部巨著，将编年与纪事本末诸多体裁综合运用，50个年份中的重大事件几乎都有着落，或者单独叙述，或者放在某一主题下述及，纵横结合，详略得当，引证翔实，叙事张弛有度，相信一定会受到读者的欢迎。

　　这一段历史虽然过去了100多年，研究者也先后做出了许多有意义的研究，但是如何理解这段历史，如何将这段历史放在一个更宏大的历史背景中进行叙述，这依然是学术界必将持续探究的问题。旭彬给出了自己的理解，许多说法极具新意，我也大致赞同。我想接续讨论的是，放在中国3000年历史长河看，这段历史究竟给我们留下什么实实在在的遗产，留下什么值得汲取的教训。

　　毫无疑问，实实在在的遗产就是中国终于踏上了工业化的路，中国终于从农业文明走出。这在今天一般人的感觉中可能并不是多大的问题，但从历史上看，这一点格外重要。我们知道，大航海时代到来后，全球产业就酝酿着突破，经过几百年的积累发酵，至18世纪中叶英国工业革命爆发，一个全新的时代由此发生。而此时的中国正沉溺于盛世想象中，对于英伦三岛的工业革命，以及欧洲大陆正在发生的变化，竟然毫无察觉。

20年后，英国人来了，他们很自豪地带来了工业革命的新产品和新成就，希望中国注意这些新趋势，开放市场，让英国这些新颖的工业品进入。假如那时的清朝统治者打开一扇紧闭着的国门，中国历史乃至世界历史都会被改写。然而历史无法重来，清帝国竟然在英国工业革命100年之后才不得不开始自己的工业革命。旭彬的这部大书就从这儿开始。

耽搁了100年，又是在两次鸦片战争后开始自己的自强新政、洋务运动。于是中国这场工业化运动从一开始就带有很大的问题，缺少整体规划，也不知道变革的终极目标是什么。而且由于帝制时代一味施行愚民教育，这对于维护既成统治固然有效，但对于任何变革都设置了一个多元社会根本不会出现的障碍。旭彬说，愚民教育虽然有助于维持统治，但在变革时代，终究会搬起石头砸自己的脚。诚哉斯言！据此就可以解释50年改革所遇到的麻烦，很多是历史留下的许多意识形态屏障。自己很难逾越。

然而不管怎么说，中国的工业化终于在蹉跎了一个世纪之后开始了。此时的日本即将开始维新改革，西方资本主义仍然是英、法、美等几个大国。假如当时的中国像英、法、美所期待的那样打开国门，让外国商品自由进出中国，让中国成为自由贸易的区域，重回汉、唐、宋、元，或许，中国的市场能得到充分开放，经济实力也会迅速成长，成为世界经济中一支不可小觑的力量。

可惜的是，我们从史料中不难看出，清廷开放的进程迟缓、低效，极不情愿。清廷主政者似乎根本不明白开放的意义，总觉得市场是自己的，不能轻易让渡给别人。至于别人的市场，那时的中国当然没有足够的想象力，不知道这也是可以共享的。于是西方人很快意识到中国如果不能像西方一样开放市场，那么中国的市场价值实际意义并不是很大。由此理解19世纪80年代中外关系日趋紧张，1894年的甲午战争后签订的《马关条约》更是激化了这一关系。

过往百年，讨论洋务新政的，不论基于什么样的立场，都承认这场现代化运动过于畸形，政府垄断了资源市场，至于增长的结果也基本上与民众无涉。民众没有从发展中获得好处，更不要说发展的普遍性。政府没有经过适度的改造，洋务新政其实就是让政府公司化，许多完全可以凭借市场可以解决的问题，清廷主政者出于维护统治利益的需要，宁愿不发展，也不会交给市场，更不允许民间私有资本的成长。

没有普遍性的发展，没有民众普遍性的富裕，人民游离于洋务新政之外，那么政府主导的"点线增长"便不具有多少实质性意义。如果重返19世纪下半叶，中国发展所面临的最迫切问题是社会再造、国家再造，需要重建中国社会体制、国家体制。这一点，洋务时期的思想家就已有人看到了，冯桂芬、薛福成、郭嵩焘、郑观应等都有不少讨论；1885年，伊藤博文来华时，也与李鸿章就此交换过意见，明确表达过中国应该有一总体改革思路的看法。

实事求是地说，洋务新政也带给中国巨大变化。中国的工业化毕竟从零开始，有了一个很不错的起步，重工业、制造业、造船、航运、电报等基础性设施在那30年获得了巨大进步，沿江沿海的城市群也相继出现。我们后人一方面要看到洋务新政的本质局限，另一方面也不要低估这30年在50年晚清改革进程中的意义。

历史无法假设，但可以复盘，可以讨论另一种可能。假如甲午战争不爆发，中国继续潜心于自己的建设，继续与世界诸大国保持经济合作、"政治亲善"，继续和平外交，成为世界尤其是远东政治格局的建设者与维护者。这种情形再走30年，中国内部的精神建设也会不一样，中国的经济基础也更扎实。到那时，不是强大的中国与外部冲突，而是中国不需要冲突，反而成了制止冲突、维护和平的力量。这样推演当然有点天方夜谭的感觉，只是如果我们复盘19世纪晚期中国政治走势时认为这并不是完全不可能。李鸿章主导的政治派别其实就是这样想的，中日两国拖至最后时刻开打，其实也有这方面的考量。

和比战难。严复说这是宋代以来中国人的一个最大教训。中日冲突还是发生了，然而如同两次鸦片战争一样，甲午战争并没有演化为全面战争，清帝国在不太失面子的前提下"止损"，与日本签署了"讲和条约"。

这场战争带给中国巨大的伤害，精神上的伤害长期一直都没有完全消解。至于属国、土地、赔款更是让中国人痛心疾首，革命由此发生，主要就因为不能接受这样的失败。

战争打断了中国现代化的进程，但战争也让中国人开始惊醒，开始反思已经走过的路，中国历史由此翻开了新的一页。所谓"三千年未有之巨变"，所谓"历史三峡"，都只能从这个意义上去理解。

中日甲午战争之前，中国精英很少有人认为中国需要根本改变，他们中的大部分认为中国需要向西方学习，但这些学习只限于坚船利炮、声光电化，至于体制、社会、伦理，中国不仅不必学，而且必须谨防这些东西影响中国。所谓"中学为体，西学为用"，是当时中国政治精英、知识精英的普遍意识。

甲午战争后，中国人的观感很不一样了，孙中山、严复、康有为、梁启超这一大批激进主义者不必说了，即便统治阶层内部，也逐渐承认西方文化知识的有用性。本书第三十五章描写的朝野各界对甲午战争的反思很值得细读，光绪帝、恭亲王、李鸿章似乎都有幡然醒悟的感觉，这也为中国翻开新的历史篇章提供了契机。

我认为，《马关条约》给中国带来的最大影响，并不是割地、赔款，而是允许日本臣民在中国通商口岸自由办厂。这个规定一举打破中国长期以来的经济管制，中国经济通过各个通商口岸与世界经济连为一体。既然外国人可以在通商口岸办厂，那么中国的先富阶级自然可以褪掉红顶商人、买办商人的掩饰，直截了当变为中国的资产阶级。所谓"历史之巨变"，其实就是社会重构、阶级重组，一个全新的阶级出现，"士农工商"的四民社会被打破了，中国终于进入近代资本主义发展轨道。此后十几年，政治上的变革、倒退，其实就是资本主义发生初期资产阶级与政治权力之间的博弈，分权运动、权利运动，中国资产阶级按照自己的逻辑向前推进，新政、预备立宪、谘议局[1]、资政院、责任内阁制等，都应该在这个历史脉络中进行理解。

很多年来，研究者基于时人的批评，大致都强调晚清最后十年的政治变革如儿戏。我个人不认同这样的分析。国家体制变革是根本性变革，清帝国在之前漫长的时间里确实耽搁了、延误了，但我们不能据此以为1906年开始的预备立宪不可信，是拿国家前途开玩笑。如果我们回到历史现场，必须承认1904年的日俄战争，当时的外交困境迫使清政府安排五大臣出洋考察宪政；如果没有吴樾临门一脚，也不会让慈禧太后、满洲贵族看到宪政的力量。只是历史的吊诡在这关键时刻，光绪帝、慈禧太后相继辞世，中国步入"后威权体制"，摄政王、隆裕太后、宣统帝"三人组"应该是清帝国200多年历史上最弱的班底。而中国资产阶级正在迅速成长，体制化的谘议局、资政院，以及那些非体制化的国会请愿同志会、各省谘议局联合会等，其活动力、影响力，远胜于清帝国的既成架构，清廷统治集团的决策逐渐变为被动反应，无法引领政治进程。终于，武昌首义，掀翻了清帝国270年的统治。

清帝国因改革而隐入历史，对于满洲贵族来说，固然有亡国之痛。但是正如顾炎武早就揭示的那样，有亡国有亡天下，一家一姓之消失固然可惜，但对大中国而言，清帝国没有了，中国还在。何况，晚清50年改革也为中国积攒了一些家底，留下了一些制度性思考。

至于民国是不是不如大清，那是另外一个问题。

是为序。

马勇

2023年1月4日

前　言

从哪里来，向何处去

一

本书的主题，是晚清的改革与转型。具体而言，是咸丰十一年（1861）到宣统三年（1911）的改革历程。

之所以不从道光二十年（1840）谈起，是因为该年的英军叩关虽一向被视为中国近代史的开端，但这场战争并未将清帝国从旧梦中唤醒。第一次鸦片战争期间，沿海地区的士绅大多仅将英军视为明代的倭寇之流，甚至觉得他们连倭寇还不如。"广东义民"们张贴的宣传资料痛斥英军"不过能言之禽兽而已"，说他们只是一群不懂忠孝节义与礼义廉耻的未开化的畜生，说他们穿的"大呢羽毛"缺了清帝国的湖丝就无法织造，说他们用的"花边鬼银"缺了清帝国的纹银白铅就无法铸成，说他们离不了天朝的茶叶、大黄与各类药材，这些"皆尔狗邦养命之物，我天朝若不发给，尔等性命何在？"[1]

第一次鸦片战争结束后，沿海地区最了解"夷情"的知识分子，也鲜有人觉得清帝国需要参照外部环境实施改革。梁廷枏是广东顺德人，一向留心"夷务"，做过林则徐的幕僚，是1840年英军叩关的亲历者。可即便是梁廷枏这样的人物，在战后总结教训时，仍坚持认为道光时代乃"天朝全盛之日"，断无向洋人学习之理，否则太失体统。梁深信洋人的火炮源自明朝时中国的"地雷飞炮"之术；洋人的舰船"亦郑和所图而予之者"，来自郑和下西洋赠给他们的图纸；连洋人的数学造诣"亦得诸中国"。只要实事求是将祖宗们留下来的技术与学问参透，"夷将如我何？"[2]——洋人是奈何不了我们的。沿海地区的士绅和知识分子尚且如此，其他人也就可想而知了。

真正的惊雷出现在咸丰十年，也就是公元1860年。

这年的旧历八月二十九日，清帝国的大小京官们痛苦地目睹了北京城落入英法联军之手。一位自号"赘漫野叟"的京官说，洋兵是从安定门入城的，他们登上城墙后便将清军尽数驱离，升起五颜六色的旗帜，还将清军配置在城头的大炮全部掀翻扔进沟里，安上他们自己带来的炮。炮口一致向南，破天荒地对着紫禁城。[3]时任礼部精膳司郎中的刘毓楠，也记载下了相同的一幕。他在日记中说，洋兵进城是在二十九日的中午时分，大概有五六百人，进城时"我兵跪迎，观者如市"——或许是觉得保留这段史实不妥，他写下这八个字后又将之划掉了。洋兵在安定门城头五虎杆[4]下安置了一尊大炮，在东边城墙上安置了四尊小炮，在城楼下方居中之处安置了两尊大炮，炮口全部朝南指向紫禁城。[5]

数天后，九月五日，留在京城负责与洋人交涉的恭亲王奕訢惊见"西北一带烟焰忽炽"，探听后得知是洋兵正在焚烧圆明园与三山等处宫殿。他后来告诉已远遁至承德的咸丰皇帝，说自己登高瞭望之时火光犹未熄灭，"痛心惨目所不忍言"，"目睹情形，痛哭无以自容"。[6]同一天，三十岁的江西士子、会试落榜者陈宝箴也见到了圆明园的冲天火焰，他"登酒楼望之，抚膺大痛"[7]。

咸丰十年（1860），按干支纪年是庚申年。故以上种种，皇帝出逃、京城沦陷、圆明园宫殿被焚，在清代人的历史记忆里被称作"庚申之变"——不但士大夫们在私人著述里这样说，《筹办夷务始末（同治朝）》收录的官方档案也普遍使用"庚申之变"这个词。

与之形成对比的，是无人将道光二十年（1840）的英军叩关称作"庚子之变"。比如魏源有一本记载英军叩关始末的著作，初名《夷艘寇海记》，后更名为《道光洋艘征抚记》。"征抚"二字是清帝国传统华夷秩序下的常见词语，意味着事情仍在清帝国的控制范围之内，至少清廷自己是这样认为的。"庚申之变"则不然。京城沦陷，宫殿被焚，是清军入关实行统治200余年来前所未有之事，不独咸丰皇帝心胆俱裂仓皇逃亡，朝野士大夫也普遍心痛欲碎。

朝野普遍使用"庚申之变"这个词，意味着庙堂与江湖皆不得不承认维持传统秩序的努力已经失败，不得不容忍一种不受欢迎而又无力抗拒的新秩序出现在清帝国。

晚清的近代化改革，便是在这种心胆俱裂与心痛欲碎中启动的。

二

本书采用了半编年半专题的写作形式。

所谓半编年半专题，指的是书中内容虽以时间先后顺序来排布，但并未将所有事件罗列其中，而是自每一年中选出一项与改革关系最为密切的事件，围绕该事件做集中论述。自1861年算起，至1911年清廷灭亡，满打满算晚清改革持续了51年，书中共论述了51桩与改革有关的事件。这样做的好处是，从纵向上看，可以提供一个较为清晰的改革演化脉络；从横向上看，方便观察每一桩具体改革事件的缘起与成败；整体上有助于回应这样一个问题：这场绵延了半个世纪的改革，其终点为什么会是辛亥革命？

按笔者的理解，晚清改革的终点之所以是辛亥革命，是因为这50年的改革并不是一条不断上升的曲线，而是一条倒U形曲线。其分水岭，也就是倒U形曲线的顶点，是1884年的甲申易枢，慈禧将以恭亲王奕訢为首的军机大臣全班罢免。曲线的前半段，改革的基本趋势是艰难突破种种阻碍坚持向前；曲线的后半段，改革的基本趋势是减速放缓，最后走向了反改革。改革趋势的这种变化，具体体现为改革主持者与参与者、改革阻力、改革目的与改革对象的变化。

在甲申易枢之前，改革的主持者是慈禧太后与恭亲王奕訢，具体的推动者是曾国藩、李鸿章、沈葆桢等地方督抚，以及部分"正眼看世界"的知识分子。改革的主要阻力来自统治阶级内部根深蒂固的愚昧，这也是改革推进速度缓慢的主因。

改革的短期目的，是扭转咸丰皇帝的施政路线，重新团结官僚集团以重塑政权向心力，并缓和与外部世界的关系，以便腾出手来彻底镇压太平天国——"庚申之变"前，咸丰皇帝自命雄才，大量起用酷吏与主战派人士，对内部环境与外部环境皆持高压与强硬立场。咸丰皇帝死后，清帝国进入由慈禧太后与恭亲王奕䜣"同治"的新时代，随即对内取消高压做法，对外变主战立场为主和立场。改革的长期目的，则是引进列强的先进技术，包括征税技术和军事技术，来提升清帝国的实力，尤其是提升军队的战斗力，以达成抗衡列强乃至制服列强的目的。当时流行的"师夷长技以制夷"[8]之说，本身便清晰点明了这场改革的终极目的是制服嚣张的夷人、重塑天朝的荣光。

为达成该目的，外交系统、军事系统、税赋系统和教育系统，皆是主要的改革对象。外交系统由理藩院转型为总理各国事务衙门，正式与近代条约外交制度对接，并向外派驻使节。军事系统大量换用洋枪洋炮，致力于建设自己的近代化兵工厂，并采购洋船组建了近代海军。税赋系统主要是引进近代关税制度，并开征厘税，大搞鸦片财政，让清帝国的税收有了大规模增长。教育系统的主要培养对象是外语翻译人才、能够操作近代机器的人才、能驾驶近代军舰的人才。在甲申易枢之前，大部分改革派人士，上至慈禧太后与恭亲王，中至洋务派地方督抚，下至民间开明知识分子，都支持上述改革目标和改革手段。

1883年爆发的中法战争，被清帝国朝野上下视为检验洋务自强改革成效的一场"大考"。上至慈禧太后，中至内外群臣，下至民间士绅，皆认为清帝国在经历20余年洋务自强改革之后，当有足够的能力与法国军队一战，保住越南这个藩属国，当有足够的能力让"庚申之变"的耻辱不再重演。于是，在这场"大考"中，地方督抚中对战事持保守立场的李鸿章遭到慈禧太后的严责，朝廷中对战事持保守立场的恭亲王奕䜣和总理衙门众大臣更是被集体逐出决策中枢。此战最后以战场上互有胜负，和约里没有赔款，甚至还以"中越往来，言明必不致有碍中国威望体面"[9]这种文字游戏宣布保藩成功的方式结束。这种结束方式，一定程度上满足了清帝国朝野对20年洋务自强改革的期望，让他们觉得清帝国确实再也不是一个可以任凭数千洋兵纵横驰骋的弱者——至少慈禧太后本人是这样认为的。

甲申易枢之后，王与后"同治"的时代彻底结束。了解改革真实含金量的恭亲王奕䜣被逐出中枢，不了解改革真实含金量的慈禧太后成了唯一的强力决策者。太后安坐深宫，既无法像前线将领那般直观感受到清军与法军在海、陆两线上的巨大差距，也无从体察法国在不赔款、不割地的前提下愿意签订和约的真实逻辑。朝野内外的多数人也是如此。于是，中法战争后的清帝国上下普遍笼罩在一种虚骄的氛围之下，之前的洋务自强改革不但没有继续深化至体制层面，反而开始减速。能直观体现这种虚骄心态与改革减速的一项史实就是：在中法战争结束的同一年，洋务改革的主持者慈禧太后便不惜耗费巨资，开启了三海重修工程[10]。太后觉得中兴已大体完成，享乐的时刻已经到来。

改革减速的结果是灾难性的。外交方面，总理衙门从改革的重心所在，沦为疲于奔命的中外冲突救火员，"知己知彼、融入国际社会"成了空谈。军事方面，陆军的近代化改革在接下来的十年里几乎停止，北洋水师也受限于经费，只能以残阵宣布成军。军事体制层面的变革（比如成立独立的海军部）更是无从谈起。经济领域的改革则止步于官督商办，曾经的明星企业轮船招商局由兴盛迅速转向衰落，中枢全力扶持创办的汉阳铁厂长期炼不出一根合格的钢轨。科举改革更是毫无动静。当改革已然减速，虚骄却日甚一日时，悲剧很快就发生了。1894年的甲午战争不过是悲剧的开幕，1900年的"庚子之变"才是悲剧的高潮——晚清改革始于"庚申之变"中京城失陷、皇帝外逃的奇耻大辱，最后又回到"庚子之变"的京城失陷、太后携皇帝外逃。历史转了一个40年的大圈，又回到了起点。

在这个改革减速的过程中，改革的主持者和参与者不断分化重组。许多以前反对过"师夷长技"的朝野士绅，在经历各种现实教训后，变成了呼吁引进先进技术和先进器械的积极分子。许多以前只主张"师夷长技"的朝野士绅，也在经历各种现实教训后，变成了呼吁实施制度改革、变君权时代为民权时代的积极分子。

这场分化重组，扼要说来就是：

一、19世纪90年代以前，改革派全部集中在朝廷，支持朝廷搞洋务自强，不存在立宪派，也没有革命党，几乎无人主张变君权时代为民权时代。

二、甲午战争之后，革命党人与立宪派零星出现，但均未成型，能将自强改革与民权转型结合起来讨论的知识分子虽有却不多，影响力有限。此一时期，大多数改革派支持朝廷。

三、1900年，慈禧太后的荒唐决策给国民带来了深重灾难，促成了革命党人的迅速发展壮大，立宪派也声势大增，开始在朝野不断发出向民权时代转型的呼吁。日俄战争后，这种趋势变得更加明显。以各种"议会不得干预"为主要内容的《钦定宪法大纲》出台后，许多立宪派也与朝廷离心离德了。

这当中最巨大的变化是，原本身为改革主持者的慈禧太后，逐渐成了改革的阻力，成了亟须被改革的对象。

19世纪80年代之后的各种现实教训，让改革者们渐渐意识到，"船坚炮利"固然是重要的改革目标，合理的中枢决策机制同样必不可少。技术与装备再先进，置身于僵化乃至异化的体制中也是无法发挥效用的。中法战争期间，中枢的朝令夕改与不负责任已让身在前线的两广总督张树声颇为不满，促使他于临终之际上遗折呼吁朝廷开设"议会"[11]作为新的中枢决策机构，以避免中枢决策沦为权斗的工具。甲午年的惨剧同样在很大程度上被归因中枢决策机制的问题，受慈禧与光绪、翁同龢与李鸿章等人的权斗影响太深。而最让体制内改革派痛心的，莫过于1900年慈禧太后独断专行对各国列强宣战，再次吞下京城沦陷的苦果，《辛丑条约》中还出现了天文数字般的赔款额度。这一惨痛结局让许多体制内官员和体制外知识分子再次痛感中枢决策机制存在严重问题。两广总督陶模在"庚子之变"后上奏，明确请求开设议院，提出"议院议政，而行政之权仍在政府"的构想，便是希望以"议院"这个新机构为新的决策中枢，来取代慈禧太后的独断。[12]

再往后，慈禧太后启动所谓的"新政"，追求以《钦定宪法大纲》来收回地方督抚手中的财权、兵权和人事权，以重塑皇权的无远弗届和至高无上；地方改革派督抚和民间改革派知识分子则希望通过预备立宪、成立资政院和谘议局等措施，让国家转型进入民权时代，让自己的权利获得制度上的保障。拒绝让清帝国进入民权时代的慈禧太后和她的继承人，也就很自然地成了改革的反对者，成了被改革的对象。

这条倒U形改革曲线，正是晚清50年改革最后以辛亥革命收场的主因。半编年半专题的写作形式，当有助于更清晰地理解这条悲剧性的曲线。

三

最后分享一下本书写作过程中生出的几点感想。

第一点感想是，愚民统治虽然有助于维持清政府的利益，但在变革时代，终究会搬起石头砸自己的脚。

康熙皇帝曾亲自下场论证"西学源于中学"，且要求同时代的知识分子也集体参与论证，导致后世许多清代知识分子信以为真并视为真理。当恭亲王奕䜣决定向洋人学习数学和天文知识时，这些被漫长的愚民教育桎梏了见识与逻辑思维能力的知识分子便纷纷跳了出来，有人抬棺死谏，有人正面激辩，让亲眼见识过洋人坚船利炮的恭亲王不胜其烦又无可奈何。庙堂之上这类人很多，导致许多改革无法由总理衙门这个中枢机构直接推行，只能仰仗曾国藩与李鸿章这些地方督抚先将生米（改革）煮成熟饭。江湖之中这类人也很多，导致张之洞身为湖广总督却拿他们毫无办法，只能对领头者施以"被精神病"的处置。

第二点感想是，不但要"开眼看世界"，还要"正眼看世界"。

开眼看世界很容易，面对千年未有之变局，面对世界的互相连接，想要关上大门闭上眼睛，实际上是不可能的。晚清改革之所以进展缓慢，一个重要原因正在于"开眼看世界"的人虽然很多，"正眼看世界"的人却太少，而且但凡有人正眼看世界，便会遭到知识圈与文化圈的集体排斥和攻击。徐继畬的命运如此，郭嵩焘的命运也如此。正因为整个社会敢于"正眼看世界"的人太少，敢于将"正眼看世界"的感受诚实说出来的人太少，才会发生冯桂芬将改革主张深埋起来的事情，才会出现刘锡鸿这种内心认知与公开发言完全相悖的两面人，才会有报纸媒体为了取媚用户不惜扭曲甲午战争的胜负真相，将清军描述成战无不胜之师。

第三点感想是，晚清的50年改革中，与列强对抗的心态太重，与近代文明拥抱的心态太少。

诚然，这场改革本身就是外部环境刺激的结果，危机感是晚清改革最核心的驱动力。没有"庚申之变"，就没有洋务自强改革；没有天津教案和马嘉理案，清廷也未必会在1876年对外派驻公使；没有《里瓦几亚条约》事件，清廷也未必会允许李鸿章架设天津至上海的电报线路。外部环境的刺激，必然引起清廷对列强的不满，必然让清廷中枢生出"雪耻"之心，这是可以理解的。但就一场改革而言，其终极目的绝不应该只是为了"雪耻"，绝不应该只是国与国之间的合作与对抗，还应该有文明与文明之间的交流与融合。拥抱那些先进的技术文明，拥抱那些合理的制度文明，将之纳为己用以实现国家与社会的转型，才是更值得追求的目标。遗憾的是，在晚清漫长的50年改革中，在清廷中枢里几乎见不到这种意识。1884年之前，每一次关于改革问题的高层集体讨论，无论是恭亲王的奏折，还是慈禧太后的懿旨，抑或是地方督抚的呈文，总是以洗雪"庚申之变"的耻辱为改革的终极目标，拥抱先进的技术文明（如枪炮轮船）与制度文明（如近代化公司），反而退化成实现雪耻这一目标的手段。这种本末倒置，最终发展成了1900年的"与其苟且图存，贻羞万古，孰若大张挞伐，一决雌雄"[13]。

晚清的50年改革史中能生发感想的细节很多，远不止此。如"满洲本位意识"在改革过程中一直阴魂不散；如转型时代对掌舵者见识的要求其实远远大过权术；如坐而论道的批评者一旦直接参与改革事务很快便会转变立场，等等。限于篇幅，这里不再赘言。

对过去展开反思，往往源于对未来有所期许；追问"我们从何处来"，其实是为了回答"我们向何处去"。希望本书在这方面，能够为读者稍稍提供一点助益。

目录

第一章　1861年：改革始于人事更迭

1861年，俄国废除了农奴制，美国正深陷南北内战的泥潭。

清帝国的命运，同样处在关键的转折点上。上一年"庚申之变"[1]，京城陷落，皇帝北逃，是清廷立国以来前所未有的耻辱。为了应对占据北京城的英法联军，清廷在1861年被迫成立总理各国事务衙门，作为与世界各国对接的专门机构。同年，北逃的咸丰皇帝在忧惧不安之中，死于承德避暑山庄。

咸丰皇帝至死不回京

总理各国事务衙门成立于1861年1月，一般简称为"总理衙门"。在它之前，负责办理洋务的中央机关叫作"抚夷局"，是一个临时性机构。从"抚夷"到"总理各国事务"，机构名称的转变，透露出"中央王朝"的外交心态发生了微妙变化。

此时执掌清帝国最高权柄的，是咸丰皇帝奕詝。

奕詝19岁继承皇位，本年刚好30岁，正值年富力强。自登基以来，除镇压太平天国外，咸丰皇帝还有一件念念不忘的事情，那就是为父亲道光皇帝雪耻——道光时代的"英夷得志"，也就是后世所说的"第一次鸦片战争"的结局，在咸丰皇帝看来是不可接受的耻辱。

为了复兴中央王朝"以夏制夷"的昔日荣光，咸丰皇帝甫一上台便对外改走强硬路线。于是，那些在道光时代因主张议和而受重用的官僚，在咸丰初年纷纷下台。如浙江宁绍台道咸龄，被开缺的罪名是"惟夷首之言是听"；闽浙总督刘韵珂与福建巡抚徐继畬，被免职的罪名是"委曲以顺夷情"；朝中重臣穆彰阿与耆英被革（降）职时，咸丰皇帝亲笔撰写他们的罪状，说他们"抑民奉夷"，打压民意迎合洋人。[2]

取而代之的政坛红人，是那些敢于对外讲硬话、挥拳头的主战派人物。如1841在台湾与英国人发生武力冲突，本已因病回籍的姚莹，被咸丰皇帝重新起用升任广西按察使[3]；1849年在广州拒绝英国人的入城要求，组织团练试图与英国人以武力相抗的广东巡抚叶名琛，也得到咸丰皇帝的赏识重用，擢升为两广总督，授体仁阁大学士[4]。

遗憾的是，咸丰皇帝并无切实的力量来支撑自己的强硬路线。

咸丰皇帝即位的第二年，就爆发了太平天国运动；即位的第六年，"英夷"与"法夷"又卷土重来。在这内忧外患之中，八旗军队一触即溃，充分展示出无能与腐朽。太平天国定都南京之后，江南半壁摇摇欲坠，逼得咸丰皇帝不得不重用曾国藩、李鸿章、胡林翼与左宗棠等一众汉族官员去组织团练武装。1858年，英法联军兵临城下，又逼得咸丰皇帝不得不接受《天津条约》。他维持天朝荣光的最后手段，只剩下觐见礼仪。为保住这最后的"体面"，他向前方负责谈判的官员下达指示，要求条约中必须规定西方使节来华后，"一切跪拜礼节，悉遵中国制度，不得携带家眷"[5]。他绝不接受西方使节在觐见时以鞠躬礼代替跪拜礼，那是清帝国最紧要的颜面，是清廷"天下共主"这一身份最关键的标志。

但清军已然战败，咸丰皇帝的指示无法得到贯彻。中英《天津条约》第三款里，白纸黑字规定："英国乃自主之邦，与中国平等，大英钦差大臣觐见大清皇帝时，必须使用英国使节谒见其他国家元首的统一礼节。"鉴于条约具有"最惠国待遇"性质，这实际上意味着所有西方国家均将依约以鞠躬礼仪觐见清朝皇帝。

至此，可用的对策只剩回避——夷人不肯跪拜，大清也没有力量强迫他们跪拜，那么最好的办法就是不让大清皇帝与夷人国家的使节直接会面。

咸丰皇帝也正是这样做的。1860年，英法联军因换约纠纷自天津攻入通州，再次兵临城下。联军提出八项议和条件，咸丰表态可以全部应允，"万难允许"的只有国书须"亲呈大皇帝御览"这一条。他责令负责谈判的怡亲王载垣坚决抵制该条：

国体所存，万难允许。该王大臣可与约定，如欲亲递国书，必须按照中国礼节，跪拜如仪，方可允行；设或不能，只宜按照米（美）、俄两国之例，将国书赍至京师，交钦差大臣呈进，俟接受后，给予玺书，亦与亲递无异。[6]

在指示的末尾，咸丰还说，"设该夷固执前说，不知悔悟，唯有与之决战"。但决战并不存在。谈判失败后，咸丰皇帝匆忙逃往热河。英法联军攻入京城，烧毁了圆明园。

出逃的第三天，咸丰下诏，命曾国藩、袁甲三、庆廉、苗沛霖等人率部北上勤王。皇帝在谕旨里说：八旗出身的将领胜保出了个主意，称夷人"以火器见长，若我军能奋身扑进，兵刃相接，贼之枪炮，近无所施，必能大捷"，但蒙古与八旗兵丁已没有"奋身击刺"的能力，只有川、楚两地的兵勇可以"俯身猛进"与夷人近身肉搏。所以他下旨让曾国藩与袁甲三"各选川、楚精勇二三千名"，分别由鲍超、张得胜率领北上；让庆廉从彝勇、川勇、楚勇里"挑选得力者数千名"，由黄德魁、赵喜义率领北上；让苗沛霖从安徽的苗练中挑选"数千名"，派妥当之人率领北上。[7]皇帝惶惶不可终日，亟盼众军速来勤王。故此不但在谕旨里写明了各支勤王军队的数量，也指定了各支勤王军队的指挥官。

曾国藩接旨后，陷入两难境地。他的军队正与太平军在安庆进行关键一战，僵持不下，派兵北上缓不济急，不过是在做无用功，且有可能毁了安庆的战局；不派兵北上，又会招来皇帝的猜忌。曾国藩最后听取了李鸿章的"按兵请旨"之策，一面按兵不动，仅命鲍超赴京交由胜保指挥；一面上奏说"自徽州至京五千余里，部队趱程，须三个月乃可赶到"，而洋人距离都城不过数十里，仅靠鲍超率两三千军队北上很可能远水救不了近火，而如果进入长达数月的相持状态，那仅靠鲍超的数千人也不足以勤王，所以请旨由自己或湖北巡抚胡林翼率大军北上。[8]

在没有电报的时代，从请旨到批复，靠驿马传递一来一回需时很长。曾国藩的盘算是用时间来消磨掉进退两难的境地，静待局势发生变化。事情的发展也果然如此。袁甲三部从安徽凤阳一带出发北上，花了两个多月抵达勤王前线时，恭亲王奕䜣早已奉新的谕旨，正在以外交手段收拾残局。

英法联军无意推翻清廷。他们自从新条约里收获不菲利益后不久，便退出了北京城。眼见连京城陷落也撼动不了咸丰皇帝对跪拜礼仪的坚持，英、法两国也暂时让步，不再执意让公使入觐"亲递国书"。但咸丰皇帝仍然伤心欲绝，因为洋人终究还是用鞠躬礼面见了皇弟恭亲王奕䜣。他在诏书里将此事定性为清帝国的重大耻辱：

> 此次夷务，步步不得手，致令夷酋面见朕弟，已属不成事体，若复任其肆行无忌，我大清尚有人耶？ 9

英法联军走了之后，咸丰皇帝仍不愿返回北京。他担心洋人只是暂时退去，洋使节欲以鞠躬之礼谒见自己并亲递国书的念头并没有打消。在诏书里，皇帝勒令一线负责谈判的大臣想办法彻底断绝这种可能性。皇帝威胁说，如果銮驾回京后洋人又跑来要求觐见，那就别怪他追究谈判大臣们的责任：

> 若不能将亲递国书一层消弭，祸将未艾。即或暂时允许，作为罢论，回銮后，复自津至京，要挟无已，朕唯尔等是问。 10

1860年12月，恭亲王奕䜣终于自英、法两国公使处取得了不再要求入宫觐见皇帝的保证。但咸丰对保证心存疑虑，坚持留在承德避暑山庄，不肯回京。新条约已经生效，核心利益已经到手，英、法两国也无意激化与咸丰皇帝的冲突。1861年1月9日，英国政府训令其驻华公使，让他不必再向清廷提出面见皇帝亲呈国书的要求，只需清廷承认其为英国政府的代表即可。随后，其他国家也采取了相似的处理方式。

奕䜣艰难创设总理衙门

皇帝可以躲在热河，但外交仍需有人去办。

洋人们也可以不再执着于觐见咸丰，但他们已经认识到"夷"字带有侮辱性含义，已不再愿与"抚夷局"之类的机构交涉。负责办理善后事宜的奕䜣等人，只好上奏请求另设新机构来处理这些事。总理衙门遂应运而生。

　　原本，英法联军初来时，奕䜣与其兄咸丰皇帝一样，也是主战派阵营里的一员。可惜现实无情，清军一触即溃且开门纳敌，联军几乎未损一兵一卒就进了北京城，留给奕䜣的只有城下之盟。签《北京条约》时，奕䜣的内心非常忐忑，担忧"目前之所失既多，日后之贻害无已"[11]。但联军"以万余众入城，而仍换约而去，全城无恙"[12]，竟能依照条约主动退出京城，又让他颇有一些意外。在给咸丰的汇报奏折里，他说这些洋人"渐觉驯顺"[13]"志在通商"[14]，并无夺取清帝国政权的野心，"犹可以信义笼络驯服其性"[15]。"驯顺、驯服"这些字眼，自然是在迎合咸丰的立场。不再坚持消灭洋人，则显示奕䜣对条约外交多少已有了一些正面看法，这也是他主张设立新机构来处理洋务的一个重要原因。

　　奕䜣在奏折里说：之前各国之事，都是由外省督抚上报，然后汇总到军机处。近年来外国事务繁多，尤其是外国公使驻京之后，若没有一个专门的机构来对接，"必致办理延缓，未能悉协机宜"[16]。奕䜣还说，英使威妥玛来京，声称很担心英军自天津撤走后条约的落实会出问题，"臣等相机开导，以释其疑"。拿什么开导、劝说威妥玛放下疑虑？就是向他透露口风，说清廷计划"设立总理外国事务衙门专办外国事务"。奕䜣告诉咸丰，威妥玛听到这个消息非常高兴，"该公使闻之，甚为欣悦，以为向来广东不办，推之上海，上海不办，不得已而来京。如能设立专办外国事务地方，则数十年求之不得，天朝既不漠视，外国断不敢另有枝节等语"[17]。

　　如此这般，咸丰只能批复同意。但他在批复中，将新机构的名字改成了"总理各国通商事务衙门"。增入"通商"二字，实有限制新机构权力范围的用意。奕䜣的奏折里说威妥玛对撤军有很深的疑虑，又说威妥玛对新机构很感兴趣且很愿意与新机构打交道，还"断不敢另有枝节"。这些话，既让咸丰感到新机构不能不设，也让他感觉到新机构存在挟洋自重、尾大不掉的危险。

　　接到咸丰的批复，奕䜣又回奏说："通商"之事，上海、天津等地都设有专员负责办理，在京城再设衙门没有必要；而且"该夷虽惟利是图，而外貌总以官体自居，不再自认通商，防我轻视"。洋人们认为自己代表的是本国政府，不是民间商人，我们设"通商衙门"，他们肯定不愿前来对接。所以"拟节去通商二字，嗣后各处行文，亦不用此二字，免致该夷有所借口"。这其实是再次抬出洋人来压制咸丰。看了奕䜣的回奏，咸丰只好再次批复"依议"。[18]

"通商"二字虽去，咸丰防范总理衙门权力过大的戒心仍在。于是，当奕䜣奏请"事宜机密者，即令各该大臣、将军、督抚、府尹一面具奏，一面径咨总理衙门"，希望遇上重大机密事件时，流程上一面奏报皇帝，一面提交到总理衙门寻求咨询。咸丰的批复却是"各省机密事件，应照例奏而不咨，如事关总理衙门者，即由军机处随时录送知照，亦甚便捷，着毋庸由各口先行咨报总理衙门，以归划一"。咸丰驳回了奕䜣的建议，命各省继续按惯例只向皇帝奏报机密事件，不必送总理衙门寻求咨询，只在需要总理衙门参与时，再由军机处抄录知会。[19]

咸丰的批复目的明确。他不让总理衙门与地方督抚直接对接，不赋予总理衙门在重大政务上以决策权，只允许它成为一个建议者和执行者，是因为他不能容忍皇权被总理衙门瓜分。

皇权对总理衙门的压制没能维持太久。1861年8月，咸丰皇帝病死在热河，成功践行了自己"决不见不行跪拜礼之夷人"的诺言。他生前留下的人事布局——肃顺、载垣、端华等八名顾命大臣，很快被恭亲王奕䜣联手慈安、慈禧两宫太后，以秘密政变的形式突袭逮捕。肃顺被直接处决，载垣、端华被勒令自尽，余者或被革职或被充军。

前任皇帝及其八人核心班底被连根拔起，奕䜣与慈安、慈禧两太后成了最高决策层的核心人物。人事的巨大更迭，让清帝国的内政与外交都有了改弦更张的空间。奕䜣主持下的总理衙门，也就很自然地成了晚清改革的中枢。

不过，这只是若干年后回顾往事时，才会赋予总理衙门的一种历史意义。对那些活跃于1861年的当事人而言，总理衙门的成立不过是一次迫不得已的屈辱性让步。那时节，从庙堂到民间，鲜少有人胆敢明言要向洋人学习，"以夏制夷"才是最主流的声音——冯桂芬的故事，有助于我们具象地体察到这一点。

冯桂芬深埋改革主张

1861年，坐镇安庆的曾国藩，收到了一部自上海寄来的书稿。

寄书者正是冯桂芬。他是江苏吴县人，生于1809年，1840年科考一甲二名进士，也就是俗称的"榜眼"。授职翰林院编修，后返乡办理团练。冯比曾大两岁，早年做京官时，二人似已相识。

随书稿一同寄来的还有一封信。冯桂芬在信中说，他感谢曾国藩欲招揽自己进入幕府的美意，但自己身体衰弱，"疡生于项"，缠绵病榻无法启程。等病好之后，定会乘坐"飞轮"前去拜谒。此次寄信，冯桂芬奉上一部《校邠庐抗议》初稿。他说这是自己养病期间整理幸存旧作编辑而成，如果曾国藩读了之后"不以为巨谬"，觉得这书多少有些价值，"敢乞赐之弁言"，希望曾能为这本书写篇序言。如此，自己也算是"托青云而显"，会感到非常荣幸。[20]

曾国藩读了书稿后，在日记中写道：该书可算"名儒之论"，但"多难见之施行"。[21]他赞同书中的许多主张，但又觉得大多数主张在现实中不具备可行性。所以，曾国藩没给冯桂芬回信，也没给他的书稿写序。

直到1864年，湘军攻入天京（南京），曾国藩才终于致信冯桂芬说：辛酉年（1861）收到你寄来的书稿和信件。我读了书稿，感觉非常好，里面的内容"足以通难解之结，释古今之纷"，可以说是一本忧虑时局、究极世变的好书。但"顾如国藩之陋，奚足弁言简端"？——我曾国藩学识浅陋，实在是不配为这本书作序。好几次提笔想要写序，最后都放下没能写成，一直拖到今天也没给你回复。我对这本书的心态，也从一开始的"矜慎"变成了"内疚"。曾国藩还说：自从书稿寄存在自己这里，"传抄日广，京师及长沙均有友人写去副本"，自己虽不能为冯桂芬的大作写序，但天下之大，必有贤哲可以体察到冯的良苦用心，"尊论必为世所取法"，书中的思想与意见，定会得到世人的认同。[22]稍后，冯桂芬应邀前往南京与曾国藩相见。二人相谈甚欢，曾国藩将书稿还给冯，且断言日后东南之事"不出君一书"，东南沿海的那些新问题必可在冯的著作中寻到解决办法。

即便激赏到这般程度，曾国藩还是没有给冯桂芬的书稿写序。所谓学识浅陋不配写序当然只是托词，真正的原因是曾国藩担忧书中的内容会给自己引来麻烦。

　　冯桂芬是林则徐的门生。受林影响，冯在治学上重视"经世"，很关注现实问题。《校邠庐抗议》成稿于英法联军攻陷北京城、咸丰皇帝仓皇逃亡热河之际。冯当时正因太平军攻陷苏州而避难于上海租界。感时伤世，书的主旨不止于愤慨"地球中第一大国而受制于小夷"，也试图为摆脱这种困境提供改革路径。

　　那时节，思想圈流行的前沿理念是魏源的"师夷长技以制夷"，也就是引入洋人的坚船利炮及其制作方法（《海国图志》成书比《校邠庐抗议》早了五年）。但冯桂芬见到了器械和技术之外，更深层次的制度方面的东西。据冯总结，清廷有四件大事因制度落后而不如夷人：

　　　　人无弃材不如夷，地无遗利不如夷，君民不隔不如夷，名实必符不如夷。[23]

人才选拔不如人，是科举制度有问题；经济发展不如人，是政策路线有问题；君民关系不如人，是清帝国的权力架构有问题（冯主张扩张乡绅的政治权利，这显然与清廷自康雍乾时代以来长期坚持的打压乡绅政策背道而驰）；名实相符不如人，是清帝国的风俗文化与道德水准有问题。

　　这种比魏源走得更远的见识，让冯桂芬颇为不安。上海图书馆藏有一部《校邠庐抗议》稿本。该稿本先由他人缮录，冯再在稿本上做删改和批注。由这些删改与批注，可以见到冯桂芬那深深的不安。比如，稿本里原有一段称赞"夷狄"的文字："及见诸夷书，米利坚以总统领治国，传贤不传子，由百姓各以所推姓名投瓯中，视所推最多者立之，其余小统领皆然。国以富强，其势驺驺凌俄英法之上，谁谓夷狄无人哉！"冯桂芬将这些文字全部删掉了，还在上面添加批注说"末句似不足为典"。"传贤不传子"里的"贤"与"子"，也被涂抹得几乎辨认不出来。陈旭麓如此评价冯的这种行为：

　　　　就已删去的这段话来看，可见冯桂芬读过一些译书，也知道一些西方的事物，但……他不能也不敢进一步去探索一些新事物……所谓"不足为典"，正是他……采取回避态度的遁词；但也可说明当时的人们，要前进一步是那么崎岖艰难。[24]

冯的这种不安，也曾被李鸿章窥见（冯后来长期在李鸿章幕府做事，为李主持上海广方言馆）。1861年，李致信曾国藩，提到"沪中深识外情而又不过软媚者难得其选，容留心访察……冯敬亭（景亭）亦知洋情而胆不足"[25]——所谓"知洋情而胆不足"，即是指冯桂芬对时代的认知已超越了绝大多数人，但他不敢将这种认知做广泛的公开传播。

冯在1861年将自己的书稿寄给曾国藩，央求曾为其写序，其实也与"胆不足"有关。他知道自己的书稿大概率会引来知识界铺天盖地的批评，所以希望借曾国藩这棵大树荫庇一下。曾国藩对此也了然于胸，所以才在日记里说冯桂芬的主张虽好，却"多难见之施行"。冯走得比时代快，时代还远没有开化到可以接受冯的改革意见的程度。

为了消除不安，冯桂芬除了向曾国藩央求序言、删去书稿中的某些文字外，还做了一件事情，那就是用传统政治理念来包装整部《校邠庐抗议》。用冯自己的话说，便是要在"不畔（叛）于三代圣人之法"的前提下，"参以杂家""羼以夷说"[26]，来为清帝国寻找一条合适的自强之路。最终，他将自己的改革理念，包装成了"以中国之伦常名教为原本，辅以诸国富强之术"[27]，具体来说，便是采西学、制洋器与改科举。

即便如此，冯桂芬仍是惴惴不安。最终，他选择了将自己这部著作埋藏起来，不在生前出版。他的好友，曾担任过苏州知府的吴云后来说，"同人咸促锓版，先生卒秘匿不出"[28]。朋友们都劝冯桂芬将《校邠庐抗议》正式出版，但直到1874年冯桂芬去世，他都没有接受这项建议。在这十余年的时间里，《校邠庐抗议》这样一部优秀的改革著作，只有抄本在民间流传，影响甚小。

冯桂芬去世两年后，1876年，他的后人终于决定出版《显志堂稿》。但也只敢收录《校邠庐抗议》中较为"温和"的不足半数的内容。1883年，冯桂芬去世九年后，《校邠庐抗议》才第一次有了正式刻本。1885年前后，完整本（经冯生前删改过）才正式面世。1889年，该书经由帝师翁同龢之手，呈递到光绪皇帝的书桌上[29]。翁同龢向光绪推荐此书，正是看中了冯桂芬以中国传统政治理念来包装改革主张的立场，他很欣赏该书"以中国之伦常名教为原本，辅以诸国富强之术"的内容形态。

冯桂芬将自己对时代的深刻认知藏了起来，他确实是一个"胆不足"之人。但大时代如此，不容冯不怯懦——事实上，即便到了1898年戊戌变法期间，大环境的改善程度也仍有限。光绪皇帝曾命人将《校邠庐抗议》印刷两千本，发给朝中官员阅读，限众人在十日内就书中内容回复意见，具体谈谈哪些可行，哪些不可行，理由是什么。于是，针对冯桂芬书中改革人事取用制度的主张，礼部左侍郎徐承煜（徐桐之子）义正词严地写下了四个字的评语："实属荒谬！"[30]

《校邠庐抗议》写成于1861年，与总理衙门的诞生同年。可惜的是，这部优秀的改革著作，自始至终都没有能够与主持晚清改革的总理衙门形成共鸣。在一段相当长的时间里，该书的作者冯桂芬，与该书最早、最有权势的读者之一曾国藩，均选择了将之尘封。这种"怯懦"行为的背后，潜藏着他们对时代环境的深切认知。

第二章　1862年：步履艰难同文馆

1862年是同治元年，也是清廷正式启动内政与外交改革的年份。

自这一年开始，清帝国正式进入由恭亲王奕䜣与两宫太后共同执政的双头体制时代。奕䜣与两宫太后皆是"庚申之变"的亲历者，皆见识过洋枪洋炮的威力，皆曾因京城的沦陷与圆明园的烈火而心胆俱裂。这种切身体会，让他们在19世纪60年代引进西学的改革中，较之内外群臣和朝野知识分子，心态更为迫切，立场也更为坚定一些。

满人本位意识下的改革

内政改革的主要内容，是皇权与官僚集团达成新的和解。这也是"同治"这个年号最核心的含义。

咸丰皇帝在世之日，内政上非常倚重肃顺。肃顺是满人，颇有政治理想，很愿意结交和重用汉人。《奴才小史》里说，肃顺当政之时，对待满员"恣睢暴戾，如奴才若"，对待汉官却"颇为谦恭"，理由是"咱们旗人浑蛋多"[1]。曾国藩、胡林翼、左宗棠这些人在咸丰时代得到重用，都与肃顺有直接关系。曾国藩升任两江总督，是肃顺的建议；左宗棠遭人弹劾，也是肃顺维护褒奖；郭嵩焘等汉人知识分子，也是肃顺着意结交的对象。[2]

在整顿官场腐败一事上，肃顺表现得相当积极。咸丰八年（1858），他查办"戊午科场受贿案"，杀了包括大学士柏葰在内的五位中央官员，数十名高官与新中举人被革职或者流放。咸丰十一年（1861），户部为逃避肃顺对"宇字五号案"的追查，纵火焚烧户部档案，大火持续了十二个小时，相关文档字据全部付之一炬。户部被逼到这种程度，可见肃顺反贪是在玩真的。大火之后，该案仍有数十名高官被革职抄家。[3]此外，肃顺在倒台前夕，还曾"奏减八旗俸饷"，理由是"满人糊涂不通，不能为国家出力，惟要钱耳"[4]，他认为满人不足以充当清廷的统治基础，反要消耗清廷许多财政收入。

凡此种种，都是对官僚集团的侵害。所以，处决肃顺的消息传出后，京城的官僚们欢欣鼓舞，囚车经过之处，"其怨家皆驾车载酒"前往围观，还有人指使儿童朝囚车扔泥土瓦块，痛骂"肃顺亦有今日乎！"[5]

肃顺既死，最高权力对官僚集团的高压也随之消失，奕䜣、慈安与慈禧组成了新的执政中枢。慈禧太后不再关心科举考试的公正性，也不关心官员们是否贪污腐败。她关心的是如何重塑官僚集团的向心力。所以她的施政风格是"博宽大之名"。派人担任科场搜检工作时，慈禧的指示是"勤慎当差、莫要多事"[6]——好好干，别像肃顺那样整出一堆事来。见到御史弹劾自己的亲信，慈禧的第一反应是"此无他，不过我所用之人总不好"，要弄死这个对自己没有向心力的御史，而当获悉该御史做此类弹劾，不过是因循官场陋习，想要敲打别人多收几份炭敬时，她的反应就成了"大笑"[7]。

平衡满汉关系也是"和解"的重要内容。

曾国藩、胡林翼、左宗棠与李鸿章这些汉人，自然该用还是得用。不用，就解决不了太平军这个现实问题，还会生出新问题。正如印鸾章在《清鉴》中所言的那般：

> （慈禧）听政之初，军事方亟。两宫仍师用肃顺等专任汉人策。内则以文祥、倭仁、沈桂芬等为相，外则以曾国藩、左宗棠、李鸿章等为将。自军政吏治，黜陟赏罚，无不咨询，故卒能削平大乱，开一代中兴之局。[8]

但肃顺时代那种压制满人的做法，也必须扭转过来。毕竟，满人才是清廷最核心的统治基础。努力扩张满人的权力与影响力，是新执政团队的基本方针之一。慈禧后来与奕䜣正面冲突，有一句责备之言正是"这天下，咱们不要了，送给汉人吧"[9]，可见她有着强烈的"满人本位意识"。

被慈禧责备的奕䜣，"满人本位意识"同样强烈。同治元年（1862）有一项改革举措，是选派一些军人出洋接受新式军事训练。奕䜣挑选了450名八旗兵，10名绿营兵，满汉比例悬殊到了45比1的程度。而此时清廷的八旗兵约为25

万，绿营兵约为64万。[10]

设立京师同文馆是同治元年最引人瞩目的改革。在这件事情上，奕䜣同样"满人本位意识"强烈。

所谓同文馆，顾名思义是一个培养翻译人才的地方。这是微小的改革，几乎不会冲击现行官僚系统；这也是前所未有的改革，是清帝国首次被逼至万不得已的程度，终于承认洋人的语言也有学习的必要。

自1840年以来，清廷在对外交涉中屡因翻译问题陷入被动。因翻译造成的外交纠纷太多，1858年清廷与英、法、美、俄四国签订《天津条约》时，写入了一项规定，大致内容是：一、英方文件，此后"俱用英文书写"；二、照顾清廷缺乏英文人才这一现实，"暂时仍以汉文配送"，继续附带一份中文版本；三、待清廷培养出英语人才后，英方即不再提供中文版；四、《天津条约》签订之后，"遇有文词辩论之处，总以英文作为正义"——双方以后再因翻译的原因对文件内容产生理解上的分歧，一律以英文版本为准。[11]

1860年英法联军攻占北京后，迫使清廷签订《北京条约》，条约中再次重申交涉皆使用英文，若词义有分歧须以英文为准。此外还新增了一项条款，就暂时附汉文条约一事定下3年期限，要求清廷在3年内选派学生去学习英文，待首批学生的学业完结，英方即停止向清廷提供外交文件的中文版。

内有需求，外有压力。1862年，由恭亲王奕䜣、李鸿章、曾国藩等人牵头，清廷终于决定在总理衙门内设立同文馆，来培养自己的翻译人才。奕䜣那强烈的"满人本位意识"也同时迸发。他一方面担忧汉人学好了英语，会去帮助洋人欺骗愚弄清廷；一方面也希望八旗子弟能够成才，以掌管清廷的各处要津。所以他颁布了一项规定，"选八旗中资质聪慧，年在十三四以下者，俾资学习"[12]，意思是同文馆学生须优先从满洲八旗中选取。

于是，京师同文馆成了典型的旗人学堂。稍后成立的广州同文馆也是如此。1872年，两广总督瑞麟上奏汇报说广州同文馆里"旗籍诸生，咸皆踊跃"，建议以后该馆"专用旗人，毋庸再招汉民"[13]（本来招收的汉人学生比例已极小），奕䜣批示同意。只有李鸿章创立的"上海广方言馆"没有实施旗人优先原则。

奕䜣想要尽可能重用满人，来扩张满人的权力版图。但他也知道，将无知识、不合格者推上要职是很危险的。所以，他也希望满人们能够走在改革的前列，积极报名去同文馆学习。只有满人多多成才，清廷才能永远是满人的清廷。

但他的期望落空了。

真诚勇敢的无知顽固者

1862年6月，同文馆正式成立。最初只设英文馆，有八旗学生10名，英文教习年薪300两白银（次年增至1000两），汉文教习年薪则长期不足100两。次年，同文馆添设法文馆与俄文馆，各招收八旗学生10名。至1865年，馆内只有英、法、俄三馆，教授三门外语。

在不断地试探性接触西学之后，奕䜣等人渐渐察觉到一个基本事实，"洋人制造机器火器等件，以及行船行军，无一不自天文、算学中来"[14]——洋人制造洋枪洋炮洋船，使用洋枪洋炮洋船，全得用到数学、物理、化学、天文学这些近代科学。意识到这一点后，奕䜣决定让同文馆步子迈得更大一点，不再局限于培养翻译人才。1866年12月，他奏请在馆内增设天文、算学二馆，招收满汉科举正途出身之人入馆学习。

此议一出，便引爆了朝野舆论。

导火索是监察御史张盛藻的一封奏折。他在奏折里指责说：让科举出身的"正途人"去学洋人的奇技淫巧，还用金钱与官职来诱惑他们入学，这是重名利、轻气节，是要把天下的读书人引入歧途。[15]在奕䜣的运作下，张的奏折被驳回，没有进入朝堂讨论。谕旨驳斥说：天文与算学不是奇技淫巧，是儒家读书人应当学的知识。[16]

张盛藻遇挫后，在读书人中有着崇高声望的士林领袖、八旗出身的大学士倭仁亲自登场。他上奏朝廷，明确反对科举出身的读书人向"夷人"拜师，理由是这样做会"变夏为夷"，动摇国本。[17]倭仁是有影响力的理学家，他的奏折不能直接驳回了事。于是，在奏折呈递的当天，两宫太后就召见倭仁谈话。可惜谈话不愉快，没能达成共识，问题又抛回给了恭亲王和他领导的总理衙门。

总理衙门出具了一封相当长的奏折，来回复倭仁。

这封奏折大谈国家的危机之深，与开设数学天文课程的重要性。为给倭仁制造压力，还附上了曾国藩、左宗棠、李鸿章等人的意见。末尾，奕䜣还将了倭仁一军："既然该大学士认为此举不可行，会招致亡国，想来定是别有强国良策。若该大学士确有良策可以制服洋人，使国家不受欺侮，臣等自当追随该大学士竭力效劳。若没有其他良策，仅大谈忠义与礼仪，说这些就可以制服洋人，臣等不敢相信。"[18]

倭仁针锋相对，上奏回复奕䜣："若该王大臣确有把握，认为让夷人来教中国人算学，必能使学生算学精通，进而将精巧的机器造出来，而且中国的读书人也绝不会被夷人蛊惑利用，最后必能歼灭那些夷人丑类，那自然是再好不过。如果做不到这些，却先败坏了人心，那就不如不开设天文算术课程。"[19]

倭仁要奕䜣做出一种绝对性质的保证。奕䜣不傻，自不会往陷阱里跳。他在回奏中说："倭仁说的那种把握，臣等不敢保证，只能尽力尽心去做应办之事、能办之事。至于成败利钝，即便是诸葛亮也无法预料，何况臣等。"然后，他抓住倭仁奏折中的具体言语展开攻击："该大学士上次的奏折中说，天下之大不患无才，要学算术不必师从夷人。那么，该大学士肯定知道哪里有超越洋人的算术人才。臣请择地另设一算术馆，由该大学士负责聘请教师，招生授课，以观其成效。"[20]随后，奕䜣取得两宫太后的支持，以谕旨的形式，命令倭仁向朝廷保举精于算术的本国人才[21]。

被难住的倭仁不得不据实上奏，说自己并不认识"精于天文算学之人"，不敢随便推荐[22]。奕䜣不依不饶，继续借谕旨命令倭仁须随时随地留心访查，一旦找到精于算术的本国人，须立即保奏[23]。

论战结束后，朝廷还下旨给了倭仁一份新工作，要他去总理衙门做"行走"。这大概也是奕䜣的主意。据总理衙门大臣成林向美国传教士丁韪良（William Alexander Parsons Martin）透露，将那些顽固的反对者引入总理衙门，是奕䜣推动改革步伐的一种高明策略：

中国的怪事，最奇怪的莫过于总理衙门吸收新成员的方式。据衙门大臣成林向我解释，其策略是以内部摩擦避免外部反对。他说："你知道，由于外来反对，总理衙门的筹划有时会搁浅。聪明的御史或有势力的总督向皇帝进谗言，从而破坏了我们最明智的计划。这种情况下，恭亲王有他自己的办法来应对困难。他奏请皇帝给他的反对者在衙门中安排位置。亲王知道，反对者一旦入了衙门，不久就会发现，他的政策才是应对外国的唯一可行办法。毛（昶熙）和沈（桂芬）正是这样进入衙门的。"毛从左副都御史升任吏部尚书，沈从山西巡抚升任大学士和中堂大人。二人都成为恭亲王的忠实同僚。[24]

奕䜣的这番用心，倭仁自是不愿配合。对高倡"夷夏之防"的他而言，"行走"虽是闲官，办的却是夷务。接受总理衙门的职位，即等于接受羞辱。于是，倭仁以生病为由拒绝了这个职务。[25]丁韪良后来感慨地说："假如他（倭仁）不拒绝接受调职，谁晓得这个老翰林会不会同样彻底地转变过来呢？"[26]

击退倭仁，并不意味着奕䜣取得了胜利。

1867年6月，又有一位患有口吃症的小官员杨廷熙，借着朝廷因大旱下诏让群臣提意见的机会，写了一篇长达五千字的奏折，猛烈抨击朝廷不该设立同文馆。在送出这份近似于"暴走形态"的奏折之前，杨廷熙让家人买了一口棺材，以备后事[27]。

奏折开篇，将当下的旱灾定性为苍天对朝廷设立同文馆的警示。杨廷熙说：自春至夏，一直干旱无雨，常常阴霾蔽天，连御河的水都干了，京城里还出现了瘟疫。本月初十又刮了一场昏天黑地、长达两个时辰的大风。这种不祥天象，定是因为施政出了问题。京城中街谈巷议，都说是设立同文馆的缘故，说朝廷向洋人求学，是走上了"师敌忘仇"的歧路。[28]

杨廷熙不反对派人去学点英文与法文，但他无法接受向外国人学数学与天文。他在奏折中说，孔孟不重视天文与数学，他们"不言天而言人，不言数而言理"，可谓立意深远。如今朝廷花巨资请洋人来同文馆教天文与数学，我思前想后一个多月，还是想不通。我有十条大不解之处，要与皇帝、两宫太后及众大臣说上一说。

第一条大不解：洋人乃不共戴天的仇敌，先皇（咸丰皇帝）就是因为洋人入侵不得不逃往热河并在那里去世的。总理衙门以"不知星宿"为耻，却不以向不共戴天的仇敌求学为耻，这种"忘大耻而务于小耻"的做法，我实在不能理解。

第二条大不解：天文、数学、方技艺术这些东西，明明是中国最厉害、最先进（历代之言天文者中国为精，言数学者中国为最，言方技艺术者中国为备）；西学里那些轮船机器，在"幽深微妙"方面，未必比得过我们的太元、洞极与潜虚。而且"中国为人材渊薮"，不可能找不到超越洋人的天文学者与数学专家（岂无一二知天文、明数学之士足以驾西人而上之者哉？）。朝廷如此这般"自卑尊人、舍中国而师夷狄"，纡尊降贵跑去跟洋人求学，我实在不能理解。

第三条大不解：轮船机器是洋人赖以压制我们的工具。向他们学轮船机器制造之术，不过是以轮船对抗轮船，以机器对抗机器，这胜不了他们。宋史里说，水贼杨太拥有"其行如飞"的大船，结果却被没船的岳飞剿灭了，"可见轮船、机器不足恃也"。再者说，中国几千年来没有轮船机器，疆土也是一代大过一代。本朝康熙时代，不准西洋轮船靠岸，洋人也只能"俯首听命不敢入内地一步"。最近这些年，大清被洋人各种欺负，全是因为沿海将帅督抚"开门揖盗"，朝中大臣听风是雨"先存畏惮之心"。不去解决这些问题，只顾着向洋人学如何造轮船造机器，我实在不能理解。

第四条大不解：朝廷上下，到处都是贪污腐败与玩忽职守，当务之急应是改革人事，让政治回归清明。如今，"善政未修于上，实学未讲于下"，却大力招人学天文数学，我实在不能理解。

第五条大不解：谋求自强是没错。但自强的办法是皇帝兢兢业业，官员各尽其职。如今却是宰辅、台谏、吏部、户部、兵部、工部全在消极怠工。不解决这些人和这些问题，"徒震惊于外洋机器、轮船"多么厉害，我实在不能理解。

第六条大不解：科举出身的读书人是忠君爱国的骨干，洋人是我们的世仇。让读书人去拜洋人为师，若洋人心怀鬼胎对他们"施以蛊毒、饮以迷药"，将他们的"忠义之气"全给消了，那岂非大事不妙？我不能理解。

第七条大不解：洋人既然用机器轮船打败了我们，"断不肯以精微奥妙指示于人"，定不会将里面的真学问传授给我们。而且，即便我们学到了精髓，也不过是与洋人并驾齐驱，仍无法打败他们。不想着"天时不如地利、地利不如人和"的古训，不想着走别的路去出奇制胜，只知学洋人依样画葫芦，这种做法我实在不能理解。

第八条大不解：让尊贵的科举出身的读书人，去向洋人学天文数学，这些人被洋人污染之后，再成为公卿大臣与地方督抚，必会与洋人"联合响应"一起作乱。所以，向洋人学知识这件事，"疆臣行之则可，皇上行之则不可；兵弁少年子弟学之犹可，科甲官员学之断不可"，李鸿章这些地方官可以做，皇上绝对不能做；地位卑贱的士兵可以学，科举出身的读书人绝对不能学。如今，总理衙门却诱导皇上去干这种事，我实在不能理解。

第九条大不解是不满同文馆以优厚的待遇招生，并在学成后提供优越的职位。

第十条大不解是抨击朝廷不与众大臣商议，仅凭"总理衙门数人之私见"，就决定了开设同文馆这样的大事，让国家的"夷夏之防"陷于崩溃瓦解的危境。

最后，杨廷熙还说，"同文馆"是宋代奸臣蔡京当权时用过的监狱名，"同文馆狱"是个专门残害忠良的地方。所以，必须请皇帝与两宫太后下旨"收回成命"，废除同文馆这个坏东西。

这十条大不解中，有些是在胡搅蛮缠扣帽子，比如谈什么"大耻""小耻"。有些是逻辑有问题，比如人事混乱、各机构的消极怠政确属事实，但这些问题的存在，与同文馆开设算学、天文课程是两码事；前者没能解决，不意味着后者就不能去做。有些是见识短浅的虚妄之语，比如完全不懂近代天文学为何物，想当然地将之等同于中国传统的"星宿学"；再比如完全不懂近代数学为何物，反认定千余年前关于数学的基础认知更加"幽深微妙"；再比如他还相信洋人可以通过下蛊、下迷药来控制人的思想。

但是，无知之外，杨廷熙的焦虑是真实的。他的"顽固"发自肺腑，是超越个人利益的。他是一个完全游离在核心决策层之外的边缘人物。如果不是清廷因大旱下诏让天下官员给朝政提意见，他这个小小的"候补直隶知州"未必有机会呈递这样一份奏折。如果不是这份长达五千字的奏折，他自己也很难在史书中留下半点踪影。杨廷熙呈递奏折时，倭仁与奕䜣的辩论早已尘埃落定，同文馆也早已陷入举步维艰之中。为个人前途计，写这篇五千字的雄文是很蠢的行为。尤其是这雄文中，还有许多针对当朝权贵的犀利指责。同时代之人欧阳昱在读了杨廷熙的奏折后，这样总结其内容主旨：

> 痛言两宫太后过失，不善用人；恭王李相泄泄沓沓，一以和为主。低首犬羊，绝不顾国家大体，罪皆可杀。[29]

欧阳昱对奏折的观感，自然也是两宫太后和总理衙门众大臣对奏折的观感。所以，在呈递奏折之前，杨廷熙先给自己买了一口棺材放在家中。这个真诚的"底层顽固派"发自肺腑地认为：清廷不需要近代数学与近代天文学，清廷让读书人向洋人求学是一件大大的坏事。他是一位奋不顾身的无知者。

毋庸置疑，杨廷熙这样的真诚无知者正是清廷封建制度所产。但时代不同了，恭亲王奕䜣与两宫太后都不想再经历惨痛的"庚申之变"，他们知道清廷需要改革。所以，写在杨廷熙奏折上的批复是"呶呶数千言，甚属荒谬"[30]。

杨廷熙预备的棺材最后没能用上。据说，慈禧见到奏折之后大怒，曾下旨逮捕杨，欲将之诛杀。结果被慈安太后所阻，理由是"杀之适成其直名，而我恶名遂为千秋万世所指摘"[31]——杀了他正好成就他的名声，也使我等背负千秋万代的骂名，实在不划算。

没能录取到任何体面人

大人物倭仁的进攻被化解了，小人物杨廷熙的异议也没能翻起多少浪花。

奕䜣与两宫太后却不是赢家。

曾国藩说，倭仁遭到皇权打压后仍"盛负时望"[32]，在士林中的声望比以前更高了。京城里的读书人编出各种各样的段子来支持倭仁，嘲讽同文馆。有人在同文馆门口贴标语，说里面的人都是"鬼谷弟子"，讥笑所谓的同文馆是"未同而言，斯文将丧"。[33]据郭嵩焘日记，湖南的京官们召开过一次集体会议，做出决定：凡有进同文馆向洋人求学的，以后不准入会馆，众人须集体抵制，不认他是同乡[34]。湖南会馆开风气之先，山西的京官们也随即跟进。

京城之外，读书人也普遍支持倭仁。在浙江老家丁忧的李慈铭读到邸报上刊登的论战奏章，大发感慨说开设同文馆是"以中华之儒臣而为丑夷之学子"，稍有人心之人绝不肯去学；如今有人去学，便说明这个时代已是"礼义尽丧"，到了很危险的地步。[35]

如此种种的结果，使同文馆很难招到学生。聘请的有限几位中国教师如李善兰等，也以疾病为由迟迟不愿去同文馆开课。一位叫作额布廉（M. J. O'brien）的英文教师观察到，自倭仁公开反对数学与天文课程之后：

同文馆没有录取任何体面的人，年轻人只要在其他领域有点发展的机会，都不会把他们的命运与同文馆联系在一起。那少数的几个来报考的人都是些失意无能者，他们只是为着总理衙门提供的优厚待遇而不顾惜其名誉。[36]

当年的统计资料称，天文算术馆第一次招生时"正途投考者寥寥"，科举出身的"词馆曹郎"均以入馆学数学为耻；将非科举出身的"杂人"编到一起，总共才得98人；后又有26人缺考，勉强录取了30名[37]。半年后的例考淘汰了20名"毫无功效之学生"，最后仅剩10人，不得不与外文馆学生合并[38]。

那许许多多倭仁与杨廷熙，皆是清廷多年以忠孝为核心的愚民政策所刻意培养。如今，这许许多多倭仁与杨廷熙，反成了清廷自强革新的大阻碍。

第三章　1863年：赫德执掌大清海关

1863年11月底，英国人罗伯特·赫德（Robert Hart，1835—1911）被清廷任命为海关总税务司。此后，他将在这个位置上为清廷服务长达40余年。

在当时，赫德的就任并不是一件特别引人瞩目的事情。但事后回望，赫德建立的近代海关系统对延续清廷国祚实可谓至关重要——1849年的关税收入仅221万两白银，只占到同年财政总收入的5.3%；到1864年已上升至787万两白银，约占同年财政总收入的12%[1]；1901年，清廷的财政总收入约8820万两白银，其中关税收入为2380万两，占比约27%[2]。如果没有关税收入的大幅增长，晚清的许多改革将无钱启动，许多对外赔款也将无力支付，大清帝国也很可能提前灭亡。

由洋人执掌海关大权这种事，是如何发生的？

"领事保关制度"因贪腐崩溃

1842年之前，清廷只有传统的"市舶司"。第一次鸦片战争后，清廷与英国签订条约，开放五口通商，传统的"市舶司"或"十三行"都不再适用，不得不效仿欧洲建立近代海关。

《南京条约》谈判期间，英方代表璞鼎查围绕海关制度，提出过两项基本期望：一是五个通商口岸实施的税则与关税额度应该一致，而不是五个口岸各行其是。二是税额不管是多是少，不管是进口税、出口税还是子口税，都要明确定下来，"不得留有些许余地，听由地方官吏专擅或任意处理"。[3]前者若做不到，会造成商业上的混乱，商人们对某些口岸避之不及，对某些口岸趋之若鹜。后者若做不到，会造成纳税没有定额，地方官有宽裕的权力寻租空间，商人们永远处于不可预知的政策风险之中。

当时负责谈判的清廷官员，似乎并不理解英方这两项期望的真正含义。他们回应璞鼎查说，按清帝国惯例，海关税则要由中央制定，正税也要交给中央；维持海关官僚机构运转的经费需要从其他项目里寻找，这部分税收的开征权是下放给地方的。

这种回复让璞鼎查非常忧虑。一个典型的负面案例是茶叶，其出口正税是每担不到纹银2两，但商人实际缴纳的税额常达到每担6两之多。多出来的那4两关税，便是因地方政策变动而产生的不可控部分。今年是纹银4两，明年可能就会变成8两10两。璞鼎查要求清廷在制定税则时，一定要把海关的一切运作开支都算进去，然后制定一个明确、固定的税额。

谈判期间，璞鼎查还组织了英国商人聚会，希望他们能就"收多少关税合适"这个问题给出意见。结果没有商人能够说清这个问题，因为他们根本不知道自己纳了多少关税。多年来，他们在清帝国的商业活动无法依赖正规制度，必须靠贿赂与人脉才能立足，而后者是一个没法将账目算清楚的无底洞：

> 每个人都已习惯于通过行商、通事和其他一切类似的人们，为他们自己和他们的雇主，尽可能地做最有利的讨价还价，人人都是贿赂公行，随时准备用最为有害的整批走私方法逃漏中国政府的正当税课，而且从上到下的全体地方官员也都佯作不见，并分润这笔非法得利。结果自然是没有一个商人能说得出（即使他愿意这样做）实际上以关税的形式究竟付出了多少。[4]

此外，以何种货币缴纳关税也是个极其麻烦的问题。清廷的货币制度非常混乱。铜钱虽然全国通行，但质量与重量各不相同。银两也是同样的问题，各省纯度都不一致。总之，确定的税则、明晰的税率与统一稳定的货币，是近代海关成立时必须具备的基础条件。而清廷在19世纪40年代成立海关时，这些条件全都不具备。其渐渐完善成型，已是19世纪60年代之后的事了。

除了没有上述基础条件（也意识不到需要创造这些条件），清廷当时还面临另一项困难，那就是征收关税是一项技术活，但当时清廷没有人才，没有能力将征收关税一事落到实处。这也是关税长期无法成为清廷核心财源的重要原因之一。为了弥补这种不足，《南京条约》及其后的相关附属条约中，设立了一种"领事保关制度"，或叫作"领事管制贸易制度"。

所谓"领事保关制度"，简单说来就是英国商人的船只到达清帝国港口后，须先向英国领事呈报相关文件，再由领事发文通知清廷海关。卸货时由领事通知清廷海关一起查验，然后照章纳税。实际上等于将防范偷税漏税和打击走私这一技术活交给了英国领事馆来做。1843年的《中英五口通商章程》里明文规定，英国方面的"管事官"必须对"英国在各港口来往之商人"严加约束，"倘访闻有偷漏走私之案，该管事官即时通报中华地方官，以便本地方官捉拿"5。换言之，英国驻华领事不但要监督来华英商防止他们偷税漏税，还有责任向中方提供偷税漏税的情报。

这种"领事保关制度"没能维持太长时间。

虽然制定了税则，也确立了税率，但清廷的海关机构缺乏监管，腐败问题始终没有得到解决。与旧时代相同，新时代的海关官吏们对偷税漏税视若无睹，还与那些不老实的商人勾结取利。英国驻上海领事阿礼国（Rutherford Alcock）观察到，在19世纪50年代，上海已成为各国无赖冒险家的乐园：

（这些人）是国家的耻辱，也是公众的祸害。他们和诚实的人们争夺商业机会，并且把往来通商的权益变成欺诈和逞凶的手段……同中国官厅在海关方面有直接关系的外国商人们，创出了一整套走私的方法和种种偷漏国税的诡计，而这些中国官厅都是多少有些唯利是图和贪污腐化的。中国法律和条约规定一概被置之不理，有时是一伙人用强力破坏港口章程，但更常见的是本地官厅和外国人之间的行贿串通。帝国税收被这两种方法欺蒙偷漏；对外贸易已经腐蚀败坏，成为一种冒险和欺诈的勾当了。6

"领事保关制度"崩溃的另一个原因是：美国、法国分别与清廷签订的条约里，没有"监督本国商人不得偷税漏税"的相应条款。这直接导致美国商人与法国商人的走私活动不会受到本国领事的干预。英国商人遂被置于一种相当不利的地位。他们群起向英国政府抗议，认为自己受到了不公正待遇。在曾任英国外交大臣的巴麦尊看来：

上海走私的盛行，既然是由于中国当局的玩忽或腐败，那么就没有理由要求英国领事当局履行原属于中国当局的那部分职责。而且其他各国领事当局，既然不以同样方法预闻其事，管理他们本国的臣民或公民的买卖行为，则英国领事当局为保障中国收税而出面干涉，势必要将上海口岸的大部分贸易都送到其他国家的臣民和公民手里，因为他们的买卖行为完全不受领事的管制，他们能够和中国当局勾结串通，大肆偷漏中国的税收，这样英国商人自无法与之竞争。[7]

据此，英国政府宣布：鉴于"中国当局并没有意思采取有效措施保护中国关税，自不能期待英国政府单独承担这项义务"，"英国政府认为有必要终止将来英国领事当局为保障中国税收所作的一切干预"[8]。1851年8月，英国驻上海领事阿礼国照会上海道台吴健彰："本口英国领事自即日起停止为保障中国关税的一切手续。阁下……不必指望领事提供任何非法行为或走私的情报。"[9]换言之就是：为了保护本国商人的利益，英国驻华领事不愿意继续替清廷监管本国商人的关税缴纳，不愿意继续为清廷提供关税征收方面的技术支持，也不愿意继续替清廷去打击本国商人的走私活动。

作为补救，上海道台公布了一套新的海关章程，共计十条。其中比较重要的是第一条、第九条、第十条。

第一条规定外国商船到埠，其申报必须通过该国领事，再由受托人向清廷海关申请开仓卸货的许可文件。也就是外国领事虽不再负责缉私，但仍须介入海关货物的申报工作。这种捆绑显示了清廷的不甘，但对外国领事而言并无实际约束作用，无法驱使他们为清廷海关做事。第九条规定海关官吏有权稽查来往于港口的驳船小艇，有权勒令这些船只停靠到海关码头接受卸货检查。第十条规定海关查获的任何走私货物，"不论其属于何人或何旗号，一概没收入官"。这两条规定，清晰宣告清廷海关将加大针对走私的打击力度。[10]

新办法带来了两个结果。

第一个结果是英国领事卸掉了缉私责任后，英国商人与其他国家商人的政策待遇回归平等。第二个结果是走私状况更加严重。有统计称，在新政策实施的四个月里，只有850匹印花布申报了进口，同一时期售出的印花布却多达2.5

万匹左右，这些布多数是以颜色布或花边布的名义进口，这样的话它们的纳税标准就只有一钱，而非二钱八分。按《北华捷报》（*North China Herald*）的说法，走私状况加剧的核心原因，是商人们深谙与中国官员胥吏的合作之道。[11]

"外籍税务监督制度"的由来

如此磕磕绊绊维系至1853年，清廷海关终于到了发生变革的关键年份。

该年初，太平军占领南京，邻近的上海受到震荡，人心惶惶，贸易陷入停滞状态。银根紧缩，英国商人无法获得足够的现金来缴纳关税，只好向领事阿礼国求助。阿礼国与上海道台吴健彰商榷，希望由领事出面担保将来补缴税款，换取清廷海关给外商们发放出口许可文件。吴健彰的回复是鉴于目前形势，他可以破例将外商缴纳关税的期限放宽一个月，时间从商船离港之日算起。随后，阿礼国通知英国商人，要他们将应缴税款的相关文件提交给领事馆，提供与之价值相当的资产（比如债券、房产凭据等）作为担保，且签订一份按期缴纳关税的承诺书。如此，领事馆就可以发放证件，允许他们的船只带着货物离港。

这项措施只实施了大约一个月，原因是英国驻华全权公使文翰（Sir Samuel George Bonham）不希望领事馆成为是非之地。商人们未必能按时补缴税款，他们提供的担保品也未必会被按时赎回，由领事馆负责将担保品变现也不是容易的事情，最后难免演变成清廷海关与英国领事馆之间的税务纠纷。文翰指示阿礼国，除非得到上海道台吴健彰正式的许可，否则必须停止这种做法。[12]

失望的英国商人只好集体向文翰呈文诉苦。商人们控诉清廷懦弱无能，"对于它的臣民不能控制"，可能造成价值上百万英镑的货物在上海毁灭，而唯一可以避免悲剧的做法，"就是延期以现款完税"。文翰在回复中拒绝了商人们的请求，理由是不能因为一个与英国有条约关系的君王与他的臣民之间发生了战争——这战争使英国商人受到了损害——就认为英国政府有权力废止该条约关系中的重要部分。商人们又辩称说自己的要求并非免税，只是临时延缓征税，文翰的回复仍是拒绝介入，理由是征收关税不许拖欠乃清廷毋庸置疑的权力，除非得到清廷的许可，否则他无法单方面做出延缓纳税的决定，那超出了他的权限。[13]

文翰的不介入立场也没有坚持太久。

1853年9月份，小刀会攻入上海县城，洗劫了租界内的上海海关，道台吴健彰逃进了英租界。吴健彰试图在英租界重设海关，但他的行动遭到英方抵制。英方的理由是：若允许吴健彰这么做，就相当于用英国的炮舰和军队来保护他为清廷征税，这违背了租界在清廷内战中保持中立的立场（此说有狡辩意味，毕竟海关原本就设在租界）。文翰同时指示阿礼国，称基于中立立场，目前海关的税收不能缴付给正在上海角力的双方中的任何一方，为将来免生麻烦，领事馆应在允许英国商船离港之前，向他们索取一份进出口货物的清单，以便将来履行关税补缴义务时有单据可查。[14]

其实，在文翰发出这项指示之前，阿礼国已经制定了相似的政策，名为"海关机构不存在期间船舶结关暂行章程"。章程的核心内容是由英国领事馆暂时替代被摧毁的清廷海关向英国商船征收关税。同在上海的美国领事表示支持阿礼国的这项政策。英国政府也对文翰与阿礼国的做法表示赞同。英国枢密院贸易委员会指示文翰，如果清廷恢复了在上海的秩序，也恢复了征收关税的能力，那么可以将领事馆代为征收的税款移交给清廷。如果清廷无力回到上海，领事馆也无力继续代为征税，可将所有已收税款返还给纳税人。有意思的是，吴健彰不满英美两国领事的这项政策，英美两国的商人也同样不满这些政策。因为此时此刻，其他国家的商船正在上海港进进出出如入无人之境，"关税"一词对他们而言已不存在。[15]

1853年10月底，无计可施的吴健彰利用两艘炮舰，在黄浦江上设立了一座浮动海关。美国领事随即发布通告称：美国商人应该向浮动海关纳税，美国领事馆不再代清廷征税。这种做法"两全其美"，既满足了吴健彰的要求（承认浮动海关），也满足了美国商人的要求（由美国领事馆代征关税是难以逃逸的，而浮动海关则形同虚设）。但英国方面仍无意承认吴健彰的浮动海关。文翰认为：征收关税的前提条件是对贸易提供保障，脆弱的浮动海关显然不能提供这种保障。所以，在吴健彰重建起一个真正的海关之前，阿礼国的暂行章程将继续有效。吴健彰无法反驳文翰，因为就在浮动海关设立的第二天，一艘卸完货又装满货的奥地利商船没有缴纳任何税款，也未留下任何与缴税相关的承诺文件，便从港口扬长而去。所谓的浮动海关，对该商船毫无办法。[16]

奥地利商船的扬长而去引发了连锁反应。

先是法国领事宣布：在清廷重建一个真正的海关之前，法国商船在上海港不会缴纳任何关税，否则法国商人将在与他国商人的竞争中处于劣势。随后，美国领事也宣布，依据最惠国条款，既然法国商船进出港口已免缴关税，那么美国商船也将享有相同的权利。英国方面，阿礼国也在1854年初向吴健彰施压称："我不能无限期地为中国海关继续征税，条约上我也找不到这样的责任。"文翰也训令阿礼国发布通告，给予英国商船与法国、美国商船同等的不纳关税的待遇。[17]

作为应对，吴健彰先是在租界外的虹口重设了海关，但前往申报纳税者寥寥无几。然后他又在白鹤渚和闵行设立了两个征税关卡，两个关卡一南一北，目的是控制内陆与港口之间的货物流动。若英、美、法等国全面拒绝缴纳关税，吴健彰就会利用这两个关卡对进出货物抽税。税卡设在租界之外的内地，且被征税对象是运出或运入货物的清廷百姓，吴健彰觉得自己有能力将征税活动落到实处。很快，这两个关卡的设立就引起了英、美、法三国领事的集体抗议，理由是不在通商口岸而在内地征收关税违背了条约的规定，而脱离了外国领事监督的内地税卡必会带来漫无限制的勒索。

为了打破僵局，阿礼国提出了一个新方案，建议由"诚实精干的外国成员与清廷当局合作"来重建上海海关。英、美、法三国领事联合向时任两江总督怡良提出请求：为奠定上海海关永久性的行政基础，上海道和三国领事有必要商谈缔结一个协定，如此海关才能重建，英国方面才能将之前代收的关税交给怡良。

1854年6月底，吴健彰与三国领事在昆山举行会谈。会谈的结果是清廷海关将雇佣外国人，外国领事将对海关事务拥有很大介入权。比如各领事可以提名一位外国人为海关委员，上海道须按领事的提名任用。这些委员为清廷办事，但审判其是否渎职的法庭是混合制度，上海道台拥有两票，三国领事各拥有一票。外国委员拥有核查检阅海关文档的权力。海关文件须由一个或多个外国委员签署才能生效。一般认为，怡良之所以同意以这样的方式重建上海海关，是因为他急于得到英国领事控制下的欠税，否则就得接受可能损失全部上海关税的现实。"外籍税务监督制度"就此成型。

在1858年的《天津条约》附《通商章程善后条约》中，这个"外籍税务监督制度"又发生了一些变化。首先是各个通商口岸在任用洋人一事上采取了相同的政策，原因是外商抗议该制度只施行于上海，对其他口岸的商人不公平。其次是"帮办税务"的洋人改由清廷方面邀请，不再由英、美、法三国领事推荐，如此一来，洋员的行为就不再代表他的国家，英、美、法三国政府也就不必承担其行为引发的责任。稍后，南洋大臣何桂清责成英国人李泰国（Horatio Nelson Lay）负责选拔招募所有通商口岸的海关洋员。[18]

1861年，清廷设立总理衙门主管洋务，雇佣有洋员的海关被划归总理衙门管辖。是年1月份，李泰国被总理衙门正式任命为第一任"总税务司"。此后直到1906年，总税务司一直是总理衙门的下属机构。1862年，李泰国因"阿思本舰队"事件失去清廷的信任。1863年，罗伯特·赫德正式成为清廷的海关总税务司，在这个职位上，他一直干到了1908年。

清廷之所以愿意在长达数十年的时间里默许海关由洋人掌控，一个最重要的原因，是洋人掌控下的新式海关能提供更多的税收。清廷传统的海关管理模式，只要求税关每年上缴一笔固定数额的税款，余者由税关自行支配。如广州在1842年之前，作为唯一的对外通商口岸，其关税正额是90万两白银。五口通商后，广州的税额跌至从前的三分之一。启用洋人的新海关运作模式后，1861年的广州海关已上升至可以给清廷上缴123万两白银。同期的福州海关每年可以上缴150万两，上海海关约为250万两。[19]

"如果我们有一百个赫德"

有流传的说法称，"英国人赫德控制下的晚清中国海关基本上杜绝了贪腐，是大清帝国唯一没有贪污腐败的衙门"。[20]完全没有贪污腐败，当然是夸张的说法。不过，自19世纪60年代起，晚清海关确实长期对外维持着廉洁的形象。

聘用洋人管理海关的来龙去脉，已如前文所述。这当中其实也包括对清廉的期待。具体执行此事的总理衙门大臣文祥，曾对英国代表威妥玛如此说道：

"中国人不行，因为显然他们都不按照实征数目呈报。"他还拿上海道台薛焕举例，指责他"近三年来根本没有报过一篇（上海海关的）账"。[21]

文祥的指责不是虚言。在聘用洋人管理海关之前，关税是"承包"给地方的，地方只管缴足中央的定额，定额之外横征暴敛的数额，从来无人知晓。时人估计，中央拿到的定额，不到地方实际横征暴敛总额的十分之一。洋人入主海关之后，降低了税率，砍掉了大量不合理税目，关税收入却跃居中央财政收入的第二位。1910年的年税收入总额高达3450余万两海关银，而在1861年，这个数字只有区区500万两。收入的激增，与机构的廉洁机制有极大关系。

洋人执掌海关后，对华人员工多有歧视。比如以洋员垄断管理层，同职级洋员薪资远高于华员，洋员职级晋升速度也比华员快很多……1900年后，民族主义情绪高涨，这些歧视政策屡遭舆论批评，海关内部华员也多次发起有组织的抗争。但在清廉这个问题上，当时内外舆论基本上都是认可的，比如1933年《申报月刊》刊文抨击海关歧视华员，却也承认："海关为客卿管理之最大成绩，即税收确实奉公，人员廉洁自持，几鲜营私舞弊之恶习。"[22]受歧视的华员，也留有多种口述回忆资料。这些资料显示，他们"（虽然）经历了自主前后的海关，却对外人代管并无恶感，并一致认为海关优良制度的建立，系因吸收了各国精华……同时这些早一两代的人士，常撇开行政权的归属不谈，从效率和纪律着眼，认为洋人掌权的时代，优于国人（指国民政府时代）当家"。[23]

海关档案也是一个佐证。据统计，1854年至1870年，内班职员181名，有81人因考核不合格而去职，其中涉及贪腐者，仅1人而已。[24]

简言之，自晚清到民国，洋人管理下的中国海关，在廉洁方面确实有着很好的口碑。这种廉洁口碑，是由英国人赫德在担任海关总税务司的半个世纪（1863—1908）里实现的。

其实，赫德维系中国海关廉洁的办法并不复杂。说白了不过两条：一是独立的监督机制；二是人性化的薪酬福利体系。

独立的监督机制，包含了如下内容：

一、架构上，海关独立于清廷其他部门，与腐败的清廷官场隔离。总税务司赫德向清帝国高层直接汇报，海关内部只听赫德之命。各海关的主要管理职位不用华人，其中一个重要理由是洋人不怕清廷地方官的干预和施压。

二、海关内部引入独立的监察制度。赫德抛弃传统的中式记账法，引入英国当时最先进的会计、审计、统计制度。这套制度，当时在英国也才实行了十年左右。这个制度引进之后，在海关内部做假账就变得很困难了。

三、海关外部存在独立的"监督力量"。清廷的权力部门（包括中央朝廷与各省督抚）与列强在华使领馆（按条约，海关部分收入需用来偿还对列强的赔款），都对海关关税的收入与去向密切关注。1900年之后，民族危机加重，民族主义日益高涨，民间舆论将洋人执掌中国海关视为耻辱，也时刻盯着海关有无丑闻。[25]

人性化的薪酬福利体系，包含了如下内容：

一、引入细致的考核制度。以年终考绩为例，各栏目分类很细，如"品行"一栏分为"才能、诚信、机敏、勤勉、服从、指挥能力、智力、干练、能否得人尊敬、性情、礼貌"等项。各海关主管调换频繁，而考绩表严禁主管留底。若有主管不如实填写，总税务司署只需参照其他主管历年的考核情形，即可发现端倪。考绩优异者将获得1—6个月不等的额外薪金。

二、拟定了合理的职级晋升制度。海关职位级别很多，职级晋升以资历为主要参照标准（另有两成空缺供择优提拔），与薪酬密切相关；服务到一定年限，还将获得额外的年薪。如此，员工可以清晰地预估自己的收入和职业前景。对未来拥有正向预期，可以大幅削弱人违法贪腐的欲望。

三、高薪酬和丰厚的养老金。自晚清到民国，海关职员的薪俸水平，可以说是政府机关当中最高的，至少是同级别政府职员薪俸的两倍以上。非但如此，赫德还引入中国最早的养老金制度。这是一笔非常丰厚的报酬，与职员的操守直接挂钩，若被发现有渎职、贪污行为，将被开除，养老金一分也拿不到。这种高薪，使海关经费占到海关税收的10%左右（同期英美各国约为4%—5%）。对优厚福利待遇的珍惜，也可以大幅削弱人违法贪腐的欲望。[26]

赫德曾对总理衙门大臣文祥解释，自己之所以设计这样的廉洁机制，是因为他不相信中国人所说的"人性本善"。他觉得人性本恶，所以有必要提升职员贪腐的风险和成本。

有些文章与著作在谈到近代海关的廉洁时，也会提到赫德本人的操守，认为赫德起到了重要的表率作用。其实，海关的廉洁机制对赫德的约束力很有限。他是海关的最高权力，内部监察不了他，外部（如清廷）也没有监察他的专业能力。所以也存在另一种声音，对赫德及其亲信秘书金登干（James Duncan Campbell）是否清廉提出质疑。比如有学者发现，1878年，赫德去巴黎出差和度假，委托金登干找了一栋带花园的洋房，半年租金高达5万法郎，相当于清政府驻伦敦使馆1年7个月的房租。金登干有故意抬高房价，从中拿回扣的嫌疑；金登干在中国海关任职期间，曾违规收取佣金，且致信赫德商议"如何用公事方式花费掉"。也有资料称，赫德在中国工作期间积攒了100万英镑的资产，年收入10万—17万两白银，已远超出他的工资收入，"这么大的数字不贪污是挣不来的"。[27]

不过，上述质疑尚难成为定论。

其实，赫德个人是否贪腐不是关键。他治下的晚清海关之所以能长期维持廉洁的名声，主要是制度的力量，而非赫德个人的道德感召。可惜的是，面对革新吏治的建议，恭亲王当年的回应却是：

如果我们有一百个赫德，我们就采纳。[28]

第四章 1864年：太平天国偃旗息鼓

对清帝国而言，1864年最重要的事件莫过于太平天国运动终于偃旗息鼓。该年6月1日，洪秀全去世；次月，天京陷落。当曾国藩命人将洪的尸体自地下挖出来焚烧时，他见到的是"头秃无发，须尚全存，已间白矣。左股右膀肉犹未脱"[1]。

存续了十余年，一度让清廷摇摇欲坠的太平天国，因何会走到这一步？

天王与东王的冲突

太平天国的高层权力架构天然存在问题。

追溯起来，洪秀全并不是太平天国的创造者。《李秀成自述》里说："南王冯云山在家读书，其人才干明白，前六人之中，谋立创国者出南王之谋，前做事者皆南王也。"[2]李秀成认为太平天国的头号开国者是冯云山。

冯云山于1844年进入广西紫荆山传教。三年后，在当地发展出信徒两千余人。冯云山在传教期间终日念叨的"教主"洪秀全，则始终神龙见首不见尾。金田起事之前，洪从未在教众前露过面。李秀成说"谋立创国者出南王之谋，前做事者皆南王也"，是一种基本符合事实的说法。长期以来，洪只是一尊偶像。

起事后，战争成为太平军的日常事务。军事领袖地位上升，宗教领袖地位下降，是必然之事。来自广东的洪秀全与冯云山，不得不在领导班子排序上向广西本土实力派杨秀清和萧朝贵妥协。结果是：教主洪秀全仍居一把手，冯云山由二把手退居四把手，杨秀清、萧朝贵分别上升为二、三把手。这当中，一把手洪秀全并未掌握实权，杨秀清总揽军政事务。日后宣布出师北伐的檄文《奉天讨胡檄》，只用了杨秀清与萧朝贵的名义，见不到洪秀全的名字。显见洪当时只是虚君。

进入南京城后，洪一头扎进深宫寻欢作乐，鲜少举行朝会，也不处理政务。后世对此颇有指责，但洪作为虚君，作为精神领袖，并无政务可以处理也是事实。天国这种诡异的权力格局，给清廷情报人员造成很大的迷惑。张德坚《贼情汇纂》里说杨秀清掌控着太平天国的实权，刑赏生杀升迁降调等"一切号令，皆自伊出"，至于洪秀全则"徒存其名"，"画诺而已"。清军江南大营统帅向荣在给清廷的奏折里，也说过"洪秀全实无其人，闻已于湖南为官兵击毙，或云病死，现在刻一木偶，饰以衣冠，闷置伪天王府"这样的话。[3]

中国历史上不乏宗教起事的先例，其精神领袖多非活人，如元末明初白莲教起义的精神领袖便是弥勒佛。从这个角度来看，太平天国的精神领袖洪秀全被人误认为一尊供在香烛间的木偶，其实也合情合理。可是洪秀全终究是一个活生生的人，只要是人，就不会甘心只作精神领袖。冲突于是不可避免地发生了。

对冯云山来说，利用宗教起事只是一种实用主义手段。他将远在广东、能力平庸的洪秀全塑造成精神教主，只为满足两个相当现实的需求：一是增加神秘性，吸引教众；二是借广东教会的势力威吓当地官府。金田起事之后，冯云山从实用主义出发，又承认了杨秀清的"天父下凡"——杨在1848年春以上帝附体的方式发言，自此取得天父代言人的地位，平时地位次于洪秀全，当天父附体时则超越洪秀全，言语上具有至高无上的权威。也就是说，在冯、杨二人眼里，教主洪秀全并无可供崇拜敬仰的权威。

之后，实力派宗教领袖冯云山过早战死，改变了太平军中教权与军权的平衡。失去冯云山的支持后，洪秀全独自面对军事领袖杨秀清与萧朝贵一而再再而三的"天父（兄）下凡"把戏，毫无还手之力。发展至最极端时，杨秀清甚至敢借"天父下凡"当众打洪秀全的屁股——那是天国癸好三年（1853）的十一月二十日，"天父下凡"至东王杨秀清府中，对洪秀全的所作所为提出严厉批评。随后，杨秀清前往天王府，向洪传达"天父"旨意，命其跪下接受"杖四十"的惩罚，赖众人伏地跪求获免。[4]

总之，洪虽被奉为教主，但杨、萧等人并不真心信仰洪的教义。冯云山当年拉拢杨、萧入伙，不曾提及洪的教义。1853年，太平军攻克武昌后，杨秀清拜谒当地的孔庙，这对高呼"打倒孔妖"的宗教领袖洪秀全而言是一件非常尴尬的事情。杨秀清的举动，意味着掌控世俗权力的他并不尊重洪秀全的教主地位，也不尊重洪的教义。作为回应，洪秀全只能将更多的精力专注于宗教领域（这也是他唯一可以倚仗的权力来源），以越来越极端化的行为凸显自己的权威和存在感。故而，他领导下的删书衙对儒家学说大加挞伐，对其他宗教也严厉打击，正所谓"敢将孔孟横称妖，经史文章尽日烧"[5]。

建都南京后，洪秀全领导下的文化变革运动变本加厉。经其批准，天国于1853年出版了论文集《诏书盖玺颁行论》，其中一篇由高级官员黄再兴写的论文说："凡一切孔孟诸子百家妖书邪说者尽行焚除，皆不准买卖藏读也，否则问罪也！"[6]明确宣布禁绝、焚除儒学经籍和诸子百家书籍。这一极端行为随后被曾国藩充分利用。他在1854年发表的《讨粤匪檄》里，痛斥太平天国"窃外夷之绪，崇天主之教"，以致"士不能读孔子之经"，"乃开辟以来名教之奇变，我孔子、孟子所痛哭于九原"[7]。曾国藩的宣传有效激发出了儒家读书人的集体义愤。

洪的这些过激行为，在天国内部造成了思想混乱，给总理政务的杨秀清带去许多麻烦。杨的反击方式是借"天父附体"斥责洪秀全。比如，1853年5月，洪秀全禁绝儒学焚烧古书的运动刚刚拉开大幕，杨秀清就借"天父附体"传达指示说："天命之谓性，率性之谓道，以及事父母能竭其力、事君能致其身，此事尚非妖话，未便一概全废。"[8]"天命之谓性"一句出自《中庸》，"事父母能竭其力"一句出自《论语》。杨秀清宣布这些话不是妖言，其实是在敲打洪秀全，表达对洪的极端做法的不满。

洪秀全无视"天父"旨意，继续加大力度推行禁绝儒学与焚烧古书运动。1854年初，杨秀清再次"天父附体"，以极为强硬的语气传达旨意："千古英雄不得除，流传全仗笥中书""千古流传之书不可毁弃""真心忠正的臣僚传述总要留下"。当时的杨秀清已相当愤怒，所以仅过了几个小时，他又再次启动"天父下凡"模式，明确指示洪秀全：

前曾贬一切古书为妖书。但四书十三经，其中阐发天情性理者甚多，宣明齐家治国孝亲忠君之道亦复不少。故尔东王奏旨，请留其余他书。凡有合于正道忠孝者留之，近乎绮靡怪诞者去之。至若历代史鉴，褒善贬恶，发潜阐幽，启孝子忠臣之志，诛乱臣贼子之心，劝惩分明，大有关于人心世道。再者，自朕造成天地以后，所遣降忠良俊杰，皆能顶起纲常，不纯是妖。所以名载简编，不与草木同腐，岂可将书毁弃，使之湮没不彰？今又差尔主天王下凡治世，大整纲常，诛邪留正，正是英雄效命之秋。彼真忠顶天者，亦是欲图名垂千古，留为后人效法。尔众小当细详尔天父意也。[9]

"天父"语气强硬，没有任何商量的余地。或许是杨秀清的威吓起到了作用，洪秀全此后未再搞大规模的焚书。取而代之的是折中妥协，对四书五经实施删改。

当然，斗争并未终结。具体过程不必赘述，结局是洪秀全在1856年策划"天京事变"，联合北王韦昌辉等人，血洗了杨秀清与东王府势力。这位太平天国精神领袖，终于实现了梦寐以求的政教合一。

遗憾的是，这政教合一只维持了短短8年时间。1864年，南京城被攻破前夕，洪秀全于弥留中，向已食草多日的太平军将士下达了最后一道天王诏旨：

你们军士暂时安息，朕今上天堂，向天父天兄领到天兵百千万，大显权能保固天京，你们军士大共享升平之福。[10]

忠王李秀成在自述里说，他与侍王李世贤早就不信"天父天兄""天兵天将"这套空洞鬼话。但对洪秀全而言，这套话术是他权力合法性的全部来源，所以临死之时，他没有别的办法，只能仍以这套话术自欺欺人。

人力与物力的汲取

太平天国的人力与物力汲取机制也有问题。

李秀成在自述里说，太平军起事之初，绝大多数前往金田村为教主"洪先生"祝寿的教民，并不清楚此行是要举旗造反：

　　从者俱是农夫之家、寒苦之家，积多结成聚众……除此六人（杨秀清、萧朝贵、冯云山、韦昌辉、石达开与秦日昌）外，并未有人知道天王欲立江山之事。其各不知，其各因食相随，此是真实言也。[11]

　　去金田村给教主祝寿的，都是些生活困苦的底层农民，他们入教只是为了能有饭吃。除了杨秀清、冯云山等几个高层头目外，普通教众丝毫不知即将发生"立江山"之事。

　　在这次祝寿大会上，高层头目们很可能精心设计过一些"神迹"，比如让拜上帝教的旗帜自动竖起[12]，再将刀枪塞进教众手中。但即便如此，祝寿现场的气氛仍不足以煽动周边村民。李秀成的回忆是"愿去者少，不愿去者多"。于是为了成事，又有了如下一幕：

　　西王、北王带旱兵在大黎里经过，屯扎五日，将里内之粮食衣服逢村即取，民家将粮谷盘入深山，亦被拿去。西王在我家近村居住，传令凡拜上帝之人不必畏逃，同家食饭，何必逃乎。我家寒苦，有食不逃。临行营之时，凡是拜过上帝之人房屋俱要放火烧之。寒家无食之故而从他也。乡下之人，不知远路，行百十里外，不悉回头，后又有追兵，而何不畏？[13]

　　李秀成用他的亲身经历告诉我们：金田起事之后，为筹措到足够多的粮饷，萧朝贵与韦昌辉等人逐村进行地毯式的扫荡掠夺；为裹挟到足够多的信众，采取将信众的房屋焚烧殆尽的手段。这些信众没饭吃没房住，只好跟着他们走，李秀成家便是如此。待到走出百十里路，这些一辈子没出过远门的乡民已找不到回家的路，只好至死跟着造反到底。

　　关于通过地毯式的扫荡掠夺来获取粮饷，李秀成的回忆不是孤证。"打先锋"一直是太平军筹措军饷的常规手段。所谓"打先锋"，即以武力自民间榨取资财。江夏无锥子的《鄂城纪事诗》记录了太平军攻陷武昌后的所作所为，其中便有许多与"打先锋"有关的内容。比如下面这两则：

　　贼入民家，开口问有妖否，答言无妖，便伸手索银，谓之买命。妖，指官与兵也，官为妖头，兵为妖……贼三五成群，见高门大户，阗然而入，衣物银钱，器具粮食，席卷一空。前贼既去，后贼复来，初五、初六、初七三日，民家劫掠或十余次，或数十次，居民纵善藏匿，亦所存无几，况无从藏匿乎。[14]

如果说上面这两则记载尚可解释为部分太平军士兵不遵约束肆意妄为，那么同书中"初五日清晨，街上鸣锣，言东王有令，不准枉杀百姓，衣物银钱，俱要进贡"[15]这段文字，便足以清楚显示扫荡式掠夺的命令来自当时执掌军权的高层人物东王杨秀清——所谓"进贡"，不过是用一个比较好听的词对扫荡式掠夺进行修饰。

《鄂城纪事诗》是一份相当客观的当事人亲历记，既记载了太平军在武昌的种种暴行，也记载了太平军"禁止奸淫甚严"，称赞他们占据武昌将近一个月"而妇女尚能保全"乃是难得之仁[16]。自然，上述关于扫荡式掠夺的记载也是可信的。事实上，相同的记载还见于另一位武昌人陈徽言的《武昌纪事》，内中说，太平军在武昌设立了进贡公所，专收百姓上交的财物：

（太平军）使民间进贡，凡金银、钱米、鸡鸭、茶叶，皆可充贡。且云"进贡者仍各归本业"。盖进贡与拜上异，拜上则为兵，进贡者依然为民也。于是人争趋之……闻进贡仍得为民，皆不惜倾困倒廪出之。至伪公所，次第挤入，数长发贼各以其汇收讫予一纸，上钤伪印，大书"进贡"二字。[17]

由此可知，太平军在武昌搞的"进贡"运动，是一种家家户户都得参与、家中任何稍有价值的东西都要拿出来的强制掠夺。不"进贡"的代价是要被抓去当兵参加太平军，唯有积极"进贡"才有可能继续留在武昌做普通百姓。

关于纵火焚屋以裹挟民众成为兵力这一手段，李秀成的回忆也不是孤证，时人同样留下了相当多的记载。如杜文澜在《平定粤匪纪略》里写道："贼自金田出发……纵火焚大黄墟，悉掳其众，分扰桂平……等县。"游历两广的法国传教士加勒利·伊凡在《太平天国初期纪事》中写道："（起事后）他们足迹所至，都掳掠烧杀……叛党剧增。"[18]天国晚期，北伐军统帅李开芳被俘后也供称："所到各处裹挟的乡民，也有用银钱邀买跟随的，亦有怕杀跟随的。"[19]

用这种手段聚集起来的力量，自然与"民心"扯不上关系。事实上，那些被焚屋裹挟之人，转身便会相当积极地再去焚屋裹挟他人。《贼情汇纂》里有这样一段记载：

> 保安周生曾问数贼曰："尔在彼中掳来乎？投来乎？"曰："掳来，且焚抢殆尽。"复问曰："尔恨掳尔之人及害尔之人乎？"曰："恨。""然则何以今日亦行掳人害人之事？"数贼众一词曰："因自家焚掳一家，己身复被掳，每见完善之地人民，以为我如是，伊辈何独安处？愤懑不平，必将其人掳来，同我一样，我心始快。"[20]

定都天京后，太平天国在很长一段时期里并未建立起稳定可持续的人力与物力汲取机制。军饷的筹措主要依赖攻陷城池后接管府库银两、没收官绅资产，以及强迫百姓呈缴财富以换取不被抓去当兵的优待。如攻陷扬州时，太平军曾在全城张贴告示"令民进贡"[21]；围攻南昌期间，南昌与新建两地的百姓因为恐惧，"以豕鸡鹅鸭银米进贡者不知凡几"[22]。因为物力汲取机制有问题，1854年的天京城一度陷入粮食严重不足、所有人被迫喝粥的境地。这之后，太平天国才痛定思痛，决定在统治区实施"照旧交粮纳税"的制度，也就是恢复清廷的田赋征收制度，只不过百姓缴纳的对象变成了太平天国。

传统的田赋征收工作是一项技术活，从丈量田亩、清理产权、确定田土等级、计算纳税额度，到组织纳粮、储粮、运粮，都需要经验，必须有成熟的官僚和胥吏系统才能运转起来，绝非将军中大小头目撒到民间便能奏效。太平天国也明白这一点，他们重新起用了已被当作"清妖"打倒的地方士绅与旧衙门胥吏。问题是：清廷使用地方士绅与衙门胥吏来维持汲取，是将地方士绅与衙门胥吏视为利益共同体；太平天国起用这些人，则只是为了将征发劳役和征收田赋的负担转嫁到他们头上。据《鳅闻日记》，太平军在常熟的基本做法是：

> （原当地乡官）又暗禀钱逆（注：太平军将领），某处富户可充乡官，倘遇差徭，有财应抵，亏缺粮饷，可使赔偿，故长毛乐从其请。或有畏避不出，自惜体面，贿乞乡官捐银代替，别派他人。若强违不出，唆使长毛到家抄扰

锁打威胁。无籍之徒，则专行钻谋。军、师、旅帅，三大伪职，非无赀者所能营干。[23]

　　大意是：太平军到来后，一名当地原来的乡官变节投靠，将本地百姓的情况和盘托出。他给太平军将领钱某出主意，说某地某人是富户，可以让他充当基层乡官，遇上差役徭役就让他去办，征不上来人力，他还有资财可以抵账；粮饷不够了也让他去办，征不到粮食，他也有资财可以赔偿。有些富户不愿干这个活，只好出钱贿赂该变节者。不愿出钱贿赂又不肯出来替太平军征人征粮者，就要遭到骚扰、锁拿、殴打、抄家。总之，需要承担人力与物力汲取工作的军帅、师帅与旅帅[24]这三大乡官职务，一律只摊派给那些有家产的富人。

　　常熟的做法，也是太平天国在其统治区域内的普遍做法。战争状态下，即便是太平天国在江南的核心控制区域，也仍是一种与清军控制区域犬牙交错的状态。因躲避战乱造成的人口迁徙、田产易主、耕地荒芜随处可见，要想按时足量完成人力与物力的汲取，几乎是不可能的事情，更何况太平天国的汲取并无固定标准，经常由当地将领拍脑袋定数字。于是，被太平天国指定为乡官者，要么选择逃亡他乡，要么便只能化身为穷凶极恶的酷吏，对辖下百姓实施最残酷的压榨。其结果，自然是加速了百姓逃亡，加速了经济溃败，进一步恶化了太平天国的财政状况。[25]

　　物力的汲取情况如此，人力的汲取情况自然也好不到哪里去，毕竟二者依赖的是同一套基层系统。在这套系统里，天国的强行征兵制度难以生效，只能营造恐怖气氛，刺激百姓迁徙逃逸。正如对太平天国抱有强烈同情的英国驻华外交官呤唎（Lindley，A.F.）所说的那样，"太平军曾于1853年推行普遍征兵制，当时他们所到之处，引起了恐怖，可是我们知道太平军早就取消这种制度了。我们知道太平军的兵力补充全靠人民自愿参军"。[26]所谓"靠人民自愿参军"，指的便是天国无奈放弃普遍征兵，改为招募入伍。比如1854年3月，有熟悉安徽情形者给好友瑛兰坡写信，称太平军在安徽已不再搞普遍征兵，改行招募制，"日来闻亦招乡勇，其乱民从者甚多"[27]。传教士丁韪良在报道太平军攻陷抚州的《通讯》中也提道："（太平军）派队四出，在各村镇募兵，持有'奉命招兵'大旗，迅即招得志愿兵几至万人。"[28]

募兵制下，太平天国的人力汲取始终存在两个大问题。

第一个问题是募到的士兵基本都是些游手好闲之徒。据浙江乐清人林大椿在家乡的所见所闻，太平军"下乡招兵，择其无室家者则纳之"[29]，招的主要是那些没有家人的光杆闲汉。林大椿还说，太平军在乐清招募到的比较著名的游民头目，有何炳松、朱永夏与赵杞三人。朱永夏的情况不详，赵杞是当地民间秘密组织"金钱会"的头目；何炳松"昔年浪迹泊吴淞，曾与杨幺旧相识……归来悬赏招横民"[30]，是个曾在上海一带讨生活的老游民，可能本就认识太平军里的某些头目。

第二个问题是兵源不稳定，无法及时补充人力损耗。每次前线传来丧师败绩，都需要重新开拓兵源。比如1861年安庆失守后，英王陈玉成为重整旗鼓，"欲上德安、襄阳一带招兵。不意将兵不肯前去。那时兵不由将，连夜各扯队由六安而下庐州，英王见势不得已，亦是随回，转到庐城"。[31]所谓去德安、襄阳招兵，其实是前去袭击该地，然后招募当地的游民入军。因部队内部存有异议，陈玉成未能亲自率军去实施该计划，最后只派了赖文光等将领"远征"荆襄，希望他们占领襄阳等地后"广招兵马，早复皖省"[32]。

总而言之，太平天国没有建立起合理的物力汲取机制，只能长期依赖非制度化的强力压榨；也没有建立起合理的人力汲取机制，做不到制度化的强行普遍征兵，只能长期依赖裹挟百姓、吸纳游民与收容降军。这种汲取模式，注定了天国的经济与军事皆无法持久。

条例与制度的缺陷

此外，太平天国那些存于理想之中、未能实践的制度，也有很严重的问题。1853年春，太平军占领南京后颁布过一道《待百姓条例》。它的具体内容是这样的：

不要钱漕，但百姓之田，皆系天王之田，收取子息，全归天王，每年大口给米一石，小口减半，以作养生。所生男女，亦选择归天王。铺店照常买卖，但本利皆归天王，不许百姓使用。如此则魂得升天，否则即是邪心，为妖魔，魂不得升天，其罪极大。[33]

　　这份《待百姓条例》出自洪秀全之手。时间约为咸丰三年（1853）阴历二三月间。当时，杨秀清离开南京征赴镇江，洪秀全未与杨商议，贸然颁布《条例》，结果引起南京城内外民众的大恐慌，造成严重的社会混乱。文件还流入清军之手，成了清军借以攻击太平天国的重要资料。杨秀清回到南京后，不得不在阴历五月颁布了《安抚四民告谕》，向民众承诺会保护他们的产业，"圣兵不犯秋毫"，希望"士农工商各力其业"，不要惊慌。[34]

　　《待百姓条例》被废除后数月，1853年秋冬之际，太平天国又颁布了著名的《天朝田亩制度》。这份文件换了一种表述，不再如《待百姓条例》那般直接宣称各种财富都归天王所有，转而强调对"无人不饱暖"的追求。

　　要如何做到"无人不饱暖"？按照《制度》的设计，第一步是先平分天下耕地。也就是将天下之田，按照每户人家的人口多少（不论男女）来平均分配，"人多则分多，人寡则分寡"。总之，要做到"凡天下田，天下人同耕"。

　　第二步是由天国来分配民众耕作的全部产出。具体办法是：到了收获的时候，天国会指派"两司马"（管五名伍长的乡官）去监督"伍长"（管五户百姓的乡官）进行粮食分配，民众可以留足"每人所食可接新谷"的粮食（具体多少算足，民众说了不算），其余全部交给天国。"麦、豆、芋、麻、布、帛、鸡、犬"乃至"银钱"，都用这种方法来分配。

　　为什么要这样做？《制度》的解释是：这天下是"天父上主皇上帝一大家"的，众人不藏私，把产出全交给公正的"上主"，由"上主"来分配使用，天下自然处处平均，自然"人人饱暖"。[35]

　　显而易见，《天朝田亩制度》与《待百姓条例》措辞虽然不同，本质却是一样的。一个要将天下耕地收归"天王"所有，一个将要天下耕地收归"天国"所有。一个要把民众所有的产出收归"天王"，由"天王"按标准再平均分发口粮；一个要把民众所有的产出收归"上主"，只允许民众留下"每人所食可接新谷"的份额。只不过，在具体的话术上，《条例》显得赤裸而暴力，《制度》则显出一种隐晦与粉饰。尤其是《制度》中的"余则归国库"这几个字，较之《条例》里的"本利皆归天王，不许百姓使用"等字句，莫名让强取民脂民膏的行为多了一份宽容体贴；"处处平匀，人人饱暖"这样的词句，也为征敛与汲取套上了一件温情脉脉的理想主义外衣。

因连年战乱，洪秀全未能腾出手来，将《天朝田亩制度》真正付诸实施。但这并非历史的遗憾。倘若文件的政策真的被付诸实施，可能必造就更大悲剧。道理不难明白：民众对劳作所产缺乏支配权，其劳作热情必然骤减；当民众开始在土地上磨洋工，仅满足于生产其必需口粮时，必然与天国的征粮系统发生严重冲突。在缺乏民意制衡机制的时代，官僚征粮系统毫无意外将在面对普通民众时拥有绝对优势。事情如此这般发展下去，结局可想而知。

第五章　1865 年：引进新器械与新技术

1865年发生了许多影响晚清历史走向的事件。比如恭亲王奕䜣在这一年被慈禧太后摘掉了议政王头衔，两宫太后与奕䜣联合执政的双头体制开始崩塌。比如僧格林沁在这一年被捻军击毙于高楼寨，僧王的去世意味着慈禧必须更加倚仗曾国藩、李鸿章这些汉人军事将领。

但就时代的转型而言，这一年最重要的历史事件当属地方督抚们创办了晚清第一家洋务军工企业"江南机器制造局"。这意味着以引进西方先进器械和先进技术为核心内容的洋务自强改革正式启动。

地方干了中枢没法干的事

将西方的先进器械，尤其是军事器械引进来的尝试，始于1862年。

该年，奕䜣试图通过海关总税务司李泰国的人脉网络，自英国直接购回一支近代化舰队。但李泰国另有盘算，他拿了清廷的钱，致力于组建的却是一支完全由英国人掌控、只听命于李泰国本人的私人舰队。1863年1月，李泰国与他选定的舰队司令阿思本（Sherard Osborn，原英国海军将领）在伦敦签署了合同，内中第二款规定："凡中国所有外国样式船只，或内地船雇外国人管理者，或中国调用官民所置各轮船，议定嗣后均归阿思本一律管辖调度"，意即阿思本不仅仅是该舰队的司令官，也将是清廷所有官船（无论中央与地方）的司令官。

除此之外，合同中还有规定，"凡朝廷一切谕阿思本文件，均由李泰国转行谕知，阿思本无不遵办；若由别人转谕，则未能遵行"，"如有阿思本不能照办之事，则李泰国未便转谕"。这意味着，舰队虽然是清廷出钱购买，名义上也属于清廷，但舰队司令阿思本只听李泰国的指挥；李泰国名义上接受清廷领导，但只要他不认可，就能以"这是阿思本不能照办之事"为由，拒绝向阿思本传达清廷的旨意，拒绝让舰队为清廷服务。[1]

当时的东亚国家皆无近代化军舰。如果李泰国的盘算得逞，他将会拥有一支无敌舰队。这支舰队可以将他送上"全东亚太上皇"的宝座。

奕訢察觉到情况不对时，钱已经超支花了出去。总理衙门无法从李泰国那里拿到有具体账目的详细报告，无法核查他将钱花在了哪里。而李泰国已将合同签署完毕，招募的600多名英国官兵也已经到位。1863年9月，阿思本率舰队抵达天津，与李泰国联手威胁清廷：要么接受既成事实，要么承受全部投入血本无归的代价，听任舰队解散。这就是中英外交史上著名的"阿思本舰队事件"。

在美国驻华公使蒲安臣（Anson Burlingame）的提点与斡旋下，事件最终以军舰送回英国由英方变价出售、李泰国海关总税务司职务被解除告终。有统计称，在这场闹剧中，清廷支出白银172万两，收回102.1万两，不算中间种种人事成本，已白白亏损了白银69.9万余两。[2]

"阿思本舰队事件"这个沉痛的教训，让奕訢急切地感受到清帝国有必要建设自己的军工企业。所以，当丁日昌在李鸿章的支持下向朝廷提建议，希望引进外国船坚炮利的先进技术来建立自己的"夹板火轮船厂"时，总理衙门的回复是极力称赞丁日昌，说他的建议"洞见症结，实能宣本衙门未宣之隐"[3]，说出了总理衙门不方便说出来的心里话。不久后，总理衙门便支持李鸿章与曾国藩，于1865年在上海成立了江南机器制造局。

这是晚清第一家以引进西方先进技术为主旨的军工企业。

李鸿章与曾国藩是在与太平军作战期间，见识到西方坚船利炮之威力的。1862年，李鸿章在上海目睹洋人枪炮的精良后，给曾国藩写信说洋人的落地开花弹"真神技也"[4]。在另一封信里，他还告诉曾国藩，说自己怀着"虚心忍辱，学得西人一二秘法"[5]的心思，已开始创设制造局。大略同期，曾国藩也在尝试利用留美归来的容闳的能量，请他前往美国购买一批"制器之器"。到了1865年，李鸿章设立的三所制造局，与曾国藩派容闳自美国购回的机器，全部并入新成立的江南机器制造局。

江南机器制造局诞生于地方督抚之手，而非由改革中枢总理衙门直接创设，是有原因的。

第一个原因：改革在地方遭遇的阻力，要远小于中央。

本书前文提到，为了培养合格的技术人才，奕䜣于1866年上奏，请求在京师同文馆内添设天文算学馆，理由是"洋人制造机器、火器等件，以及行船、行军，无一不自天文、算学中来"[6]。为了堵住反对者的嘴，他还在奏折里宣称西学的源头是中学，只不过洋人心思缜密善于运思，所以现在水准高于中国。奕䜣希望翰林院里的那些编修、检讨与庶吉士们，能够放下成见加入天文算学馆，将自己培养成合格的技术人才。可惜的是，成见关乎利益，并不容易放下。朝廷要培养重用技术官僚，政治官僚不可能高兴。于是，大学士兼帝师倭仁亲自披挂上阵，大呼立国之道"在人心不在技艺"，痛骂奕䜣的做法是"以夷变夏"，将会招致亡国灭种的危机。倭仁的身后，还有李鸿藻、翁同龢、徐桐等政治官僚结成攻守同盟，其声势远非奕䜣一人所能抵御。

相对而言，由曾国藩与李鸿章这些地方督抚选派人员去学习西方技术、建设近代兵工厂，阻力就要小多了。总理衙门称赞地方官丁日昌，说他建议搞夹板火轮船厂"实能宣本衙门未宣之隐"，缘故便在这里。

第二个原因：在镇压太平天国的战争中，地方督抚的兵权、财权与人事权有了前所未有的扩张。

兵权扩张，意味着地方督抚有动力去引进坚船利炮和制造坚船利炮的技术。人事权扩张，意味着地方督抚有办法将优秀的人才聚集到自己的幕府之中。财权扩张，意味着地方督抚在落实改革项目时有经费支持——1865年开办的江南制造局，共耗费15万两白银，但未动用中央财政分毫。其中，收购虹口美国铁厂耗费的6万两白银里，有4万两来自海关通事唐国华等三人的赎罪银，有2万两由上海道台筹措。李鸿章之前设立三所制造局的资金，以及曾国藩委派容闳赴美购买机器的资金，也都来自地方，没有向朝廷伸手要钱。[7]

地方自己有钱，就省去许多与中央的交涉，自然也就避免了争论，减轻了阻力。而且，待地方督抚拿钱把摊子支起来，中央财政再给予支持，就容易多了。

江南机器制造局的情况便是如此。该局在19世纪80年代的运作经费常年维持在70万两白银以上，最多时能达到100万两白银。这些经费小部分由地方督抚筹措，大部分须由中央支持，尤其依赖海关收入的按比例拨付，早期是拨付一成，后增至二成。如果没有来自总理衙门和决策中枢的支持，这种经费保障是做不到的。有学者如此总结道："可以认为清政府内部无论是地方大员还是中枢王公大臣，对于江南制造局这个最重要的军工企业还是非常重视的，在核心的拨款问题上一直予以支持，即使在经费最为困难的情况下也没有大规模削减其经费——至少截至1904年是如此。"[8]

除了引进西方的器械和技术，清廷在1865年还尝试引入国际法——该年初，300部由总理衙门大臣作序的《万国公法》被分发给各省督抚，供他们在处理外交问题时参考。这一举动，意味着清廷虽仍固守"华夷秩序"，但也已开始意识到条约与国际法在外交中的重要性。

以奕䜣为首的总理衙门高层，之所以会对《万国公法》感兴趣，既与传教士丁韪良的大力推荐有关，也是因为1864年发生了"李福斯事件"。

该年春，普鲁士首任驻华公使李福斯（Guido von Rehfues）乘军舰由天津入北京，计划赴总理衙门面见奕䜣呈递国书。当时，普鲁士与丹麦正处在战争状态。李福斯在大沽口见到了三艘丹麦商船，遂直接将其扣押。刚刚接触到《万国公法》的奕䜣，以书中所载国际法为依据谴责李福斯，说他在中国洋面扣留他国船只是对中国主权的侵犯，扬言此事若不能得到合理解决，总理衙门将拒绝接待李福斯一行。李福斯无奈，只好派人到总理衙门道歉，承认此事"咎在我国"。[9]

"李福斯事件"让奕䜣见识到国际法确实有助于外交。于是，在1864年8月，他正式奏请朝廷批准印刷《万国公法》。奏折中特意举了"李福斯事件"为例：

> 臣等查该外国律例一书，衡以中国制度原不尽合，但其中亦间有可采之处。即如本年布国（普鲁士）在天津海口扣留丹国（丹麦）船只一事，臣等暗采该律例之言与之辩论，布国公使即行认错，俯首无词，似亦一证。[10]

遗憾的是，或许是为了减轻朝野舆论阻力，奕䜣在奏折中仅将《万国公法》定性为一种与洋人对抗的工具，其价值仅在于内中"颇有制伏领事官之法"，有助于"借彼国事例以破其说"。换言之，清廷只有在与外部世界发生纠纷时才会参考《万国公法》中的条款，以便用洋人的盾来抵御洋人的矛；至于平常时日，仍是"中国自有体制，未便参阅外国之书"。[11]

劝化英夷让他们改邪归正

身在中枢的奕䜣小心翼翼力求站稳"中国自有体制"的立场，身在地方的李鸿章却正越走越远。

1864年，李鸿章致信总理衙门称"中国文武制度，事事远出西人之上，独火器万不能及"[12]，此时，李鸿章的立场与奕䜣的"中国自有体制"之说尚无分别。但在之后不断的"买买买"中——在长约30年的漫长时间里，李鸿章一直是近代军事器械和军事技术的忠实采购商——他对近代器械与技术的认知发生了微妙的变化。比如他渐渐明白，仅靠购入先进武器是不够的，还需要培养与之相适应的具备近代军事技术与军事理念的人才："西洋水陆兵法及学堂造就人才之道，条理精严，迥非中土所及。"[13]北洋海军留洋管带群体、天津水师学堂等，都是这种认知进化后的产物。

军事之外，李鸿章也在思考一些政治与经济问题。比如欧洲列强普遍疆土狭小，却"岁入财赋，动以数万万计"；清帝国疆域辽阔，却是"积弱患贫"，财政收入捉襟见肘。李鸿章对此深感困惑，希望找出原因。他早年认为答案在于列强有"煤铁二端"，后来他的看法有了变化，认为"欲自强，必先裕饷；欲浚饷源，莫如振兴商务"[14]，也就是意识到了以工商业立国的重要性。基于这种认知，李鸿章开始扶植绅商，支持他们购置机器创办织布局之类的民用企业。在给朝廷的奏折里，他成了"民富方能国强"理念的支持者：

古今国势，必先富而后能强，尤必富在民生，而国本乃可益固。[15]

至晚到19世纪70年代末，李鸿章已经抛弃了"中国文武制度，事事远出西人之上"的旧观念。当郭嵩焘于1877年致函李，向他详细介绍欧洲的议政体制时，李鸿章已可颇为自信地回复称自己对这些东西也有一些了解："西洋政教规模，弟虽未至其地，留心咨访考究几二十年，亦略闻其详。"[16] 同时还在信中感叹自己提倡的种种改革措施，包括开煤矿、修铁路、设电线、添洋学等，均难得到朝野的支持，故收效甚微：

> 其功效茫如捕风，而文人学士动以崇尚异端、光怪陆离见责，中国人心，真有万不可解者矣。[17]

由"师夷长技"出发，李鸿章的认知能达到这样的水准，其实是一种水到渠成——近代文明是个有机统一的整体，李鸿章办洋务虽仅从引入军事技术与先进武器入手，但军事技术与先进武器势必关联机器制造业等领域，这些领域又势必关联铁路与开矿等事，上述种种又势必需要革新教育制度来提供人才支持；而欲革新教育制度，又关系到科举兴废等根本性的制度改革。李鸿章搞了三十多年洋务，慢慢获得上述认知，不是什么奇事。

可惜的是，李鸿章等人无力让实践与认知同步。19世纪60年代，京师同文馆欲引入近代天文与数学课程，朝野内外便责难之声四起，纷纷鼓吹大清的立国之道是礼义而非权谋，说什么真正的强国之术在于人心而非技艺。李鸿章与曾国藩于19世纪70年代合作推动的幼童留美，后来也被迫于1881年中止。那些归国的幼童成了朝廷眼中的"思想犯"，一度被施以严格的人身监控。引入近代学问难，单纯引入近代技术成果也难。铁路建设便是一个典型案例。李鸿章等人自19世纪60年代即筹划引入铁路，结果屡被朝廷以打压舟车运输、夺小民生计、便利敌军深入国境等理由驳回，言官们扣下来许多帽子，如"似为外国谋，非为我朝廷谋也"，"无非为肥己进身之地，而置国家利益于不顾也"[18]之类。

这自然是因为，在19世纪60年代至90年代，清帝国朝野的多数知识分子仍深陷在传统的"治国平天下之术"中难以自拔。他们普遍怀有一种文化优越感与制度优越感，视洋务为不足道的奇技淫巧。1876年，郭嵩焘赴英担任公使，经学家王闿运闻知后写信谆谆告诫郭，要他到英国后承担起时代的责任，用"圣道"规劝英国人改邪归正：

海岛荒远，自禹墨至后，更无一经术文儒照耀其地。其国俗学者，专己我慢，沾沾自喜，有精果之心，而并力于富强之事。诚得通人开其蔽误，告以圣道，然后教之以入世之大法，与之论切己之先务，因其技巧，以课农桑，则炮无所施，船无所往，崇本抑末，商贾不行，老死不相往来，而天下太平。此诚不虚此一行，比之苏武牧羊，介子刺主，可谓狂狷无所裁者矣。[19]

王闿运这番话的大意是：英国这地方乃是荒远的海岛，从来不曾接受过"经术文儒"的教育和熏陶。所以这个国家的风俗不太行，民众都在追求一些错误的东西。如果有"通人"能够帮助他们认识到自己的错误，传授他们"圣道"，传授他们"入世之大法"，让他们抛弃商船回归农桑，走上"崇本抑末，商贾不行，老死不相往来"的太平盛世之道，那么，你郭嵩焘就可以说是真的不虚此行，就可以与苏武、傅介子这样的古人相提并论。

王闿运还在信中鼓励郭嵩焘，说"奉使称职，一时之利；因而传教，万世之福"[20]，你去英国做公使，做好了只有一时的好处；如果你把中国的"圣道"传给英国人，那才是万世的福音。王迫切地希望郭到了英国之后，将主要精力放在启蒙英国人这件事情上，努力引导英国成为欧洲版的清帝国，努力将英国人的思想境界提升至与清帝国士大夫相同的境界：

诚为之告以佳兵之不祥，务货之无益，火器能恐人而不能服人，马（码）头利纷争而不利混一，铁路日行万里何如闭户之安，舟车日获万金不过满腹而饱。[21]

此信大意是：你要努力让英国人明白，厉害的兵器是不祥之物，孜孜于物质追求也没有好处，火器能恐吓人但不能让人信服，码头会带来纷争不利于人心统一，铁路日行万里不如关上门安安稳稳待在家中，轮船火车每日获利万金也比不上将肚子吃饱。

王闿运的这些话，今人读来只会当成笑话。但在当时，它不是笑话，而是一种延续已久的自信，是多数知识分子的共识。这种自信与共识，对晚清的自强运动而言，是一种持久绵长的阻力。恭亲王一面印刷《万国公法》，一面声称"中国自有体制，未便参阅外国之书"的缘故，大约也在这里。

用魔法是打败不了魔法的

王闿运的这种自信，不是突如其来的。

早在明末清初，利玛窦、南怀仁等传教士携西学来华，知识分子们便喜欢以"老子化胡"式的想象来理解西学，以保持对中学的自信。比如黄宗羲曾说"勾股之术，乃周公商高之遗，而后人失之，使西人得以窃其传"[22]，他发现传教士输入的毕达哥拉斯定理与中国的勾三股四弦五之术相通，遂认定是西方人"窃"了中国的勾股之术。黄无视了"各自独立发现"的可能，也忽略了理论提炼与现象觉察之间的差别。

类似的论调，也见于与黄宗羲同时代的王夫之、方以智、王锡阐等人。王夫之在谈论西洋历法时，曾说"西夷之可取者，唯远近测法一术，其他皆剽袭中国之绪余，而无通理可守也"[23]；方以智说，西方历法虽然精准，"其皆圣人之所已言也"，其实都是中国古已有之的东西，只是后人不争气失传了，"天子失官，学在四夷"，才被夷人捡了去发扬光大[24]。王锡阐则称，西方历法的创新优异之处"悉具旧法之中"，老祖宗的旧法里其实都有，"西人窃取其意，岂能越其范围？"[25]

黄宗羲、王夫之、方以智这些人，都是无权无势的在野学者，影响力终究有限。真正让"西学起源于中学"这个说法成为不容置疑的定论、成为举国知识分子必须信奉的常识的人，是康熙皇帝。

众所周知，康熙皇帝曾向来华传教士学习过数学、地理与天文历法等知识。但康熙的"好学"并非对知识本身存有兴趣，而是缘于强烈的政治目的，扼要说来，就是为了折辱汉人知识分子，以消灭他们在"学问"方面拥有的对满人的心理优势。故此，康熙自传教士处学得一些天文历法知识后，转头就会将李光地等人召来，要当着这些汉人知识分子的面，证明《尧典》之类的古籍是错的；康熙自传教士处学了如何以数学方法计算河水流量的知识后，也会转头召集群臣当场示范，使群臣们"得闻所未闻，见所未见"，从而达到折辱汉人知识分子的目的。姚念慈在《康熙盛世与帝王心术》一书中，如此总结康熙这种做法造成的最终局面：

> 至康熙后期……学术领域中的领袖，也只有玄烨一人。他自恃周知万物，又无书不览，学术已凌驾汉人之上，意得志满之态往往难以掩饰。……玄烨虽不承认自己生而至圣，但学而至圣，他是当仁不让的。[26]

借传教士的学问来打击汉人知识分子的同时，康熙又以"西学起源于中学"来打击传教士。他亲自参与写了一篇《三角形推算法论》，明确宣称西方历法起源于中国，是从中国传过去的，西人学到之后，代代增补修缮，所以才会比中国本土所传要精密一些。其论文原话是：

> 历原出自中国，传及于极西，西人守之不失，测量不已，岁岁增修，所以得其差分之疏密，非有他求也。[27]

上有康熙负责给出"正确结论"，下面自然会有御用学者负责"摇尾论证"。于是，"西学起源于中学"之说，便成了康熙时代不容挑战的常识。号称康熙朝"历算第一名家"的梅文鼎，便是"摇尾论证"者之一。梅得到李光地的开示[28]，先是热烈歌颂康熙的见解，说皇帝的研究独步古今，此前历代学者"皆所未及"[29]；然后又全力帮助皇帝"论证"西方天文学即中国古代的"周髀盖天之学"，还脑补出了一条"合理"的文明西传之路[30]。梅一再向人表态，说自己对皇帝提出的"西学源于中学"之说拜服得五体投地：

> 伏读御制《三角形论》，谓古人历法流传西土，彼土之人习而加精焉。大语煌煌，可息诸家聚讼。[31]
>
> 伏读圣制《三角形论》，谓众角辏心以算弧度，必古算所有，而流传西土。此反失传，彼则能守之不失且踵事加详。至哉圣人之言，可以为治历之金科玉律矣。[32]

同样必须佩服至五体投地者，还有宫中的传教士。据梅文鼎之孙梅毂成说："我朝定鼎以来，远人慕化，至者渐多。汤若望、南怀仁、安多、闵明我相继治理历法，间明算学，而度数之理渐加详备。然询其所自，皆云本中土流传。"[33]——无远弗届、不容置疑的皇权高高在上，面对"你们的历法学问来自哪里？"这样的问题，传教士们除了重复康熙的御定结论，很难有胆量给出别的回答。

内有"学术界"拥护，外有传教士认同，"西学起源于中学"之说很自然地成了康雍乾嘉时代的主流论调。该论调囊括的范围也越来越大，不再仅仅局限于历法。比如活跃于嘉庆道光时代、兼具学者与官员身份的阮元，便宣称西方传教士带来的哥白尼地动日心说有可能源自张衡的地动仪："张子平（张衡）有地动仪，其器不传。旧说以为能知地震，非也。元窃以为此地动天不动之仪也。然则蒋友仁之谓地动，或本于此，或为暗合，未可知也。"[34]按阮元的理解，张衡的地动仪并不是用来测试地震的，应该是一种"地动天不动之仪"，与传教士蒋友仁带来的"地动说"是一回事，后者或许源自前者，或许是各自独立发现。活跃于嘉庆道光时代的邹伯奇，则"论证"得出了"西学源出墨子"的结论："西方天学……尽其伎俩，犹不出《墨子》范围。……《墨子》俱西洋数学也。……故谓西学源出《墨子》可也。"[35]

邹伯奇的这项"发现"俘获了众多晚清知识分子。光绪年间出使西方各国的薛福成，即认定"泰西耶稣之教，其源皆出于墨子"，不但西方的光学、力学与机器船械之学来自《墨子》，连"举旗灯以达言语之法"与"千里镜、显微镜"，都不出《墨子》的范围[36]。薛福成还说，西方的星算之学，也源自中国的《尧典》与《周髀》；西方的火轮船，则是中国的"木牛流马遗法"[37]。大略同期，冯桂芬、郑观应、王韬、陈炽等人，也均宣扬过"外人晚于中国，必定拾我之牙慧"[38]"西法固中国之古法"[39]"西法之本出乎中"[40]等论调。当然了，较之康熙、阮元和邹伯奇这些人，这批晚清知识分子高喊"西学源于中学"，多了另一个目的，那就是以此来论证向洋人学习，也就是"师夷长技"是具备合法性的——既然西学源于中学，那么向洋人学习也就不存在什么"以夏变夷"了，不过是"以中国本有之学还之于中国"[41]，这有什么可反对的呢？

也正因为部分晚清知识分子刻意将"西学源于中学"之说与改革的合法性关联了起来，所以道咸同光时代的"西学源于中学"之说，较之康雍乾嘉时代的"西学源于中学"之说，又有了一个明显的区别，那就是：后者主要集中在科学技术层面，前者却已扩张至思想文化与制度建设层面。比如出使日本的黄遵宪，虽认定西方文明"源流皆出于墨子"，但他论述的重点已扩展至"天赋人权"这种理念。在他看来，西方文明的源流全在墨子，讲人权源自墨子的"尚同"；讲"爱邻居如爱自己"源自墨子的"兼爱"；讲上帝和灵魂则源自墨子的"尊天明鬼"。黄的原文如下：

> 余考泰西之学，其源流皆出于墨子。其谓人有自主权利，则墨子之尚同也。其谓爱汝邻如己，则墨子之兼爱也。其谓独尊上帝，保汝灵魂，则墨子之尊天明鬼也。[42]

再如出使欧洲的薛福成，他对西方近代政治架构有颇为直接的了解，遂在日记中宣称，中国在尧舜时代就是民主制度，"匹夫有德者，民皆可戴之为君"的古代传说即"今之民主规模也"[43]；西方的学校、医院、监狱、街道，均存有中国的"三代以前遗风"[44]；上下议院制度也可以在中国古代找到源头。总之，西方政教凡"合于我先王故籍之意者"[45]，国家都很强盛，反之则乱象频生。

从康熙式的自大到王闿运式的狂妄，清帝国的知识分子在长达百余年的时间里，与整个外部世界是脱节的。冯桂芬、郑观应与薛福成们反向利用"西学源头是中学"之说，来为改革拓宽空间，也不过是一种饮鸩止渴之术——正因为大多数晚清知识分子仍坚信"西学源头是中学"乃不容置疑的真理，冯桂芬、郑观应与薛福成才不得不出此下策，试图"以魔法打败魔法"。

及至甲午年洋务改革破产，严复痛定思痛，终于撰文《救亡决论》，正面痛批"西学源头是中学"这种谬论。他说，某些人自居名流，对西学并非真的了解，只凭着转述耳闻，再从中国古书之中搜猎相似言辞，就敢放言说什么"西学皆中土所已有"。这种人实在是"其语近诬，诬时讨厌"，不但可笑，还说明中国的民智状况实在是糟糕透顶。严复在文章里仰天长叹：

> 有此种令人呕哕议论，足见中国民智之卑。[46]

第六章 1866年：首个官派考察团出洋

如果以上帝视角来打量1866年，该年最重要的事情或许是一个孩子出生在广东香山翠亨村，母亲给他起小名"帝象"。40多年后，这位孙帝象将成为清帝国最重要的掘墓人之一。

但就时代的转型而言，1866年最引人瞩目的人物是一位叫作斌椿的六十三岁老人。他得到了前往欧洲亲眼见识近代世界的机会，这也是清帝国的官员第一次率团出洋。

恭亲王找了个变通之法

1866年春，清帝国的海关总税务司赫德要回英国结婚。

赫德向总理衙门请了六个月婚假，表示愿意带几个中国人随自己一同去欧洲，让他们亲眼看看近代世界是何模样。此时的清廷尚无任何官员有出洋经历，也没有对外派驻外交官。

在为清廷工作的十余年里，赫德一直试图说服清廷向欧美各国派驻外交官。说服的方式包括与总理衙门大臣私下交流、向总理衙门呈送公文说帖、翻译《万国公法》中与外交官权利有关的章节、撰写《局外旁观论》讲述派驻外交官的好处[1]……恭亲王奕䜣很愿意听取赫德的种种改革意见，但对向海外派驻外交官这项建议，奕䜣的回答始终是"究系局外议论，且亦非急切能办之事"[2]。

清廷之所以宁愿承受消息闭塞之害，也不肯派外交官出国，主要是因为"礼节一层，尤难置议"[3]。多年来，同治皇帝与两宫太后一直回避接见欧洲国家派来的使节，原因是他们不肯行跪拜之礼，而大清又没有能力强行让他们下跪。如果大清派了外交官去欧洲，就会面临一个困境：这些外交官对欧洲君主行跪拜之礼，便是有辱大清体面；他们入乡随俗行握手鞠躬之礼，又会成为欧洲国家的驻华外交官拒行跪拜之礼的理由。如此这般衡量得失后，对外派驻外交官一事，遂迟迟难有动静。

与赫德提议带中国官员游历欧洲大略同时，英国驻华参赞威妥玛也向清廷呈递了一份改革建议书，题为《新议略论》。这份文件原本是据威妥玛为新任英国驻华大使的阿礼国准备的一份备忘录。阿礼国上任后，觉得该备忘录颇有价值，遂命人将其译为中文，让威妥玛送了一份给恭亲王奕䜣。

这是一篇五千余字的长文。主要内容是劝清廷兴办铁路、电报、采矿等事业，也建议清廷改革教育体制，创设新式军队。文章还力劝清廷对外派遣"代国大臣"，也就是设置驻外公使。威妥玛说，向外国派驻公使对清廷是有大益而无害的事情，既有助于联络清廷与各国之间的感情，增进彼此间的理解，也可牵制在京的外国公使势力，还有助于消弭不必要的外交争端。最重要的是可以让清廷更好地融入世界，否则"中国独立，不与邻邦相交，各国未免心寒"。[4]

奕䜣收到威妥玛的建议书后，便命总理衙门将其下发给地方督抚讨论。

督抚们的回奏中有许多反对意见。比如改革科举不再用诗文取士这条建议，遭到两广总督瑞麟和广东巡抚蒋益澧的严词反驳，理由是历史上科举出身的"名臣贤相"数不胜数，中国自古以来做大臣者有个优良传统就是"问钱粮不知"，威妥玛希望官员懂钱粮之事，说什么"诗文无用"，实乃"坐井观天之见也"[5]。派驻外交官这条建议也招来了许多疑虑。江西巡抚刘坤一觉得，派遣驻外公使相当于将国家的"柱石重臣弃之绝域"，这些国之重臣很可能会被洋人"挟以为质"。浙江巡抚马新贻也认为，洋人很可能会借控制驻外公使来操纵大清内政，万万不可上当[6]。

当然也有赞同者。三口通商大臣崇厚与即将调任湖广总督的李鸿章就很支持对外派驻使节。可惜的是，支持者普遍面临如何处理跪拜礼节这个问题，如果提不出让朝野满意的解决办法，其支持便没有力量。崇厚提不出解决之法，只能在回奏里讲车轱辘话——他一面说派遣外交官是应该做的事情，一面又说做之前须将清廷使节与各国君主相见的礼仪确定下来，必须做到不损大清国体。如此来回横跳，等于将问题原地推入了死胡同。

地方督抚针对威妥玛的改革建议书讨论不出结果，赫德的提议却仍让恭亲王奕䜣见到了一个变通的小机会。

在给朝廷的奏折里，奕䜣说：既然赫德愿意带人随他去英国"一览该国风土人情"，不妨从同文馆里选几个学生出洋游历。这些学生都是身份低微的八九品官，与隆重派遣使节是两回事，自然不会有多少涉及礼仪的活动。有赫德一路照料，也会少许多麻烦。再找个老成之人做领头的管束这些学生，就万无一失了。

总理衙门选中的老成之人叫作斌椿。

斌椿是旗人，以前做过山西襄陵县知县，后被调往赫德的总税务司"办理文案"，也就是做一点文书工作。因为斌椿年已六十三岁，他的儿子广英也获准随行，以照料老父的起居。广英原在内务府做"笔帖式"，负责满文与汉文之间的翻译工作。受斌椿管束的同文馆学生共三名，名叫凤仪、张德彝与彦慧，也全部是旗人。这五个人，组成了近代中国的第一支官派出洋考察团。

考察团全部由旗人组成，当然是有原因的。首先，旗人这个身份对清廷而言意味着忠诚；其次，相比让汉人去开眼看世界，奕䜣更期望旗人的见识跑在时代的前面。他之前创办京师同文馆培养外语人才时，便特别强调同文馆学生须"选八旗中资质聪慧，年在十三四以下者"[7]。奕䜣不放心让汉人学外语，觉得他们很可能会与洋人勾结，损害清廷的利益；但他信任旗人，觉得让旗人学好外语有助于清廷了解真实的外部世界，有助于维护满人的天下。让老旗人斌椿率四名年轻旗人游历一趟欧洲，也存有相同的考量——即便如此，总理衙门于考察团出发之前仍然审查了一番斌椿的思想状态，结论是斌椿自幼受四书五经"千锤百炼"[8]，确实老成可靠，不会被蛮夷所惑。

为了将与跪拜礼相关的风险降至最低，清廷没有给考察团下达任何政治任务。他们唯一要做的事情是听从赫德的安排，在两位海关职员——英国人包腊（Edward Bowra）和法国人德善（Des Champs）——的导游下，去观览异域的山川河流与风土人情，再将所见所闻"带回中国以资印证"[9]。所以，这支考察团实际上更像是旅游团。

以斌椿为团长，让驻华外国使节们颇有一点失望。许多人觉得斌椿官职太小，一辈子碌碌无为，能力平庸，担忧他即便到了欧洲，也缺乏足够的阅历和学识来获得正确的认知。熟悉清廷的英国外交官弗里曼·密福特（Freeman Mitford）告诫欧洲各国说，斌椿只是个小官员，此行不过是奉命旅行游历，招待他的规格不可过高，否则可能会产生适得其反的效果：

> 我只希望不要过于盛情优待之，否则中国人会误读你们。他们马上会说："瞧，我们民族多么伟大，我们一个私人旅行者到你们国家都能受到如此礼遇，皆因你们知道我们聪明，智慧超过你们，而你们夷人，即使大臣来此也不会有如此优厚待遇。"[10]

密福特提出的"不要过于盛情优待"的告诫，其实也是清廷中枢最期望发生的结果——欧洲各国的君王与政府首脑最好不要接待斌椿使团，那样最利于清帝国继续回避跪拜礼问题。

有选择性地"开眼看世界"

1866年3月，斌椿考察团从上海坐船启程，经过一个多月的航行后抵达法国马赛港，正式踏足欧洲。之后，考察团先后游历了法国、英国、荷兰、德国、比利时、丹麦、瑞典、芬兰、俄国等十余国，于同年10月回到上海。

斌椿的考察成果是一本叫作《乘槎笔记》的游记，和两部共收录了130余首诗作的诗集。在游记与诗集中，斌椿不止一次将自己描绘成上报天子、下济百姓的大英雄。遗憾的是，他的考察并没有给清廷带回多少有价值的东西。

在欧洲，斌椿见到了迥异于清帝国的繁华城市。他去过马赛、里昂、巴黎、伦敦、伯明翰、曼彻斯特、阿姆斯特丹、哥本哈根、柏林……这些城市有着良好的公共卫生与绿化建设，有路灯、长椅、公园、动物园与剧院，还有"夜夜元宵"（团员张德彝之语）的城市夜生活。所有这一切都让斌椿惊叹不已——斌椿在北京城生活多年，非常清楚北京城完全谈不上有公共卫生设施，也谈不上有公共娱乐设施，其城市面貌如晚清名妓赛金花所言："北京的街道，那时太腌臜了，满街屎尿无人管。"[11]北京之外，其他城市同样糟糕，比如郑观应于19世纪90年代在上海见到的是"一入中国地界则污秽不堪，非牛溲马勃即垃圾臭泥"[12]。

斌椿也体验了许多新鲜刺激的近代器械。先是法国客轮"拉布得内号"让他大开眼界，船上不但有厨房可以提供精美的饮食，还有"千门万户"的房间和让人"目迷五色"的装潢，还有能将海水蒸馏为淡水、可供数百人饮用洗漱的庞大设备，以及让满船人感觉"清风习习"的风扇，以及使人"不觉其为行路"，甚至可以让斌椿铺开纸笔练习书法的平稳动力系统。[13]然后，他又坐了火车、乘了电梯、打了电报、用过冷热水龙头与抽水马桶，还参观了造船厂、玻璃厂、印刷厂、制钱厂、兵工厂、医院、博物馆……

所有的新鲜事物当中，斌椿最喜欢歌剧院。在巴黎看的第一场剧，布景"山水楼阁，顷刻变幻"，演员"衣着鲜明，光可夺目"，台上五六十人，"美丽居其半，率裸半身跳舞。剧中能作山水瀑布，日月光辉，倏而见佛像，或神女数十人自中降，祥光射人，奇妙不可思议"，让斌椿看得非常过瘾[14]。有人考证出，赫德安排他们看的这出戏是著名的《唐璜》。尝过滋味后，斌椿在接下来的旅行中多次向负责行程安排的包腊提出看戏的要求，"要尽量多地去剧场看戏，越多越好"，尽管他根本听不懂剧情。于是，巴黎、伦敦与曼彻斯特等地，都留下了斌椿老大人观剧的踪迹。[15]

斌椿热衷于上剧院，或许是为了刻意逃避某些东西。

赫德在日记中说，他将斌椿一行带往欧洲，是希望欧洲各国政府通过接待他们，对中国人产生良好的印象。他很希望斌椿一行能够带着愉快的感受离开欧洲，还希望斌椿回到清帝国后可以"出任堂官，即外务部长"，如此，清廷就可以在斌椿的帮助下"善待西方若干技艺与科学"，并"遣派大使出国"，与其他国家建立起"基于理性的友谊"。[16]正因为怀揣着这样的心思，赫德给斌椿一行安排了许多外事活动。可是，这种安排既不符合总理衙门的预想（派小官员带队本就是为了减少外事活动，也不符合斌椿的自我期许），他从未想过要去执掌清帝国的外交事务，且时刻牢记着临行前总理衙门关于跪拜礼问题的交代。

于是，有选择性地"开眼看世界"，就成了斌椿在欧洲旅行期间的一种常态。

在法国里昂，斌椿拒绝参加法军举行的盛大活动，原因是在清帝国的体制中，士兵与军官的地位远低于文人与士大夫，他绝不愿穿着大清的官服和顶戴去参加法国军人为他举办的欢迎仪式。在巴黎，他也不愿参加市政府和社会名流为他举办的官方招待会，更希望待在歌剧院里。为了回避各种带有官方色彩的社交，斌椿要求负责安排行程的包腊尽可能多地安排看戏、听歌剧与外出观光。实在躲不过去，他便以身体不适为由躲在旅馆里闭门谢客，同时又拒绝去看医生。[17]

到了伦敦后，情况仍是如此。斌椿先是宣布生病，逃避了伦敦政界为他隆重举办的晚宴，却在儿子的陪伴下去看了戏剧。然后又以生病为由拒绝前去医学院观摩"西方医学"的先进外科手术，却在傍晚去了剧院看演出。总之，"一到白天他的健康就不稳定，不能指望他参加任何活动。但只要太阳一落山，他便活力再现；而当夜幕降临时，他就身体康健，可以去享受各种表演带来的快乐了"[18]。

好在，经赫德与包腊的努力安排，斌椿一行在英国仍然参观了一些近代文明的标志性事物。比如访问议会、外交部，参观牛津大学、邮政总局、公共图书馆、煤矿（甚至下了煤窑）等，而且还谒见了维多利亚女王。除此之外，赫德与包腊希望斌椿参观的东西还有很多，比如立法院、聋哑学校、盲人学校、棉纱厂、橡胶厂……他们想让斌椿尽可能多地接触英国工业革命以来的种种经济、文化和制度建设上的成果。斌椿则对此感到极为厌烦。终于，当赫德希望斌椿继续旅程前往南北美洲时，老大人终于受不了了，他坚决表示拒绝，要求回国。

在清帝国海关总税务司工作过的美国人马士（Hosea Ballou Morse）后来成了一名历史学家。在《中华帝国对外关系史》一书中，他如此总结斌椿的欧洲之行：

他从一开始便感到苦闷，并切盼能辞去他的任务而回到北京去。他的旅程缩短了。他被准许于八月十九日由马赛启航，以脱离他精神上由于蒸汽和电气所造成的惊心动魄，和到处看到的失礼在他的道德观念上造成的烦恼。他并未使我们对于中国文明得到良好的印象，他对于西方也没有欣赏的事物可以报告。他的使命是一种失败。[19]

斌椿的苦闷与失败，源于他自旅程开始之日便抱有成见，只愿谨守清帝国的主流教条，有选择性地"开眼看世界"。来一场遍览异域种种新奇事物的单纯旅行，老大人是很乐意的，城市街衢、风景园林与器械发明，都被他开心地详细写入游记与诗歌当中。老大人不愿碰触的，是那些与政治文化有关的活动，比如与英国维多利亚女王、英国首相、英国王子、瑞典国王、普鲁士王后、比利时国王与王妃，还有巴黎、伦敦等地政治名流之间的交往。这些活动很重要，但他在游记与诗歌中写得非常简略，几乎见不到实质性内容。

这种取舍，既是在执行总理衙门的意志，也是为了自保。按总理衙门的规定，斌椿的游记须作为工作记录上交。言多必失，对外事活动的记载越简略，遭人指摘的可能就越小。斌椿活到60多岁，很明白这个道理。

仍不免被骂作"甘为鬼奴"

除了"有选择性地开眼看世界"之外，斌椿还有一种特殊能力，那就是他可以将在欧洲看到的一切事物都来一番本土化处理。比如见到显微镜，他不关心此物能作何用途，却想到了《庄子》的寓言[20]；见到自行车，他也不问制造原理，却大谈特谈这个东西有"木牛流马之遗意"[21]；在歌剧院听到英国女演员唱歌，他也要说成"疑董双成下蕊珠宫而来伦敦"[22]。

这种本土化处理的极致，是他对英国王室招待舞会的描述。老大人留下了两首诗[23]：

> 玉阶仙仗列千官，满砌名花七宝栏；
> 夜半金炉添兽炭，琼楼高处不胜寒。

> 长裾窄袖羽衣轻，宝串围胸照眼明；
> 曲奏霓裳同按拍，鸾歌凤舞到蓬瀛。

如果不看标题《四月二十三日英国君主请赴宴舞宫饮宴》，估计没人能猜出这两首诗是在描述白金汉宫的舞会。

　　诗作虽是小事，背后潜藏的却是一种"你们这些东西我们早就有了"的畸形文化心态。这种心态不断发酵，在斌椿老大人身上催生出了一种爆棚的自我陶醉感。比如，他屡屡以"萧萧易水一去不返"来赞颂自己的"壮举"。其实，有赫德等人全程安排，既保证将他们囫囵带出去，也保证将他们囫囵带回来，哪里需要什么"风萧萧兮易水寒"？斌椿还写诗说自己是"愧乏眉山麟凤表，敢云蛮貊动文章""簪花亲劳杜兰香，下笔倾倒诸侯王"[24]——我虽然长得不帅，但我的文采足以让蛮夷们折服；我在欧洲行走，不但有仙女给我簪花，王侯们也为我的才华倾倒。这种自我陶醉，最后发展到了不可理喻的地步。回国途经埃及（斌椿称埃及人为"爱人"）时，正值当地瘟疫暴发，海关实施了隔离政策，不许他们下火车停留。老大人自觉是医道圣手，跃跃欲试而不得，只好作诗一首[25]：

> 爱人行政抱痌瘝，
> 补救心诚疾自安；
> 我是人间医国手，
> 囊中救世有灵丹。

　　遗憾的是，清帝国也没有地方供这位"人间医国手"发挥余热。

　　尽管斌椿已在很努力地"有选择性地开眼看世界"，也在很努力地将自己看到的一切做本土化处理，还在诗作中公然将欧洲人称作"蛮貊"，但当他的游记流传至帝师翁同龢手中时，还是引起了这位大人物的愤怒。翁在日记中痛骂斌椿，说他游历西洋各国，不但"盛称彼中繁华奇巧"，还将夷酋称作"君王"，将夷官称作"某公某侯某大臣"，实在是岂有此理。这位帝师给斌椿的定性是：

> 盖甘为鬼奴者耳。[26]

　　斌椿如果有机会看到翁同龢的日记，定会觉得万分委屈。他那么努力地回避接触欧洲政教，那么努力地只将目光放在应该放的地方，怎么就成了甘心给洋人做"鬼奴"的浑蛋？

　　与斌椿同行、受其管束的三名同文馆学生，也被"鬼奴"之类的大帽子牢牢束缚着。时年19岁的张德彝便是其中典型。张是京师同文馆培养出的第一批译员，随斌椿考察团出访归来后留在总理衙门工作，后来一度担任过光绪皇帝的英文教师。和斌椿一样，他也写有考察日记。从张的日记可以看到，他对欧洲的都市印象极佳，曾称赞英国伦敦"道路平坦，园林茂盛，街巷整齐，市镇繁盛"[27]；称赞德国柏林"一路楼房之阂丽，道路之平坦，俨若法京巴黎"[28]；称赞法国巴黎"楼阁华美，人物繁盛，轮车铁道，玉石琼莹……较他国都邑，又胜一筹"[29]。他还注意到了这些城市有完善的公共设施，对公园、排水系统、公共厕所等赞不绝口。

　　对欧洲的科技，张德彝同样充满好奇。他在游记里记述最多的事物便是科技产品，包括电梯、火车、地铁、轮船、自行车、"铁裁缝"（脚踏式缝纫机）、"制火宝机"（灭火器）、收割机、升降机等。沿用至今的"自行车"一词正是张德彝创造的。他还记载了避孕套，只是碍于"不孝有三，无后为大"的古训，他表示无法接受这种东西——通常认为，欧洲人使用的避孕套是16世纪意大利解剖学家法洛皮奥（Gabriele Fallopius）发明的，在1870年前后已经可以批量生产，售价很低廉。张德彝游览欧洲期间，正值避孕套普及之时。[30]

　　张德彝也是第一个记录欧洲近代政体如何运作的中国人。在英国议事厅，他见识了议会民主议事的情形[31]。去英国法庭旁听，他又被其判决体制折服，认为英国的法庭与清廷的刑讯体制大相径庭[32]。参观英国监狱时，他发现狱中不但有饱暖，还给犯人提供"获利"的机会，有花园供犯人晚间散步，这些人道做法让他颇受震撼[33]。他对法国的议会制度也有一些了解，记录下了民主推举议员的流程。他也观察了德国的君主立宪政体。了解异域政体的运作机制，似乎是张德彝的一种兴趣。[34]

　　与斌椿不同，张德彝太年轻了。年轻让他缺乏那种以迎合现实需要的态度去处理所见所闻的能力。所以，他无力以一种骄傲的笔法对旅程中的所见所闻做本土化处理。他只能在考察过程中一面赞叹欧洲的繁华，一面感叹自身的卑微。这卑微不仅源于清帝国的落后与衰朽，也源于他自己的出身——在清帝国朝野士绅的眼中，同文馆学子本就与"鬼奴"相去不远。即便日后成了光绪皇帝的英文教师，张德彝也没能消除掉这种卑微感。在人生的末年，他曾告诫子孙万不可效仿自己：

> 国家以读书能文为正途……余不学无术，未入正途，愧与正途为伍。而正途亦间藐与为伍。人之子孙，或聪明，或愚鲁，必以读书为务。[35]

同文馆是个开眼看世界的所在，西学是开眼看世界的核心内容。可是，在同文馆出身的张德彝眼里，学外语与念西学是下贱之事，自己也算不得真正的读书人。曾开眼看世界的他希望后代不要再接触这些东西，不要再被人骂作"鬼奴"。

第七章 1867年：改革先驱发挥人生余热

1867年10月22日，即将卸任的美国驻华公使蒲安臣代表美国政府，将一幅美国首任总统华盛顿的画像，赠予清廷官员徐继畬。

蒲安臣在赠像仪式上做了热情洋溢的演讲。他先是赞誉徐继畬以难得的世界眼光撰写出版了地理专著《瀛寰志略》，感谢他在书中将美国首任总统华盛顿"置于其他一切伟人之首"，并介绍说，正是为了感激这种赞誉，现任美国总统安德鲁·约翰逊（Andrew Johnson）才特意请艺术家为徐继畬绘制了一幅华盛顿画像。最后，蒲安臣安慰徐继畬，请他不要在意从前那些因开眼看世界而"遭到罢黜"的悲伤岁月，毕竟现在"开明的政府已经把你安置在国家元首身边（指自1865年起在总理衙门担任行走）……你已经被委任为一个事业机构的首脑（指自1867年起担任同文馆总管大臣）"[1]。

蒲安臣向徐继畬赠送华盛顿像，是国际社会对晚清改革的一次正面回应。徐继畬进入总理衙门并出任同文馆总管大臣，则是晚清改革史上的一桩风向标式的事件。正如美国传教士丁韪良所观察到的那般：徐的复出是清廷在释放改革信号，是一个"好的迹象"[2]。

《瀛寰志略》远胜《海国图志》

今人谈及晚清"开眼看世界"的先驱，通常第一个会想到魏源和他的《海国图志》，而非徐继畬与他的《瀛寰志略》。

其实，《海国图志》与《瀛寰志略》这两本著作，几乎同时完成于19世纪40年代。前者的成书时间是1842年（50卷本）、1847—1848年（60卷本）、19世纪50年代（100卷本）；后者的初稿完成于1844年，初刻本问世是在1848年。两书作者魏源与徐继畬也相当于同龄人，魏源的生卒年是1794—1857年，徐继畲的生卒年是1795—1873年，魏只比徐大了一岁。

这两个同时开眼看世界的同龄人，看到的世界是大不相同的。

比如，魏源接受了"大地如球"的新学说，不再坚持"天圆地方"的传统认知，《海国图志》里也载有来自欧洲的新式半球图。但他拒绝按新式地图将地球划分为欧、亚、美、非、澳五大洲（南北美洲合一，缺南极洲），反援引佛典"考据"称地球只有四个洲：东胜神洲、西牛贺洲、南赡部洲与北俱庐洲。亚欧非是南赡部洲，美洲是西牛贺洲，东胜神洲与北俱庐洲在北极之海与南极之海，还未被发现。他还论证说，南赡部洲是"四洲之冠"，中国是南赡部洲中最尊贵的"东方人主"，印度是"南方象主"，蒙古是"北方马主"，西洋是"西方宝主"。他们全都不如"东方人主"尊贵。[3]这种牵强附会的考据背后，隐约可见一种根深蒂固的文化优越感。

最能体现魏源这种文化优越感的，是《海国图志》里的"夷狄"一词。魏源说，自己编纂此书的目的是"师夷长技以制夷"，而夷人之所长仅在技术层面，文化礼教万万不及中国。基于这种理念，他在书中考证认定"西洋教"乃是杂学，其教义最初抄袭的是佛教，后来又抄袭了儒学：

盖西方之教惟有佛书，欧罗巴人取其意而变幻之，犹未能甚离其本。厥后（利玛窦等传教士）既入中国，习见儒书，则因缘假借以文其说，乃渐至蔓衍支离，不可究诘，自以为超出三教上矣。[4]

此外，他还援引中文世界的各种道听途说，将来华传教士的活动描述为以邪术惑人。说教民入教前要吞吃一枚药丸，日后若泄露邪术，就会排泄出一个"女形寸许、眉目如生"[5]的东西。又说传教士会拿小刀挖取教徒的眼睛，用来炼银：

闻夷市中国铅百斤，可煎纹银八斤，其余九十二斤仍可卖还原价，唯其银必华人睛点之乃可，西洋人之睛，不济事也。[6]

徐继畲的《瀛寰志略》里，没有这么多基于盲目优越感而产生的偏见。尽管徐也说过"坤舆大地以中国为主"[7]这样的话。但他没有像魏源那般主动撰写长文去论证这一点。据徐与友人张穆的通信，他写下这种句子的目的，是希望规避一些不必要的现实风险——张穆收到《瀛寰志略》书稿后写信劝徐，要他将《皇清一统舆地全图》收进书中且放在卷首，因为这幅地图以中国为世界中心。张穆告诫徐：千万不要忘记明代徐光启、李之藻的历史教训，他们当年没有这样做，"遂负谤至今"[8]，直到今天仍遭到清帝国知识分子的鄙夷与批判。徐采纳了张穆的建议，在卷首放了一张"拱极朝宗"、以中国为世界中心的地图。

《瀛寰志略》也极少使用"夷""胡""狄"这类带有文化贬损含义的词。这是徐继畬不断修正自身认知后产生的结果。该书的早期手稿《瀛寰考略》里，原本存在许多"夷"字，如"英吉利"一节2429个字中就有21个"夷"字。经修订后更名为《瀛寰志略》出版时，英吉利一节增至7620个字，"夷"字却被全部删除。徐继畬有意识地使用了"泰西""西洋""西国"这类中性词，来取代晚清知识界惯用的"夷狄"。那时的清帝国官场惯用"夷酋"来称呼外国来华官员，徐继畬也有意识地将之改成了"英官"这类中性词。[9]

附带一提，"夷"字在晚清正式被弃用的时间是1858年。中英两国于该年签订《天津条约》，内中第五十一款规定：此后公文言及英国官民时一律"不得提书夷字"[10]。这是魏源去世的第二年，《瀛寰志略》出版后的第十年。可见徐继畬是一个远远走在时代前面的人。

与魏源执着于将基督教论证为抄袭佛教与儒教的杂学不同，徐继畬对基督教没有太多抵触情绪。在比较过佛教、基督教与儒学后，徐继畬说：儒学自然是好东西；佛教"以慈悲为主"也是好东西；那摩西十诫"虽浅近而尚无怪说"，同样是好东西；西教讲神迹，但"无恶于天下"，主旨是"劝人为善"，与摩西十诫差不多，当然也是好东西。徐受了几十年的儒学教育，对儒学有很深的文化自信，所以他又说：传教士来中国"特欲行其教于中华，未免不知分量"，想用基督教取代儒学未免太过不自量力。[11]简单概括起来，魏源的文化心态是"你的东西虽好，却都是从我这里抄过去的次品"，徐继畬的文化心态则是"我愿意承认你的东西很好，也自信我的东西不错"。

这种心态，也见于徐继畬对美国首任总统华盛顿的盛赞。在《瀛寰志略》第九卷《北亚墨利加米利坚合众国》中，徐继畬说，华盛顿"不僭位号，不传子孙，而创为推举之法"[12]，实在是伟大，像极了中国传说中才有的天下为公；他还说，该国"幅员万里，不设王侯之号，不循世及之规，公器付之公论"，实在是古今未有的制度，很神奇[13]。魏源的百卷本《海国图志》，摘抄转录了《瀛寰志略》对美国的介绍，却删除了徐称赞华盛顿这一节。这种删除或许并非刻意为之，但它至少说明，魏源对徐的这段论述缺乏共鸣。

《海国图志》与《瀛寰志略》存在这样的区别，主因大概是魏源与徐继畬的人生履历大不相同。

1844 年之前，魏源长期给人做幕僚帮办。1844 年，魏源中举之后，也只做过知县、知州。他欠缺与洋务的直接接触，编纂《海国图志》也主要是在做一种资料汇编类工作。徐继畬则不然。1843 年时，徐已是福建布政使，以朝廷专员的身份负责办理厦门、福州两个开放口岸的对外通商事宜。直接负责办理涉外事务的官员，自然需要了解外部世界究竟是何种模样，《瀛寰志略》一书正是基于这种需要而搜集资料撰写出来的。此外，与魏源埋头于大量似是而非的中文材料不同，徐继畬与雅裨理（David Abeel，美国人）、李太郭（George Tradescant Lay，英国人）、阿礼国（时任英国驻福州领事）等来华外国人士有密切交往。徐不断向他们求教、索取外部世界的资料与信息，并做交叉求证。当然，这并不是说魏源与外国人士毫无接触，只不过与徐继畬相比，他与外部世界的直接接触实在是太过有限了。[14]

徐继畬是一个孜孜于获取外部世界信息的人。雅裨理在日记中如此描述徐继畬的这种状态：

他既不拘束，又很友好，表现得恰如其分。很明显，他已经获得了相当多的知识。他了解世界各国状况的愿望，远比倾听天国的真理热切得多。他画的地图还不够准确，他不仅查对经纬度以便标出确切的地理位置，更把目标放在搜集关于各国的一般性知识上——版图的大小、政治上的重要性和商务关系，特别是同中国的商务关系。他对英国、美国和法国的考察比对其他国家更为认真仔细。[15]

直接交流无疑会胜过所有的间接听闻。一个负责具体涉外事务的实干派官员，基于现实工作需要而展开的资料搜集与整理，要比文化人在书斋中做的资料汇编更客观也更理性。这是一件再正常不过的事情。然而也正是这种客观与理性，给徐继畬与他的《瀛寰志略》带来了迥异于魏源与《海国图志》的命运。

有"死不瞑目"四字念念不能忘

《瀛寰志略》甫一出版流传，即遭到时人的非议。

有人从书中摘出"（日耳曼）殆西土王气之所钟欤"一句，将"西土"二字略去，攻击徐继畬妄称王气已不在大清。有人摘出他称赞华盛顿的言辞，说他"故意不当叙述文，而混为议论，含有赞成之意"，是想要挑战爱新觉罗的皇权。[16]一位叫作史策先的御史攻击道：这本书对于外部世界的风土人情说得很详细，但"立言多有不得体处"，比如说英吉利是"强大之国"，说四海之内没有该国舰船无法抵达之处，实在是"张外夷之气焰，损中国之威灵"。史策先还说，自己"初见此书即拟上章劾之"，第一次读到就很生气，想要写奏章弹劾作者徐继畬，只是听闻已有同僚上奏举报，且徐的书已被勒令毁版才作罢[17]。

《瀛寰志略》最大的不幸，是它完成得太早了。1848年，初刻本问世时，清帝国朝野几乎找不到徐继畬的知音。1858年，也就是《瀛寰志略》出版后的第十个年头，后来的改革先驱曾国藩，在给左宗棠的书信中仍旧批评这本书，说它"颇张大英夷"，长英国人的志气，灭中国人的威风。那时节的曾国藩对大英帝国仍抱持着一种盲目的轻视，觉得"英夷土固不广，其来中国者人数无几"，不但领土不如大清广阔，人口也远比大清要少，不过是"欲恃虚声以慑我上国"[18]。他觉得徐继畬的《瀛寰志略》正好助纣为虐，充当了替英夷虚张声势的角色。

这些弹劾与非议，严重影响了徐继畬的仕途。

1850年，英国人在福州向僧人租赁房屋，引起士绅反对，发生了后世称作"神光寺事件"的外交纠纷。徐继畬时任福建巡抚，已因《瀛寰志略》而声名狼藉。此案一出，遂被一众官员联名弹劾。在给兄长的书信中，徐如此描述当日遭遇："初参弟为抚驭无方，继又参弟为祖护属员、包庇汉奸……吠影吠声，轰然交作。"[19]弹劾引发了道光皇帝震怒，徐被降职以示惩戒。咸丰皇帝上台后又追查历史问题，将徐彻底罢职。1852年底，徐继畬回到老家山西，以乡绅身份帮办地方团练。1856年，徐重操旧业在平遥书院做起了塾师，靠着每年约600两银子的束脩收入维持全家八口人的生计。徐自我调侃称自己为官多年却"回首生平，一钱不值"[20]，几乎没能攒下什么资产。耗费心血写就的《瀛寰志略》，也在长达十余年的时间里无法得到再版的机会。1858年，徐在给友人的书信中回首往事，无奈地写道："弟在闽藩任内，偶著《瀛寰志略》一书，甫经付梓，即腾诽议。"[21]

相比之下，魏源与《海国图志》的命运就要平坦多了。

虽不免也有人拿着"夷夏之防"之类的大帽子批判魏源，但《海国图志》整体上是能获得清帝国主流知识群体认同的。这种认同，主要缘于《海国图志》在文化制度层面对"夷狄"采取了坚定的蔑视和批判立场。

比如李慈铭同时读过《瀛寰志略》与《海国图志》。他对前者的评价是：作者太过"轻信夷书"，动不动就用"雄武贤明"这样的词来形容华盛顿这些"泰西诸夷酋"，且作者身为封疆大吏却写出这种书来，若被外国人看到，实在有伤国体。对徐继畬的遭遇，李慈铭拍手叫好，以"宜哉"两字做结：

阅徐松龛太仆继畬《瀛寰志略》……其用心可谓勤，文笔亦简净。但轻信夷书，动辄铺张扬厉。泰西诸夷酋，皆加以雄武贤明之目。佛英两国，后先令辟，辉耀简编，几如圣贤之君六七作。又如曰共主、曰周京、曰宸居、曰王气、曰太平、曰京师。且动以三代亳岐洛邑为比。于华盛顿，赞其以三尺剑取国而不私所有，直为寰宇第一流人。于英吉利，尤称其雄富强大，谓其版宇直接前后藏。似一意为泰西声势者，轻重失伦，尤伤国体。况以封疆重臣著书宣示，为域外观，何不检至是耶？其褫职也以疆事，而或言此书实先入罪案，谓其夸张外夷。宜哉！[22]

对于《海国图志》，李慈铭的评价却是"奇书"。他不但赞誉魏源能主动撰文"以抉天主教之妄"，还惋惜慨叹《海国图志》出版后，朝廷的政策没有相应跟进[23]。

李慈铭的这种褒贬，在咸丰时代的知识界颇具代表性。同治光绪时代"开眼看世界"的先驱人物王韬，在回顾咸丰时代时有过这样一段总结："时在咸丰初元，国家方讳言洋务，若于官场言及之，必以为其人非丧心病狂必不至是"[24]。咸丰皇帝不喜欢洋务，满脑子都是"以夏制夷"，要跟洋人决一死战。所以那个时代的知识界和官场，鲜少有人愿意公开谈论洋务；谁说洋务，谁就会被视为脑子有病，谁的仕途命运就不可能好。

处在这样一种时代风气之中，徐继畬对自己的丢官归隐，反生出了一种异样的自我安慰：

> 方今时事艰难，中外皆无从措手，幸以微罪归田，未必非塞翁之福。[25]

隐居乡里的徐继畬，常年窝在教馆里不出门，朋友来访不回拜，旧同事来信不回复，朝廷的邸报也懒得借阅[26]。这种主动与世隔绝，既是为了避祸，也与心寒有关。可是，心虽已寒，血却仍热，在写给昔日好友福建按察使的保慎斋的一封书信中，徐继畬写下了这样一段文字：

> 乃以获谷之故，转得置身事外，偃息林泉，局外之人多以塞翁失马相庆。弟每闻此言，寸心如割。伏念气力衰残，不任金革……惟此热血未寒，寸心不死，心中有欲吐之数言，关系安危大计……欲效一喙之忠，竟无上达之路……（写至此，不觉失声大恸。）午夜思之，往往椎心泣血。邸报从不敢借看，一看即展转终夜，目不交睫……故惟以批改课文、学吟诗句为消遣之具……而不知其心头眼底，有"死不瞑目"四字念念不能忘也。因阁下尽瘁岩疆，得尽臣子之分，又系知我之人，触动满怀心事，故不禁挥泪一吐……闽中故人如有问弟者，祈亦以此信示之，俾知垂死孤臣，所恨不在饥寒也。[27]

可见，以"塞翁失马"作自我安慰，不过是一种给旁人看、迎合旁人的姿态。不愿借阅邸报，也只是不想勾起内心对时局的焦虑。隐居中的徐继畬失去了谏言渠道，空有一腔超越时代的见识，心境中全是"死不瞑目"四字。

开眼看世界不够，得正眼看世界

好在，时代终于有了一些变化。

1861年，因洋人不肯跪拜而誓死不肯接见外国公使的咸丰皇帝，终于死在了承德避暑山庄。与之一同死亡的，还有他那"以夏制夷"与洋人决战的政治理想。恭亲王奕䜣与总理衙门启动了改革，徐继畬也重新进入朝廷的视野。1865年，徐奉旨抱病入京，成了"总理衙门行走"。

此刻的徐已是年逾七旬的老翁。奕䜣看中的，已非他的具体办事能力，而是希望通过起用他来向外界传递一种改革信号。当然，除了给朝廷充当改革风向标，徐也可以为核心决策层提供知识与智力方面的支持——曾几何时，《瀛寰志略》让徐继畬成了清帝国知识界人人唾弃的臭狗屎；如今，总理衙门不但要重新起用他，还决定重印《瀛寰志略》，将之定为京师同文馆的教科书之一。

为了让徐继畬的见识在改革中发挥更大作用，1867年2月，在奕䜣的支持下，朝廷又任命徐继畬为"总管同文馆事务大臣"。与该任命相配套，奕䜣刚刚发起了一项改革，要在同文馆内增设天文、算学二馆，招收科举正途出身者入馆学习。奕䜣很希望由徐继畬来主持此事。毕竟，徐正是一位科举正途出身做到封疆大吏，同时又热衷西学和洋务之人。

总理衙门的推荐让《瀛寰志略》的影响力略有扩张。在1858年责备徐继畬"长英国志气，灭中国威风"的曾国藩，于1867年重新读起《瀛寰志略》。据曾国藩的日记，从该年旧历十月起，他花了很多时间在这本书上：初六"阅《瀛寰志略》十六叶"，初七"阅《瀛寰志略》三十六叶"，初八"阅《瀛寰志略》廿叶"，初九"阅《瀛寰志略》十四叶"，初十"阅《瀛寰志略》十九叶"，十一日"阅《瀛寰志略》十六叶"，十二日"阅《瀛寰志略》十三叶"，十三日"阅《瀛寰志略》十七叶"[28]……曾国藩的这场阅读持续了数月之久，是真当成知识在吸收，而非走马观花随便一翻。

时代变了，曾国藩们也变了。

但徐继畬在京师同文馆的改革几乎没有进展。他试图贯彻恭亲王的期望，将同文馆从一所单纯学习英、法、俄三国语言的翻译人才培训学校，转型为一所可以传授国际法、世界地理和西方天文历史知识的综合性高等教育机构[29]。可惜的是，这种期望在招生阶段就碰了壁，引来以大学士倭仁为首的朝野舆论的集体攻击。结果是，恭亲王在朝堂上赢了与倭仁的论战，清帝国知识界的主流舆论却与倭仁站在了一起。京师同文馆始终无法招到合格的学生[30]。

唯一的"幸运"，是徐继畬这一次并没有被深度卷入舆论旋涡。年过七旬、老而多病的他，只是在发挥人生的余热，充当改革的风向标，已非改革的启动者。所以，在许多人的心目中他已失去了批判的价值。那位对《瀛寰志略》极为不满的李慈铭，因同文馆改革而在日记里痛骂总理衙门，说他们是在"以中华之儒臣而为丑夷之学子"，提到老迈的徐继畬时却已不屑展开，仅云"至于继畬，盖不足责尔"。[31]

从昔日《瀛寰志略》刚刚出版"即腾非议"，到如今主持京师同文馆却"不足责尔"，中间隔着二十余年的时光。这漫长的时光，已将"热血未寒，寸心不死"的徐继畬，蹉跎成了批判者眼中不值得批判的无用之人。无力于时局的他也只能"日唏嘘，不自得"[32]。1869年，眼见同文馆仍难有起色，徐继畬终于决定放弃，以年老多病为由辞职返乡。四年后，徐悄然去世，享年七十八岁。

耐人寻味的是，徐继畬留下的那本《瀛寰志略》，虽然国内反响以负面居多，引起的国际关注却相当正面。日本在1859年和1861年两次翻刻该书；如本文开篇所述，该书还直接促成了美国总统安德鲁·约翰逊在1867年决定赠给徐继畬一幅华盛顿画像。

魏源的《海国图志》引发的国际观感，则是另一重景象。1895年，以慕维廉为首的二十名来华传教士，联名写了一封抗议信给总理衙门，请其转交给光绪皇帝。信中称，现在民间的教民冲突如此之多，与"新刻之《经世文续编》及《海国图志》等书"有很密切的关系，书中有许多污蔑、诋毁之语，比如说传教士用人的眼睛炼银之类，读书人信以为真，再编成"俚词"在底层民众当中流行，许多人"误怀义忿"，生出种种缺乏事实依据的愤怒。他们希望光绪皇帝下旨将《海国图志》等书中的不实文章"铲除禁止"。总理衙门拒绝响应这种要求，他们的回复说：《海国图志》不难查禁，但消灭谣言的最佳办法是"自修"，若自己"无可议"，又何须担心外界诽谤。[33]

点出这种区别，当然不是要苛责《海国图志》。魏源与他的著作自有其不朽的历史价值。只不过，同为"开眼看世界"，《海国图志》确实有许多不如《瀛寰志略》的地方，后者对文明的体察与叙述更为客观也更为理性，不但在努力"开眼看世界"，也在努力"正眼看世界"。

遗憾的是，时代愿意"开眼"，却未必愿意"正眼"。徐继畬带给清帝国知识界一个全新的世界——被视为海外蛮夷的蕞尔小邦，已是地球上大部分陆地与海洋的主人；号称中央帝国的大清却只统治着亚洲大陆的一小半，这亚洲又只是世界四大洲（当时的划分）之一而已。新知识、新世界，很自然地带来了新问题：

在这个星球之上，中国的真实地位究竟在哪里？中国如何适应它在西方地图上发现的那些国家构成的国际新秩序？为什么中国这样拥有古代真理的大国，在有效的体制和军事力量上，却落在西方小国的后面？[34]

每一个问题，都深深地触及清帝国知识界根深蒂固的自信心，引发他们心理上的抵制与排斥。不愿回答，也不愿解决问题时，最好的办法便是解决掉那个提出问题的人。时代不喜欢徐继畬打开的那个世界，不愿承认那个世界是真的，所以时代主动将徐继畬和他的《瀛寰志略》淘汰出局了。

第八章　1868年：首支外交使团出访欧美

1868年是日本启动明治维新的年份。明治天皇颁布诏书说，日本决定走"万机决于公论"之路，要打开国门"广求知识于世界"。

对清帝国而言，1868年同样也是一个"广求知识于世界"的大好机会。在美国人蒲安臣的推动和率领下，清廷组建了第一支正规的外交使团，启程前往欧美。

奕䜣不敢独断，追求集体决策

向欧美派遣外交使团，与即将到来的"修约"有关。

所谓"修约"，即国与国之间建立以条约为基础的近代外交关系。自然，这要求清廷必须抛弃传统华夷观念下的羁縻之道。1868年是清廷与英、法、俄、美四国定好的《天津条约》修订之期（修订范围包括通商、征税、居住、传教等诸多方面）。为应付这次修约，清廷组织封疆大吏，做了两次外交政策大讨论。[1]

第一次是在1864年。因为距离修约日期还有一段较长的时间，地方大员们意见空泛，谈来谈去无非是朝廷若能自强，则洋人必不敢生事，没有多少可以落实的具体建议。与清廷关系密切的赫德与威妥玛，则针对此前种种不守条约的情况，向总理衙门呈递了《局外旁观论》与《新议略论》，希望清廷遵守条约，进行外交改革，以适应国际环境。经过讨论，总理衙门部分接受了他们的意见，也承认了正视与遵守条约的重要性。

第二次是在1867年。修约之期就在次年，总理衙门再次给各省将军督抚下发文件征求意见。奕䜣在文件里说：自道光二十年（1840）以来，传统羁縻之道在应付"夷务"方面越来越乏力。这次修约，如果洋人的要求实在太过分，

"万不可行"，朝廷自然不会迁就，就算与洋人决裂也在所不惜，总理衙门也不会有别的意见。但决裂要有预备，目前的预备并不充分，所以只要还有可能，便"无妨暂事羁縻"，不如还是暂时与之订立条约，"以待异日之自强"，继续韬光养晦等待国力变强。简而言之就是，条约要修，但具体如何去修，总理衙门不想独断，希望有一个集体决定。毕竟，独断也就意味着要独自担责。[2]

反馈回来的意见，大体可以分为两类。

一类以奕譞、奕誴等皇族为代表。他们承认眼下打不过洋人，也理解"现在必应羁縻"这种策略，但既然朝廷与洋人"将来必应决裂"，也不妨利用"臣民义愤"将洋人曲线驱逐出境。奕譞提供了一种具体办法。他说，大清百姓之中必有"感慨悲歌之士"愿意为朝廷分忧，朝廷应该指示地方督抚，想方设法鼓动这些"以灭夷为志"的百姓，让他们去焚烧洋人的教堂，抢劫洋人的货物，诛杀来华的洋商，凿沉洋人的舰船。如果"夷酋"来总理衙门控告，我们就用"查办之词以缓之"，拿"一定严厉查办"来应付他们。然后再一天一天拖下去，"日久则以大吏不便尽治一省之民为词以绝之"，以地方督抚没办法管控住辖下每一个百姓为由，将所谓的处理拖到天荒地老。奕譞说，如果各省都这样干，会比用军队击败洋人更有效。[3]

另一类以李鸿章、左宗棠、沈葆桢等地方督抚为代表。这些人的主张是，目前形势所迫，只能与洋人修约以维持和平关系，万全之策"则自强而已"，只有改革自强这一条路。李鸿章还对激进派的驱洋策略大泼冷水，说"民心"是靠不住的，与洋人作战"未有不恃兵而专恃民者"，只能依赖切实的军队实力，不能依赖虚幻的民心。他还说：自己统帅军队围剿捻军尚且感觉吃力，"奚敢侈言远略"——哪里敢奢谈什么驱逐洋人的长远计划；即便要战，"目前兵力财力固有未逮"，也是不可能赢的。[4]这些都是李鸿章的真心话。十年之后，他在给友人的私函中仍坚持相同的看法："施之与洋战……不但淮军文武无此可靠之才，九州内亦少中意者"[5]。

总理衙门综合所有回奏得出的结论是：与洋人讲和，对洋人设防，二者不可偏废。现在还不是与洋人决裂的时候，得继续用条约对他们实施"羁縻"。为了利用好条约外交这一武器，知己之外还须知彼。于是，派遣一个正规的外交使团出使欧美，就被总理衙门提上了日程。此事也在1867年由总理衙门下发文件，向各省督抚将军征求意见。

总理衙门在文件中说，西洋各国都已按照条约互相派驻了使节，只有我大清还没有。各国驻华使臣多次要求大清在外国派驻使节，本衙门的回复一直是：各国在华有传教通商之类的事情要办，所以需要派驻使节；大清在外国并无应办之事，所以无须派驻使节。但这样做的后果是，这十多年来，"彼于我之虚实无不洞悉，我于彼之情伪一概茫然"，这不符合兵家的知己知彼之道。而且，外国使臣在我大清任性胡为，我们在外国却没有使臣，就没办法向外国政府直接提出诘责，这也是个大问题。但派遣驻外使节也有两大难处。第一是远涉重洋，很少有人愿意去，去了之后要吃要喝要办公，费用也不小，而且分驻各国，花销更大，筹款也更加不容易。第二是语言文字不通，万事都要仰赖翻译，也没有办理外交事务的专业人才。勉强派一些人出去，搞不好会变成中行说那种"汉奸"（中行说，西汉文帝时人，因不满汉朝，出使匈奴后转而利用自己对汉朝的了解帮助匈奴侵略汉朝）。去年本衙门派了斌椿带着几个同文馆学生去欧洲游历，体察他们的风土人情。但这种事情"未可再为仿照"，不能一而再再而三地搞。对外派遣使节这件事又非常紧要，"未可视为缓图"，不能一直拖着不解决。所以，"究应如何亦希公商酌定"，请众人一起来讨论，看看这个事情究竟该怎么办。[6]

细细体察总理衙门文件里的遣词造句，可以发现其基本立场是主张对外派驻使节。但"夷夏之防"深深地镌刻在大清朝野知识分子的脑壳之中，也深深影响着朝堂政务的实际运作。为免成为众矢之的，奕䜣们只能小心翼翼避开"独断"，欲向各省督抚将军们寻求一个集体决策。

除了对外派驻使节，总理衙门还在这份文件中列举了如下问题，请各省督抚将军一同商议：

一、外国驻华公使以何种礼仪觐见皇帝？

二、是否应该兴办"铜线铁路"？

三、内地是否可以允许设立通商行栈，内河是否可以允许航行通商轮船？

四、是否可以允许洋人在华"贩盐挖煤"？

五、如何应对洋人在华"开拓传教"？

这大体可以理解为：总理衙门希望将中枢之臣与地方督抚将军都拉到讨论中来，以集体决策的方式，来拟订一份全面的改革方案。

不过，总理衙门最终未能等待所有督抚将军提交反馈，便于1867年底做出决定：由美国人蒲安臣为领队，率一个正规使团前往欧美。这可能是因为蒲安臣已卸任美国驻华大使，返回美国的日期将近，已不容总理衙门继续拖延等待地方督抚们的回复。同时清廷内部又找不出合适的领队之人，必须仰仗蒲安臣的帮助。这也导致两江总督曾国藩、湖广总督李鸿章与直隶总督官文等人的反馈奏折，变成了"事后表态"。曾国藩的意见是，派使团出洋是好事，此后对外使节应该源源不断，即便有很多人不合格，其中也肯定会有苏武、班超这样的人才。[7]李鸿章也说，由蒲安臣帮助大清率使团出使欧美甚好，总理衙门制定的办法"至为周密"。[8]官文的立场略微模糊，他赞同总理衙门所说的无驻外使节有种种弊病，也赞同总理衙门派使团"赴泰西诸国游历"，但觉得这种事"偶一为之"就好，不必弄成制度性的东西。[9]

皇帝的面子也是国体的一部分

1868年2月，清帝国的第一支正规外交使团自上海出发。6月抵达华盛顿；9月抵达伦敦。1869年1月抵达巴黎；9月前往瑞典、丹麦和荷兰；10月抵达柏林。1870年2月抵达圣彼得堡，23日，劳累过度的蒲安臣骤然离世；10月，使团返回中国。

使团的人员构成是这样的：美国人蒲安臣被清廷任命为"办理中外交涉事务大臣"，是使团的领导者；英国人柏卓安与法国人德善被任命为左右"协理"，充当蒲安臣的副手；中国官员志刚、孙家穀随行，另有秘书随员20余人。

由欧美人士率领一支清廷外交使团出使欧美，可谓鲜见的外交奇景。组建这个奇特使团的决定是在1867年底公布的，当时北京外交界为之哗然。蒲安臣本人也有些意外，在清廷的正式任命发布之前，他并没有接收到很明确的暗示。

上海的英文报纸《北华捷报》认为，海关总税务司赫德是促成此事的重要推手：

这一决定……乍听之下……当时使我们不能相信……我们可以肯定地说，无论发表得如何突然，蒲安臣的任命是经过长期和缜密考虑的。我们的记者说，"此事是同赫德商议之后才提出的"。我们相信，这个计划是发自赫德的头脑。[10]

查《赫德日记》可知，他不是此事的直接提议者，但可以算间接的推动者。因为他长期敦促总理衙门向欧美各国派遣使节，总理衙门也曾就蒲安臣使团一事征求过他的意见：

向海外派遣代表的问题，竟成为我在每次前往总理衙门时一定要谈论到的事情……几天以后，在总理衙门的宴会中，柏卓安告诉我，总理衙门已经在考虑派蒲安臣为前往各条约国家的代表，并问我对这个问题的看法。我当即说这种想法应当予以支持，第二天，我前往总理衙门极力表示赞同。[11]

赫德赞成此事，是因为他一贯主张清廷应尽快从离群索居中脱离出来，多在国际上主动发出声音；清廷必须在欧美各国的首都设置使节，以便及时准确地将意见转达给欧美各国政府，而不是扭扭捏捏地由驻北京的欧美国家使节代为转达。这些意见，与主持总理衙门的奕䜣产生了共鸣。

但赫德与总理衙门的这种共识，并不足以将美国人蒲安臣推上清廷使团领导者的地位。造成这一奇特任命的根源，是清廷基于"华夷秩序"的另外一层考量。1858年的《天津条约》规定了清廷与欧美各国可以互派使节。但多年来只有欧美国家单方面对华遣使，清廷没有任何动静。这种毫无动静，正是为了维护"华夷秩序"而采取的鸵鸟政策。华夷外交在礼仪上强调"天朝上国"的荣耀（跪拜），近代外交在礼仪上强调国与国之间的平等（握手鞠躬）。不向欧美各国派遣使节，就回避了礼仪冲突。回避了礼仪冲突，也就回避了近代外交对传统华夷秩序的挑战。清廷以各种软性手段来抵制欧美各国驻华使节"觐见皇帝与两宫太后"，也是基于相同的原因。

一方面，为了应付修约，必须对外派遣使团；另一方面，又不愿放弃华夷秩序下的天朝荣耀。于是，让外国人来作清廷使团的领导者，就成了二者兼顾的最好办法。正如总理衙门在奏折中所言：

用中国人为使，诚不免为难；用外国人为使，则概不为难。[12]

为什么用外国人就不为难？原因很简单：一、让清廷子民做团长出访欧美，自然不能跪拜欧美各国君主与政府首脑，否则就是丢了天朝上国的脸面；但清廷子民在欧美不跪拜，清廷这边也就不好再要求欧美驻华使节以跪拜之礼觐见清朝皇帝。二、让欧美人士做团长出访欧美，行跪拜之礼，无损天朝上国的荣耀；他不行跪拜之礼，洋人们也没法拿来说事，因为清廷也可以说该行为不代表天朝上国的意志。总之，无论发生什么，清廷都有话可以说，都有理可以占，都能保住面子——清廷不认为这只是面子问题，总理衙门在奏折里用了"国体"一词，当然也可以这样理解：对清帝国而言，皇帝的面子也是国体的一部分。

为避免纠纷，清廷还给使团拟定了诸多训令。在"礼仪问题"上有如下具体指示：

一、可免行礼者尽可能免，待将来谈判落定再说。

二、须按照欧美各国礼仪无法推托者，须提前严正申明这是西方之礼，与清廷制度不符，"中国无论何时，国体总不应改"。

三、蒲安臣因欧美人身份受到各国礼仪上的"优待"时，希望蒲能"将中国体制先为声明"，以免将来各国跑来责备大清"无报施之礼"，要避免各国使节借机拿"我们都没让蒲安臣跪拜"来说事。

四、"无论何项大小事件"，蒲安臣都必须告知志刚和孙家穀二人。清廷还给蒲安臣、志刚与孙家穀各发了一枚木质关防，赋予他们分别向清廷汇报情况的权力，以互相牵制。总理衙门还告诫志刚和孙家穀：到了海外后，要尽量避免觐见各国君主，不小心偶然遇到也尽量不要行礼。总之，不能给那些驻华外国使节抓到把柄。[13]

蒲安臣对这些训令颇不以为然。总理衙门建议使团不要将国书直接递给欧美国家的政府首脑，以回避跪拜与鞠躬之争。蒲安臣在美国却接受了约翰逊总统的接见并向其亲递国书，递交国书时行的也是鞠躬握手之礼。之后在英、法、瑞、丹、荷、普、俄等国，皆是如此。因为蒲安臣是外国人，随行历练的中国官员志刚和孙家毂，倒也不觉得握手鞠躬太过丢脸。志刚在日记里宽慰自己："礼从宜，使从俗，亦礼也。"[14]

事后来看，以洋人为钦差大使这一奇策，在维护天朝上国的面子这件事情上，确实收到了奇效。英国驻华公使阿礼国于1869年向总理衙门递交照会，以蒲安臣使团在欧洲行握手鞠躬之礼为由，要求清廷准许各国驻华使臣也以握手鞠躬之礼觐见同治皇帝。总理衙门的回复是：一是蒲安臣是洋人，他的行为没有可比性，现实仍是中外国情不同，礼节亦不同；二是皇帝年幼，太后摄政，不方便接见。[15]

这番气定神闲的回复，颇能给人一种"山人早已料定"的感觉。

美国人病逝于中国钦差使节任上

让外国人担任使团首脑，无疑是一桩极为危险的事情。

清廷在这方面有过惨痛的教训。那是5年之前，清廷试图通过英国人李泰国，自英国购回一支现代化舰队。李泰国拿了清廷的钱，却致力于组建一支名义上属于清廷，实际上只听命于自己的私人舰队，结果酿成了让清廷损失惨重的"阿思本舰队事件"。蒲安臣能得到清廷的信任，恰是因为他在"阿思本舰队事件"中给了清廷许多提点，且以美国驻华公使的身份参与斡旋。这些提点与斡旋，是清廷得以控制事态、及时止损的关键。但即便如此，让一个外国人做钦差大臣仍有风险。所以清廷必须感到庆幸，庆幸蒲安臣不是李泰国。

使团的第一站是美国。

蒲安臣本就是美国人，在这里有着得天独厚的人脉资源。在旧金山，他充分发挥了演讲特长，对外界说：自己此番出使，意味着清帝国已经走上了进步的道路，这个伟大民族向近代文明伸出双手的时机已经降临，这样的日子已经来到。在纽约，他继续鼓舞欧美世界与清帝国接触，说清廷已经睁开了她的眼睛：

　　她……站出来，向你伸出手。她告诉你，她乐意在她悠久的文明上嫁接你的文明……她告诉你，她乐意与你做生意，买你的东西，向你出售商品……她邀请你们的商人，她邀请你们的传教士。[16]

　　有论者认为，蒲的这些言论"并不是完全符合事实和负责任的"[17]。确实，蒲口中的那个张开双臂拥抱世界的清廷，在当时并不存在。上海的英文报纸《北华捷报》也认为，"奢谈什么古老的东方帝国张开双臂欢迎最年轻的西方国家，她的臣民焦急期待进步的新时代和西方的启蒙等等"，都是荒谬绝伦的事情，"事实上，帝国官员与臣民都害怕任何的变革，不在中国居住的人不可能认识到中国大众（无论穷富）对政治所持的漠视态度"[18]。

　　这些夸张的言辞，确实有些不负责任。如果有人受到蒲安臣的鼓动前往19世纪60年代的清朝寻梦，他大概率会感到失望。蒲安臣当然也知道，清廷内部仍是教案频发，并不存在"她邀请你们的传教士"这种事情。但他的这些话也并不全然是信口胡言。作为一名驻华公使，他长期与奕䜣主持的总理衙门往来，对奕䜣主持下的这场改革是怀有很大期望的，他愿意接受总理衙门的邀请出任清廷使团的团长，与这种期望也是有关系的。他的言辞里那个张开双臂拥抱世界的国家，与其说是庞大的清廷，不如说是那个小小的、他最熟悉的总理衙门。那张开双臂拥抱世界的清廷不在当下，而是蒲安臣对未来的一种期盼。

　　当然，蒲安臣也没有忘记清廷交付的使命。在公开场合，他不止一次说过类似意思的话："我希望中国的自治能够得到保持，我期望她的独立能够得到保证，我期望她能够得到平等的待遇，从而使她能够得到与所有国家同等的权利。"[19]

　　使团在美国取得的最重要成果，是《蒲安臣条约》。条约中，美国保证不干涉清廷内政，另有涉及保护华侨、自由移民、宗教信仰自由等条款。尤为重要的是，美国政府在条约签订之后，即知会其他国家，表示美国将不承认任何干涉清廷内政的行为，且要求美国驻欧洲各国公使协助蒲安臣使团顺利完成此次出访。故梁启超称赞该条约"实最自由最平等之条约"[20]，萧一山也认为这是"中外订约以来最合理之事"[21]。清廷日后用来抗议美国排华的法律依据，也是该条约。有些美国人则批评蒲安臣，说他为了讨好加州一小撮人道主义者和政客，"拱手把美国让给成群的亚洲人"[22]。

值得注意的是，《蒲安臣条约》的签订存在擅作主张的成分，因清廷并未授权蒲安臣与美国具体磋商，然后达成这样一份条约（蒲安臣与美国政府签订条约是在1868年7月，总理衙门批准承认该条约是在1869年11月）。当然，也不能说蒲安臣完全是在恣意妄为，毕竟，清廷给他的训令里，也有遇到"彼此有益无损事宜"可由蒲与志刚等人协商，再报送总理衙门批准办理的规定。在这种模糊的规定里究竟要走出多远，既取决于蒲安臣的操守，也取决于他的野心。[23]

1868年9月，使团抵达伦敦。

因《蒲安臣条约》中"不干涉内政"一条有直接针对英国的意图，英国朝野对待使团十分冷淡，部分媒体甚至抱有敌意。直到10月份，使团才得到机会礼节性拜会了外相斯坦利（Edward Henry Stanley）；到11月份，才在一种冷清的气氛中获得维多利亚女王的接见。

恰在此时，国内发生了"扬州教案"。英国驻上海领事麦华陀（Walter Henry Medhurst）调军舰开往南京威胁两江总督曾国藩。清廷交涉数月无果，遂令蒲安臣使团借访英之机，直接与英国政府交涉。依赖蒲对欧美外交规则的熟悉，交涉成功，武力冲突被化解。中英两国还订下协定：此后再发生同类事件，即按此次的办法处理，"不得擅调兵船向地方官争执"[24]。英国外交部也发表官方声明，承认擅自调兵威胁中国地方官员的行为欠妥，重申尊重中国的主权和司法权，但保留使用武力"以便保护（英国民众）生命财产受到迫切的危害"的权利。[25]该官方声明发表后不久，又发生英国驻中国台湾淡水领事吉必勋（John Gibson）擅调兵船，向台湾地方官勒索白银的事件。清廷依据蒲安臣达成的协定照会英国政府。英国政府遂令吉必勋缴回所索银两，向淡水中方官员赔礼道歉，且将吉必勋革职，"以告诫领事人员不要采取肆无忌惮的暴力行动"[26]。这种处理结果，对清廷来说，无疑是一种非常新奇的政治体验。

在英国的成功让蒲安臣兴奋不已。在给友人卫三畏的信中，他写道："我在这里获胜，报界、政府和公众都同意《蒲安臣条约》的观点。"[27]将该条约中的国家关系准则推广到全欧洲，似乎正是这位前美国驻华公使的政治野心。

1869年1月，蒲安臣前往法国。可惜的是，他与拿破仑三世政府的商谈没有什么实质成果。九个月后，他放弃了在法国推行《蒲安臣条约》理念的努力，率团前往瑞典、丹麦和荷兰，然后在同年的11月抵达柏林。使团在普鲁士受到了非常正式的高规格接待。首相俾斯麦与蒲安臣的会谈结果是普鲁士出具了一份照会，承认"中国本宜存自主之权"，愿意与清廷和平相处、互相通商，以"助中国自主之权"[28]。蒲安臣很兴奋，在给卫三畏的信中说，"美国、英国和普鲁士这三个中国的贸易大国一致"[29]，都认同《蒲安臣条约》的精神与准则。

1870年2月，使团抵达俄国首都圣彼得堡。

中俄关系的独特之处是双方存在边界纠纷。俄国此时与清廷在西北和黑龙江流域的关系十分紧张。沙皇亚历山大二世在会见中故意与蒲安臣大谈无关痛痒的美俄关系，对中俄关系避而不谈，这令蒲安臣感觉交流十分艰难。2月18日，蒲安臣突然病倒，多方诊治均不见好转。随行的中国官员志刚，记载了蒲病重后仍不放弃工作的情形：

> 病势日加，犹日阅新闻纸，以俄国之事为忧。盖蒲使长于海面商政，而至俄国，则与中国毗连陆地将万数千里，而又各处情形办法非一，恐办法稍差，失颜于中国；措语未当，贻笑于俄人。乃日夜焦急，致病势有加无已。[30]

1870年2月23日，美国人蒲安臣病逝于中国钦差使节任上。

出使欧美之前，蒲安臣特意为中国制作了一面黄色的国旗："蓝镶边，中绘龙一尺三长，宽二尺，与使者命驾之时以为前驱。"[31]自此，龙旗成为晚清中国的一个象征。中国也首次以主权国家的面目出现在国际社会中。

蒲安臣以他的演说才能，将中国打扮成一个温和、开放的形象。每到一处，他都极力欢呼中国正准备冲破传统的藩篱，投入世界的怀抱，投入到近代文明中来。可惜的是，这一形象营销虽然在欧美取得了成功（当然也有很多批评），却未能反哺中国。他演说中的那个正在走向开明的清廷，仍对近代文明抱持着极大的敌意。同治皇帝的师父倭仁，即断言欧美国家毫无文明可言：

> 彼等之风俗习惯，不过淫乱与机诈；而彼等之所尚，不过魔道与恶毒。[32]

一个被传统困住的改革派

最后再谈谈志刚。他是总理衙门里的中级官员（总办章京），随蒲安臣使团出访欧美时已经50岁了。

出访期间，志刚遍览美国、英国、法国、瑞典、丹麦、荷兰、德国、俄国的风土人情，见识到工业革命后喷薄而出的种种近代文明。这些见闻被他写入日记，后来整理出版为《初使泰西记》一书（出使官员写日记是总理衙门的要求，回国后，日记须作为工作资料上交，由总理衙门刊刻出版，供部分官员阅读参考）。

与之前随赫德前往欧洲的斌椿、张德彝等人不同，志刚在总理衙门任职，是一位典型的洋务派官员。所以他有一种自觉的使命感，知道自己的欧美之行不是为了走马观花，也不是为了域外述奇，而须着眼于寻找那些有益于国计民生的东西，将它们的存在与运作模式记录下来，以便回国后让清廷效仿。正如他在日记中所言："若使人能者而我亦能之，何忧乎不富，何虑乎不强？"[33]——如果人家有的好东西，我们也能够有，何愁国家不富有，何愁国家不强大？

基于这种心态，出洋之前，志刚已阅读过一些西学书籍，对欧美政教与近代科技都有一些浅显的认知。这些认知赢得了恭亲王的好感，评价他是一个"结实可靠、文理优长，并能洞悉大局"[34]之人。也是基于这种心态，志刚的《初使泰西记》里很少记录饮宴游玩，也很少记录奇观异景，他将主要笔力留给了那些他认为有益于国计民生的事物。

这些事物当中，又以近代科技为最多。比如，他记载了美国轮船"China"号的结构与动力系统；详细记载了旧金山的造船厂、铸币厂、炼汞厂如何运作；记载了巴黎的煤气灯、比利时的"藕心"大炮、伦敦的泰晤士河隧道、美国造"司班司尔"步枪、德国的甜菜制糖工艺、俄国的橡胶工厂；还记载了显微镜、印刷机、农业机械、自来水管道、吊车、钢材轧制、织布机、空中索道……这些记载的详细程度，已经到了将整个铸币流程自铁砂入槽到钱币出炉，一步步全写下来的地步。[35]当然，详细与否也是有选择性的。选择的标准就是在志刚看来，这些技术对大清的国计民生究竟有没有好处，究竟值不值得引进。他在日记里说得很明白，"奇技淫巧而无裨于国计民生者，概不赘述"[36]，对那些他认为无益于提升大清国计民生的东西，一概不做过多描写。

可以说，在19世纪60年代的清廷内部，志刚是一位难得的有见识、有理想、愿意做事的中级官员。他试图通过自己的日记，将那些他认为好的、对大清有帮助的近代技术文明，统统搬进来。

但也不是没有遗憾。一个人能否获得对事物的正确认知，既取决于他是否有能力获取充分的信息，也取决于他是否拥有处理这些信息的正确思维工具。《初使泰西记》这本日记，让我们见到一个努力开眼看世界的晚清官员如何孜孜以求获取各种各样的信息，也让我们看到一个传统知识分子因未能掌握正确的思维方式，在面对新事物时的"独立思考"是如何苍白无力。

这种苍白无力见于他在伦敦参观"万兽园"时所发出的感慨。"万兽园"即著名的伦敦动物园，始建于19世纪20年代，1847年之后对公众开放，是当时世界上最宏大的动物园，用志刚的话说，是"珍禽奇兽不可胜计"。他用了好几页纸来记录自己的所见，结论却是：

> 虽然，博则博矣。至于四灵中麟凤，必待圣人而出。世无圣人，虽罗尽世间之鸟兽而不可得。龟之或大或小，尚多有之。龙为变化莫测之物，虽古有豢龙氏，然昔人谓龙可豢非真龙，倘天龙下窥，虽好如叶公亦必投笔而走。然则所可得而见者，皆凡物也。[37]

结论大意是：万兽园里的动物种类确实是多。但其中没有"四灵"里的麒麟、凤凰、神龟和真龙。那麒麟与凤凰，得有圣人才会出现。这里没圣人，所以找遍所有鸟兽也不会得到麒麟与凤凰。乌龟倒是或大或小有不少。龙不能豢养，他们肯定也是没有的。总之，这万兽园里养的仍全是些凡物。

志刚承认万兽园的宏大，对里面不可胜数的珍禽异兽也很感兴趣（否则便不至于用好几页日记来记录所见），偏偏又要在日记的末尾发这样一段议论，说什么"伦敦动物园再好，毕竟也没找到中国四灵传说里的麒麟、凤凰和龙"，实在是一种极值得深思的文化心态。当这种文化心态与陈旧的传统思维方式结合到一起，又不免生出一些匪夷所思的"独立思考"。比如他在去美国的轮船上，对蒸汽机做了一番仔细观察，然后利用自己的传统知识结构，就蒸汽机的运作原理写下了这样一段神奇论述：

> 如人之生也，心火降，肾水升，则水含火性，热则气机动而生气，气生则后升前降，循环任督，以布于四肢百骸，苟有阻滞违逆为病，至于闭塞则死，此天地生人之大机关也。识者体之，其用不穷。此机事之所祖也。[38]

将蒸汽机与中国传统医学里虚幻的"心火、肾水、任督二脉"捆绑在一起，然后得出一种共通于天地人的原始规律（大机关）。这种思维方式，是后世武侠小说里主角顿悟神功时常用到的桥段，竟也见于务实的洋务官员志刚的日记之中。

在波士顿，志刚参观了一家纺织工厂。该厂有2000多名工人，拥有当时世界上最先进的纺织印染机器。志刚详细记录了这些机器的具体结构、如何运转、人力多少、产量几何。他完全不排斥将这些机器引入中国，且在日记里说，洋人之所以一而再再而三跑来大清要求通商，就是因为他们使用了这些先进的机器，所以货物一天比一天多，必须去寻找销路；"若使西法通行于中国，则西人困矣"[39]——如果我大清也引进这些机器，那这些洋人就没钱可赚了。可是，表达完欣赏之情，志刚那纠结的文化心态又浮了出来："是由利心而生机心，由机心而作机器，由机器而作奇技淫巧之货，以炫好奇志淫之人。"[40]——这些机器好是好，也应该引进到大清。但终究是出于牟利之心（利心），才会想着要发明这样的机器（机心），再用这些机器来制造出许许多多充满"奇技淫巧"的货物，来引诱那些有"好奇志淫"贪欲的人。

后来，在法国的里昂，志刚又一次参观了当地先进的纺织机器。在细致描述了机器的运作之后，他写道：很遗憾没有更多时间去了解各国纺织机器制造方法上的不同，日记里也没能将它们的区别写明白，希望"识者谅之"，还请读日记之人多多谅解。表达完遗憾之情，纠结的文化心态再度袭来。他想起了耳闻的自动织布机发明者"雅卡尔"的故事。故事里说，雅卡尔倾尽家财来发明织布机，心力交瘁后取得成功，"法存而命亡"，刚把织布机发明出来自己就去世了。志刚一面很欣赏雅卡尔的织布机，一面依据自己的知识结构对雅卡尔做了一番批判：

古人谓：日凿一窍，七日而混沌死。虽道家言，固不诬也。盖机心为道家所最忌，而造机器者恶乎知之？虽知而不已，谓机器成而享其利也。若无命，而家资之罄且不能偿，而利于何有？悲夫！[41]

大意是：中国的道家典故说过，给混沌开窍，开到第七窍，混沌就死掉了。这话是没错的。道家最忌讳"机心"这种东西，造机器的人不可能不了解。了解这一点还不收手，以为机器造好之后自己可以享受它带来的利润。却不想一想，如果把机心全部打开，命就会没了。命没了，耗尽的家财也得不到补偿，好处在哪里呢？真是可悲！

日记中，志刚还写下了自己在巴黎观看西洋舞蹈的感受。同样是先做一番赞叹，然后来一番批评，说西洋舞蹈虽好，但不符合清廷国情，因为"中国之循理胜于情，泰西之适情重于理"[42]，这些舞蹈只能在西方跳，不可引入国内。访欧期间，志刚还了解到海滨浴场有群聚"洗海澡"的盛况，男性只穿泳裤，女性加穿背心。他"遥闻其事而艳之"，而艳羡之外又是一番纠结的思辨：洗海澡很好，但不符合中国国情，因为"欧洲之人大率血燥，故心急、皮白、发赤而性多疑。虽不赴海澡，亦必每日冷水沐浴而后快"，中国人体质与他们不同，"中国重理而轻情，泰西重情而轻理"，所以中国人不可群聚洗海澡。[43]

通观整本《初使泰西记》，可以发现志刚的认知始终处于一种撕裂的状态。出洋给了他充分获取信息的机会，但陈旧的思维方式与知识结构，又让他无法处理这些新获取的信息，无法对这些信息做出正确的解读。他在纽约长岛参观了当地的精神病院，却仍以中国传统医学的"迷于痰"来解释人为什么会患上精神疾病；他在巴黎用天文望远镜亲自观察了月球，却仍坚持将月球解释为"水精所凝也"。总之，他一面对获取到的新信息表达赞赏，一面又困在旧的知识体系中，不断对这些信息做出错误的解读。[44]

如此剖析《初使泰西记》，并不是要苛责志刚。

事实上，这位50岁的洋务官员，对待近代文明的心态，已远远超出绝大多数的同时代人。他不但不排斥近代文明，还努力试图用自己有限的知识结构，对近代文明做祛魅化的处理。"照相机"这个在今天的中文世界被广泛使用的词语，就来自他的发明。在他之前，中国人对照相机的称呼是"神镜"，对其工作原理的描述是"炼药能借日光以照花鸟人物"[45]。志刚摒弃了"神镜"这个玄幻的名称，代之以朴实的"照相机"三字；也摒弃了"炼药能借日光"这种修仙式的解释，代之以一种颇为准确的描述："照相之法，乃以化学之药为体，光学之法为用。"[46]就"开眼看世界"一事而言，在1868年的欧美之行中，志刚用自己的日记，做到了他力所能及的全部。

他留下的遗憾，也就是日记中那些纠结的"独立思考"，只是他陈旧的思维方式和知识结构造成的必然结果。爱因斯坦在1953年给友人的书信中，总结过现代科学诞生的两大要件，它们是：

希腊哲学家发明形式逻辑体系（在欧几里得几何学中），以及（在文艺复兴时期）发现通过系统的实验可能找出因果关系。[47]

这两个要件，志刚不了解也不具备。他被困在了"天人合一""义利之辩"之类的传统知识框架之中。他得到了充分获取信息的机会，却没有掌握处理这些信息的正确思维工具，于是，他的种种独立思考，虽始于赞赏，终不免归于荒诞——跳舞与洗澡，尚且有国情不同、体质不同之说，蒲安臣努力塑造出来的那个开明中国，当然也只能是昙花一现。真正有生命力的，反是奕䜣、奕譞这类人所鼓吹的"臣民义愤"。

第九章　1869 年：拒铁路于国门之外

1869年的世界正在飞速前行。那一年，苏伊士运河通航，门捷列夫制成元素周期表，明治天皇将都城迁往东京，贯穿北美大陆的中央太平洋铁路也正式通车。

清帝国则成功地将铁路隔绝在了国门之外。

地方督抚集体决策抵制铁路

1869年3月23日，英国驻华公使阿礼国给英国驻上海领事麦华陀写了一封信。内中说，游说清廷引进铁路与电报的努力，截至目前已经全面失败了：

> 从各个口岸寄来许多建议，一致认为在内地，除轮船航运外，还有必要添设铁路和电报……但我也必须加一句，我和我在北京的同僚（他们是既热忱而又持续不断地）所作的努力，并没有说服中国政府。[1]

五口通商之后，清帝国与世界之间建立了更紧密的贸易联系。来华的洋商们很快发现，清帝国交通建设落后，既无铁路，也无货轮，通商口岸吞吐货物的能力有限。基础设施建设的短板，直接影响到进出口货物的总体量。

故此，1863年7月，上海的27家洋行联合向江苏巡抚呈文，请求修筑自上海到苏州的铁路。同年，英国工程师史蒂文森来华，在英国怡和洋行的支持下，也向清廷提议修筑以汉口为中心的铁路网络。1865年，又有英商杜兰德在北京宣武门外铺设小型铁路，试图通过实物展示的方式引起清廷中枢的兴趣。洋商们期待通过铁路将更多的洋货销往清帝国内陆，再将更多的土货从清帝国内陆运往欧美。

但洋商的利益未必符合清廷的利益。总理衙门担忧修了铁路之后，中国的山川险阻将失去效用，"洋人可以任便往来"[2]，等同于门户大开自毁国防。于是上述提议全部遭到拒绝，宣武门外的小铁路也被步军统领衙门拆毁。

1866年，又有赫德向总理衙门呈递《局外旁观论》，威妥玛向总理衙门呈递《新议略论》。两份文件均建议清廷修筑铁路。清廷将两份文件下发给部分督抚与通商大臣讨论。湖广总督官文说，洋人表面上是想谋取更多的商业利益，但很可能另怀有政治方面的隐秘图谋，"其隐而难窥者，则包藏祸心也"。江苏巡抚刘坤一说，修了铁路后"我之隘阻尽失"，国防可能会崩溃。两江总督马新贻说，铁路有利于夷人"任便往来"，将使得大清境内处处"皆有该夷之兵，皆有该夷之民"，然后处处都有冲突，祸患无穷。[3]

一再碰壁之后，洋商们将期望放在了1868年的中英修约。只要修约后英商被允许在清帝国修筑铁路，依据最惠国待遇条款，其他国家的商人也能获得相同权利。清廷为了应付修约，也在1867年给各省将军督抚下发了文件征求意见。其中一项重要讨论内容，就是应不应该兴办"铜线铁路"（铜线即电报系统）。陕甘总督左宗棠、两江总督曾国藩、湖广总督李鸿章、江西巡抚刘坤一、山东巡抚丁宝桢、船政大臣沈葆桢、江苏巡抚李翰章等共计18人参与了讨论。

讨论持续了近三个月，结果是几乎无人同意修筑铁路。如左宗棠认为：铁路是为火轮车服务的，我大清没有火轮车，自然用不着铁路这个东西。曾国藩的看法是：修铁路必然破坏马车夫、人力车夫、轿夫与旅店的生意，这些人没了生路，一定会闹事。总结起来，抵制的理由可以分为三类：一是破坏关隘与风水，会对"民情"造成冲击；二是破坏传统的车、驴、旅店等行业，会对"民生"造成冲击；三是不能让洋人来修路，那样只会让洋人得利并冲击大清的财政收入。[4]

李鸿章是第三类意见的代表人物。他承认铁路是个好东西，可惜的是"公家无此财力，华商无此巨资"，大清的官与民皆无财力自主修筑铁路。官与商合作又容易发生隔阂闹出矛盾，同样很难成事。所以，不如"待承平数十年之后"再来讨论这个问题，到那时国家有了钱，铁路就不必再由洋人来修，"中国自行仿办，权自我操，彼亦无可置喙耳"。简言之，李鸿章的立场是铁路应该修，但只能自己修，不能交给洋人修；现在自己没钱修，所以宁可不修，宁可推迟几十年等有钱了再修。他还给总理衙门出了一个主意，用来婉拒洋人的诉求：

换约时若再议及，只有仍执前说，凿我山川，害我田庐，碍我风水，占我商民生计，百姓必群起抗争拆毁。官不能治其罪，亦不能责令赔偿，致激民变。彼若以自能劝导防守为词，强欲增入约内。我则必以百姓抗争拆毁，官不能治罪赔偿等语载入约内。彼族最多疑虑，自当废然思返。[5]

大意是：如果洋人非要将修筑铁路一事写进条约里，还声称他们可以劝导百姓接受铁路并保障铁路的安全，那么我们也可以跟他们讲，有一项规定也必须写进条约：如果有百姓群起抗争拆毁铁路，不能要求大清官府去抓捕百姓来治罪，也不能要求我大清提供赔偿。

据吴永《庚子西狩丛谈》记载，曾国藩在1870年问李鸿章有何应对洋人的办法，李的回复是"我想与洋人交涉，不管什么，我只同他打痞子腔"[6]。他1868年提供给朝廷的这段主意，大概也可以算是一种"痞子腔"。

李鸿章的意见被采纳了。总理衙门大臣文祥稍后即对英国人说，"我们给予使节（指出使欧美各国的蒲安臣使团）的唯一训令，是不让西洋强迫我们建设铁路和电报，我们只希望这些事情由我们自己来提倡"[7]。所谓由自己来提倡，按李鸿章的办法就是短期内不搞，等过个几十年有了钱再说。

此时，距离英国建成世界上第一条铁路已过去40余年，伦敦已在运行大都会地铁。美国、法国、德国与俄国的铁路建设均已持续了30年之久。这一年，美国的铁路通车里程已达到46844英里[8]。

基于开放形象的体谅与放弃

李鸿章的"痞子腔"最后并没有用上。

因总理衙门实施的种种改革，包括创办同文馆、派斌椿率队出洋、重新起用徐继畬，以及请美国人蒲安臣率外交使团出访欧美，清廷在19世纪60年代渐渐在国际上树立起一种正努力走向更加开放的好形象。这其中，又以蒲安臣使团的宣传最为有力。

这个趋向开放的形象，在1868—1869年的中英修约过程中，给了清廷不小的帮助。

先是在1868年7月，美国驻华代办卫三畏将曾国藩的反对意见，也就是"修铁路必然破坏马车夫、人力车夫、轿夫与旅店的生意，这些人没了生路定会闹事"的说法，完整翻译转述给美国国务院。在文件中，卫三畏也提供了自己的意见。他说：那些靠沉重体力劳动谋生的"船夫、车夫等亿兆中国人"，如果生计忽然被轮船或铁路所夺，跌入走投无路的困境，确实很有可能变成社会的不稳定因素，会"成为他们的统治者的严重灾害和真正的危险"。他提醒美国政府必须明白一点：对清廷来说，在当下修筑铁路"是否安全确实是一个问题"。卫三畏希望美国政府慎重考虑此事。[9]

卫三畏的立场，多多少少受到了美国前驻华公使蒲安臣的影响。

此时的蒲安臣正率领清廷的首个外交使团在美国访问。他代表清廷与美国签订了《蒲安臣条约》。内中规定：美国不认同"无故干预、代谋别国内治之事"，美国不干预、过问中国的内政，"即如电线、铁路各等机法，于何时、照何法、因何情欲行制造，总由中国皇帝自主酌度办理"。美国所能做的是：如果清廷需要技术和人才方面的帮助，美国愿派出"精炼工师"。清廷方面则有义务保护这些美国人的生命安全，并给他们提供公平的酬劳。[10]同年9月，美国政府训令其驻华外交官：可以"劝告和诱导"清廷对外开放内河航运并建设铁路与电报，但"不能用危及中国现政府的稳定或内部的和平与安谧那样的紧张手段来压迫行事"[11]，也就是不允许其驻华使节以武力或其他手段威慑清廷开放铁路与电报建设。

大略同期，英国驻华公使阿礼国也接到了英国外交部的指令。该指令认为：英国商人要求在清帝国内地修筑铁路，且希望将这一诉求写入中英修约之中，这种策略是有问题的。随后，阿礼国告诉英国在华商人：只有使清廷"感觉自己是自由的，不受列强和它们的外交及领事人员的令人愤慨的干预"[12]，才有可能达成在清帝国修筑铁路的目的。他还说："关于铁路和电报，不能作为一种条约的权利来提出要求，开始应该以实验的方式介绍进来，关于这方面的任何总的计划，都应该由中国人自己着手进行。”[13]

这意味着，基于“对清廷实际国情的体谅”，美英两国放弃了以外交手段强行将铁路与电报引入中国的做法。

类似的“体谅”与“放弃”（从主权角度来看，这种“体谅”与“放弃”无疑都是不平等的），也见于中英修约谈判中的其他问题。除了铁路和电报，英国商人还希望通过修约得到在清帝国内地居留、设立货栈的权力。清廷对此持强烈抵制立场。双方僵持不下之际，总税务司赫德给阿礼国送去一封密信。赫德在密信里告诉阿礼国，清廷不会在“内地居留和设栈问题”上退让，因为清廷在担忧两件事：

一是洋人拥有治外法权，允许他们进入内地居住，意味着清廷治下的内地民众可以很直观地感受到外国人可以不遵守大清律令。这会带来很恶劣的影响，会损害政府与官员们的威信。而这种威信是清廷维持统治的重要基础。

二是因为最惠国待遇的存在，清廷与英国之间的谈判，其实相当于清廷与全部有约国之间的谈判。一旦赋予英国商人在内地居住和设栈的权利，即相当于赋予全部有约国商人这种权利。为了维护统治稳定，清廷不会轻易同意这件事。[14]

随后，阿礼国在“内地居留和设栈问题”上选择了让步。

基于这种“谅解”，修约谈判进入1869年后，铁路与电报问题已大体退出谈判内容。最后拟定的《中英新修条约》里，没有了关于铁路修筑的任何内容。1869年2月，奕䜣代表总理衙门就修约之事向慈禧太后与同治皇帝做情况汇报，其中不无得意地写道：

又铜线铁路两事，另经臣等历次舌战，甫关其口……而节略后开款目五条，亦并未提及铜线铁路之事。[15]

经过长达一年的艰难谈判，总理衙门终于成功地将铁路与电报拒于大清的国门之外。

鉴于清廷已呈现出的开放迹象，阿礼国与英国政府将建设铁路的希望寄托在了未来，寄托在更深层次的改革上。阿礼国说：“对于英国来说，保全中华帝国使其不致瓦解，才是最合乎自己利益的。保持中国的领土完整和政治独立，是合乎英国长远利益的。要想做到这一点，唯一可行的是宽容政策以及逐渐的改革。"[16] 英国政府先是指示阿礼国说，铁路的修筑权不如留待以后与法国、比利时等国一同争取；然后又放弃了批准《中英新修条约》，决定将所有问题延缓到同治皇帝成年亲政之时，也就是将希望寄托在1872年。

拆掉清帝国境内第一条铁路

外国商人们也把希望寄托在了1872年。

遗憾的是，该年并未发生他们所期望的结果，清廷的铁路政策没有任何变化。于是，部分急不可耐的洋商，铤而走险实施了偷天换日之术。

该年，怡和洋行组织的"吴淞道路公司"，通过英国驻上海总领事麦华陀，向上海道台沈秉成申请购买了上海至吴淞间一段长9.25公里、宽约15码的土地。他们在申请时宣称要在这段土地上修筑一条普通马路，实际上要建的却是铁路。洋商们乐观地认为：只要吴淞铁路修了起来，清廷见识到它的便利，最后是可以得到认可的；即便不认可，清廷在处理此事时也必须衡量与英国之间的外交关系，洋商们有很大机会强迫清廷承认这个既成事实。[17]

1874年，铁路正式着手修建。1876年1月，路基筑好，开始铺设铁轨；"吴淞道路公司"也改组为在伦敦注册的"吴淞铁路有限公司"。至此，洋商们要修筑的是铁路而非马路的秘密曝光了。为避免地方官府的阻挠，工程队伍加快了铺设铁轨的速度，不到一个月就铺完了全程的四分之三。随后，机车升火鸣笛开始试运行。清帝国境内的第一条铁路，就这样以非法手段将生米煮成了熟饭。

清廷的反应非常强烈。此时的上海道已从沈秉成换成了冯焌光。冯在筑路工程接近尾声时察觉了洋商们的偷天换日。他对英方提出抗议，并向两江总督沈葆桢做了汇报。沈葆桢一面命令冯焌光与英方继续交涉，一面将事情上报给了总理衙门。总理衙门随即向英国驻华公使威妥玛发出照会，要他下令停办铁路。

1876年4月，威妥玛派了梅辉立（William Frederick Mayers）前往上海，与

冯焌光等人商谈如何处理此事。

路过天津时，梅辉立拜会了李鸿章，向李介绍了一番铁路对清帝国的好处，然后又提到吴淞铁路关系到许多洋商的利益，"若令停办，必闹大事"[18]，希望清廷承认吴淞铁路这个既成事实，并建议按国际惯例从铁路收益中分成，十年后再由清廷出资购回自主经营。李鸿章的回复是：英商以谎言欺瞒偷梁换柱，实在太藐视中国；继续让洋人经营铁路是对"国体"的伤害，会引起舆论不满，且有可能刺激其他洋商照行效仿。目前可行的处理办法，是洋商将造铁路成本如实算出来"由中国承买"[19]，让中国商人认股经营。在给冯焌光的书信中，李鸿章还说，清帝国乃"自主之国"，修筑铁路这件事必须自己来，"断不能由人强勉"[20]。这一立场，与他1867年参加总理衙门组织的铁路问题讨论时的主张，是完全一致的。

与英方会谈期间，冯焌光也提出了吴淞铁路必须由中国人自主经营的要求。梅辉立质疑这种处理办法的可行性，理由是中国并没有经营铁路的人才，"必致废坏"。梅还强调，吴淞铁路是各国商人集体投资的项目，且以英国的怡和洋行为首，如果清廷将铁路买回去，然后"雇令他国洋人承办"，对英国与怡和洋行来说实在太丢脸，是不能接受的事情。梅主张由怡和洋行继续"代中国承办"铁路的经营。[21]

冯焌光不接受这种处理方式。他强硬表态称：若铁路再不停止运营，他"将卧铁辙中听其轧死"[22]，将去亲自卧轨，冒着让火车轧死的危险也要阻止火车的通行。这种激进态度给了威妥玛与梅辉立口实，他们在李鸿章面前将冯焌光形容为疯子，要求李直接介入此事的交涉。这场交涉从1876年4月一直持续到同年10月，最后以双方签订《收买吴淞铁路条款》告终。条款规定：清廷出资28.5万两白银买断吴淞铁路，一年内付清；其间铁路暂由洋商经营，允许搭载乘客。

交涉过程中，"民众担心铁路破坏风水"之类说辞，常见于清廷官员的奏折与函电。李鸿章、左宗棠、沈葆桢与地方州县官员都提到过这一点。不过，这种说辞与事实未必合榫。火车正式通车的那一天，《申报》派了记者去铁路现场采访，该记者在现场没有见到抗议活动，"惟见铁路两旁观者云集，欲搭坐者繁杂不可计数……坐车者尽面带喜色，旁观亦皆喝彩"。[23]《泰晤士报》

1876年5月间发表的一封驻沪记者通讯，也提到预想中的大规模民众反对事件并未出现："几里路已经完叠铺好了石碴……整个乡间洋溢着乐趣。邻近村镇每日有成千居民蜂拥而来观看工程的进行，并议论各种事情。"[24]

这其实是意料之中的事情。铁路刚刚建好，对车驴栈店的冲击还没有生效，洋商们为示好沿线民众又采取了许多措施，比如雇佣当地居民做工时工资高达每人每天200文；比如收购土地时选择以高价成交以避免纠纷；比如对沿线居民的祖坟细加勘察力求避免破坏……这些措施都有助于减少民间阻力。[25]

当然，也不是完全没有冲突。据《申报》报道，在1876年秋，有男女老少八九百人拦住了正在行驶的火车，原因是"前日机车中之火星飞入该处附近之草屋上"，将铁路边的一栋茅草屋给烧掉了。这些人要求铁路公司予以赔偿。[26] 显而易见，这种冲突只是对自身具体利益的维护，不能算对铁路的敌视与排斥。此外还有一起士兵卧轨自杀事件。当时的舆论怀疑卧轨者"受地方官吏唆使"，理由是调查发现这名死者既没有财产也没有亲友，还有现场目击者称，此人"当时向火车而行，司机鸣放汽笛后即离开轨道，迨火车行近其身只六码时，忽又跨入铁道内致惨死"[27]，似乎是在刻意寻死。这则疑案也不足以证实底层民众对铁路怀有普遍的抵制情绪。也就是说，所谓"百姓必群起抗争拆毁"这种说法，与其说是一个事实，不如说是清廷高层在谈判中使用的一种借口。

底层民众没有集体站出来反对铁路的修筑，其实是一件很容易理解的事情。首先，他们中的绝大多数人没受过教育，不清楚铁路为何物，无力预测自己的命运将因铁路的出现而发生怎样的改变。其次，即便他们意识到了铁路将给自己造成某种冲击，受清廷统治、长期散沙化的他们，也无力发起什么有效的抗议活动，除非有官府和士绅出来组织这类活动。

其实，改革的真正阻力从来不在江湖，而在庙堂。1880年末，刘铭传上奏请求自主修建铁路，又引爆了一场高层论辩。刘在奏折里说，造铁路对国防有巨大的好处，铁路网可以让全国"声势联络，血脉贯通"，可以"转运枪炮，朝发夕至"，使国家拥有迅速集结兵力与物资的能力，可以造就"十八省合为一气，一兵可抵十数兵之用"的效果。如此，兵力与财力将集中到中央手里，不但有助于消除内部割据，也有助于抵御外侮。[28]

李鸿章上奏支持刘铭传的建议。他在奏折里说，铁路有九大好处，包括沟通南北物流，利于军队运输，有助巩固京师，便于荒年调配救灾物资等。耐人寻味的是，在这份长达数千字的奏折里，李鸿章针对修造铁路会破坏国防、破坏风水、引起民众不满等反对意见，逐一进行了驳斥[29]——他可能已经忘了，在1868年的时候，自己也曾用这些反对意见抵制过洋人修筑铁路的请求。李鸿章或许从来没有真信过这些反对意见，但清帝国有很多士绅和底层百姓深信不疑。在造就这种深信不疑的过程中，19世纪60年代的李鸿章也出过力。

被李鸿章驳斥的那些反对意见，集中见于刘锡鸿的奏折。

刘锡鸿曾随郭嵩焘出使欧洲，见识过铁路的好处。但他是一个善于将"个人真实看法"与"公开言论表达"完全区分开来的政治生物。他可以在私下里认同郭嵩焘对欧洲国家政体的赞誉，也会在公开奏折里将郭批得一文不值。他可以依据亲身体验在私下里认同铁路的便利，也会在公开奏折里摇身一变为激烈的反铁路者。

刘锡鸿针对铁路的反对意见，主要包括以下几点：

一、守国之道在于人和与地利，造铁路等于"自平其险"，自毁地利。

二、大清乃堂堂圣朝，"生财自有大道，岂效商贾所为"，建铁路带动商业发展是可耻之事。

三、铁路虽便于朝廷对地方实施监察，但真正有效的监察方式"在精神不在足迹"，要靠对官员实施精神洗礼。

四、铁路利于民众出游，利于商贾获利，但也会"增奢侈"，扩张人的欲望。

五、铁路开山架桥会使"山川之神不安"，引来上天降下更多旱涝灾害。

六、铁路会破坏"田庐坟墓"，会激怒民众引发民乱。[30]

这些意见，得到了朝堂上李鸿藻、翁同龢等人的激赏。清廷最后下旨"毋庸再议"刘铭传的奏折，以不下结论只将事情搁置起来的方式，结束了这场高层论辩。

回到吴淞铁路。1877年10月，最后一笔赎路款交付完毕，吴淞铁路全权归属清廷。145名淞沪地区的商民联名上书两江总督沈葆桢，请求保留铁路继续运营。沈葆桢明白铁路是好东西，是"中国将来之利也"[31]，但他经过"反复玩索"[32]，觉得这条铁路的存在终归是有损国体。沈的考量是：允许洋人来运营肯定有害；从洋人手里买下继续经营，本国又没有这方面的人才，还得寻求洋人的帮忙，等于铁路仍控制在洋人手里，反不如将之拆毁。清帝国境内的第一条铁路，遂就此灰飞烟灭。

21年后，清帝国自己的铁路总公司，又沿着原路基铺设了一条新的淞沪铁路。

第十章　1870年：曾国藩被算计进退失据

1870年是欧洲多事之秋。先是爆发了普法战争，后又诞生了"巴黎公社"。在美洲，洛克菲勒创办了美孚石油公司，非裔美国公民也首次正式获得了投票权。

这一年的清帝国，发生了震惊中外的"天津教案"。

有人想要尽戮在京夷酋

1870年夏，天津疫病流行。法国天主教仁慈堂收养的婴儿也未能幸免，夭折了三四十人之多。天主堂神父与修女"迷拐孩子挖眼剖心制药"的谣言大范围流传开来。

据时任天津知府张广藻说，流言是这样冒出来的：

> 有人于黑早见仁慈堂洋人抬小棺埋葬东关义冢地内殆非一次，偶为群犬刨出，见有一棺数尸者，于是津民哗然，谓此必洋人杀害小儿取其心眼，为端午节合药之用，否则奚为一棺而有数尸也。[1]

当时的天津时常有拐卖儿童之事发生。建于1869年的天主教仁慈堂为收养孤儿，常向孤儿的掌控者支付一定费用。但当时鲜少有父母或掌控人愿意主动免费将孩子送给慈善机构抚养，遑论是洋人成立的机构，故仁慈堂不得不以支付费用来收养孤儿。有时候，仁慈堂还会收养垂死的儿童，旨在为其做宗教洗礼以拯救灵魂。这种做法既刺激了不法之徒去迷拐儿童，也给流言的产生提供了捕风捉影的依据。

不久后，有两名人贩子被捕，官府在告示里暗示他们的行为可能是"受人嘱托"。民间组织"水火会"受到鼓舞与煽动，开始四处抓捕有嫌疑之人。群众公审之下，一名叫作武兰珍的迷拐犯不得不迎合"民意"，供称他作案所用的迷药正是法国天主教仁慈堂提供[2]——曾国藩后来在奏折里说，武兰珍"指勘所历地方房屋与该犯原供不符"[3]，现实中找不到武兰珍口供里的案发地，可见他是迫于"民意"不得不胡乱编造作案情节。

在武兰珍招供的当下，"铁证"如山，民情沸腾。乡绅们集会于孔庙，书院也停课声讨。号称有万余人之多的愤怒民众群聚在教堂之外，或与教民口角相争，或向教堂抛掷砖石。仁慈堂的修女本想请民众选派代表，进入堂内调查，以廓清真相，但被法国领事丰大业所阻。丰大业不愿与愤怒的民众直接交涉，6月21日，他前往三口通商衙门与天津府衙，要求地方官崇厚、张光藻调兵弹压民众。遭拒后，丰大业在狮子林浮桥上遇到静海知县刘杰，争论过程中，丰开枪恫吓，射死了刘杰的家人刘七。民愤遂被彻底点燃。百姓们先是打死丰大业及其随从，然后又冲入法国教堂，扯碎法国国旗，打死法国神父、修女、洋商、洋职员及其妻儿等共计20人（包括13名法国人、3名俄国人、2名比利时人、1名意大利人、1名英国人）、中国雇员数十人，纵火焚烧了望海楼教堂、育婴堂、领事署及多座英美教堂。

此即震惊中外的"天津教案"。

1862年，江西巡抚沈葆桢呈递给总理衙门的一份情报，颇有助于理解底层民众为何对天主教堂怀有如此深重的疑虑和敌意。当时，江西境内一再发生民众与教堂之间的纠纷。沈想知道这些反教百姓究竟是怎么想的，遂命人乔装成平民去基层，与反教百姓面对面聊天探听消息。

下文是探子与反教民众部分对话的原文照录：

问：你们纷纷议论，都说要与法国传教士拼命何故？

答：他要夺我们本地公建的育婴堂，又要我们赔他许多银子，且叫从教的来占我们铺面、田地，又说有兵船来挟制我们。我们让他一步，他总是进一步，以后总不能安生。如何不与他拼命？

问：我等从上海来，彼处天主堂甚多，都说是劝人为善。譬如育婴一节，岂不是好事？

答：我本地育婴，都是把人家才养出孩子抱来乳哺。他堂内都买的是十几岁男女。你们想是育婴耶？还是借此采生折割耶？而且长毛都是奉天主教的。他们必定要在城内，及近城地方传教。譬如勾引长毛进来，我们身家性命不都休了？

问：你们地方官同绅士主意如何？

答：官府绅士总是依他。做官的止图一日无事，骗一日俸薪，到了紧急时候，他就走了，几时顾百姓的身家性命。绅士也与官差不多，他有家当的也会搬去。受罪的都是百姓，与他何干？我们如今都不要他管。我们只做我们的事。

问：譬如真有兵船来，难道你们真与他打仗么？

答：目下受从教的欺凌也是死，将来他从教的党羽多了，夺了城池也是死，勾引长毛来也是死，横竖总是死。他不过是炮火厉害，我们都拼着死，看他一炮能打死几个人。只要打不完的，十个人杀他一个人，也都够了。

问：你们各位贵姓？

答：我们看你是老实人，与你闲谈。连日官府都在各处访查，你是外省的口音，我们姓名，不能对你说的。[4]

就这段对话所透露出的讯息来看，19世纪60年代的江西民众反教，主要受到如下几个因素的影响：一是天主教育婴堂与本土育婴堂之间存在冲突，即所谓的"要夺我们本地公建的育婴堂，又要我们赔他许多银子"。二是教民与非教民之间存在冲突，因"官府绅士总是依他"，非教民在冲突（官司）中居于不利地位。三是教堂的行为模式与中国传统慈善组织大不相同，民众无法理解时，会倾向于将其与"采生折割"这种恐怖的民间传说联系到一起。四是太平军（"长毛"）在江西的所作所为，让当地百姓心有余悸。天主教拜上帝，太平军也号称"拜上帝教"，民众分辨不了二者的区别，于是产生了一种笼统的认知，"长毛都是奉天主教的"，认定传教士会"勾引长毛进来"。

显然，底层民众的反教行为是一种集合了经济冲突、文化冲突与制度冲突的复杂产物，不宜以"愚昧"二字简单指斥。就沈葆桢提供的情报而言：经济冲突指的是争育婴堂与赔银子；文化冲突指的是民众不能理解教堂的慈善模式，也不能理解传教士与太平军的区别；制度冲突指的是传教士的治外法权，会对地方官府造成压力，使其出于保乌纱帽的利益考量，多一事不如少一事，在治理上出现偏袒教民的倾向。当然，愚昧与不开化这个问题也一直存在，比如民众仍然相信"采生折割"。

回到天津教案。

事发后，法、英、美、德、俄、比、西七国，联合向清廷发出照会抗议。法国军舰更开往大沽口鸣炮27响示威。如何处理此案，成了摆在清廷高层面前的一件迫在眉睫的事情。

14岁的同治皇帝年轻气盛，没见识过真正的近代军队。他对老师李鸿藻说：越将就洋人，就会越出乱子，"若得僧格林沁三数人把截海口，不难尽歼此辈"。这种雄心勃勃与"词气甚壮"，让他的另一位老师，同样没见识过近代军队的翁同龢深感欣慰，将之载入自己的日记之中。[5]显然，小皇帝并不了解，在十年前的八里桥之战中，僧格林沁的"雄兵"完全不是英法联军的对手，连给英法联军造成有影响的创伤都做不到。

同样激情澎湃的还有内阁中书李如松。他告诉小皇帝，此次事件错全在洋人，始于"教匪迷拐幼孩"，激化于"丰大业向官长开枪"。他还说，国家的安危全看民心的向背，此次事件把民众的爱官爱朝廷之心全部激发了出来，"不期而集者万余人"，这些百姓"知卫官而不知畏夷"，"知效忠于国家而不知自恤罪戾"——只知道为朝廷效忠，丝毫不顾及自身安危。这充分说明，我们对洋人硬起来的时机已经成熟了：

> 纵不能乘此机会，尽焚在京夷馆，尽戮在京夷酋，亦必将激变之法国，先与绝和，略示薄惩。[6]

李如松觉得，即便不能杀光京城里的洋人，不能烧尽他们的房屋，也要对法国实施正式断交来作为惩罚。

监察御史长润完全赞同李如松的意见。他上奏说：这次天津出事，"实乃天夺其魄，神降之灾"，实是苍天要惩罚这些邪恶的洋人。我们"正可假民之愤"，借助民众的愤怒将允许洋人入华传教这一规定彻底废除。对传教士"迷拐幼孩""以眼炼银"之说，长润深信不疑。他自小道消息听说天津百姓曾从教堂内搜出"人眼人心等物"且交给了通商大臣崇厚，而崇厚的奏报中没有这些内容。于是长润怀疑有人（虽未点名但自然是指崇厚）消灭了罪证，要求朝廷下旨让曾国藩"认真详查"，看看究竟是怎么回事——崇厚是恭亲王奕䜣的心腹，攻击崇厚消灭洋人的罪证，其实是将矛头暗暗指向奕䜣与总理衙门，要给他们扣一顶祖护洋人的大帽子。[7]

慷慨激昂者当中，影响力最大的要数醇郡王奕譞。他在给小皇帝的奏折里说，这一次"该酋被戮，教堂被焚"，理全在我们这边，"虽不能以之喻彼犬羊，正好假以励我百姓"，虽然没法和外国狗羊们讲道理，但正好可以借此激励我大清百姓，"民为邦本，津民宜加抚循，勿加诛戮……民知捍卫官长，岂非国家之福"，对参与打杀洋人的天津百姓，切不可问罪诛杀，百姓懂得保卫自己的父母官，那是朝廷之福。[8]

左宗棠也主张强硬。他在给总理衙门的密函里说，不要害怕事态扩大，要知道洋人最喜欢"挟持大吏以钤束华民"，最爱玩威胁地方官，再由地方官来钳制民众这种把戏。相比之下，他们反倒不太敢直接做那些"拂舆情，犯众怒"的事情。左宗棠还说，此次事件是由"迷拐"而起，虽然用迷药拐卖小孩之事没有证据，但"幼孩百许、童贞女尸从何而来"？总不会是毫无来由吧？"不得谓无其人无其事"。如果洋人"志在索赔了结"，那还不妨答应他们，如果他们要求惩办参与打杀的民众，则万万不可，因为这些人是"义忿所形，非乱民可比"，拿他们给洋人抵命，会失了天下人心。保护这些百姓，才是大清走向振兴的关键。左宗棠鼓励总理衙门：

正宜养其锋锐，修我戈矛，隐示以凛然不可犯之形，徐去其逼。[9]

两条改革路线激烈交锋

这些慷慨陈词，让在"庚申之变"中见识过近代化军队厉害的恭亲王奕䜣深感忧虑。

在奏折里，奕䜣一再提醒小皇帝和年轻的太后，眼下的首要之务是安法国之心，"以力遏兵船为第一要义"，要将消弭战争爆发的危险放在第一位。

奕䜣说：总理衙门连日来与法国驻华公使罗淑亚（Julien de Rochechouart）磋商。罗的回复是此案事关重大，须向国内请示。此人素来"暴躁异常"，此次反而"不甚着急"，也许是因为他早有定谋，这定谋有可能给大清带来不测之祸。罗淑亚的翻译官说，此案有四件重大情节，一是毁坏了法国的国旗；二是打死了法国官员；三是杀伤了许多法国民众；四是焚毁了法国教堂。所以罗淑亚做不了主。总理衙门又去与其他国家的驻华使臣接触，以法国对大清用兵必然有损各国贸易利益为由，希望他们能从中斡旋。各国使臣回复说他们也知道中法开战会损害各国贸易，但如果我方拿不出处理案件的妥善办法，他们想要斡旋也无从着手。他们建议由大清皇帝派人前往法国就此事道歉，并重申两国友谊。总理衙门调查分析后认为，"杀毙领事"对西方国家来说确实是一件很大的事情，法国可能对华用兵的说法"似非虚声恫吓"。而且，还有一件事情需要特别考量，那就是各国之间平日里的联络，远较他们与大清的交往密切。如果这桩案子处理不当，"各国受损，将来势必协以谋我"，日后他们很可能会联合起来对付大清，那情况就更严重了。总理衙门"再四商酌"，没想到更好的处理办法，只能奏请朝廷派遣一名大臣，带上国书前往法国"相机办理"。总之，一切以消弭战事为最紧要。[10]

当时已发生了七国照会抗议、法国军舰在大沽口鸣炮示威之事。这些情况让奕䜣对是否能够避免战争缺乏信心，他在奏折的末尾说，"是否弥衅尚无十分把握"，但事总得一点点先做起来，也许派大臣去法国，就是"豫遏兵船之一端也"。

与奕䜣最关心如何消弭战争不同，朝中的"慷慨激昂派"更在意如何维系和激发民心。内阁学士宋晋说，"百姓一动义愤，每每一发难收……若因有碍和局，抑制太甚，更恐各省民心因此激变，其患有更甚于法国者"[11]。掌云南道监察御史贾瑚，似乎是嫌事情闹到七国问罪的程度还不够大，居然又奏称说京城也有"迷拐孩子挖眼剖心制药"[12]的匪徒，要求步军统领衙门全员出动搜捕。贾瑚的主张得到了李鸿藻和同治皇帝的支持。

总理衙门与"慷慨激昂派"之间的分歧，代表了清廷内部处理天津教案的两种不同意见。一者以恭亲王奕䜣和总理衙门为核心，主张与洋人和平相处；

一者以奕譞和朝中理学清流之臣为核心，主张将洋人尽数驱逐出境。

曾国藩将这两派分别称作"论势者"与"论理者"，如此描述他们的分歧：

论理者以为当趁此驱逐彼教，大张挞伐，以雪先皇之耻而作义民之气。论势者以为兵端一开，不特法国构难，各国亦皆约从仇。能御之于一口，不能御之于七省各海口；能持之于一二年，不能持之于数十百年。而彼族则累世寻仇，不胜不休。庚午避狄之役，岂可再见？[13]

大意是："论理者"主张据理而行，要抓住机会将洋人们赶出大清，以雪先皇（也就是咸丰皇帝）被英法两军从京城赶跑逃亡热河的耻辱。"论势者"主张顺势而为，现在与法国开战，等同与各国同时为敌。清廷军队的战斗力可以抵御洋人于一地，不能抵御洋人于七省；可以与洋人相持一两年，不能与洋人相持几十年上百年。结果一定是洋人不断武力寻仇，很可能再现咸丰皇帝逃亡热河的耻辱。

再往深处审视，"论势者"与"论理者"之争，实乃晚清两条改革路线之争的一个缩影。尽管以奕䜣、文祥等为核心的总理衙门及下属洋务官员，和以奕譞、倭仁等为核心的理学清流之臣，都同意清廷需要通过改革来谋求自强，但他们在改革内容和改革目标上存在巨大分歧。

改革内容方面的冲突，见于奕䜣与倭仁在"开设天文算术馆"一事上的正面对垒[14]。改革目的方面的冲突，见于1868年中英修约谈判期间，醇郡王奕譞所呈递的《谨陈管见折》及《驱逐洋人之法六条》。在这份奏折里，奕譞通过攻击奕䜣的心腹崇厚，公开在对外政策上与总理衙门唱起了反调。崇厚草拟的修约意见里，提到天主教与佛教、道教并无区别，大清包容万象，也不妨包容洋教。奕譞以一种尖锐的态度将这种主张定性为"袒护洋人"，说崇厚是想通过讨好洋人来稳固自己的地位，从而牟取自己的利益。奕譞还批判总理衙门，说"洋务"一事从最开始就走错了路——"溯查洋务之兴，首误于苟且依违，继误于剿抚无定"，责备朝廷对洋人该剿灭还是该安抚，始终没有给出明确的说法，造成了"秉政者既无定见，疆吏将帅亦无所适从"的恶果。[15]

按奕譞的主张，洋务改革是为了自强；自强之后要做的是像大唐消灭东突厥一样将洋人尽数驱逐出大清。为此，他向朝廷提供了六条策略：一是向地方督抚垂询征集改革意见；二是秘密饬令各位亲王和大臣发表改革意见；三是收民心以固国本；四是将"摈斥异物"（也就是抛弃洋人的器械和技术）的态度展示给天下人；五是召见资深将领以防备不测之事；六是下令让总理衙门"详查夷人入城数目"，切实掌控京城里的洋人数量和分布，以免将来驱逐洋人时变生肘腋。[16]

奕譞的这种自强之法，与奕䜣主持的总理衙门采取的改革手段，是两个截然相反的方向。

"谤讥纷纷"背后的算计

"论势者奕䜣"与"论理者奕譞"的冲突，让时任直隶总督曾国藩在1870年进退失据。

曾国藩自两江总督调任直隶总督，是在1868年。彼时，这次调动带给曾国藩的最大感受，是朝廷对他显露出了一种强烈的猜忌之心。此时太平军与捻军俱已被镇压，湘军与淮军已成为一种让清廷芒刺在背的存在。亲信幕僚赵烈文曾问他：两江满目疮痍，民气反侧不安，朝廷却将他这样一位"人心胶固之重臣"突然调往直隶这样的"闲地"，究竟是怎么考量的？曾国藩先以一段长久的沉默回应，然后才说出自己内心深处的惶恐："去年年终考察，吾密保及劾者皆未动，知圣眷已差，惧不能始终，奈何？"[17]——去年底我秘密推荐和秘密弹劾的人，全都没有回应，我很担忧自己与爱新觉罗氏的君臣关系不能善始善终。

曾国藩的感受没有错。

将他从两江调往直隶，相当于强迫他离开被湘军亲信环绕的状态，去一个朝廷触手可及的地方。当然，这种防范猜忌还远没到鸟尽弓藏的地步。太平军与捻军差不多没了，但洋人还在且相当强大。清廷将曾国藩调来直隶，有一项重要任务交给他，那就是为朝廷编练一支新军队。

晚清的军事改革始于咸丰末年的"练军"，主持机构是总理衙门，兵部起协助作用。由总理衙门主导，不难看出这一改革的核心内容是引进洋人的军事装备和军事技术。只是改革的进度实在太慢，成效也很有限，以致1868年中英修约即将到来时，朝野内外仍是人心惶惶——导致京城失陷、咸丰皇帝仓皇逃亡热河的"庚申之变"，即肇端于英法两国要求修约，上至两宫太后与恭亲王，下至地方督抚与关心时局的在野士绅，许多人对此仍记忆犹新。清廷于此刻调曾国藩北上担任直隶总督，固然有就近控制他的用心，也有借湘军领袖坐镇京畿以安定人心、预防战端的目的。这也是为什么曾国藩入京后，慈禧太后三次召见，其中两次嘱咐他在直隶好好练兵。1869年初，曾国藩离京前往保定就职前向慈禧辞行，慈禧的问话内容也全是练兵与设防；曾国藩则回应说：自己到了保定后，第一件要抓的事情就是练兵。[18]孰料，上任仅数月，兵尚未来得及练，震惊中外的天津教案就发生了。

直接负责处理天津教案者，原本应是时任三口通商大臣崇厚，朝中"慷慨激昂派"的攻击对象也主要是崇厚。崇厚是奕䜣的心腹，攻击崇厚就是攻击奕䜣；崇厚被扳倒，自然也就意味着奕䜣失势，意味着总理衙门的改革路线破产。为了脱离旋涡，崇厚于教案发生后立即给总理衙门呈递了一份情况汇报，敦请朝廷派直隶最高长官曾国藩前来主持大局。随即便有谕旨命曾国藩前往天津。曾当然也明白此中玄机，他给崇厚去了一封信，表态愿意协助他办理此案，愿意与他"祸则同当，谤则同分"[19]。只是，奕䜣与崇厚要的不是"曾国藩前来协助"，而是"曾国藩前来主持"。于是，在奕䜣的运作下，崇厚很快被任命为赴法钦差离开了天津，处理教案的重任，遂全部压到了曾国藩的身上。[20]

1870年的曾国藩已经59岁，右眼失明、肝病日重，长期遭受眩晕病症的折磨。他在该年给儿子曾纪泽的一封家信中说，自己"登床及睡起则眩晕旋转"[21]；在日记中，他也说自己时常感到"床若旋转，脚若朝天，首若坠水，如是者四次，不能起坐"[22]。天津教案发生前夕，曾国藩似乎已觉察到自己大限将近。他让李鸿章帮自己运来建昌花板做棺材，以备后事。结果花板与朝廷的谕旨同日抵达保定。谕旨里殷切关怀他身体如何，又意味深长地问他是否能够处理这场教案。这询问实是一种提醒：教案发生在直隶境内，曾国藩没有置身事外的可能。深感此案难以善了，不会有两全其美的解决办法，曾国藩遂给长子曾纪泽写了遗书，里面说：自己反复思考"殊无善策"，只能抱着"危难之际，断不肯吝于一死"[23]的心态去处理。

曾国藩抵达天津的时间是7月8日。13天后，他呈给朝廷的《查明天津教案大概情形折》引爆了朝野舆论，"诟詈之声大作，卖国贼之徽号竟加于国藩。京师湖南同乡尤引为乡人之大耻"。京城湖南会馆悬挂的曾国藩官爵匾额"悉被击毁"，会馆还将曾的名籍削去，不再承认他是湖南人。[24]昔日的道德圣人，瞬间沦为举国士大夫口诛笔伐的对象；昔日的中兴名将与旷代功臣，瞬间成了"谤讥纷纷，举国欲杀"[25]的汉奸，"积年清望几于扫地以尽矣"[26]。

这种结局，一半来自现实的无可奈何，一半来自朝廷的刻意算计。

所谓"现实的无可奈何"，指的是此案无法按曾国藩内心的期望去处理。他关心洋务，但他的思想旨趣介于倭仁与奕䜣之间，这从他对二人的评价中即能看出。曾国藩评价奕䜣是"极聪明而晃荡不能立足"，认为奕䜣有手腕有见识，但欠缺安身立命的理学修养；评价倭仁则是"朝中有特立之操者……然才薄识短"，认为倭仁的理学功底深厚，但对时事洋务所知甚少。[27]曾国藩对自己的期许是要兼二人之长，既懂时事洋务（聪明），又有理学修养（立足）。

可惜的是，这种自我期许在处理天津教案时无法共存。曾非常在意的"夷夏之防"告诉他，不应该严厉处分天津道周家勋、天津府知府张光藻和静海知县刘杰。在理学层面，他们都是为朝廷"抗夷"的志士良吏。然而，迫于洋人势大的现实，曾最终又不得不将这三人撤职，交给刑部治罪。身在旋涡中的曾国藩，往往刚做完"迫于势"的决定，"基于理"的良心便开始纠结。比如他先是在奏折里说根据调查，洋人不曾挖眼也不曾剖心；然后又在日记里说，奏折里那些话虽是事实仍"语太偏徇"，恐被人指责偏袒洋人，"将来必为清议所讥"[28]。他也很后悔，认为自己不该在奏折中写下"杀孩坏尸采生配药，野番凶恶之族尚不肯为，英法各国乃著名大邦，岂肯为此残忍之行？"[29]这类言辞，他很清楚这些话是在挑战朝野的既定认知（慈禧太后与倭仁、宋晋等人均倾向于相信挖眼、剖心、制药这类流言），也很清楚冒犯众人的既定认知定会招来舆论的激烈责难。

所谓"朝廷的刻意算计"，则是指让曾国藩来处理教案，是朝廷深思熟虑后的刻意设计。

1870年是慈禧垂帘听政的第九个年头，天津教案必然使她想起十年前的旧事。那一年，英法联军以使节被扣遭受虐待为由兴师问罪，攻陷北京城，又火烧圆明园，咸丰皇帝只得带着慈禧一众人等仓皇逃去承德，然后窝窝囊囊地死在了那里。天津教案的情况远比当年严重，被打死的是包括法国领事在内的五国之人；前来问罪的是七国而非两国。昔日的痛苦体验为慈禧太后提供了一个基本认知：慷慨激昂的话不妨多说，与洋人开战这种事却轻易做不得。如何处理天津教案，她在大方向上早有定见。这定见之一，是在言语上支持奕譞这些"慷慨激昂派"，将反驳的任务留给奕䜣。如此既维护了自身形象，又打击了奕䜣这个政敌。定见之二是让时任直隶总督曾国藩来为朝廷的决策背书。曾是理学名臣，也是中兴功勋，声望之高无人能及。由他来消弭中外冲突，远比由崇厚这类人与洋人达成妥协，更能堵住朝廷上下的悠悠之口。

这期间最意味深长的一件事情，是朝廷在公布曾国藩关于案情调查的奏折时，刻意删去了他为天津绅民辩护的五条理由。曾在奏折中说，根据他的调查，教堂"挖眼剖心"之说不真，自称卖迷药给教堂的证人也靠不住。但他同时也说，天津民众如此激愤情有可原，主要是五条外部因素激发而成：

一、仁慈堂"终年紧闭，过于秘密，莫能窥测底里"，还设有地窖，当地民众难免生疑。

二、有些中国人到仁慈堂治病，然后留在堂内工作。部分民众不理解，怀疑这些人是被药物"迷丧本心"。

三、仁慈堂常收留病重孩童，赶在他们去世前为其做洗礼。民众不理解这种宗教行为，"但见其入而不见其出"，遂揣测教堂在残害儿童。

四、仁慈堂院落广阔，孩子们在前院集体抚养，母亲多住后院；还有些母亲住仁慈堂，孩子住河楼教堂。民众不理解这种习俗，于是就往其他方面猜想。

五、1870年四五月间，天津城内发生过拐卖人口的案件，当时又疫病流行，仁慈堂收留的儿童多是病重无人照料者，死亡率高。再加上教堂平日与民众不睦，为免生事端常选择在夜间掩埋尸体，棺材不够，有两尸三尸埋在一棺的情况。尸体被野狗拖出后，民众遂为之哗然，将之前的猜想全视作事实。[30]

这些文字承认民众对仁慈堂有偏见，但落笔的重点是这种偏见并非单方面所致，仁慈堂方面也有责任。可是，邸报与官报房在公布奏折时将这些文字全删掉了。这种删减破坏了奏折的平衡，给阅读者留下了曾国藩在袒护夷人的深刻印象。其实，即便是完整版奏折，曾国藩呈递之时也觉得会给自己带来麻烦，引起朝野清议的不满；经过删减的奏折当然只会造成更坏的结果，只会是"谤讪纷纷，举国欲杀"。

删减的用意，或许是慈禧太后担忧"庚申之变"重演，故尽量不刺激洋人；也许是要刻意打击曾国藩如日中天的声望；更可能是二者兼而有之。或许，这当中还存在更深层次的算计：朝廷需要一个严重偏袒洋人的曾国藩。将曾国藩派往天津之前，朝廷其实就已经定下了处理事变的基调：不可与洋人开衅，不可重蹈"庚申之变"的悲剧。删减曾国藩奏折中为民众辩护的内容后，再将奏折公布，相当于给曾戴上了一顶"卖国贼"的帽子，也相当于给朝廷的媾和政策提供了操作空间——许多人的好坏善恶全靠同行衬托，许多事件的舆论风评也往往取决于同类对比。有曾国藩恶劣的"卖国行径"在前，朝廷的和解措施将会很自然地变得可接受，甚至值得赞美。

如此也就不难理解下面这些情节：与曾国藩的《查明天津教案大概情形折》送抵北京同日，朝廷召集会议就如何处理教案进行了讨论，慈禧在会上表态说，"此事如何措置，我等不得主意"[31]。同日，慈禧还以同治皇帝的名义给曾国藩下旨，内中对处理事件的具体方案一字未提，只反复强调朝廷的期望是"和局固宜保全，民心尤不可失"[32]，要曾国藩做到既不与洋人开战也不能失了民心。也是在这一天，朝廷删减了曾国藩"论说持平"的奏章，然后将其公开披露。随后，曾国藩被朝野舆论骂成了"卖国贼"。

自称"我等不得主意"的慈禧，其实早已打定了主意。"和局固宜保全"是高调的口号不妨多喊，与洋人开战则万万不行；"民心尤不可失"是朝廷不能直接表态说要惩办参与打杀的民众，但这个事要做且不妨交给曾国藩来做。

曾国藩进退失据。他既承认"天津士民皆好义"，是爱地方官爱朝廷的好百姓，又痛恨他们"徒凭纷纷谣言"，搞出打杀洋人的事端给朝廷添乱[33]。他既承认天津一干地方官以"风闻"煽动民意是在力挺朝廷，想要用送出天津避风头的方式保全他们，又不得不在朝廷与列强的压力下将他们弄回来重新惩治。最后的处理结果是：官员方面，天津知府张光藻、知县刘杰被革职流放黑龙江；民众方面，冯瘸子、刘二等20人被判处死刑，小锥子、王五等25人被判充军（后来李鸿章接手善后，有4名被判死刑者改为流放）。

在给友人的书信中，曾国藩说这样的处置结果不符合自己的理学本心，可谓"内疚神明，外惭清议"。然而形势紧迫，必须有人出来做这样的事情，所以"但使彼族不再挑斥，虽一身纵毁，而大局尚得保全，即属厚幸，屠躯暮齿，实难久点高位"——只要能消弭战争，使和局得到维持，我这衰老残躯成为众矢之的也算值得。[34]

针对民众的死刑，是在1870年10月19日凌晨5点钟左右执行的。

法国驻天津的军队，本计划派一名舰长携带翻译前去刑场充当监督者。新任天津知府马绳武告诉法国驻天津领事李蔚海（William Hyde Lay，以英国领事身份兼法国领事），"由于情绪激动的居民有可能滋事，总督希望在今天日出以前处死已判处死刑者"，他建议法方的监督者"夜间乘小轿子由他派遣的五十名警卫士兵护送下前往刑场"，以免引起民众注意。李蔚海反对这样做，但鉴于天津知府"在他自己的衙门里感到如此忐忑不安"，甚至一度要求转移至法国领事馆去讨论死刑的执行事宜，李蔚海也只好做出让步，不再坚持派法国军官前往刑场，改为要求知府衙门"提供一些确实执行死刑的证据"，同时让领事馆里的一名信差去刑场观看执行情况。[35]

这名信差自县衙监狱一路跟随至刑场，目睹了死刑执行的全部过程，带回了"系在那些囚犯尸身上的死刑执行令"。他向李蔚海报告说：

> 大约二百名巡勇和兵丁从监狱将囚犯护送到知县的公堂，在那里他们被依次排列，一共是十六名。没有一个肯下跪就缚，尽管被喝令这样做……在前往刑场途中，尽管是凌晨，群众早已云集。犯人们向一批批群众高声叫喊，问："我们面可改色？"大伙立刻齐声回答："没有！没有！"他们控诉当官的把他们的头出卖给洋人，叫人们用"好汉"的称呼来表示对他们的尊敬，人们当即同声高呼。被判死罪的这些人的亲友一路跟随前进，放声恸哭，泪流如注。到达西门外刑场时，罪犯们开始拉长了嗓音高唱，听到这歌唱声，执法官协台下令将他们斩首。罪犯们伸颈就戮，毫无惧色。刽子手共五六个人，都是南方的兵勇，行刑很快结束。[36]

李蔚海在给法国政府的汇报中说，据他听闻的信息，处决这些民众无助于改善法国传教士在清帝国的境遇，"反而有可能加深他们（清朝民众）对洋人的敌对情绪。这些被置于死地的人，无疑在民众心中被视为烈士。我担心，恐怕在当局的心目中也是如此。"[37]

法国想要的并不是头颅

死刑执行完毕后的第六天，1870年10月25日，一支由原三口通商大臣崇厚率领的使团自京城出发，踏上了前往法国致歉的路程。

这是清廷自入主中原以来，首次派遣钦差使节前往海外向"夷人"致歉。当然，崇厚携带的国书以外交词汇粉饰过，内中并无致歉字样。国书里，先是"大清国大皇帝"向"大法国大伯里玺天德"问好；然后说天津教案已将"办理不善之地方官"流放治罪，与案民众"正法者二十犯，问军徒者二十五犯"；然后说此次冲突"变生民间"，是民间百姓闹出来的，"朕与贵国和好有年，毫无芥蒂"，完全不能代表皇帝与朝廷的意志，派崇厚前往法国正是为了传递这样一种"衷曲"，以求两国之间继续"真心和好"。[38]

粉饰归粉饰。清廷上下人人皆知崇厚此行乃是前往法国致歉。醇郡王奕𫍯自然是明确反对。李鸿章认为，崇厚是驻天津的三口通商大臣，会被洋人视为教案的当事人与罪魁祸首之一，他有点担忧崇厚的道歉会被拒绝。内阁中书李如松则说，这种做法"徒损国体"于事无补，崇厚也有被法国扣留变成人质的危险，总之只会助长"夷人要挟之风"。[39]慈禧与总理衙门无视所有的反对之声，坚持要实施这件破天荒的事情，足见十年前的"庚申之变"给他们造成了极其沉痛的心理阴影。他们确实相当担忧教案会引发战争，从而让旧事重演。

1871年1月25日，崇厚一行抵达法国马赛时，正值普法战争。巴黎炮火连天，法国政府已名存实亡。无处呈递国书的崇厚只好在法国接待人员的安排下，先去参观了肥皂厂、榨油厂和兵器制造局。拖到3月，崇厚决定派张德彝等人去巴黎租房子。张德彝到巴黎的第二天，巴黎公社革命爆发。使团只好在月底改道前往凡尔赛，与暂居在那里的法国政府官员做接触。这样一直等到6月，使团终于得以正式进入巴黎，然后又遭遇了两个问题：

第一个问题：法国政府坚持要重开谈判与崇厚讨论赔偿事宜，崇厚则坚持此案已经了结，自己此行也无重开谈判的权限。

第二个问题：法国政府拒绝安排崇厚觐见首脑呈递国书，理由是清廷皇帝仍未允许外国公使觐见。

崇厚在巴黎不得其门而入之际，北京的总理衙门也正受到来自法国公使罗淑亚的强大压力。罗派人来总理衙门"代要全权"，要求清廷授权崇厚与法国政府在巴黎重启谈判。总理衙门自然不能也不敢同意，因为允许悬处海外势单力孤的崇厚在巴黎与法国谈判，必然不会有什么好的结果。如此这般僵持到8月下旬，崇厚决定离开巴黎前往美国，给法国政府也施加一点压力。[40]

1871年10月3日，在法国驻美公使的邀请下，崇厚使团一行再度返回法国。11月23日，法国总统梯也尔接见了使团一行。崇厚呈递国书后，梯也尔在致辞中说，希望清廷的执政者"明白传教士实系行善有功之人"，也希望大清皇帝下旨告诉百姓"传教士实在是有德行之人"，改变一下"贵国人民不懂得事"的状况，以后不要再发生此类惨剧。[41]梯也尔还建议清廷在巴黎设立一个公使馆，他对崇厚说："法国所要的，并非（中国人的）头颅，而是秩序的维持与条约的信守……在巴黎设一个公使馆，于中国很有好处。"[42]

梯也尔的愿望是好的，但事情不会因皇帝的一道谕旨就得到解决。晚清教案表面上看是传教士（包括教民）与民众之间的冲突，但究其实质，如前文所言是一种囊括了利益冲突、文化冲突与制度冲突的复杂产物。即使以最浅显的"民众素质"而论，也应该注意到：一个时代底层民众的愚昧，并不仅是底层民众本身的问题。回溯天津教案，民众坚信教堂在搞挖眼、剖心的残忍行径，既与他们无知识、易被谣言所惑有关，也有士绅阶层与官府同声附和的因素——魏源的《海国图志》是晚清最重要的启蒙著作之一，书中言之凿凿记载有洋人用药将中国人迷翻，然后挖眼炼银的内容。《海国图志》在读书人中流行，大大扩散了"迷拐儿童挖眼剖心制药"之类谣言的可信度[43]。天津知府衙门在教案发生前夕贴出的告示里，也有"张拴、郭拐用药迷拐幼童。风闻该犯多人，受人嘱托，散布四方，迷拐幼孩取脑剜眼剖心，以作配药之用"[44]这样的句子，相当于是用官府权威给民间谣言盖章认证。

民间谣言、士绅阶层专著与朝廷告示，三者如此这般互相"印证"形成一个闭环，造成的认知共振往往非常可怕。共振的结果便是无论曾国藩如何调查取证，如何指出"迷拐挖眼剖心"均是子虚乌有（有人指证教堂中有两个装满了婴儿眼珠的玻璃瓶子，调查者入内搜查找到了瓶子，打开来看却是腌制的洋葱），他都没有办法将自己从"谤讥纷纷，举国欲杀"的困境中解救出来。朝野舆论在"证据闭环"里坚定地相信自己愿意相信的东西，绝非曾国藩区区数千字的调查报告所能撼动。事实上，据曾国藩的幕僚薛福成说，曾一开始也信了"挖眼剖心"之说。1891年，已是出使英、法、比、义四国大臣的薛福成，在给朝廷的奏折里罗列了自己在欧洲的亲身见闻，继续力证"挖眼剖心"并不存在，同时回忆往事说：

> 犹忆同治九年天津案起，前大学士曾国藩初闻挖眼盈坛之说，亦欲悉心查办。比入津境，拦舆禀诉者纷陈此事，询以有无实据，则辞多惝恍，迫严加讯究，而其事益虚，所以专疏特辩此说之诬。臣于当日列在幕僚，颇知梗概。[45]

对事物的准确认知，来自正确的逻辑与充足的证据。前者提供思维工具，后者提供思维原料。在19世纪70年代，有可能提供这两项东西的，不是皇帝的圣旨，而是更深层次的改革。时代的转型，需要让更多的人走出国门接触到近代文明，见识到更广阔的现实世界。

第十一章　1871年：消弭教案的努力流产

如何一劳永逸地避免再出现"天津教案"，避免再出现"庚申之变"，是清廷在1871年最在意的工作，也是总理衙门花费精力最多的工作。这项工作的最终成果是拟定了一份《传教章程》。清廷希望用条约文件的形式，将晚清的民教冲突有序管控起来。

遗憾的是，在说服各国公使接受《传教章程》这件事情上，总理衙门失败了。

清廷想主导一次条约外交

1870年底，曾国藩卸去直隶总督后，入京觐见了慈禧太后与同治皇帝。

君臣间的谈话主题之一是民教冲突。曾国藩说，这些年到处发生民教冲突，全是"教堂教民欺不信教之百姓，教士庇护教民，教堂纵容教士，官府不能钳制"所致。他建议朝廷"以后更换和约，须将传教一条严议章程方好"，以后若有机会与各国修约，最好就传教之事商谈制定一个严格的章程。[1]

慈禧太后在"天津教案"中受了不小的惊吓，所以谈话结束之后，她等不及"以后更换和约"，即命总理衙门负责研究此事并拿出可行的办法。总理衙门的工作成果是由文祥与沈桂芬等人主持，在1871年初拿出了一份《传教章程》。

《传教章程》的核心内容共计八条：

一、教堂不准设立育婴堂，应由地方官自行办理。

二、不准妇女入堂，并不准女修士在中国传教。

三、教士应归地方官管束，遇有教案，教士不得干预。

四、教案只应照案定罪，不得再议赔偿，教民犯罪，教士不得庇护。

五、教士领护照往某省传教，不得潜往他省，并不准偷漏税项。

六、教堂所收教民，应报明地方官，按年造册备案。

七、教士应遵中国体制，不准僭越。

八、教士买地建堂，应报明地方官有无风水窒碍，契上写明教堂公产，不得假名他人。[2]

以上是总理衙门自行概括的《传教章程》概要，分送给各国驻华公使的文件自然还要详细许多。比如其中提道：如果传教士一定要收养孩子，那么只准许收养"奉教人"的孩子，且要向官府立案登记。传教士不可"毁谤中国圣教"，中国教民可以免摊民间的演戏赛会费用，但不能逃避差役、徭役和地方官府的"公事"，外国传教士也不可以帮助他们逃避。传教士不可以收有犯罪前科的百姓入教，收了哪些人入教必须向官府登记，以便官府按月或者按季度核查，若发现有人存在犯罪记录，须将其驱逐出教。除了章程内容更详细，总理衙门还在文件中列举了诸多案例，来说明激化出教案的责任主要在教方。[3]

总理衙门的核心诉求，是鉴于之前已用条约的方式允许各国来华传教，但"又未立有详细章程"，所以有必要再商订出一个章程，将传教之事规范起来，以一劳永逸地解决教案问题。以后再有冲突，就按章程里的规定办，不必动辄上升为国与国之间的战争。简言之，清廷希望搞一次由自己主导的条约外交，这无疑是一次很可贵的尝试。

在清廷内部，几乎所有官员都高度赞同《传教章程》的内容。闽浙总督英桂说，总理衙门拟的这个文件，实在是"为维持全局计者无微不至"，各国公使读完文件之后"应已幡然醒悟"。山东巡抚丁宝桢说，这份文件可以算是"一纸书胜于十万师"。两江总督曾国藩也说，文件将洋人恣意妄为的情况写得很明白，真是"痛快淋漓"。当然，也有提意见者。署津海关道陈钦认为，在《传教章程》里将教方的"恶劣情状"做全面的揭露，可能会引起对方的抵触，不如绵里藏针略去这些指控，"处处托词保护"，以保护洋人的生命财产安全为由来说事，可能会更容易被接受。直隶总督李鸿章则说，法国公使罗淑亚一贯"偏袒教友"，各国公使也不愿得罪法国帮清廷说话，这个章程好是好，恐怕很难被认可。[4]

《传教章程》送出后的结果，正如李鸿章所料，"各国皆置之不理，此件到欧洲各国不甚嘉纳，意谓中间所指教士劣迹无据非真"[5]，欧美各国政府普遍持拒绝态度。

其中，俄国公使责备清廷对传教"似有抑苛之意"，且"不许妇女入教"等条款是"干预教中规矩"，故《传教章程》断不可行[6]。美国驻华公使镂斐迪说，没有必要回复清廷提出的这几条章程，因为它们只与罗马天主教士有关，美国的新教传教士从未被指控干涉诉讼。镂斐迪还指责章程的第二条非常愚蠢，因为允许妇女入教表明"妇女地位的提高，是西方国家的光荣。如果清帝国希望扬名于西方的话，这样的政策是最不明智的"。[7]德国驻华公使李福斯说，"贵王大臣所拟八条，本大臣想大约难以皆按所拟而行"，因为如果全盘接受总理衙门的《传教章程》，实际上等同于"不令天主教在中国传教"。[8]

来华传教士对章程的抵制态度也很强烈。英国传教士杨格非认为，要求来华传教士服从中国法律，可谓用意阴险，因为"中国人完全清楚，在这种条件下，没有传教士敢进入内地。进入内地是愚蠢且危险的行为。成为中国的臣民就意味着在几乎没有任何形式审判的情况下，遭受监禁、严刑拷打和处死"。美国传教士斐来尔虽然承认清廷的"某些重要指控并非完全没有事实依据"，但他很担心若《传教章程》获得通过，"传教士和中国信徒必然遭受很多磨难，甚至可能无法逃脱帝国各地的残酷迫害"。[9]

无力让法国坐到谈判桌前

为了让《传教章程》获得认同，总理衙门曾试图请求英国政府充当斡旋者。

选择英国的理由，是总理衙门认为英国的耶稣教在传教策略上与法国的天主教大不相同。后者喜欢介入教民与非教民之间的冲突，喜欢干预清帝国的司法，前者则不然。即总理衙门所谓的"英国耶稣教与法国天主教有别，英国重通商而不重传教，并时恐天主教在中国滋事，有碍通商大局"[10]。

总理衙门的这个判断，不能说全对，也不能说全错，因为其中有许多似是而非的地方。耶稣教传教士的做法，确实与天主教大不相同。其中既有宗教本身的原因，也与不同国家对华外交政策有密切关系。简单来说就是，此时的英国已大体放弃了武力干涉手段，对清廷改取宽容态度，实施"合作政策"，期待其有更深层次的改革。具体可参考英国驻华公使阿礼国的说法：

> 对于英国来说，保全中华帝国使其不致瓦解，才是最合乎自己利益的。保持中国的领土完整和政治独立，是合乎英国长远利益的。要想做到这一点，唯一可行的是宽容政策以及逐渐的改革。[11]

这一"合作政策"，最早由美国国务卿威廉·西沃德（William Henry Seward）提出，后由美国驻华公使蒲安臣演绎完成，大致包括两个层面的含义：一是在华拥有利益的欧美国家之间采取合作态度，而非彼此倾轧；二是欧美各国与清廷之间采取合作态度，而非以清廷为必须推翻的敌人，也就是主张以和平的方式解决与清廷的争端，同时推动清廷接受国际法，接受条约外交。

1864年6月5日，蒲安臣在给美国驻华领事的指示中，将"合作政策"概括为四项原则：欧美列强互相合作；与中国官吏合作；承认中国的合法权益；公正实施条约款项。蒲安臣希望美国的驻华领事们能够践行外交方针上的这种重大变化："你们应认识到，我们正努力去用公平的外交行动代替武力。"[12]该主张得到了英、法、俄、德等国的大致认可——蒲安臣卸任后，愿意于1869年代表清廷出使欧美，目的之一就是促成这种认可。

阿礼国在1869年离任后，"合作政策"由新任英国驻华公使威妥玛延续了下来（1874年马嘉理案爆发，威妥玛对华采取武力威慑的手段，"合作政策"遂告破产）。这位"中国通"来华多年，对清朝的政治文化有深入的认知，比同时代其他国家的驻华公使更了解清廷的政治运作。天津教案发生后，英国外交部基于"合作政策"，给威妥玛的指示是"保护清政府以对抗法国的野心"，"决不向清政府提出或强求那些会使它削弱的要求"。该指示在威妥玛这里化为了更具体的中立调停立场："我必须劝说中国人做些能够使法国人满意的事情……同时我又得设法使我的法国同僚不越出范围。"[13]

基于这种中立调停立场，威妥玛既敦促清廷在教案中承担责任，也反对将教案发生的责任全部推给清廷，还曾应总理衙门的请求赴天津劝阻法国驻华公使罗淑亚的激进行为，获得了罗淑亚无意引发战争的承诺。在威妥玛看来，教案爆发最主要的原因是清朝人对洋人的品德和权利缺乏理解，而不是清廷的煽动（至少与总理衙门无关）。英国外交部也认为，各国政府有必要约束本国传教士的活动，不能放任那种"认为皈依基督教后，就可解脱中国属民应该遵守的公民义务"的行为泛滥，那样做只会徒劳地在中国人中引起怀疑和仇视。可以想见，英国政府的这种立场，会引起法国的不满，也会让那些希望在中国获取暴利的冒险家们深感失望——这些人一度主张借天津教案的机会"将所有中国官吏一律斩首，推翻清政府，乃至将全国置于外国保护之下"。[14]

以上是总理衙门在1871年为推动《传教章程》而向英国驻华公使威妥玛求助的大致背景。

威妥玛接到请求之后，深感《传教章程》是个烫手山芋，拖延了数月才向总理衙门提交意见。威妥玛说，自己之所以迟迟没有回复，一是担心开罪法国和其他国家；二是章程里的内容有不少难办的地方，恐怕各国不会同意。

应清廷的要求，威妥玛就八条章程逐一提出了意见：一、英国在华没有育婴堂，所以这条不方便多说，但清廷提出来的立案登记、随时稽查的办法是可行的。二、不许中国妇女进入教堂，也不许女传教士来华传教，这一条与之前签订的条约不合，是不可以的。三、"教士应归地方官管束，遇有教案，教士不得干预"这一条，是章程里最核心的部分，威妥玛"含混论之"，没有做明确的表态，但总体上倾向于传教士一方。四、威妥玛主张教案由中外双方"会同审办"。五、同意由清廷给传教士发放执照。六、反对不许传教士收犯罪之人入教，因为这与宗教劝善救赎的宗旨不合。七、对不许传教士直接找地方官的规定，基本同意。八、基本赞同关于如何买地建教堂的规定。[15]

威妥玛未对《传教章程》做全面否定，意味着双方其实存在谈判的空间。但英国政府无意做出头鸟，稍后便以担心影响商业贸易为由，拒绝与清廷订立《传教章程》。失去英国的支持后，总理衙门只能单独面对法国的强硬立场。1871年11月，法国政府回复称，绝不同意该章程，并威胁说，若清廷执意要实行《传教章程》，可能会导致两国友谊动摇甚至决裂。总理衙门没有国家实力做筹码，无法让法国政府坐到谈判桌前，只能接受这个结果。

清廷试图依赖条约外交来化解中外冲突的首次尝试，至此宣告失败。

旧基层统治秩序开始崩溃

《传教章程》的夭折，是一件极为遗憾的事情。

天津教案对晚清政局走向产生的影响，无论广度还是深度，都远超其他事件。自1842年的北京教案[16]，至1911年的长武教案，教民冲突绵延了整整70年，可谓与整个晚清相始终。其持续时间之久、产生纠纷之多、酿成血案之深，同期其他任何外交事件都望尘莫及。教案冲突的结果往往也是双输。天津教案中，洋人失去了性命与教堂；"知畏官而不知畏夷"的清帝国百姓丢了脑袋；道德圣人曾国藩失去了清誉；慈禧太后与恭亲王奕訢失去了安全感，一度相当忧惧"庚申之变"将会重演。

用"愚昧"这样的词，来责备教案中那些相信传教士会挖眼剖心的底层民众，是很容易的。传教士会挖眼剖心这类谣言，也确实出现在许多民教冲突当中。但是，这是很浅显的批评，远不足以解决问题（并不是说批评没有必要）——驱除愚昧必须倚仗正确的思维逻辑与广阔的阅历见识，后两者又必须倚仗更深层次的改革与更大幅度的开放。这种改革与开放，又取决于清廷内部权力集团的认知更新与利益博弈，绝非一蹴而就之事。总理衙门自1861年起推行的每一项改革措施，都相当于利益的重新分配。比如培养技术官僚会挤占政治官僚的地盘，创设"洋关"会挤占"常关"的蛋糕；编组新军会让八旗绿营不满。如此种种，都会引来阻力。换言之：愚昧应该改变，但改变愚昧的过程往往相当漫长；在这个过程中，需要有类似《传教章程》这样制度性的东西来维系秩序。当然，《传教章程》的内容不能完全由总理衙门说了算，也不能只体现各国公使的意志。它应该诞生在谈判桌上，应该是一个介于理想原则与现实权变之间的东西。

更何况，清末教案远非"愚昧"二字可以完全解释。它实际上是文化冲突、经济冲突与制度冲突三者交融的产物。担任清廷总税务司的英国人赫德，对此有着深切的体察。他曾告诫欧美各国，若想将"福音"顺利传入中国，传教士们必须努力避免干预中国司法：

教徒信仰基督教，并没有改变他是一个中国属民的事实。他应像其他一切中国属民一样，必须继续遵守他的国家的法律，并且服从他的国家法庭的裁判。传教士只是一个传教士而已，必须把自己的工作限定在传教上，尽力避免干预诉讼和妨碍中国官吏的行动。只有尽力坚持这个原则，地方绅民、各省官吏和中央政府的仇视才能消除，宣传福音才能免于它现在的劳而无功的情况。[17]

赫德为清帝国服务了很多年，明白清帝国是一个靠威权存续的前现代政权，皇权不可侵犯的面子和地方官吏不可侵犯的权威是统治秩序里最重要的组成部分，是让四亿清帝国百姓俯首帖耳的关键。而"干预诉讼和妨碍中国官吏的行动"，正是在挑战清帝国的统治秩序，是在损害这个前现代政权的核心利益。

挑战往往始于文化冲突和利益冲突。比如，教民与非教民在迎神赛会、演戏祈福这类民间活动中常持不同立场。当教民抗拒缴纳迎神赛会的份子钱时，文化冲突就激化成了利益冲突。1861 年，法国传教士福安当自拟了一份章程送给山西巡抚英桂，其中第一条就是"教外之人不许向奉教人摊派唱戏祭献修庙等钱"[18]。该章程后来成了当时山西民教冲突频发的重要导火索。

站在教会的角度，迎神赛会与教义不合，支持教民拒缴费用似乎是理所当然的事情。但换一个角度，对晚清的底层乡民来说，迎神赛会集祈福、娱乐、商贸集会等多种功能于一体，是日常生活中的一件大事，平摊费用是乡民们的一项常规开支。站在这些底层乡民的立场，拒绝缴费只能被视为对共同体传统规则的挑衅，因为教民会继续生活在乡民共同体中，他们很容易被指责为逃避份子钱却仍享受好处，甚至会被视为恶意破坏迎神赛会。1862 年直隶柏乡县的教民与非教民互殴事件，就是这样发生的："村众以教民路成杭等虽经入教，亦有田禾，并不随众祈祷，徒沾伊等求雨之惠，出言讥诮，路成杭等不服，致互相争吵揪扭"[19]——乡民讽刺教民不出钱却占了便宜，于是发生了打架斗殴。1869 年直隶广平府的教堂被毁事件，也是这样发生的："乡愚无知，讹言哄传，以为久旱不雨，系教堂十字架之故。本年四月初七日，四乡人民进城赴庙求雨，行抵该处，咸以天主教不崇神明，以致上干天和，祈祷无灵，纷纷蚁聚，瞻望咨嗟"[20]。祈雨活动"没成功"，乡民们找原因，找来找去，找到了抵制迎神赛会的教堂头上。

批评乡民们迷信当然是很容易的，这种迷信放在今天也确实该摒弃。但我们无法苛责19世纪60年代的底层乡民。在当时，这种迷信仍是清帝国底层秩序的一部分。总理衙门也好，基层官员也罢，包括启蒙学者在内，都不可能在短期内消灭这种迷信（事实上他们也尚处在迷信之中）。更何况迷信的背后还有具体的利益冲突。如何通过制度建设，让教民与迎神赛会之间不再发生武力冲突，才是解决问题的切实路径。

除了迎神赛会，传教士要求查还教堂和田产，也会与士绅、民众发生严重的利益冲突。1860年的《北京条约》第六款规定，以前"谋害奉天主教者之时"被充公没收的天主堂、学堂、坟茔、田土、房廊等，应该全部还回来，交给法国驻华公使，再由法国驻华公使转交给当地的奉教之人[21]。这项规定只提到了法国天主教，所以天主教因教堂与田产问题产生的民教冲突最多。这项规定也没有明确追溯的时间上限，于是很多地方的教民将旧账翻到了雍正乾隆时代。问题是，自雍正时代至1860年，时间已经过去了一个多世纪，其间，许多房屋田宅的所有权已流转多次，打一场追溯官司很容易牵扯出成百上千民众，会给底层社会造成巨大震荡。查还教堂与田产引发的民教纠纷，之所以能贯穿整个同治年间，到光绪时代仍余波难平，这种无上限追溯是一个重要原因。[22]

此外，乡间的庙产、义学与公田也会引发民教纠纷。民众入教相当于脱离旧共同体进入新共同体，往往会要求将旧共同体中属于自己的那部分公共财产分离出来。公田可以分（也会因田地的贫瘠问题发生纠纷），庙产与义学却无法劈割，于是就会引发官司。

具体的利益冲突进入官司诉讼阶段后，又会演变成官绅与传教士之间的制度冲突。中国传统士大夫做官时风光无限，退居乡里后也仍是地方上的社会领袖，外国传教士的到来会对他们构成挑战。这些传教士凭借条约享有治外法权，不仅不受中国官吏的管束，还可以将教民组织起来自成一个体系。这些教民倚仗传教士，也可以在日常生活中享有更多的权利，如论者所言，"俨然在中国社会中，形成一新的阶级，这当然对官绅们的尊严与利益要发生冲突。尤其是对中国官场中的许多积弊，与绅士们若干的非法行为，更直接地发生严重的影响"[23]。四川总督骆秉章于1862年致函总理衙门，便是如此控诉四川的传教士与教民：

> 习教之人恃法国为其教主，常有赴衙门求见，干预公事。拒之则在外喧嚷，接见则日不暇给。此近日地方官难办之处。[24]

按清帝国的统治秩序，普通百姓前往衙门申诉是不受待见的。但教民有传教士为后盾，拿上主教名片就可以求见地方官；地方官不愿开罪教会，也常不得不见。教民是清廷的百姓，清廷的地方官愿意友好接待来访百姓，当然是大好事。问题是，对那些没有入教的普通百姓，地方官仍然是鼻孔朝天爱搭不理甚至敲诈勒索。于是就形成一种畸形的"社会不公"。这种不公平，既挑战了地方士绅的地位（原本他们才是那个唯一被衙门友好接待的群体），也挑战了地方官员的尊严，且加大了他们"治理地方"的难度。原本稳定的"官府 > 士绅 > 平民"的统治模式被打破，变成了更复杂也更不稳定的"官府/传教士 > 士绅/教民 > 平民"模式。如果那些敢于前往衙门求见，不被接见就敢在衙门口喧嚷的教民，有一小部分"自以为成了回事而对其他百姓也傲慢无礼起来"[25]，官员们要面对的状况，就会变得更加麻烦。

当然，这绝不是说之前那种"官府 > 士绅 > 平民"模式是正常的治理秩序。毕竟，19世纪70年代是一个民权扩张的时代，孔孟的教导里也有"民贵君轻"的理念，地方官对来访民众以礼相待，才是正常的"国民待遇"。

1877年四川成都华阳府张贴的一份《民教示谕》，颇能反映地方官府对于这种不稳定的新基层秩序有多厌恶。文件中说：

> 昔年习教之民，礼拜诵经，至今守分。近年习教之民，恃强霸恶，愍不畏法；或素性鄙吝，借入教而冀免输将；或向为讼棍，借入教而图遂习唆；或因罪犯奸赌无从藏匿，借入教为逋逃之薮；或因身债积欠畏人追呼，借入教为避债之台；并有漏网痞徒、著名土棍，借入教而泄怨报怨；更有不入牌甲不归团练，借入教而欺官抗公。[26]

所谓老教民安分守己、新教民胡作非为，这种区分并非基于严谨的调查。

它反映的是以1860年为分界线（该年签订的《北京条约》允许传教士入华传教），地方官员们在日常治理中截然不同的两种感受——1860年之前，所有底层百姓都必须对地方官服服帖帖，"刁民"没有生存空间；1860年之后，底层百姓中的教民开始脱离地方官的掌控，给地方官增加了很多工作量，地方官开始不好做了。可以推想，这种对比在1870年的天津教案之后变得更加明显。天津的地方官员被流放，底层的反教百姓被诛杀，必然会对地方官员产生直接刺激。有些人为了避免惹麻烦，保住乌纱帽，在处理民教冲突时会故意选择偏袒教民。

这种偏袒，又会进一步催生引诱效应。比如某些地痞流氓有可能故意借着教民的身份（或者伪造教民身份），向非教民生事牟利。事实上，这种引诱也未必仅限于地痞流氓。不公平的治理模式相当于是在考验人性，某些原本在官府眼里"安分守己"的百姓，也有可能受不住考验而加入到制造民教冲突的行列中来。比如，四川巴州平民魏宗仁于1882年与族侄魏绍龙就清明会钱发生冲突厮打了起来，闹到州城打官司。魏宗仁暂住在教民郑含魁的店里，郑含魁即指点他"诈称教民"作为胜诉之道[27]。

这种新的畸形底层治理秩序（绝不是说1860年以前的底层治理秩序就没问题），长期困扰着清帝国的所有官僚。自最底层的知县，到中层的地方督抚，到最顶层的恭亲王奕䜣和慈禧太后，概莫能外。

基层官员方面，他们中的许多人本是读八股之书出身，于对外交涉一事毫无所知，遇有民教冲突自不免张皇失措。传教士可以求助本国驻华公使，公使转向总理衙门抗议，总理衙门再向地方督抚催办，地方督抚又向基层官员施压，可谓"稍有不慎，即遭受处分，轻者申斥、记过，重则降调、撤职"。于是地方官对办理教务案件，有"动辄得咎之感"[28]。地方督抚的日子也不好过。法国公使哥士耆（Michel Alexandre Kleczkowski）在1862年多次向总理衙门抗议四川总督骆秉章，说他素来仇恨洋人，要求将他调离四川。总理衙门虽以清廷用人行政不容外人干涉为由拒绝这种抗议，但在哥士耆的频繁施压下，仍不得不以谕旨的形式，命骆秉章"毋庸会同办理"川、贵两省的教案。显然，这严重损害了骆在川、贵两省的权力和威望。不止骆秉章，吴棠、李鸿章等封疆大吏也都有过类似遭遇。

所以，在1869年，当英国驻华公使阿礼国任满准备离京时，恭亲王奕䜣对他说："把你们的鸦片和你们的传教士带走，你们就会受欢迎了。"奕䜣的左膀右臂、总理衙门大臣文祥也对他说："撤销你们的领事裁判权的条款，那么商人和传教士就可以定居在任何地方和一切地方；但要保留它，那么我们就一定要尽量把你们和我们的纠纷限制在各条约口岸。"文祥还说："不要以为仅凭洋税的增加就可以使人满意，每一项增加都意味着地方治理上出现了一项新的困难。我们宁可自己收税，来取代这种增加的洋税，然后把同样数目的税款交给你们，好让你们走开。"[29]

奕䜣与文祥是晚清改革的发起者，也是清廷最高决策层里的最开明者，是最愿意与欧美世界和平相处的人。这样的话从他们口中说出，意味着传教士、领事裁判权与近代海关这些新变量，确实给清廷统治秩序的稳定造成了巨大挑战。文祥那句"不要以为仅凭洋税的增加就可以使人满意"，其实隐含着一道选择题：改革追求的目标是清帝国更加富强；如果改革会变更清帝国的统治秩序，让清帝国不再是清帝国，那改革还有必要继续下去吗？当然，文祥没有将选择题说得这般极端，因为时代还没有走到那一步。但他看到了端倪。

后世的局外人可以用"文明—野蛮"这种二元分析模式，来解释许多历史问题，包括晚清频发的教案。但"可以解释问题"不等于"可以解决问题"。对身在局中的奕䜣与文祥来说，他们无法在短期内塑造一种新的统治秩序（可能也不愿意），来适应传教士与教民这些新变量；他们也无法凭借武力来对抗欧美各国。唯一可以期待的，就剩下制定《传教章程》并尝试发起条约外交。

遗憾的是，在1871年，无人愿意就传教士问题走入总理衙门，坐到奕䜣与文祥的对面。

教案退潮背后的制度玄机

没人能准确知晓晚清究竟发生过多少教案。

当然，也有一些可供参考的数据。廖一中在《论近代教案》一文中说，"从1844年到1911年的60年间，共发生教案1639起"；且依据《教务教案档》统计认为，截至1899年，"发生教案的地点共700余处，其中与天主教600余处，新教100余处"，可见不但遍及全国，且以与法国天主教的冲突为绝对多数。[30]学者陈银崑的统计结果是：从1860年到1899年，共计发生教案811起。他没有统计1900年的情况，因为这一年拳变发生，实在是数不胜数，计不胜计。[31]

那些止于民教冲突、没有上报至地方督抚和总理衙门的纠纷，对清廷而言意味着没有形成教案。它们很少被档案记录下来，自然也不包括在上述统计之内。但它们的数量，不用想也知道，必然远大于上述统计数据。这些冲突与教案，对晚清的地方治理造成了极深的影响，最终在1900年与其他因素结合激荡，酿成了震惊世界的"庚子之变"。

"庚子之变"的具体发生逻辑，留待后文详述，此处不赘。下表数据来自赵树好《教案与晚清社会》一书[32]。

晚清教案简表（1895—1911）

年份	1895	1896	1897	1898	1899	1900	1901	1902	1903	1904	1905	1906	1907	1908	1909	1910	1911
教案数量	80	48	52	67	173	411	46	67	21	48	34	41	32	12	7	13	13

赵树好对"晚清教案"有一个定义："指中国官绅士民反对基督教会（教士教民）的事件，这些事件是经中国官方立案，并会同外国传教士或领事、公使处理的"；在统计时则遵循"同一地区的一起或多起有关联的反洋教案件算作一起教案""在一起教案发展过程中出现一份或多份反洋教揭帖，并引起纠纷，不独立计算"等原则；并声明"1899—1902年教案的实际数量远远超过统计数字"。[33]

依据这份统计可知，晚清教案的退潮，并没有发生在"庚子之变"后的1903—1907年。这5年里发生的教案数量，较之"庚子之变"前的1895—1899这5年虽有所减少，但尚无本质区别。真正出现断崖式下跌的，是1908—1911年这段时间。何以如此？

原因或许在于科举的废除与谘议局的设立。

如前文所言，晚清教案是文化冲突、经济冲突与制度冲突互相交织的产物。站在传教士和教民对立面的，不仅仅是一个个具体的乡民，也是一整套传统的基层治理秩序。只要这套传统的基层治理秩序仍然存在，又没有《传教章程》之类的制度建设来规范彼此行为的边界，冲突就很难停止。清廷在1905年废除科举并宣布"预备立宪"，又在1907年宣布要开始筹建谘议局，恰于有意无意之间，对基层治理秩序来了一场全盘改造。科举制度的废除，使传统乡绅这个群体无可挽回地走向了没落，也不再生产八股出身的基层官员。新生代的知识分子，为了个人出路，不得不选择向城市转移。谘议局的设立，也诱使那些原本已在基层治理秩序中建立起威望的传统士绅，离开乡土进入城市。据学者张朋园对15省谘议局议员出身的统计，这些人与科举时代的传统士绅高度重合，"他们89.13%皆具有传统功名，相对的，只有10.87%不具功名背景"；21省的63位正副议长中，无传统功名者只有5人。[34]

传统乡绅和新生代知识分子向大城市集中转移的后果，是传统基层治理秩序的全面崩溃（当然也严重损害了清廷的统治基础）。绵延数十年，此起彼伏的晚清教案，遂与之同步退潮。

第十二章　1872年：种子播下后迟早会发芽

1872年，美国大都会博物馆完工开放，澳大利亚与世界其他地方建立起了电报连接，日本建成了他们的第一条铁路。

对清廷来说，本年最重要的改革事件，是数十名幼童被正式派往欧美留学。

容闳心中藏着一个梦想

幼童赴欧美留学，与广东人容闳（1828—1912）有直接关系。

容闳出生于广州香山县南屏村，父母以务农捕鱼为业。1834年，英国传教士郭士立夫人（Mrs. Gutzlaff）来到澳门设立女校，兼为筹备中的马礼逊学校（Morrison School）招收男生。1841年，容闳正式进入马礼逊学校就读。1847年，主持马礼逊学校工作的鲍留云（Rev. S. Robbins Brown）返回美国，顺道自校内带了3名自愿赴美的学生同行，其中便有不到19岁的容闳。1850年，容闳成为首位在美国耶鲁大学就读的中国人。[1]

在耶鲁的4年里，容闳深为数学成绩太差而苦恼，但他的英语成绩非常好。他加入了耶鲁兄弟会（Brother in Unity），做过该会的图书管理员；还参加了该校的赛艇队和足球队。此外，他一直是基督教公理会的成员。1852年10月30日，容闳登记成为美国公民。[2]

若干年后，久历欧风美雨的容闳，在自传中如此描述自己甫受启蒙之后的痛苦：

予当修业期内，中国之腐败情形，时触予怀，迫末年而尤甚。每一念及，辄为之怏怏不乐，转愿不受此良教育之为愈。盖既受教育，则予心中之理想既高，而道德之范围亦广，遂觉此身负荷极重，若在毫无知识时代，转不之觉也。更念中国国民，身受无限痛苦，无限压制。此痛苦与压制，在彼未受教育之人，亦转毫无感觉，初不知其为痛苦与压制也。故予尝谓知识益高者，痛苦亦多，而快乐益少。反之，愈无知识，则痛苦愈少，而快乐乃愈多。快乐与知识，殆天然成一反比例乎。[3]

这种痛苦，比容闳小了53岁的鲁迅也经历过："假如一间铁屋子，是绝无窗户而万难破毁的，里面有许多熟睡的人们，不久都要闷死了，然而是从昏睡入死灭，并不感到就死的悲哀。现在你大嚷起来，惊起了较为清醒的几个人，使这不幸的少数者来受无可挽救的临终的苦楚，你倒以为对得起他们么？"[4]

痛苦是一致的，选择也相差无几。鲁迅说："然而几个人既然起来，你不能说决没有毁坏这铁屋的希望……因为希望是在于将来"[5]。容闳也希望在未来："在予个人而论，尤不应存此悲观……予意以为予之一身，既受此文明之教育，则当使后予之人，亦享此同等之利益。以西方之学术，灌输于中国，使中国日趋于文明富强之境。"[6]

所谓让后来者"享此同等之利益"，即希望将自己受过的近代文明教育传入清帝国。容闳说，自己有这样的想法，始于大学第四学年尚未结束之际[7]。这大约不是虚言。容闳1854年自耶鲁大学毕业时引起了美国舆论的关注。特韦契耳牧师（Joseph H. Twichell）特意前来与容闳交流。牧师后来在1878年的一次演讲中披露说，容闳当时已"断定自己当传教士并非上策，他隐约猜想有些别的事情等着他去做"。[8]

毕业后成为一名传教士，是容闳的学业资助者们（比如他就读的中学孟松学校（Monson Academy）的校董）对他的殷切期望。拒绝成为传教士，意味着将失去那些慈善基金，也意味着他很难得到中国教会组织的帮助。但容闳深感宗教"未必即为造福中国独一无二之事业"[9]，终于还是放弃了做传教士。毕竟中国素无宗教传统，基督教教义也未与中国文化融合，无法成为整合中国世俗社会的思想资源。

1854年11月，容闳自美国启程返华，次年4月抵达香港。他在这里花费了四个月的时间试图成为一名律师，但没能成功。其间发生了两广总督叶名琛"檄各府州县，凡通（会）匪者格杀勿论，前后杀十数万人"[10]的野蛮暴行。容闳听闻到的数据是"所杀者凡七万五千余人"，其中大部分是冤死者。他还跑了一趟刑场，见到"流血成渠，无首之尸纵横遍地……地上之土，吸血既饱，皆作赭色。余血盈科而进，汇为污池"。这地狱景象给了他极深的刺激，觉得如此这般的残暴不但当代世界"无事可与比拟"，即便是古代的暴君尼禄王与惨烈的法国大革命，"杀人亦无如是之多"。自刑场归来后，容闳"神志懊丧，胸中烦闷万状"，一度产生了投奔太平天国推翻清廷的念头。[11]

同年8月，容闳离开香港前往上海，在海关找了一份翻译工作。那时的中国海关已开始雇佣洋人实施"外籍税务监督制度"。容闳拥有美国国籍和耶鲁学位，却因肤色仍被当成中国人受到歧视，所以只干了三个月就辞掉了这份工作。之后是频繁的就业和失业[12]。

生计奔波之余，那个"使中国日趋于文明富强之境"的念头仍时常冒出来。1860年11月，宏闳终于得到一个契机可以前往太平天国的首都天京（南京）。在天京城，他见到了干王洪仁玕，向他提出了七点改革建议，其中一项是为政府聘请有专业能力的顾问。但洪仁玕有职无权，天国的未来也不乐观。在天京停留了约一个月后，容闳拒绝了洪仁玕送来的"义爵"官印，悄然离开。"义爵"是太平天国"王"以下的最高爵位，但据被俘的昭王黄文英供称，"天京事变"后的四五年间，洪秀全一共封了2700多个王[13]，洪仁玕给容闳的"义爵"恐怕也没有多少含金量。

离开天京之后，容闳将目光转向太平军的大敌曾国藩。1861年，他一边做着为洋行奔走茶叶买卖的生计，一边通过友人左孟星给曾国藩的心腹幕僚赵烈文写了推荐信。次年五月，他来到安庆投石问路，首次拜访了曾国藩。[14]容闳后来回忆说，这第一次相见，曾国藩用一种特殊的气势弄得他心里发毛、坐立不安："寒暄数语后，总督命予坐其前。含笑不语者约数分钟。予察其笑容，知其心甚忻慰。总督又以锐利之眼光，将予自顶及踵，仔细估量，似欲察予外貌有异常人否。最后乃双眸炯炯，直射予面，若特别注意于予之二目者。予自信此时虽不至忸怩，然亦颇觉坐立不安。"[15]

容闳并不知道，这是曾国藩独特的相人之术。《清史稿》里说，曾国藩"每对客，注视移时不语，见者悚然。退则记其优劣，无或爽者"[16]——会客时，曾国藩会一言不发地盯着别人看，直到将人看出紧张情绪。客人走后，曾会依据客人的反应，记下他的优缺点。

曾国藩对容闳的第一印象其实不错。他在给郭嵩焘的信中说，"其人（容闳）久处泰西，深得要领"[17]。在另一封给桂超万的信函中，曾国藩还提到，此次会见后他赋予容闳一项任务："顷有洋商容光照来皖，言及硼炮之利，亦令赴沪试办，渐次习其作法，或可有成。"[18]两人在谈话中提到一种叫作"硼炮"的武器，曾国藩希望容闳回上海后，可以把这种武器搞出来。但研制武器非容闳所长；曾国藩以"洋商"称呼容闳，也意味着他未被纳入曾的幕府。这大约是容闳1862年回到上海之后，仍继续在洋行从事茶叶生意的主要缘故。

转机出现在次年旧历五六月份的某日[19]，容闳突然收到一位叫作张斯桂的友人自安庆寄来的信函。张在信中说，自己如今正为曾国藩做事，此信是奉了曾的指示邀请容闳前往安庆，曾国藩亟欲与他一见。

张斯桂是浙江宁波人，比容闳大了11岁，五口通商之后即留心洋务，曾为丁韪良翻译的《万国公法》作序，后来曾任职清廷的驻日副使。但容闳与张斯桂交往不深，不敢太过信任他。鉴于自己拜访过天京，且常年在太平军控制区域内从事商业活动，之前去安庆投石问路又无结果，容闳一度担忧自己受怀疑被当成太平军的奸细，此信是想诓骗自己投入罗网。故此，他在回信中说，非常感谢总督的邀请，但此刻正值新茶上市抽身不开，"他日总当晋谒"[20]。日后有机会定去拜见云云，其实是委婉拒绝。

两个月后，容闳收到张斯桂的第二封邀请信。信中还附有数学家李善兰的私函。李在信中说，曾国藩有意对容闳委以重任，劝他速速前往安庆，还举了华蘅芳、徐寿两名学者已被曾国藩延揽的例子。至此，容闳方知邀请是真，并非陷阱，遂答复称"数月后准来安庆"[21]。但曾国藩有些等不及了。他创办的安庆军械所已经试制出中国第一台蒸汽机（1862年底），也造出了中国第一条木壳小火轮"黄鹄号"（1863年1月底）。接下来要做的，是生产出更多的坚船利炮。而要达成这个目标，首要之务是寻到一个熟悉海外情形的人帮助他购入一批先进的机器。他迫切需要容闳来承担这个角色。所以，1863年7月，容闳又收到张斯桂的第三封邀请信和李善兰的第二封私函。两封信里明确说，曾国藩希望他放弃商业转入政界，在他的幕府里做事。容闳决定抓住这个机会，回信说最晚八月一定启程。

1863年9月，容闳抵达安庆，由此正式进入以曾国藩、李鸿章为核心的湘淮军关系网中。为了巩固在幕府里的地位，当曾国藩询问眼下的改革该从何处着手时，容闳没有提自己最熟悉也最想启动的留学教育，而是迎合曾国藩的想法，回答应优先设立机器厂，而且应该是那种可以造出更多种类机器的机器厂。于是，一个月后，容闳带着曾国藩和李鸿章筹集来的6.8万两白银返回美国。两年后，他给曾带回100余种近代机器设备。正是这些机器，奠定了江南制造局的雏形。

回国后，容闳得曾国藩支持，在江南制造局设立了一所兵工学校，聊充"以教育使中国走向文明富强"这一梦想的安慰。1868年前后，容闳前往苏州拜访时任江苏巡抚的好友丁日昌，对他讲述了向欧美派遣留学生的想法。丁日昌对此很感兴趣，建议容闳写成文字，由他代递给总理衙门。丁日昌似乎寄望于总理衙门大臣文祥会同意这一建议。于是容闳写了一份包含四项内容的改革建议：一是组建一家纯由华人股份构成的轮船公司；二是选派出众的青年出洋留学，先选取12—14岁的幼童120人来做尝试，分作4批，每年派出30人，留学期限为15年；三是政府应兴办采矿业；四是禁止教会干涉词讼。容在自传里解释说，第一、三、四条其实都是"陪衬"，自己真正想要推动的是第二件事，但清朝官员处理文件喜欢搞中庸之道，有批准也有驳回，与其只写一件事不如多写两件做陪衬，既方便官员们有准有驳，也增加了留学计划通过的概率。遗憾的是，建议递上去之后很长时间没有得到回应。容闳只得频繁骚扰丁日昌，要他时常记得再向总理衙门和曾国藩推销自己的留学计划。[22]

时间来到1870年，天津教案爆发，清廷命曾国藩、丁日昌北上善后。丁以电报召来容闳，请他充当翻译参与其事。丁日昌趁机将容闳的"派遣幼童出国留学计划"向曾国藩提出，并建议由陈兰彬和容闳来主持此事。[23]曾国藩被天津教案弄得焦头烂额，既痛感左右人才匮乏，也深觉自己陷入"谤讥纷纷，举国欲杀"的困境，主因在于国力（尤其是武力）不强，遂答应与李鸿章联名上奏建议此事。兴奋的丁日昌在半夜将容闳从睡梦中叫醒，告诉他事将有成。容闳闻言，"乃喜而不寐，竟夜开眼如夜鹰，觉此身飘飘然，如凌云步虚"[24]。

其实，曾国藩并不清楚容闳的梦想是什么。这位饱受理学浸淫的清帝国中流砥柱最殷切的希望，是留学生们能够学到欧美国家第一手的强国技术，进而复兴儒家文明，让清帝国实现富强。但容闳要的不是什么儒家道统的复兴，而是"借西方文明之学术以改良东方之文化"，将老朽的清帝国改造为一个"少年新中国"。清廷的有无与儒家文化的存废，从来不在他的考虑之内。当他在1855年的那个夏天，亲眼见证儒学出身的两广总督叶名琛如何疯狂屠杀广东民众，以致"刑场四围二千码以内，空气恶劣如毒雾"后，就已不再相信传统文化可以孕育出近代文明。

再后来，他访问了太平天国。虽然失望而归，但这些失望，并不足以让他像曾国藩那般，因为痛恨太平天国的"敢将孔孟横称妖，经史文章尽日烧"，就转身变成清廷的坚定支持者。容闳的理解是：之所以会有太平天国，"恶根实种于满洲政府之政治，最大之真因，为行政机关之腐败，政以贿成。上下官吏，即无人不中贿赂之毒……官吏既人人欲饱其贪囊，遂日以愚弄人民为能事。于是所谓政府者，乃完全成一极大之欺诈机关矣"。[25]

容闳毫无兴趣复兴清廷这个巨大的欺诈机关，他梦想着有那么一天：

中国教育普及，人人咸解公权、私权之意义，尔时无论何人，有敢侵害其权利者，必有胆力起而自卫矣！[26]

在1872年幼童正式出国之前，容闳将这个梦想深埋在心底，不对任何人说。

倘有疾病生死，各安天命

其实，容闳并不是第一个向清廷提议外派留学生的人。

早在1863年，广东南海人桂文灿就向总理衙门递过条陈，说日本已派幼童前往欧洲学习制造船炮火药之法，以十年为期。清廷也有必要效仿。纵使不派人去到外国，"亦可在内地学习讲求"。恭亲王的答复是：日本对外派遣留学生的事，总理衙门早已知道，还了解到他们之前派了官员出去专门考察这个事。直接派人出去留学确实比购买外国船炮，再由外国派人来教要好，但"此项人员，急切实难其选"，总理衙门目前找不到合适的人来做这件事。[27]

奕䜣的话不是托辞，他没必要对桂文灿这样一个小小"拣选知县"用这种心机。1863年的总理衙门确实找不到合适的可办留学事务的人才。还得再过三年，奕䜣才能找着机会，趁海关总税务司赫德回英国结婚的便利，派出清廷的第一个海外考察团。而且，当时的舆论环境也不允许总理衙门对外派出留学生。1865年，奕䜣就派八旗兵出洋学习机器制造技术一事与李鸿章密商，李回信说派人出洋留学是"将来必有之举"，同时又说"鸿章盖尝默存此见，未敢倡为是论"[28]。李鸿章选择将想法存在心中，不愿公开提出来，当然也是因为舆论环境太恶劣了。不要说留学，1867年奕䜣仅在同文馆里奏请设置天文、算学二馆，仍遭到朝中政治官僚的集体抨击。此外还有一件难办的事情：外派留学生是外交事务，须与留学地所在国家订立相关条约，没有条约就办不了这件事。当时的总理衙门还只是迫于形势勉强接纳条约外交，对条约外交的实质和运作并不明白，所以也确实无力顾及留学事务。

容闳也不是第一个向曾国藩提议外派留学生的人。

早在1865年，薛福成就已劝说过曾国藩，请他效仿俄国招收一批聪明伶俐的学生，派往欧美各国"习其语言文字，考其学问机器"。[29]曾的反应是"阅毕，嘉赏无已"[30]，但激赏之后并没有进一步的举措。没有举措的原因，自然也是苦于没有人才——薛提建议的时间是闰五月，容闳要到这年十月份才能带着机器自美国返回。

此外，曾也同样担忧朝野舆论环境不会允许外派留学生。所以他在1870年10月10日上奏时，将外派留学生的建议用心良苦地包裹在"奏请朝廷允许调陈兰彬随自己前往两江"这样一个诉求之中。曾先在奏折里大力褒奖陈兰彬如何"智深勇沉"，然后以丁日昌对自己提过派学生出国留学的主张，且力荐陈兰彬和容闳来主持为例，以"证明"陈兰彬确实是个人才。围绕这个例子，曾"顺势"说了这样一番话："外国技术之精"远远超出大清，外国学校开设的种种课程都与造船练兵有关，俄罗斯的巨炮大船之所以与英法各国一样厉害，是因为他们的"国主"和"世子"曾亲自前往西方留学。虽然说了这么一大通外派留学生的好处，可奏折的末尾，曾并不请求朝廷准许外派留学生，只请求朝廷允许自己将陈兰彬（陈此时的官职是刑部主事）带往江南。可他同时又留了个尾巴，说陈兰彬这个人"素有远志，每与议及此事（外派留学生），辄复雄心激发，乐与有成"，说陈兰彬是个很有志向之人，很乐意负责主持外派留学生一事。如果朝廷允许陈兰彬前往江南负责操练轮船接触洋务，"将来肄业西洋各事，必能实力讲求，悉心规画"，将来真要外派留学生时，陈兰彬一定有能力尽心尽力参与筹划。[31]

这道奏折百转千回、欲言又止，实是曾国藩对朝廷的一种试探。类似的试探，在1871年初还有过一次[32]。当两次试探均未引发朝野的反对舆论后，曾国藩才与李鸿章联名，于1872年8月正式上奏建议朝廷外派留学生，并就具体如何操作、资金从何而来等给出了详细方案。

这期间还出现了一个重大利好消息，那就是中美之间于1868年7月签订了《蒲安臣条约》，其中第七条规定：中国人欲前往美国"大小官学"学习，可以享受最惠国待遇；美国人欲前往中国"大小官学"学习，也可以享受最惠国待遇。这意味着清廷向美国派遣留学生获得了外交许可和国际法依据。正是这个消息，直接促使容闳拟定了那份向美国派遣留学生的改革建议，且鼓动好友丁日昌将之呈递给总理衙门。

只是事情不如容闳预想中顺利。总理衙门接到《蒲安臣条约》的文本后，虽然对内容没有异议，但决定延缓批准，理由是"蒲安臣初至美国，即与议约，将来至他国时，或不免再有此举"[33]，希望以此来约束蒲安臣，使其不至于代表清廷与其他欧美国家签订更多的条约。结果，《蒲安臣条约》一直拖到1869年11月份才正式批准生效。在这段时间里，容闳提交的留学计划当然也不可能得到批准（不过也没有驳回）。容闳不了解这一背景，于是在自传里将计划受挫错误地归因为总理衙门大臣文祥恰好离职守丧。

曾国藩与李鸿章也注意到了《蒲安臣条约》里的留学条款。

李鸿章在奏折里说：1871年春，美国公使（可能是指镂斐迪）来天津时，自己曾与他面商是否可以按《蒲安臣条约》向美国派遣留学生。该公使回答说，只要收到朝廷递交的相关文件，"即转致本国，妥为照办"。稍后，英国公使威妥玛也来到天津，询问我是否有计划向美国派遣留学生，我实话相告后，威妥玛相当赞同，"亦谓先赴美国学习，英国大书院极多，将来亦可随便派往"，他还说英国的好学校很多，很欢迎中国也派学生去英国留学。紧接着，李鸿章笔锋一转，将此事提升了一个高度：

> 此固外国人所深愿，似与和好大局有益无损。[34]

将外派留学生与"和好大局"挂钩，显示了这位年近五十的北洋大臣心思缜密，非常准确地把握住了清廷中枢欲竭力想要避免"庚申之变"重演的心态。此时，崇厚率领的赴法道歉使团正因种种刁难，尚未得到机会向法国政府正式呈递国书，"天津教案"引发的震荡还没有完全平息。

略言之，幼童留美计划能在1871年获得清廷的批准，是多重时代背景交织下的产物，绝非偶然。首先，天津教案带来了"庚申之变"可能重演的巨大恐慌，"师夷长技以制夷"的政治目标，全盘压倒了朝中清流与政治官僚的反对之声。其次，《蒲安臣条约》生效，为清廷执行此事扫清了外交上的障碍。再次，容闳这几年的作为，尤其是耗时两年前往美国采办机器，让他得到曾国藩与李鸿章的信任，被视为落实此事的可靠人选。以容闳为副，来处理幼童在美国的具体事务；以陈兰彬（上海广方言馆总办）为正，负责管控幼童群体的中文学习，使其成长不逾越清廷的规矩，在曾国藩与李鸿章看来，是一种很好的搭配。[35]

总理衙门基本采纳了曾国藩与李鸿章设计的留学章程。如每年派出幼童30名，4年共计派出120名；幼童到美国后进入军政、船政学校学习，留学时间十五年等。唯一遭到修改的地方是幼童来源。曾、李二人主张是派人去上海、浙江、福建、广东等沿海地区挑选年龄在13岁至20岁内的聪慧幼童，标准是"曾经读中国书数年，其亲属情愿送往西国肄业"[36]。总理衙门不同意这种办法，将之改为自各处同文馆里挑选，学生们只要愿意去，"不分满汉弟子，择其质地端谨、文理优长者一律送往"。[37]奕䜣如此修改的用心，仍是希望优先扶植满人子弟成才，以巩固爱新觉罗氏的江山。因为当时的京师同文馆、广州同文馆等处，均是典型的旗人学堂，优先招收旗人，馆内学生以八旗子弟为绝大多数；只有上海广方言馆在招生时不分满汉。[38]只从同文馆里挑学生出国留学，"不分满汉弟子"的口号喊得再响亮，挑人的结果也只会是满人子弟占大多数。

然而，奕䜣的这番隐秘用意很快就落空了。1871年的中国仍是一个以读"夷书"为耻辱的时代。所以，即便全部出洋费用由朝廷包办，同文馆内也几乎无人愿意报名前往大洋彼岸留学。无奈之下，招生范围只得扩展到曾、李最初拟定的东南沿海。而且即便如此，招生工作也不太顺利。一位幼童后来回忆说：

当我是一个小孩子的时候，有一天，一位官员来到村里，拜访各住户，看哪一家父母愿意把他们的儿子送到国外接受西方教育，由政府负责一切费用。有的人申请了，可是后来当地人散布流言，说西方野蛮人会把他们的儿子活活地剥皮，再把狗皮接种到他们身上，当怪物展览赚钱，因此报名的人又撤销。[39]

无奈之下，容闳只得前往家乡南屏村，以自身经历现身说法；又去香港的英国学校招揽。经多方努力之后，终于凑足了第一批30名幼童。这批孩子里没有八旗子弟，没有高官后代。按计划，他们此去将在美国待足长达15年的漫长时光，近乎生死莫测。故清廷与幼童家庭一律签署了"生死合同"。幼童詹天佑的父亲詹兴洪所签合同内容如下[40]：

具结人詹兴洪今愿具甘结事

兹有子天佑情愿送赴宪局带往花旗国肄业，学习技艺，回国之日，听从中国差遣，不得在外国逗留生理，倘有疾病生死，各安天命，此结是实。

童男詹天佑，年十二岁，身中面圆白，徽州府婺源县人氏。

曾祖文贤，祖世鸾，父兴洪。

同治十一年三月十五日

詹兴洪笔（押）

在这张合同里，只有幼童对朝廷的责任，"学习技艺，回国之日，听从中国差遣，不得在外国逗留生理"，无一字言及朝廷对幼童的义务。"倘有疾病生死，各安天命"一句，更是将清廷应尽的保育责任推卸得一干二净。

从清廷的角度，让幼童家庭签署这样一份生死合同，似乎是理所当然的事情。毕竟普天之下莫非王土，率土之滨莫非王臣。幼童首先是朝廷的幼童，然后才是他们父母的幼童，最后才属于幼童自己。这是清帝国常年灌输给读书人的价值观，是"大清自有体制"的一部分，没人觉得这有什么不对，没人觉得清廷应该在合同里写明对幼童应负的责任和义务。

推动幼童出国留学的曾国藩与李鸿章，大概也是这样认为的。曾国藩在奏折里说，自己的精力日衰，身体越来越糟糕，以后恐怕很难再对朝廷有什么贡献。唯一的期望就是用余生在"海防制器"这类事情上，为朝廷打下一点基础，不如派遣幼童出去留学，将这些基础留给未来的将帅之才，让他们有所凭借去与洋人一争雌雄。[41]李鸿章则说，等这些留学生十五年之后回国，"不过三十岁上下，年力正强，正可及时报效"[42]，恰可用自己最好的青春年华来为朝廷做贡献。总理衙门也说，幼童们此行的任务是"取彼之所长，以补我之所短"[43]，这些十来岁的孩子身上寄托着清帝国的光明未来，他们首先得是朝廷的强国工具，然后才能属于他们自己。

但容闳不这样认为。他有一个隐秘的愿望，希望将这些幼童培养成近代中国的第一批自由人，不止人身自由，还有精神自由。

是体制有病，非人品问题

1872年8月11日，第一批留美幼童30人自上海出发，正式前往美国。此后又连续派出3年，共计有留美幼童120名。年龄最小的10岁，最大的16岁，平均年龄12岁。广东84人，江苏20人，浙江9人，福建4人，安徽2人，山东1人。[44]

容闳非常积极地安排一切。早在幼童出发的半年前，他就已开始筹划安排幼童在美国的衣食住行。他还写信给时任耶鲁大学校长诺亚·波特（Noah Porter），向他报告幼童留美计划已正式实施，请求诺亚·波特将该计划转告耶鲁大学的前校长西奥多·吴尔玺（Theodore Dwight Woolsey）、詹姆斯·哈德利教授（James Hadley）和托马斯·塔彻教授（Thomas Anthony Thacher）等人，向他们咨询何种教育方法最适合幼童。诺亚·波特接到来信后，与康涅狄格州的教育委员长诺斯罗普（B.G.Northrop）取得了联系，寻求后者的帮助。

稍后，容闳又先于幼童一个月出发，以便从容安排各项事务。他抵达美国后，先去耶鲁大学拜访詹姆斯·哈德利教授，因为他是一位语言学者，容闳想听取他对幼童英语学习方面的意见。哈德利教授将康州教育委员长诺斯罗普介绍给了容闳。诺斯罗普提议将第一批30名幼童，每两三人为一组寄居在美国家庭中，以便迅速学好英文，熟悉美国的风土人情，同时也能获得家庭关怀，不至于产生心理上的不适。耶鲁大学校长诺亚·波特也持相似的看法。

容闳接受了这项极为关键的建议。诺斯罗普随即着手招募愿意接待幼童的家庭。康州河谷两岸的医生、教师与牧师家庭给出了热烈的回应。在同年10月1日出具的报告书中，诺斯罗普说他已接到了122个家庭的主动报名，可以立即接纳244名中国留学生。第一批幼童只有30人，这踊跃的热情给了容闳很大的选择空间。诺斯罗普又给幼童寄居的家庭与家庭办的私人学校写了一封信，指示他们必须先教导幼童流利地使用英文，再教他们地理与算术的基本知识，同时也要让幼童继续学习中文，注意培养他们坚忍、节俭、忠孝的中国美德，还要引导幼童养成经常洗澡的个人卫生习惯。诺斯罗普希望幼童所在的美国寄宿家庭是严格而温暖的。[45]

在寄宿家庭居住半年之后，英语听、读、写合格的幼童会被送至正规中学继续接受教育（不合格者会送返寄宿家庭），然后再升至大学。至1880年，已有50多名幼童进入美国的大学学习。其中22名入读容闳的母校耶鲁大学。幼童温秉忠后来回忆说：

> 中国幼童们与食宿一同的美国家庭及中学、大学同学们建立深厚之友谊。……最重要的是，美国老师及监护人，那种"家长式的爱护"（Parental Treatment），使幼童们久久铭感不忘。[46]

这种"家长式的爱护"，与清廷出洋肄业局（专为留学生设的机构）对幼童们实施的"地狱式管理"，形成一种非常鲜明的对比。容闳后来回忆说，出洋肄业局正监督陈兰彬经常在一些小问题小细节上与留学生们过不去。学生在学期中间与假期里有费用方面的需求，陈兰彬要干涉阻挠；学生们随寄宿家庭去参加教堂的礼拜，陈兰彬要干涉阻挠；学生们玩美式游戏，参加美式运动，改穿西装，陈兰彬都要干涉阻挠。副监督容闳夹在中间做调停，帮学生辩护两句，就会被陈兰彬疑忌为偏袒学生。[47]

陈兰彬与容闳之间的冲突早已注定，无法避免。

曾国藩与李鸿章之所以看中陈兰彬，要用他做正监督，只让实际负责办事的容闳做副监督，是因为陈兰彬既随曾国藩办过洋务，又是翰林出身。曾、李二人希望他的洋务经历有助于幼童在美国学到真技术，更希望他的翰林身份可以为幼童留美抵挡一些舆论阻力。参与推动幼童留美的江苏巡抚丁日昌，曾特意向容闳解释过这一点：

> 君所主张，与中国旧学说显然反对。时政府又甚守旧，以个人身当其冲，恐不足以抵抗反动力，或竟事败而垂成。故欲利用陈兰彬之翰林资格，得旧学派人共事，可以稍杀阻力也。[48]

陈兰彬当然也清楚这一点。但他不甘心自己的翰林身份只是摆设，更不愿意拿翰林身份去做抵挡舆论压力的牺牲品。所以，他在美国以自己的学识为幼童们设计了一套中文课程。除白天在美国学校上课外，幼童们剩下的时间，自下午五点至晚上九点，包括周末在内，都得拿来学这套由经史、会典与律例组成的中文课程。曾国藩知晓后很不满意，于1871年4月20日写信给陈兰彬，希望他取消中文课程，好让幼童们能专心于西学：

> 第以西法精奥，必须专心致志，始克有成。汉文之通否，重在挑选之际先行面试一二，以决去留，此后只宜专学洋学。耳不两听而聪，目不两视而明，未可因兼课汉文而转荒洋业也。[49]

接到曾国藩的来信，陈兰彬想必很不开心。他很清楚清帝国内部此时的舆论氛围。比如，曾国藩的儿子曾纪泽就很担忧幼童们的价值观会被洋人带坏，曾劝说父亲不要派幼童去美国留学："美国君臣上下不分等差。幼童未读中国圣贤书，遽令远赴异域，专事西学，上之不过为美邦增添士民，下之为各埠洋行增添通事、买办之属耳，于国家无大益也。"[50]

再比如，陈兰彬的好友薛福成也很担忧幼童们会被洋人污染。他告诫过陈兰彬："童子志识未定，去中国礼仪之乡，远适海外饕利朋淫腥膻之地，岁月渐渍，将与俱化。归而挟其所有，以夸耀中国，则弊博而用鲜。"[51]大意是，幼童们还没有固定的价值观，到了美国那种追名逐利的腥膻之地，恐怕很容易被洋人同化；他们被同化后再学成归来，对国家的危害要大于帮助。

曾纪泽与薛福成都是洋务派官员，薛福成还比容闳更早向曾国藩提议派遣学生出国留学。他们这样的人，尚且对留美幼童如此忧心忡忡，其余清流人士和政治官僚的态度也就可想而知了。陈兰彬既被曾国藩指定为留美幼童的正监督，又很在意自己翰林的高贵身份，自然是绝不希望幼童"荒废中学"被洋人同化，绝不希望自己卷进舆论旋涡，落一个被朝野士大夫集体唾骂的结局。所以他才给幼童们拟定一套以经史为主要内容的中文课程，强迫他们花大量时间去学习。所以他才会干涉学生做礼拜，干涉学生踢足球，干涉学生穿西服。

曾国藩当然知道陈兰彬所面临的舆论环境，之所以立场鲜明地否定陈兰彬的做法，是因为他要"两害相权取其轻"，较之幼童们的"中学"修养出现缺失，清帝国在近代技术（尤其是近代军事技术）上的全面落后，才是更要命、更亟须解决的问题。这位理学名臣当然不会反对自己所服膺的经史子集，只是他远比陈兰彬更了解现实，更有忧患意识。他要陈兰彬放弃中文课程，好让幼童们"专学洋学"，其实是希望陈兰彬更有担当一点。

如此，便相当于给陈兰彬出了一道难题。为了仕途，他不愿得罪曾国藩与李鸿章，不能推掉留美幼童正监督的差事；同样为了仕途，他也不愿因幼童"荒废中学"而成为朝野舆论集中批判的对象。可是曾国藩又不希望他开设"中学课程"占掉幼童学习西学的时间。无可奈何之下，他只能一面出台严苛的《留学局谕告》，试图通过定期将学生召来出洋肄业局、带领他们诵读《圣谕广训》、举行远程跪拜大清皇帝的仪式，简单粗暴地灌输忠君爱国思想；另一面则竭力干涉学生去教堂参加礼拜，干涉学生改穿西装，不许他们剪掉辫子……这类事情频繁发生，以致幼童们给出洋肄业局起了个绰号，叫作"地狱之屋"。

容闳后来在自传里责备陈兰彬，说他"生平胆小如鼠，即极细微之事，亦不敢担任何责任"[52]，又说他"平素对于留学事务，感情极恶。即彼身所曾任之监督职务，亦久存厌恶之心"[53]，都是非常耐人寻味的细节观察。陈兰彬见识过朝野舆论积毁销骨的威力，连奕䜣、曾国藩这样的人物都抵挡不住。他不想在幼童留美这件事情中栽大跟头，他要的是全身而退，自然不会有什么担当。幼童留学正监督这个职务，对他来说已成为烫手山芋，当然会被他厌恶。陈兰彬后来终于得到机会推掉出洋肄业局的职务，成为清廷驻美国的外交官员，便几乎不再过问留美幼童的事务。容闳还说，陈兰彬虽然厌恶自己，但"未至形诸词色"[54]，这也是很容易理解的事情。李鸿章说得明白，陈兰彬带幼童去美国，若没有容闳的帮助，"必致迷于所往，寸步难行"[55]。现实需要陈兰彬压抑住对容闳的不满。

容闳在美国长大，对清廷朝野的舆论生态缺乏了解，也很少能站在清廷官场游戏的角度思考问题。所以，他观察到了陈兰彬那些意味深长的行为举措，却不能准确理解它们背后的利害关系，只好在自传里单纯责备陈兰彬的个人品行。殊不知，问题不在陈兰彬的品行有问题，而是清廷的体制有毛病——出洋肄业局前后四任正监督，陈兰彬、区谔良、容增祥与吴嘉善，都与容闳发生过矛盾，都曾指责容闳一味偏重西学，指责他袒护幼童将他们引上了所谓圣贤之道的对立面。此外，容闳在幼童事务上也有许多隐忍。比如多名幼童因偏离所谓的圣贤之道被出洋肄业局终止学业遣返，容闳反对无效后选择了接受；比如容闳的侄子因信仰了耶稣教而被剥夺留学资格，容闳也选择自己出钱助其留在美国完成学业。以上种种，既不是容闳与幼童们的运气差到了极点，所以遇到的每一任正监督人品都不好；也不是容闳的隐忍还不够，所以每一任正监督都受不了他。而是有病的体制，驱使着这些正监督们必须如此这般去责备容闳。

举目四顾，这些正监督为了应对积毁销骨的舆论压力，除了通过责备无权无势的容闳来卸责，以此证明自己仍与主流舆论站在一起，他们还能责备谁？

恭亲王不再支持汉人留学

1880年底，有御史上奏弹劾出洋肄业局。朝廷接到弹劾后下达上谕，表达了对留美幼童与监管官员的极大不满：

> 有人奏……出洋学生近来多入耶稣教，帮办翻译黄姓暗诱学生进教，总办

区姓十数日不到局，学生等毫无管束，抛荒本业等语。朝廷不惜重帑，设立船政局，并派员管带幼童出洋，原期制造轮船精坚合式，成就人才，以裨实用。若如所奏种种弊端，尚复成何事体！[56]

慈禧下令调查这些事情的真伪。如果对官员的指控属实，那就将官员撤职；如果确有学生入了耶稣教，就将其遣返回国。

1881年初，已是清廷驻美国兼西班牙、秘鲁公使的陈兰彬回奏说，姓区的总办经常十多天不来出洋肄业局办公这种事，或许是有的，因为他带了两名侍妾住在别处。姓黄的帮办洋人习气太重，早已被调离出洋肄业局。末了，陈兰彬援引了一段现任出洋肄业局总办吴嘉善的意见，称吴早在去年底就已向自己提出"亟应将局裁撤"，主张中止幼童们的学业，将他们全部撤回国内。理由是幼童们"腹少儒书，德性未坚，尚未究彼技能，实易沾其恶习，即使竭力整饬，亦觉防范难周"——儒书读得太少，太容易被洋人同化，太容易染上他们的恶习，无论怎么纠正防范都没有用。不过，吴嘉善也担忧有人不愿回国，可能会中途逃脱，另生枝节。

陈兰彬还说，吴嘉善主持出洋肄业局的日常工作，他既然有这样的建议，可见将来多半是"利少弊多"。若依照吴嘉善的建议，将学生全部撤回国内，一个个严加甄别挑选，其中略好一点的可以分派到各衙门充当翻译，差一些的可以派往天津、上海的机器局、水雷局学门技艺，也算多少还有些用处。毕竟这些学生的洋文不错，对制造之事也有一些了解。末了，陈兰彬又说：出洋肄业局一直是向南、北洋大臣汇报。此次究竟要不要撤回全部学生，按规矩也应由出洋肄业局写文件给南、北洋大臣请求定夺。我只是把留美学生的状况如实汇报，"伏乞皇太后皇上圣鉴"。[57]

此时的北洋大臣是李鸿章。当年力主促成幼童赴美留学的主要人物里，曾国藩已于首批幼童出国的那年去世，丁日昌已回籍养病，只有李鸿章仍在官场。慈禧将陈兰彬的奏折交给总理衙门讨论，总理衙门转而又去征求李鸿章的意见。

陈兰彬成功地将李鸿章架到了火炉上炙烤。自升任为清廷驻美国兼西班牙、秘鲁公使后，他早已不愿继续维系留美幼童这项事业。1879年夏，李鸿章致电陈兰彬，希望他协调好人事关系，务必让幼童留美一事善始善终时[58]，陈兰彬便无动于衷。后来，第四任正监督吴嘉善与容闳关系破裂，与幼童们水火难容。为报复也为脱身，吴嘉善正式向李鸿章提议撤回留美幼童。李鸿章又两次致电陈兰彬，要他与吴嘉善妥善处理。结果陈兰彬却与吴嘉善互相推诿，大搞内讧。吴嘉善说自己主张裁掉出洋肄业局，留美幼童可以直接由清廷驻美公使馆管理；陈兰彬则对总理衙门说自己决不答应这样办，驻美公使馆绝不接留美幼童这个烫手山芋。[59]这一次，陈兰彬更是抓住机会，向慈禧提出了将幼童全部撤回国内的建议——慈禧原本没有这种想法，她只是下令遣返那些入了教的学生。

事情捅到慈禧与同治皇帝面前，也就脱出了李鸿章的控制。为不致前功尽弃，李鸿章回复总理衙门，建议采取"半撤半留"的办法来善后。即裁撤出洋肄业局，撤回学生；已进入大学和毕业在即的学生，可由驻美使馆暂时代为管理，等毕业后再令回国。为说服朝廷同意"半留"，李在回复里搬出了美国前总统格兰特和几位美国大学校长，说他们"皆谓（留美）学生颇有长进，半途中辍殊属可惜，且于美国颜面有损"[60]。挟洋自重提醒朝廷注意外交影响。

李鸿章的回复无法扭转局面。总理衙门听取了四位出洋肄业局正监督的意见。陈兰彬、区谔良、容增祥与吴嘉善一致声称幼童荒废了"中学"。于是乎，曾被视为强国工具的留美幼童在总理衙门眼里成了"外洋长技尚未周知，彼族之浇风早经习染"的无用之物。此时正闹得沸沸扬扬的美国排华运动，也让李鸿章挟洋自重的策略失去了效果。最后由恭亲王奕䜣拍板，做出了撤回所有留美幼童的决策。他上奏朝廷说：

臣等以为，与其逐渐撤还，莫若概行停止，较为直截。[61]

恭亲王如此决断，与留美幼童皆是汉人有很直接的关系。自1861年启动改革以来，他一直怀着浓厚的满人本位意识，觉得八旗子弟才是最可信赖的统治基础。所以，他不愿意让汉人进入同文馆学外语，也不愿意选派绿营将士去欧洲学习军事技术，还一度希望留美幼童全部由满人占绝对多数的同文馆里选拔。他担忧汉人学好了外语，学得了军事技术与制造技术之后，便会与洋人联手，反过来挑战满人的统治秩序。可想而知，当恭亲王得知留美幼童"荒废中学"，穿西装、进教会的消息后，会是怎样的感受。

长期以来，一直是李鸿章孤军奋战支持幼童留美这项事业。1870年，曾国藩将留美幼童计划包裹在其他事务中向朝廷提及后，是李鸿章再次致信曾国藩，敦促他须为此事专门上奏，"断不可事由中废"。1874年，派出第三批留美幼童时，朝堂上充斥着开销过大的质疑，许多人主张不再派遣，也是李鸿章顶住了压力。1877年，美国物价大涨，留美幼童请求添拨经费，也是李鸿章上奏坚定表态："此举为造就人才，渐图自强至计，关系甚大……断无惜费中止之理。"[62]如今，他的孤军奋战失败了。

1881年6月28日，总理衙门下令全体留美幼童及相关官员尽速回国。随后，幼童分三批启程，被集体遣返。

去国十载，归来已是"叛徒"

留美幼童的成长会突破清廷的预计，是必然之事。

因为在清廷的设计里，他们只是强国的工具；但在现实中，他们却是一个个活生生的人。为了让这些强国工具服帖，清廷派去监督他们的官员陈兰彬与吴嘉善等，一再对幼童强调朝廷派他们出洋的本意"是令尔等学外国功夫，不是令尔等忘本国规矩"[63]——"外国功夫"是工具，是学怎么造船造枪造炮；"本国规矩"是价值观，是四书五经、《国朝律例》和《圣谕广训》，是在指定时间遥向大清皇帝磕头。然而，幼童们进入的是美国的新式学校，不是中国的传统私塾，他们"终日饱吸自由空气……言论思想，悉与旧教育不侔"[64]，他们打棒球、踢足球，穿西装、剪发辫，入社团、进教堂，在在皆是自由的空气，皆与《圣谕广训》之类的东西背道而驰。

这自由的空气，对陈兰彬与吴嘉善等人来说，却犹如梦魇。

1879年，吴嘉善将幼童们招到清廷驻华盛顿的公使馆接受训话。学生们谒见吴时不行拜跪之礼。吴的僚属金某大怒，斥责"各生适异忘本，目无师长，固无论其学难期成材，即成亦不能为中国用"[65]（如此这般忘本，学成了也不可能为我大清所用）。随后，吴嘉善向李鸿章打小报告，指责幼童背叛了中国传统文化。吴还说，这些幼童即便成材，对国家也毫无益处，他们不可能承担起朝廷寄托的"取西人器数之学，以卫吾尧舜禹汤文武周礼之道"[66]的重任。

终止学业半途回国的幼童们深感痛苦。离国十年，很多人已从儿童长成了青年，但在祖国等待他们的不是荣耀，而是羞辱和排斥。幼童黄开甲说，他希望自己学成归来时有热烈的人群和温暖的双臂，"当我们溯江而上遥望上海时，曾幻想着热烈的欢迎在等着我们，那熟悉的人潮，和祖国伸出温暖的手臂拥抱我们……想象中的欢迎，使我们越发激动"。但现实无比凄凉：

船头划开扬子江平静而黄色的水波，当靠码头时，那船舷碰岸的巨响，才惊醒我们"乌托邦式"的幻梦。人潮围绕，但不见一个亲友，没有微笑来迎接我们这失望的一群……为防我们脱逃，一队中国水兵，押送我们去上海道台衙门后面的"求知书院"。求知书院已关闭十年了，迷信的人们相信此处常有幽魂出现，惊恐的中国同胞言之凿凿，大门十年未开启，墙壁剥落，地板肮脏，石阶满布青苔，门窗均已潮湿腐烂。当你跨进门槛，立刻霉气熏鼻，这些阴暗似乎象征我们的命运。入夜，我们可以清楚看见那潮气由地上砖缝中冉冉升起，使我们衣衫尽湿，一种昏沉袭罩着我们，这种侮辱刺痛着每个人的心。而令人最可怖的是那些在留学监督头脑中荒诞不经的思想，使我们学未成而强迫返华。如同狗之吠月，我们无能为力。望着布满蛛网的墙壁，使人昏昏欲睡。而手臂接触到的潮湿，正是我们的被褥。我们的床就是两条板凳上摆一块木板，这种简陋的安排，美其名曰是对我们的招待。[67]

重新踏上祖国土地的那一刻，幼童们就背负起了"叛徒"的罪名。他们背叛了清帝国的传统文化，背叛了清帝国的意识形态，他们是"思想犯"，是"假洋鬼子"，是有害于社会的人，是无益于国家的人[68]。他们是危险的种子，必须受苦，必须接受监管，必须接受再教育，必须"改邪归正"。

朝廷在经济上歧视他们。大多数回国幼童月薪只有四两银子。当时一位上海道台的年薪可达一万至一万五千两银子。黄开甲说："这种待遇使我们仅免于冻饿。我们的饥寒与否，政府是漠不关心的，至少我们感到如此。对于我们家人是否冻饿，政府更不予理会了。"[69]朝廷也在政治上歧视他们。幼童们毫无政治地位可言，出洋前承诺的官职自然无望，还须接受严厉的监管。曾有两名幼童苦于薪资不足以糊口，自天津逃至上海谋生，甫脱离朝廷监管即遭到通缉，刚在上海下船就被抓了起来。当年的《申报》详细报道了此事，然后感慨道：

> 观此二生（之遭遇），而凡学生之月领三金以候缺者，皆惴惴为不敢逃亡矣噫。昔以远大期之，而今以卑贱处之。其给俸也不如西商之侍者，其监管也宛如犴狴之羁囚。如此用人，安得有良材大器出而为国家办洋务哉！ [70]

容闳的恩师鲍留云之子罗伯特当时身在上海，也留下了一段对幼童境况的观察，与《申报》的描述一般无二：

> 第二批返华幼童刚刚到上海，立刻被送往城内，并且与外界严密隔绝，使我无法与他们联络。我曾在大街上匆匆见到（黄）开甲一面，因为他负有公差，才特准外出也。不知何故，他们被中国官方视同罪犯（criminals），对这种侮辱，使他们全体愤慨不已。在留美期间，他们对"文明社会"已深切体会。也许，中国政府召他们返国正拟将开明的种苗拔除，则此实为自取败亡之举。 [71]

除了官府的重重管控，还有社会的处处歧视。有人写文章骂归国幼童"言笑动作皆与外国人无异"，"直为外国增丁口之数" [72]；也有人骂他们全是"贫贱小户子弟……鄙薄中国较洋人为尤甚"，留学归来后比洋人还瞧不起大清，派他们出洋纯粹是"徒糜国帑，未得人才" [73]。幼童们唯有哀叹："我们是易于摧毁的，我们没有忍耐的天赋，我们似新生的树苗，由肥沃的土壤、温和的气候移植到无知迷信的荒漠，我们不会成长，只会渐渐枯萎。" [74]

试图通过引入近代教育来造一个"少年新中国"，进而使得"人人咸解公权、私权之意"的容闳，也因毕生志愿横遭摧毁而"顿觉心灰，无复生趣" [75]。他后来在天津见到李鸿章，严厉指责这位洋务老臣没能尽力保全这项事业。其实，李鸿章内心的痛苦丝毫不亚于容闳。这位资深"裱糊匠"原本期望造就一批懂近代技术的青年"裱糊匠"。但幼童们接受的新式教育是一个有机整体，注定无法与旧体制接榫。越来越多的信息传回国内，那些被当作"强国工具"送出去的幼童，已成了清流士大夫们眼中不可饶恕的"叛徒"。事情已经失控，连恭亲王奕䜣都不再支持此事，"老裱糊匠"实已无能为力。

但容闳还是在绝望中看到了希望。幼童被迫回国那年，他预言道："学生既被召回国，以中国官场之待遇，代在美时学校生活，脑中骤感变迁，不堪回首可知。以故人人心中咸谓东西文化，判若天渊；而于中国根本上之改革，认为不能稍缓之事。此种观念，深入脑筋，无论身经若何变迁，皆不能或忘也。"[76]容闳的乐观是对的，种子只要播下去，迟早会有发芽的机会。1911年，便有一颗他播下的种子发了芽——留美幼童出身的唐绍仪，在该年被任命为清廷袁世凯内阁的全权代表，赴上海与南方民军总代表伍廷芳谈判议和。唐在谈判中极言：

清廷不足保全，而共和应当推动。[77]

第十三章　1873年：同治皇帝放弃跪拜礼

1873年，日本岩仓使团自欧美归国。他们在海外见到了眼花缭乱的近代文明，意识到欲谋求日本的振兴，不但需要引进先进技术，还需要更新政府组织结构，还需要改变与世界相处的思维方式。这之后，日本派出了更多的海外考察团。

清廷在1873年也做出了"巨大的改变"，那就是终于放弃了跪拜礼，允许各国驻华公使以鞠躬礼觐见同治皇帝。

空前绝后的失礼行为

1872年10月15日是同治皇帝大婚的日子。

各国在京使节早已做好了受邀观礼的准备。岂料送来的并不是请柬。距离婚礼举行还有两天时，总理衙门派了两名官员，其中之一是刚刚出使法国道歉归来的崇厚，去拜访了各国驻华公使。拜访的目的，是请求他们切勿在皇帝大婚之日上街行走，请求各使馆约束本国在京之人当天必须待在家里。

公使们普遍不高兴。法国公使热福理在给本国外长的信函中说，在10月13日的那个傍晚，"我发现其他公使们很愤慨，甚至比我更为愤慨；他们曾相继接到同样的致意（即请求他们不要在婚礼那天外出），可是他们以很坏的态度对待这种致意，并且各自用自己的方法予以回答"。英国公使威妥玛、美国公使镂斐迪、俄国公使倭良嘎哩，也都没给来访者好脸色[1]。有些人甚至大怒，"当面予以教训"，只是骂完后也没什么办法，"但无如何，许而从之"[2]。毕竟，邀请与否是清廷的自由。

清廷如此失礼，究其根源仍是在纠结"公使们见了皇帝如果不肯下跪怎么办"。近代外交讲究平等，各国驻华公使断然不会下跪；传统体制讲究宗主国的体面，外邦使节不跪上国皇帝，真是岂有此理。自乾隆五十八年（1793）马戛尔尼率使团来华后，这种纠结就一直存在，从未得到解决。

当然，在乾隆时代，问题是好办的。洋人们虽然抗拒跪拜，地方官员与主管藩属事务的礼部却自有"妙计"。比如他们可以毫不迟疑地按照朝贡体系的需要，去篡改使团的外交文书。英国东印度公司的董事长佛兰西斯·培林曾派人送信给两广总督郭世勋，请他转呈乾隆，说马戛尔尼使团将要来华，目的是促进商业关系。若忠实于原意，信的开篇翻译成中文应该是：

最仁慈的英王陛下听说，贵国皇帝庆祝八十万寿的时候，本来准备着英国住广州的臣民推派代表前往北京奉申祝敬，但据说该代表等未能如期派出，陛下感到非常遗憾。为了对贵国皇帝树立友谊，为了改进北京和伦敦两个王朝的友好交往，为了增进贵我双方臣民之间的商业关系，英王陛下特派遣自己的代表和参议官、贤明干练的马戛尔尼勋爵作为全权特使，代表英王本人谒见中国皇帝，深望通过他来奠定两者之间的永久和好。特使及其随员等将要马上起程。特使将携带英王陛下赠送贵国皇帝的一些礼物。这些物品体积过大，机器灵巧。从广州长途跋涉至北京，恐怕路上招致损伤，因此他将乘坐英王陛下特派的船只直接航至距离皇帝所在地最近的天津港口上岸。请求把这个情况转呈北京，恳祈皇帝下谕在特使及其随员人等到达天津或邻近口岸时予以适当的接待。[3]

显而易见，这是一封以彼此地位平等为基础书写的外交文件。但经清廷官员翻译后鼓捣出来的版本，却变成了下级对上级毕恭毕敬的呈文，许多关键语句被大幅篡改（有些甚至没有翻译）。于是，乾隆看到的奏议稿就变成了这样：

英吉利国总头目官管理贸易事百灵谨呈天朝大人，恭请钧安。我本国国王，管有牙兰也密屯、佛兰西、爱伦等三处地方，发船来广州贸易。闻得天朝皇帝八旬大万寿，本国未曾着人进京叩祝万寿，我国王心中十分不安。我国王称，恳想求天朝大皇帝施恩通好，凡有本国的人来广州与天朝的人贸易，均各相好，但望生理愈大，饷货丰盈。今本国王命本国官员公举辅国大臣吗嘎尔尼差往天津，倘邀天朝大皇帝赏见此人，我国王即十分欢喜，包管英吉利国人与天朝国人永远相好。此人即日扬帆前往天津，带有进贡贵重物件，内有大件品物，路上难行，由水路到京不致损坏，并冀早日到京。另有差船护送同行。总求大人代我国王奏明天朝大皇帝施恩，准此船到天津或就近地方湾泊。我惟有虔叩天地，保佑天朝大人福寿绵长。[4]

"我国王心中十分不安""恳想求""施恩""赏见""包管"这类语句字眼的增入，自是为天朝上国的"体面"增色不少。乾隆读了也是颇为高兴，自觉"成功"收获了英国国王的崇拜、敬仰与诚惶诚恐。

由马戛尔尼转递的英王乔治三世给乾隆的信函，同样被修改得面目全非。原信的开篇部分，若忠实于原文，其翻译应该是这样的：

英王陛下奉天承运，事事以仁慈为怀。践祚以后，除随时注意保障自己本土的和平和安全，促进自己臣民的幸福、智慧和道德而外，并在可能范围内设法促使全人类同受其惠。在这种崇高精神的指导下，英国的军事威力虽然远及世界各方，但在取得胜利之后，英王陛下对于战败的敌人也在最公平的条件下给以同享和平的幸福。除了在一切方面超越前代增进自己臣民的繁荣幸福外，陛下几次派遣本国最优秀学者组织远航旅行，作地理上的发现和探讨。[5]

显而易见，这些文字的主旨是向乾隆介绍"日不落帝国"开拓殖民地的巨大成就。可是，经清廷官员粉饰修改之后，呈送给乾隆阅读的版本却变成了这样：

英吉利国王热沃尔日敬奏中国大皇帝万万岁。热沃尔日第三世蒙天主恩，英吉利国大红毛及佛部西依拜尔呢雅国海主，恭维大皇帝万万岁，应该坐殿万万年；本国知道中国地方甚大，管的百姓甚多，大皇帝心里长把天下的事情、各处的人民时时照管。不但中国地方，连外国地方都要保护他。他们又都心里悦服，内外安宁。各样学问各样技艺，大皇帝恩典，都照管他们，叫他们尽心出力，又能长进生发，交通精妙。本国早有心要差人来，皆因本境周围地方俱不平安，耽搁多时。如今把四面的仇敌都平服了，本境平安，造了多少大船，差了多少明白的人漂洋到各处。[6]

　　严格说起来，这已经不能算是"粉饰"和"修改"，实在是一种重写。原信开篇是在以一种克制而自豪的笔调，向乾隆介绍大英帝国的伟业。重写后的版本，却完全变成英国国王在吹捧"中国大皇帝"。更要命的是，原信的末尾说，使团此次来华是希望两国建立一种平等的外交关系："英国现在正与世界各国和平共处，因此英王陛下认为，现在适逢其时来谋求中英两大文明帝国之间的友好往来。"[7]经中国官员之手后的新版本，却变成了英国前来朝拜瞻仰大清："如今闻得各处惟中国大皇帝管的地方一切风俗礼法比别处更高，至精至妙，实在是头一处，各处也都赞美心服的，故此越发想念着来向化输诚。"[8]如此这般颠倒文意，不免让人生出一种感慨："要是世界上没有英文、法文、拉丁文、西班牙文、葡萄牙文等文字，或者发生了什么天灾人祸将这些文字记录的史料全部毁灭了，必定会有一批史学家根据清朝官方的记载考证出在18世纪末年英国向清朝'称臣纳贡'的事实，作为大清帝国的声威已经超越欧亚大陆和英吉利海峡的证据，同时也可证明英国必定已内外交困，国势衰弱，所以不得不远航万里来归顺输诚，以寻求清朝的庇护了。"[9]

　　在翻译上做手脚这一"妙计"，乾隆皇帝其实是知道的，甚至可以说受到了乾隆皇帝的鼓励。

　　为了忠实传达信息，马戛尔尼使团在组建时即致力于物色翻译人才。他们找到了两名中国出身的神父——周保罗与李雅各。二人不懂英语，只会拉丁语和意大利语。好在使团内有优秀的拉丁语人才，可以由使团先把文件从英文翻译成拉丁语和意大利语，再由神父翻译成中文。周保罗在使团抵达澳门后辞职而去，剩下的李雅各与略通中文的小斯当东（使团副使之子，时年12岁），虽不能拟出符合大清官场礼仪的文书，但将英方的真实意图用中文表达出来，大体还可以做到。乾隆最早见到的中文礼品清单，就是使团自己翻译出来的，因里面有"遣钦差来朝"等字句，乾隆读到后大为不满，下旨给军机大臣说："该国遣使入贡，安得谓之钦差！"这么写岂不是"以英吉利与天朝均敌"？

此后，在乾隆的严密关注下，清廷组织起一支由外国来华传教士构成的翻译团队，专门按照清廷的意志来"翻译"（或谓篡改）马戛尔尼使团送来的文书，并将乾隆给英王的敕谕翻译为英文。[10] 因清廷对翻译内容实施严格管控和审查，翻译团队成员、法国传教士贺清泰（Louis Antoine de Poirot）只能在给马戛尔尼的信函中无奈说道：

> 我们所能做的，就是在（乾隆给英王的）敕谕中塞进一些对英王陛下致敬的语句；因为皇帝对待我们欧洲的国王们就像对待他们属国的小王一样，而这些小王只不过是皇帝的奴才而已。[11]

这种"妙计"一直持续到马戛尔尼使团觐见完乾隆离开中国。英方文献说马戛尔尼使团以英式单腿下跪的礼节谒见了中国皇帝；中方文献则记载使团正使"行礼如仪"。[12] 23 年后，英国再次派出阿美士德使团来华。使团的副使正是当年随马戛尔尼使团来华的小斯当东。清廷负责接洽的官员向小斯当东询问马戛尔尼使团当年觐见乾隆皇帝时使用何种礼仪，小斯当东回答说"所有礼节虽经目睹，实系年幼不记得"，又说马戛尔尼回国后告诉英国国王"系依照本国（英国）礼节行礼"。报告送到嘉庆皇帝面前，这位比父亲乾隆更重视"天朝上国"体面的皇帝，愤怒于使团只肯"脱帽三次，鞠躬九次"，在报告上写下了"所言甚属欺诳""支吾可恶"的朱批，然后将使团赶出了中国。[13]

可是，在 1872 年，即将大婚的同治皇帝已没有办法复制乾隆皇帝的"妙计"，也没有办法再现嘉庆皇帝的强硬。他的父亲咸丰皇帝在"庚申之变"里被英法联军赶出紫禁城，仓皇逃亡热河并最终死在了那里。清帝国早已没有以武力驱逐英国驻华使团的实力。更何况《天津条约》里，已有中英两国地位平等的明文规定。加上"最惠国待遇"的存在，该规定意味着所有与清廷建交的欧美国家，都已通过条约的形式获得了以近代平等礼仪觐见清帝国皇帝的权利。

清廷唯一能做的只剩拖延。所以咸丰宁愿死在承德也不肯回京，决不给各国驻华公使觐见的机会[14]。所以，咸丰死后，清廷又以同治皇帝年幼、太后乃妇道人家为由，长期将各国公使拒之于紫禁城外。到了 1872 年，同治皇帝大婚，清廷干脆做出了空前绝后的失礼之事，不但不邀请各国公使，还要求他们不要在婚礼当天出门。清廷担心的，是各国公使在婚礼上不跪拜同治皇帝，仅行鞠躬礼，会让参加婚礼的群臣惊愕莫名，严重冲击皇帝在本国臣民前的体面。为了保住这种旧式的、面向被统治者的小体面，清廷宁愿干出空前绝后的失礼之事，宁愿放弃新式的、面向国际社会的大体面。

恭亲王战战兢兢做汇报

但事情终于还是来到了拖无可拖的那一天。

1873年2月23日，年满18岁的同治帝正式宣布亲政。次日，英、法、俄、美、德五国公使，集体向总理衙门递交照会，要求觐见同治皇帝以表祝贺。所有的托辞都已失效，以恭亲王奕䜣为首的总理衙门大臣，只好联名给各国公使回函，说将会前往使馆与五国公使面商此事。

第一次谈判是在3月11日。英国公使威妥玛代表各国提了两点意见：一、使臣带着国书来到他国"系两国和睦之证"，他国最高执政者不予接见"系和睦不极之据"。二、《天津条约》已经写得很明白，各国公使觐见不可再迫行三跪九叩之礼。现在各国公使要求清廷依照《万国公法》兑现《天津条约》里的承诺。双方没能谈妥，又在3月14日举行了第二次谈判，也是你说你的，我说我的，难有共识。3月21日，五国公使联合给总理衙门送来一份《各国节略》，内中有"中华若仍以使臣必须下跪，则再为晤谈，似未免徒费日时矣"这样的句子。这些话，显示五国公使已经失去了耐心。

4月14日，恭亲王奕䜣将总理衙门与五国公使谈判的情况，以密折的形式向同治皇帝做了一次集中汇报。这份意味深长的汇报，将奕䜣这位大清改革掌舵人困于两难、战战兢兢、欲引导同治皇帝做出务实决策的微妙心态，全部表露无遗。

笔者试将该汇报无删减拆分为几个部分，逐一略作解读，以管窥奕䜣的难处与隐秘用心。

第一部分：

查觐见之事，载在咸丰八年所定条约。即觐见二字而论，自系尊崇中国之意。从前各国使臣时尝论及。臣等因中外礼节不同，难于定议。各国使臣每谓该国向无拜跪。考之各家记载，亦谓其国不习此仪。凡臣下见君，以免冠俯首立地而叩为敬。即臣衙门奏派志刚、孙家穀，出使各国，暨臣崇厚出使法国，亦均立而见之。[15]

此乃汇报开篇。奕䜣先提醒同治皇帝，说各国公使要求觐见有条约依据，是先帝在咸丰八年定下来的。然后又安抚他说，"觐见"二字已含有尊崇我大清的意思，各国使臣也认同这种尊崇。继而又替各国公使解释，说他们一再强调自己的国家不存在跪拜之礼，不是虚言，总理衙门派了志刚等人去欧美考察，可以证明确实如此。

第二部分：

同治六年预筹修约，臣等将此事函商各督抚将军大臣，拟令酌中定礼。嗣据曾国藩、李鸿章、左宗棠条复，以敌国使臣，不必强以所难。英约中载明碍于国体之礼，是不可行。其不肯拜跪，已有成议。并谓酌中定制，于义无取等语。此时各疆吏有谓皇上尚未亲政，可以正言阻拒者。臣等因此论仍系不许之许，从未据以驳辩。惟以应候圣裁，应先议礼为说。

这段是回顾往事，向同治皇帝介绍1867—1868年，总理衙门与18位地方督抚将军就"外国使臣觐见礼仪"一事展开的讨论。其中，曾国藩、李鸿章与左宗棠三人的意见是：一、那是敌国使臣，与藩属国不同，不必强人所难；二、条约里已有规定，各国使臣不能跪拜已是定论；三、可以在大清的三跪九叩和洋人的免冠鞠躬之间，寻一个中间方案。当时也有其他反对的声音，奕䜣特意将曾、李、左三人的意见挑出来说，实隐约可见他本人的立场。

回顾1867年总理衙门下发给督抚将军们的讨论大纲，其实也可以知道，早在那个时候，奕䜣的立场就已偏向于放弃三跪九叩，然后在中外礼仪间取一个中间方案。当年的讨论大纲里有这样一段话："今夷并未自进于中国，而必以中国之礼绳之，其势有所不能。若权其适中者而用之，未卜彼之能否听从，而本衙门亦不敢主持独创此议。第不许入觐，我实无辞。究应如何？惟希公同商酌。"[16]大意是：那些夷人并没有被中国同化，要用中国的礼仪来约束他们，形势上做不到。若在中外礼仪之间取一个"适中"的方案，既不知道对方会不会同意，本衙门也不敢独自做出这种主张。至于不许外国使臣觐见，我们也已经找不到理由了。究竟该怎们办，请众人一起商议。

奕䜣既然早在1867年就已愿意接受某种各退一步的中间方案，如今借着回顾往事介绍曾国藩、李鸿章与左宗棠当年的意见，自然是想小心谨慎地将这种方案传递给年轻的同治皇帝。

第三部分：

此次联衔照会，词意俱属恭顺。虽未便遽加拒绝，阻其恭敬之忱，亦不得不迎机以导，仍就礼节与之熟商力争。彼谓条约中有碍于国体之礼，为不可行。则告以碍于中国国体，亦不可行。彼谓条约允以优待；则告以中国相待，能优于礼之中，不能优于礼之外。彼谓唯跪拜之礼，有碍国体者不能行，此外均可商酌；则告以唯跪拜之礼，最关中国国体，首先议定，此外始可从容拟议。加以譬晓百端，反复辩诘，几于舌敝唇焦。辩论既久，各使臣谓我等五人，非敢固执，惟本国向无此礼，如一经拜跪，即不得为本国之人。其词颇为迫切。

这是奕䜣向同治皇帝报告本次谈判的具体过程。奕䜣深知这位年轻的侄子对洋人素无好感。1870年，天津教案爆发时，同治皇帝便对帝师李鸿藻说过：越将就，洋人就越出乱子，"若得僧格林沁三数人把截海口，不难尽歼此辈"[17]。这种"词气甚壮"（翁同龢语），"庚申之变"前的咸丰与奕䜣也曾有过。只是经过"庚申之变"后，奕䜣不会再说这类豪言壮语。可是久为人臣，他也深知要用怎样的话术，才能让这位年轻侄子对自己的谈判工作感到满意。

所以，奕䜣在汇报中细致描述了谈判经过。这些谈判经过替换为白话后，大致是这样的：

五国公使：条约里写明了，不可以施行有碍我们的国体的跪拜礼。

总理衙门: 非跪拜礼有碍大清国体, 也不可以施行。

五国公使: 条约中已经写明, 礼仪方面要对我等实施优待。

总理衙门: 是有写优待, 但得是在中国之礼的范围内优待, 不能优待到范围之外。

五国公使: 只有跪拜之礼, 有碍国体不能施行, 其他都好商量。

总理衙门: 只有跪拜之礼, 对大清国体最要紧不能退让, 其他都好商量。

奕䜣细致描述这些场景的目的, 是努力想要给同治皇帝留下一种"总理衙门在谈判中很强硬"的印象。之后的"譬晓百端, 反复辩诘, 几于舌敝唇焦", 更是直接自述苦劳。再之后, 则是介绍总理衙门的强硬立场带来的成果: 五国使臣被逼到没有办法, 只好说出"不是我们非要固执, 实在是本国没有跪拜之礼, 如果跪拜了, 以后我们就没法在自己的国家做人"这种话。这大约也是实话, 因为若同意跪拜, 即意味着外交上的绝大失败, 使臣的政治生命也就结束了。耐人寻味的是奕䜣的表述方式, 比如各国公使"其词颇为迫切"云云, 大有一种总理衙门将各国公使逼到了墙角的感觉。

第四部分:

臣等原知彼国从未娴习之礼, 未易强以必行。而借笔舌之力, 如能就我范围, 固于体制较免窒碍, 亦借以折其虚骄桀惊之气。且使彼之所谓外国制度, 君臣并立相见, 及各国使臣代其国主行事, 如其国主亲来, 各等非理之说, 无可乘闲置喙。今历次辩诘后, 彼等于前项非礼之说, 不复引援。复于彼国觐见常礼, 免冠三鞠躬者, 愿为免冠五鞠躬。所谓鞠躬, 即彼国俯首立地而叩之礼, 兹拟倍加恭敬以将其诚。并声明于觐见时, 由在前一员奏词称颂, 复将所奏之词先期知照臣衙门, 以见并无妄渎。其意若以该使臣等如此尽礼, 傥再不准举行, 是中国不能以礼待人, 势将执为口实。臣等窃思咸丰八年所定条约, 业经奉旨允准约内觐见一节, 庚申之事, 各国皆以之借口, 今各使臣复竭诚吁请, 臣等仍不能不与往返辩论。

这是奕䜣再次试图含蓄引导同治皇帝接受一种介于中西礼仪之间的折中方

案，也就是所谓的"免冠五鞠躬"之礼。这番引导层层递进，颇有技术含量：先强调各国公使绝不会接受三跪九叩之礼，总理衙门也清楚无法强迫他们接受。再强调总理衙门已通过强硬谈判，成功迫使各国公使收回他们的许多谬论，比如君臣并立相见不分上下，公使代表等同于国主亲自前来等。然后说各国公使被逼无奈，只好同意将他们的"免冠三鞠躬"之礼，升格为"免冠五鞠躬"之礼。为了让同治皇帝更愿意接受，奕䜣还补充说所谓鞠躬就是他们那边的俯首叩头之礼；还说洋人们为了表示恭顺的诚意，愿意将觐见时的讲话稿提前交给总理衙门审核。最后，奕䜣说出了自己的两点看法：第一，各国使臣已是"如此尽礼"，若再不允许他们觐见，我大清不能以礼待人将会成为他们的口实；第二，回顾往事，觐见问题曾在"庚申之变"中被各国拿来作为借口。

最后这些话，实际上是在含蓄提醒（或谓威胁）同治皇帝，不要为了一些没必要的体面，重蹈庚申之乱的覆辙。

别等他国用武力逼迫才改

同治皇帝看完奕䜣谈判汇报之后，没有按奕䜣的期望做出决策。

享受不到各国公使的跪拜，十八岁的年轻皇帝心中十分不甘。正如知名学者茅海建所言，"自亲政后，同治帝对西礼觐见并未多发议论，但奕䜣等军机大臣、总理衙门大臣心里都十分清楚，其意存不甘，更何况谏台对此攻击甚猛，同治帝每次都将此类折片发给总理衙门"，可谓"帝意明朗"。[18]

于是，奕䜣呈递汇报奏折的第二天，就有翰林院编修吴大澂上奏，反对接受跪拜礼以外的任何觐见之礼。他的理由是："朝廷之礼，乃列祖列宗所遗之制，非皇上一人所得而私也：若殿陛之下，俨然有不跪之臣，不独国家无此政体，即在廷议礼诸臣，问心何以自安：不独廷臣以为骇异，即普天臣民之心，亦必愤懑而不平。"[19]

吴大澂说自己写这道奏折是因为听了"道路传言"。耐人寻味的是，他奏折里的某些内容，显而易见是在有的放矢，隐隐透露出他其实已经知晓奕䜣的汇报内容。比如他劝皇帝不必担忧洋人的武力，认定洋人"断不肯以小节而开大衅"；又说恭亲王等人一向公忠体国，"必不遽遂其请"，肯定不会同意洋人不跪拜的要求；还说假如总理衙门"挽回无术"，不得已跑来请求皇帝下旨，"伏愿皇上独奋乾断，坚持不允"，请皇上一定要站稳立场坚决不答应，这样才不会让天下臣民失望。

吴大澂开了第一炮，随之而来的便是朝野舆论的狂轰滥炸。皇帝不做任何表态，只派人不断将反对跪拜的折子送往总理衙门，奕䜣和下属们只好与五国公使继续做焦头烂额的谈判。据说在谈判中，总理衙门大臣文祥一度将杯子摔到了地上，可见争执的激烈程度。[20]

4月24日，朝廷将吴大澂等人的奏折送至直隶总督、北洋通商大臣李鸿章处，要他拿出一个具体意见。李鸿章在回奏中表现出了极大的决断力，其意见总结起来大致包括如下几点：

一、欧美各国与大清乃是"敌体平行之国"，不适用藩属国的跪拜之礼。

二、欧美各国无跪拜君王之礼，"中国亦无权力能变更其各国之例"。

三、不允许各国公使觐见，"于情未洽"，会影响国家之间的关系。虽然日前不至于立即引发战争，但中外交涉事件繁多，"彼求之十数年，迄今仍不准一见"，愤怒怨恨日积月累，以后稍有冲突，就会被各国拿来做开战的借口。

四、今天或许可以成功拒绝觐见，"仍不能拒之于日后"，但不可能永远成功拒绝觐见。"甚至议战议和，力争而许之，则所失更多，悔之亦晚矣"，等到发生了战争再来议和，再来允许觐见，就更不划算了。

五、有人担忧此事一旦开启，洋人就会得寸进尺，以后但凡碰到点什么事，就要跑来觐见皇帝，不获允许就要发生外交决裂的风险。这是"不谙夷情之语"，是无知者的胡乱猜想。洋人要求觐见是表示友好，不是有事来具体商量。况且我们也可以制定规章，不允许随时觐见。

六、现在是"数千年一大变局"。我大清以前只有对待藩属国的礼，没有对待"与国"的礼。不但我大清没有，历朝历代的圣贤们也没有留下这方面的礼经。不过，制定新礼的权力属于皇上，非我等臣子可以"妄拟"。皇上以大度的胸怀制定出新礼，"天下后世当亦无敢议其非者"，后世没人敢说这有什么不对。[21]

与那些"天朝上国"的迷恋者与怀念者不同，李鸿章清晰地知晓自己所处的时代，是一个数千年未有的大变局。大变局需要大转型，觐见之礼的变化，不过是这转型中的微末之事。他早已无意在这个问题上继续纠结。所以，在回奏的末尾，他告诉皇帝，早在同治六年（1867），自己就已明白"此事终在必行，而礼节不能强遵"，这次回奏也仍持同样的意见。

李鸿章的这道回奏对奕訢是极大的支持，对同治皇帝则形如浇了一盆凉水。

1873年6月14日，在辩论往返了三个月之久后，总理衙门终于下定决心为谈判做个了结。奕訢一干人等努力为同治皇帝争得了如下权利：

一、皇帝在接见时"或坐或立自便，或赐茶酒，或别有荣典，均为君恩，自非（使臣）必应讨请"。也就是皇帝接见使臣的时候怎么舒服怎么来，各国使臣不能用规章制度来约束皇帝。

二、使臣觐见的时候，"不敢首先论及事务。国主若肯首先问及，应听主张"，也就是在觐见的时候不许提任何实质性的要求，如果皇帝先提起来，听着就好了。如果使臣"遽然奏称，国主亦可以礼却谢"，皇帝可以直接拒绝讨论各国使臣在觐见时提出的任何实质性要求。

三、大清在觐见礼仪上如果可以"通融改易"，那么外国也必须对本国之礼"酌议变更"，这样才算公平。而且"中外礼节不同，碍于国体之处，不得勉强"，如果大清不愿意，外国不可以武力相逼。各国公使须附加一项声明，说跪拜是不可能的，但愿将三鞠躬的礼节增为五鞠躬。总理衙门也同时声明：不跪拜不符合大清礼节，具体怎么办，"应候大皇帝谕旨"，意思是这个核心问题总理衙门不能也不愿做主，最后得留给同治皇帝圣裁。

四、只有带着国书且初次来华的外国使臣，才可以要求觐见皇帝。觐见之前要就礼节言词做一番演习。在哪里觐见，在什么时候觐见，得听皇帝的安排。以后无论是哪个国家的使节来华，都得按这回的觐见礼节办，不能再有变化。

五、觐见之事不能经常搞，"迟早恭候谕旨遵行，不能一人随时请觐"，什么时候安排觐见得听皇帝的，各国使臣不可随时请求觐见。大清将来如果派使臣带着国书去各国，你们的君主接见或者不接见，"仍听各国之便"，全由你们说了算，我们不做强求；同样，你们的使臣也有请求接见或者不请求接见的自主权，我们不能干涉。对这部分规定，各国公使都不满意，但总理衙门坚持不肯让步。[22]

在给同治皇帝汇报时，奕䜣等人将谈判形成的各种文件，比如记录谈判情形的《照会》和《节略》等，一并呈递了上去，其中也包括李鸿章那道极具决断力的回奏。

奕䜣告诉同治皇帝，各国公使此次态度言辞都还算恭顺，没有露出什么要挟之意，但他们这次究竟会不会因要求觐见失败而像咸丰十年那样诉诸武力，自己"究亦未敢谓有把握"，所以，"允其请于要挟之时而力不能杜，与允其请于恭顺之际而体尚无伤，此中得失之机，不待智者而决"，与其等他们启动武力威胁然后我们再同意觐见，不如现在趁他们言辞恭顺就同意算了。同时，奕䜣还请求将总理衙门呈递的文件与李鸿章的奏折，全部发给群臣阅看商议。[23]

奕䜣这样做，既是在给同治皇帝施压并剖析利害，也是在为自己和总理衙门谋求全身而退。慈禧与同治皇帝明白此中玄机，所以未将此问题下放到朝堂公开讨论，当天即颁布谕旨，允许各国使臣觐见。

洋人被皇帝的天威"吓坏了"

1873年6月29日，清晨6点钟，俄国公使倭良嘎哩、美国公使镂斐迪、英国公使威妥玛、法国公使热福里、荷兰公使费果荪，由德国驻华使馆的璧斯玛充当翻译（德国公使李福斯回国，璧斯玛兼任德国代表），依次进入紫光阁[24]（以抵达北京的时间为顺序），以平等国家代表的身份，觐见了同治皇帝。

此时，距离马戛尔尼使华，已过去了整整80年。

觐见的整个过程是这样的：皇帝坐于紫光阁的"大内坛之座"。各国公使从左门入殿，抵达宝座前方，向同治皇帝鞠躬一次；前进数步，再鞠躬一次；进至宝座之足下，第三次鞠躬。然后各据其位，由俄国公使"读一演说辞"，站在他身后的翻译负责将之译为中文。演说完毕，各国公使前进一步，将国书放在宝座下的黄桌之上，再鞠躬一次。同治皇帝微微欠身向前，以示接受国书。恭亲王跪在内坛的地上，与同治皇帝细声说话。同治皇帝命他转告各国公使，说国书已经收下。于是恭亲王起身走下台阶，来到各国公使面前，复述了皇帝的话。然后再次上坛跪下，耳听皇帝的细语。听毕起身下坛，向各国公使转述皇帝对各国君王总统的问候，以及对彼此间外交和睦顺利的期望。至此，觐见仪式结束，各国公使再鞠躬，然后退出（因崇厚上一年赴法国就天津教案之事呈递国书，法国公使再次上前呈递了法方的回文）。[25]

1873年的这次觐见，是一次双方均不满意的妥协。

欧美舆论认为问题没有得到彻底解决。《伦敦新闻画报》1873年9月13日的一篇报道说，"到目前为止……西方世界主要列强的代表在觐见中国皇帝时已经不必磕头。然而在仔细审视觐见礼仪的细节时，我们仍然可以发现一些令人不快的东西，它们反映出中国人不想承认'洋鬼子'的地位要高于'朝贡者'（这是对所有到北京宫廷来的外国使节们的称呼）"。[26]

清廷方面，同治皇帝也对洋人站立在自己面前一事很不高兴，所以各国公使以五鞠躬之礼觐见这一史实，从未被载入《穆宗实录》和同治皇帝的《起居注》。这两份文档，本该详细记录朝廷的政务大事和皇帝每天的所有活动。关于觐见情形，《清穆宗实录》里只有"于紫光阁前瞻觐"[27]七个字，《起居注》中也只有"……等九人入觐见，上温语慰问"[28]这样一句含糊话。

不过，当事人的不满意，并不妨碍不明真相的围观者们依据个人喜好，以一种"我愿意相信"的方式进行各种想象和臆测。比如当年的《京报》[29]对觐见情形有这样一段荒谬绝伦的记载：

> 英公使先诵国书约二三语，即五体战栗。帝曰："尔大皇帝健康。"英使不能答。皇帝又曰："汝等屡欲谒朕，其意安在？其速直陈。"仍不能答。各使皆次第捧呈国书。有国书失手落地者，有皇帝问而不能答者，遂与恭亲王同被命出。然恐惧之余，双足不能动。及至休息所，汗流浃背，以致总署赐宴，皆不能赴。其后恭亲王语各公使曰："吾曾语尔等谒见皇帝，非可以儿童戏视，尔等不信，今果如何？吾中国人，岂如尔外国人之轻若鸡羽者耶？"[30]

《京报》这些不知从何处"脑补"出来的荒唐情节——洋人被同治皇帝天威震慑到张不开口、拿不住国书，也迈不开腿，搞到最后是汗流浃背、狼狈不堪——似乎也传播到了当时著名的经史学者李慈铭的耳中。在《越缦堂国事日记》"同治十二年六月初五日"条下，李慈铭写下了这样一段离奇的文字：

> 六月初五日。是日巳刻，上御紫光阁见西洋各国使臣。文武班列。仪卫甚盛。闻夷首皆震栗失次，不能致辞，踉叩而出。谓自此不敢复觐天颜。盖此辈犬羊，君臣脱略，虽跳梁日久，目未睹汉官威仪，……今一仰天威，便伏地恐后，盖神灵震叠，有以致之也。[31]

大意就是洋人不过"犬羊"，见了我同治皇帝的"汉官威仪"，全都被吓坏了。

因臆测程度有差异，这种"六国公使被天朝皇帝吓坏了"的情节，在1873年存在着多个版本。平步青是同治元年的进士，在翰林院里做过编修和侍读，于各国公使觐见同治皇帝的前一年辞官归隐。他在笔记里说，癸酉年（1873）秋天，从京城的"谦益长号"传出来一张"时事纸"（大约就是指《京报》之类的东西），里面说：同治皇帝亲政之后，风调雨顺，天下太平。各国使臣要求觐见，提出了"欲乘肩舆进太和门，带刀上殿，要皇上下宝座，亲受国书"的非分要求，惹怒了总理衙门大臣文祥，"摔茗碗粉碎，厉色以争"，把茶碗摔得粉碎，才粉碎了洋人的非分要求。到了觐见的那一天：

> 神机全营屯西苑门，皆明装露刃。法、米、英、俄、布、日本六国，共十二人，皆准其带刀，总理司员引进苑门。每进一门，即将其门上锁。至阁阶之下，总理大臣引上阁阶。皇上登宝座，使臣行六鞠躬礼，不跪。阶旁设黄案，使以次立读国书。居首者读至数句，即浑身发战，不能卒读。皇上问国王好，亦不能答。皇上又问，屡次求见，有何话说，亦不能答。其次者则奉书屡次坠地，而不能开声。经恭亲王当众嘲笑"草鸡毛"，令人掖之下阶；不能动步，坐地汗喘。十二人摇头私语，不知所云。延之就宴，亦不能赴，仓皇散出。恭王云："说是大皇帝不可轻见，你们不信，今日如何？我中国叫此为草鸡毛！"举国以为笑谈。当时离宝座不过数步，据其自云，并未瞻仰天颜。人人皆言渠眼中必另有神物景象，故如此战栗也。[32]

洋人们带刀上殿，神机营露刃列阵，前脚进门后脚锁门，恭亲王当堂群嘲"草鸡毛"……较之《京报》和《越缦堂国事日记》，平步青读到的故事，多出了许多江湖气息，给人一种大清朝堂犹如水浒聚义厅，大清君臣犹如剪径强人的错觉。

第十四章　1874年：清廷被日本耍得团团转

清帝国在1874年遭受的最大冲击，是日军以弱旅入侵台湾，而已改革多年的清军却无力将之驱逐，只能褒赞日军侵台乃"保民义举"，以向日本政府支付白银50万两的代价解决争端。

这是一次衡量改革成色的危机。

日本使团给总理衙门设圈套

1871年12月，琉球国派遣使节乘船向清帝国进贡，途中遭遇暴风雨迷失航向，漂荡至台湾南部，与当地土著人发生冲突，50余人被杀，12名幸存者在当地汉人的帮助下逃至福州，由清廷安排送归琉球。

次年，日本胁迫琉球成为内藩，并"册封"琉球国王尚泰为琉球藩王。再次年，日本外务大臣副岛种臣率使团来华，以交换中日《修好规条》为幌子，试图给总理衙门设一个圈套。

这个圈套要说来就是：日本使团副使柳原前光与总理衙门大臣毛昶熙等人，围绕台湾土著（生番）杀害琉球使者一事谈话。柳原前光以琉球已并入日本为由，声称日本政府有权介入此事。毛昶熙不承认日本吞并琉球，称"本大臣只闻悉生番曾掠害琉球国民"，不曾听说此事与日本有任何关系。柳原前光坚持说日本"抚慰琉球最久"（指琉球曾长期向日本进贡），所以定要为琉球被杀之人讨个公道，责备清廷没有惩治"狂暴虐杀琉民之生番"。毛昶熙则解释说：台湾岛的土番（土著）分"生番"和"熟番"两种，杀人的是生番，这些人还不服"王化"管束，目前"姑置之化外，尚未甚加治理"。柳原前光遂抓住"置之化外"这个把柄，声称既然清帝国管不了这些生番，那么日本将"立即前往'征伐'"。[1]

在这个圈套里，柳原前光玩了一套文字游戏，刻意将清廷天下观语境里的"置之化外"等词，曲解成了近代主权理念中的"番地无主"，进而宣称日本可将其据为己有。

中国的传统天下观，讲究的是"普天之下，莫非王土"。历代中央王朝皆自视为文明的中心，然后依照"王化"程度的不同，将整个天下区分为多个层级。中央王朝之外，是番、苗、夷及土司；再往外是纳贡称臣的四裔藩属；再往外是未知之地。柳原前光很清楚，如果直接问毛昶熙台湾那些"东部土番之地"是否属于清帝国，得到的必定是肯定回答。所以他故意绕了一个大圈子，诱使毛昶熙说出了"姑置之化外"这样的话。

柳原前光懂得如此这般给总理衙门众大臣设圈套，与美国人李仙得（Charles Williain Le Gendre）的指导有直接关系。

李仙得原是美国驻厦门兼台湾领事。1867年2月，美国商船罗佛号（Rover）在台湾东海岸洋面失事，登岸人员被岛上"生番"所杀。李仙得找到闽浙总督衙门交涉。福建的官员普遍不懂何谓主权国家，只想大事化小小事化了，故依据传统天下观理念，以当地土番"非归王化"为由，拒绝为事件负责。李仙得听不懂清廷官员口中的那套天下观，也搞不懂什么叫"王化"。他视清廷为主权国家，也知道清廷一直视台湾为领土，不容他国侵入，故对清廷官员的推托相当不满，曾责备道：

> 两百年来，中国人在台湾的活动地区，配合着中国政府施及台湾的行政权力……西岸的居民，经常贩购生番地区的物产，而生番地区出产的樟脑，且成为台湾官府的专卖品，不容外人自由采购输出，违者则严行惩治，所谓生番地区"非归王化"的说法，实毫无依据。[2]

虽然与李仙得直接交涉的福建台湾镇总兵刘明灯、福建台湾道兼学政吴大廷，丝毫不觉得拿"非归王化"搪塞外人有何不妥，但当时的总理衙门因长期办理对外交涉，对领土主权已有初步的认知。故在获悉"罗佛号事件"后，立即密函指示闽浙相关官员，要他们一定要牢牢守住台湾生番居住之地也是大清领土这条底线：

告以生番虽非法律能绳，其地究系中国地面，与该国领事等辩论，仍不可露出非中国版图之说，以致洋人生心。[3]

在总理衙门的政治话语体系里，台湾生番地区属于"中国地面"，是中国疆土无疑；同时，生番未归"王化"，尚在清廷法律的管辖之外。这两个事实是可以并存的，后者不构成对前者的否定。自1683年将台湾纳入清政府统治以来，清廷的理番政策始终基于传统天下观理念，依据王化程度的高低，将台湾全岛民众划分为民、番两级。番又分为"深居内山未服教化"的生番和"杂居平地遵法服役"的熟番；前者属于化外，后者须纳番饷；当朝廷的王化有了成效，生番便可向熟番转化。[4]

李仙得身为美国领事，无法理解，也无法认同这套"编民—熟番—生番"分类治理的天下观秩序。他只能以近代主权理念来解读"未归王化"这种中式术语，然后将之错误地等同于"番地非中国领土，故中国对番人杀害美国船员不负责任"。最后，在清廷派员全程参与的情况下，"罗佛号事件"以李仙得与台湾土番缔约告终。[5]

让清廷没有想到的是，李仙得卸任美国驻厦门领事后，担任了日本外务省的顾问。他依据1867年处理"罗佛号事件"的经验，开始向日本政府推销"台湾番地无主论"。研究者认为，李仙得这样做至少有两重动机。首先是"源于李仙得对清政府的失望"，对清廷在"罗佛号事件"中的处理不满意。其次是李仙得本有意趁清廷不懂国际法，对主权概念理解不到位，在台湾制造土番与地方政府的冲突，但当时的美国政府不支持他的这种冒险，"李仙得的台湾策略，常常成为美中之间的矛盾摩擦点，使驻华公使镂斐迪不胜其烦，一再对他提出批评，使他非常气愤。他转而将自己的理想寄托在日本身上……李仙得想利用日本来实现其野心，日本也利用了李仙得的知识和建议"。[6]

明治政府得到李仙得的智力支援后，既了解欧美近代主权理念，也深悉清廷传统天下观理念下的外交漏洞。于是就有了副岛种臣1873年率使团出使清帝国给总理衙门众大臣设圈套之事。

副岛种臣来华时，清廷正忙于处理外国公使要求觐见同治皇帝一事。清廷破例允许副岛种臣与各国公使一同觐见同治皇帝，且特别礼遇他不必行跪拜礼，也不必与各国公使们一同行五鞠躬礼，只行作揖礼即可。清廷如此安排有两个用意。一是结好日本，希望两国互相亲近以对抗欧美；二是借抬高日本使节的觐见地位，来变相降低欧美各国公使的地位。总理衙门众人似乎完全没有意识到，副岛种臣此行是要为日本吞并琉球、侵占台湾套取政治口实。

为免引起清廷警觉，抵达中国之后，副岛本人绝口不提琉球与台湾之事，只低调派遣副使柳原前光前往总理衙门套取话语。柳原前光与总理衙门大臣毛昶熙、董恂等谈话时，也刻意先从无关紧要之事说起，然后以恍若不经意的方式，猝不及防提及1871年琉球民众被台湾土番所杀之事——这种谈话方式，显然是在复制李仙得当年与福建官员的谈话，只要总理衙门官员像当年的福建官员那样，以"非归王化"之类的术语来推卸政治责任，日本使团此行便算完成了任务。毛昶熙一开始的回应颇为得体，明确强调琉球与台湾"二岛俱我属土"，琉球民众被台湾土番所杀之事如何裁决纯属大清内政，日本无权过问。但当柳原质疑清廷为何只抚恤琉球人、不惩罚台湾土番时，缺乏警惕性的毛昶熙等人，不自觉地使用起了传统天下观术语来解释：

> 杀人者皆属生蕃，故且置之化外，未便穷治。日本之虾夷，美国之红蕃，皆不服王化，此亦万国之所时有。[7]

如此，柳原前光就获得了他所想要的"置之化外，未便穷治"八字。至于毛昶熙后面那句"日本之虾夷，美国之红蕃，皆不服王化"，因明显是在拿日本北海道的虾夷人和美国的印第安人来举例说明"置之化外"不等于非本国领土，也不等于非本国子民，故日方档案干脆弃而不录。[8]

1873年7月，副岛种臣返回日本，侵台的准备工作随之紧锣密鼓开始部署。1874年2月6日，日本政府通过了《台湾蕃地处分要略》。该《要略》依据李仙得的指导，大力渲染副岛种臣使团通过诈术和断章取义得到的"置之化外，未便穷治"等字眼，将其当成证明台湾土番部落"为清国政府政权所不及之地""为无主之地"的核心依据。《要略》第一条便声称："台湾蕃地，为清国政府政权所不逮之地，其证据在于从来清国刊行之书籍，特别是去年前参议副岛种臣使清之际，清朝官员之回答，可以判其为'无主之地'。"[9]

同年4月11日，日本政府正式组织侵台军，名曰"台湾生番探险队"。5月，日本海军中将西乡从道率陆海军官兵3600余人，分乘三艘军舰和一艘运输舰，正式进攻台湾。[10]

步步落在对方的算计里

对日本政府在1874年4月之前的种种侵台部署，清帝国自中央到地方，几乎全都一无所知。

福建省台湾府的地方官员接获过下级报告，称日本军官曾进入台湾牡丹社等地查看山势地形并绘制详细报告；也接到过台湾口税务司爱格尔（Henry Edgar）的来信，称日本有意调兵来台讨伐生番。但福建的官员没有认真对待这些信息。他们反称"牡丹社系属番界，彼如自往剿办，在我势难禁止"，其担心仅止于日军胜利后会盘踞番社不走。至于处置建议，则是消极的"一切惟以镇静处之"。[11]

清廷中央首次获悉日本侵略台湾的情报，是在4月中旬。先是英国驻日公使巴夏礼（Harry S. Parkes）将日本准备出兵台湾之事，用电报告诉了英国驻华公使威妥玛。威妥玛在4月16日收到电报的当天即告知总理衙门。两天后，总理衙门才由董恂出面与威妥玛会见。威妥玛向清廷提了四个问题：一是台湾生番居住的地方，是否属于中国版图？二是若该地属于中国版图，此次日本出兵有无得到清廷的同意？三是若该地不属于中国版图，日本此次出兵是否可以不经过中国领土？四是承前一个问题，若出兵须经过中国领土，是否已得到中国的同意？[12]威妥玛说，清廷的答复将决定英国是否认同日本的行动，以及是否允许英国人参与日本的行动。

总理衙门拖到5月20日，才以书面形式向威妥玛提供答复：一是去年副岛种臣来华，并未与本衙门讨论派军队去台湾"征伐生番之举"。二是他们现在出兵，没有给中国递送过任何照会。三是这些生番虽然风俗不同，治理他们的法律也不同，但"其地究属系中国地面"。[13]

日本方面，其先锋部队5月3日即已抵达厦门。为绸缪日后的交涉，并为日军的行动争取时间，日本驻厦门领事刻意选择违背惯例，将"征台书"送给了厦门同知，而非身在福州的闽浙总督李鹤年。这样做有两个好处：一是厦门同知官位低微，不能就日军的行动做出允准或否决的决定，必须要请示闽浙总督李鹤年，这就给日军争取了时间。若直接送至闽浙总督李鹤年处，大概率会被直接喊停（琉球民众与台湾生番冲突一事，就是由李鹤年负责处理的），日军就会陷入被动。二是闽浙总督可与总理衙门直接沟通，继而会引发清廷中央的对日交涉，这也不利于日军的行动。日本这手把戏造成的结果是：闽浙总督李鹤年接到"征台书"已是5月8日，他随即将事情报告总理衙门；而日军已于前一天，也就是5月7日，在台湾登陆成功。5月11日，李鹤年以"琉球国即我中山国疆土……台湾在中国应由中国自办，毋庸贵国代谋"[14]为由，与日方交涉要求其撤兵时，日军早已在台湾开始了侵略行动。

　　当然，自4月16日接到威妥玛的情报，到5月20日向威妥玛做出书面答复，这期间总理衙门也没有闲着。威妥玛之后，法国驻华使馆首席翻译德微理亚（Jean Gabriel Deveria）、总税务司赫德、西班牙公使丁美露（F.Otinmsias）等，都曾来总理衙门询问过日军侵台之事。总理衙门由此联想到：副岛种臣上一年率团来华时，其副使柳原前光在总理衙门那番关于"讨伐生番"的随意谈话其实蕴藏深意。继而下令南北洋大臣、闽浙总督与福州将军查明情况上报。到5月11日，已探听到确切消息的总理衙门，正式照会日本外务省，质问其为何没有任何商议与知会就擅自兴兵台湾，且声明全台湾皆系中国领土[15]。

　　直到同年7月15日，日方才以一种傲慢的语气正式回复清廷照会。此时距离日军侵台已过去四个多月。日方迟迟不做回复，有两个原因：第一是刻意拖延以便谋求更好的局势；第二是清廷没有驻日使领馆，也没有驻日使节，如此重要的外交照会，只能托付给由总理衙门雇佣的一名英国人带去日本。此人并非专使，因事路途耽搁，导致照会迟至6月4日才送抵日本外务省。这第二个原因，又给了日本政府拖延回复照会以绝好的理由。[16]

　　固守"天朝上国"的礼仪尊荣，不愿向海外派遣常驻使节，以致对海外情形完全茫然无知，是清廷在"1874年日军侵台事件"中步步落后的重要制度因素。固守传统天下观，对近代主权国家观所知甚少，则是清廷在"1874年日军侵台事件"频频落入日方陷阱的重要文化因素。所以，此次事件也成了晚清天下观与国家观此消彼长的一个分水岭。总理衙门第一次急切地意识到，必须接受《万国公法》构筑起来的国家主权观念，在对外交涉中不能再延续"天下观"时代的那些用词。5月14日，清廷发布上谕明确声明："生番地方，本系中国辖境，岂容日本窥伺。"

当闽浙总督李鹤年在奏章里再次使用"番地腹地究有区分"[17]这类句子，将台湾领土按"天下观"理念区分为"接受王化的台湾腹地"和"未受王化的台湾番地"时，总理衙门以上谕的形式严厉批评了李鹤年，上谕说："番地虽居荒服，究隶中国版图……该督惟当按约理论，阻令回兵，以敦和好，不得以番地异于腹地，听其肆意妄为也。"[18]稍后给李鹤年的另一封谕旨说得更明白："生番居中国土地，即当一视同仁，不得谓化外游民……事关海疆安危大计，未可稍涉疏虞，致生后患。"[19]

"置之化外，未便穷治"这类说辞，正被日本政府拿着大作文章。教训在前，总理衙门终于明确禁止疆臣们在对外交涉中使用"化外游民"这类词汇。

"古今所罕有的大业"

日本政府正式回复清廷照会时，其在台湾的战事已基本结束。原住民战败，或撤入深山或选择投降，日军开始做长期驻扎台湾的计划。

清廷的处理手段是武力与外交双管齐下。

武力方面，先是于5月下旬派遣船政大臣沈葆桢为钦差大臣，统合闽浙地区的人力物力资源，前往台湾主持海防；稍后，李鸿章又调派了淮军洋枪队十三营赴台，使清军在台的兵力较之日军有了优势。外交方面，清廷的主要顾忌是美国政府（具体而言是美国驻日公使）能否放弃对日军的支持。美国两任驻日公使——德朗（C.E.Delong，任期到1873年10月）与宾含（J.A.Bingham），都曾是日本侵台行动的支持者。其中，德朗正是将李仙得介绍给日本政府之人。李仙得为日军征台招募美国现役军人、雇用美国轮船等，得到了二人的认可和支持。

不过，清廷的外交顾忌很快便消失了。以英国驻日公使巴夏礼为首，各国驻日公使（包括俄国、意大利、西班牙等在内），集体表态反对日军侵台。巴夏礼于4月16日驳斥日本政府："我本人曾在清国逗留二十多年，一直认为台湾全岛都为清国政府所有，而实在难以理解贵国政府以何理由确定其非清国政府所有？故贵国政府又以何种理由认为此次出兵之地在清国政府的管辖之外？" 稍后又多次批评美国驻日公使，责备其支持日本出兵台湾违反了国际法："既然美国与清国为邦交之国，如协助他国攻打清国领土，清国可要求其进行赔偿。若据日内瓦国际条约，则日后请求仲裁裁断之时……美国应为第一要犯，实为理由充足。"压力之下，美国驻日公使宾含不得不改变立场，向日本政府表态中立，同时不允许美国船舶及现役军人参与此事。[20]

稍后，日本政府派遣李仙得以"特别办务使"的身份来华，试图利用其前美国驻华外交官的身份，在与闽浙总督李鹤年等人的谈判中起到威慑作用，并侦查清廷的备战情况。但李仙得甫抵厦门即被美国方面下令逮捕，转交美国驻沪总领事馆关押。至日军撤离台湾后，才被美方释放。[21]

失去了外交奥援，也没有了国际舆论支持，且驻台日军已因疫病死亡600余人（总人数约6000人，之前的战斗仅阵亡20余人），再加上清军在台湾的布防已渐成规模。如此种种，让日本政府陷入了进退两难的困境，不得不回到谈判桌上来。

1874年8月，日本政府派大久保利通为全权大臣，来北京与总理衙门谈判。9月份，大久保抵达北京。他此行做了不少国际法方面的准备，拟用国际法与中国辩论台湾"番地"的主权问题。谈判长达40多天，中日五次会谈，均是讨论"番地"主权问题。大久保利通频繁援引《万国公法》，总理衙门诸大臣在"番地"主权问题上寸步不让，对《万国公法》则采取回避态度，以求避免再度坠入对方的文辞陷阱。恭亲王给大久保利通的照会中明言："即以万国公法言之，贵国举动是否与公法中一一相合，自有公论，本王大臣未能详悉泰西公法全书精义，不敢据以问难。"文祥也在回复中说，"公法专录泰西事，中国不在其列"，以《万国公法》之"万国"并不包括中国为由，拒绝与大久保展开讨论。[22]

在英国驻华公使威妥玛的斡旋下，中日两国最后签订了一项《北京专条》。条约内容如下：

兹以台湾生番曾将日本国属民等"妄为"加害，日本国本意为该番是问，遂遣兵往彼，向该生番等诘责。今与中国议明退兵并善后办法，开列三条于后：一是日本国此次所办，原为"保民义举"起见，中国不指以为不是。二是前次所有遇害难民之家，中国定给抚恤银两。日本所有在该处修道建房等件，中国愿留自用，先行议定筹补银两，另有议办之据。三是所有此事两国一切来往公交，彼此撤回注销，永为罢论。至于该处生番，中国自宜设法妥为约束，以期永保航客不能再受凶害。[23]

清廷在条约中做出了极其巨大的妥协，不再追究日军的侵略行为，反承认日军出兵的动机是"保民义举"（日方所拟原文是"日本国此次所办义举"，不仅是要洗白动机，还试图洗白整个行为）。以购买日军所修道路建筑为名，变相满足了日本的赔款要求，后来实际支付了约50万两白银。"台湾生番曾将日本国属民等'妄为加害'"一句，被日本政府认定为清廷承认遭台湾番民杀害的琉球民众属于"日本国属民"（总理衙门所拟原文是"琉球人"）。侵略者毫发无损，反在无战场优势和国际环境优势的情况下，于谈判桌上得了"义举""赔款"与"琉球人被承认为日本国属民"三项丰厚的利益。

故此，大久保利通在条约签订之后兴奋地说："呜呼！此诚为古今所罕有，终生所无的大业！"[24]在日记中，大久保还坦言，若清廷拒绝退让，则日军唯有再启战端，他很忧心日军敌不过清军，且认为日军对清朝宣战没有合法名义，不但会在国内引起舆论争议，还会招来国际社会的干预，最坏的结果可能会损害到日本的主权独立。所以，觉察到清廷有意退让以寻求和平解决时，大久保没有与日本政府沟通，抓住时机做出了签订和约的独断决定：

经仔细考虑，此次奉命任务，实为极不易之重大事件，如不得终结……战端不得不开之期可以立待。若然，不但胜败之数固然可惧，且我无充分宣战之名义……届时，不但人民有议论，且将受各外国之诽谤，蒙意外之损害，终而招致损及我独立主权之大祸，亦不能谓其必无。然则和好了事，原为使命之本分，故断然独决。[25]

清廷其实也大致了解日本所面临的困境。总理衙门之所以愿意如此这般了结事端，主要有两点原因。

首先，清廷对自身军事实力的评估，似要低于日方对清军实力的评估。李鸿章盘算清廷实力，尤其是海防情状，并无把握在台湾彻底击败日军。这一点，由他与沈葆桢之间就台湾问题的往来书信不难窥见。李一面全力支持沈葆桢，一面又提醒他，"闽中洋枪队太少，不足以敌彼陆军，根炮兵船不足敌彼铁船。又，华人驾驶轮船，素未见仗，亦虑战阵尚无把握"，赫德也曾告诫总理衙门"中国兵敌不住日本"。李提供给沈葆桢的保台策略，是"谕以情理""示以兵威"。[26]

这种对自身实力的判断，直接促使李鸿章在1874年9月致函总理衙门，建议出资"抚恤琉球被难之人"，对日军士兵也以"远道艰苦"的名义做一点犒赏。如此，朝廷主动出钱赏赐而非被迫赔款，既保住了体面，也可以让日军从台湾离开有台阶可下。即所谓的"俾得踊跃回国，且出自我意，不由彼讨价还价，或稍得体，而非城下之盟可比，内不失圣朝包荒之度，外以示羁縻勿绝之心。"李鸿章还说，他自己知道这个建议"为清议所不许"，一定会遭到朝野清流们的攻击，但"海防非急切所能周备，事机无时日可以宕缓"，国家的海防建设短期很难有效果，台湾之事又不是可以长久拖延下去的问题。[27]

其次，与日本政府一样，清廷此时也有一种内忧外患之感。

内忧方面，主要是指年轻的同治皇帝经过一年左右的亲政，此时正准备磅礴释放自己的欲望，雄心勃勃筹划着要将权柄从总理衙门和地方督抚手里收回。具体表现为悍然下令重修圆明园，以及借军机泄密案等事由对大清官僚系统展开大整顿。直接参与对日交涉的奕䜣、李鸿章和沈葆桢，都被卷入了这场风波之中。

外患方面，日本固然忧虑在国际社会缺乏奥援，清廷的状况其实也好不了太多。整体而言，包括1870年天津教案在内的频繁的民教冲突，以及1873年的各国公使觐见事件，都让清廷很难对欧美各国抱有信任之感，事实上清廷也从未与任何一个欧美邦交之国建立起亲密的关系。欧美各国在这次中日交涉里，虽基本上都承认台湾是清廷的领土，但中日之间发生战争不符合各国利益，这种支持仍是有限度的。比如英国驻华公使威妥玛，既反对日军征台，也不希望清廷对日宣战。所以，他一面积极将日本政府的行动告知清廷，另一面又在中日谈判期间充当了大久保利通的斡旋者，前往总理衙门劝说清廷部分满足日本政府的无理索求。

众人坚信明治维新是乱源

日军自台湾撤离后，李鸿章给沈葆桢写了一封信。

内中提到，朝廷以抚恤的名义对日赔款"未免稍损国体，渐长寇志"，但这样做也是不得已。"若自启兵端，无论胜负，沿海沿江糜费，奚啻数千万"。以50万两白银解决争端，省下那数千万"陆续筹备海防"是更为划算的事情。

最后，李鸿章说，希望此事之后"忍小愤而图远略，抑亦当事诸公之用心欤？往不可谏，来犹可追，愿我君臣上下从此卧薪尝胆，力求自强之策，勿如总署前书所云，有事则急图补救，事过则仍事嬉娱耳！"[28]

透过这些文字，不难窥见日军侵台对李鸿章造成的刺激之深：清帝国数千里海岸线，竟无一支新式海军可用。相似的刺激也见于主持总理衙门的奕䜣。在1874年11月5日的奏折里，奕䜣说，自"庚申之变"以来，朝廷一直力求自强御侮，但"至今并无自强之实"，本年竟发生了日本侵台的屈辱事件，"若再不切实筹备，后果不堪设想"[29]。奕䜣呈递这道奏折的时间，是中日签订和约后的第五天。

另一位总理衙门大臣文祥，也在1874年底给朝廷的密奏里说，此次处理日军侵台事件，之所以选择和议而非开战，就是因为日本购有两艘铁甲船，而我大清的铁甲船购买一直没有进展：

> 夫日本，东洋一小国耳，新习西洋兵法，仅购铁甲船二只，竟敢借端发难。而沈葆桢及沿海疆臣等佥以铁甲船尚未购妥，不便与之决裂，是此次之迁就了事，实以制备未齐之故。若再因循泄沓，而不亟求整顿，一旦变生，更形棘手。[30]

此时，这位奕䜣的得力助手身体状况已相当糟糕，只剩下约一年半的寿命。文祥自己似乎也意识到人生大限即将到来。他在奏折里说，自己现在"精神益惫，病复增剧"，已无法前往总理衙门办公，但国势如此使人忧心，只要一息尚存，就不敢缄默不言。他希望朝廷速做决策，将之前想买却没买成的铁甲船、水炮台与相关军械，"赶紧筹款购买，无论如何为难，务须设法办妥"。

随后，朝廷下令让李鸿章、沈葆桢等沿江沿海省份的将军督抚共计15人，集体详议如何筹办海防事宜，限期一个月拿出结论。由此启动了晚清的第一次海防大讨论。

讨论的焦点集中于日本的潜在威胁。当时存在两种意见，一种认为日本的明治维新是一次失败的改革，必会导致日本国内生乱，然后这些乱民会重演明末的倭患。代表人物是文祥、刘坤一与丁日昌等人。文祥在给朝廷的奏折里说，"彼国近年改变旧制，大失人心。叛藩乱民一旦崩溃，则我沿海各口，岌岌堪虞。明季之倭患，可鉴前车"，如果日本出现叛乱，大清沿海各通商口岸就危险了。江西巡抚刘坤一则在给友人的书信中，将日本天皇比作赵武灵王，说据他听到的消息，明治改革下的日本已经"财尽民愁，亡可立待"，所以很担心日本亡国后中国会遭池鱼之殃，正所谓"第瘐狗将毙，难免肆毒于人"，疯狗死掉之前是要咬人的。[31]

江苏巡抚丁日昌，也对明治维新持否定态度，在给总理衙门的回函里，丁说"船械一切自强之具"很有必要效法洋人，但人心风俗仍要坚持大清模式，否则就会像"日本之更正朔易衣冠，为识者所窃笑也"。[32]福建巡抚王凯泰也说，明治维新在制度上倒向洋人，被洋人沉重盘剥，这是他们铤而走险侵略台湾的原因，日本迟早会因此灭亡，正所谓"改革旧章，一从西人；又重利盘剥之，贫困几不能支。于是铤而走险，兴兵扰台。论者谓其内乱将作，终必败亡"。但真正的危险不是日本灭亡，而是洋人兼并日本后会给中国造成肘腋之患。为避免这种结局，他建议清廷派使臣驻扎日本，联络拉拢讽谕开导，使其远离洋人亲近中国。[33]

第二种意见是明治维新大有成效，日本与欧美各国往来交好，志不在小。此说的代表人物是李鸿章。李的奏折似有含蓄修正文祥谬误的用意：

该国近年改变旧制，藩民不服，访闻初颇小斗，久亦相安。其变衣冠，易正朔，每为识者所讥，然如改习西洋兵法，仿造铁路、火车，添置电报、煤铁矿，自铸洋钱，于国民生计不无利益。并多派学生赴西国学习器艺，多借洋债，与英人暗结党援，其势日张，其志不小。故敢称雄东土，藐视中国，有窥犯台湾之举。[34]

李鸿章认为，欧美各国虽强，"尚在七万里以外"；日本却不同，它近在咫尺，时刻窥探大清虚实，"诚为中国永远之大患"。李的主张是：铁甲船、水炮台等先进武器要赶紧引进，当然也要慎重，不能花了大价钱买回一堆过时的旧货。同时应赶紧向海外派驻公使，如此既可以联络外交，也可以窥探敌情。李还追溯往事，说早在同治十年（1871），曾国藩与自己就请求过朝廷派使臣常驻日本，遗憾的是直到现在也没有落实。言下之意，是在含蓄责备朝廷因循守旧。

遗憾的是，李鸿章对日本与明治维新的这种看法，并不是1874年清帝国朝野的主流认知。朝堂之上大多数人更愿意相信明治维新是失败的，更愿意相信日本放弃中华正朔与华夏衣冠是一次灾难性的选择。民间知识界的认知倾向也是如此，比如浙江海宁人陈其元游历甚广，在1874年撰成《日本近事记》，将明治维新形容为一场"焚书变法"，说维新后的日本已是人心思乱，中国正宜选将练兵，趁日本尚未醒悟之机直捣长崎攻入东京：

往者日本国王不改姓者逾二千年，国中七十二岛，岛各有主，列为诸侯。自美加多（注：即天皇）篡国，废其前王，又削各岛主之权，岛主失柄而怀疑，遗民念旧而蓄愤，常望一旦有事，乘间蜂起。彼昏不悟，尚复构怨高丽，使国中改西服效西言，焚书变法，于是通国不便，人人思乱。今宜思管子攻瑕之说，乘中国寇平未久，宿将多存，劲旅未散，有事东洋，亦借以练习船炮，兴起人材……今中国海疆，自琼崖迄于辽碣，回环几二万里，若欲处处设防，中国劳费固已不支，而又未能保处处无虞也。诚选劲旅万人，径捣长崎，逼进倭都，则彼先已夺气，将撤兵自救之不暇，断无余力以犯我。兵法所谓批亢捣虚、形格势禁、攻其所必救也，夫是之谓以攻为防。[35]

这种"直捣长崎攻入东京"式的轻视与乐观，也影响到了同期的"塞防与海防之争"。

所谓"塞防与海防之争"，缘于日军侵台同期，清帝国的西北边疆也发生了领土危机。清廷财政有限，无法兼顾东南万里海疆与西北万里边疆。于是，究竟该以何者为先，就成了争论的焦点。原本的"海防大讨论"也顺势演变成"塞防与海防之争"。争论没有结果，因海防与塞防皆是迫在眉睫必须解决的问题，不存在暂时放弃或延迟处理某项危机的操作空间。但又必须有所选择，故清廷最后采纳了左宗棠和稀泥式的建议："东则海防、西则塞防，二者并重"[36]，实际上不过是哪里出事救哪里。于是，海防建设如李鸿章所担忧的那样，再度陷入了"有事则急图补救，事过则仍事嬉娱耳"的境况，且直接体现在了数据上：

1875—1884年10年间，西征和塞防军事支出白银达8000万两，占10年间整个国家财政支出的1/10。1875—1894年20年间，海防经费总共筹款约4200万两，其中一半以上用于北洋海军建设，约1000万两为宫廷所挪用，主要用于修建颐和园。[37]

第十五章　1875年：躁狂的年轻皇帝死了

在晚清的改革过程中，1875年是一个非常微妙的年份。首先是同治皇帝在这一年去世。去世之前他已亲政了约两年时间，在这短暂的亲政期内，同治皇帝对晚清改革的掌舵者奕䜣和参与改革的官僚集团，均表现出了相当大的敌意。其次是慈禧太后借着立幼主为帝，自后宫走入前朝，再次获得垂帘听政的权力。这位刚刚年满40岁的女强人，此时已谙熟各种传统权术，但她的见识还远不足以适应时代转型的需要。

这是改革前路命运难测的一年。

朕将皇位让给你恭亲王如何？

清帝国在1861年定年号为"同治"的含义，既是指两宫太后与恭亲王奕䜣共同辅政，也是指爱新觉罗皇室改弦更张，放弃了咸丰时代以高压整肃官僚集团的路线，要与内外满汉群臣共治天下，要"你好我好大家好"。

然而，随着同治皇帝载淳年岁渐长并于1873年正式亲政，群臣们发现皇帝其实并不喜欢"同治"这个词，也不喜欢与两宫太后、恭亲王和官僚集团共治天下。

1874年的重修圆明园风波，将年轻皇帝的这种心思表露无遗。

"庚申之变"中，圆明园被英法联军焚毁，这一直是爱新觉罗皇室最沉重的伤痛。同治年间，太平军、捻军俱被镇压，与欧美各国的关系也因总理衙门奉行条约外交而有所缓和，虽最高决策层仍时常因天津教案等突发事件而忧惧"庚申之变"重现，但在一般官员和普通知识分子眼中，清王朝已是一派"中兴气象"。1863年，太平天国行将溃灭之际，通政使王拯上奏说"此诚我国家运际中兴，千载一时之际会也"；1875年，又有陈弢收录朝臣奏章编辑成书，直接定名为《同治中兴京外奏议约编》[1]。与"中兴"的舆论大体同步，朝堂上也出现了重修圆明园的主张，比如1868年御史德泰上奏"请修理园庭以复旧制"。虽然该建议被恭亲王奕訢以"军务未平，民生困苦流离"[2]为由驳回，德泰本人也被革职，但也足见朝野内外已渐渐萌发出了自大心态。

年轻的同治皇帝似乎也觉得中兴之期已至。1873年亲政后，他便将重修圆明园的计划提上了日程。这年10月，同治皇帝以给两宫太后修筑颐养天年之所为由，颁布上谕重修圆明园。帝师李鸿藻一再谏阻，说这是"以有用之财，置无用之地"[3]。于是同治皇帝在11月17日再发上谕，说自己只是"择要重修"，并不是要全盘恢复圆明园的旧观，目的只是向两宫太后尽孝，且希望"王公以下京外大小官员量力报效捐修"[4]。所谓"择要重修"只是好听之词，实际涉及建筑多达3000余间。

皇帝的一意孤行，引来陕西道监察御史沈淮的反对。沈上奏说，国库空虚，水旱灾害频发，军务也尚有许多待办之事，此时绝非修圆明园的时机。同治帝读到奏折后"震怒，立召见，谕以大孝养志之义"[5]。为示圆明园必修的决心，同治帝于沈淮上奏的次日又下了一道谕旨，说现在国库确实空虚，水旱灾害确实频发，军务确实还有许多该办之事，自己也是个"躬行节俭"之人，绝不肯大兴土木增加天下负担，但两宫太后"亲裁大政十有余年"，现在要退下去，如果没有一个颐养天年的所在，"朕心实为悚仄"，心中是有恐惧与愧疚的。所以圆明园还是得修，但"不得过于华靡"[6]。

这道谕旨，在五天之后引来了福建道监察御史游百川的反对。同治帝大怒，又将游百川召来诘责。与沈淮不擅言辞不同，游百川面对皇帝的斥责仍能侃侃而谈，"廷净谔谔数百言，声震殿瓦"[7]。怒意难消的同治帝再次拟旨，痛斥游百川不能体察自己对两宫太后的孝心，实在是可恨至极。1874年3月，在载淳的一意孤行下，圆明园重修工程正式启动。内务府行文湖广四川等南方省份，要他们采办大型木材3000件运往京城使用。

就在所有人都觉得圆明园重修已成定局的时候，却发生了荒唐的"李光昭案"。

李光昭是一名广东商人，据说曾买了个候补知府的官衔，但始终没拿到部照。同治帝命各省采办木料的谕旨发下去之后，引起李光昭的注意。他试图做一回两头通吃的中间商，先是联络内务府说自己可以弄到一大批巨木，"价值数十万金"，愿砍伐后运往京城报效皇上。内务府向同治帝报告此事，同治帝遂下旨给了李光昭一堆特权，如沿途关卡免税放行、可与督抚会商事务等。李遂摇身一变，成了自称"奉旨采办"的钦差。搞定了皇帝，下一步自然是去搞定木材。李光昭没有经营木材的经验，他跑到湖北一番考察后，发现去深山砍伐巨木耗时费钱，没多少差价可赚。于是改变主意去了香港，以"圆明园监督代大清皇帝"的名义，与一名法国商人订立合同，向其购买5万余两白银的木材，商量好木材运到天津后再付款。另一头，李光昭却向内务府报告说这批木料价值30万两白银。结果，洋商履约将木料运到了天津，李光昭却没有筹集到足够的资金付款，被洋人告到北洋通商大臣李鸿章处。李细察合同后大惊，发现立约者竟是同治皇帝。李光昭与内务府勾结，一头骗朝廷一头骗洋人空手套白狼的把戏，随之曝光。[8]

1874年8月18日，李鸿章上奏报告"李光昭案"的调查情况。针对圆明园的不满舆论趁机再起。8月27日，恭亲王奕䜣、醇亲王奕譞、惇亲王奕誴、军机大臣文祥、大学士李鸿藻等十位王公重臣联名上奏，请求停止修建圆明园，这是同治帝亲政以来未曾见过的阵势。

拖延了两天后，经众人再三请求，同治帝终于召见奕䜣等人。

召见极不愉快。皇帝质问奕䜣等人："我停工如何？尔等尚有哓舌？"奕䜣回复说："臣等所奏尚多，不止停工一事，容臣宣诵。"随即开始念众人共同起草的奏折内容。同治帝大怒，喝问奕䜣："此位让尔如何？"言语激烈至此，以致本就有病在身的文祥"伏地一恸，喘息几绝"，不得不被人搀扶先行离开。奕䜣被怒斥后，换醇亲王奕譞出面"泣陈"，当奕譞说到皇帝不该频繁出宫"微行"时，载淳再次发飙，"坚问何从听闻"，坚持要奕譞说出消息来源拿出人证，否则就不能与他罢休。无可奈何，奕譞只好说出具体的时间与地点，同治帝"怫然语塞"没了话说。[9]

出宫"微行"之事被群臣指责，让同治帝极为恼火。数天后，他再次召见奕譞，欲逼问出究竟是谁泄露了他的"天机"。适逢当天奕譞外出至南苑验炮，只好转召奕䜣盘问。皇帝威胁称，若说不出消息源，就等于捏造言辞诽谤君王，奕䜣只好如实回复信息来自"臣子载澂"。载澂比载淳小两岁，二人曾多次结伴"微行"。[10]

9月9日，同治帝迫于压力发布上谕，停止圆明园工程，改为修缮三海。该上谕发布之前，皇帝另拟了一道朱谕给军机大臣文祥等人，其中列举了恭亲王的种种罪状，包括"目无君上，欺朕之幼，诸多跋扈，并种种奸弊不可尽言"，皇帝宣布革去奕䜣的亲王世袭罔替及所兼军机大臣等一切差使，降为不入八分辅国公，同时免去其子载澂的一切爵秩，交宗人府严议。显然，这是对奕䜣反对圆明园修复工程、载澂泄露皇帝"微行"天机的严厉报复；"欺朕之幼，诸多跋扈"一句，还显示年轻的皇帝对这位辅政亲王早已心生怨恨。文祥等人接到朱谕后大惊失色，回奏说"目无君上"等罪名，或许存在盛怒之下措辞过重的问题，希望皇帝冷静一天，"容臣等明日召见后请旨"，或由文祥等现在另拟一道谕旨"进呈御览"。同治帝对文祥的建议毫不考虑，写下了"文祥等所奏着不准行"的朱批。[11]

次日，朱谕下发。里面说："朕自去岁正月二十六日亲政以来，每逢召对恭亲王时，语言之间，诸多失仪，着加恩改为革去亲王世袭罔替，降为郡王，仍在军机大臣上行走，并载澂革去贝勒郡王衔，以示惩儆。"[12]较之文祥前一天看到的版本，过于激烈的言辞如"目无君上，欺朕之幼，诸多跋扈"等已经删去，改为只有当事人心知肚明的"语言之间，诸多失仪"。可知文祥的建议虽未被采纳，但多少仍对同治帝起到了一些影响。

再次日，同治帝又以"朋比谋为不轨"的罪名，将包括惇亲王、醇亲王、文祥、李鸿藻在内的十名力主停修的王公重臣尽行革职。

皇帝跋扈至如此程度，两宫太后终于不得不出面阻止，强迫同治帝停止对王公大臣的惩罚，下发新谕旨赏还奕䜣父子的爵位与职务。[13]至此，"圆明园重修风波"终于算是消停了下来。

据统计，此番风波之中，公开站出来反对重修圆明园者，"王公重臣有十人：惇王、恭王、醇王、伯王、景寿、奕劻、文祥、宝鋆、沈桂芬、李鸿藻。翰詹科道学政十二人：御史沈淮、游百川、陈彝、孙凤翔、邓承修、李宏谟、张景清，詹事袁保恒、王家璧，内阁学士谢维藩，侍讲宝廷，学政李文田。直接或间接起作用的地方总督巡抚有吴棠、李宗羲、李瀚章、李鸿章四人"。[14]

也就是说，在圆明园重修风波中，年轻皇帝载淳几乎站到了整个官僚集团中坚力量的对立面。

挨过揍的人要更靠谱一些

除了自我感觉良好觉得清帝国已步入复兴之期外，同治皇帝执着于重修圆明园，还有另一重目的，那就是摆脱慈禧太后的约束。

自6岁即位以来，载淳长期处于慈禧的严密保护与管教之下，很少能随心所欲。甚至于在同治帝1872年大婚之后，慈禧仍"阴使内监时时监视之"，对他很不放心。这种严格管教，也见于慈禧给帝师李鸿藻等人的懿旨，要他们在同治帝亲政之后"照常入直，尽心讲贯"[15]，继续按以前的办法给皇帝上课。慈禧的本意自然是将儿子培养成一位贤明的君王。故此，她常告诫同治帝"毋辄至宫中，致妨政务"，希望年轻皇帝不要将精力过多放在后宫之中。载淳血气方刚，又不能违忤母亲，只好搞消极抵抗，"于是终岁独宿乾清宫"。[16]

"终岁独宿乾清宫"其实也给了同治帝放纵自我的机会，让他可以瞒着慈禧太后出宫"微行"。据说，同治帝曾游历至湖南会馆，翻检涂抹了某举人的案头文章。又曾拿着金瓜子（是碎金的一种称谓，为帝王的御用赏赐之物），到琉璃厂购物。还曾在某酒肆之中遇到过总理衙门大臣毛昶熙，把后者吓了一大跳，赶紧让步军统领衙门派来卫士十余人贴身保护。[17]这些说法的具体情节未可视为真事，金瓜子云云更显出了演义成分。但载淳喜欢"微行"，甚至有眠花宿柳之举，在朝臣中实是不公开的秘密。除了奕䜣在重修圆明园风波中揭破过此事外，帝师翁同龢日记中也有记载。

比如1874年10月31日（也就是重修圆明园风波发生约两个月后），翁在日记里说，昨天有马车惊逸入神武门，一直飞驰到景运门，"然同坐车者中官小李（旁注：上乘轿），照旧当差莫问也"[18]。中官就是太监。翁这段日记是在含蓄地说皇帝又悄悄出宫了，回宫时太监所乘之车因马受惊出了意外，万幸皇帝坐在轿子里，才安然无恙。翁日记里还说，之前的十天里，皇帝也都没有进入书房读书，之后也是频繁的"无书房"（皇帝传旨今天不上课），翁整整有一个月没有去弘德殿给皇帝授读讲课[19]。出现这种现象的原因不言自明："为什么皇帝懒于读书？说白了就是经常夜间外出，弄得筋疲力尽，第二天哪有精神读书。学生放老师的假，老师无可奈何，只能干着急。"[20]

"微行"是偷偷摸摸之举，终究不如想干什么就干什么来得舒坦。所以，在1873—1874年，同治帝强烈希望耗费巨资重修圆明园，以之作为两宫太后的养老之所。当年，乾隆皇帝曾以尽孝的名义，将母亲安置在紫禁城外的绮春园。如今，同治皇帝也想要效仿先例，将慈禧太后安置在重修后的圆明园内。其目的既是"希望慈禧太后能一直热衷圆明园的重建，减少对国家事务的关注。通过将太后移至园林，从而掌控皇权"[21]，也是为了彻底挣脱慈禧以母爱之名构筑起来的牢笼。

对这种隐秘动机，慈禧太后与恭亲王奕䜣自然是洞若观火。慈禧爱子心切，在1873—1874年，似怀有一种乐见同治帝顺利实现亲政、展示乾纲独断的心态，故长期未就圆明园重修之事发表意见。奕䜣审时度势，也曾一度响应皇帝发出的"王公以下京外大小官员量力报效捐修"的号召，在1874年初带头捐献了第一笔白银共计2万两（后来又补捐了5000两）。随后，醇亲王等8名皇室成员也在1874年5月份捐献了5.6万两白银。再之后，帝师群体也捐助了银两，虽然数额颇小，也相当于表达了赞同的立场。[22]直到李鸿章借着"李光昭案"将"圆明园重修"再次推上舆论的风口浪尖，言官们冲锋在前，众王公大臣才又再次坚定立场，联名向同治帝施压。

同治帝在风波中的种种表现，可谓集轻狂与躁进于一身，冲动而不顾后果，决策被情绪严重左右。这足以提供一种理解：1874年的奕䜣与文祥等人并不希望慈禧太后全然退出政治舞台。之前的十余年里，慈禧太后已充分展示出了她在"维持大局"一事上的隐忍与得体，而年轻的同治帝显然还无法做到这一点。在1870年的"天津教案"里，他发出过"若得僧格林沁三数人把截海口，不难尽歼此辈（法国人）"的妄言[23]；在1873年的"公使觐见"中，他又对洋人立身不跪一事始终耿耿于怀，以致在"圆明园重修风波"中仍拿当日之事来质问反对者："当洋人求觐之时，汝何不奏请止其觐见乎？"[24]略言之，对慈禧与奕䜣而言，"庚申之变"是刻骨铭心的沉痛往事，他们见识过英法联军摧枯拉朽的力量；但年轻的同治帝很难感同身受（他当时年仅4岁），他念兹在兹的是要将洋人尽数歼灭。

在帝师李鸿藻看来，同治帝种种政治上的不成熟，与他只热衷"游观"而不愿为清帝国的命运担起责任有直接关系。所以在1874年的一份奏折里，李鸿藻劝谏说：前几年皇帝来弘德殿"读书看折"，是一种"孜孜讨究"的态度，如今却是"每月书房不过数次"，且来去匆匆，可谓有读书之名而无读书之实。他希望年轻皇帝将精力放到学问中来：

> 夫学问与政事相为表里，于学问多一分讲求，即于政事增一分识见，二者不可偏废也。伏愿我皇上懔遵皇太后懿旨，每日办事之后，仍到书房认真讨论。[25]

李鸿藻这份奏折，显示他将约束同治帝的期望仍放在慈禧太后身上。辅政的恭亲王与诸位帝师都拿年轻皇帝的任性胡为毫无办法，只有慈禧太后才能管住皇帝的轻狂躁进。这一点，也在"圆明园重修风波"即将失控之际得到了事实的证明。

谁也没有想到，年纪轻轻生龙活虎的同治帝很快就去世了。

同治帝发病是在1874年11月底，去世是在1875年1月中旬，时间很短，近乎暴毙。官方文档说他死于天花，民间长期传言死于梅毒。就史料对勘的结果而言，同治帝确实死于天花无疑。毕竟，第一历史档案馆所藏《万岁爷进药用药底簿》经医家鉴定，确实是治疗天花的药方[26]。帝师翁同龢的私人日记里所载病情症状与所录药方，也有与天花相合之处[27]。但民间流传的梅毒说，也非是毫无根据的揣测。同治帝确实经常偷溜出宫，有感染梅毒的可能。御医李德立是皇帝的主治医生之一，据其曾孙回忆，李德立生前曾告诉家人，同治帝是染有梅毒的：

> 五十年前我的祖父在世时，我为此疑案当面问过他，他说，"同治确实是死于梅毒"。据祖父面告，曾祖父奉诏入养心殿请脉之初，已经看出是梅毒之症。为了慎重起见，曾约一位有名外科御医张本仁会诊，一致肯定是梅毒大疮。自忖若奏明载淳生母慈禧，她通晓医道，喜怒无常，如若一时火起，指责有辱九五之尊，必遭杀身之祸。倘若知情不报隐瞒病情，又怕责任重大，最终

难免治罪，真是左右为难，经与右院判庄守和商议，认为反正是治不好的病，何况这是自古以来少见的帝王之绝症，难告于天下，不如装糊涂吧。既然宫中都说天子出水痘，就照天花来治。好在皇室近臣对天子微服寻花问柳，都睁一眼闭一眼，讳而不言，自己又何必戳穿，自讨苦吃呢。[28]

第一种可以有效治疗梅毒的药物砷凡纳明（Salvarsan，一种有机砷化合物），要到1910年才由欧洲医学界发明。对1874—1875年的清廷御医来说，梅毒确实是一种让人束手无策的疾病。翁同龢日记中记载的同治帝的某些症状，如"腰间、臀部肿处两孔皆流脓，而根盘甚大"等，与"杨梅大疮"的症状似也很难做明确的区分。对御医们来说，站在自保立场，与其诊断称皇帝得了梅毒并将之记入药方，确实不如不说也不做记录为妙。对皇室来说，梅毒之症既然无法治愈，为保住皇权的体面，也只能对外宣称皇帝得的是天花。不过，档案里治疗天花的药方毕竟难以否定，梅毒也未必会在短短一两个月内即致人死亡（不少人患病后还可存活多年）。有学者据此认为，"同治皇帝之死，起因天花，终于梅毒"[29]，他频繁出宫"微行"，有可能同时感染了天花与梅毒，两种疾病合力加速了同治帝的死亡。

大转型时代最需要的是见识

1875年1月12日，太阳方落之际[30]，同治皇帝载淳去世。当晚8时，慈禧宣布将醇王奕谖次子载湉过继给咸丰以继承皇位，也就是后来的光绪皇帝。载湉时年仅4岁。这项有条不紊的安排，显示慈禧太后早已接受了载淳不治这个事实。

翁同龢在日记中，记录下了当天的决策情形：

> 戌正，太后召诸臣入，谕云此后垂帘如何？枢臣中有言宗社为重，请择贤而立，然后恳乞垂帘。谕曰："文宗无次子，今遭此变，若承嗣年长者实不愿，须幼者乃可教。现在一语即定，永无更移，我二人同一心，汝等敬听。"则即宣曰某。维时醇郡王惊遽敬唯碰头痛哭，昏迷伏地，掖之不能起。[31]

据这段日记可以知道，立年仅4岁的载湉为帝是慈禧与慈安二人的独断决定，并未与奕䜣、奕谖及军机大臣商议妥当。故慈禧询问"此后垂帘如何"时，有"枢臣"站出来主张"择贤而立"，显见该"枢臣"（一般认为即是指奕䜣）与慈禧之间尚无共识（可能连碰头会议也没有开）。随后，慈禧即以"若承嗣年长者实不愿，须幼者乃可教育"为由，决定立载湉为帝。

"若承嗣年长者实不愿，须幼者乃可教育"一句，通常被解读为慈禧贪恋权力，不愿垂帘听政过早结束。这自然是有道理的。不过这句话也还存有另一层意味深长的含义——它直接指向了恭亲王奕䜣及其子载澂。载澂时年16岁，正是适合继位的"年长者"。

如前文所言，同治帝有微服游观、寻花问柳的癖好，其染疾身亡与这种癖好有直接关系。在1874年的"圆明园重修风波"中，同治帝的癖好在朝堂上被揭发，人证之一就是载澂——载澂自幼在弘德殿给同治帝做伴读，曾因与皇帝共演"亵剧"而被奕䜣施以囚禁的处罚。同治皇帝成年后，时常召载澂一同出宫游玩。这也是奕䜣能自载澂处得知同治皇帝"微服"的原因。[32]慈禧此时说出"若承嗣年长者实不愿，须幼者乃可教育"这样的话，实际上是在责难奕䜣，不点名批评载澂这类"年长者"已与同治皇帝一样彻底学坏无可挽救，只有载湉这种犹如白纸的幼童，才具备被教育成一代圣君的潜力。

慈禧以载澂不学好为由，一次性否决了皇室近支里与同治皇帝同辈的所有"年长者"。奕䜣虽主张立贤，却无法为自己的儿子载澂辩护，自然也就没有了立场再来挑战慈禧的决定。

有同治皇帝的教训在前，慈禧对光绪皇帝载湉的教育确实格外慎重。她先是将曾与同治一起"微服冶游"的侍讲王庆祺革职永不叙用，又将新皇帝身边的服侍者全部换成"老成质朴"的中老年人，理由是青年人"年少轻佻"会带坏皇帝；同时还整顿太监系统，将一大批服侍过同治的太监或发往黑龙江为奴，或送去宫外铡草。在帝师的选择和学业的监管上，更是严之又严。[33]遗憾的是，这种严厉管控，并没有让光绪对慈禧产生真正的母子之情，反造成了一种无法逾越的感情裂缝，这裂缝又深刻影响了晚清最后20年的历史走向。此乃后话，这里不再展开。

1875年2月25日，光绪皇帝正式即位。清廷再度回到慈禧垂帘、奕䜣辅政的时代。与1861年不同的是，此时的奕䜣已没有议政王的头衔（1865年被慈禧剥夺），他是靠着与慈安太后、文祥及曾、左、李等地方督抚之间的亲密关系，靠着处理洋务的经验与能力，才得以继续执掌军机处和总理衙门，成为清廷改革的掌舵者。他与慈禧之间的关系早已由"双头体制"变成"一线二线"。慈禧是最终决策者，奕䜣是信息的处理者和政策的执行者。1872年，曾国藩去世；1876年，文祥去世；1881年，慈安太后去世。奕䜣的支持者日渐凋零，他与慈禧之间权力天平的失衡越来越大，晚清改革的舵手，也正由奕䜣急速过渡至慈禧太后。

李鸿章在1873年说过，清廷所处的环境是"数千年一大变局"[34]。应对这样的变局，需要权谋，但更需要的是见识。站在1900年的历史关口回看1875年，结论无疑是悲观的。同治皇帝的能力与担当，均不足以应对清廷当时面对的局势。就时代转型而言，他的去世并不值得惋惜。可是，清廷随后急速迈入慈禧时代，也并非幸事——慈禧太后是一位典型的权术有余而见识不足的统治者，"同治中兴"是她的权术所能企及的极限高度。至于引领时代走出变局，已远非她浅陋的见识所能完成。

慈禧太后的知识结构存在很严重的问题。

一方面，毋庸置疑，垂帘多年，慈禧于高层权力斗争颇具心得。早在听政之初，慈禧即晓谕大臣，将历代帝王政治及垂帘事迹汇纂成一部《治平宝鉴》进呈，由大臣轮班为自己讲解。这部"帝王术"，选录汉、唐以来帝王政治及母后临朝事迹，共计108人，每人1条至23条不等，总计314条[35]。精深的"帝王术"造诣，是慈禧在晚清历次高层权斗中屹立不倒的重要倚仗。

另一方面，慈禧又严重缺乏近代科学常识、文化常识与政治常识。

科学常识欠缺的典型例子，是她在庚子年深信"神术"可以抵御八国联军。电视剧《走向共和》里有一段情节，是义和团大师兄们在慈禧面前表演各种"神术"，慈禧赏过他们之后转身即对左右解释："刚才看到的那些个鬼把戏，全是假的，骗不了我。可那一条条精壮的汉子是真的，若是不能善加利用可不得了，那可就是洪水猛兽啊。"[36]这段剧情，其实高估了慈禧的认知能力。因地方督抚一再责备朝廷走上了"邪术保国"的歧路，慈禧确曾在1900年6月下达过一份谕旨，说自己之所以要重用义和团里那一条条精壮的汉子，是因为当时京城的义和团已多达十数万之众，若采取剿灭政策，恐将其激反酿成心腹之祸[37]，希望地方督抚能谅解这一万不得已的苦衷。这道谕旨，大约正是《走向共和》中那段慈禧台词的史料来源。

其实，该谕旨只是慈禧特殊情势下的一种自我辩解，并不足以证明她不信"邪术"[38]。反倒是1900年7月16日慈禧下达的另两道谕旨，非常明确地证实她确实干过"邪术保国"之事。

第一道谕旨由军机大臣寄给直隶总督裕禄："光绪二十六年六月二十日奉上谕：现在天津事机紧迫，闻五台山南山极乐寺住持僧普济，戒律精严，深通佛法。该僧现尚在津。着裕禄传旨，谕令该僧联络义和团民，设法堵击，毋令夷逆北窜，是为切要，将此由六百里谕令知之。钦此，遵旨寄信前来。"[39]第二道谕旨系"军机大臣面奉"，也就是当面下达给军机大臣，接旨者是五台山的一位和尚："谕旨五台山南山极乐寺住持僧普济，戒律精严，深通佛法。现在天津事机紧迫，所到夷船甚多，该僧素善修持，心存报国，着即联属义和团民，设法御击剿办，灭此凶夷，毋任肆扰，荼毒生灵，实为厚望。钦此。"[40]

慈禧之所以急命"深通佛法"的僧人前往堵击、剿办八国联军，是为了弥补义和团的神术失效。据《庚子传信录》记载，拳民进攻东交民巷使馆区受挫后，6月20日，大学士启秀奏请："使臣不除必有后患，五台僧普济有六甲神兵，请召之会攻。"[41]普济和尚俗名李向善，乃清末民间秘密宗教"九宫道"的道首。李向善自称弥勒佛转世，怀有"神法"。他与慈禧是否有过直接交往已无法考证。有学者认为，依据"九宫道"遗留下来的材料，1892年，慈禧曾赐五台山极乐寺匾题"真如自在"四字，并敕封李向善为"极乐寺丛林普济师"。也有学者认为，李向善当年的影响力已扩张至京城，世袭承恩公头等侍卫志钧、大学士启秀等，都是李的信徒，但"真如自在"四字恐非慈禧正式的赏赐，可能是"经由志钧之手"间接取得。[42]

普济最后有没有奉旨前去用"神法"抵御八国联军？尚无足够的材料可以说明。据庚子年任职军机处的高树讲，"尚书启秀函请五台山僧普净来京攻西什库教堂，僧言关圣降神附其身，携青龙刀一柄，《春秋》一部，骑赤兔马往攻，入阵便中炮亡，惟马逃归"。[43]其胞弟高栒的日记、陈恒庆的《清季野闻》，也有相似记载。[44]此"普净"与谕旨中的"普济"是何关系？有人推断认为，普济奉诏后"他自己没有留住京师，只派一道首诡称能关圣附体……"，这个被推出来作炮灰的"道首"就是普净。也有意见称，"普济似未奉旨参与天津战事"，普济"在1900年来过北京之说则纯属子虚乌有的事"。[45]

不管最后的执行情况如何，李向善的"神法"在庚子年受到慈禧的青睐，这一点是有谕旨可证的。慈禧青睐九宫道的"神法"，也相信义和团的"神功"。正如孔祥吉所言："不能简单地说慈禧只是企图'利用'义和团。清宫档案中有许多资料说明，慈禧对义和团的某些'教义''法术'是深信不疑的。"[46]科学日益昌明，是19世纪世界历史潮流的一个重要部分，很显然慈禧没有注意到这股潮流，更没有接近过这股潮流。身为最高决策者，她对"六丁六甲神兵"的迷信，与当时的普通乡野老太并无区别。

文化常识欠缺的典型例子，是慈禧始终觉得外国传教士会挖人眼球。裕庚之女德龄曾随父在欧洲生活，1903年回国后充任慈禧的贴身女官。据她回忆，慈禧相信李莲英的说法："李莲英说外国教士有一种药，给中国人吃了，中国人就会自愿信他们的教。于是他们再假意叫中国人仔细想想：说他们是不愿意强迫人家违反自己意思而信教的。教士还要拐走中国的小孩，把他们的眼睛挖出来做药。"德龄告诉慈禧，这些都是造谣："我曾碰到许多教士，他们心肠都很慈悲，愿意做各种事情来帮助穷苦的中国人，我又告诉她，他们怎样救济孤儿……"慈禧无法反驳德龄的话，但她仍表示不解："不过这些教士，为什么不在自己国里帮着自己的百姓呢？"[47]

教案与晚清最后的五十年纠葛极深，慈禧对传教士的认知却长期停滞在这种程度，竟让李莲英这样的人物成了她的信息来源，可见她早已深陷在自己一手构筑的"信息茧房"（或谓"信息舒适区"）里，知识结构久已不再更新。

政治常识欠缺的典型例子，是慈禧无法理解种种近代政治常识，比如"立宪"。这当然也正是知识不再更新的必然结果。无论是证之学理，或是验之史实，"立宪"的核心内容必然是"限制君权，扩张民权"。但慈禧在清末新政之中却相信了载泽的谬论，认定"君主立宪"的核心是削夺地方督抚们的权力，进而"巩固君权"。载泽于1906年8月23日进呈密折，慈禧9月1日即宣布"预备立宪"。[48]待到慈禧发觉"自己所理解的立宪"，与"地方督抚们所理解的立宪"完全是南辕北辙的两码事时，中央与地方之间的冲突已一发不可收拾。故而，1907年召见自日本留学归来的曹汝霖时，心存疑惑的慈禧特意询问曹，要他说一说"日本立宪"的真实状况是怎样的。曹告诉慈禧，立宪之后"上下都应照宪法行事""人民有选举权""总理大臣有一切行政权柄"……如此种种，与慈禧之前的认知完全不同。据曹回忆："太后听了，若有所思，半晌不语。"[49] 半天不说话，大概是曹的回答给了慈禧很大的冲击。这种冲击，最后演变成了悔恨。担任晚清宫廷史官十余年之久的恽毓鼎，在日记中披露说，1908年11月15日，慈禧于病危弥留之际，"忽叹曰：不当允彼等立宪。少顷又曰：误矣！毕竟不当立宪。"[50]

其实，早在1869年，曾国藩就已隐约觉察到清廷的改革缺乏一个合格的领袖人物。那年，他依据之前在京城的各种近距离接触，给了慈禧一句评价："才地平常，见面无一要语。"也给了奕䜣一句评价："极聪明，而晃荡不能立足。"[51] 前者说的，大约是慈禧并不了解时代之要务何在，故召见曾国藩问话，却问不出什么有实际价值的问题；后者说的，大约是奕䜣的权力基础不稳固，政治地位始终处于摇摆不定的状态，政策自然也就很难有什么延续性可言。

有见识者权力基础不稳固，权力基础稳固者无见识，这是晚清改革最深的痼疾。

第十六章　1876年：首次向欧美派驻外交官

1876年，马克·吐温出版了《汤姆·索亚历险记》，亚历山大·贝尔为电话这一发明申请了专利，英国的"挑战者号"（HMS Challenger）军舰完成了近7万海里、1600余天的科学考察，带着超过4000种新物种信息回到了南安普敦。

本年，清廷终于决定向欧美国家派驻外交官。

结束漫长的盲人摸象时代

郭嵩焘被清廷选中派往英国，成为首位驻外公使，是多重因素同时汇聚到一起后的结果。

其中最直接的因素，是1875年发生的马嘉理案。该年2月，英国驻华使馆翻译马嘉理（Augustus Raymond Margary）持总理衙门护照，与英属缅甸方面派出的150名英军官兵和15名探测队队员在缅甸八莫会合后，北上云南"考察"。云南地方官事先未接到与此事有关的通知，探险队在腾越地区与当地军民发生冲突，马嘉理和他的4名中国随员被击毙，探险队亦退回缅甸。[1]

英国驻华公使威妥玛是名中国通，既了解清廷的实力，也熟悉清廷政治运作的逻辑。他在交涉"马嘉理案"期间，始终牢牢把握主动权，不断针对清廷要害出击。比如，威妥玛深知清廷在外交冲突中必欲维护地方大员的体面，视之为"朝廷体制"（不能让地方督抚对中枢寒心），故坚持要求总理衙门将云南巡抚岑毓英召来京城对质，且在无依据的情况下将岑毓英说成"马嘉理案"的幕后主使。果不其然，总理衙门以不处分岑毓英为中英交涉的底线，宁可在其他方面多做让步，也绝不愿将岑召来京城（洞悉威妥玛用心的李鸿章多次建议总理衙门召岑来京居住，未被采纳）。那些其他方面的让步，恰是威妥玛希望在谈判中达成的目标。[2]

再如，威妥玛深知慈禧太后与总理衙门众人皆对"庚申之变"怀有忧惧，担心旧事重演，故谈判期间屡次以降旗离京的方式对清廷实施武力恫吓，还在给英国外交部的电报中说"调动军队的谣言是有好处的"。这种军事恫吓虚实难辨。清廷虽掌握到一些信息，知晓英国正深陷巴尔干半岛危机[3]，仍不得不在衡量自身实力后，以一种"宁可信其有"的心态，接受了威妥玛的武力讹诈。

"马嘉理案"最后以清廷与英国签订《烟台条约》了结。威妥玛不但实现了惩凶、赔款、道歉等要求，还得到了云南将来可开放通商、设立两国会审衙门、通商口岸不得抽收洋货厘金等额外利益。条约还规定，待案件交涉完全了结，清廷须效仿当年的天津教案派崇厚率使团去法国道歉的先例，也派一支使团去英国道歉。

既然要派使团去英国道歉，那就不妨让使团留在英国，成为清廷正式的驻英外交官——这是海关总税务司赫德的建议。身为服务于清廷的英国人，赫德在"马嘉理案"期间给清廷提供了许多帮助，包括充当总理衙门和威妥玛之间的缓冲带和调停人，包括建议将谈判工作转交给更有经验的李鸿章，也包括"奏派郭嵩焘大臣出使英国"，也就是向清廷建议派郭嵩焘出使英国，成为常驻海外的外交官。[4]

其实，自1861年进京任职以来，赫德一直是呼吁清廷对外派驻公使最卖力的人。在赫德看来，清廷处在一个频繁与世界发生交流和冲突的时代，没有常驻海外的使节实在是不可理喻之事。它直接导致清廷在对外交涉中长期处于盲人摸象的状态，既抓不住对自己有利的机会，也得不到最紧要的情报，结果只能是不断发生外交灾难。赫德的呼吁在1865年有过一点效果，总理衙门大臣文祥告诉赫德，他希望自己能成为钦差出使英国一个月，看看这个国家到底是什么样子，赫德极为赞同[5]。但清廷顾虑到跪拜礼之类的"体制问题"，不肯派文祥这样的重臣出国，最后随赫德去欧洲游历的只是身份低微、年逾六十的小官员斌椿。这之后，赫德又参与推动了1868年的"蒲安臣使团出访欧美"[6]。遗憾的是，赫德的呼吁成效也仅止于此。

事后复盘，没有驻外使节的危害，可以说是不胜枚举。

比如，蒲安臣代表清廷出使欧美时，曾努力向各国推销"对华合作政策"[7]。但清廷没有驻外使节，无从了解"合作政策"在欧美各国的被接受程度，也就无法知晓和衡量该政策在外交上对清廷有何价值。于是便直接导致蒲安臣觉得自己在欧洲的外交努力很成功，可是这种成功在清帝国内部竟未激起半点涟漪，没有任何人知晓这种成功的存在，也没有任何人想到可以利用蒲安臣留下的外交成果。

再比如，因为没有驻日公使，清廷在1874年对日本侵略台湾的计划可说是几乎毫无情报。若非威妥玛等欧美国家驻华使节给总理衙门通风报信，也许总理衙门得等到日军侵占了台湾才会得到消息。

再比如，英国自19世纪60年代开始奉行"光荣孤立"的外交策略，"其基本原则是为了国家利益，最好的方法是避免与其他欧洲国家结盟或发生冲突"，以集中力量扩张英国在世界上的利益为核心目标[8]。该策略在"马嘉理案"中被应用于中国，其突出表现是：英国驻华公使威妥玛拒绝考虑其他国家的意见；其他国家如俄、德、法、美、西班牙等国的公使，也采取集体行动照会总理衙门，拒绝以代表英国意志的《烟台条约》为基础来讨论问题。[9]对这种现象，因为没有派驻英国的公使，没有来自伦敦的关于英国外交政策的第一手情报，清廷始终知其然而不知其所以然。交涉中没有了情报支持，基本等于两眼一抹黑。当清廷只能依赖对威妥玛个人的察言观色来做决策时，威妥玛的种种讹诈自然而然也就生效了。

同样也不难想象，在1875年，总理衙门对时任英国首相的本杰明·迪斯雷利（Benjamin Disraeli）也毫无所知，对他那拓展大英帝国势力边界的浓厚兴趣更不会有任何了解。他们不会知道，将埃及变成英国的保护国，占领塞浦路斯，让英国女王加冕为印度女皇，进军南非和阿富汗，这种种行动都与迪斯雷利有直接关系。他们同样不会知道，英国扩张势力边界的行动，已与俄国产生了非常直接的利益冲突。正因为全不知道，所以当赫德于该年6月前往总理衙门，向文祥、沈桂芬等人提议"中英结盟"时，文祥只是将眼光牢牢锁死在马嘉理案的交涉上，完全看不到在更广阔的世界局势下，中英两国存在许多共同利益。如果双方就此展开"合作"，马嘉理案的冲突其实不值一提。当然了，赫德的"中英结盟"构想不保证必然成功，但在1875年，中英两国确有合作的可能。赫德不是天真派，他是个大胆而务实的人。[10]

当然，总理衙门自1861年开始办理对外交涉事务，至此已有整整15个年头，再如何愚钝，也必然能够感受到没有驻外使节造成的种种不便。远的不说，单就1874年日军侵台一事而言，如果清廷在日本驻有使节，便无须将给日本政府的照会托付给顺道去日本的外国人转递，导致该照会在途中走了近一个月的时间，日本政府也不会有拖延回复静等生米煮成熟饭的机会。

好在，同治皇帝终于在1873年不情不愿地放弃了跪拜礼，不再坚持要欧美各国驻华公使对大清皇帝三跪九叩，总理衙门对外派驻使节最大的"制度障碍"终于消失了。于是，在1875年6月，清廷颁布命令给王公大臣，要他们"保举熟悉洋情边防之员，兼备出使简用"[11]，正式将筹设驻海外使领馆一事提上了日程。稍后，因马嘉理案须派大员携国书前往英国道歉[12]，总理衙门又加快了筹备步伐，于8月28日决定派郭嵩焘、许钤身（后因威妥玛反对，改为刘锡鸿）为出使英国的正、副使臣，向英国政府致歉后即常驻英国。赫德收到消息后，立即拟写了一份备忘录送至总理衙门，主要内容是告诉清廷，在英国设立一座使馆，需要哪些基础消耗和日常花费，需要配置哪些职员和设备。[13]

总理衙门选定郭嵩焘为驻英公使前，曾秘密咨询过李鸿章的意见，要他评估一下郭是否堪当此任。李鸿章不愿就此表达意见，选择了沉默。因为他知道朝中官员鲜少有人愿意出任驻外使节，郭嵩焘也不例外。朝廷的任命下达三天后，李给郭嵩焘写信说："暮年作此远游，诚知非执事所乐为，是以总署先缄商敝处，不敢妄有论列。"[14]所谓暮年，指的是郭嵩焘此时已年近60岁；所谓"不敢妄有论列"，指的是李知道郭不愿暮年远游，所以一直拖着未向朝廷反馈意见。当然，李鸿章的沉默不会改变任何事情，因为慈禧太后与恭亲王奕䜣的意见最重要。早在1875年2月份，郭嵩焘就已蒙慈禧太后及光绪皇帝（4岁）召见；奕䜣也曾在军机处内当着郭的面，反复对沈桂芬和宝鋆二人盛赞郭深通洋务[15]。

1875年底，郭嵩焘奉命北上，被朝廷任命为"署理兵部侍郎"，在总理衙门行走。这一安排，既是为了让郭在1876年出使时有一个合适的身份，也是为了让他可以近距离了解洋务交涉之事。

18年前，也就是1858年，英法联军攻陷大沽炮台兵临城下，73岁的瓜尔佳·桂良同英国代表额尔金签订了《天津条约》，"在没有皇帝批准的情况下做出了允许外国公使驻京这一撼动体制的让步"[16]。从那时起，欧美各国驻华使节纷至沓来。但清廷自己，却用掉了整整一代人的时间，才由桂良的女婿恭亲王奕䜣下定决心向海外派遣常驻使节，以实现外交转型，结束那漫长的盲人摸象时代。

未出国门已是人神共愤

在北京等待行期确定的日子里，郭嵩焘越来越无意出使英国。

早在任命之初，就有舆论讽刺他，说此行去向蛮夷致歉，实在是自取其辱。稍后，郭奉命北上暂在总理衙门任职，上奏批评云南巡抚岑毓英，说他"不谙事理"，不懂如何办理洋务，只知一味将马嘉理等人的死亡推给"野人"（与1867年美国"罗佛号"事件中福建官员将责任推给台湾"生番"是同样的路数），确实该为马嘉理案的扩大化负重要责任。[17]这道奏折又捅了舆论的马蜂窝，引来骂声一片。

郭的本意有三：一是岑毓英处理失当，本是事实，李鸿章等人也持相似看法。二是威妥玛觑准清廷为了"维护体制"，必不会惩罚岑毓英，故刻意纠缠，指控岑是马嘉理案的主谋，要求清廷必须将其召来北京对质，拿这个作为谈判筹码以谋求更多利益。郭嵩焘希望朝廷通过处分岑来挫败威妥玛的阴谋。三是以失职这一轻微指控，来应对威妥玛更严厉的指控，对岑毓英而言，未尝不是一种从事件中安全脱身的办法。[18]但对朝野士大夫们来说，这些考量都不重要，也不值得细思，"谁主张处罚岑毓英谁就是汉奸"，才是当时的主流思维方式。

于是，不但素不相识者恨起了郭嵩焘，平日与郭交好的朋友也开始以一种别样的眼光看他。王闿运说他"可惜矣"[19]；李慈铭说他"徒重辱国而已"[20]；刘坤一则感叹"事事依附英人……令名之不终，未始不由自取"[21]，说他名声在晚年臭掉实在是咎由自取。建议不被采纳，舆论又汹汹而来，郭嵩焘只能感慨：

今时督抚一劾便动，独一谋杀洋人，即微过亦不肯以加之，而又无辞以折服洋人。人才如此，求无误国病民不可得矣。[22]

1876年初，郭又在总理衙门目睹了英国公使威妥玛的嚣张气焰，与之谈判的总理衙门诸公只是"相与唯唯而已"。这情形让郭深感泄气："与洋人交涉，不求所以自处，而安坐以听洋人之挟持，念此为之气短。而士大夫相与蚩蚩，横生议论。朝无大臣，遂使群口嚣然。"[23] 由于朝野士大夫死活不愿意去了解洋人，于是一有对外交涉，局面就成自己毫无自处之道，落一个背后骂洋人、当面被洋人骂的窘境。

如此种种，让郭意兴阑珊，有意借病隐退。他在给慈禧和光绪的奏折里说自己患有"气逆"之症，已经到了"起坐举动辄至昏眩"[24]的地步，请求准许辞去差事回籍休养。但文祥等总理衙门大臣很清楚，放走了郭嵩焘，恐怕再也找不到愿意出使之人，所以只准许郭在京城休假一个月。假期结束，郭又给慈禧和光绪写奏折，说自己"疾病昏眩，已有不能支持之势"，"病势万难出洋"[25]，仍请准许回籍调治。朝廷的回复仍是让他带病销假，留在京城休养。第三次上奏推辞出洋时，郭嵩焘洋洋洒洒写了数千字，大发牢骚说，朝廷办理洋务30年，中外诸臣还在玩南宋以来的那套老把戏，搞什么"以和为辱，以战为高"[26]，谁主张与洋人讲和谁就是汉奸，谁高喊与洋人决战谁就最爱国，实在是不可理喻。

这种辞差事与不许辞差事的拉锯，在1876年持续了长达半年之久。对郭嵩焘一意推辞出洋的心境，胞弟郭崑焘是这样理解的：

> 家兄之决计乞退，实因洋务无可办法，又无可与言者，却非避出使之艰难。[27]

所谓"洋务无可办法"，指的是郭的主张并不能得到朝廷的认同；即便得到认同，总理衙门也无力将之实现。所谓"无可与言者"，既是指郭被士大夫们舆论攻击，也是指对郭嵩焘有知遇之恩的总理衙门大臣文祥恰于1876年5月病故。接替文祥与郭沟通的沈桂芬，在郭眼里只是一个"居心险狠"的小人，在沟通中让郭深感"侮弄"。[28]

为了稳住郭嵩焘，1876年9月6日，慈禧太后在紫禁城东暖阁召见了郭。二人先是聊了一番马嘉理案的处理情况，然后进入安抚性对话：

慈禧问：赫德替中国办事，尚有心腹否？

郭嵩焘答：赫德是极有心计的人，在中国办事亦是十分出力。然却是英吉利人民，岂能不关顾本国？臣往尝问之：君自问帮中国，抑帮英国？赫德言：我于此都不敢偏袒，譬如骑马，偏东偏西便坐不住，我只是两边调停。臣问：无事时可以中立，有事不能中立，将奈何？赫德笑言：我固是英国人也。可见他心事是不能不帮护英国。

问：威妥玛、梅辉立两人本领如何？

答：威妥玛负气，却是阳分人；梅辉立更是深沉。

问：汝病势如何？

答：臣本多病。今年近六十，头昏心忡，日觉不支，其势不能出洋，自以受恩深重不敢辞。及见滇案反覆多端，臣亦病势日深，恐徒使任过，辜负大恩，不敢不先辞。

问：此时万不可辞。国家艰难，须是一力任之。我原知汝平昔公忠体国，此事实亦无人任得。汝须为国家任此艰苦。

又顾柏王²⁹**言**：他于此实是明白，又肯任劳任怨，实亦寻他几个不出。

又谕云：旁人说汝闲话，你不要管他。他们局外人，随便瞎说，全不顾事理。你看此时兵饷两绌，何能复开边衅？你只一味替国家办事，不要顾别人闲说，横直皇上总知道你的心事。

因叩头：承太后天谕，臣不敢不凛遵。

又谕：总理衙门哪一个不挨骂？一进总理衙门，便招惹许多言语。如今李鸿章在烟台，岂不亏了他，亦被众人说得不像样。

答：李鸿章为国宣劳，一切担当得起，此岂可轻议。

曰：然。

谕：这出洋本是极苦差事，却是别人都不能任。况是已前派定，此时若换别人，又恐招出洋人多少议论。你须是为国家任此一番艰难。

慈安太后亦云：这艰苦须是你任（郭嵩焘旁注：往时召对，慈安太后不甚发言。此次引申慈禧太后之旨至五六次，大率此类也）。

问：汝在南边到过几处？

答：自广东北至直隶各海口，臣皆普遍走过一回。

柏王奏言： 曾从奴才父亲办过天津军务。

问： 可是咸丰年间？

答： 咸丰九年。

问： 汝在南书房几年？

答： 只一年余。

谕： 尔须天天上总理衙门。此时烟台正办着事件，时常有事商量。你必得常到。

又问： 现在服药否？

答： 正在服药。

问： 然则尚须调养？

答： 正在调养。

曰： 如此你便间一两日一至总理衙门，于调养亦不相碍，却是得常去。[30]

以上是郭嵩焘在日记中记录的召见问话情形。郭说，慈禧太后为了慰藉安抚他，"反复申明，有重述四五次之多者"，以致自己在家中预备好的、用来推脱差事的种种说辞，"竟是不能说"，全都没能说出口。至此，郭嵩焘的辞职之心，才算是被彻底打消。

出发前夕的 10 月 31 日，慈禧太后再次召见郭嵩焘，施以安慰之词。君臣对话如下：

慈禧曰： 此事当为国家任劳任怨。

郭嵩焘答： 谨遵圣旨。

曰： 汝二人须要和衷。[31]

答： 是。

曰： 到英国一切当详悉考究。

答： 英国无多事可办，专在考求一切，此是最要紧事。

曰： 所调各人，想皆系所素知？

答： 是。

曰： 随人须要约束，不可滋事。

答：所调各员，大率是谨饬一路，然亦不可不防其滋事。

曰：汝心事朝廷自能体谅，不可轻听外人言语。他们原不知甚么。

答：不知事小，却是一味横蛮，如臣家于此已是受惊不小。[32]

所谓"臣家于此已是受惊不小"，指的是这年八九月间，在长沙参加乡试的湖南士子，闻知"知名士大夫"郭嵩焘即将前往欧洲担任驻英国公使，全都怒不可遏。按天朝体制，从来都是四方蛮夷在帝都设置常驻使节，岂有天朝派遣使节常驻蛮夷之地的道理？更何况郭嵩焘此行还负有为马嘉理案向英国道歉的使命。深受刺激的湖南士子们组织聚会痛骂郭嵩焘，结队出动焚毁了郭出资整修的上林寺，并张贴告示扬言要捣毁郭宅，郭氏一门因此受惊不小。1877年，郭嵩焘曾在奏折中如此回忆此事：

去年京师编造联语，以"何必去父母之邦"相诮责。家乡士子，直诘臣以不修高洁之行，蒙耻受辱，周旋洋人，至欲毁其家室。[33]

正是未出国门，已人神共愤。

一部日记不知是何居心

1876年11月10日，郭嵩焘正式离京赴英。

在上海候船期间，他给两江总督沈葆桢去信一封，里面说："嵩焘乃以老病之身，奔走七万里，自京师士大夫下及乡里父老，相与痛诋之，更不复以人数。英使且以谢过为辞，陵逼百端。衰老颠沛乃至此极，公将何以教之？"[34]天下议论汹汹，已不将郭嵩焘当人看待，这是时代的主流意见。郭问沈葆桢"公将何以教之"，其实只是在倾吐内心的苦闷，并非真的期待沈有什么妙策可以提供。郭还在信里说，"默察天下人心，洋患恐未有已也"。能认知到"洋患"的由来并不仅仅是洋人的骄横进逼，也有"天下人心"过于荒诞、举国愤愤而无理智的缘故，这是郭嵩焘领先于时代之处，也是他的悲哀之处。

1877年1月21日，郭嵩焘、刘锡鸿与两位外国秘书马格里、禧在明，以及15

名随从，抵达伦敦。2月8日，郭向维多利亚女王递上了光绪皇帝的致歉国书。国书中写道：

> 马嘉理持照入滇边境，惨遭被害，不但有关生命，并致几伤和好，朕深为愧惜。兹特简钦差大臣、署礼部左侍郎、总理各国事务大臣郭嵩焘，前赴贵国代达衷曲，以为真心和好之据。朕知郭嵩焘干练忠诚，和平通达，办理中外事务甚为熟悉。务望推诚相信，得以永臻友睦，共享升平，谅必深为欢悦也。[35]

致歉之事完结后，英国外交部告诉郭嵩焘，在英国设立大使馆还需要向女王递交一份正式的国书，且须在国书中写明副使刘锡鸿的名字与官职。郭嵩焘随即将此事汇报给了朝廷。郭担忧朝中无知者将英方的要求解读为歧视，然后借机闹出外交风波，故在奏折开篇冒着再度被打成汉奸的风险，为英国政府做了一番解释，明言此事绝非英方在刻意为难，而是他们重视条约这类制度性的东西：

> 西洋以邦交为重，盖有春秋列国之风，相与创为《万国公法》，规条严谨，诸大国互相维持，其规模气象实远出列国纷争之上。日本一允通商，即倾诚与之相结，诚有见于保国安民之计，于此有相维系者。[36]

这是在拿欧洲近代外交，与中国春秋战国时代的合纵连横式外交做比较。在郭眼里，前者不但有《万国公法》这样的制度建设，还有"诸大国互相维持"的制度自觉，较之翻云覆雨、唯利是图的合纵连横式外交，可谓胜出远矣。说完这些"汉奸言论"，郭犹不满足，又痛批了一番"中国以远人为大忌，以和为大戒，锢蔽于人心"的传统思维，说这种思维自南宋搞到现在，只剩下了喊打喊杀的"虚骄之气"，在解决实际问题方面一无是处。

在奏折的后半段，郭嵩焘发了一通歪理，说中国鲜有人在英国居住谋生，所以目前没必要向英国派遣常驻公使。郭如此说，自然是为了推脱公使职务，将自己从人神共愤之中解脱出来。但他也知道希望渺茫，所以又就补颁国书一事做了详细说明，且特别强调维多利亚女王一度拒绝接见刘锡鸿，乃是因为致歉国书中"并未一列其名"，而非对刘的歧视，中国方面没有理由拿这种事去责难英国政府。至于国书没写上刘锡鸿的名字，郭说，这个责任全在自己，是自己领到国书的时候没有细察。当事人刘锡鸿也给清廷写了奏折，说英国"当无诘难之意"，只是西洋通例只设公使，没有副使这种名目；现下并无什么中国人在英国经商，有郭嵩焘一人足矣，再添副使既多余又费钱，所以请求朝廷将自己调回国内。[37]

这番手续上的小波折反映出来的，是总理衙门对近代外交事务的基本规则流程，始终没有形成明晰的认知。流程性质的东西尚且如此，理念领域的认知自然更谈不上。在给慈禧和光绪皇帝的回奏中，总理衙门解释说，之所以会发生这种低级失误，是因为之前派出去的蒲安臣使团、崇厚使团，在国外都没遇到过这类问题，除了国书之外，各国都没有向他们"索看另项国书"[38]，所以此次也就想当然地没有就派驻公使一事单独制定外交文件。这番解释，又透露出总理衙门的对外认知严重缺乏主动探究，过于依赖被动经验做出的推测。

至于郭嵩焘那番英国不必派遣常驻公使的歪理，总理衙门深悉郭欲摆脱苦差的用心，人才难寻，自不会让他如愿。在给慈禧和光绪的奏折里，总理衙门说，不但英国、美国、日本这些国家已派出的常驻公使不能撤回（大略同期，清廷任命陈兰彬为驻美公使，任命何如璋为驻日公使），其余像俄国、法国、德国等"交涉事件较繁"的国家，也有必要派驻公使，这样才能知己知彼，才不至于闭目塞听。刘锡鸿遂顺势被调至柏林担任清廷驻德国的首任公使。

1877年4月，郭嵩焘正式就任清廷驻英国公使。只做了三个月即遭到国内官员的集体弹劾。随后又连续被副使刘锡鸿密奏"举报"。最后在公使任上不足两年，郭即匆匆辞职回国。个中原因，梁启超当年说得很明白：

> 光绪二年，有位出使英国大臣郭嵩焘，做了一部游记。里头有一段，大概说：现在的夷狄和从前不同，他们也有二千年的文明。哎哟！可了不得。这部书传到北京，把满朝士大夫的公愤都激动起来了，人人唾骂，日日参奏，闹到奉旨毁板，才算完事。[39]

所谓"游记"，实名叫作《使西纪程》，是郭嵩焘自上海乘船到伦敦50天的日记，不过两万余字，由他本人整理出来之后，抄录寄送给总理衙门刻版刊行（这是晚清出洋使节的惯例，也是使节的义务）。结果，这本小书引起满朝士大夫们的极度愤慨。1877年6月16日，翰林院编修何金寿，在朝中清流领袖李鸿藻等人的支持下上奏攻击郭嵩焘，说郭在日记里一味歌颂洋人，说俄、英等国不但富强，还充满了礼义信让，"不似中国虚骄自张"，如此这般"种种取媚"实在是骇人听闻，实在是"失体辱国"，故请求朝廷下旨"立将其《使西纪程》一书严行毁禁"。[40]

庙堂之上的弹劾，很快在士绅圈子里传播开来。李慈铭骂郭嵩焘说，写这种书简直是心肝坏掉了："阅郭嵩焘侍郎《使西纪程》……记道里所见，极意夸饰，大率谓其法度严明，仁义兼至，富强未艾，寰海归心……迨此书出，而通商衙门为之刊行，凡有血气者，无不切齿。于是湖北人何金寿以编修为日讲官，出疏严劾之，有诏毁板，而流布已广矣。嵩焘之为此言，诚不知是何肺肝，而为之刻者又何心也！"[41]王闿运也批评说，通过《使西纪程》这本书，可以知道郭嵩焘这个人"殆已中洋毒，无可采者"[42]——已经中了洋人的毒，成了洋人的奴才，他的话已经没有价值了。

郭原本计划在驻英公使任上每月编成一册日记，交给总理衙门出版，用作讨论研究洋务之用。这是他出国之前应慈禧召见时，就已做出的工作定位："英国无多事可办，专在考求一切，此是最要紧事。"孰料第一本《使西纪程》就犯了众怒，落了个举国痛骂、毁版销毁的结局。他逐月编写出版日记的计划自然就流产了。

其实，在今天看来，《使西纪程》里并没有什么奇谈怪论。

比如，光绪三年（1877）四月初二（据旧历，下同），郭嵩焘参观了伦敦邮政局之后，在日记里说，"英国行政，务求便民"，百姓花钱买邮票，就可以利用邮政系统将信件寄到数万里之外，政府也可以通过邮政系统每年收入"千数百万磅"，这实在是一种既方便民众又对国家有利的事情，"此西洋之所以日致富强也"。[43]对于这一"便民与利国关系"（也就是今人所谓的公共服务与国家发展）的发现，郭嵩焘颇为重视，进而还生发出了学习近代经济学理论的兴趣，他多次向伦敦的英、日学者和官员请教这方面的问题。

此外，郭嵩焘还兴致盎然地参观了英国下议院的运作，旁听了议员们与英国"兵部尚书哈尔谛"之间就国家政务展开的种种公开辩论，考察了英国的两党制度具体如何运作[44]。到了1877年底，郭嵩焘已俨然成了一个"英国通"。他与日后出任驻德公使的李凤苞讨论英国政治的运作逻辑，李提出一项疑问：英国在朝、在野两党平日和谐共处，遇到国事则各持己见，互不相让，最后投票以人多者为胜，败者平静接受结局，并无愤懑不满继续为难者，他们究竟是怎么做到的？

李凤苞的这个问题，显然是以中国历朝历代朋党倾轧必以一方将另一方完全吞灭为结局，而生发出的疑问。郭嵩焘的回答是：据我所见，没有一位西洋君王的德行可以与中国上古三代的贤君相比，他们甚至连伊尹、周公这样的人物也没有。但他们有一个好制度，那就是"国政一公之臣民，其君不以为私"，国家是"民众的国家"，非君王私有；政务是"百姓的政务"，非君王独裁。他们的官员选拔制度，讲究阶级和资格（指对投票者和参选者有资产与学历方面的限制），所以选出来的官员多是"贤能之人"。朝廷（指以首相为领袖的政府，而非女王）没有办法依照自己的爱憎行事，百姓若有不满，该届政府就没办法连续执政。自设立议院开始，英国就形成了两党制度，通过各自表达主张、向对方提出质疑，以及回应对方的批评，来确定事情的是非，进而决定谁成为"秉政者"（也就是大选获胜的政党出面组织政府）。如此久而久之，就成了一种稳定的风俗，英国民众也因为这种制度，变得"直率实诚"，不搞那些谦退辞让的虚文。国家设立的法律规章，也严厉打击欺诈与伪造（"语言文字一有诈伪，皆以法治之，虽贵不贷"一句，当是指英国法律对商业合同欺诈之类行为惩罚甚严）。他们的教育也提倡这种风气。再加上政府将政务向民众公开（一公其政于臣民），国家言论自由（直言极论，无所忌讳），连底层庶民也可以批评政府，政府也会有所回应。如此种种，可以知道，他们的政教风俗的形成，是日积月累由来已久，有着深厚的制度文化渊源的事情。[45]

郭嵩焘没有掌握太多今人熟知的近代政治术语，但他的认知显然已触及了近代政治非常关键的部分。他对"君王之治"和"制度之治"的区别论述，对制度建设与文化、风俗乃至国民性之间关系的理解，显然已远远超出了他的同时代之人。这种超越，在19世纪70年代的中国，除了将他自己推入"已中洋毒"的批判大合唱之中，不会产生别的效果。

在英国上下求索，让郭嵩焘的认知日新月异。光绪四年（1878）五月二十日晚，他与李凤苞、罗稷臣等人聊天，又说了这样一段"大逆不道"之言：

三代以前，皆以中国之有道制夷狄之无道。秦汉而后，专以强弱相制，中国强则兼并夷狄，夷狄强则侵陵中国，相与为无道而已。自西洋通商三十余年，乃似以其有道攻中国之无道，故可危矣。三代有道之圣人，非西洋所能及也。即我朝圣祖之仁圣，求之西洋一千八百七十八年中，无有能庶几者。圣人以其一身为天下任劳，而西洋以公之臣庶。一身之圣德不能常也，文、武、成、康四圣，相承不及百年，而臣庶之推衍无穷，愈久而人文愈盛。颇疑三代圣人之公天下，于此犹有歉者。[46]

对清王朝那些终生沉浸在四书五经中的在朝士大夫和在野读书人来说，郭嵩焘的这些话，岂止无法认同，简直匪夷所思。但郭竟是越走越远，光绪五年（1879）二月二十六日，他又在日记中写道："秦汉以后之中国，失其道久矣……而猥曰：东方一隅为中国，余皆夷狄也。吾所弗敢知矣。"[47]（中国自秦汉以后就失去了"道"，有些人非要说我们才算"中国"，其他都是夷狄。这种狂妄自大，我实在不能同意。）

这些话，很自然地引来友人王闿运的批判："人者万物之灵，其巧弊百出，中国以之一治一乱。彼夷狄人皆物也，通人气则诈伪兴矣。使臣（指郭）以目见而面谀之，殊非事实。"[48]王坚决不肯承认西方人是"人"，坚持认为他们仅仅是"物"，因为通了些人气，于是变得奸诈虚伪。郭嵩焘深知王闿运这类看法才是主流，早在光绪四年他就感叹过：如今政教风俗，欧洲诸国远胜大清，他们看待我们"犹三代盛时之视夷狄也"，就像上古三代的我们看待那些没迈入文明的夷狄。然而，"中国士大夫知此义者尚无其人，伤哉！"。[49]

举国的谩骂之声外，也偶有一二回应能带给郭嵩焘一点安慰。李鸿章的来信就是其中之一。总理衙门在刻版印刷之前，曾将郭的日记抄了一本寄送给李鸿章。李于光绪三年（1877）三月二十六日给郭嵩焘写信说："总署抄寄《行海日记》一本，循览再四，议论事实多未经人道者，如置身红海、欧洲间，一拓眼界也。"[50]

京师同指目为汉奸之人

郭嵩焘知道自己日记里的言论，会刺痛国人脆弱的神经，引发他们的愤怒。但他没有想到，骂自己最凶、最具杀伤力的人，却是副使刘锡鸿。

刘锡鸿是广东人。1863年，郭嵩焘署理广东巡抚，与因母亲去世而在家守制的刘锡鸿结识。郭在广东办团练，延揽刘锡鸿来负责省团练总局的事务。二人由此开始了长达十余年的友谊。1876年，郭嵩焘被清廷指派为出使英国致歉的使臣，未出国门已是诋毁纷纭。刘锡鸿是这期间为数不多仍经常与郭往来游山玩水、饮宴畅谈的人。稍后刘能随郭一同出使英国，与郭的推荐是分不开的。

但这也成了二人朋友关系破裂的开始。郭嵩焘后来无奈回忆说："然其在京，方以鄙人派充参赞为憾，啧有烦言。嵩焘与言明：始拟派参赞由我，后派副使亦由我，大抵为公言之。云生不信也。"[51]大意是说，刘锡鸿当时是从五品刑部员外郎，对随郭嵩焘出使却只得了参赞的职衔颇为不满，他意在三品的驻英副使。刘认为郭作为朋友不够意思，郭则对他解释：一开始的参赞是我推荐的，后来的副使也是我推荐的。但刘锡鸿不信。其实，郭的话大体是实情，清廷最初指定的副使是许钤身，许的出身高出刘锡鸿许多，刘不可能与之争夺副使一职，参赞一职已是最好的结局。后来许因种种缘故改派他处，朝廷又感觉有安抚郭嵩焘的必要，刘锡鸿才有了出任副使的机会。

由刘锡鸿的多疑而造就的这道裂痕，在使团抵达英国之后，因"国书未书副使姓名职务事件"再次扩大。刘锡鸿认定：郭嵩焘既然在国内时就看过国书，却未指出国书中存在这一问题，多半是存心要给自己难堪。刘锡鸿写奏折给朝廷要求撤销副使名义，允许自己回国，即是在表达对郭嵩焘的不满。郭似未意识到刘的猜疑，但很快就感受到了刘的不满情绪。光绪三年（1877）二月十二日，郭与刘谈到使馆内的一些不如人意之事，刘锡鸿似乎是会错了意，以为郭是暗讽自己在使馆内捣乱，故"语言乃多怪诞，以为与副使无涉也，颇相与争辩"。这番极不愉快的交流，让郭嵩焘生出一番感慨，说自己"前生太无

积累，凡所提挈之人，无不相背畔者"。同时郭又宽慰自己，说刘锡鸿是一个
"直性"之人，时下又怀有一种"牢骚抑郁"的情绪，"亦无怪其然也"，不
必怪他会有这种不友好的反应。[52]

刘锡鸿的"牢骚抑郁"，与他的"副使"地位迟迟难定有直接关系。各国
均只设公使而无副公使，这让刘锡鸿的身份非常尴尬，他虽然给朝廷写了奏折
请求卸去副使身份调回国内，但他在朝中并无靠山，对朝廷究竟会如何安排自
己缺乏安全感，故情绪相当焦虑。越是焦虑，越是回溯这焦虑的源头，就对郭
嵩焘越是不满——如果国书里端端正正写上了自己的名字和副使的职务，这一
切的焦虑就不复存在了。

焦虑归焦虑。此后的一个多月里，郭、刘之间仍维系着一种大体平静的关
系。其间，刘锡鸿张罗了一次宴席，为郭嵩焘庆祝六十大寿[53]。还发生了使馆
随员郭斌"随行而走出云生前"的风波，也就是出门随行时不小心走到刘锡鸿
的前面。刘锡鸿大怒，让郭斌受了一顿戒饬[54]。由这场风波可以窥见，刘锡鸿此
时的心态脆弱而敏感，可谓疑神疑鬼，觉得使馆中无人将他这个"副使"当回
事。不过，"郭斌风波"发生仅两天之后，刘锡鸿便挺直了腰杆，因为这一天
他接到总税务司赫德的电报，获悉自己已被清廷改派为驻德国公使。[55]

这一天也成了郭、刘关系的分水岭。刘开始在各处场合显示一种与郭分庭
抗礼的态度。受刘刺激，郭也对他越来越冷淡，能不邀请刘就尽量不邀请，能
回避与刘同行就努力回避。比如光绪三年六月十一日，卜拉西约郭嵩焘去参观
蒸汽轮船，但郭"以刘云生往践其约，不敢偕行"[56]。不过，郭嵩焘此时似乎仍
未洞悉刘锡鸿何以如此。在光绪三年（1877）七月十七的日记里，郭有这样一
段记载：

> 夜归，与莼斋谈及云生叛背之由，必有事端，莼斋故与款曲，谅能知之。
> 莼斋言，常闻其怨怼之词，而不闻其征引事实。所据为罪状者，谓得上海文
> 报，私行开拆，并不一通知公同拆阅。其狂谬无知如此。稍一动气，又至竟夕
> 不能成寐。[57]

黎莼斋告诉郭嵩焘，刘锡鸿埋怨郭嵩焘接到上海方面的电报，总是自己拆

看，并不通知刘锡鸿来一同阅读。这一怨念背后蕴藏着的，是刘获悉自己将成为驻德国公使之后，欲与郭嵩焘平起平坐的微妙心态。但郭嵩焘不接受这种责备。在他看来，自己从十余年前署理广东巡抚之时，就对刘锡鸿多所提携，此次出洋也是一样，可谓有大恩于他。刘的责备实可谓忘恩负义。这也是郭当晚气闷失眠的主要缘故。

1877年9月4日，郭、刘二人的友谊终于走到了尽头。该天，刘锡鸿自外地返回伦敦公使馆，就自己的薪俸和副使的署名问题向郭发难，最后"大怒诟骂，拍案狂叫而去"。郭自问并无开罪刘锡鸿之处，遂传来使馆参赞、翻译及随员七人，让他们居中去询问刘锡鸿究竟因何一意挑衅。刘的回答是："我生平不记人过，即有触犯，我亦忘却。唯此京师所同指目为汉奸之人，我必不能容。"且向众人列举了郭的三项罪状："一、游甲敦炮台，披洋人衣，即令冻死，亦不当披。二、见巴西国主，擅自起立，堂堂天朝，何至为小国主致敬。三、柏金宫殿（白金汉宫）听音乐，屡取阅音乐单，仿效洋人所为。"[58]在伦敦公使馆内被同僚指责为"汉奸"，此事对郭嵩焘的刺激可想而知。

8天之后，9月12日，郭写了一道奏折，请求向朝廷销假回国，同时还写了三道奏折弹劾刘锡鸿。第一道总体陈述刘锡鸿的种种问题，说他是一个"绝不念国家艰难筹画之苦心，而据以为一身富贵功名之捷径"，毫不体察朝廷设置驻外公使的良苦用心，只将之当成一条通往富贵之门的捷径，故请求朝廷免去其驻德国公使的职务，将其撤回国内。[59]第二道专门弹劾刘锡鸿私刻关防。简单说来就是刘无视公使馆已有一枚由郭嵩焘掌握的公使大印，又自行刻了一枚一模一样的。当时，刘的驻英副使身份，因无国书递送至英国政府，所以并未获得认可；他的驻德国公使任命，也尚未正式发布。所以郭在奏折里说，刘不守规矩做出这种事，为的只是满足他的"自大之心"。[60]第三道奏折，则是推荐由李凤苞接替刘锡鸿出任驻德公使。[61]

郭的这次弹劾没有效果。1877年11月13日，刘锡鸿离开伦敦前往柏林上任，二人自此再无相见。1878年3月7日，刘锡鸿上奏弹劾郭嵩焘，给郭罗列了十大罪状：一、谓中国将作印度，将被吞并于英俄；二、无故与威妥玛争辩；三、效洋人尚右；四、擅议国旗，谓国旗黄色不当；五、奏折列入副使名则将钦差二字抹去，蔑视谕旨；六、对洋人过示卑恭以求悦，不复顾念国体；七、崇效洋人，用伞不用扇，游历炮台披洋服；八、令小妾学洋语，败坏中国闺教；九、公事不公言，与洋人密谋；十、对朝廷不满，心怀怏怏，动辄怨望。[62]

郭、刘冲突经由奏折传入国内，很快在朝堂之上再度引发舆论对郭的批判。其中以号称开明的翰林院侍讲张佩纶最为积极。他在 1877 年底多次弹劾郭，说郭的日记谬误极多，朝廷只禁了他的书不夺他的官，这样是不行的。还说凡读过郭嵩焘日记者，都知道郭是在胡说八道，但郭"犹俨然持节于外"，这只会给愚民释放错误的信号，"将谓于郭嵩焘者将蒙大用，则人心之患直恐有无从维持者，非特损国体而已"，让他们以为朝廷要大大地重用郭嵩焘这种败类，如此天下人心恐将无法维持，这不仅仅是有损国体的事情。言下之意，再不把郭嵩焘免职，大清的江山危矣。[63]张佩纶还弹劾郭嵩焘不该带着家眷出使。他无法接受"夫人外交"，说郭嵩焘让家眷与洋人相见是在"招摇过市，取悦洋人"，闹到"四海播闻"的地步，实在是给大清国丢脸[64]。

郭嵩焘闻知此等迂腐之言勃然大怒，在日记中说：自己带着梁氏漂洋过海数万里，"一被参于刘锡鸿，再被参于张佩纶，不能为荣而只为辱"，既然如此，反倒定要在回国之前携梁氏去拜见一次英国女王，让她成为中国"夫人外交"的第一人。[65]

1878 年 6 月 7 日，朝廷就郭、刘冲突公开下旨训诫。曾经慰言郭"横直皇上总知道你的心事"的慈禧太后，在诏书中声色俱厉斥责二人："本以堂堂中国之使臣，而举动若此，何足以示协恭而御外侮？本应立予撤回，严行惩处，以示炯戒。姑念郭驻英以来，办理交涉事件，尚能妥为完结；刘改派驻扎德国，于议论修约各事宜，语多中肯。朝廷略短取长，宽其既往，暂免深究……经此训诫后，倘敢仍怀私怨，怙过不悛，则国法其在，不能屡邀宽宥也！"[66]

此时的郭嵩焘去意已决，训诫诏书对他发生不了效力。刘锡鸿执着官场，遂在回奏中一再表态说要改过自新。但刘的奏折尚未抵达总理衙门，朝廷已同意了郭的辞呈，且将刘锡鸿也一并撤职，驻英公使改为曾纪泽，驻德公使改为李凤苞。二人同时免职的消息传至伦敦，郭嵩焘甚为高兴，在日记中写道："广东生至是而盛气尽矣。中国使事，于是始稍有生机，闻者皆为称庆。"[67]

"广东生"三字显示，郭嵩焘已不愿再写出"刘锡鸿（云生）"这个让他恶心的名字。

"两面人"刘锡鸿

刘锡鸿对待郭嵩焘的态度，与慈禧和总理衙门对待郭嵩焘的态度，其实是高度同步的。

1875年，奕䜣曾在军机处当着沈桂芬和宝鋆的面盛赞郭嵩焘"此人洋务实是精透"；1876年，慈禧太后又多次召见郭，抚慰他"旁人说汝闲话，你不要管他。他们局外人，随便瞎说，全不顾事理"。那时节，刘锡鸿与郭嵩焘交往频繁，并不在意朝野舆论对郭已是人神共愤。

1877年，"《使西纪程》事件"发生后，李鸿章告诉郭嵩焘："执事日记一编，初闻兰孙大为不平，逢人诋毁。何君乃逢迎李、景，发言盈庭。总署惧而毁版。"[68] "兰孙"即朝中清流领袖李鸿藻。李鸿章这封信，透露出总理衙门在对待郭嵩焘及其日记方面，存在着两种不同的倾向。当时的总理衙门成员中，李鸿藻、景廉是看不上郭嵩焘的，景廉在郭出使之前就弹劾过他；毛昶熙是刘锡鸿的老上级，也对刘"一力庇之"[69]。唯恭亲王对郭嵩焘颇为欣赏，郭出使后按惯例寄回总理衙门的日记，也是因为有了恭亲王的支持，才得以由同文馆正式刊刻出版。何金寿的弹劾引发了舆论风暴，恭亲王不能明确表态支持郭，只能将问题上交给垂帘的慈禧决断。慈禧一锤定音，从力挺郭嵩焘转为批示"相应钞录原奏，传知贵衙门钦遵办理可也"[70]，将弹劾郭嵩焘、要求销毁其日记的何金寿奏折转抄给总理衙门，你们照着弹劾奏折里的要求办即可。郭嵩焘的日记没能保住，刘锡鸿与郭嵩焘在伦敦公使馆内的关系，也开始变得越来越糟糕。[71]

刘锡鸿的这种态度转变，显然与他对官场浮沉的执着有直接关系。这也是刘的日记《英轺私记》与郭嵩焘的《使西纪程》大不相同的缘故，尽管二人的所见所闻几乎相同——郭嵩焘赞誉英国的政治运作模式远胜中国上古三代之政，刘锡鸿却说英国文明其实是"中国圣教"结出的果实，凭空多出了一层精神胜利。

富丽堂皇的皇宫、整齐干净的街道、彬彬有礼的市民、风驰电掣的列车、光怪陆离的化学实验……这些陌生而鲜活的近代文明，被放置在刘锡鸿面前，对其认知系统造成的冲击，是可想而知的。摆在他面前的选择无非有二，或放弃传统的"夷夏观念"，承认自己见到的近代文明也是一种先进文明；或使用某种特色逻辑，将近代文明纳入到传统"夷夏文明系统"之中，重新获得一种"圣人之教放之四海而皆准"的自信。

刘锡鸿很明智地选了第二种处理方式。

在《英轺私记》里，他承认自己见到的英国政治风俗有许多值得称道之处。比如没有闲官，没有游民，没有残暴不仁之政；到伦敦两个月，出门多次未见人语喧嚣，也见不到神情愁苦的落魄之人。但他随后笔锋一转说道：西洋风俗"以济贫拯难为美举"，其实是中国圣人所推崇的"仁"的一种表现；西洋人重视"仗义守信"，其实是中国圣人所推崇的"义"的一种表现。不过，"中国自天开地辟以来，历年最多，百数十大圣继起其间，制作日加精备，其言理之深，有过于外洋数倍者"[72]。相比之下，洋人的那点"仁"与"义"，实在是不值一提。进而，刘锡鸿对洋人提出一种殷切的期望：如果他们能够将这些圣人之道继续发扬光大，那么就可以在文明层面上步入更高的境界，创造出一个更为雍容齐整的社会。如此，所有的西方近代文明，就都被刘锡鸿纳入孔孟圣贤之教的名下。至于洋人为什么会懂得中国的圣贤之道，刘锡鸿也有一番解释：

> 我大清乾隆以前，退荒效顺，重洋慕化，亦由于此。今英国知仁义之本，以臻富强，未始非由久入中国，得闻圣教所致。[73]

于是，刘锡鸿不但消解了英国文明对自己的认知结构造成的冲击，还将"中国圣教"送上了不败之地：英国文明既然是英国人"久入中国"学习"中国圣教"造就的，那么，英国文明越强盛，自然也就越能证明"中国圣教"的正确与厉害，也就越能证明大清国"以夏变夷"能力的强大，大清国永远是天下文明的中心。

这套逻辑走到最后，结论便是大清国无须改革，无须"师夷长技"——正所谓"外洋以富为富，中国以不贪为富；外洋以强为强，中国以不好强为强……彼之以为无用者，殆无用之大用也夫！"。[74]洋人的求富与求强都是末流，中国圣教的不贪与不好强才是"无用之大用"，才是最高级的东西。且看我大清乾隆时代，"非有火车，然而廪溢府充，民丰物阜，鞭挞直及五印度，西洋亦效贡而称臣"[75]。所以，中国不需要改革，只需要回归"祖制"；不需要学习西方，只需要认真学习"圣教"。

问题是，无论刘锡鸿在日记里将"中国圣教"说得如何天花乱坠，现实是清廷不是洋人的对手，朝野上下在对外交涉中一惊一乍，时常担忧"庚申之变"可能重现。所以，即便"圣教"已是天下文明的至高点，清廷也仍需要找到一种办法，来挽救国势的糜烂与颓唐。刘锡鸿提供的方案是：朝中洋务官僚讲求的"西学"，不过是低级的百工商贾之学；治国的根本在于整饬吏治与端正士习，改革也应该从这个方面着手。刘锡鸿还补充说，西学当然也还是应该讲，但西学是"工匠技艺"之学，绝不该由读书人去讲，只可"聚工匠巧者而督课之，使之精求制造以听役于官"，也就是由官府出面，将工匠们聚到一起管理起来，督促着他们产出比洋人更厉害的"工匠技艺"。[76]

与郭嵩焘的《使西纪程》不同，刘锡鸿的《英轺私记》是一部精心筛选后编制出来的日记。对比二人针对同一事件的不同叙述，便不难发现这一点。光绪三年二月二十七日，日本政界要人井上馨前来拜访，与郭、刘二人有过一番谈话。据郭嵩焘日记的记载，谈话中提到了各国税收制度，井上馨说，英国官吏月薪300镑以上者都须同等纳税，刘锡鸿遂感叹道："此法诚善，然非民主之国，则势有所不行。西洋所以享国长久，君民兼主国政故也"——这真是一项好制度，可惜在大清这样的"非民主之国"是没办法推行的。郭嵩焘对刘锡鸿的这一看法高度赞同，评价称"此论至允"。[77]

刘锡鸿的日记，也记载了这次谈话。其中却没有郭嵩焘日记中那段对"英国税制"的赞美，而只有一段对"祖宗制法"的鼓吹赞美。按刘的日记，当时的情景是井上馨建议清廷"效西法改弦而更张"发展采矿业，以增强国力。刘锡鸿却回应说：老祖宗留下的制度，都是有深意的好制度。之所以流传到现在会有弊端，是因为有人以自己的私心去破坏老祖宗的制度。做大臣的人，应该努力恢复还原老祖宗的制度，这样就可以实现天下大治。学什么西法来改弦更张，只会造就祸乱，你们日本就是一个我大清必须吸取的教训。我大清那圣明的天子，不会学你们去开什么金银煤铁之矿。[78]

按刘锡鸿日记里的说法，井上馨听了他这番义正言辞的教育之后，只剩下了"唯唯"。

两本日记里有两个刘锡鸿。一个赞扬英国税制，赞扬"君民兼主国政"的制度让西洋国家"享国长久"，另一个却对"祖宗法制"顶礼膜拜。这两个刘锡鸿都是真的——前一种意见代表了刘的真实想法，后一种意见代表了刘基于现实利害而对自身言论做出的真实选择，郭嵩焘将之称作"逢迎诡合之术"[79]。真想法与真选择，共同构成了刘锡鸿的"心是口非"。

总理衙门中人都是官场老油条，对刘锡鸿这种刻意迎合清流舆论以谋取权位的用心，自然也有所察觉。总理衙门大臣沈桂芬就曾在给李鸿章的书信里说："刘云生天分高，以能贬刺洋人、邀取声誉为智，此洋务所以终不可为也"[80]——刘锡鸿的天分很好，可惜他将这天分用在了贬低谩骂洋人、为自己博取舆论声誉的表演上，这也是洋务难以推行的重要缘故之一。

刘锡鸿最终被削去驻德国公使职务，主要有四点原因：一、刘自己用力太猛，表演太过，产生了负面效应。他向德皇威廉一世递交国书时，"礼节疏阔，有夷然不屑之意"[81]，几乎引起外交冲突。在柏林，闹到了不愿交换国书的地步；在北京，德国驻华公使巴兰德又多次抗议刘锡鸿在德国的所作所为。二、支持刘锡鸿的总理衙门大臣李鸿藻、毛昶熙，先后因事离职，余者虽不喜欢郭嵩焘，却也无意力保刘锡鸿。三、郭嵩焘一再弹劾刘锡鸿。郭提醒总理衙门：欧美各国请朝廷对外派驻公使，目的是"欲中国知其政教、制造，志在通商，以广利源，非有意与中国构衅"，是为了让大清更了解他们，非是要与大清交恶。刘锡鸿到了德国之后做的，却是"终日闭门编造语言"来诓骗总理衙门，朝野舆论赞誉刘的那些日记文字是"中肯之言"，其实"皆出自闭门编造之功，全无事实"。若朝廷将刘锡鸿的这些胡说八道当成真相，然后"陵驾诸国，惟所施为，以遵朝廷体制"，那结果一定是"召衅启侮，所损尤多"。郭甚至警告说，若让刘锡鸿这种人继续待在驻外公使任上，"诚恐贻误大局，追悔无及"，迟早要闹出难以收拾的外交事故。[82]四、李鸿章一再给总理衙门写信，点出刘锡鸿"日记虽可动听"（日记虽然写得很让朝野舆论满意），但实际上是一种"横戾巧诈"，这样的人绝对不可信赖[83]。

刘锡鸿调回京城后，继续混迹官场，做过光禄寺少卿、通政使司参议等职。这些五品官职自然不能让刘满意。可惜他的人品已在对郭嵩焘的攻击中为人所不齿，李鸿章给他的四字评语"横戾巧诈"，已成为总理衙门对他的固定印象。所以，即便是李鸿藻重回总理衙门，刘也没能得到东山再起的机会。1881年2月底，李鸿章的政敌左宗棠进入总理衙门，刘锡鸿决定再次投机，于3月中旬上奏弹劾李鸿章"跋扈不臣，俨然帝制"[84]。但朝廷无意扳倒李鸿章，刘锡鸿最后落了一个"诏斥其信口诬蔑，交部议处"[85]的结局，被彻底罢职，数年后潦倒去世。

1878年11月，曾纪泽自上海启程前往英国接替郭嵩焘。出发之前，慈禧与慈安两宫太后召见了曾，勉励他"你替国家办这等事，将来这些人必有骂你的时候，你却要任劳任怨"，曾纪泽趁机为郭嵩焘说情道："郭嵩焘总是正直之人，只是不甚知人，又性情褊急，是其短处。此次亦是拼却声名，替国家办事，将来仍求太后、皇上恩典，始终保全。"慈禧回应说："上头也深知道郭嵩焘是个好人。其出使之后，所办之事不少，但他挨这些人的骂也挨够了。"曾纪泽又说："郭嵩焘恨不得中国即刻自强起来，常常与人争论，所以挨骂，总之系一个忠臣。好在太后、皇上知道他，他就拼了声名，也还值得。"慈禧回复说："我们都知道他，王大臣等也都知道。"[86]

这段君臣对话，被曾纪泽载入日记。与郭嵩焘、刘锡鸿的日记一样，曾的日记也要交给总理衙门存档。所以，他的这番话，既是为郭嵩焘开脱，也是为自己求一个全身而退的保证。

1879年5月，郭嵩焘自英国回到长沙。下船时，湖南官绅仅两人"差帖迎候"，余者"傲不为礼"，全都不露面。且有人在通衢之地张贴大字报，直斥郭嵩焘"勾通洋人"。[87]无人迎接，也无人制止大字报，是因为所有人都知道，郭嵩焘的政治生命已经终结了。此后，郭隐居家乡以讲学为务，致力于阐发自己的改革理念。此时的他，已能一针见血地指出，办洋务只"专意考求富强之术"，却不探究"政教风俗本源之所在"，是一种舍本求末的歧途[88]。

1891年，郭嵩焘去世。李鸿章奏请由国史馆为之立传，清廷的答复是"郭嵩焘出使外洋，所著书籍颇滋物议，所请着不准行"[89]。1900年，北中国被无边的狂热情绪所笼罩，仍有刑部郎中名为左绍佐者念念不忘二十余年前的旧事，在给朝廷的奏折里"义正辞严"地写道：

> 请戮郭嵩焘、丁日昌之尸以谢天下。[90]

第十七章　1877年：丁戊奇荒里的天灾与人祸

自1876年起，至1878年止，中国北方遭遇了一场旷日持久的罕见旱灾，灾民人数达1.6亿至2亿左右，[1]死于饥荒和疫病的人数至少在1000万人，从重灾区逃亡外地的灾民达2000万人。1877—1878年是灾情最严重的两年，1877年是丁丑年，1878年是戊寅年。所以这场人间惨剧，史称"丁戊奇荒"。

这场灾荒暴露了晚清改革期间地方治理的种种弊病。

山西已成人间地狱

1876年，"丁戊奇荒"已初露端倪的那个夏天，英国传教士李提摩太正身处山东青州。

5月的时候，青州的饥民们已开始群起"吃大户"。李提摩太见到，"一群妇女蜂拥进一位富人家里，占领了它，在那儿生火做饭，然后又拥到另一家吃下一顿。男人们看到这种办法很不错，便组成五百余人的群体。一个村子一个村子地劫掠取食"。[2]

作为一种"地方官员不敢得罪"的存在，外国传教士成了饥民们努力想要争取的资源。6月30日，两名约三四十岁的秀才从寿光县和益都县赶来拜访李提摩太，但未能得见。第二天他们又来，一进门就跪下，请李提摩太收他们做弟子。

交谈之后，李提摩太了解到他们的真实目的："他们两人是一大群人派出的代表，大家希望我能作他们的首领，举行暴动，因为当局不能提供食物，他们活不下去了。他们已经安排好了房子，并且有数不清的人准备接受我的命令。"[3]简单说来，就是希望李提摩太出面，带领饥民们去抢粮食。朝廷和地方官害怕外国传教士，已是大清国广为人知的一种常识。

李提摩太拒绝了秀才们的请求，"我告诉那两位民众代表说，我从来没想到要干这种事情，因为那只会加重民众所遭受的苦难。暴动一旦开始，没有人知道会如何收场，但毫无疑问会造成大规模流血。我建议他们采取建设性的方式，而不是通过破坏来改善人们的处境"。[4]但类似的请求，仍不断来到李提摩太跟前。比如，7月3日晚上，青州东面某个受饥饿之苦的村镇也派了代表前来，希望李提摩太做他们的领袖。

无意带领饥民起事的李提摩太，在山东做了一年多的赈灾工作。1877年秋，他去了灾情更严重的山西。在那里，他见到了更骇人听闻的人间惨相，并将这人间惨相，写入了自己的日记。

1878年1月29日，太原以南140里："经过了四个躺在路上的死人。还有一个人四肢着地在爬行，已经没有力气站起来了；碰上一个葬礼：一位母亲肩上扛着已经死去的大约十岁的儿子，她是唯一的'抬棺人''神甫'和送丧者，把孩子放在了城墙外的雪地里。"[5]

1月30日，距太原270里："路过两个显然刚刚断气的人。一个衣着鲜亮，但死于饥饿。往前走没几里路，发现一个大约四十岁的男人走在我们前面，摇摇晃晃像是喝醉了酒，被一阵风吹倒后，再也没有爬起来。"[6]

1月30日，距太原290里："看到路边躺着四具尸体。其中一个只穿着袜子，看来已没什么分量，一只狗正拖着移动。有两个是女人，人们为她们举行过葬礼，只是把脸朝地安置而已。路人对其中的一个更仁慈一些，没有把她的衣服剥去。第三具尸体成了一群乌鸦和喜鹊的盛宴。随处可见肥胖的野熊、野兔、狐狸和豺狼，但男人和女人找不到食物维持生命。当我缓慢地爬上一座山丘时，遇到一位老人，他异常伤心地告诉我说：我们的骡子和驴都吃光了，壮劳力也都饿死了，我们造了什么孽，招致上天这样的惩罚？"[7]

2月1日，太原以南450里："半天内就看见了六具尸体，其中四具是女尸。一具躺在一个敞开的棚子里，赤身裸体，腰上缠着一条带子；一具躺在小河沟里；一具浸在水里，半身暴露出冰面上；一具半身穿着破破烂烂的衣裳，躺在路边的一个洞口旁；还有一具已被食肉的鸟兽撕碎；还碰上两个十七八岁的年轻人，手持拐杖蹒跚而行，看起来就像九十多岁的老翁。另一个年轻人背着他的母亲——她已经没力气走路了，看见我盯着他们，年轻人便向我求助，这是我离开太原后首次有人向我乞讨。"[8]

2月2日，太原以南530里："在下一个城市是我所见过的最恐怖的一幕。清早，我到了城门。门的一边是一堆男裸尸。门的另一边同样是一堆尸体，全是女尸。有马车把尸体运到两个大坑旁，人们把男尸扔到一个坑里，把女尸扔到另一个坑里。"[9]

李提摩太的日记没有夸张。山西的牛庄村（今归运城市盐湖区上王乡管辖）于1883年，也就是灾情大体过去数年之后，立有一块石碑《丁丑大荒记》。该村在饥荒中死去了70%以上的人口。石碑上所刻内容实可谓惨绝人寰：

> 光绪三年，岁次丁丑，春三月微雨，至年终无雨，麦微登，秋禾尽无，岁大饥。平、蒲、解、绛等处尤甚。先是，麦市斗加六，每石粜银三两有余；至是年，每石银渐长至三十二零。白面每斤钱二百文，馍每斤钱一百六十文，豆腐每斤钱四十八文，葱韭亦每斤钱三十余文，余食物相等。人食树皮、草根及山中沙土、石花，将树皮皆剥去，遍地剜成荒墟。猫犬食尽，何论鸡豚；罗雀灌鼠，无所不至。房屋器用，凡属木器，每件卖钱一文，余物虽至贱无售。每地一亩，换面几两，馍几个，家产尽费，室如悬磬，尚莫能保其残生。人死或食其肉，又有货之者，甚至有父子相食，母女相餐，较之易子而食，折骸以爨为尤酷。自九、十月至四年五、六月，强壮者抢夺亡命，体弱者沟壑丧生，到处饥瑾相望，往来饿殍盈途。一家十余口，存命仅二三；一处十余家，绝嗣恒八九。少留微息者，莫不目睹心伤，涕泗啼泣而已。此诚我朝二百三十余年未见之惨悽，未闻之悲痛也。虽我皇上赈贷有加，粮税尽蠲，而村共绝户一百七十二户，死男女一千零八十四口。总计人数死者七分有余。[10]

新任山西巡抚曾国荃，在1877年底给朝廷的报灾奏折里，也提到山西灾情之惨。曾国荃说，自己奉命巡察灾区："往来二三千里，目之所见皆系鹄面鸠形，耳之所闻无非男啼女哭。冬气北风怒号，林谷冰冻，一日再食，尚不能以御，彻旦久饥，更复何以度活？甚至枯骸塞途，绕车而过，残喘呼救，望地而僵。统计一省之内，每日饿毙何止千人！"总体算下来，山西有80多个州县发生了饥荒，"待赈饥民计逾五六百万之众"。[11]

在遍地皆是饿殍与死尸的山西，李提摩太生出了一种困惑："置身于这无所不在的灾难之中，我一直纳闷为什么没有人抢劫富户？"这种困惑，很可能与前文提到的李提摩太在山东的经验有关（不断有人上门乞求李提摩太带他们去抢大户）。在1878年1月30日的日记中，他尝试着给出一种解释："今天，这个疑问有了答案：每一个村中都贴了告示，宣布巡抚有令，任何人胆敢行凶抢劫，各村镇首脑有权对抢劫者就地正法，因而犯罪现象出奇地少。大家都听天由命，我唯一看到人们流眼泪的场面是在母亲们埋葬她们的孩子的时候。"[12]

地方官府的高压政策，无疑是原因之一，而且很可能是最重要的原因。在赋予"村镇首脑"对抢掠者就地正法之权的同时，山西巡抚衙门还出台了政策，强迫民间绅富捐粮保村，可谓一手控制饥民，一手控制绅富。晚清时期，山西的社会控制一直做得比较好。这一点，可由后来义和团在山西的兴衰，完全随山西巡抚衙门的立场而浮沉这一事实得到印证。

但在高压政策之外，也还有别的因素在起作用。毕竟，类似的告示，山东的巡抚衙门也曾张贴过，但山东抢富户很常见。而且，也不能说山东的饥民不怕官府，他们恳求李提摩太做起事的领袖，正是为了找把保护伞来对抗官府的围剿。牛庄村的石碑《丁丑大荒记》也提到过，村中"强壮者抢夺亡命"，求生的本能是可以突破官府高压带来的恐惧的。但李提摩太在山西，确实没有见到大规模的民变。这很可能是因为，李提摩太抵达山西之时，饥荒已进入第三个年头，灾区早已很难找到有粮的在野富户，民间已无粮可抢。有统计称，1877年山西全省人口为1643.3万人，1883年仅为1074.4万人，净减568.9万人。其中，太原灾前人口约100万人，灾后仅剩5万人。[13]

戒鸦片难，戒鸦片财政更难

山西为什么无粮？

1877年初夏，山西前巡抚鲍源深在给朝廷的奏折里有一段解释：

晋省向称财富之区，实则民无恒业，多携资出外贸易营生。自经东南兵燹，生意亏折，富者立贫，元气大伤。其系种地为业，仅十之二三，又兼土非沃壤，产粮本属无多。即在丰年，不敷民食，必须仰给于邻省。本年入春后，迄未透雨，刻值青苗长发之际，出土一二寸许就已枯槁，眼见收成难望，人心咸切惊惶。到处黎灾、遍野哀鸿，始则卖儿鬻女以延活，继则挖草根剥树皮以度餐。树皮既尽，亢久野草亦不复生。甚至研石为粉，和土为丸，饥饿至此，何以成活？是以道旁倒毙，无日无亡。惨目伤心，与言欲涕。[14]

鲍源深强调了两点原因：一、山西土地贫瘠，百姓多以商业谋生，只有两三成百姓务农。但太平军与捻军的兴起，让山西商人的生意遭受了重大损失。二、丰收年份，山西的粮食都需要自邻近省份买入，更何况1877年大旱颗粒无收。这两点原因，当然都是真实的，但鲍源深有意没有提另一项同样极为重要的原因：官府在山西推广"本土鸦片种植"。鲍源深出任山西巡抚，是同治十年（1871）九月到光绪二年（1876）八月，提山西的鸦片种植，那是在给自己找麻烦。

但鲍的继任者曾国荃不会忽略这一点。1878年初，他在给朝廷的奏折中说：

伏查晋省地亩五十三万余顷，地利本属有限，多种一亩罂粟即少收一亩五谷。小民因获利较重，往往以膏腴水田遍种罂粟，而五谷反置诸硗瘠之区……查罂粟收浆之际，正农功吃紧之时，人力尽驱于罂粟，良苗反荒芜而不治……纵令全行播种嘉谷，已不足给通省卒岁之粮，况复弃田之半以种罂粟，民食安得不匮？[15]

按曾国荃的说法，山西仅有53万顷耕地，本就不足以供养山西1000多万百姓，如今竟是"弃田之半"来种鸦片。据他调查，山西北部"大、朔、代、忻及归化七厅"，原本是山西的主要产粮区，以往每到秋后，就会有粮食从北边络绎不绝运到太原，如今则是"罂粟盛行，北路沃野千里强半皆种此物"；山西南部的"平、蒲、解、绛"等地，以前都是依赖从陕西的渭南平原购买米麦为生，如今"秦川八百里……（渭南）亦遍地罂粟"，渭南平原的粮食产量连本地百姓都已养不活，自然也就没有粮食可以卖给山西。南北情形如此，西面无粮可买，山西唯一的办法，就是以高于粮价十倍的代价，翻越太行山向东去别省寻找粮食。[16]

曾国荃于1876年秋就任山西巡抚，山西搞成遍地皆是罂粟这样的局面，完全不是他的责任，所以他敢在奏折之中如此细致地陈述自己的调查结果。

山西"本土鸦片种植"的大爆发，可以追溯到1859年。该年，清廷为了增加财政收入，颁布了《征收土药税厘条例》，变相宣布本土鸦片种植合法化。

本土开始大量生产鸦片，约始于19世纪30年代，乃是自印度引入、由云南一路北上东进。但在1830—1857年，清廷对鸦片本土种植仍长期采取严禁政策，种植鸦片者处斩，故种植区域并不甚广。1858年，为筹集军饷，清廷对进口鸦片征税，相当于默认了鸦片进口的合法性。次年，《征收土药税厘条例》出台，本土鸦片的种植禁令名存实亡，产量大增。传教士哈德逊·泰罗（Revd J.Hudson Taylor）说："当我1854年第一次到中国时，鸦片上瘾的人相对较少，但近二十年鸦片迅速蔓延，近十年更快，现在吸食鸦片猖狂得惊人。"[17] 1854年距离鸦片战争已有14年之久。这鸦片吸食者数量的激增背后，显然与1859年《征收土药税厘条例》的颁布有直接关系。

许多史料直观地记录了这一变化。

光绪年间，云南全省已有约三分之一的耕地种植罂粟，鸦片成了该省最重要的农产品。时人游览昆明，曾如此描述当地的罂粟种植："出南门，绕过金马碧鸡坊，过迎恩堂，时暮春天气，罂粟盛开，满野缤纷，目遇成色。"[18] 此后仍在不断扩大种植规模，据1893年蒙自关和1908年腾越关（税关名）的估计，罂粟种植面积在清末时已约占全省耕地面积的十分之六。[19]

光绪年间，贵州的中部和东部也已成了罂粟种植的集中区域。1894年，开州知州陈惟彦在给朝廷的汇报中说，自己赴任途中经过的州县，"开垦之地半种洋烟"。[20]

四川的情况也大体如此。1883年，刘光第路经涪陵，对当地遍地罂粟的景象"不胜骇然"，他在日记《南旋记》中说："此地与忠州、丰都皆以种罂粟为要务，葫豌、菜、麦，至市他邑，故通市难觅菜油，日用则桐油，皆罂粟油也。"[21] 1890年，何嗣焜入蜀，其所见较刘光第当年的描述，更为骇人："川东无处不种罂粟，自楚入蜀，沿江市集卖鸦片烟者，十室中不啻六七。若荒江野渚，草屋数间，售杂物以应客舟者，则更比户青灯矣……蜀地凡山林槁瘠之区，不植五谷者，向资罂粟为生计。"[22]

1860—1870年，罂粟种植已遍及全国。北至蒙古，西至甘陕，南至闽粤，东至江浙山东，各省皆有大量耕地被用来种植罂粟。传教士理雅各（James Legge，1815—1897）自北京由陆路旅行至镇江，沿途所见，"黄河和长江之间的土地上都布满了罂粟田"[23]。

本土罂粟种植面积的扩大，和鸦片制造质量的提升，直接导致进口鸦片与走私鸦片逐年减少。至19世纪80年代，国产鸦片的产量已远远超过进口鸦片。比如在上海，1882—1891年的海关报告显示，砀山鸦片足以供给本地所需的75%，另由四川供应15%，台州、象山供应10%（未加工的土浆），进口鸦片几无立足之地。[24]

英国驻上海领事许士（Patrick Joseph Hughes）在1881年的一份贸易报告中不无哀怨地写道：

> 1881年波斯鸦片的进口量已增加到1364担，但中国产鸦片在质量和数量上都提高得这样快，以致不足为奇的是它不久就严重地"干扰"了印度鸦片，并使波斯鸦片的进口完全停止了……在四川、云南、山西、陕西、甘肃和贵州等省，印度鸦片几乎都被赶出市场，现在简直不再运往这些地方，那里的消费全部由中国产的鸦片供应了。牛庄曾经每年进口约3000担的印度鸦片，1881年却只进口了358担……烟台和天津也在缓慢地仿效牛庄。1881年，它们进口印度鸦片的数量已减少了15%。[25]

次年，许士提交的贸易报告里，中国的本土鸦片已经开始对外输出了："外国鸦片不仅在华西和西南地区，而且在沿海地区也正在逐渐让位于中国鸦片。就像华西的鸦片正在大批流入缅甸一样，东面的岛屿现在也从大陆获得其部分鸦片供货。"[26]本土鸦片彻底逼走进口鸦片，已只是一个时间问题。

本土鸦片迅速取得对进口鸦片的压倒性胜利，与清廷的扶持密不可分。

最先提出有必要给本土鸦片种植业以生存空间的，是对林则徐禁烟持有异议的太常寺少卿许乃济。在许看来，鸦片是禁不住的，倒不如让鸦片贸易合法化。如此，政府既可从中征税获利，又能制定政策规范贸易。[27]

1847年，已调任陕西巡抚的林则徐，也改变了自己的"鸦片观"，与许乃济成了"同道中人"。在给友人文海的回信中，林则徐说道："鄙意亦以内地栽种罂粟于事无妨，所恨者内地之嗜洋烟而不嗜土烟。"此时的林则徐，担忧的是那些吸惯了洋烟的人，不能回心转意支持土货，"第恐此种食烟之人未必回心向内耳！"进而导致白银的流出。[28]

曾几何时，反对禁烟的许乃济被朝野内外集体唾骂。世易时移，转眼却换作了主张禁烟之人吞吞吐吐。比如，晚清禁烟名士许珏，在给湖南巡抚赵尔巽的一封信中如此说道："珏两年来疏陈请加洋土药税，未敢遽言禁者，因言禁则众皆以为迂图，势将置之不问；言加税则尚有裨财政，或冀采用其说。"[29]禁烟名士不敢轻易谈禁烟，担忧被视作迂腐遭到耻笑，可见流风所向，已然大变。

以本土鸦片抵制进口鸦片，这种论调在晚清官场有着极广阔的市场。比如刑部左侍郎袁保恒（袁世凯的叔父），曾在光绪初年对总税务司赫德说："他和其他人将要保护本国的鸦片种植，直到能够制止外国人输入鸦片，那时本国就将停止种植鸦片。"[30]再如，洋务知识分子郑观应，也明确提出了"鸦片商战"这一概念，将"鸦片战"视为对列强进行商战的上策。早在1862年，郑就开始提倡"以土抵洋"，建议朝廷"弛令广种烟土"，希望民众多吃本国鸦片，少吃进口鸦片，进而"固国卫民"。[31]

1872年创办的《申报》，也有很多类似的言论。比如，一篇题为《拟弛自种鸦片烟土禁论》的文章，总结了三条理由，呼吁朝廷放松对土产鸦片的禁控：一、国人既然喜食鸦片，放松对土产鸦片的禁控，政府一可征税，二可使数千万两白银留在国内，免致流失。二、改进鸦片制作方法，仿行印度办法，以适应国内消费者的口味，政府不但有巨额税收，农民也可以增加收入。三、凭借征税而使鸦片售卖价格增高，贫者戒吸而富者渐减，最终自然不禁而禁。[32]

在政策上为本土鸦片彻底松绑的，是直隶总督李鸿章与总理衙门。1874年，李鸿章与总理衙门向清廷提出"种烟弛禁"的主张（事实上此前已经弛禁，只是没有形成文件），建议用自产鸦片抵制进口鸦片。李说，据他所知，每年从印度进口的洋药"约七万数千箱，售银三千余万之多"。英国人既不肯禁止鸦片的输入，还欲禁止中国内地自行种植，"用意殊极狡狠"。为今之计，只有"暂行弛禁罂粟"，也就是允许内地民众种植鸦片，如此，"不但夺洋商利权，并可加赠税项"，等以后进口鸦片越来越少，再推行政策严禁鸦片种植。何况如今云南、贵州、四川、陕西、山西各省已"多种罂粟"，无视这一既成事实再去禁止种植，不过是"徒为外洋利薮之驱，授胥吏扰索之柄"，等于给洋人牟利，方便胥吏们去民间敲诈勒索。[33]

就字面逻辑而言，李鸿章这一主张可谓"两害相权取其轻"，即：对鸦片征税只是手段，禁烟才是终极目的，也就是所谓的"以征为禁"和"寓禁于征"。但就具体的实施而言，这一做法却成了"两害相权取其重"。原因是地方官僚在其中扮演了极为贪婪的角色，"寓禁于征"成了幌子，鼓励乃至逼迫百姓种鸦片以扩大税源，成了第一目的，甚至是唯一目的。一如郭嵩焘所了解到的那样：

其川、滇、甘、陕各省栽种罂粟，则必以课吏为先。臣闻种罂粟一亩，所出视农田数倍，工力又复减省。州县因之添设陋规，私收鸦片烟土税，亦数倍于常赋。官民皆有所利，以致四处蔓延，积久而种罂粟者男妇相率吸食，不能如印度所出烟土严禁其民吸食也。因以积成偷惰之性，饮食费用，虚耗日多，遂使田赋常供，亦多不能输纳，卒致官民交困，而夺民食之需，以空仓廪之藏。广种罂粟，流毒无穷，岂复能有自存之理。[34]

四川、云南、陕西、甘肃等省，都已把推广罂粟的种植，当成官吏考核的优先项目。于是，种鸦片成了一种看起来对官府和民众都有利的事情，不但四处蔓延不可遏制，种罂粟的民众也纷纷成了瘾君子。久而久之，结果就是粮食生产越来越少，民间无粮，国库也无粮。如此这般，国家岂能自存？

此时的郭嵩焘尚在驻英公使任上，忧心忡忡之下自伦敦连上了两道奏折，希望朝廷禁烟，而不是听任乃至鼓励本土鸦片种植。但这种主张，得不到朝中主流舆论的支持。时任两广总督的刘坤一，即在一封私人信函中明言，郭嵩焘的主张万万不可施行：

郭筠仙侍郎禁烟之议，万不能行。即以广东而论，海关司局每年所收洋药税厘约百万有奇，讵有既经禁烟仍收税厘之理！此项巨款为接济京、协各饷及地方一切需要，从何设法弥缝？……顾据实直陈，必触忌讳，不如暂缓置议，想朝廷不再垂询。[35]

　　刘坤一说得非常明白：广东绝对不能禁鸦片。禁了鸦片，针对鸦片的"洋药税厘"就会丧失征收的合法性。这一项收入每年有100多万两白银，很多地方都仰仗这笔钱运转。"鸦片财政"没了，那100多万两白银的收入，谁能弥补？要从何处弥补？所以，郭嵩焘的奏折，很自然地被搁置起来，既无反驳也无赞成，而是不做讨论。因为一讨论，就要涉及"鸦片财政"这种收入的不道德。为了保护"鸦片财政"，刘坤一所主张的"暂缓置议"，无疑是最好的处理方式。刘说"想朝廷不再垂询"，背后的含义是朝廷对"鸦片财政"的重要性也心知肚明，必然会有默契，敷衍了郭嵩焘之后，不会再给各省督抚们下发文件来商讨禁烟之事。

　　那清廷对"鸦片财政"的依赖有多严重？据周育民对清廷财政收入、海关收入、鸦片税收入的统计比对，1887—1894 年这段时期，"经由海关征收的鸦片税收入占到海关税收入的30%—40%；而在整个财政收入中，占到10%。内地土药厘金的收入也为数不少，同治年间不过数万两，而到甲午战前已达到五六十万两。没有鸦片税收入，清朝财政就无法正常运行"。[36]须注意的是，此处统计中的"五六十万两"土药厘金，所指仅是上缴中央的财政收入，地方政府通过向土药即本土鸦片征税之所得，往往是中央所得的十倍乃至更高。也就是说，在晚清的整个"鸦片财政"（中央+地方）当中，10%这个比例，只是一个最低最保守的统计。

　　晚清人何启与胡礼垣，在1901 年前后，也提供过一项统计，可供参考：

今中国所急者财用，而厘税之入以鸦片为大宗。洋药进口厘税六百万两，土药厘税名虽二百二十余万两，而实则二千余万两。是合洋药土药而计，每年值二千六百余万两。国家之利赖在此，官府之调剂在此，若舍此项，则补救无从，此所以禁烟之举，近年缄默无言也。[37]

朝廷和地方政府都要依赖这笔钱运作，谁愿意主张禁烟？一切全如民国学者于恩德在《中国禁烟法令变迁史》中所说的那样，政策上放开本土鸦片的种植，是因为"朝廷深知鸦片弛禁每年可收巨款"，而所谓的"寓禁于征"，其实际目的"乃在于征（税），而非在于禁（烟）"。而且，这种政策最后成了"禁烟成功之阻碍，因政府恃为利源而不肯舍弃"。于恩德还说，"大多数国民陷于万恶之毒害中"，清廷放开本土鸦片种植须负主要责任。[38]

要让吸食鸦片的人戒掉鸦片，是极为困难的；要让依赖"鸦片财政"的清政府戒掉"鸦片财政"，同样也极为困难。1900年之后，清廷迫于内外压力开始禁烟，地方政府收入锐减，怨言极多。比如，1909年11月，山西巡抚上奏说，自禁烟之后，山西再无本土鸦片的厘金税赋可以征收，省财政迅速入不敷出，新政也因为没钱办不下去了：

> 本省进款，自开办统税，药厘一项骤短银二三十万，至本年禁种，更无税厘之可收。出款日增而入款转减，计三十三年已亏银七十万，三十四年将亏至百万，本年又加认海军开办经费，每年应允解银十五万，常年经费五万，本省审判庭及谘议局经费约共十万两，截至年终计须亏银一百四十万。[39]

这诉苦声里，显然已经忘了在20年前的丁戊奇荒里，漫山遍野皆是罂粟的山西，曾发生过饿死四五百万人的人间惨剧。在政府收入与民众温饱之间，清廷的最高决策层，自慈禧、奕䜣而下至李鸿章、刘坤一这些地方督抚，均一致选择了前者。鲜有人像郭嵩焘那般，将"民为贵，社稷次之，君为轻"之说当真。

"小孩饿死尚是小事"

回到山西的灾情。

山西巡抚衙门之所以能够容忍李提摩太前来赈灾，与灾情实在过于惨重有直接关系。因为朝廷其实是极不喜欢洋人站出来赈灾的。丁戊奇荒期间，日本驻华公使森有礼前往总理衙门，表示日本民众愿意向山西饥民提供赈粮，而且这些粮食已经运抵天津，总理衙门王大臣们的反馈是"以山西转运艰难力为劝阻"[40]，即把粮食运往山西路途太艰难了，所以这些赈粮我们不能要。

李提摩太等人去山西赈灾，也引起了朝廷的注意。河南学政瞿鸿禨将他们的行踪密报给朝廷，瞿还说，这些人的居心"险不可测"，他们跑来赈灾，是想乘机收买人心，窥探我大清国的虚实。[41]山西巡抚曾国荃很快就接到了谕旨，要他"婉为开导，设法劝阻"，将这些外国人劝离山西，因为"外国捐助名为善举，实则流弊滋多"[42]。所以，当李提摩太第一次去巡抚衙门求见曾国荃时，他不但没有受到礼遇，还被当成了不怀好意：

> 他的一个秘书——我必须先见他——告诉我说，巡抚因为我的出现非常生气……他认为我的到来只是为了收买人心，使民众对政府离心离德。[43]

然而，山西的灾情实在太过惨重，曾国荃没有遵旨将李提摩太"请"出山西。在给朝廷的回复中，曾国荃赞扬了李提摩太，说他带着银子来到山西，先在阳曲、徐沟等地赈灾，"诸称平顺"，与地方官府非常合作，并没有闹出任何事端；之后听说山西省南部的灾情尤其严重，又"愿赴平阳散放"，到了那边之后事情也都办得"极妥协"，完全没有学政瞿鸿禨"所奏情事"。[44]

李提摩太确实是一个有能力给灾区带来实际援助的人。1876年在山东青州府的赈灾，李提摩太动用的是个人积蓄；当他发现灾情规模远比想象中严重后，即亲自前往烟台向外国侨民进行募捐，又通过英文报纸《北华捷报》和《万国公报》《申报》等媒体，不断刊载山东的灾情信息，呼吁居住在中国的外国人士向灾区捐款。最后成立了一个由传教士、外国商人和驻华外交官组成的"山东赈灾委员会"（该委员会后升格为"中国赈灾基金委员会"，与英国伦敦成立的、以前驻华公使阿礼国为首的"中国救济基金伦敦委员会"有着密切合作），募捐事宜由该委员会负责，李提摩太等传教士则负责深入灾区察看灾情，统筹具体的放赈事务。在山西太原、平阳等地，李提摩太共发放赈款12万余两白银，救助灾民15万余人。在山西临汾，官府自光绪三年（1877）十月到光绪五年五月，共发放赈款4.82万两，李提摩太在光绪四年夏到次年三月，在该地共发放赈银5万余两。[45]

这种切实的赈灾能力，也是曾国荃愿意在奏折中力陈李提摩太绝非不怀好意的缘故。但朝廷考虑问题的出发点，与曾国荃大不相同。相比救济灾民，朝廷更忧虑洋人此举是在"怀柔远人"，而这原本是大清国才有资格来做的事情。尽管传教士们的赈灾活动几乎全部是在得到清廷的许可之后进行的，且有指定区域并由地方官员监督，并不会给他们多少宗教宣传的空间，但传教士们仍会因赈灾活动与底层民众建立起直接的关系，进而也就会改善他们在底层民众中的形象，一如李提摩太所言："我想饥民分发救济的经历，对群众而言，颇具说服力。这说明，我的宗教是可靠的。"传教士的形象改善，自然会引来问询者，李提摩太则顺势送给每个前来问询的人"《教义问答》和《赞美诗》"[46]。这种事情，让身处庙堂之高的统治阶层如坐针毡，也让身处江湖之远的士绅们如鲠在喉。

1877年旧历二月下旬，苏州士绅谢家福在"以资遣灾民"（带着资金去赈济自山东南来的灾民并将之遣送回籍）自泰州归来，途中听到了一个消息：包括李提摩太、慕惟廉、倪惟思及英国驻烟台领事在内的一批西方传教士，正在山东赈济灾民。这让谢家福立刻紧张了起来。他在日记中，如此描述自己获知此事后的焦虑心情：

> 知耶稣教之洋人慕惟廉、倪惟思、李提摩太及烟台领事哲美生等在东齐赈给灾民，深惧敌国沽恩，异端借肆，不能无动于衷。顾以才微力薄，莫可挽回，耿耿之怀，言难自已。[47]

谢家福担心洋人借着赈灾向民众布施恩惠，然后扩张他们的主张与思想。觉得自己不能无动于衷，但自己又能力有限无法可想，于是耿耿于怀非常难受。在这种"耿耿于怀"情绪的支配下，谢家福给熟识的江南士绅们写信，尝试着鼓动他们站出来，与洋人的赈灾行动相抗衡。

谢在信里说，洋人们在山东，明里打着赈灾的幌子，暗里却干着收买人心的阴谋。若不采取措施，民心恐将流失，异教恐将横行，必成中国之大患。谢建议筹集巨款，采用"跟踪济赈"的方式，来消除洋人赈灾对中国民心的损害。简单说来就是追踪洋人的救灾路线，洋人前脚发完赈银赈粮，我们后脚跟上再发赈银赈粮。谢还说，这是有良知的爱国士大夫义不容辞的责任和义务，并赋诗一首：

> 大兵之后又凶年，
> 国计民生孰见怜？
> 安得赈钱三十万，
> 管教压倒慕维连！[48]

除了"跟踪济赈"，谢家福还主张以收养难童为先，与传教士展开竞争。

在给好友李金镛的信中，谢家福说当下最重要的事情，就是将难童从洋人的手里抢过来，"东省灾后，子女流离者不可计数，为他族收养者，闻有数百名之多。窃恐人心外属，异说横行，为邹鲁之大患"，正所谓"急则治标"，这个"标"就是儿童，因为儿童智识未开，情窦未通，最容易被异族蛊惑。他在信中激动地写道：眼看着这些儿童被洋人驱入"陷阱"之中，再也不能重新做人，但凡有血气者，"能无锥心肝、竖毛发，亟图补救哉"。[49]

这些倡议，在江南的士大夫圈子里获得了普遍认同。苏州士绅袁子鹏给谢家福回信说，西人想要领养饥荒孤儿，那是万万不可。我们多收养一名，就少一人入教，功德尤其大[50]。另一位苏州士绅尤春畦则说：

> 小孩饿死尚是小事，为天主教诱去，则大不可，能否引之出堂，亦宜酌量，事却甚好。幼孩如何领来，有亲属者作何安顿？至来苏之后，经费无不竭力。[51]

有了士绅们的支持，谢家福启动了赈灾行动。友人高龚甫致信谢，鼓励他努力去做，"不可存推诿之心"。谢家福在回信中说："弟之此行为敌夷，不为赈济。赈济则以仁存心，当念亲亲仁民之意，敌夷则惟知大义，虽捐糜踵顶，有所不辞。"[52]意思是此行的目的乃是抵抗夷人，而非为了赈灾。赈灾讲究仁心，抗夷讲究大义。为了大义赴汤蹈火也在所不辞。

"抗夷"的旗帜赢得江南士绅们的高度赞赏。上海士绅王赓保来信说，谢家福将众多孤儿从黑暗的"禽兽之域"中拯救出来，实在是一种伟大的壮举，这壮举足以证明世事尚有可为。王赓保说，自己很愿意与谢一起并肩战斗，抵抗夷人。[53]

"抗夷"的旗帜也给谢家福带来巨大的满足感，让他拥有了强大的精神力量来克服振灾行动中遇到的种种苦难："生平灭夷之志，刻不能忘……（如今得此机会）而交臂失之，则身存实死，天下不必有此人，谢家不必有此子也。"[54]捐款者当中，偶有人提出耶稣教与天主教不同，不必过于仇视。谢家福有这样一段义正辞严的回击：

> 某之所办者，不第在教门之良莠，尤重在中外之界限。山左灾民受洋人赈恤三月有余，几乎知有洋人不知有中国矣。诸君好善乐输，下以回已去之人心，上以培国家之元气。即此便是忠臣，便是义士。若不能权自我操，反为教堂筹费，如国计何？且既受教堂之赈，必服外洋之教，无论其为天主、为耶稣，终不当以中国之民，服外教而废五伦，童子何知，坐令陷溺，于心安乎？[55]

大意就是，谢家福并不在乎天主教、耶稣教的分别，只在意"中外之界限"，也就是不能让山东的难童接受洋人的赈济，不能让他们"知有洋人不知有中国"。

受这样一种"抗夷优先"理念的支配，谢家福将募来的活动经费几乎全部用来与传教士争夺难童。曾有人建议谢拿出资金来开设粥厂，以解青州灾民的燃眉之急，结果被谢拒绝，理由是：儿童与成人不同。成人有觉悟，可以持节慷慨赴死；儿童无知，不懂得饿死事小、失节事大的春秋夷夏大义。所以，在资金有限的情况下，应该优先救济儿童，以免其失节于洋人。谢在日记中说，自己对这个决定"理得心安"，并无愧疚。[56]

谢家福所谓的"成人有觉悟，可以持节慷慨赴死"，并非虚言。1877年的山东，就有昌乐县灾民"弗受洋赈"，乐安县灾民"俱情愿饿死，不受洋人之赈"的事情发生[57]。河南也是如此，某些灾民不肯接受洋人的赈济，社会上还出现了谣言，说传教士借赈灾之机行虐待之实，以致有参与赈灾的洋人无奈给《申报》投书说：

　　河南地方饥民大不解事，于教士所分给之银不肯领取，意谓西教士意在买服人心，诱人入教，故特给我等银钱，慎勿堕其术中。彼此相戒，竟无一人肯领。且仿铁泪图之式，造作诸般恶状，谓教士诱人入教，如此虐待。亦分贴多张，以冀煽惑人心，该省官宪无可如何。[58]

　　不要洋人赈灾的银子，害怕被洋人骗了去剜眼挖心，这是可以理解的事情。此类谣言已在大清国读书人圈子和底层社会流传了上百年（甚至可以追溯到明朝利玛窦来华的时代）。但有人模仿《铁泪图》将传教士画成凶神恶煞，将剜眼挖心之类的场景用宣传品具象化，这显然并非灾民所为之事，他们温饱都成问题，不可能有这样的闲情逸致。也就是说，河南也有一批类似谢家福这样的士绅，怀揣着"灭夷之志"在努力保卫"中外之界限"。

　　这种努力是成功的。在河南，传教士们不被允许逗留，也不被允许以任何方式参与赈灾。地方政府还发布了通知，若洋人不离开河南，官府不保障他们的生命安全。当传教士花国香等人抵达开封时，城内已遍贴告白"宁可食夷肉，不可食夷粟"，书院也罢课称"要与西人打仗"，且下了战帖约在第二天[59]。无奈之下，他们只好放弃了赈济河南灾民的计划。

　　据前往河南赈灾的苏州士绅孙传鸼《游汴见闻实录》里的描述，彼时的河南，正在上演"父子相食"，前一刻卖儿子后一刻反悔来赎"则小孩已在锅中矣""遥见一人持一（人）腿随食随走""人肉煮好者每块八文"……的人间惨剧。[60]

　　但是，本文绝非是要将谢家福这样一位中国近代赈灾史上的重要人物，塑造成一种简单的负面形象。事实上，以谢家福为代表的民间士绅，才是支持中国北方艰难熬过丁戊奇荒的核心力量。谢一生从事赈灾活动，"先后通解赈银二百五十二万三千两有奇，活人无算"，这里面还不包括赈济山东灾民（难童）不足一年即筹集到的43万余两白银。这些钱全部用在了救灾之中（至少是送到了灾区地方政府手中）[61]。以山西为例。按《清实录》的记载，清廷中央所拨赈灾款，总数不过数百万两，赈米也不超过100万石，而《清史稿·曾国荃传》里的数据是"先后散发赈银一千三百万两，米二百万石，救活饥民六百万人"。也就是说，山西绝大部分的赈款和赈米都来自民间，包括中国士绅，也包括外国人士，其中又以中国士绅为最有力者。这也是《清史稿·食货志》仅笼统地说："光绪初年，山西河南陕西之灾，拨币截漕均巨，合官赈、义赈及捐输等银不下千数百万两"，官史不将官赈数字单独提出的缘故，是"因为其份额远远小于义赈及捐输"[62]。

时代是多面相的，具体的历史人物也是，转型时代的历史人物尤其如此。朝廷失职，以谢家福为代表的民间士绅成了天愁地惨时代里的中流砥柱。但这些中流砥柱，自身也仍困在陈旧的"夷夏之防"里。

第十八章　1878 年：连小小的武举也废不掉

1878年，日本效仿德国设立参谋本部，开始全面学习德国陆军，其军事近代化改革进入一个新阶段。清廷在这一年也有过实施军事体制改革的机会，两江总督兼南洋大臣沈葆桢上奏，请求废除传统武举。

遗憾的是，沈葆桢的建议被严词驳回了。

湘军其实是一支传统军队

19世纪40年代前后的清帝国军队，可谓腐败黑暗至极。

首先，自军官至士兵，其社会地位普遍低贱。其次，吃空饷是常态，如贵州绿营普遍缺额过半。再次，军饷克扣与贪赃枉法也是常态，如广东绿营开设赌场，福建水师将战船租给商人，广东水师的核心收入是鸦片走私。如此种种，让近代史学者茅海建先生发出感慨："我为了研究结论的公允，曾千百度地寻找光明，但光明始终远我而去。我不能不得出这样的结论：鸦片战争时期的清军，本是一个难得见到光明的黑暗世界。"[1]

这种黑暗，正是英法联军能够轻松攻破北京城的重要缘故，也是晚清军事改革要解决的问题。

这场改革是从"练兵"与"制器"开始的。恭亲王奕䜣在1864年的一道奏折里说得很明白："治国之道在乎自强，而审时度势，则自强以练兵为要，练兵又以制器为先。"[2]"练兵"与"制器"可以说是晚清洋务之臣最重视的两项工作。

与恭亲王一样，李鸿章在1864年也说过：大清要想自强，"莫若学外国利器"，最好的办法就是将洋人的器械搞过来；而要做到这一点，又"莫如觅制器之器，师其法而不必尽用其人"，最好是把洋人制造器械的工具和办法搞过来，如此就不必再倚仗洋人。李在奏折里颇为沉痛地承认，之所以要向洋人学这些，是因为中国自己没有这样的技术。以制炮之术为例，中国存世的最好最详细的资料，是汤若望的《则克录》和丁拱辰的《演炮图说》，但这两本书"皆不无浮光掠影、附会臆度之谈"，内容既不精深，许多地方还似是而非，结果就是"求之愈近失之愈远"，怎么都造不出能与洋人媲美的好炮。[3]

左宗棠也说，大清要想巩固海防，必须整顿水师；要整顿水师，首要之务就是向洋人学习技术"监造轮船"，正所谓"泰西巧，而中国不必安于拙也；泰西有，而中国不必傲以无也"，人家既然有巧思先进的技术，大清不妨全拿来使用。[4]

改革的这种开端模式，与日本的情况颇为相似。只是日本引入西方制器之术和练兵之道的时间要略早于清廷。

19世纪前半期，日本已自西方编译引入《西洋火攻神器说》（平山龙子）、《西洋火器说》（荻生徂徕）、《西洋火器解》（清水正德）等近代武器专著，也引入了《三兵战术》（铃木春山）、《兵制全书》（高野长英）、《练兵说略》（山鹿素行）等介绍近代的步骑炮兵战术、军制形态、练兵要义的军事理论著作。有统计称，"整个江户时代，西方传入日本以及日本学者受西方影响所著军事著作达289种"。[5]进入明治时代后，日本又在1874年确定以英国为海军建设的学习对象，海军教材全部翻译自英国，海军的领导体制和组织形式也全面套用英国的海军章程。为加速军事近代化转型，除了多次向海外派出军事考察团外，明治政府还高薪聘请法国、英国的军官数十人，来到日本军事学校任教，并遣送青年军官去英美（海军）、德法（陆军）等国留学。[6]

而当湘军在19世纪50年代崛起为清廷最为倚重的武装力量时，它所依赖的"练兵之道"仍是来自古代传统军事智慧。曾国藩筹组军队遵循三个基本原则：

一、以深受忠义思想熏染的儒生为将。这与清廷八旗、绿营军队自行伍（如杨芳、陈化成等）和武举（如关天培、葛云飞等）之中选拔军官，旨趣迥异。有统计称，湘军中儒生出身的将领占到了58%，主要将领的四分之三都有儒学背景[7]。

二、招募"朴拙少心窍"的山区农家子弟当兵。曾国藩自述其选兵标准是："凡标兵之求归行伍者，一概不收；凡练勇之曾经败溃者，亦不复用。大抵山僻之民多犷悍，水乡之民多浮滑，城市多游惰之习，乡村多朴拙之夫。故善用兵者，尝好用山乡之卒，而不好用城市、近水之人。"[8]大意就是绿营里跑出来的兵不收，练军里有过溃败历史的兵不收，水乡、城市之兵不收，只收山乡之民。原因是山乡之民生存环境既恶劣又封闭，恶劣造就犷悍，封闭造就朴拙。这些人既不会像八旗兵那般因养尊处优而变得骄横懒散，乃至于连骑马都会坠地；也不会像绿营兵那般因世代行伍而变得油滑狡诈，深通各种战场全身之术。曾国藩的这种选兵标准，其实是对戚继光选兵标准的完整继承。戚在《纪效新书》里说过，招兵时"第一切忌，不可用城市游滑之人……第一可用，只是乡野老实之人"[9]。这其中，似隐约可见商鞅的"贫民""愚民"之道。当然，商鞅是有意制造"贫民"和"愚民"，戚继光与曾国藩仅是有意挑选"贫民"与"愚民"。

三、统帅自选将领，将领自募士兵。曾国藩如此描述这一原则："勇营之制，营官由统领挑选，哨弁由营官挑选，什长由哨弁挑选，勇丁由什长挑选。譬之木焉，统领如根，由根而生干、生枝、生叶，皆一气所贯通。是以口粮虽出自公款，而勇丁感营官挑选之恩，皆若受其私惠，平日既有恩谊相孚，临阵自能患难相顾。"[10]大意就是：湘军之中，统领亲自选营官，营官亲自选哨弁，哨弁亲自选什长，什长亲自选士兵。这样做的目的，是为了让军队的各个层级，变成一种彼此间存在"恩谊"的状态，到了战场之上，自然也就能够做到互相照顾。

曾国藩还说，为了让部队的各级军官可以向下级施展"恩谊"，须做到充分授权，"一营之权，全付营官，统领不为遥制；一军之权，全付统领，大帅不为遥制"。统领要招兵买马，要储备粮草军械，要给下面的将官升职降职，要防御还是要进剿，大帅须做到"有求必应，从不掣肘"[11]。军官们必须拥有这种相对独立的决策与赏罚之权，才可能与下级结成牢固的纽带。

这种做法，同样是在吸取绿营体制的历史教训。绿营兵原是清军入关后以归附的原明朝军队改组而成的。出于一种依赖兼防范的心态，清廷对绿营的制度设计，除前文提到的"世代为兵"之外，还包括：一、营兵驻地不动，将领定期由兵部调转，以免其与军队结成一体。二、以文职出身的总督、巡抚为军区最高长官，军区中的提督、总兵等武职官员只有管理指挥部队的权限，不能调动部队，也不能擅自更改兵政。三、高度分散驻扎，以方便八旗对之进行"以整制散"。四、要做大量的杂务，比如押送犯人、缉捕盗贼、查察走私、催收税赋等，绿营兵实际上沦为了地方官府的差役。[12]

将曾国藩的这种传统练兵之道，与洋枪洋炮和近代步骑炮兵战术相结合的，是李鸿章的淮军。

1862年，李鸿章在给曾国藩的信函中说："洋枪实为利器，和（春）、张（国樑）营中虽有此物，而未操练队伍，故不中用。敝军现择能战之将，其小枪队悉改为洋枪队……程学启三营中并改出洋枪队一营，临阵时一营可抵两营之用。"李鸿章还建议曾国荃与鲍春霆的部队中也多添一些洋枪洋炮。[13]

对李鸿章的这种做法，曾国藩内心是有抵触情绪的。他在给曾国荃的信函中，有一番谆谆告诫，反复强调真正的制胜之道"在人而不在器"，不可专在洋枪洋炮上下功夫，仍要努力固守"反己守拙之道"，也就是要以传统军事智慧里的选将练兵之术为核心。曾还断言，真正善战的将士不必打破头去争抢洋枪洋炮。信函原文如下：

> 然制胜之道，实在人而不在器。鲍春霆并无洋枪洋药，然亦屡当大敌。前年十月、去年六月，亦曾与忠酋接仗，未闻以无洋人军火为憾。和、张在金陵时，洋人军器最多，而无救于十年三月之败。弟若专从此等处用心，则风气所趋，恐部下将士，人人有务外取巧之习，无反己守拙之道，或流于和、张之门径而不自觉，不可不深思，不可不猛省。真美人不甚争珠翠，真书家不甚争笔墨，然则将士之真善战者，岂必力争洋枪洋药乎？[14]

这是曾国藩尚未亲见洋枪洋炮威力时的一种自信。待到后来见识到土枪土炮与洋枪洋炮之间的差距，曾国藩也转而成了引进洋人技术来"制器"的鼓吹者（当然，他也从未放弃所谓的"反己守拙之道"），江南制造总局即是在曾的支持下设立的。

淮军于1862年成立洋枪队之后，李鸿章又引入外籍教官如法国人毕乃尔[15]等，来传授洋枪洋炮的使用之术。次年，李鸿章"分令各营雇觅洋人教练使用炸炮洋枪之法"[16]，在淮军中引入西式操练。光绪初年，淮军新增的十九营炮队，其武器配属与营制操练已"全部因袭德国成法"。淮军还雇佣德国军官李劢协（Lehmayer）来华教习三年。1876年又选派了七名军官赴德国学习近代陆军与海军知识，这是清廷第一次派现役军官出洋留学（此前已派遣福建船政学堂学生，分三批前往英国和法国学习舰船驾驶和制造，不过这些学生不能算现役军官）。遗憾的是，此次军官留学的规模太小，七人之中又有二人提前回国，还有一人在学业结束之际病故。[17]

刻意摧毁曾国藩的建军之道

几乎与淮军同步，在恭亲王奕䜣的主持下，京城的八旗部队也启动了改革。

1862年，清廷自八旗军中挑选了一批官兵，趁英法联军已决定撤离但尚未撤离的空当，前往天津接受西式训练。教官是英国军官斯得弗力（Charles William Dunbar Staveley），训练用的器械来自俄国赠送的一批洋枪[18]。斯得弗力曾任第二次鸦片战争侵华英军的旅长，参与了攻占大沽口之役；后又指挥英军在上海进攻太平军，1863年离华。他对奕䜣说，中国最好是将练兵规模扩大至1万人，至少也要有5000人，且希望能同时选派30岁以下将领350名一同参与训练，如此才能保证这些军官在日后可以按先进战术来有效部署部队并指挥战斗。奕䜣大体采纳了斯得弗力的建议。[19]

不止八旗军，清廷围绕绿营实施的改革也于1863年前后启动。大体方向是将绿营中的精壮分子挑选出来编组为新的"练军"。清廷当时的考量是：太平军与捻军日渐式微，湘军、淮军与粤军等团练武装（勇营）也有必要结束使命，或遣散，或整编为由朝廷控制的正规军。对八旗部队施以西式训练，是为了保证爱新觉罗氏手中有可以制衡团练武装的军事力量；对绿营实施整顿，也怀有相似的动机[20]。众所周知，绿营当时的待遇不如勇营，战斗力也不如勇营，清廷不用勇营来消化绿营，反用绿营去容纳勇营，主要原因就是绿营属于由朝廷直接掌控的"正规军"，勇营则掌握在湘军、淮军出身的地方督抚手里。

为了破坏勇营，清廷还刻意以绿营的武官升迁系统来捆绑勇营将官。具体来说，就是勇营内的官职系统（统领、营官、哨弁）被定性为"体制外"的职务，不能享受朝廷赋予的种种优待。勇营将领只有在获得绿营系统的官职之后，才能实实在在提升在军中的地位，才能真正光宗耀祖。与之配套，清廷还规定：勇营将领获得绿营高级官职（提督、总兵、副将、参将、游击）后，须遵守绿营的制度离开原部队，只允许带少量部属前去指定省份任职。为了进入"体制内"让功名富贵合法化，许多勇营将领愿意接受这种条件。清廷这一策略，相当于反曾国藩的建军之道而行。勇营高级将领为了个人富贵选择离开后，勇营上下级间的"恩谊"自然不复存在，对勇营的整编也就容易多了。[21]

当然，用绿营来消化勇营也不是毫无难处。比如，要裁撤勇营，清廷首先得将欠勇营士兵的大量饷银补上，不补饷银而裁军很可能引起兵变。再比如，勇营将领虽然愿意进入绿营的体制内，但绿营兵的待遇远比勇营兵低，其实很难吸引优质的勇营兵流向绿营。所以最后整军的结果是清廷只达成了部分目的。从绿营里提炼出来的"练军"虎头蛇尾，人数最多时有13万之众，但战斗力仍一塌糊涂。勇营也未能被全部裁撤，不得不保留二三十万人改编为"防军"。

总体而言，到1880年前后，洋枪洋炮已大量进入清帝国的陆军。无论是八旗军，还是绿营及其升级版"练军"，抑或由残留的勇营改编而成的"防军"，都或多或少接受过西式训练。但清军的战斗力并未出现质的提升，洋枪洋炮用来镇压境内百姓固然绰绰有余，但要与欧美各国的军队对垒，却是实力严重不足。这自然是因为，一支军队的战斗力并不仅仅取决于器械，也取决于军队的体制——曾国藩在勇营里建立的体制，其实已是传统军队体制优势的巅峰。清廷以绿营容纳勇营，则是抛弃传统体制优势的巅峰，让清军重回到更坏更无战斗力的体制当中。

这种倒退式改革，等同于让清军距离近代军队越来越远。近代军队需要种种近代体制来支撑，包括实施国民义务兵制度、推行步骑炮工兵种专业化、建立军官培养拔擢退役制度、建立近代陆海军和士官学校、建立近代军事工业等。遗憾的是，晚清改革的前20年，除引进洋枪洋炮和仿造洋枪洋炮的技术外，几乎没有致力于这些制度建设。

统治术的优先级高于强军术

1878年，两江总督兼南洋大臣沈葆桢上奏建议朝廷废除武举，其实只是想在清廷陈旧的军事体制上打开一个极小的缺口。

沈在奏折里说：本朝文职官员以出自科举者最为尊贵，但武举出身者，其升迁反排在行伍和军功之后。我到两江就任之后，军中的武举们联名前来上诉，说自己到军队差不多十年了，仍然没有得到职衔，还滞留在最底层。我很同情他们。但一番详细考察之后，我又发现，论管理部队，他们比不上那些行伍出身的人；论奋勇耐劳，他们又比不上那些靠军功升上来的人。为什么会这样？因为军队需要的能力，和他们为参加武举所练习的内容，完全是两码事。[22]

沈还说，这些在军中的武举算好的，至少有军队约束着他们。那些"无事家居者"，也就是待在家中无所事事的武举，拿着顶戴当护身符"武断乡曲"，才是民间的大祸害。废除武举是废除无用之物，既能给国家省下许多钱，又能"为民间留一分元气"，实在是大好事。

可是，朝廷拒绝承认武举考试是无用之物。

1878年5月5日，慈禧以光绪皇帝的名义，在批复的谕旨中说："沈葆桢奏请饬停武科以节经费等语。国家设立武科，垂为定制，其中不乏干城御侮之才。沈葆桢辄因撙节经费，请将武闱停止，率改旧章，实属不知大体。着传旨申斥，所请着毋庸议。"[23]

其实，沈葆桢的建议没有任何过激之处。他在奏折里提到的两个关键信息：清廷军队提拔将领，多不用武举出身者；武举出身者能力太差，普遍无法胜任军官职务，乃是清朝官场众所周知的事实。比如，雍正时代各省绿营军加上八旗军，自提督至守备共计1555人，其中以功绩出身者524人，以侍卫出身者572人，以武进士出身者只有220人，以武举人出身者只有83人。尽管这项统计中存在重复，比如某人既是侍卫出身，也曾因立下军功升迁；比如某些军官的出身资料欠缺，故出身统计与军官总人数不能完全吻合。但从中仍不难看出，有武进士和武举人身份的武官，在清军当中确属绝对少数，只占到了约20%。[24]

至于武举出身者的能力太差，实是清代武举考试误入歧途所致。

清代武举始于顺治时代。分童试（在县府举行，合格者为武秀才）、乡试（在省城举行，合格者为武举人）、会试（在京城举行，合格者为武进士）、殿试（在皇宫举行）四个层级。殿试的前三甲为武状元、武榜眼、武探花。

考试内容分内、外两场。外场考骑射、步射和技勇；内场考策论。骑射的对象是用毡做的球；步射的对象是用布做的假人。技勇有三个项目，开弓、舞刀、掷石。判断是否合格的标准，是看从多远起射、命中多少支箭、拉开多强的弓、舞动多重的刀、提起多重的石头。策论是写几篇文章，主要从《论语》《孟子》《孙子》《吴子》《尉缭子》等先秦著作中出题。比如康熙五十二年（1713）的殿试题目之一，是要参加者以"洁己恤兵"（品行清廉爱护士兵）为主题写一篇文章。早期的会试录取，户外弓马成绩只用来筛选是否合格，名次的高低主要取决于室内的文化考试。但文化考试很快就靠边站了。到了嘉庆年间，考虑到大多数武举考试的参加者文化水平很低，已将文化考试由写文章改为默写《武经七书》的某些段落。到了道光时代，皇帝又下旨重申，武举考试的成绩，必须以户外的弓马比试为主，至于默写《武经》之类的文化考试，"断不能凭此为去取"，绝不能拿来作为淘汰和排名的依据。[25]

这种录取倾向，严重恶化了清代武举合格者的文化水准。

从顺治三年（1646），到光绪二十四年（1898），清代一共举行了109次武举会试，共产生了109位武状元。王金龙统计了这109位状元的地理分布，并将之与223名文状元的地理分布做了一个比较。结果如下表所示[26]：

1646—1898年清代文武状元分布表

地区	武状元	文状元	地区	武状元	文状元
直隶	41	4	山东	14	6
江苏	7	49	浙江	7	20
山西	7	0	汉军八旗	7	0
河南	5	1	广东	4	3
甘肃	4	0	山西	4	1
福建	3	3	江西	2	3
满洲八旗	2	2	四川	1	1
贵州	1	2	安徽	0	9
广西	0	4	湖北	0	3
湖南	0	2	蒙古八旗	0	0

从表中可以看到，武状元的分布，整体上以北方为主，约占到了总数的70%，其中仅直隶和山东两省，就占到了总数的一半以上。反观文状元产出最多的江

苏、浙江两省，皆只产生了7名武状元。湖南、安徽、湖北等南方省份，甚至没有出过武状元。这种分布态势，与清代对武举考试的轻视有直接关系。第一次鸦片战争谈判期间，清朝官员伊里布前往英国军舰拜访，见到军舰上有穿军服的随军实习生，即惋惜道："这么年青的孩子，应当在学校里吸收'绝理智的学问'，这不比到战舰上学习如何打仗更好吗？"言语中满是对武举与军职的鄙视。[27]

除了状元、榜眼与探花，清代武举还产生了约9600名武进士，和约10万上下的武举人。[28]

就考试本身而言，要中武举成为一名武进士并不容易。康熙十三年（1674）的标准是：骑射一项，须在三十五步之外纵马三次，射九箭中三箭算合格；步射距离八十步，射九箭中两箭算合格；开弓至少要将八十斤弓开满三次；舞刀至少要拿着八十斤的大刀耍出"闯刀过顶，前后舞花"，也就是俗称的"雪花盖顶"；提石头至少需要将二百斤的大石提到胸腹之间，再将石头左右翻转各一次。考试过程中若前一项不合格，即不允许参加后一项，直接淘汰。

遗憾的是，就选拔培养军事人才这个目的而言，这种高难度只是一种无意义的门槛设计。它选出来的，既非精通格斗的护卫人才（考试全是单独演练，没有互相搏击），也非精通军事知识（比如弓弩的设计、火炮的原理与应用）的技术人才和指挥人才，只是一群会骑马、能射箭、力气大、能默写一点指定书籍（默写内容一般在百余字左右）的壮汉。

在顺治时代，武状元会直接授官为正三品参将，武榜眼是从三品游击，武探花是正四品都司，其他武进士依次类推。康熙时代，改为半数武进士送去军营做军官带兵，半数留在宫中做侍卫，跟着前辈侍卫们学习格斗。但武举既然只能选拔壮汉，无法选拔军事人才，那么，越到需要将领的时代，武举们就越只能靠边站。这也是为什么在雍正时代的清军中，武进士和武举人出身的武官，只能占到约20%的绝对少数。再往后，太平军与捻军兴起，中外军事摩擦增多，武举人和武进士的命运也变得更加边缘。

也就是说，在1878年，武举的存在对提升清廷军队的战斗力而言，已几乎失去了正面价值。陆军方面的军官，或出身湘淮军队有军功或儒学背景，或沿袭八旗和绿营旧例由行伍提拔，没有武举的生存空间。海军方面，此一时期成立的天津水师学堂、江南水师学堂等，已开始教授外语与数学，以及航海、驾驶等技术课。尽管在军事指挥层面，仍以《春秋》《左传》《战国策》《孙子兵法》《读史兵略》等古代著作为主要教材，落后同期的日本海军学校甚远。日本当时已全面引进英国皇家海军学院的课程，以《海军兵法要略》《舰队运动指南》《海军战术讲义录》等军事著作为必读书[29]。海军领域更没有武举的容身之地。

然而，沈葆桢请求废除武举的奏折却被慈禧太后否决了。非但否决，还惹来了"实属不知大体，着传旨申斥"的责备。为什么会这样？上谕中没有任何解释。不过，从事后反推，并不难揣测慈禧太后执意保留武举的用意。

1894年，清廷在甲午战争中惨败给了日本。次年是文科会试，废除武举成了举子们当中的流行舆论。翰林院一位叫作秦绶章的官员，于1895年12月上奏请求朝廷改革武举，将考试内容从弓马石刀变为枪炮，同时加重文化考试的分量。光绪将奏折交给兵部讨论。兵部呈报的讨论结果是：考试枪炮，等于鼓励、允许民间使用火器进行练习，与朝廷的禁枪炮政策是冲突的，要不得；加重文化考试的分量，会刺激应试者请枪手替考，也要不得。兵部建议对秦绶章的奏折采取"毋庸议"的办法，束之高阁，不批复、不反驳、不讨论。然后"帝从之"，光绪采纳了兵部的建议。[30]

戊戌年，深受慈禧信任的总理衙门大臣、兵部尚书荣禄，再次上奏请求改革武举，以近代军事课程培养新式军人。朝廷将奏折下发给军机大臣和兵部讨论。或许因为荣禄本人既是军机大臣之一，也是兵部尚书，所以讨论出来的结果是：一、武举改考与枪炮有关的内容；二、停止玩默写《武经》的把戏。[31]遗憾的是，这个讨论结果，先是被朝廷接受，然后很快又被慈禧的懿旨否决了。慈禧在懿旨里说，"科举之设，无非为士子进身之阶"——科举的核心目的，不是选拔人才，而是给士子们提供一个进入体制的路径。武举自然也不例外。至于培养军事人才，那是"营武学堂"的事情。所以，之前的改革作废，各级武举考试"均着照旧制，用马步箭、弓刀石等项分别考试"；武进士们被录取后，再送他们去地方部队和神机营里练习枪炮[32]。

1895年与1898年的这两次改革，均不以废除武举为诉求，仅试图改变武举的考试内容，将枪炮技术与文化知识纳入考试范围。慈禧太后对这项改革表现出极大的不安。她非常担忧武举考试枪炮，会冲击到朝廷的"私藏火器之禁", 会给清廷的统治带来不稳定因素。而这恰与朝廷设立武举的初衷"无非为士子进身之阶"背道而驰。所谓"无非为士子进身之阶", 实际上就是给民间游勇提供一种进入体制的途径, 以免他们成为朝廷的不安定因素。这是一种古老的统治术, 宋神宗就说过, 北宋为了达成"无叛民"的目的, 不惜"招聚四方无赖不逞之人以为兵, 连营以居之, 什伍相制, 节以军法", 不惜牺牲军队的战斗力, 也要将大批无赖游民招入军队之中。[33]

对慈禧太后来说, 内部维稳才是武举之事的"大体", 至于武举能否与军事体制的近代化改革接榫并不重要。这种思维方式也是晚清军事改革在"练兵"与"制器"之外, 始终无法再进一步的核心原因。因为再进一步, 如实施国民义务兵制度, 实施军官培养、拔擢、退役制度等, 就会触及体制层面的东西。在慈禧看来, 这种触及与废除武举一般无二, 会破坏清帝国的内部稳定。在统治术和强军术之间, 慈禧坚定地选择前者。

清廷正式废除武举, 是在八国联军兵不血刃攻陷北京城之后。1901年, 张之洞、刘坤一等地方督抚联名上奏抨击武举, 慈禧终于不得不以光绪皇帝的名义下旨, 公开承认武举考试是无用之物, 其考试内容"皆与兵事无涉, 施之今日亦无所用"[34], 将之彻底废除。"无知"壮汉们至此终于退出晚清的军事舞台。清廷也不得不承认, 自19世纪60年代开始的, 旨在洗刷"庚申之变"耻辱的军事改革, 最终以较之"庚申之变"更为耻辱的"庚子之变"结束, 可谓全面失败。在1901年的"新政上谕"里, 慈禧太后不得不将变革军制与编练新式陆军, 作为一项重要改革内容再次提出; 1903年, 清廷正式成立练兵处; 1904年, 又参照西方国家的军队体制, 拟定颁布了《陆军营制饷章》; 1907年, 陆军部正式提出《全国三十六镇按省分配限年编成方案》。

但一切为时已晚, 失去的改革窗口期不会重来。当陆军部试图在练兵过程中用留学日本、德国和法国的陆军留学生(如吴禄贞、张绍曾、蓝天蔚等), 来取代袁世凯的北洋嫡系将官时(有统计称, 1901—1910年毕业的留日士官生共计620名, 大部分被清廷编入北洋新军[35]), 这些留学士官生早已对清廷失望。在1911年的大变局中, 他们中的许多人选择了革命, 而非保全清廷。

第十九章 1879 年：琉球交涉错失良机

1879年是人类与黑夜对抗的重要年份。爱迪生公司的碳化细丝电灯泡在这年10月成功持续工作超过13个小时。意识到这一时长蕴含着改天换地的巨大商业价值后，爱迪生随即向美国政府提交了白炽灯泡的专利申请。

清廷在这一年太平无事。来自外界的最大冲击是藩属国琉球被日本全面吞并，成了日本的冲绳县。

李鸿章不在乎琉球的朝贡

日本对琉球的觊觎由来已久。

明治维新后，日本的扩张欲骤增。1874年，日军入侵中国台湾，后以与清廷签订《北京专条》的方式撤军。因专条中有"日本国此次所办，原为保民义举起见，中国不指以为不是"一语，大久保利通兴奋不已，认为清廷承认其"征蕃为义举"，相当于留下了"表明琉球属于我国（日本）版图"的文字依据[1]。此后，日本加快了吞并琉球的步伐。1875年，日本禁止琉球入贡中国，禁止受中国册封，禁止奉中国为正朔，要求其奉行明治年号，遵行日本法律，并允许日本派兵驻屯。次年，琉球秘密遣人来华向清廷求援，无果。1879年3月，日本派军警部队强占琉球王宫，将琉球王室送往东京。琉球就此亡国，成了日本的"冲绳县"。

琉球是清帝国的藩属。日本吞并琉球，对清帝国的朝贡体系而言是一次很大的冲击。究竟如何应对，清廷内部存在多种意见。

首任驻日公使何如璋主张对日持强硬立场。

何如璋1877年刚刚抵达日本，就有琉球官员前来求助，向其讲述日本政府对琉球的种种压迫。何最在意的问题，是日本阻止琉球向大清朝贡，其目的究竟为何。稍后，何综合自己收集到的信息，给总理衙门和李鸿章提交了一份文件，建议趁日本"国势未定兵力未强"之际先发制人。何判断日本必不敢真与清廷开战，理由有四：一、日本的国力远逊中国。疆域不及两粤，财赋远逊三吴。大清即便"困敝"，也远强于日本。二、明治维新之后，日本债台高筑，若开战，须以现金向西洋各国购买军械，日本无力做此无米之炊。三、日本军队实力不够，常备陆军不过3.2万人，海军不足4000人，军舰多朽败不堪行驶，从英国购买的三艘铁甲舰也只有一艘到港，而且只能算铁皮舰。军舰驾驶与海军兵法也不精通，"尚非我军敌"。四、日本内乱频繁，无力对外开战。[2]

何如璋的这些观察，除了军备方面评价偏低外，其余描述均大体符合19世纪70年代日本的实际情形。何还提到，5年前日军侵台是西乡隆盛一意孤行的结果，日本政府内部其实存有异议。只是后来木已成舟，日本政府才"将错就错，使大久保来中议结"。这也是符合事实的情报。

依据这些情报，何如璋向总理衙门与李鸿章提出了处理琉球问题的上策、中策和下策。上策是打着责问琉球为何不纳贡的旗号，派兵去琉球，以委婉的武力行动向日本展示清廷绝不放弃琉球这一藩属国的决心。中策是公开与琉球联络，做出一种相约联手夹攻日本的态势，以展示清廷决不放弃琉球的决心。下策是与日本反复辩论，耐心讲道理，实在讲不通也可以搬出"万国公法"，或者约集其他国家的使臣一起向日本施压。何如璋希望朝廷选择上、中两策。下策在他眼里只是象征性交涉——这种象征性交涉有三种目标可以选择：第一种是维系住琉球与清廷之间的宗藩关系。第二种是不管什么宗藩关系了，只求将问题国际化，最后保住琉球这个国家不被日本吞灭，甚至可以允许琉球世代奉日本为宗主国。第三种是效仿欧美进行易地与金钱赔偿，也就是把琉球这块土地给日本，日本须拿出另一块相应领土及部分金钱作为补偿。何说，如果以上这些处理方法朝廷全都不用，只是眼睁睁看着日本灭亡琉球，那就是"无策"，就是"失策"。等到日本将数以万计的琉球人训练成士兵，福建沿海就要遭殃，正所谓"一日纵敌，数世为患"。[3]

与何如璋的强硬不同，李鸿章的立场相当微妙。

在给何如璋的回信中，李鸿章表达了两层意见。第一层意见是：若大清隐忍沉默不介入，日本定会认为大清衰弱胆怯，定会侵略完琉球再侵略朝鲜，所以有必要在琉球之事上与之力争，以遏制日本的野心。第二层意见是：琉球弹丸之地孤悬海外，距中国很远、距日本很近。大清接受琉球朝贡本无多少利益可言。接受它的朝贡却不能保护它的安全，自然会被其他国家轻视。若全凭口舌去和日本相争，恐怕不会有结果，日本最近的行为已相当于蛮横的无赖和癫狂的野狗。如果出动军队去争一个小国没多少价值的朝贡，又实在是既无余力也没必要。[4]两层意见指向的决策完全相反。前者主张对日强硬，以遏制日本的野心；后者认为没必要贪图琉球朝贡的虚名，没必要与日本相争让国家蒙受不必要的损失。信的末尾，李鸿章告诉何，究竟该怎么做须等待总理衙门的指示。

李鸿章如此这般回复何如璋，倒也不是在和稀泥。作为一个汉人督抚，李鸿章一向谨小慎微，尽可能在政务意见上与总理衙门步调一致。总理衙门还没表态，他当然不愿对何如璋明确表态。其实，在给总理衙门的文件中，李鸿章是有明确主张的。第一，李认为何如璋的上策与中策，也就是派军队去琉球，或与琉球联络造成夹攻态势，"似皆小题大做"，没有必要。只有下策，也就是以"万国公法"为依据，以外交手段与日本交涉，是目前可行的办法。第二，李鸿章认为日本对琉球处心积虑，但对大清而言，"（琉球）即使从此不贡不封，亦无关于国家之轻重""琉球地处偏隅，尚属可有可无"，琉球本身对大清来说是无关紧要的。真正需要担忧的是日本可能会得寸进尺侵略朝鲜。所以现下有必要对日交涉"稍止侵凌"，挫一挫日本的锐气。如果直接交涉无效，也可以将问题捅到国际上去，日本顾及各国立场或不至于吞灭琉球。总之，这样做"似较不言为少愈耳"，也就比沉默不言好一点点。[5]

总而言之，李鸿章的看法是琉球的朝贡不值得一争的，真正需要担忧的是日本可能侵略朝鲜，将手伸向东亚大陆。

郭嵩焘也持相似看法。日本吞灭琉球之际，郭嵩焘刚刚辞去驻英公使之职回到上海。郭写信给李鸿章说：维持琉球对大清的朝贡关系无实际价值；清廷应该做的是与各国公使协同会商，以"西法"来保护琉球的国家独立。日本既然事事以西法为依据，我们也应该以西法来与之交涉。西法里没有称臣纳贡之说，琉球不必再向大清纳贡，也不必再向日本纳贡。断了朝贡关系，按西法，日本就没有了干涉琉球的依据。[6]这些观点里，其实已存有主权国家理念。

李鸿章对郭嵩焘的说法深表赞同。在给总理衙门的复函中，他引用了郭嵩焘的这段意见，然后补充说：即使朝廷不主动放弃琉球的朝贡，若琉球最终独立，不再朝贡也是必然之事。与其被动放弃，反不如主动宽免。如此既不伤国家体面，也能免去许多纠纷，有助于外交，有利于维持琉球的"独立"。

总理衙门选择回避外交考验

李鸿章的建议有可行性，尤其是让琉球问题国际化这一主张。至于能否落实，须取决于清廷的情报收集能力与外交分析能力。

在日本学者信夫清三郎看来，日本政府当前最担忧的正是"琉球问题发展成国际问题"。日本急于吞灭琉球，重要的驱动力之一就是担忧琉球落入欧美列强手中。1877年7月，代理外务卿森有礼撰写过一份报告，提醒日本政府密切注意伦敦的《东洋杂志》正在鼓动英国政府控制琉球。为避免英国抢先控制琉球，日本须加速将琉球纳入国土。[7]

不管英国是否有意染指琉球，日本在中日琉球交涉期间确实对英国存有强烈的不信任。美国前总统格兰特受清廷邀请，作为调停人与日本斡旋，他从日本政府那里得到的信息是：英国驻日公使巴夏礼一直在鼓动中国驻日公使何如璋对日强硬。格兰特将这一信息转告李鸿章，提醒清廷不要中了英国人的圈套。[8]格兰特得到的信息未必是真，但日本政府如此向格兰特输送信息，至少说明日本政府很警惕英国，不希望英国介入琉球问题。

1879年6月，李鸿章在天津会见英国公使威妥玛，尝试邀请威妥玛出面调停琉球问题。威妥玛告诉李鸿章：首先，仅有英美两国还不够，须寻求英、美、法、德四国的联合调停。其次，联合英、美、法、德四国调停的一个重要目的，是让俄国陷入即便不加入也须保持中立的局面，以防止俄国趁中日纠纷的机会，在中国东北与西北边疆生事取利。再次，要想拉拢德国，须先设法安抚德国公使巴兰德；要安抚巴兰德，清廷须在中德商约问题上有所让步。威妥玛的这些话里，有对清廷所处国际环境的真知灼见——在给英国驻日公使巴夏礼的密函中，威妥玛明确说"德国和俄国公使期待中日关系破裂"，德国希望因战争而在商约谈判中占据有利地位，俄国则希望趁机染指朝鲜半岛。同时也潜藏着威妥玛自身的利益诉求。他去天津见李鸿章的目的，是希望与清廷就"修约免厘"一事达成协议。当时，英国商品进入清帝国，在海关纳了关税之后进入内地，还需要缴纳缺乏统一税则的厘金。英国政府认为厘金的征收不合理，希望免除。威妥玛希望清廷在中德商约谈判中让步，其实是因为中德商约谈判也涉及厘金问题。如果清廷免除了德国商品的厘金，英国自然也能享受到最惠国待遇。

威妥玛其实是向李鸿章展示了一个复杂微妙的外交局势。首先，单就琉球问题而言，英、美、德、法四国驻华公使均不认同日本吞灭琉球的军事行动。这对清廷是有利的，也是日本政府的忌惮所在。正因为忌惮国际干预，日方才会在之后的交涉中一再对清廷强调琉球问题"不容他人干涉"。其次，欧美各国是否愿意支持清廷的立场，又取决于清廷能为他们提供什么好处。威妥玛多次指责日本吞灭琉球没有合法依据，但要他介入调停，清廷须在"修约免厘"一事上做出让步。德国驻华公使巴兰德的情况也一样，他已多次批评日本在琉球问题上搞邪门歪道，但要他支持清廷，也须满足德国在商约谈判中的利益诉求。至于俄国，实际上已被公认为中日战争的煽动者，如何让俄国不轻举妄动，是清廷需要重点考虑的问题。总之，要在这种复杂微妙的国际局势下折冲樽俎，以尽可能小的代价来获取尽可能大的成果，对总理衙门与李鸿章而言，是一个很大的考验。

清廷的选择是直接回避考验。

总理衙门放弃了将琉球问题国际化这一既定策略，仅敦请美国前总统格兰特作为调停人去日本斡旋了一趟。选择回避的原因有三。首先是舍不得厘金这宗重要的财政收入，尽管它实际上并不合理。其次是德国与俄国的驻华、驻日公使在北京和东京散播种种谣言（如日本正在积极备战），清廷缺乏可靠的情报系统和信息分析机构，这些杂乱的讯息让清廷深感忧惧，不愿冒险对日强硬，也不愿冒险敦请德国与俄国介入中日交涉。再次，总理衙门（也包括李鸿章）办理对外交涉时，已习惯于做消极的"两害相权取其轻"，而非积极进取。在密室外交模式下，只要事情不碰触爱新觉罗皇室的统治权这一底线，总理衙门总是倾向于少冒一点风险，多做一点妥协。巴夏礼曾将这种路径依赖嘲讽为"心甘情愿对它所受的侵略付出报酬"[9]。

其实，请格兰特出任调停者也是问题多多。首先，格兰特并不了解琉球问题。其次，日本政府已承诺尊重《美琉协定》，美国在琉球问题上没有直接的利害关系，自然也没有深度介入的动力。所以，格兰特无所谓支持谁或者反对谁。他在天津与李鸿章谈话时，认为清廷的诉求颇为有理。他到了日本，与伊藤博文等人做了一番交流之后，又认为日本人的主张"并非无理"[10]。

原本有机会拿到琉球的一半

格兰特无意开罪清廷，也无意与日本政府为敌，于是提出了折中方案"分岛"。

所谓分岛，实际上就是将琉球诸岛部分划给清帝国，部分划给日本[11]。何如璋后来向清廷汇报称，说他会晤了美国驻日公使。该公使告诉他："格兰特拟一办法，球地本分三岛，议将北岛归日本，中岛还琉球，南岛归中国"（格兰特后来否认了"三分琉球"的主张，只承认建议中日两国"两分琉球"，李鸿章有些不满格兰特出尔反尔）[12]。有学者认为格兰特此举是为了杜绝"欧人得利"，试图用肢解琉球的办法，来"保证美国—横滨—上海航线的安全"[13]。

当时的日本政府无意与清廷开战[14]，又担忧交涉长期停滞会引来不可测的国际干涉，遂在格兰特建议的基础上拟定了一份新的"分岛改约"方案，于1880年由竹添进一郎向李鸿章提出。按该方案，琉球贫瘠的宫古、八重山将被划归中国；作为交换，中国须让日本"一体均沾"享有其他列强在中国的权益（也就是俗谓的"最惠国待遇"）。[15]

李鸿章当面反驳了竹添进一郎的要求。但在给总理衙门的信函中，李鸿章又建议说，事已至此也没有其他更好的办法，"琉球南岛割归中国，似不便收管，只可还之球人"，这样才不会有后患。至于日本要求获得与西洋商人同等的待遇，"原系中外通商公例"，并非不可应允。只不过不适合与琉球问题捆绑在一起答应，这样有失体面。[16]

总理衙门基本接受了李鸿章的意见。稍后，清廷颁布了一份处理琉球问题的上谕，作为指导性文件发放给参与交涉的相关人员。上谕说，"商务一体均沽"这一条，清廷与日本的各条约当中都没有，要谈也不是不可以，但现下的交涉是因琉球一案而起，与"一体均沾"是两回事，"中国以存球为重，若如所议划分两岛，于存球祀一层未臻妥善"。谕旨还说，待琉球问题解决后，"一体均沾"之事可以再谈。简言之，日方的诉求核心是"利益一体均沾"，中方的诉求核心是保住琉球国的主权。[17]

根据这份上谕的指示，经过绵延数月的谈判，总理衙门终于与日本议定了解决方案。在给朝廷的奏折中，总理衙门说：如今俄国虎视眈眈，中国"若拒日本太甚，日本必结俄益深"，如此既不能保存琉球，也不能抵御俄国。南洋大臣刘坤一认为可以答应日本将宫古、八重山二岛划归中国的提议，然后让琉球在这两个群岛上复国。北洋大臣李鸿章也认为，宫古与八重山二岛相当于琉球的一半，答应日本的要求，然后让琉球国王回到二岛复国，"或不至于俄人再树一敌"。总理衙门据此汇报称，已与日本公使宍户玑议定了解决问题的专条：

> 载明分界以后，彼此永远不相干预，庶以后中国如何设法存球，日本无从置喙……以光绪七年正月交割此地，及彼此派员如何会办，开列专约之后。[18]

当然，此时正流亡中国寻求帮助的琉球人士并不认同该方案，他们寄望于清廷能够帮助收复琉球全境。此外，奏折中提及的"日本必结俄益深"，在一定程度上也是日本政府刻意营造的假象。时任日本外务卿井上馨曾训令日本驻上海总领事，"应注意宽待俄国人……暗中使清政府怀有他日若有缓急之事时，日俄将要合纵之嫌疑，诱导在伊犁问题了结之前，迅速使之答应我国的要求"。[19]

方案已落实为具体条约，且约定了签字日期与生效时间。结果上述交涉仍无疾而终。

原因是清廷改行了"延宕"之策。1880年10月，李鸿章从琉球人口中得知八重山与宫古两岛"土产贫瘠，不能自立"后，对分岛方案的可行性提出了质疑，建议"球案缓结"[20]。内部意见分裂，条约的签字日期只好一再往后拖延。拖延到1880年末，日本方面失去耐心，外务卿井上馨向负责谈判的宍户玑发来指示，命其停止谈判。次年1月，宍户玑前往总理衙门，通知清廷谈判破裂，此后清廷提出的任何建议日方均将不予回应。随后，宍户玑离开北京返回日本。

分岛方案至此彻底流产，八重山与宫古两岛划归清廷的成议被否决，日本长期维持着对琉球诸岛的全面占领。

恭亲王一度欲将海军托付给赫德

无论是回避将琉球问题上升为国际问题，还是错失良机未能与日本签下分岛协议，皆显示总理衙门与洋人办了近20年外交，至此时仍是遇事一头雾水不得要领。其在琉球交涉中唯一值得称道的地方，是采纳了李鸿章、郭嵩焘等人不争朝贡的主张。

1879年的朝野舆论仍对传统宗藩体系有着很深的感情。

在野舆论见于《申报》。该报在1879年发表了至少232篇讨论琉球的文章。《申报》关于琉球问题的讨论很多，但论热度，只有1945年（251篇）、1946年（309篇）、1947年（362篇）、1948年（123篇）这几年可以与1879年相比。其他年份少则几篇，至多不超过百篇[21]。可见日本吞并琉球对清帝国民间知识分子造成的心理冲击非常大。

这些讨论文章，绝大多数主张清廷使用武力或外交手段保护琉球[22]。虽有小部分文章认为保琉球其实是保朝鲜、保东北[23]，但多数文章的注意力仍集中在宗主国的体面问题上，很在意"皇灵之远播"[24]。还有人主张若能使琉球复国，不妨答应日本"一体均沾"（也就是最惠国待遇）的要求，以展示天朝宗主国的宽容大度；如果这样做还不行，则朝廷唯有厉兵秣马与日本决战，以武力帮助琉球收复国土，且乐观预计说日本其实不堪一击："东瀛近来债负山积，兵气不扬，船则敝而不堪，兵虽强而不盛，加以理曲气馁，何以御我？"[25]

朝中舆论，则见于清流中人如张之洞、陈宝琛等人的奏折，这些人普遍不满议和，翰林院侍读学士王先谦与张佩纶还先后上奏要求朝廷跨海东征。王在1879年上奏，洋洋万言，希望朝廷"收琉球孑遗之众，出朝鲜掎角之兵。战舰直捣其夷巢，华民响应于各岛。以堂堂正正之师，取众叛亲离之地"[26]；张佩纶在1882年上奏，希望朝廷"密定东征之策"[27]来保护周边藩国，并特意就此事致信李鸿章，希望李能"投袂而起"[28]来担负这项责任。

朝廷将王先谦的奏章下发给李鸿章与沈葆桢讨论。李的回复是海军尚未建成，军饷也不足以支撑跨海远征[29]。沈葆桢此刻已是病危（1879年去世），只能在病床上口授遗折，力劝朝廷镇定，不可鲁莽，中国海军未成，冒失跨海出征，结果一定是后悔莫及："天下事多坏于因循，但纠因循之弊，继之以鲁莽，则其祸更烈。日本自台湾归后，君臣上下早作夜思，其意安在？若我海军全无能力，冒昧一试，后悔方长。"[30]

朝野舆论浮躁，主持总理衙门事务的恭亲王奕䜣也很焦虑。1879年5月，奕䜣上奏朝廷，请求派丁日昌前往南洋，与患病的沈葆桢一同办理海防。奏折中有一段文字，颇能显露他此时的心境。奕䜣说：欧美各国，以前唯有英国一家"水师称雄"，如今却是德国、俄国都有海军可与英国抗衡，连日本也在船炮军械上效法洋人，"骎骎有争霸海上之意"。反观大清，这么多年来办理对外交涉，一直都是"理有余而力不足"，道理虽然在我们这边，却没有能力去跟洋人讲道理。所以像天津教案、云南马嘉理案这样的大事，都只能以迁就洋人来了结。威妥玛、巴兰德这些外国驻华公使早已窥破我国虚实，"遇事以恫喝为长技"，一有冲突就拿出武力恫吓的伎俩。近在咫尺的日本也是"性情反复，又多叵测"，之前侵略我国台湾就没有受到应有的惩罚，"现又阻梗琉球入贡，废为郡县"，如今又在琉球问题上兴风作浪，而我大清仍然没有能力惩罚它。[31]

过度的焦虑往往会成为求变的契机。1879年夏天的奕䜣，对之前的海军建设工作感到失望，转而打算将建设大清海军的重任，寄托在总税务司赫德的身上。此时的赫德已经给清廷打造出一套运作良好的近代海关系统，让清廷的关税收入较之以往增加了数十倍之多；也曾多次参与海军的购洋舰、聘洋教练的工作。奕䜣希望并相信赫德能再替清廷打造出一支拥有真实战斗力的近代化海军。为此，他愿意在海军中赋予赫德类似"海关总税务司"那样的权力和地位。

赫德与奕䜣具体如何商议已不得而知。但赫德对琉球交涉的一些看法，多半会引起奕䜣的共鸣。比如他说："日本是根本没有正义可言的，除非借口代别人打抱不平而自己捡便宜也可以算作正义。正义完全在中国方面。我不信单靠正义可以成事，正像我不相信单拿一只筷子可以吃饭一样，我们必须要有第二只筷子的实力。但是中国人以为自己有充分的正义，并且希望能够以它来制服日本的铁拳，这想法未免太天真了。"[32]这是赫德写给金登干私人信函里的话，自然代表了他的真实意见。"要有第二只筷子的实力"这一主张，显然可以准确击中恭亲王的焦虑。

在奕䜣的支持下，1879年的夏秋之际，赫德开始效仿海关总署，筹划建立新的"海防总署"，并预期由自己出任"总海防司"。该年9月4日，他给身在伦敦的金登干写信说：

今年秋季，我的某项计划可能付诸实行。果真如此的话，我将极有可能需要下列人员：……可能组成两支舰队，每队由一位中国高级官员协同一位海防司（正如一位海关税务司协同一位道台那样）领导，这两位海防司就是那两艘海防舰的舰长。他们在海防司所管辖的一个新衙门当差。这个大概将要设置的新衙门称作海防总署。我的官衔简称为总海防司。我的上司是总理衙门和负责海岸防务的总督（两位）。这项计划现已上奏皇上和交军机处审议，非常可能获得批准。[33]

大略同期，赫德还拟出一份《总海防司章程》呈递给总理衙门。该章程共计36条，除了增购船只的经费需求、聘请洋员的薪金标准、舰队操练的方式与检验办法等常规条目之外，最关键的内容是新海军机构的组织架构和权力分配。扼要来说包括如下几点：

一、南北洋各设一支舰队，南洋舰队以南关（温州）为基地，北洋舰队以大连湾为基地。

二、由赫德担任总海防司，统筹南北洋海防事务。其上司是总理衙门和南北洋大臣。

三、由总海防司委派海防司，去做舰船的负责人，也就是"战船管带官"。同时由总理衙门和南北洋大臣选派"监司大员"，前往舰队做督办（大约相当于监军之意）。并聘请西洋海军将领数人，担任教练。

四、海防司领粮饷军火，须向"监司大员"发文申请，再由"监司大员"

向南北洋大臣汇报，核准之后发放。

五、用人、支饷、造械等事务，由总海防司决定，南北洋大臣不得侵越干涉。[34]

该章程的权力架构，主要参考海关总署的成功经验，即人事任免、薪金发放和贪腐监察系统等，均由赫德独立做主，目的是隔绝清廷充满腐败和潜规则的官僚系统的负面影响。同时也考虑到"军队掌握在谁手里"这个问题，将粮饷与军火的发放权控制在南北洋大臣手中、在舰队中设置监军，都是为了让清廷继续拥有部队的控制权。

总理衙门接到赫德的《章程》后，将之下发给李鸿章、沈葆桢与丁日昌等人，要他们出具意见。下发《章程》这个行为本身，已隐约透露出奕䜣对《章程》总体上是认可的。所以丁日昌与李鸿章的回复，也大体对《章程》持肯定态度。

丁日昌说，赫德"所拟战船章程，虽其中未必无私，然在目前言之，则时不可失，事不可缓"。他还说，最要紧的事情是"严选督办大员"，只有选对了监军之人，才能确保赫德"有所忌惮而不敢专擅"。为了加强清廷对舰队的控制力，丁对赫德的30条章程逐一做了批注和修改。[35]

李鸿章的回复也大体相似。他说，北洋这边购买了四只蚊船，上年冬天洋教练辞职回国，只好致函赫德请他代聘新教练，但总税务司反馈说教练在舰船上没有权力可言，不会有什么真正的训练效果，须待赫德做了总海防司之后再来着手这件事。李还说，自己看了总理衙门寄来的《章程》，"大致尚属周详，诚如尊论，不免揽权，而欲令办事，似不能不稍假以权也"。大体还算周密详细，也确实如来函所说有"揽权"的嫌疑，但要想让人办事，似乎也不能不赋予他一定的权限。总之，即便上有南北洋海防大臣，下有督办监司大员，也不能"全置不问，太阿倒持"，还是要想办法加强朝廷对舰队的控制。[36]

简而言之就是丁日昌与李鸿章原则上不反对由赫德担任"总海防司"，不反对由赫德来负责筹建清廷的近代海军。

南洋大臣沈葆桢的意见有所不同，他对赫德能否胜任该项任务持严重的怀疑态度。不过，沈没有给总理衙门直接回复。他"再四踌躇，累日未能作答"之后，选择将自己的疑虑函告李鸿章，供李参考。

　　沈在信中说了四点意见。第一，赫德的《章程》里反复强调的是一个"权"字，总理衙门难以当机立断的也是一个"权"字。天下没有人可以无权而做成事情，但"赫德岂能尽保一举一动事事可对圣贤者？"——赫德的人品可以被完全相信吗？万一赫德用的人有问题，是该按《章程》不闻不问呢？还是破坏《章程》与之撕破脸呢？第二，赫德选择南关和大连湾为海军基地，确实是煞费苦心，这两处海港的水深足以停泊大船。问题是它们离天津、福州、上海很远，自然也意味着要在这两处大兴工程，来修筑船坞之类的配套设施，朝廷哪里有这么多钱呢？第三，赫德的海军理念是"有碰船蚊子船即无须铁甲船"，这种观点恐怕是有问题的。第四，把舰队中的将官任免交给海防司，意味着朝廷派出去留洋的海军人才没有了安置之处。即便海防司勉强录用他们，也会因为"非我所培植"而歧视他们。从长远来看，对国家的人才培养是不利的。[37]

　　大略同期，李鸿章的幕僚薛福成在读了总理衙门的来函及李鸿章的复信之后，也对让赫德担任总海防司、负责筹建大清海军一事提出了异议。

　　薛福成说，他充分理解总理衙门的苦衷，毕竟大清说要创办海军说了好些年，却一直没有什么成效，如今连倭寇都敢藐视大清，所以才有了向他国"借才"的打算。但是，赫德是一个"阴鸷而专利"的人，他虽然拿着大清的俸禄，做着大清的高官，但"其意仍内西人而外中国"，仍然是一个以英国利益为第一本位的人。让他做总税务司掌管钱袋子，"已有尾大不掉之势"。再让他做总海防司，那就等于"中国兵权、饷权皆入赫德一人之手"。虽然他的上面有总理衙门和南北洋大臣，海军内部也有"监司大员"，但"监司大员"的名分只是"会办"，实际政务仍操控在赫德手里；总理衙门和南北洋大臣这两重上级，更有利于赫德来回游走，他既可以"借总理衙门之权牵制南北洋"，又可以"借南北洋之权牵制总理衙门"。

　　薛还说，他读了李鸿章给总理衙门的回复，也充分理解李鸿章的立场，"特以既有成议，不欲显与立异耳"——既然总理衙门的倾向性已经很明确，中堂大人你也只好赞同，不便标新立异提出反对意见。但是，此事也不是完全没有办法阻止。薛建议李鸿章上奏总理衙门，以筹建海军之事无法隔空指挥为由，请求赫德"亲赴海滨专司练兵"；如此，赫德就必须在总税务司和总海防司之间二选一。总税务司是已巩固的利权，赫德肯定不会弃海关而选海防，他掌控海军的谋划，也就自然流产了。[38]

接到沈葆桢、薛福成的反对意见后，李鸿章踌躇了多日。1879年10月3日，李终于决定致函总理衙门，称赫德"做总海防司"这件事，南洋那边沈葆桢已有不同看法，北洋这边也是"文武幕吏多不以为然"。随后便是将沈、薛二人的核心反对理由重述了一遍。[39]10月25日，李鸿章收到恭亲王奕䜣的函件，内称"赫德前拟海防章程即毋庸议"[40]。没有南北洋大臣的支持，奕䜣再如何欣赏赫德，也不会做出独断决定，冒险将大清未来的海军交到赫德手里。奕䜣从来就不是拥有强硬性格和决断力的人。

赫德说自己有过一种雄心壮志，如果能坐上"总海防司"的职位，"将在五年的时间里把他们的海军搞得真正可观"。这雄心壮志很复杂，既有个人建功立业的野心，也有对清廷的感情（这也是奕䜣长期信任他的缘故），还有对英国的忠诚。赫德多次说过，他不希望中国的新海军"由非英国人来领导"[41]。这种复杂性，既是"总海防司"职位在1879年与他近在咫尺的缘故，也是"总海防司"职位最终离他远去的根源。

第二十章　1880 年：终于允许建设电报线路

对总理衙门来说，1880年最头疼的事情，是必须与俄国就归还伊犁问题重新谈判。

上一年，崇厚曾奉命前往俄国交涉，结果令清廷朝野震动。当时的谈判环境对清廷相当有利：左宗棠的军事行动正取得胜利；刚刚经历俄土战争的沙俄政府财政匮乏，柏林会议还使之陷入了外交孤立，几乎所有欧美强国在伊犁问题上都不支持沙俄政府。然而，崇厚在谈判中几乎完全没有利用这些外交优势，以一种只图尽快了事的心态擅自与俄国签订了《里瓦几亚条约》，虽收回伊犁，却又是割地，又是赔款，又是贸易免税，又是放开内河航运。马士在《中华帝国对外关系史》中评价该条约，说崇厚答应的那些条件"只会是战胜国强加于战败国的"[1]，完全不像是两个国家正常交涉产生的结果。崇厚的昏聩在清廷内部引起了愤怒。总理衙门不得不拒绝批准《里瓦几亚条约》，改派曾纪泽前往俄国重新交涉。

总理衙门的焦头烂额，对李鸿章来说却是一个难得的好机会。他终于得到了机会，可以在天津与上海之间架设电报线了。

改革者们纠结了整整 20 年

电报的实际应用始于19世纪30年代。19世纪50年代，英国与法国、荷兰等国的电报已通过海底电缆连接了起来。19世纪60年代，海底电缆横跨了大西洋。1870年，英国铺设本土—印度—新加坡的海底电缆。1871年，英国又铺设新加坡—香港的海底电缆。同年，丹麦大北电信公司铺设完成香港—厦门—上海—长崎—海参崴的海底电缆。

电报传递信息的迅捷程度，远非驿站、信鸽、烽火等传统手段所能比拟，正是清帝国这种幅员辽阔的国家急需的统治工具。它可以有力地帮助清廷将中央意志及时传递给地方，有助于中央加强对地方政府与边缘地带的有效控制。

但在整个19世纪60年代，清廷对电报是持高度反对立场的。

1862年，俄国公使请求修建北京—天津的电报线路。1863年，英国公使提出修筑恰克图—海口电报线路。两次请求皆被总理衙门委婉否决。否决的理由，或是声称"本大臣现在尚未能逐层了然"电报的运作原理[2]，要等日后搞明白了再说；或是声称中方无力保证电报线不被民众破坏，不能"保其永固"[3]，不希望因发生电报线破坏事件而引发外交纠纷。

这些理由当然不是总理衙门的真心话；或者说只能算总理衙门的一小部分真实看法。1865年，总理衙门向各省将军与督抚下达指示，要他们竭力阻止洋人在中国修建电报线路，其中特别提到朝廷为何持这种立场：

> 中国地势与外洋情形不同，倘任其安置飞线（即电报线），是地隔数千百里之遥，一切事件，中国公文尚未递到。彼已先得消息，办事倍形掣肘。且该线偶值损坏，必咎于官民不为保护，又必业生枝节。[4]

朝廷真正的担忧是洋人有了电报线路之后，一方面这会给国防和外交带来麻烦，这与担忧铁路会让列强的军队朝发夕至是相同的思维模式，另一方面担忧生出许多外交事端。因此，总理衙门在文件中要求将军督抚们，以后再遇到洋人有这类请求，"须查照本处办法，力弭衅端为设法阻止"。

同年6月，利富洋行的英国商人雷诺（Reynolds）在英国领事的支持下[5]，无视清廷禁令，擅自在川沙厅—上海沿线地区树立电线杆、铺设电报线路。江南海关道丁日昌向上海和川沙厅的地方官面授机宜，命他们组织百姓趁夜拔掉英商树立的电线杆。英国驻华领事以两国条约内未提及电报之事为由，与丁日昌交涉要求赔偿。丁日昌则回应称：一、总理衙门已有明确规定，"所有沿海内地，俱不准设立电气线，致与风水民生有碍"，且强调"条约所不载之事，即属不准之事"。二、据地方官调查，这些电线杆"系该乡民因有碍风水农田于夜间拔去，但不知何人所拔，无从查问"。三、该地乡民正联名控告，说外国人在当地树立电线杆之后，"致与风水有碍，近日百姓竟有无故暴病身亡，众情汹汹"。乡民们集体上诉要求查明究竟是哪一国的商人所为，他们提出了偿命的要求。[6]

对丁日昌的这一处置办法，总理衙门甚为欣赏。此后，"中外国情不同、设立电线杆架设铜线（也包括铁路）会妨害风水、引来民众敌视"这类理由，就成了地方将军督抚拒绝电报建设的一种常规说辞。

总理衙门众大臣首次见到电报机实物，大约是在1869年，此前只能通过外国公使及出洋官员的日记来获得间接认知[7]。该年，京师同文馆总教习、美国长老会传教士丁韪良试图走高层路线，将这项先进技术引入中国。丁在美国费城学会了怎么使用电报机，又自费随身带来了两套器械，"一套是莫尔斯制的，一套是备有字母盘的"。奕䜣从总理衙门派了四个人去丁韪良家中观摩学习，这些人曾协助丁校订过《万国公法》的翻译文字，已属于衙门内较为开明之人。但丁观察到，这些人对电报似乎仍持一种不屑一顾的态度："我作实验的时候，他们只是望着，既不了解，又无兴致的样子。其中有一位翰林，竟轻蔑地说道：'中国四千年来没有过电报，固仍泱泱大国也。'"[8]

丁韪良担忧这四人的报告会让奕䜣等人对电报产生偏见，又亲自带着机器前往总理衙门"请他们亲自考察一番"。于是，在一个清晨，总理衙门众大臣集体体验了一把如何收发电报。丁韪良回忆说："一切进行都很顺利，各老大臣都和秘书们是一样的孩子气，不过秘书们是弄着带磁性的鱼、鹅玩，他们却是弄着电机玩，时而发送信号，时而把铜丝缠住身体，时而闭塞电路，时而接通电路；看见电花飞跃，报锤上下，则狂笑不已。作完实验，照例就在衙门吃早餐，是时在座的客人除我以外，只有赫德一人，他是刚从欧洲回华的，坐在我的身旁。我告诉他表演成功了，他却漠然答道'这种小事也是有益的'。可在我看来，这不是一件小事，在户部大臣董（恂）看来也不是一件小事，他常常来看电机，仔细研究，居然学会了发报的方法。他又帮我制成一套字母，报针指着两种记号便可拼成一个字，简便得很。大学士文祥也认为我的电机有用处，来看过多次。"[9]

奕䜣、文祥与董恂对电报机的兴趣，显示他们很清楚这项技术在未来的意义。丁韪良将电报机放在总理衙门一整年，以提醒众大臣不要忘记此事，结果却是电报机上落满灰尘，电报建设没有任何消息。失望之余，丁只好去总理衙门将电报机带走。他似乎有些难以理解，为何奕䜣、文祥与董恂，既对电报很感兴趣，又始终无意推广这项技术。

其实，总理衙门之所以没有反应，是因为他们仍然拿不准这件事情的利害。1865年，李鸿章曾在给总理衙门的一份信函中说，铁路需要凿山过河，耗费甚巨，洋人们没有得到中国政府的允许一般不敢擅自兴建，但电报线路不同：

> 铜线费钱不多，递信极速，洋人处心积虑要办，将来不知能否永远禁阻。鸿章愚虑，窃谓洋人如不向地方官禀明，在通商口岸私立铜线，禁阻不及，则风气渐开。中国人或亦仿造外洋机巧，自立铜线。改英语为汉语，改英字为汉字，学习既熟，传播自远，应较驿递尤速。若至万不能禁时，惟有自置铜线以敌彼飞线之一法。存而勿论可也。鸿章仍随时设法严禁，决不稍有松动也。[10]

总而言之就是：李鸿章承认电报是个好东西，且承认它在未来是一定会广泛流传开来；但此时此刻，李觉得能严禁还是继续严禁，这是对清廷利大于弊的事情。

另一位洋务重臣沈葆桢，与李鸿章的见解大体相近。1865年，沈写信给总理衙门说，洋人的轮船已经比中国的驿站邮递快了许多，在公事上已给大清带来了许多麻烦，"若再任其设立铜线，则千里之遥瞬息可通，更难保不于新闻纸中造作谣言，以骇观听"[11]。

1868年，总理衙门为应付中英修约召集地方将军督抚共商国是，其中一项正是"可不可以在条约中写入允许洋人修筑铜线铁路"。几乎所有参与讨论的将军督抚都反对此事，不少人因无知而将电报斥为无用之物。沈葆桢的意见却是："秦筑长城，当时以为殃，后世赖之。铜线铁路，如其有成，亦中国将来之利也。"——沈承认电报是个好东西，在将来一定会给中国带来大好处。但具体到现在，他的意见是切不可将"允许建设"的字样写入条约，否则必会引来各种民间冲突，然后又会升级为外交冲突。[12]

1870年，沈又给总理衙门写信说：洋人坚持要架设电报线，"如能禁使弗为，则多一事不如省一事；倘其势难中止，不如我自为之……若听其自作，则遇有机密事务，彼一二日而达者，我十余日尚复茫然，将一切机宜为之束手矣"。[13]沈不反对禁设电报线，他担忧的是禁不了洋人架设电报线。如果禁不了，则不如自行创办电报系统。否则的话，洋人可以在一两天之内将机密情报传递到位，大清靠传统驿站系统却需要十多天，许多事就耽误了。

李鸿章与沈葆桢对待电报的这种矛盾心态，与奕䜣、文祥与董恂面对丁韪良的电报机时的矛盾心态，其实是完全一致的。

被逼至走投无路才肯解禁

打破这种矛盾心态的是两件事情。

第一件事情，是洋人利用清廷对"领海权"缺乏认知，成功以海底电缆的形式将电报线引入中国。1870年，英国东方电报公司（Eastern Telegraph Co.）计划从香港开始铺设电报线至上海，将沿途的广州、汕头、厦门、福州、宁波等通商口岸全部连接起来。英国驻华公使威妥玛奉英国政府之命与总理衙门交涉此事。在给总理衙门的信函中，威妥玛利用认知落差，要了一个小手段：

此次所商，系由沿海水底暗设，不过仅有线端一头在通商口岸洋房屋内安放，与从前所论迥不相同，谅贵亲王自必洞彻此理，抑思线端若非必须上岸，此事始终可以毋庸置议，惟因沿海洋商盖房居住之地，虽系承租，究系贵国内地，未经达明贵亲王，不便即准遽行安置。[14]

威妥玛此函，貌似是在表达一种对恭亲王和总理衙门的尊重，实际上却是在明欺清廷朝野上下无人懂得国际法里的"领海权"。早在1864年，总理衙门就已出版过丁韪良所译《万国公法》，将其颁发给各省督抚使用，以利对外交涉。遗憾的是，六年过去了，清廷高层中似乎仍无人对"领海主权"有清晰的认知。对威妥玛来函，总理衙门的理解是"由海底暗设，与前数年所议者在陆路明设之说迥不相同，似觉无甚窒碍，尚可会商"。这种理解，显然已掉进威妥玛设置的陷阱。直到1883年，清廷才终于意识到"领海主权"的存在，开始在交涉中以《万国公法》中的"傍岸十里之海，皆隶中国版图"为依据，指出

1870年与威妥玛的交涉是中了圈套，"同治九年之议，本可即作罢论"。[15]

既不懂得利用"领海主权"，又不愿意洋人将电报线设在中国，总理衙门绞尽脑汁，出台了两项政策：一是因盗匪出没难以禁绝，洋人又必欲在海中暗设电报线，清廷提前声明，对这些海中电线不负任何保护责任；二是"线端仍不得上岸"，也就是说不允许电报线出海进入陆地，即便是通商口岸也不行，只允许设在水面船只之中。[16]

随后，英国大东电报公司与丹麦大北电报公司达成协议，将上海以北的区域划归大北公司经营，香港以南区域划归大东公司。香港、上海之间作为"中立区"，由丹麦大北公司铺设海底电报线，利益由两家公司共同瓜分。1871年，大北公司的海底电报线铺设至上海，无视清廷规定秘密延伸至租界电报房。之后因电报线遭渔船铁锚损伤，丹麦公使多次与清廷交涉要求保护和赔偿。这些交涉让总理衙门颇为烦恼。[17]更严重的是，眼见清廷无力迫使丹麦公司拆毁其岸上电报设施，其他国家也纷纷前往总理衙门交涉，要求与丹麦公司一样在岸上布置电报房。

事情实际上已经失控。1872年，李鸿章闻知大北公司的电报线已在上海登岸后，写信给丁日昌说：

> 电线由海至沪，似将盛行，中土若竟改驿递为电信、土车为铁路，庶足相持。闻此议者，鲜不咋舌。吾谓百数十年后舍是莫由，公其深思之。[18]

李鸿章觉得，电报在清帝国即将进入"万不能禁"的状态。唯一的应对之策，是将传统驿站系统改为电报系统，将传统运输系统改为铁路系统。如此才能与洋人抗衡。李希望丁日昌能深思此事，因为这是今后数十年乃至百年不可扭转、不可违逆的历史趋势。

打破总理衙门对电报的矛盾心态的第二件事情，是日军侵台事件（1874）、琉球事件（1879）与崇厚赴俄签订《里瓦几亚条约》事件（1879），接连让清廷饱尝信息传递不畅之苦。

日军侵台事件中，总理衙门于1874年5月11日正式照会日本外务省，质问其为何没有任何商议与知会就擅自兴兵台湾，且声明全台湾皆系中国领土[19]。但直到同年7月15日，日方才以一种傲慢的语气正式回复清廷，此时距离日军侵台已过去了四个多月。日方之所以迟迟不做回复，固然是在刻意拖延以便谋求更好的局势；但更重要的原因是：清廷没有驻日使领馆，也没有驻日使节，与日本外务省之间更无电报连接，只能将照会托付给总理衙门雇佣的一名英国人带去日本。此人本非专使，因事在途中耽搁，导致照会迟至6月4日才送抵日本外务省。[20]

1879年的中俄伊犁交涉，清廷同样因信息传递落后而处处被动。当时，电报从俄国发出要经过海参崴、长崎才能到达上海[21]，而上海和北京之间是不通电报的，使用传统的驿站传递系统，信息在上海与北京之间往返，最快也要十多天。再加上总理衙门在接到崇厚自俄国发来的消息后，还得去征询远在西北边疆的左宗棠的意见（同样也没有电报线可用）。如此，就直接导致崇厚无法将谈判的最新进展告知总理衙门，总理衙门也无法将西北边疆的情报和各国驻华公使的立场传递给谈判前线，更无法及时阻止崇厚某些自以为是，实际上却极不妥当的做法。信息交流迟滞一个月以上竟成了谈判中的常态。崇厚自作主张与俄国达成荒唐的《里瓦几亚条约》，与他在前方缺乏情报支持，两眼一抹黑，对局势只能靠猜有直接关系。

1880年9月16日，李鸿章决定"变坏事为好事"，将崇厚在沙俄的失败当成改革的契机。他趁着满朝舆论均在批判崇厚对俄交涉丧权辱国，上奏请求朝廷允许在上海与天津之间架设电报线。李在奏折中说，用兵之道以神速为贵，西洋各国利用电报可跨越数万里海洋来互通军事消息，近年来俄罗斯与日本也都已建起了自己的电报系统，如今的情况对清帝国越来越不利：

> 各国以至上海莫不设立电报，瞬息之间可以互相问答。独中国文书尚恃驿递，虽日行六百里加紧，亦已迟速悬殊。查俄国海线可达上海，旱线可达恰克图；其消息灵捷极矣。即如曾纪泽由俄国电报到上海只须一日，而由上海至京城，现系轮船附寄，尚须六七日到京，如遇海道不通，由驿必以十日为期。是上海至京仅二千数百里，较之俄国至上海数万里，消息反迟十倍。倘遇用兵之际，彼等外国军信速于中国，利害已判若径庭。且其铁甲等项兵船在海洋日行千余里，势必声东击西，莫可测度，全赖军报神速，相机调援，是电报实为防务必需

之物……[22]

李拿曾纪泽自俄国传回的信息情报举例，显然是在含蓄提醒清廷，崇厚与俄国的谈判之所以丧权辱国，与中国没有电报系统导致信息传递不畅有直接关系。据此，李提出请求，希望朝廷允许自天津沿着运河南下，一路架设电报线直到上海——其实，李鸿章之前已在自己的辖区内"擅自"架设起了大沽、北塘炮台至天津的电报线，且运作顺畅。

清廷的批复是"即着妥速筹办"。

作茧自缚

其实，早在日军侵台事件后，清廷改革派中的一些人物，就已经决心放弃纠结、拥抱电报这一新事物了。

比如船政大臣沈葆桢，就曾在1874年奏请朝廷在福建与台湾之间设立电报线。沈在奏折中说，"台洋之险甲诸海疆，欲消息常通，断不可无电线"，要想保持台湾与大陆之间的信息畅通，必须要有电报才行。朝廷的回复是"着沈葆桢等迅速办理"。

按恭亲王奕䜣当时的设想，"洋人设立电线，只准水内暗设，不引上岸"，中国自己创办电报线则"水陆皆可不论"，想怎么铺设就怎么铺设。只要"所有福建设立电线，均归中国自办"，也就是一切费用都由官府来出，不让洋人插手，那么清廷就能保证讯息的传递快于洋人（毕竟洋人的电报线不许上岸）。孰料福州通商局的官员"不解此意"，认为官办电报不妨碍将工程委托给洋人去做，擅自与外国公司签下合同，结果酿成外交风波，被清廷紧急叫停，随后引来英、法、美、德四国驻福州领事联衔照会，最后只能以高价将电报线工程"买回自办"。[23]

这期间，朝中舆论对设立电报一事集体持反对立场。奕䜣担忧的主要问题是洋人能通过电报获得大于清廷的信息传递优势，反对电报建设的朝廷言官，却将关注的焦点集中在电杆铜线会破坏风水引发民怨这种说法上。其中，工科给事中陈彝的奏章很具代表性，他主张"电线一事可以用于外洋，不可用于中国"，理由是：

> 铜线之害不可枚举，臣仅就其最大者言之。夫华洋风俗不同，天为之也。洋人知有天主、耶稣，不知有祖先，故凡入其教者，必先自毁其家木主。中国视死如生，千万年未之有改，而体魄所藏为尤重。电线之设，深入地底，横冲直贯，四通八达，地脉既绝，风侵水灌，势所必至，为子孙者心何以安？传曰："求忠臣必于孝子之门。"借使中国之民肯不顾祖宗丘墓，听其设立铜线，尚安望尊君亲上乎？[24]

陈彝的逻辑是：设立电报线要往地里插电线杆；插电线杆会破坏风水，破坏地脉，进而破坏祖宗的坟墓；容忍电报线破坏祖宗坟墓是一种不孝；大清国的立国基础是忠孝合一，只有孝子才会忠诚于大清；允许在陆地上设立电报线，等于朝廷在鼓励百姓不孝，那朝廷要到哪里去寻找忠臣呢？这套逻辑在今天看来虽然荒唐可笑，但对那个时代的大多数读书人而言却极有说服力。

外有冲突，内有异议，1874年福建至台湾的电报线建设遂无奈流产。

其实，陈彝并不知道，假借民众的名义以风水为由来反对洋人兴建电报线路，是丁日昌在十年前（1865年）的"川沙厅—上海敷设电报线风波"中想出来的主意。如前文所述，丁当时让地方官府组织民众拆掉了洋人树立的电线杆，然后制造舆论，说当地民众认为电线杆破坏了风水，村中有人暴毙就是风水被破坏所致，必须要洋人偿命。后来，这项策略得到清廷的认可，被推广给各省督抚将军。这种推广，终于在1874年化为清帝国一般士绅与底层百姓深信不疑的"常识"，又在陈彝这里与忠孝之说合流得到了"理论升华"。

这种演变是一种深重的悲哀，是典型的作茧自缚，让人想要发笑，又完全笑不出来。

首倡"电报线破坏风水"之说的丁日昌，自己其实并不信这些东西。1875年，他改任福建巡抚，不久后便向朝廷再次提议建设台湾至福建的电报线。丁在奏折中说，日本处心积虑窥伺大清边疆，近日又有传闻屯兵琉球，德国也时常派遣军舰前往台北测绘地图；那日军已在台南扎营十多天了，反观大清，地方政府竟然还没有得到任何消息。可见很有必要修筑一条高雄—台南—基隆的陆地电报线。丁还告诉朝廷，与浙江、福建等地不同，"电报线破坏风水"这种说法在台湾没怎么流传，不用担心。[25]

台湾不流行"电报线破坏风水"之说，当然是因为洋人对在台湾建设电报线的兴趣不如在浙江与福建等省份大，所以台湾的地方政府向士绅们"普及"电报线会破坏风水的知识的阻力也就小了很多。

从天津到北京要走三年

回到1880年。借崇厚的外交事故，李鸿章建设电报线路的请求获得朝廷批准。随后，李在天津设立中国电报总局，任命盛宣怀为总办。又创办电报学堂，聘请外国人来培训电报专业人才。

1881年春，电报架设工程正式启动。为防止洋人介入并减轻财政负担，李鸿章采纳盛宣怀的建议，决定在电报线路建成之后，再效仿轮船招商局的办法搞"官督商办"，将电报局的股份出让给本国"公正商董"，由他们分年偿还政府建造线路的费用。由盛宣怀起草，经李鸿章核定的《电报局招股章程》里说：朝廷兴办电报，"以通军报为第一要务，便商民次之"，自天津至上海的电报线路建设成本"仅十余万两"，官府拿得出来，商人也能搞定，但这种事情如果没有官府出面主持，是没法创办的；如果没有商人负责经营，也是很难持久赢利的，所以建成之后将实施"官督商办"。[26]

同年11月，津沪电报线全线竣工，共耗资17.87万两白银。12月24日，第一封电报由天津成功发往上海。1882年，中国电报局引入商股转型为"官督商办"企业，获得"华商独造旱线"[27]的垄断特权。到1889年，中国电报局的电报线路已将清帝国的核心地带全部连接起来：

> 供商用或私用的电线从北京经过天津到达上海，并沿海东下直达广州，然后由此到达香港，从镇江沿长江而上直达成都；从开封经过济宁到芝罘；在满洲由吉林到盛京。所有向西沿着安南和缅甸的边界的延伸电线，和由此通向重庆附近的泸州的电线都是官办的；此外，满洲至朝鲜的电线和台湾的海线也均为官线。[28]

这一扩张过程中最艰难的部分，是将电报线自天津引入北京。这段在今天自驾不过两个多小时的路程，当年的电报线却足足走了三年之久。

李鸿章在1880年的奏请中，没有提电报线入京之事。他担忧如果提及此事，会引来朝野舆论的反对，结果可能连天津—上海的电报线也造不成[29]。这并非多虑。自1865年朝廷将"电线杆破坏风水"当成抵御洋人的理由进行推广后，经过十余年的发酵，电线杆和电报线会破坏风水之说，已在清帝国朝野拥有了极多信众。说电线杆抽取地气者有之，说电报能传递信息是利用死人的灵魂者有之。发展到最后，连清廷官府出面架设电线杆也已难被百姓接受。1890年，清廷在陕西境内架设电线杆，两年后陕西境内发生干旱，就有民众散播揭帖称"电杆欺旱，纠约砍伐，此帖一到，上村传下村，一家出一人，如有一人不出，必公同议罚"，揭帖传播迅速不可遏制，用时任陕西巡抚鹿传麟的话说就是："此界传彼界，一人传百人，各砍界内之杆，来似蜂屯，去如兽散。"鹿在给朝廷的汇报中说，这些砍电线杆的百姓，真是"其罪固不容诛，而其愚不无可悯"。[30]

1883年中法战争爆发时，电报线仍未获准进入北京。前线军情电报抵达天津后，须用驿站系统的快马飞驰送入京城。总理衙门深感这短短二百多里路程会耽搁许多事情，遂与李鸿章"函商展电线近京师"之事——所谓"近京师"，显示总理衙门仍不敢断然将电报线路引入京城之内。李鸿章接信之后，即部署人员，于同年9月份将电报线路自天津延展至通州。消息抵达通州电报局后，再由驿马快递入城，约要一个小时。问题是，消息如果是夜里传递到通州，驿马是进不了城的。当时阻碍电报线路入城的，仍是电线杆的存在会破坏皇城风水——内阁学士文治说，自己"闻铁路而心惊，睹电杆而泪下"[31]；另一位内阁学士徐致祥也说，西山是朝廷"地脉所系，王气所钟，妄施开凿，亦属不祥"[32]。

1884年1月3日，饱受信息不畅之苦的总理衙门终于下定决心，要将电报线路自通州直接引入城内的总理衙门。在给李鸿章的指示中，总理衙门说：电报线虽然到了通州，仍距京城稍远，信息传递上还是不方便；张佩纶昨日回京，提到你有将电报线扩展至京城的想法，与总理衙门的意见吻合，所以现在决定"安设双线，由通州展至京城。以一端引入署中，专递官信"，电报线不走电线杆，可以从水关暗入，以免造成舆论风波；待开春土壤解冻，就赶紧把这件事给办了。李鸿章接到指示后，于1月18日回复总理衙门：京城是皇上居住的地方，必须顾及朝廷体面，满大街立电线杆子会"骇观听"，很不妥。所以计划是入城后将铜线埋入地下[33]。这之后，李鸿章便开始着手采购物料。

电报线要入城的消息传开后，再次引起了舆论反对。有人主张电报线只须"展至都城之外，不必直达内城"，延伸到城墙底下就行了，不可以入城。于是，李鸿章又在6月19日再次致函总理衙门，要他们坚持住电报线由水关入城后走地下进入总理衙门、城内不立电线杆子的原计划[34]。

可是，之后的实地勘测显示，开挖地沟走水路并不现实，因京城之中的沟渠极为污秽，对线路的腐蚀伤害非常严重，会发生需经常翻地维修的情况。李鸿章不得已，只好再次奏请使用电线杆。为求"不甚触目"，他建议将电线杆油漆成红色，并拉长距离以减少电线杆的数量（七百余丈共计二十余根），铜线也建议改成"极细钢线"。总之，以尽可能少引人注意为妙。[35]此外，李鸿章还一度建议，如果舆论压力太大，那电报线走水路进入外城就行，内城没水路，就不进去了。

李鸿章的这些建议，总理衙门都没有采纳。最后的折中方案是：电报线进入内城，但不进总理衙门，只在城墙边的泡子河附近择地设立官报局。[36]

电报线正式进入总理衙门，已是经历了甲午战争之后的1898年。那时，距离丁韪良将电报机带入总理衙门，已过去了29个年头。

第二十一章　1881年：现代医学进入中国

1881年是改革严重受挫的一年。留美幼童们在该年被朝野上下批判，成了"思想犯"，被强行中止学业，集体撤回国内。1881年也是改革继续蠕动的一年，先是清廷自建的首条铁路"唐山—胥各庄"段正式通车，然后又创建了中国第一所现代医学教育机构"北洋医学馆"。

就时代转型而言，后者尤为重要。因为随之而来的是一整套新的思维方式。

同行之间才有赤裸裸的仇恨

西方现代医学传入中国，大约始于嘉庆道光时代。

这种传入，除得力于来华传教士外，也与东印度公司有密切关系。该公司为保障员工健康，在澳门与广州两地聘请了专业医生。两地的中国民众因此得以近距离接触到现代医学。将治疗天花的牛痘法传入中国的英国医生皮尔逊（Alexander Pearson），就是受雇于东印度公司的外科医生。时为1805年春，也就是琴纳发明牛痘法后的第9个年头。同年9月，西班牙宫廷御医巴尔密斯（Francisco Javier de Balmis）率领船队，自美洲执行"海外殖民地牛痘接种行动"返程经过澳门，也曾协同澳门当局为当地民众种痘。[1]

皮尔逊的推广过程并不顺利。在牛痘法出现之前，中国已有预防天花的人痘法，且传入了欧洲。人痘法的操作方式是从天花的脓包中抽取浆苗，待其干燥后吹入人的鼻子，以期获得对天花的免疫力，缺点是安全性不够，若选苗不当，很容易导致人感染天花丧命。牛痘法远比人痘法安全。遗憾的是，民众很难从自己和周围人群的有限个案中意识到牛痘法的安全性，本土痘师又常常基于"同行是冤家"的心理对牛痘法做污名化攻击，结果便是鲜少有人愿意接受牛痘种植。皮尔逊曾无奈地说道："中国医学界，尤其是医生们对其持完全不接受态度，这成为牛痘传播的一个重要障碍。他们甚至将痘症、麻疹、天疱疮、皮疹症等说成是因先前接种牛痘造成的。"[2]

皮尔逊的责备并非虚言。

活跃于道光时代的医生熊乙燃，在江西推广牛痘法时，痛心于许多有意接种者被流言所阻，最后死于天花。他愤怒批评中国传统医药从业者，为了一己私利而不惜害人性命："近因种神痘辈极力毁谤，人心疑畏，往往愿种人家，闻风辄阻，而卒罹于流痘之灾者，不计其数。"[3]所谓"种神痘辈"，指的正是那些从事种人痘术的传统痘师。他们发现自己的饭碗受了影响，不是想着与时俱进去学习种牛痘术，而是在社会上散布谣言，对牛痘实施各种诋毁，让无力判断是非对错的普通民众不敢去给孩子接种牛痘，使许多本可得到挽救的生命无辜消亡。活跃年代略晚于熊乙燃、致力于在杭州推广牛痘法的医生赵兰亭，也遭遇了以种人痘为业的那群人的诋毁。原因是牛痘法的出现，让他们"无所施其巧"[4]，损害了他们的切身利益。

1806年，广东暴发天花，许多人涌入皮尔逊的诊所要求种痘，事情渐有改观。稍后，在十三行商人郑崇谦的协助下，皮尔逊关于如何种牛痘的英文小册子，被翻译成中文出版，定名为《暎咭唎国新出种痘奇书》。该书曾被东印度公司作为联络外交的礼物，多次赠给两广总督与海关官员，但未引起他们的兴趣。郑崇谦还运作招募了一批中国人来向皮尔逊学习如何种牛痘，其中就有著名的中国牛痘术推广先驱邱熺。1817年，邱熺出版著作《引痘略》，用中国传统医学的阴阳五行学说和经络理论，对皮尔逊的种牛痘法做了一番"本土化包装"。以现代医学的眼光去看，这种包装在医理上可谓牵强附会，比如书中解释说：牛痘之所以有效，是因为牛在五行中为土畜，人的脾脏在五行中也属土，所以用属土的牛痘，最容易将脾脏中的毒"引"出来。医理虽错，但这种解释模式，契合了国人当时落后的医学观，反而消弭了一部分民众对皮尔逊种痘方式的疑虑，促进了牛痘法的传播。《引痘略》一书先后再版五十余次，曾国藩、阮元等督抚重臣均曾将邱熺奉为座上宾。[5]

不过，邱熺式的"本土化包装"，终究敌不过"同行间赤裸裸的仇恨"。所以，在之后长达半个世纪的漫长时光里，牛痘法的传播仍局限在广东、福建等沿海地区，并没有能够真正深入内陆。1873年，上海公共租界当局在《申报》上连续41期刊登了一则广告。广告说，只要响应租界当局号召，去指定地点接种牛痘，不但"分文不取"，还"给钱三百文"作为调养费。广告原文如下：

> 大法国工部牛痘局，今设在上海新北门外东兴圣街姚辰庭大方脉医室内，每逢礼拜二、礼拜六为期，如来种者，到期两点钟到局种痘无误，分文不取。倘有贫者，给钱三百文，为调养费。此亦西国人成美之道济之德也。[6]

当时的上海，猪肉每斤约20文钱，这意味着免费种牛痘可以得到约15斤猪肉。租界当局的这则广告，可以说是下了血本。之所以要下这样的血本，是因为租界自1871年开始推广牛痘接种后，民间几乎毫无反应。

1885年，牛痘医师沈善丰出版了《牛痘新编》一书。内中也感慨说：牛痘法进入中国已经超过六十年了，可以说已经给了众人很充足的时间去审视；各省设置种痘局，有不少人接种，可以说效果如何也是有目共睹。种牛痘的办法也很容易学，不是什么艰深之术。然而直到今天，情况仍然是"是者少而非者多，信之一而疑者百"。为什么会这样？为该书作序的许樾身说得很直白：

> 牛痘尽善尽美，最有碍于塞鼻痘医；牛痘不必延医，又不利于幼科；牛痘无余毒遗患，又不利于外科；牛痘无药有喜，于药铺亦不无小损。是故每有射利之徒，视善举为妒业之端，暗中煽惑。以刀刺为惊人之语，以再出为阻人之词。[7]

意思是：牛痘苗的效果和安全性都比鼻痘苗（人痘）好。种牛痘不会像种人痘那样发病，也没有后遗症。牛痘法的出现，不但砸了传统痘师的饭碗，连带着儿科医生、外科医生与药铺，也都有损失。所以这个行当里，愿意对牛痘持公正态度者不多。许多人是在故意捏造谣言说牛痘法的坏话，以恐吓民众让他们不敢接种牛痘。

皮尔逊于1832年离开中国。有统计称，由广东洋行商人出资，皮尔逊和邱熺先后负责主持的"洋行公所痘局"，在约30年的时间里为约100万广东人接种了牛痘，让他们彻底免受天花感染之苦。

李鸿章对现代医学心悦诚服

皮尔逊之外，东印度公司派驻澳门与广州的利文斯顿（John Livingston）、郭雷枢（Thomas Richardson Colledge）等人，也是现代医学进入中国的重要推手。

利文斯顿与英国传教士马礼逊合作，翻译了一批中国传统医学典籍，并在澳门开办诊所，聘请中国传统医学从业者前往坐馆诊病，以观察其诊断原理和治疗效果。郭雷枢是一位眼科专家。当时的中国人普遍缺乏卫生观念，因手部不卫生而导致的眼病非常普遍。郭雷枢在澳门开办免费眼科诊所，让数千人重获光明。[8]

皮尔逊、利文斯顿、郭雷枢这些人在中国的医疗活动，让传教士们有了一个发现：凭借医学来拉近与中国民众的距离，是更有效的传教方式。此后，"医药传教士"纷至沓来进入中国。郭雷枢在眼科方面的成功经验，直接促成许多精通现代眼科医疗的传教士来到中国——当然，他们不会想到，因为眼科医生在"医药传教士"中所占比例甚高，竟会催生出教堂"剜人眼球炼银"的荒唐谣言。1834年，美国基督教公理会派遣传教士伯驾（Peter Parker）来华，就是看中了伯驾是一位精通现代医学（也包括眼科）的专家。

在广州，伯驾得到了十三行商人伍秉鉴的协助，开设了"广州眼科医院"，为人免费治病。第一次鸦片战争前夕，伯驾为清廷派往广东禁烟的钦差大臣林则徐治疗过疝气。据伯驾为林则徐建的病历卡，林为了避嫌始终没有与伯驾相见，只愿通过间接的方式治疗。林先派十三行的商人给伯驾送去一份《各国律例》，要他将其中一些段落翻译成中文，然后再让"南海知县知事和高级行商"以一种"顺便"的姿态向伯驾寻求治疗疝气的"疝气带"。显而易见，林则徐不愿被人指责"专门去找洋人治病"。可是，疝气带的使用需要由外科医生亲自为病人操作示范，林则徐只好又派了弟弟前去见伯驾，理由是兄弟二人体型基本一致。[9]除了隔空给林则徐治疝气，伯驾还治愈了困扰两广总督耆英近20年的皮肤病。

1855年，伯驾被任命为美国驻华公使，从传教士转型成外交官，不再从事医疗工作。有统计称，接受过伯驾治疗的病人共计5.3万余人。[10]伯驾的继承者嘉约翰（John Glasgow Kerr）于1866年重建了眼科诊所，将之升级为"博济医院"，可以治眼疾、麻风病、疝气、割除扁桃腺、摘除肿瘤与结石和做乙醚麻醉。

1861年，英国伦敦会的"医学传教士"雒魏林（William Lockhart）在北京城内创建了"北京施医院"。该院是后来著名的协和医院的前身之一，主要依赖在华外国人士的捐款运营。医院引进先进的病案管理制度，可进行内科、外科、皮肤科与眼科方面的诊疗。1864年，雒魏林离开中国，医院交由另一位英国伦敦会的"医学传教士"德贞（John Dudgeon）管理。1867年，德贞成功挽救了总理衙门大臣谭廷襄之子的性命——这个9岁的孩子在玩弄洋铳时不慎射穿了自己的胸部。中国传统医师束手无策，德贞施以手术，将孩子抢救了回来。感激之下，谭廷襄向德贞赠送一块匾额，题辞"西来和缓"（医缓与医和是两位先秦名医）。同年，德贞还治愈了武英殿大学士贾桢的身体右侧瘫痪。[11]

1871年，德贞在京师同文馆内开设现代生理学与医学讲座。1873年，总理衙门大臣董恂向北京施医院捐赠50两银子。1875年同治皇帝去世，官方公布的信息是皇帝死于天花，但德贞不太相信这一说法，理由是他来到北京之后，曾给同治皇帝提供过牛痘疫苗。如果同治皇帝接种了该疫苗，那么他就不可能患上天花。[12]考虑到清廷最高领导层对现代医学仍将信将疑，同治皇帝没有接种德贞提供的牛痘疫苗也是有可能的。同治去世后，美国驻华公使在给本国政府的报告中说："同治病若以西医及科学方法诊治，决无不可医之理，决非不治之症"[13]，可知欧美国家的驻华公使曾提议清廷以现代医学为同治皇帝诊治，但遭到了拒绝。

恭亲王奕訢对现代医学犹犹豫豫、半信半疑的态度，是一个很有参考价值的例子。一方面，据总税务司赫德1882年11月7日给金登干信中的记载，"恭亲王病得很重，结石病，而且不肯进行手术治疗。假如他去世，我本人、海关和同文馆都将失去一位坚定有力的支持者，而中国也将失去一位无人可以替代的官员"[14]，可知赫德或其他人曾建议恭亲王以现代医学手术来治疗他的结石病，但被拒绝了。另一方面，也有记载称奕䜣并不排斥由德贞和德贞的学生来给自己诊病。曾纪泽1888年底前往恭王府探视奕䜣，"在园中久坐，德贞后至，同谈"[15]。曾纪泽在恭王府花园里遇到德贞，可知德贞此时正负责给恭亲王诊病。二人之所以会有一番闲谈，是因为曾纪泽此时也是德贞的病人。有统计称，在曾纪泽人生的最后3年多（约42个月）的时间里，"两人（曾与德贞）每月见面超过25天的有27个月，基本等于天天见面"[16]。与德贞的交往，让曾纪泽成了现代医学的忠实拥趸。

1879年，直隶总督兼北洋大臣李鸿章彻底变成了现代医学的拥护者。该年，李的夫人身患重病，延请中国传统医师诊治，前后更换名医17人之多，始终不见效果。万般无奈之下，李鸿章决定向美国驻天津领事馆求助，时任美国驻天津副领事的毕德格（William N. Pethick）紧急自北京请来美国美以美会（The Methodist Episcopal Church）的"医学女传教士"郝维德（Leonora Annetta Howard，加拿大人）。郝维德与同在天津的英国伦敦会"医学传教士"马根济（John Kenneth Mackenzie）合作，共同治愈了李鸿章夫人。[17]此番经历让李鸿章感触极深。在给同僚兼好友丁日昌的书信中，李如此说道：

> 夏间内子病危，赖男女三洋医治之立效。至今该医尚月贴数百金在津施诊，前所荐即其人也。今始知中国医术如政术，全是虚伪骗人。西国机器兵法，固高出华人之上，即医术亦相悬甚矣。外科较内科尤为神妙，如足疾沉疴，非若辈不起也。[18]

郝维德与马根济的医术让李鸿章心悦诚服，生出了中国传统医术犹如政治术一般"全是虚伪骗人"的感慨。郝维德与马根济每月倒贴"数百金"免费施诊的仁心，也让李鸿章赞叹不已。李不但将马根济等人推荐给身体抱恙的丁日昌，还在信中劝丁一定要亲自来一趟天津，让马根济等人直接诊治一次，"来春二三月，务搭轮舟来津就诊，勿参以华医华药，必能霍然"，诊治之后绝不可再吃中国医生开的药方，那样才能痊愈。

得到了李鸿章的欣赏与支持，郝维德留在了天津一所教会创办的妇幼医院工作。马根济原本在天津负责"伦敦会施诊所"[19]，在李鸿章的资助下，该诊所规模也有所扩大，成了天津人眼中有背景的"总督医院"。

1881年，李鸿章给张佩纶的两封信函，也颇能显示他对马根济等人带来的现代医学的信任程度。第一封写于旧历四月十九日，李在信中说，自己很担忧张佩纶兄长的"黄病"，刚刚在衙门里询问了马根济、伊尔文（J.O. Malley Irwin）两位英国医生的意见，计划次日派人引领马、伊两人前去张佩纶府上为其诊病。李还说，"洋人医药视中土较精，屡试有效，贤昆玉幸为采纳"。第二封信写于旧历四月二十二日，也就是马根济等人前去张府诊病归来之后，李鸿章在信中说，"服西医药少愈，应请令兄勿再参以中医之剂，以竟全功为盼"，请一定要劝住你的兄长，让他不要再吃中国医生开的药方了。[20]

对马根济及其医术的信任，加上对"西洋各国行军以医官为最要"[21]的认知，再加上留美幼童被迫中止学业撤回，这三项因素合在一起，共同促成了李鸿章于1881年创办 "北洋医学堂"的决定（此事系由毕德格与马根济向李建议）。在马根济的主持下，部分受过近代基础知识教育、被迫半路回国的留美学生，将会在"北洋医学堂"内接受正规的现代医学教育和临床医疗训练。李鸿章期望他们可以成为合格的军队医官。

1881年12月，中国第一所现代医学教育机构在天津正式成立，名为"北洋医学堂"，英文名是Viceroy's Hospital Medical School（总督医院附属学校），学制三年，由马根济和英美两国驻天津的海军外科医生担任教学任务。[22]遗憾的是，马根济在1888年英年早逝，年仅38岁，该校失去了最重要的主持者。李鸿章打造一支以现代医学为基础的"军医团队"的梦想，只得另起炉灶。

王清任很少，张锡纯太多

传统医学属于经验医学，现代医学属于实证医学。经验未获科学方法（如双盲对照实验）证实或证伪，故传统医学往往呈现出各种不同模样；现代医学则反之，无论是在哪个国家、在哪种文化之中，基于实证的现代医学，都必然是同一种模样。

中国传统医学也曾有过追求实证、向现代医学转型的时刻。嘉庆时代的河北玉田人王清任，就是这方面的一个典型代表。王清任修习传统医学多年，深感传统医学在实证方面有太多不足，尤其是一味以经验附会各种似是而非的理论，却连最基本的人体脏腑情况都没有搞清楚。王清任曾尖锐地批评自己的同行，说他们"治病不明脏腑，何异于盲子夜行"。但是，解剖尸体在晚清是一件几乎没有可能的事情。王清任只能寻求其他变通之法。1797年前后，河北滦州稻地镇发生小儿传染病，当地孩童"十死八九"，许多穷困人家无力置办棺木，只能以布袋竹席草草浅埋，尸体常遭野狗扒出撕咬。王清任在坟地里花了整整十天时间，全面观察了三十多具尸体，得出的结论是：前代医书所绘人体脏腑图，与真实情形全然不合；许多传统医学著作，甚至连脏腑数量的多少也没弄明白。[23]

此次坟地验尸，王清任收获颇丰。但也有遗憾，他观察到的尸体被野狗啃食严重，已找不到完整的"胸中隔膜"。王对这片膜非常感兴趣，认为它在人体脏腑中可能有着"最关紧要"的地位。他很想知道该膜的位置究竟是"在心下还是在心上"，它的生长情形究竟"是斜还是正"。为了补上这一课，此后的30余年间，王又至少三次前往刑场观尸。一次是在奉天府，因犯人是女性而未能近前观察，只见到了刽子手挖出来的心、肝、肺。另两次是在京城，其中一次见到了脏腑，可惜"膈膜已破"；另外一次，则因被处决者是朝廷重犯无法靠近。直到1829年，王清任才从一位见惯了死尸的前领兵将领处，间接得知了"膈膜"的真实情状。[24]

至此，王认为自己"访验四十二年"，终于对人体脏腑的情况有了比较确切的了解，遂"绘成全图，意欲刊行于世"。这些图，后来被附在了他自己所著《医林改错》一书之中。王清任绘制的脏腑图，脾由竖置改为横卧；膈膜被正确画出；肺上也不再有"孔窍"；胰腺则是第一次出现……虽与当代解剖学的观察仍有不小差距，但已比过去所有中文传统医学典籍的描绘与记载都要准确。[25]

在《医林改错》的序言里，王清任说，自己这本书"非治病全书，乃记脏腑之书也"，书的主旨不是治病开药方，而是普及治病的基础，形成对人体脏腑的正确认知。王还说，自己这本书当中，恐怕也难免"有不实不禁之处"，如果后来人能够通过"亲见脏腑"对自己这本书有所修正增补，那将是自己的荣幸[26]。这种谦虚，可以被理解为一个拓荒者的自知之明：拓荒者推动了认知进步，但既然是拓荒，条件有限，误读、误解也一定在所难免，《医林改错》自然也不能例外。比如，书中将动脉误认作气管；将精道、血管与溺孔描绘为互通，就是错误的。这与王清任只能在坟地与刑场随机观察、无法获得正规的尸体解剖机会有直接关系（王的医学理论也尚未脱出传统的窠臼）。

王清任还说，自己"何敢云著书"，哪里敢自命不凡著书立说。之所以要出版《医林改错》，不过是希望当代及后世的医生看了本书的绘图后，能够对人体脏腑有更准确的认知，能够减少错误的诊断，能够救治更多的病人。至于后人如何赞誉我、如何诋毁我，那是不重要的："今余刻此图，并非独出己见，评论古人之短长，非欲后人知我，亦不避后人罪我，惟愿医林中人，一见此图，胸中雪亮，眼底光明，临症有所遵循……病或少失，是吾之厚望。"[27]

但这样的愿望，不可避免地动了同行们的饭碗。

依托对脏腑的实际观察，王清任对被同行奉为经典的《黄帝内经》《难经》等传统医学典籍，提出了尖锐批评。比如他批评《难经》，说它对心、肝、肺的描述具体到了"每件重几许"，对大小肠的描述具体到了"每件长若干"，对胃的描述具体到了能够装下谷米"几斗几升"，给人感觉很真切，可实际上并不准确，作者没亲眼考察过脏腑，只是"以无凭之谈，做欺人之事，利不过虚名，损人却属实祸"，利己有限损人甚重，实在是不可取。[28]

他还批评《金匮》对疾病的描述，并非真的了解病源，而是在玩弄似是而非的文字游戏。《金匮》里说受风会令人鼻塞喷嚏，又说受风会令人半身不遂，王清任质问道："今请问何等风、何等中法，则令人鼻塞喷嚏、咳嗽声重、鼻流鼻涕？何等风、何等中法，则令人半身不遂？"[29]

这种较真式的质问，是推动包括医学在内的科学研究往前进步的必要，却引起了同行们的厌恶与反感。在他们眼中，王清任走得实在太远了。他不但质疑、批评《黄帝内经》与《金匮》这样的皇皇经典，还否认了"三焦"的存在，否认了传统说法对"经络"的描述——王清任认为，"灵机在心""心主神明"这类传统说法是完全错误的，真正产生意识与感觉的不是心，而是"脑髓"，也就是大脑。

《医林改错》首次出版是在1830年，次年，王清任与世长辞。直到人生末年才刊行自己最重要的发现，与王清任不愿在生前体验同行们的愤怒有直接关系。同时代的名医陈念祖（1823年去世），给王扣上了"不仁""狂徒""邪人"的大帽子[30]。稍晚于王的名医陆懋修（1818—1886），则斥责王的拓荒之举"是教人于髑髅堆中、杀人场上学医道矣"。除了道德批判，陆懋修还试图从"学理层面"否定王清任的努力。他说，人死之后"气已断"，王要如何确定自己找到的是"气门"？人死之后"水已走"，王要如何确定自己找到的是"水道"？那些尸体被野狗啃过，被刽子手处理过，靠这些要如何确定人的内脏数量，从而就说经典里的记载是错误的？[31]

这些近似于胡搅蛮缠的辩护词里，潜藏着同行们深深的嫉妒与仇视。

其实，早在明末清初，来华传教士邓玉函（Johann Schreck）与龙华民（Nicola Longobardo）已翻译出版过一部西方解剖学著作《人身图说》。此书对人体内部结构的叙述与图绘，比王清任的《医林改错》要准确许多。但在长达200余年的时间里，《人身图说》始终未能进入中国传统医学界的视野，连孜孜于寻求脏腑实证的王清任，似乎也不知道此书的存在。

与王清任同时代的理学家俞正燮（1775—1840），倒是注意到了这部书，但他读这部书，旨在寻找方法来防范"以夷变夏"。所以，他得出的结论是：中国人的脏腑构造与西洋人全然不同，所以西洋人的宗教，中国人不能信。那些信了西洋宗教的中国人，其脏腑必然不全。俞的原话如下：

> 中土人肺六叶，彼土四叶；中土人肝七叶，彼土三叶；中土人心七窍，彼土四窍；中土人睾丸二，彼土睾丸四；……藏府不同，故立教不同。其人好传教，欲中土入学之，不知中国人自有藏府经络；其能信天主教者，必中国藏府不全之人，得此等千百，于西洋教何益？[32]

俞正燮将排斥洋教与排斥现代实证医学混为一谈，今人回顾，实可谓荒谬至极。俞可能也没有想到，他这番牵强附会的论述，反替尘埋许久的《人身图说》做了广告。名医王孟英（约1808—1868）与其友人胡琨读了俞的文章后，真去寻了一本《人身图说》来阅读。二人读完原著，发现俞正燮只是在"涉猎浮文"，根本没把书读明白。王孟英还找来了王清任的《医林改错》做对照阅读，结果发现《人身图说》对脏腑的描绘，与中国的医学典籍《灵枢》《素问》《难经》迥然相异，却与《医林改错》大略相同。[33]

遗憾的是，无论是传教士引进的《人身图说》，还是王清任撰写的《医林改错》，均未能将其科学实证精神传递给那个时代的中国医学界，中国的传统儒医更乐于使用阴阳五行理论，来推演人体的结构与运作，而非去做实证观察。

这是王清任的悲哀，也不只是王清任的悲哀。

王清任去世近半个世纪之后，又有著名学者俞樾，于1879年撰成《废医论》一文，明确主张废除传统医学。

俞樾对现代医学并无太多了解。一般认为，现代医学发端于19世纪中叶，以细胞学、微生物学和实验生理学被应用于医学领域，进而诞生出实证医学为核心标志。俞樾没有接触过细胞学、微生物学和实验生理学，但他是一位朴学家，朴学究其本质是考证之学，是追根溯源寻求实证。如此，也就不难理解为何率先对传统医学发难之人，会是一位朴学大师。

俞樾主张"废除中国传统医学"，并非以现代医学为参照，而是基于他对传统医学的理论经典如《黄帝内经》等的深入考据与研究。俞发现，中国传统医学对所谓的脉象与脏腑之间的关系，有着各种各样的"理论经典"，众说纷纭却无一致意见，甚至连脏腑的具体名目也不尽相同。一方面是理论层面混乱到这种程度，一方面是实践层面传统医学从业者又无不以脉象为诊病依据。这二者合在一起，怎么看都是一件极其荒唐的事情。[34]

不过，俞樾不否认某些传统药方对治病有效。所以，在批评"传统医道"乃虚幻之物的同时，他也认为"药不可尽废"。俞樾的弟子章太炎、章太炎的弟子陆渊雷，均曾研究过传统医学的各种经典理论著作。二人虽然没有提出"废除中医"这种高度刺激他人神经的口号，但他们对传统医学的基本态度，与俞樾是大致相同的。比如，章太炎认为，传统医学基础理论中的阴阳五行说并不成立，《尚书》《周礼》中拿五行来配五脏，只是为了祭祀，跟治病没有关系。《黄帝内经》超过四分之一的内容大谈五行与脏腑的关系，进而推演出种种治病之法，实是谬论。章氏曾告诫门下弟子，若学习中国传统医学，千万不要去学它的医理医道，只可去学它的药方，且对药方的有效性需重新验证。[35]

尤为值得一提的是，俞樾已经非常清晰地意识到"我吃了他开的药后病就好了"这种主观认知，并不能作为疗法与药物对疾病有效的证据。他在《废医论》中写道："今之世，为医者日益多，而医之技则日以苟且。其药之而愈者，乃其不药而亦愈者也。其不药不愈者，则药之亦不愈；岂独不愈而已，轻病以重，重病以死。"[36]大意是：这个时代的医生（指中国传统医学从业者）虽多，但他们的医术实在是不行。那些所谓吃了他们的药然后病好了的，其实很多都是不吃药也可以好；有些没吃药病也没好的，其实即便吃了他们的药也好不了，不但好不了，轻病还有可能因为了吃了他们的药变成重病，重病还有可能因为吃了他们的药直接死掉的。

很明显，俞樾的这段论述，已经隐隐约约触及了"自愈""自限性疾病"等现代医学概念。再往前多追问一步"究竟该怎样才能确认一种疗法或药物对疾病真的有效"，就可以与"盲法实验"等现代医学高度依赖的科学工具发生理念接榫。

以盲法实验之类的科学方法，来对药理与药方做实证检验，是传统医学向现代医学转型的必由之路，中外莫不如此。加拿大医生、约翰·霍普金斯医院的创始教授之一威廉·奥斯勒（Sir William Osler，1849—1919），被誉为"现代医学之父"。他撰写过一本著名的现代医学教科书《医学原理与实践》。奥斯勒在这本书中坦率承认，流行于世的传统或非传统药方均声称有效（且不乏患者现身说法来支持），但在实证检验之后，它们中的大多数都很可疑。比如：一、有许多据说是治疗猩红热的特效药剂，但全都没用。二、肺炎是一种自限性疾病，不管用什么药，它都是按自己的规律走。目前所记载的任何治疗方法都不能缩短它的病程，更不可能治愈它。三、目前还没有可靠药物治疗紫癜。四、脑膜炎病人剧烈头疼，给他做孢疗徒然增加痛苦。五、对于帕金森病，没有满意疗法可以推荐。砷剂、鸦片、颠茄可以试试，但应该如实告诉病人家属，此病无药可治，除了尽量解除不适，没什么可做的……[37]

不迷信传统，不惧怕同行的侧目与指责，敢于承认药方无效；也不依赖"我吃了他开的药后病就好了"这种不可靠的病患证词，来追求成为"神医"，而是老老实实地根据科学实证，承认许多疾病还没有治疗办法。威廉·奥斯勒能够获得"现代医学之父"的美誉，绝不是一种偶然。

遗憾的是，李鸿章等人对现代医学的信任，王清任与俞樾等学者对传统医学的反思，并没有带动晚清传统医学的转型。那个时代最成功的医生，既非传统医学从业者，也非现代医学从业者，而是玩"往传统药方里添加现代药物，后者负责药效，前者负责挣钱"这种新医疗模式之人。

首创这种医疗模式者，大约是河北人张锡纯。他的本业是科举，但未能成功。落第期间，张在乡间做私塾教师谋生。闲暇时研读《黄帝内经》，偶尔也给人诊病。张思维活络，甲午前后，为延续生计，曾因应时代变革，粗略学习过代数、几何、物理、化学等现代学科。所以，当1905年清廷废除科举，许多传统私塾教师丢了饭碗，他却可以很顺利地转型为本县（河北盐山）的代数几何教员。[38]

19世纪90年代，德国拜耳化学制药公司研制出一种叫作"阿司匹林"的药物。该药价格低廉，服用方便，在抗炎症、缓解疼痛、退热方面有很好的效果，所以在正式投产后的短短十余年内就传遍了世界，成为许多西方家庭药箱里必备的常规药物。20世纪初，这种药物也由来华传教士和商人带入中国（比如瑞典人1904年在平凉修建的福音堂，就常使用阿司匹林给人治病），并于同期进入到了张锡纯的视野。张锡纯把阿司匹林与石膏混在一起，"开发"出了一种叫作"石膏阿司必林汤"的新药。

这是张锡纯的成名之药。在自己的专著《医学衷中参西录》（书名的意思是要从药理和药方上将中西医融为一体）里，他如此表述该药的"药理"：

> 石膏之性，又最宜与西药阿斯必林并用。盖石膏清热之力虽大，而发表之力稍轻。阿斯必林之原质，存于杨柳树皮津液中，味酸性凉，最善达表，使内部之热由表解散，与石膏相助为理，实有相得益彰之妙也。[39]

这段描述，将现代医学对阿司匹林的药理研究全部抹杀，而代之以典型的传统医学理论。于是，阿司匹林能够起到退热效果，不再是因为它能够"抑制下丘脑前列腺素的合成和释放"，而是因为它提取自杨柳树的树皮上的津液；这些凉性津液既然很容易穿透树皮渗至表面（最善达表），人将它服下，自然也可以很容易让体内的热穿透皮肤散发出去。不需要任何试验，不需要任何临床，不需要任何现代生物学、现代生理学、现代化学知识，张锡纯靠着一种抽象的类比（和以形补形的思维模式几乎一样），就将现代药物阿司匹林的药理，用传统医学给包装起来。

然后，"石膏阿司必林汤"的用法，也被彻底"传统医学化"了。张锡纯说："石膏与阿斯必林，或前后互用，或一时并用，通变化裁，存乎其人。"[40]一切都是没有标准的。究竟是先喝生石膏汤，还是先喝阿司匹林，或者是两者混在一起喝，全看那医生的经验和手段。

张锡纯毕生酷爱使用各种"阿斯必林汤"——除了石膏汤，他还弄出了麻黄汤、山药汤等药物品种，足以组成一个"阿斯必林矩阵"，以致被一些懂得现代医学的同时代之人讥讽为"阿斯必林医生"。但张锡纯并不在意，阿司匹林的抗炎、镇痛、退热功效，已被现代医学彻底证实；只要往传统汤剂里加入阿司匹林，患者大概率会体察到炎症消退、疼痛减轻、体温下降的直观效果，张锡纯的"名医"光环自然也就越来越巩固。

第二十二章　1882年：美国出台《排华法案》

1882年，世界历史的走向正发生着极为微妙的变化。

在欧洲，因列强海外领地争夺日趋激烈，德意志帝国、奥匈帝国与意大利王国结成了军事上互为奥援的"三国同盟"，开启了强国之间以军事结盟形式进行对抗的先例。它带来一系列连锁反应：先是出现了针对德国的法俄同盟，然后又有了英法协约和英俄协约，最后演变成同盟国与协约国之间的第一次世界大战。在美国，艾伦·阿瑟总统签署批准了著名的"1882年排华法案"，世界范围内的种族歧视进入一个以"社会达尔文主义"为理论基础的新阶段。

已启动改革整整二十年的清帝国，仍完全看不清世界舞台上的这些风云变幻。他们不知道欧洲发生了什么，也不明白《排华法案》的由来与后果，更不清楚世界在以怎样的眼光打量自己。

稀里糊涂放弃了《蒲安臣条约》

《排华法案》的出台，有一个复杂的过程。

1868年，美国前驻华公使蒲安臣，代表清廷与美国政府签署了《中美续增条约》（俗称《蒲安臣条约》）。该条约的第五、六两条，明确规定中美两国政府均允许本国人自由移居到对方国家，承诺以"最惠国待遇"来对待彼国侨民，意即两国在移民问题上权利对等。[1]

该条约签订的时代背景，是美国横贯东西的中央太平洋铁路迫切需要中国工人。参与该铁路建设的华工人数，总计约为13600—20000人[2]。他们承担了工程中最艰巨的任务——在没有挖掘机、电钻等现代筑路工具可用的条件下，使用原始的铁锤与钢钎，自崇山峻岭间的坚硬岩石之中开凿出能容纳双轨铁路的隧道。约有1200名华工在工程建设中死亡[3]。

华工群聚美国西部加州等地，自然会与美国本土劳动力发生竞争关系。参与中央太平洋铁路修筑的华工，一面做着比白人更高强度、更高风险的工作，一面拿着比白人更低的报酬——普通白人每月可得35美元，且包食宿；华工一般只能得26美元，不包食宿；华工没有人身保险，筑路公司也不承担对华工家属的抚恤义务。[4]这种吃苦耐劳的"低人权优势"，是华工最主要的竞争力。

在19世纪60年代，华工对美国本土劳动力的冲击相当有限。原因有两个，一是华工缺乏教育，只能做一些没有技术门槛的底层工作；二是加州还处在野蛮生长期，急需各种层次的劳动力。下文是《萨克拉门托联合报》当年的一篇报道，颇能说明华工在加州劳动力市场中所处的位置：

> 加州只有五十万左右居民，在这地方吵嚷"劳动力竞争"实在令人不可思议。农民们一直在抱怨人手不足，技术工人所赚的金元比东部工人所挣的贬值的纸币还多。矿工更是供不应求……如果不雇佣华人，工厂就会倒闭，铁路工程就不能完成，洗烫衣服烧饭做菜的工作就无人承当。这一切都说明旧金山的劳力远远供不应求。在矿区，可怜的华人干得多、赚得少。在城镇，他们根本不能与白人技工竞争。华人在旧金山多在雪茄厂当工人，而生产雪茄是一种被人看不起的行业；在东部的城市里，只有妇女才在雪茄厂工作。因此，中国人的存在，怎么可能导致劳资之间的纠纷呢？[5]

但是，在1870年前后，有四项因素激化了华人与加州本土工人之间的矛盾：一是1869年中央太平洋铁路竣工，大量华工离开铁道线进入劳动力市场寻求其他工作；二是《蒲安臣条约》签订后，华工赴美人数持续上升，1868年是5157人，1869年是12874人，1870年是15825人，仅这三年就共计有33856名华工前往美国寻找就业机会[6]；三是发端于19世纪50年代的加州淘金热，在70年代进入了衰退期，大量白人淘金工的生活陷入困顿；四是1873年纽约股市狂跌，美国开始了一场长达十余年的经济萧条，加州也受到了严重冲击。

美国本土工人的就业机会与薪酬水平锐减，结果便是华工成了社会怨气的迁怒目标。为呼应白人选民的诉求，加州地方政府在1870年前后出台了许多歧视性立法，来限制华人的工作范围，以保障本土白人的就业。比如，旧金山议会曾通过一项《立方空间法案》，规定市内住屋每一成人住客需有500立方英尺（约合14.2立方米）之空间，该法案明显是针对地狭人稠的中国城华侨而设，法案出台后两个月内有247名华侨被拘控。旧金山市议会还通过了一项《街边挑担法规》，不准市民在人行道上肩挑竹篮走动，违者罚款5美元，目的是为了禁止华工通过挑担的方式承接运送货品的工作。类似者还有《洗衣馆法规》，规定不用马车送货者，每季度需缴税15美元，针对的也是华人。只因当时华人主要以人力运送衣物，收费比白人洗衣馆低廉。[7]此外，白人矿工还修订了采矿条令，"不允许中国人在比尤特河的戴尔蒙德维尔河口以上采金，也不允许他们在这些地方拥有采金点"。[8]

以上种种地方性法规，虽说是在"回应民意"，但有一个很大的问题，即它们对华工的歧视，与中美《蒲安臣条约》里的"最惠国待遇"存在严重冲突。这种冲突，直接导致大多数州政府和市政府颁布的针对华工的法规被美国最高法院判定违宪。这种冲突，也使得美国总统候选人不愿意公开表态支持"排华"——尽管华工问题已成为1876年美国总统选举的一项重要议题，且关系到总统候选人能否得到西部地区的选票支持。1877年，共和党人拉瑟福德·海斯（Rutherford Birchard Hayes）当选美国总统，不少国会议员要求修改《蒲安臣条约》中关于移民的条款，海斯政府担忧这种单方面修改会破坏中美关系，可能引发中国取消与美国的所有条约。

1878—1879年召开的美国第45届国会上，来自西、南各州的议员联合提出了著名的《十五旅客法案》——简单来说就是任何赴美船只，中国乘客人数不可超过15名，违法者将被处以每多载一人即罚款100美元并监禁6个月的严惩。清廷首任驻美公使陈兰彬试图阻止该法案通过，但无效果。众议院的投票结果是155票赞成，72票反对，61票弃权，法案获得通过。参议院的投票结果是39票赞成，27票反对，9票弃权，法案也获得通过。不过，海斯总统慎重权衡之后仍决定否决该法案。他在日记中说，自己虽然认同中国移民"有害"，是一种"劳动力入侵"，但"我们和中国签订的条约不允许我批准这个法案"，也就是不能单方面宣布废除《蒲安臣条约》。海斯希望西部各州与国会采取外交手段与清廷谈判，来阻止华工进入美国。[9]

两国谈判的结果，是在1880年签订了《中美续修条约》。清廷做出让步，同意美国控制华工的流入，只要求保留两条利益：一是将"禁止"字样删去，改为"限制"；二是限制的对象是赴美华工的人数和在美务工的年限，不限制华人赴美"传教、学习、贸易、游历"。清廷的这两条要求在条约的中文本里得到了满足，但条约的英文本里，"限制"其实是针对所有华人而言的，是要"暂停"华工进入美国居留。参与谈判及签约的总理衙门大臣宝鋆与李鸿藻二人，对中英两份文本之间的区别毫无察觉，黄遵宪后来痛心疾首写诗说，二人是"铸大错"的"糊涂相"。[10]

《中美续修条约》的签订，意味着《蒲安臣条约》里中美两国在移民问题上权利对等的条款被废除了。有了《中美续修条约》为依据，1882年，美国顺利出台了《排华法案》。该法案的主要内容是：一是绝对禁止华工入境十年；二是其他居美华人，如果没有适当的证件，一律驱逐出境；三是船主须提交船上中国旅客的名单，每发现带入一名不合该法的中国人，将对船主处以罚款500美元并监禁一年的惩罚；四是今后各地均不得准许华人归化美国公民。

如果清廷没有稀里糊涂地放弃《蒲安臣条约》，赴美华人的境况其实不至于这么惨。

清廷对自己的国际形象没感知

《排华法案》里有赤裸裸的利益冲突，也有误入歧途的文明冲突。

前文已经介绍过利益冲突方，主要是两个方面：一是华工在19世纪80年代不再有太多的"利用价值"——美国工业化进程基本完成，修路、采矿等基础建设告一段落，劳动力短缺的情况不复存在，以出卖苦力为主的华工已不再受欢迎。二是美国西部各州的政客很愿意呼应本土劳工对华工的迁怒，以获取政治上的选票。华工当时在美国主要从事服装、皮革、火柴之类的手工业，在美国经济结构中毫无重要性，是一颗随时可以被地方政府拿来"平息民怨"的弃子。

文明冲突方面，指的是排华政策披上了一件时髦的种族主义外衣。1882年是伟大的生物学家达尔文去世的年份。此时，他的进化论已饱受曲解，被从生物学领域生搬硬套到了社会学领域。这种生搬硬套在西方思想界引发了一场地震，"社会达尔文主义"随之兴起，该思潮将人类社会的演进等同于自然世界的进化，崇奉弱肉强食与种族主义。美国的排华政策便深受社会达尔文主义流毒的影响。

当时，由美国国会参众两院批准成立、负责调查中国移民问题的"联合特别委员会"，汇编有一部长达1200多页的《调查中国移民问题的联合特别委员会报告书》。该报告书是在听取100多名证人关于中国移民问题的意见后形成的。里面有许多言论，充满了种族歧视和社会达尔文主义色彩。

针对华人的种族歧视在现实冲突中得到强化。1885年发生在怀俄明州的"石泉城屠杀华人事件"。该惨案发生的原因，是煤矿公司因冬季到来取暖需求上升，欲临时增加铁路运输能力，以增加产量提升收入。矿工趁机提出加薪及改善待遇的要求。资方不愿接受，矿工遂发动全面罢工。当地矿工有爱尔兰、苏格兰、挪威、瑞典及其他各国的移民劳工。华工没有加入罢工之中，引起其他劳工群体的不满。罢工发生后，煤矿公司立即到加州招雇了百余名华工来顶替罢工的白人。此举引起白人矿工及当地矿工家属的愤怒。1885年9月2日，惨案发生，28名华工遭到杀害，15名华工受重伤，约600名华人被驱逐。[11]该事件曾被当年的美国知识界一再援引，用来证明华人是低等种族，从来无意"把自己从暴政和压迫之下解放出来以及建立自由政体"。

华工不愿参与罢工，不愿去争取权益，看似可以证明华人是低人一等，或证明他们无意"把自己从暴政和压迫之下解放出来"。但这只是一种似是而非的逻辑。华工不愿参与罢工，是多重现实因素导致的结果。这些因素至少包括：一是华工在美国社交范围有限，文化水平也有限，导致能寻找的工作种类有限，一般不敢轻易放弃工作；二是华工既未受过人权启蒙，也不可能得到清廷官方提供的人权保障（驻美公使馆仅设立数年，认知水准与工作能力很不成熟），参与罢工对他们而言很可能意味着以后再无被雇佣的机会。无视华工面临的这些特殊困境，简单粗暴地将他们的不愿参加罢工归结为低人一等，除了强化种族歧视、为暴行粉饰并激发更多暴行外，丝毫无助于解决问题。

发生在清帝国内部的事件，也会刺激种族歧视的强化。1891年，"长江教案"震惊世界，美国国会遂于次年立法，把所有《排华法案》延长十年，还新增了许多歧视华人的条款。1900年，义和团事件再度震惊世界，美国国会又于1902年再度立法，将所有《排华法案》再次延长十年；1904年，美国国会甚至通过议决，称《排华法案》将永远有效。据美国移民局的数据，1882年去美国的华人有39579人，同年《排华法案》颁布实施。1883年赴美的华人跌至8031人，1884年跌至279人，1885年22人，1886年40人，1887年10人，1888年26人，1889年118人，而且到了1892年，全年竟没有一个中国人去美国[12]。

与《排华法案》形影相随的，是清王朝国际形象的日趋恶化。可是，已改革20余年的清廷仍然处于一种严重自闭的状态，对国际环境变化的感知相当迟钝。对这场正在异域酝酿激荡的，以种族歧视和社会达尔文主义包装起来的针对中国人的歧视风潮，当时的清廷几乎没有觉察，所以也根本就没有针对《排华法案》向美国提出过有分量的交涉。直到14年后，李鸿章于1896年访美，才有清廷大员针对该法案发出了讥讽之声：

《排华法案》是世界上最不公平的法案……你们不是很为你们作为美国人自豪吗？你们的国家代表着"世界上最高"的现代文明，你们因你们的民主和自由而自豪，但你们的《排华法案》对华人来说是自由的吗？这不是自由。[13]

但李鸿章也明白，清廷的国力不足以改变美国的华工政策，所以他避开了华工聚集的美国西部，选择绕道加拿大回国。他告诉记者，自己"不打算接受当地华人代表递交的要求保证他们在西部各州权益的请愿信"[14]，因为接下请愿信却毫无办法改变现状，就只会让清帝国丢脸。

掉进了社会达尔文主义的陷阱

当排华浪潮汹涌激荡为"黄祸论"后，东方知识界终于感知到了其庞然无匹的存在，也意识到自身处境的危险性。

"黄祸"这个概念是德皇威廉二世在1895年公开提出来的。他令宫廷画家制作以"黄祸"为主题的宣传画广为传播，这标志着基于社会达尔文主义的针对东方世界的种族歧视，发展到了前所未有的巅峰。

可惜的是，东方世界感受到了歧视，也回应了歧视，却也同样陷入社会达尔文主义的陷阱之中。当时的中日两国知识界，都没有对"黄祸论"的理论基础，也就是种族主义和社会达尔文主义提出质疑。相反，许多人在驳斥"黄祸论"时，反而试图去寻求社会达尔文主义的理论支持。

比如，日本学者田口卯吉为使日本摆脱"黄祸论"，试图对日本人种实施"脱亚入欧"。他著有《日本人种论》《日本人种的研究》和《破黄祸论》等多种作品，极力否定日本属于亚洲黄种人[15]。在《日本人种论》中，田口卯吉说：将日本人种当作蒙古人种即黄色人种的一部，说日本人和中国人在人种上相同，"乃是沿用欧洲人轻率地定下来的人种分类法"。他对这一结论是"不能容忍"的，理由是日本人和中国人有两大显著区别：一是"语法完全不同"；二是"容貌"有别："我社会上有势力的种族不仅血统纯洁，并且和其文明一样日进于精美。其最明显处是皮肤白且光滑。中国人中虽非无极白者，但其中肌理细腻如通常所谓绸缎皮肤者定不可见。由此点不仅可见我人种胜于中国人种，并且胜于雅利安人种。雅利安人自夸白皙，但其皮肤多毛且粗糙，没一个有所谓绸缎皮肤者。且其所谓白乃赤白，日本人种之白则为青白。此点我邦上等人之容貌可以证明。"在《日本人种的研究》中，田口卯吉的观点更激进："今日的欧洲人才是句兰已安人种。他们如今自称为雅利安人种，把我们称为句兰已安，只能说是抢夺我们的祖先，并且贬斥我们的人种。"在《破黄祸论》中，田口卯吉又说："大和民族和中国人不同种，而和印度、波斯、希腊、拉丁等同种。因此以余所见，黄祸论的根基即错。如将日本人看作跟中国人相同的黄色人种这一点，即已把事实弄错，故黄祸论为完全无根之流言。""余不怀疑作为日本人种的本体的天孙人种是一种优等人种。此人种到底如何从天上降下来，实在是历史上的疑问。然而如从其语言语法推断的话，是和梵语与波斯等同一人种。是否属于语言学所称的雅利安语族，是毋须絮说之事。"[16]

田口卯吉不是个案。比如，小谷部全一郎的研究结论是：日本人的祖先乃以色列十二支族中已消失的"迦德"族，日本的基础民族是"希伯来神族的正系"，是"亚伯拉罕的子孙迦德后裔"。再比如，木村鹰太郎的研究结论是："《倭人传》中之倭女王国，就是吾等日本人在太古占据的欧亚之中心埃及。意大利、希腊、阿拉比亚、波斯、印度、暹罗等均属我国版图。"[17]凡此种种，均属于寻求社会达尔文主义的理论支持，来对抗由社会达尔文主义催生出来的

"黄祸论"。

这种畸形回应，也同样盛行于中国知识界。只不过较之日本，中国知识界对"黄祸论"的感知要迟钝一些。1882年的《排华法案》背后，已潜藏着"黄祸论"的阴影，但中国知识界几乎不置一词；1895年甲午战争前夕，日本知识界已懂得利用"黄祸论"抹黑中国，期冀以此换取西方国家的好感，比如竹越与三郎在其著作《支那论》中独辟一节，名曰《中国人种侵略世界》，极力附和西方世界，宣扬"黄祸在中国"。对此，中国知识界仍然麻木。[18]

最早对"黄祸论"做出反应并产生巨大社会影响力的人是梁启超。他试图凭借《时务报》的影响力，竭力消弥"黄祸论"和社会达尔文主义带给国人的伤害。在西方知识界的语境里，"黄祸"意味着野蛮和不开化，实质是将中国放置在文明的对立面。梁启超始终坚持中国人与西方人并无二致。不过，现实是西方攻破了中国的大门，所以，梁启超又不得不承认中国确实存在着某些野蛮行为，比如缠足。但他同时又宽慰自己和国人说：英国维多利亚时代的束腰，其实也与缠足一样野蛮。

概括而言，梁试图从两个方面消解"黄祸论"：一是野蛮不等于愚蠢，不代表智力上的劣势，不存在中国人种不如西方白色人种这种事。二是中国之所以野蛮，是因为中国社会尚在进化之中。在未来，中国社会可以进化到与西方国家同等甚至更加文明的地步，关键在于教育与体制。教育的好坏决定了民智的高低，体制的好坏决定了人性的善恶。

但即便已经有了这样的认知，梁启超仍长期深陷社会达尔文主义之中。他曾苦口婆心地告诫国人："人各相竞，专谋利己，而不顾他人之害，此即后来达尔文所谓生存竞争，优胜劣败，是动物之公共性，而人类亦所不免也……（此说）可谓持之有故，言之成理。"[19]显而易见，梁已将达尔文进化论里的"生存竞争与优胜劣汰"，与人类社会的"互相竞争，只求利己不惜损人"直接等同了起来，把动物界的共性，当成人世运作的不二法则。这是一种被社会达尔文主义俘虏后的典型想法。

于是，就有了耐人寻味的一幕：美国的《排华法案》与欧洲"黄祸论"，是一种典型的种族主义，二者均以社会达尔文主义为"理论基础"。梁启超作为中国人，在立场上天然反对排华政策与"黄祸论"，但在思想上，他一度成了社会达尔文主义的信徒，成了一名种族主义者。梁写于晚清最后十年的名著《新民说》中，便带有强烈的种族主义文明史观。他将人类分为两大类：有历史的人种和无历史的人种。只有"黄、白两族"，才有资格被称作"有历史的人种"。[20]

这种"一面反对排华政策，一面信奉种族主义"的奇异思想，不独见于梁启超一人，而是甲午年后，晚清最后十余年里的一股极为浩荡的潮流。包括严复、梁启超、康有为、杨度等几乎一整代知识分子，集体投入社会达尔文主义的怀抱；"优胜劣败、适者生存之说"被当成无可置疑的人间公理，正所谓"举人世间所有事，无能逃出其公例之外者"。[21]这种强烈的传染性，也正是社会达尔文主义最为可怕的地方——它可以凭着一种看似无可辩驳、实则似是而非的类比，把人类社会与动物世界的运行逻辑等同起来，造成一种"我们生活在一个超乎道德和血腥的世界里，自我保存是其中的唯一道德"[22]的极端认知；而甲午年之后的国势急剧恶化，恰又给了这种极端认知迅速传播的现实土壤。

中国知识界开始意识到社会达尔文主义的荒诞不经以及种族主义的巨大危害，已是20世纪20年代前后。第一次世界大战伤亡近4000万人的惨痛教训，让孙中山在《建国方略》里写下了这样一段针对社会达尔文主义的深刻反思：

> 人类初出之时，亦与禽兽无异；再经几许万年之进化，而始长成人性。而人类之进化，于是乎起源。此期之进化原则，则与物种之进化原则不同；物种以竞争为原则，人类则以互助为原则。社会国家者，互助之体也，道德仁义者，互助之用也。[23]

人类社会的进化，与自然界物种的进化，是截然不同、不可类比的两码事。

第二十三章 1883年：太后欲雪庚申之耻

以引进先进器械与先进技术为主要内容的洋务自强改革，自1861年起，拥有过长达二十余年的黄金时光。在这段年岁里，清廷虽仍与欧美列强摩擦不断，但因坚持住了条约外交的大方向，并没有再发生类似英法联军入侵那样的战事，可谓内乱消弭、外事平息。

1883年，中法战争爆发，黄金时光结束了。

地方督抚与清流台谏普遍主战

中法战争的起因是法国入侵越南。

法国对越南的觊觎始于19世纪50年代。1858年，法国远东舰队炮轰了越南土伦港。1860年，法国强迫越南阮氏王朝签订割地、赔款，允许传教通商的《西贡条约》。到1867年，法国已在越南南部六省建立起了"交趾支那"殖民政权，设总督府管辖治理。此后，法国势力仍不断向越南北部渗透，并开始关注澜沧江与红河航道可通往中国的云南地区。1873年11月，法军北进，攻占了河内、海阳等地，阮氏王朝不得不向驻扎在中越边境保胜地区的刘永福黑旗军求助——黑旗军原是天地会反清武装的一支，因不敌清军而退入越南境内，在当地开辟山林聚众耕牧。黑旗军在河内击毙了法军将领安邺（Francis Garnier），但无力挽救整个局面。1874年4月，越南被迫签订《第二次西贡条约》向法国开放红河航道，法国正式成为越南的保护国。

1875年，法国将上述变化通知清廷，要求清廷制止"中国徒党"在越南的活动，并在云南开放一处通商口岸来连接红河航道。总理衙门此时正与英国交涉"马嘉理事件"，弄得焦头烂额，不愿同时与法国交恶，但也不愿放弃越南宗主国的身份，故恭亲王奕訢回复法国说：越南自古就是中国藩属，早已习惯接受中国保护；云南开放通商目前还做不到；至于在越南活动的"中国党徒"黑旗军，他们不受清廷管辖，而是受了越南国王的邀请。[1]

越南阮氏政权也不甘心内政、外交乃至军事皆受法国干预，一度试图引入西班牙的力量来制衡法国。未果后，阮氏政权又将期望寄托在了清帝国身上。1876年与1880年，越南两次无视《第二次西贡条约》的规定，继续向北京派出了朝贡使臣。清廷则指示驻英法两国公使曾纪泽前往巴黎，以越南宗主国的名义，就越南问题向法国政府提出质询。法国政府不愿与清廷交涉，回复称这是法国与越南的事情，无任何必要对清廷解释。[2]

在清廷内部，1881年12月至1882年2月，还有过一次围绕越南问题的最高决策层讨论。

先是总理衙门呈递了两份文件。内中说：就常理而言，中国应该援助越南。法国已占据越南南部的膏腴之地，如今又增添军舰筹集军费，打着"捕盗"的名义想要吞并越南全境。越南与中国接壤，且红河航道可通轮船，这意味着"越南海口旬日可至云南"，所以这是一件"关系中国大局"的事情。可是，越南积弱已久，朝廷如果明确对越南表示不要投靠法国，那么越南就会事事向中国求助，我们的力量有限，迟早难以为继；朝廷也可以秘密嘱咐越南不要再与法国签订新条约，可如果法国军队压境，越南没有力量抵抗，还是会向中国求助，但我们实际上也没有应付法国的办法。[3]

文件还说，总理衙门已与福建巡抚丁日昌、驻法公使曾纪泽、北洋大臣李鸿章三人商议过越南问题，得到了如下建议：一、以查办土匪为名在中越边境驻军；二、与越南政府联络互通声气；三、采取各种手段破坏通商，包括在中越交界地带多设关卡，堵塞峭壁恶溪间的必经之路，向自越南入境的商品征收重税使其无利可图等；四、调拨部分水师军舰南下，控制住红河航道，使敌人有所顾忌；五、派军舰随招商局的运米船前往越南以壮声威；六、派干员前往越南秘密侦查收集情报，与越南政府联络助其自强。总理衙门说，"臣等再四筹商，目前办法止有如此"，实在想不出别的手段，只有这些治标不治本的办法。[4]

由这两份文件不难窥见，总理衙门正处在一种势所当为又力所难及的困境当中。

　　总理衙门的这些文件，由朝廷下发给南北洋大臣、两广总督、云贵总督、广西巡抚、云南巡抚等高级官员。朝廷要他们仔细看过之后，就越南问题各自出具意见供朝廷采纳。

　　参与讨论的地方督抚大多数持主战立场。

　　南洋大臣刘坤一回复说，应及早定策扶助越南，否则其覆灭指日可待。越南若亡，中国的云南与广西就失去了屏障，边患无穷。他基本同意总理衙门提出的办法，仅对自越南入境的商品征收重税一事存有异议，理由是法国与清廷缔结有通商条约，清廷没法强迫法国商人按新规定缴税，最终受损的只会是来中国做生意的越南商人，只会将这些越南商人推向法国的怀抱。[5]广西巡抚庆裕在回复中说，应该加强边防驻军，建议朝廷以明发谕旨与刘永福的黑旗军建立联系，以便有情况时能互相接应[6]。云贵总督刘长佑的意见最为激进，也更匪夷所思。他认为法国人此举志在吞并整个越南，但"此非法人之罪，而东夷日本之罪也"，理由是日本先出兵台湾，又吞并琉球，朝廷没能给予日本应有的惩罚，激发了各国对大清的轻视之心，最后才有了法国在越南胡作非为"敢于窥我门户"。所以，为今之计是趁着法军尚未大举出动，越南尚未灭亡之机，"先讨日本以复琉球"，如此外人震恐，可以达成不必与法军开战而保住越南的效果。[7]

　　相对而言，地方督抚里意见最为务实者，当属两广总督张树声。张说，朝廷以官军暗助刘永福的黑旗军，并非长久之计。一者，帮助越南本属理直气壮之事，如果海军已然成型，本该调集大军直指顺化，北断海防，南捣西贡。可惜目前力量不许可，只好偷偷摸摸援助黑旗军。二者，法国人已觉察到黑旗军中有大清官军存在，扬言一旦查实将攻击广东，可见掩耳盗铃之法只可暂用，持久下去是要露馅的。张建议朝廷先礼后兵，先将法国侵略越南的种种行径做成宣传资料"遍告诸国"，也就是捅到国际上去。若法国能因此回到谈判桌上，自然是好；否则就只好诉诸战争。

　　张树声还说，如果走到诉诸战争的那一步，他对朝廷有一项殷切的期望，希望最高决策层一定要放权给前线将领，不要和战不定。既不要因为一点小胜就膨胀，也不要因为一点小败就惊惶。要镇定沉稳，做好战争至少持续一年的心理准备。法国劳师远征，我军以逸待劳，打持久战是有优势的。[8]

清廷的高层大讨论还在进行当中时，1882年3月，法国以越南政府无力驱逐黑旗军为由，以"代劳"的名义出动军队控制了河内。清廷的应对，除了继续强化中越边境地带的军队部署，继续以越南宗主国的立场命曾纪泽与法国政府交涉外，还让李鸿章与法国驻华公使宝海（Albert Bourée）展开谈判。该年12月，李鸿章与宝海达成了一份备忘录，核心内容是中国答应撤军（主要指黑旗军）；法国承诺不侵占越南土地不损害越南主权，两国联合保证越南独立；中国许可法国经红河水路前往云南贸易。

但该备忘录没能升级为具有法律效力的文件，原因是法国政府与清廷高层均不愿认同该备忘录。在法国，茹费理（Jules François Camille Ferry）内阁对扩张殖民地非常热衷，执着于同英国开展殖民竞争，法国议会也在1883年5月通过了一项550万法郎的远征越南的军费案。清廷这方面，军机重臣、地方督抚与清流台谏均以主战派为主流，李鸿章的主和意见很难得到朝野舆论与最高决策层的支持。[9]

当时主战的地方督抚，除前文提到的南洋大臣刘坤一、云贵总督刘长佑、广西巡抚庆裕、两广总督张树声之外，还有左宗棠、彭玉麟、曾国荃、刘铭传、唐景崧等。主战的清流台谏有李鸿藻、张之洞、张佩纶、陈宝琛、周德润、黄体芳、盛昱等。可谓声势极盛，在朝廷内外占据了绝对上风。

相较之下，反对出兵越南者寥寥无几，仅广东巡抚裕宽、北洋大臣李鸿章、云南布政使唐炯、总理衙门章京周家楣及赋闲在家的原驻英法公使郭嵩焘等数人而已。裕宽主张"听越南自为之"，中国没必要介入[10]。李鸿章觉得与法国开战可能会"扰乱各国通商全局，似为不值，更恐一发难收，竟成兵连祸结之势"[11]，他觉得清廷海军绝非法国海军的对手，云南、广西的陆军依赖人数优势和对山地环境的熟悉，与法军"交战似足相敌"，但在武器装备上也是不如法军的[12]。唐炯不主张派军出境作战，理由是"耗三省之力而为越南守土"实在是无丝毫之利，反有可能给国家带来不测之危。他建议朝廷可通过暗助刘永福的黑旗军来拖延时日，不可"务一时主战之虚名，贻将来全局之实祸"[13]。周家楣则说，若真要与法国开战，也要等到中国向德国购买的先进军舰到货之后再动手，现在还不是时机。[14]

时间进入1883年，越南的局势急速恶化。5月，黑旗军与控制河内的法军

（500余人）发生战事，法军将领李威利（Henri Laurent Rivière）被击毙。7月，越南国王阮福时去世，越南政府的高层权力斗争失控。先是31岁的阮恭宗即位，仅3天就被辅政大臣阮文祥、尊室说等人废黜，另立37岁的阮福昇为帝。皇帝与权臣角力，朝政一片混乱。法军趁机由远东舰队司令孤拔（Amédée Courbet）统帅北侵，兵临顺化城下。8月25日，越南政府几乎未做任何讨价还价，便与法国签署了《第一次顺化条约》，宣布"越南承认并接受法国保护，法国管理越南政府一切对外国的关系，包括对中国的关系在内"[15]。越南的外交与军事自此完全被法国控制。

越南国内局势恶化之快，大大出乎清廷预料。作为应对，清廷采取了三项措施：一、自广西与云南调集数万军队进入越南北部，与黑旗军协同驻守，并向刘永福拨银10万两。二、请求美国出面调停，因法国拒绝调停，只能作罢。三、命李鸿章、曾纪泽继续与法国驻日公使脱利古（Arthur Tricou，法国驻华公使宝海被调回法国，新公使履任之前由脱利古暂代驻华公使职务）交涉，但交涉没有结果。[16]

1883年11月29日，越南权臣阮文祥等再次发动政变，废黜阮福昇并将之毒死，另立14岁的阮简宗为帝。12月中旬，法军水陆并进，向驻扎在越南北部的中国军队发起进攻。中法战争正式爆发。

"自信"源于洋务改革20年

主战派之所以在1881—1883年的越南问题上长期占据上风，与持续20余年的洋务自强运动带来的"自信"有直接关系。

比如，曾纪泽主战的理由之一是"中国水师渐有起色，如拨数艘移近南服，（可）使敌人有所顾忌，并自据红江以为控制"[17]。所谓"中国水师渐有起色"，即是自信洋务自强改革已有20余年，清廷已具备相当实力，可与法国做一番抗衡。

浙江道监察御史丁振铎也是主战派。他主战的底气同样来自20年的洋务运动。在给朝廷的奏折里，丁说：洋人并不足惧，"彼非必财力远胜于我，而狡诈则有余；我非遽有不如，而因循过甚，但几冀和局，苟且旦夕之安"。丁还说，这不是自强的正确路径，"国家不吝度支，办理海防，机器岁费千百万，筹备二十年，若竟一用不施，何必多此尾闾哉？"[18]清流重臣陈宝琛的观点与丁振铎几乎如出一辙："窃见我中国年年论自强，日日言御侮……二十年来练兵简器……然每逢横逆之来，犹不敢轻言一鼓。"[19]

丁振铎的"筹备二十年"与陈宝琛的"二十年来练兵简器"云云，均是在高声强调：朝廷改革已有二十年之久，当可与法国一战。用山西巡抚张之洞的话来说就是：时代已经变了，今日中法冲突的局势，与1840年"庚子之变"和1860年"庚申之变"的局势，已是全然不同："彼无助兵之与国，我多习战之宿将，此与道光庚子异者也；彼有后忧，我无内患，此与咸丰庚申异者也。"[20]二十年的自强改革，让张之洞充满了自信，敢于说出"今日法越之局惟有一战"这般铿锵有力的话语。

然而，亲身参与海军建设的李鸿章，却不敢有这样的自信。他在奏折里说："臣于海防筹办有年，因限于军费，船舰不齐，水师尚未练成，难遽与西国兵船决胜大洋。"[21]他不认为清廷有限的几条军舰，就足以与法国远东舰队相抗衡。

李鸿章的这种不自信，让与之关系密切的清流干将张佩纶颇为不解。张写信给李，责备李的立场"过示谦和"，实在是太软了些，结果只能是"似欲冀豚鱼之格，而转失貔虎之威"[22]，既无法期望法国人得到教化而觉悟，反倒会失掉我大清的国威。张还说，"公处人臣极地，负天下盛名，舍力持正论、厚集边防，无可言者；若舍和无策，务徇敌求，人人能之耳"[23]——唯一正确的立场就是努力搞好边防；一味以退来满足敌人的要求，那是人人都能做到的事情。

张佩纶与李鸿章交情深厚（张后来做了李的女婿），所以这些激烈的言辞，只写在私人书信之中。朝中其他人则不然。比如，掌贵州道监察御史刘恩溥在奏折里猛烈攻击李鸿章，说他"近年暮气渐增"，已无进取之心，说他持主和立场是只想着"保位贪荣"，故凡事都因循苟且。刘还拿"改革已有二十年"来说事，指责李鸿章"办理海防二十年，靡费数千百万，半系调剂私人，开销正款……国家安用此重臣耶？"[24]

刘恩溥的奏折给李鸿章带来了很大压力。12天之后，李给总理衙门呈递了一份处理越南事务的建议书。朝廷在接到建议书后的第四天，给李鸿章、左宗棠等一干督抚重臣下发谕旨，要他们从速整军防备法国的攻击。谕旨特别提及李鸿章："李鸿章筹办海防有年，为朝廷所倚任，天下所责备，尤应勉力图维，不得意存诿卸"[25]。这些文字里潜藏着慈禧的不满与警告，李鸿章自然是明白的。

曾几何时，洋人的坚船利炮是慈禧心中挥之不去的噩梦。"庚申之变"随咸丰仓皇逃亡，给慈禧造成了极大的精神刺激，让她在之后的垂帘听政中，对洋人的武力威慑存有一种惊弓之鸟的心态。1870年的天津教案，就是一个典型的例子。她以同治皇帝的名义发给曾国藩的谕旨里，对处理事件的具体方案一字未提，却一再强调朝廷的期望是"和局固宜保全，民心尤不可失"[26]。所谓"和局固宜保全"，意思是高调的口号不妨多喊，但与法国开战万万不可；所谓"民心尤不可失"，意思是朝廷不能直接表态说要惩办参与打杀的民众，但这个事得做，且不妨交由曾国藩来做。

1883年的慈禧似乎已经没有了这种惊弓之鸟心态。"筹备二十年""二十年来练兵简器""办理海防二十年"……这些措辞在1882—1883年频繁见于督抚将帅和清流台谏的奏章，是慈禧自信心骤增的主要原因。1882年，清军在朝鲜平定壬午兵变成功，也给了她很大的鼓舞。所以，同样是中法冲突，1870年，慈禧给曾国藩的指示是必须保全和局；1883年，慈禧对待李鸿章，却是不断将其逼向主战派的阵营。

慈禧逼迫李鸿章成为主战派的方式颇为独特。1883年12月21日，慈禧下达了一份上谕给李鸿章，命他加强防务。随上谕一同送来的，还有一份御史秦钟简对李鸿章的弹劾。上谕只有寥寥数语，弹劾的文章却相当之长，且措辞极为严厉。下文系部分摘录：

> 维当今重臣莫如李鸿章，朝廷倚任亦莫如李鸿章……或谓其交通洋夷以为奥援，或谓其拥恃淮军以要权力……自李鸿章总督直隶，今日买船，明日置炮，此处筑台，彼处设垒，岁费国家数百万金，而每有震惊，一味议和。夫洋寇果来，折诸外洋，诚非兵船不可；折诸内地，诚非炮台不可。顾李鸿章只知言和，船械军垒，何所用之？且和，尽人所能也。朝廷倚李鸿章为折冲御侮之臣，凡所请求，无不俞允。而李鸿章仅一和为报称，又觊开销之利，众役繁

兴。其言曰"外洋铁船以千百计"。无论不实，即使确有此数，岂能尽撤各埠之防来犯中国？李鸿章而为此言，所购之船，何所底止？岂将尽购夷船，而后与夷战耶？……使李鸿章忠于为国，二十余年，整军经武，必当卧薪尝胆，誓灭逆夷。而乃张夷声势，恫吓朝廷，以掩其贪生畏死、牟利营私之计，诚不知是何肺腑！尤可异者，海疆每有夷患，廷议方言用兵，李鸿章必先索百万或数百万，一似北洋向无经费也者，一似淮军向无饷糈也者，一似炮台营垒兵船军械诸事从未兴办也者。明知库帑空虚，司农仰屋，乃故为此要挟以固和局。然则谓其以夷人为奥援，纵未必然，谓其不忠，能自解耶？……我国家二百余年……统兵诸将散其部众者，正复不少，独淮军久而不撤，处处屯扎，岁费国家又数百万金，不特耗国已也。今试问勋臣宿将，有能代统淮军者耶？……然则谓李鸿章挟淮军以揽权，纵或不然，谓其不忠，能自解耶？非特此也。李鸿章出其资财，令人贸易，沿江沿海，无处不有。深恐启衅洋夷，则商本亏折，是以断不欲战。夫既不欲战，则断不能战。今日夷事方棘，畿辅所任惟李鸿章，臣能无惴惴乎？"[27]

上面这段引文里，秦钟简针对李鸿章的弹劾，共计有四大项：

一、朝廷每年给李鸿章那么多钱，让他今天买军舰，明天买大炮，整军经武已有20余年，但李鸿章给朝廷的回报，却是每遇中外冲突就主张言和，而非消灭"逆夷"。这般夸耀洋人、恐吓朝廷，只为掩盖他贪生怕死、谋取私利的隐秘动机，实在该死。

二、每次海防危机，朝廷想对外开战，李鸿章就跑出来索要上百万两乃至几百万两银子的军费，好像朝廷从没给北洋发过军费，从没给淮军发过粮饷一般。明知国库空虚，仍以这种手段来为难朝廷，以满足和局。说李鸿章与洋人同伙或许太过，说他对朝廷不忠可谓板上钉钉。

三、我大清立国200多年，许多统兵将帅解散了自己的部队，只有淮军一直都不解散，还每年耗费国家数百万两军费，且只听李鸿章一人调配指挥。说李鸿章挟淮军以揽权或许太过，但说他对朝廷不忠也可谓板上钉钉。

四、李鸿章手中控制着多家企业（比如轮船招商局），沿江沿海到处都有他的生意。与洋人开战会损害他的买卖，这才是他不肯对洋人开战的根本原因。正所谓不愿意开战，自然就会找出各种理由，对朝廷大谈特谈不能开战。当下的国际环境如此险恶，京畿重地却交在了李鸿章这种自私不忠之人的手上，实在是危险至极。

最后，秦钟简建议朝廷立刻罢免李鸿章的一切职务，念他往日有过功绩，可以宽恕性命，允许回到家乡隐居了此残生。

慈禧将这样一份长篇大论、言辞激烈的弹劾文字，附在简短的谕旨里，送至李鸿章手中，是想要传达一种怎样的信息可谓一目了然。所以，仅仅6天之后，1883年12月27日，李鸿章就呈递奏折作为回应。李在奏折里主要讲了三点意见：

一、中外交涉是大事，牵一发而动全身，所以"谋画之始断不可轻于言战，而败挫之后又不宜轻于言和"。当前局势，法军既已进攻我军，我军当然没有罢兵撤退的道理。但朝廷要给前线将领指挥进退的空间，不能从京城"遥制"前线；也要对前线将领有宽容胜负的余地，不能一遇败仗就自乱阵脚"望风震慑"。

二、朝廷要有定见，不要被舆论牵着鼻子走。"夫南宋以后，士大夫不甚知兵，无事则矜愤言战，一败则恇懦言和，浮议喧嚣，终至覆灭"。南宋之后的读书人不懂军事，无事之时就满腔愤慨主战，一遇败仗又无计可施想要言和，折腾来折腾去，终于闹到亡国的地步。朝廷应该"决计坚持"，做到沉稳镇定，"不以一隅之失撤重防，不以一将之疏挠定见，不以一前一却定疆吏之功罪，不以一胜一败卜庙算之是非"，不因为某处阵地失守就仓皇撤掉整条防线，不因为某位将领的异议就轻率改变之前的认知，也不要拿一时进退来判定前线督抚将帅的功罪，不要拿一时胜败来质疑战略决策是不是错了。

三、天津是京城的门户，"臣练军简器十余年于兹，徒以经费太绌，不能尽行其志。然临敌因应，尚不至以孤注，贻君父忧。伏祈圣躬颐神加餐，毋以法船到津挟和为虑。臣事君治军，惟矢一诚，输写愚忱，语多越次，无任悚惶之至"。——臣我在天津练兵、造买军械已有十几年，虽因经费短缺无法随心所欲大展拳脚，但应对外敌，还不至于只靠某种单一手段。请太后与皇上安定心神、多多吃饭，不必担忧法国军舰来天津要挟和谈。臣我侍奉皇帝、治理军队，唯有尽忠与尽责而已。[28]

李鸿章的这番回应明显旨在自辩，目的是维护住来自慈禧的信任。前两点，既是就中法战争的现状提出中肯意见，也是针对秦钟简的弹劾文字做含蓄驳斥。"南宋以后，士大夫不甚知兵"云云，即是指秦钟简这类人物。第三点主要是就忠诚问题向慈禧表态。"尚不至以孤注"这类话语，既对应着弹劾者"每有震惊，一味议和"的批评，也是为了让慈禧安心；坚称"经费太绌，不能尽行其志"，则不过是在陈述和强调实情：海防经费的多寡，台谏言官们未必清楚，慈禧一定心知肚明。此外，通观整篇回应，李鸿章未再强调"水师尚未练成，难遽与西国兵船决胜大洋"这类意见，可知慈禧借台谏的弹劾来压逼李鸿章支持对法开战的目的已经达成。

李鸿章的服从，意味着"改革二十年当可一战"这种自信，已成为清廷上层的共识。

局内人忧惧改革的含金量有限

就统计数据而论，清廷在1883年表现出来的自信，并非毫无来由的狂妄。

毕竟，在军备方面，这20年里，京畿与各省仿效欧美已先后创办大小军工厂十余所，自产与购买的新式枪炮也已成为清军的主流装备。马尾船厂自1869—1885年已造出26艘兵船；江南制造局也出厂了7艘兵船；此外还从英国、法国、德国、美国购买了约20艘炮船兵舰。无论陆军还是海军，较之1861年均已有长足的进步[29]。

在财政方面，因引入近代化海关，并开征厘税，政府的收入也有了很大提升。在19世纪60年代，厘金每年可为清廷增收1200万—1500万两白银，关税每年可为清廷增收700万—800万两白银。同治朝末期的年财政收入已达到6000余万两白银，较之道光时代多出了约2000万两。进入19世纪70年代之后，因海关贸易的扩张及鸦片种植的普及，这两笔收入仍在高速增长。1885年前后，清廷的年财政收入已增长至8000万两白银左右[30]。

这些显而易见的进步，增强了慈禧太后、军机处、总理衙门、清流台谏与地方督抚将帅们一致的自信。

然而，那些真正身在局中，亲手参与推动了上述改革之人，却很清楚这些

"进步"的含金量其实很有限。

比如，清军装备的近代化枪械虽多，但武器种类与规格高度不统一。据美国人贝福德（Charles Beresford）的不完全统计，"中国所用来福枪就有十四个不同的种类，从最新型的起到古老的抬枪为止。常常同一个连队用的武器样式就不一样。在这种情况之下，各省军队共同作战不但危险，而且也不可能"。[31]武器弹药的种类与规格如此混乱，不但影响战场合作，也会给训练带来麻烦，还会带来后勤补给上的无序与无力——不但运至前线的弹药与军队正使用的枪械未必匹配，后方兵工厂也未必能够满足前线提出的生产需求。

再比如，自19世纪60年代开始，西方武器的迭代速度很快。清廷作为毫无创新能力的追赶者和搬运者，武器装备的更新换代很自然地成了一个严重问题。李鸿章在1881年与黎召民讨论仿造西洋武器时，就提到"各国皆有新式后膛枪"，江南制造局所仿造的林明登已是落后产品，所以造出来之后"各营多不愿领"。李建议说，若江南制造局要仿造洋枪，"必须择一新式"，比如"英之亨利马梯呢、法之格拉、德之毛瑟、美之哈乞开思"，这些更先进的武器皆可仿造[32]。仿造更先进的新枪械，既意味着需要一大笔新的资金，也意味着清军的装备种类又变多了，从训练、合作到后勤补给，难度都会提升。

李鸿章对中法战争前景不抱乐观态度的一个重要原因，就是法军当时已普遍用上了更先进的后膛枪，而清军还在普遍使用落后的前膛枪。1882年初，李鸿章致信总理衙门，谈了清军与法军开战无胜算的两大"不可恃"。第一项是法国海军强大，而中国既没有得力的兵船，也没有优质的水雷。第二项则是：

> 法兵人持一后膛枪，操练熟悉，药弹备齐，兼有轻炮队相辅而行，离水近处兵轮大炮又可夹击，此西洋用兵定法也。滇、桂各营后膛快枪既少，或有枪而缺子弹，操练又素未讲求，轻重炮位更少，徒以肉搏梃击取胜。[33]

事实上，问题还不只清军前线普遍装备着更落后的前膛枪。因清廷的军事改革重练兵而不重练将，前线将领多出自行伍（八旗绿营）与儒生（湘淮军），而非由近代军事学堂培养的专业人才。这些将领普遍缺乏学习能力和学习动力，不但对近代军事思想一无所知，对近代军事器械的迭代也往往手足无措无法适应。所以，中法战争期间会出现这样的奇景：时任广西巡抚、东线清军北宁前敌指挥的徐延旭，最喜欢使用的武器，既不是落后的前膛枪林明登，也不是先进的后膛枪毛瑟与哈乞开思，而是古老的抬枪。

在与越南官员吕春葳笔谈时，徐延旭曾如此吹嘘抬枪：

> 洋人炮虽快，然一炮只一子，我抬枪一炮可容数十子，是一炮可敌其数十炮矣，故用抬枪得力，其法与放鸟枪同。可同往看看。打洋人是抬枪得力，一炮可装卅余子，并可及七八十步，不用逼码铜帽，不怕用竭。易用过子母炮，子母炮须会放，抬枪则人人能放。[34]

此时的徐延旭，已是一位身体多病的老人——清廷的军事改革不愿过多碰触军事体制，既无将领培养系统，也没有引入将领退役制度，导致大量高龄体弱、知识结构严重落后的"宿将"，构成了清廷军队的核心指挥层。徐延旭对抬枪的迷信发自内心。他在北宁战事爆发前夕，曾上奏朝廷请求大量拨给抬枪来补充军备。他还解释了自己宁愿选择古老的抬枪，也不要洋务兵工厂生产的新式兵器的原因：

> 闻道光年间东省御夷，系用抬枪更番间发取胜。而抬枪之合用则以湖南打造者为最，前此东征皆于湖南取给。诚以抬枪子多而及远，且子药皆可自造，随时解营，不至如逼码用竭，其枪便为废物。[35]

由徐的这些话语和文字不难看出，他之所以钟爱古老的抬枪，主要是三大原因：一是徐的认知严重停滞，仍留在40年前"道光年间东省御夷"的经验里，他对抬枪与新式洋枪威力的比较完全是错的。二是徐所辖部队显然并没有完成近代化改革，至少没有学会如何使用新式洋枪，所以更喜欢用"人人能放"的传统抬枪。三是新式洋枪品类繁杂，弹药补给困难，让徐延旭望而却步。总而言之，这场荒唐的抬枪迷信，直接原因是徐延旭本人无知迂腐，深层原因则是清廷军事改革金玉其表、败絮其中，含金量严重不足。

战事的发展，恰如李鸿章所担忧的那般。清军在越南北宁战场上，始终处于武器数量与质量远不如人的状态。战事爆发后，前线将领黄桂兰、唐景崧等均迅速意识到清军武器装备上的劣势，不断急电朝廷请求援助武器弹药。法国北圻远征军总司令米乐（Charles-Théodore Millot）在一份军事报告中说，1884年2月24—25日与清军的一场战斗中，"敌人（清军）约有300多支长枪（系指冷兵器里的长枪）及700把长矛"[36]。

徐延旭钟爱的抬枪，在英国战地记者斯各特（J.G.Scott）的眼里，也形同笑话：

> 他们……辛勤放射抬枪，但不能伤人。这就是敌军在Trung-Son（中山，一个清军的防守阵地）所有的炮火。敌军只要有几根相当好用的枪，那就是极难攻的阵地；只要用林明顿枪及勇气来防守，其设计得很好的交织炮火，必已使法军付出高昂的代价。事实上法军未曾付出任何代价，便占领了七座"炮台"和二十来个村庄……[37]

遗憾的是，以上这些局内人对"改革含金量"的忧惧，并不能被时代的旁观者们所理解，一如他们中的大多数人从未听闻过前膛枪与后膛枪（中法战争之后，清军吸取教训，才开始致力于配置后膛枪）。1883年，雌伏已久的"天朝上国"，以20年改革为底气，迫切想要依赖已然升格的国力在战场上挫败法军，一雪"庚申之变"的耻辱。

第二十四章　1884年：改革来到了分水岭

1884年，中法战争继续。该年3月，清军在越南的北宁、太原等重要阵地接连失利，引发朝野震荡，台谏言路失去镇定，群起上奏要求严惩败军之将并派大员出关至前线战场主持军务。随后，徐延旭、唐炯、黄桂兰、赵沃等前线将领被革职拿问，其中黄桂兰服毒自杀。

这是晚清改革的一个重大分水岭。这场震荡最后演变成让人瞠目结舌的"甲申易枢"。以恭亲王奕䜣为首的军机大臣班底被全部罢免，清廷自此进入慈禧独揽大权时代。

恭亲王奕䜣被逐离政坛

34岁的詹事府左庶子盛昱是一个颇有学问、精力充沛且性格直爽的人。身为宗室远支，他对于清廷的振兴怀有一种异于常人的强烈使命感。所以，当越南前线清军节节败退的消息在1884年初不断传入京城时，盛昱坐不住了。

这年4月，盛昱递了一道奏折，主旨是要求严惩军机大臣，让他们戴罪立功，以挽救前线战局。他在奏折里说："越南战事错失良机，议者都说责任在于云南巡抚唐炯和广西巡抚徐延旭……奴才以为，唐炯、徐延旭坐误事机，其罪当然无可宽恕，但是，枢要之臣的蒙蔽推诿之罪，要比唐炯、徐延旭之流还严重……外间众口一词，说唐、徐二人是侍讲学士张佩纶推荐、协办大学士李鸿藻力保。张佩纶年轻，资历浅权力小，误听了虚声可以理解；李鸿藻是老臣，对内拥有进退人事的大权，对外担着国事安危的重任，岂可不做广泛调查就轻信滥保这些庸才，致使越南之事败坏到如此地步？恭亲王、宝鋆，已做了多年中枢大臣，遇事很多，并不是没有知人之明，与景廉、翁同龢这些才识平凡低下之人不同，却也俯仰徘徊，坐观成败，其责任实可谓与李鸿藻相等。"[1]

奕䜣、李鸿藻、宝鋆、景廉、翁同龢、张佩纶，这些人或在军机处当值，或在总理衙门当值，或二者兼值，确属慈禧之外最核心的清廷最高决策层。盛昱一口气将这些人全部拉出来批判，勇气当然是极可嘉的。

盛昱对这些人的不满主要有三：一、清军在越南前线的督抚将领多属庸才，而这些庸才又是上述枢臣或举荐或认同过的。二、唐炯、徐延旭这些人被革职拿问之后，掌控着军机处和总理衙门的这些枢臣们，竟然既不明发谕旨，也不送文件知会内阁吏部。朝廷一个月之内换了四任巡抚，一天之内拿办了两名巡抚，如此大的动静，天下谁人不知？这些枢臣却在担忧，若公开发布惩罚战败者的谕旨，会引来法国的诘责，会破坏和局，哪有这样的道理？三、朝廷已查办唐炯、徐延旭等，可这些枢臣选择的接替者仍是粗庸、畏葸之人。

盛昱还说，这些大臣主持中枢工作负责推行改革，多者已有20余年，少者也有十余年，皇上与皇太后长期给予他们支持与信任，可谓言听计从，结果却是饷源日绌、兵力日单、人才日乏。即便没有越南之事，也该对他们施加重罚。何况现在越南问题已败坏到这种程度。他呼吁慈禧严厉惩罚这些中枢大臣，然后让他们戴罪立功。戴罪立功的具体办法，是令这些中枢大臣重新商议，在五天之内拿出一份新的边疆督抚将帅名单。督抚将帅未来的功与罪，就是中枢大臣未来的功与罪。

盛昱的奏折言辞如此激烈，是因为他与当时的大多数官员一样，怀有一种"改革二十年当可一战"的自信；也和慈禧太后一样，怀有一种通过战胜法军来一雪"庚申之变"耻辱的迫切期待。所以，他在奏折中还建议朝廷明发谕旨，将主战的立场昭告天下，之后"中外大小臣工，敢有言及弃地赔款者，即属乱臣，立置重典"；他还希望朝廷"不以小胜而喜，不以迭挫而忧"，要有打持久战的决心，不要因为小胜或屡败而变更既定方针。这种自信与期待，让盛昱对清军在战争初期的频频失利极为不满，继而将之归罪于奕䜣、李鸿藻、宝鋆、景廉、翁同龢、张佩纶等中枢大臣。他希望自己的激烈弹劾，可以对这些中枢大臣产生警醒效果。

让盛昱意外的是，慈禧采纳了他的弹劾，却没有按他的建议让中枢大臣们"戴罪立功"。

4月8日，慈禧突然发布上谕，痛责奕䜣"每于朝廷振作求治之意，谬执成见，不肯实力奉行"，将奕䜣、李鸿藻、宝鋆、景廉、翁同龢全部逐出军机处（前四人开除一切差事，翁同龢因进入军机处时日尚短而保留"毓庆宫行走"之职），改由礼亲王世铎、额勒和布、阎敬铭、张之万"在军机大臣上行走"，孙毓汶"在军机大臣上学习行走"。次日又下旨，军机处遇有紧急事件，可会同醇亲王奕譞商办[2]。

这意味着军机处与总理衙门全面换血。醇亲王奕譞因光绪生父的身份未进入军机处，但实际上已取代恭亲王奕䜣，成了慈禧掌握军机处与总理衙门的实际代理人。这就是震荡朝野的"甲申易枢"，长期主持晚清改革的恭亲王奕䜣，至此被彻底逐出了政坛。

这个结果让盛昱极为震惊。他与奕䜣私交甚好，虽不喜其主和立场，却无将之逐出权力核心的想法。而且，在军机处众大臣中，盛昱似更不满李鸿藻，所以其弹劾奏折中有"恭亲王等鉴于李鸿藻而不敢言"[3]这样的文字。据《国闻备乘》记载，慈禧对军机处大换血，将奕䜣彻底逐出政坛的谕旨发布时，盛昱正与友人宴会，"薄暮见谕旨，举坐失色"。因继任者是世铎等一干无能之辈（除阎敬铭外，均有平庸贪渎之名），盛昱再次上奏，"谓不及旧政府远矣"，希望慈禧能收回成命。慈禧则"裂奏抵地大骂"，撕扎了盛的奏折，骂他"利口覆邦，欲使官家不任一人"[4]。

《国闻备乘》的记载颇为可信。档案材料显示，盛昱确于军机处大换血的第二天，就上奏慈禧表达了反对意见。奏折中说，宝鋆、景廉与翁同龢是无用之人，逐出军机处不足为惜，但是，恭亲王奕䜣是朝堂中最杰出的人才，"才力聪明，举朝无出其右，只以沾染习气，不能自振"；李鸿藻虽然看人的眼光不怎么样，对时事的判断处理也常不到位，"惟其愚忠不无可取"，不应该将二人驱逐。盛昱还说，"若廷臣中尚有胜于该二臣者，奴才断不敢妄行渎奏，惟是以礼亲王世铎与恭亲王较，以张之万与李鸿藻较，则弗如远甚"，所以还请太后再下谕旨，让恭亲王与李鸿藻继续在军机处任职，给他们戴罪立功的机会。[5]

盛昱的挽救没有任何效果。

慈禧驱逐奕䜣的心思酝酿已久。二人的政治蜜月期早已结束，整个19世纪70年代，奕䜣与慈禧的关系一直很紧张。1865年，奕䜣失去议政王身份后，他与慈禧之间的权力天平就已失衡，只能转而选择尽可能与慈安拉近关系，通过尊重"嫡庶之分"来压制慈禧。奕䜣与慈安的合作在当日政坛是众所周知的事实，如时人赵烈文在其《能静居日记》中说，慈安"颇倚任恭邸"[6]。对此，慈禧也心知肚明。1880年，两宫太后携光绪前往东陵祭拜咸丰，慈安不愿与慈禧并肩而立，引发了一场"祭拜席次之争"，慈禧认定此事背后必有恭亲王奕䜣在出谋划策[7]。1881年，慈安突然去世，"政权尽归西宫"[8]。奕䜣再无强力奥援可与慈禧抗衡，只能在军机处谨言慎行，遇事能不独立表态即尽可能不独立表态。李鸿藻在军机处的分量也因此渐有盖过奕䜣的趋势，特别是在1881年另一位军机大臣沈桂芬去世后，李鸿藻已越过奕䜣成了隐执军机处大权之人。盛昱所谓的"恭亲王等鉴于李鸿藻而不敢言"，正是基于这种背景而产生的观察。

在中法冲突期间，奕䜣于1883年1月18日上奏支持过李鸿章与法国驻华公使宝海的谈判，理由是"似该国有欲转圜之机，或可借图结局，以省兵力"[9]。可见在他的认知序列里，如果有谈判的空间，仍应尽量维持和局，而非放手一战。可惜的是，这种立场已无法得到慈禧的认同。年逾50岁的太后在满朝皆是主战之声的环境影响下，对20余年的洋务改革成果充满了自信。于是，奕䜣很自觉地在之后的决策过程中退为隐形状态。

翁同龢的一段日记，颇有助于管窥奕䜣在1884年初的境况。该年的3月30日，也就是"甲申易枢"发生的九天之前，军机处接到电报，获悉北宁与谅江失守，慈禧于是召集会议讨论越南军情。除政务讨论外，恭亲王还在会上提到了慈禧过生日的问题：

> 恭邸述惇邸语请旨，则十月中进献事也，极琐细，极不得体，慈谕谓本不可进献，何用请旨？且边事如此，尚顾此耶？意在责备，而邸犹刺刺不休，竟跪至六刻，几不能起。[10]

大意是：恭亲王奕䜣在政务会议上花了一个半小时来跪求慈禧，希望她在该年旧历十月生日时，接受礼物的"进献"。慈禧责备奕䜣不识大体，奕䜣坚持跪上一个半小时来恳求，慈禧也由着他跪到几乎站不起来的程度。作为事件的目睹者，翁同龢用日记非常直观地将奕訢在1884年的谨小慎微与如履薄冰记录了下来。

次日，同样的戏码再度在政务会议里上演。除恭亲王奕訢外，惇亲王奕誴也加入进来。翁同龢在日记里说：

> 两邸所对皆浅俗语，总求赏收礼物，垂谕极明，责备中有沉重语（略言心好则可对天，不在此末节以为尽心也）。臣越次言，惇亲王、恭亲王宜遵圣谕，勿再琐屑，两王叩头匆匆退出。天潢贵胄，亲藩重臣，识量如此。[11]

翁同龢当时是末班军机大臣。他看不下去这戏码，对奕訢身为皇室重臣如此这般"琐屑"不知轻重缓急感到相当失望，于是越级发言干预，要他们一切都听慈禧太后的。其实，对局外人翁同龢来说，奕訢的做法确实是不得体的"琐屑"；但对局内人奕訢而言，却已是不得不为的存身之术。他作为军机处与总理衙门的首席大臣，"主动"将核心权力让渡给清流领袖李鸿藻，同样也是为了存身。

当然，奕訢也有其他盘算。尽管时人视读圣贤书的李鸿藻、张佩纶等为清流，视办洋务的奕訢、李鸿章等为浊流。慈禧也期望李鸿藻与奕訢构成互相制约的关系，以便自己居中掌握权力。但在19世纪80年代，清流与浊流并不是绝对的敌对关系。据李鸿章1881年的观察，奕訢与李鸿藻在军机处内是合作多于分歧的：

> 政府周公（恭亲王奕訢），久不自专，前唯沈文定（沈桂芬）之言是听，近则专任高阳（李鸿藻）……近日建言升官，大半高阳汲引。[12]

奕訢"专任"李鸿藻，这种合作既可以在具体政务上规避与慈禧的冲突，也可以加深与清流的关系。盛昱说奕訢"沾染习气"即是指此而言。清流与浊流在1880年前后实际上存在合流的趋势。

这种合流实是一种必然。

爱读圣贤书者也好，喜欢办洋务者也罢，只要愿意切身介入现实政治，愿意切身接触外部世界，便不难明白什么可以保留，什么应该改革。就像一个人，站在岸上看别人划船，会有许多不切实际的指手画脚；等到自己成了船上的水手，就会明白以前那些指手画脚是多么可笑。所以，本是清流领袖的李鸿藻，进了军机处之后便渐渐与奕䜣走到了一起，对办洋务之人也渐渐多了理解。比如1881年刘锡鸿弹劾李鸿章"跋扈不臣、俨然帝制"时，李鸿藻通过"青牛角"张佩纶（李鸿藻号为青牛，时人将张佩纶与张之洞视为他的两只牛角）将朝中讯息（尤其是慈禧的态度）源源不断输送给身在天津的李鸿章，助他安然过关。至于中法冲突里李鸿藻与张佩纶倾向主战，奕䜣与李鸿章倾向主和，亦非清流与浊流的政治对立，主要源于各自对20余年洋务改革的含金量有不同判断。

清流与浊流趋向合作，于国事自是有益，有助于减轻改革阻力。但这不是慈禧愿意看到的局面。所以，1884年4月8日的"甲申易枢"对她而言势在必行。无论盛昱如何上奏补救，无论朝臣们如何震惊如何反对，都无转圜余地。

算命的瞎子进入军机处

"甲申易枢"的直接后果，是清廷进入了慈禧独揽大权的时代。

独揽大权后的慈禧，于1884年旧历八月十七日召见了时年40岁的"青年将领"史念祖。由二人间的谈话，可以窥见慈禧关于中法冲突的真见识与真立场。

下文是谈话的部分内容：

慈禧：现在法人欺侮中国太甚，说话的人也多，也有说非战不可的；也有说和的好的。中国受欺不是一年，您想这回五条都是步步逼人，其势万不能忍。论中国与洋人呢，自然是和好的好。但是，中国总要能战，而和才是真和，要是样样依他，越求和越不得了。即以这回五条而论，如果自此以后，永远不起波澜，中国让洋人也不是一年了。

史念祖：太后无非俯念两国苍生，不忍开衅，圣心苦衷，天下共见，就是再添五条，臣愚以为太后也未必不勉如所请，怕的是五条才答应，不上半年，又出题目，将来想战不能战了。

慈禧：可不是，可不是（上意甚喜）。如果能保永远无夺，皇天上鉴，谁愿意开这个大衅？然而，颇有说中国现在力弱，断断不可战的。

史念祖：论现在器械，诚然有不如他的地方。臣以为二十年讲求机器，不为不久，买炮买船，花钱不为不多，到如今还不能一战，到底等到何年？

慈禧：就是这个没有日期，永远没有有把握的时候，真不成事。（少停）你在营里带队多年，打的是粤匪，是捻匪，还是回匪？

史念祖：粤匪、捻匪都打过，后来各省肃清，蒙太后天恩，（忘却磕头）简放甘肃安肃道，也打过回匪。

慈禧：究竟打洋人可是与打粤匪一样？他们颇说全然不同。这一回北宁竟弄成不战而逃，可恨已极。

史念祖：自道光二十一年以后，并没有见谁与洋人真大打过。说不同的，大约也是悬揣。臣总以为，无论打什么仗，将要有谋，兵要有勇，都是同的。

慈禧：是呀。

史念祖：至于不战而逃，实在是统帅不知兵，并不是洋人狠。

慈禧：你说的是。他们都说洋人上岸，不如我们；海里，我们不如他。

史念祖：海里也不是人不如他，是船不如他。他在海里，能全仗住船好、炮好，上岸全要凭人，他先失其所长了。（少停）

慈禧：现在都换了知兵督抚，也不知事情如何？

史念祖：太后请放心，知兵的督抚虽没有十分把握，此后总可有胜负，无溃逃。中国久不与洋人开仗，漫漫地把风气开了，连兵勇渐渐也就不怕他了。

慈禧：可不是，所以万不能再往下获弄（糊弄之意）了。

史念祖：这一回太后天威震怒（指甲申易枢），固然出于不得已，也是看着一年难办一年。臣尝同朋友论到人才难得。粤匪平定二十多年了，当日带兵四五十岁的，现在都没有了。

慈禧：当日二三十岁当兵的，现在都四五十岁了。

史念祖：太后圣明，想人到四五十岁，除非做统领大将，自然是老成的好，其余连营哨官，也要壮年耐劳……此刻再犹疑，将来何堪设想？

慈禧：你见得很是。你知道历年总理衙门，如文祥他们，专讲获弄，凡遇洋人麻缠，怕我生气，都瞒住我，颇有多少下不去的事，我几乎不与闻。（少停）现在弄到如此。[13]

这段对谈透露出两点重要信息：

一、史念祖在谈话中说"臣以为二十年讲求机器，不为不久，买炮买船，花钱不为不多，到如今还不能一战，到底等到何年？"这些话引发了慈禧的高度共鸣。较之19世纪60年代首次垂帘时对"维持和局"的战战兢兢，此时的慈禧，心态上已发生了很大变化。她厌倦了和谈，厌倦了"（打赢洋人）没有日期，永远没有有把握的时候"，开始期待着与洋人一战。这共鸣，让她当着史念祖，表达出了对总理衙门众大臣，甚至包括已去世多年的文祥的强烈不满。

二、慈禧问出"打洋人可是与打粤匪一样"之类的话，可知她虽娴熟权术，但治国层面的见识却很短浅。洋务自强二十年，军事改革是最核心的部分，慈禧实在没理由不了解本土农民军与列强正规军之间的区别。作为最高决策者，虽不需要知晓清军、农民军与英军、法军之间差距的细节，但多少应该有一点基本常识。因无基本常识，故慈禧虽想自史念祖处得到些有用的信息，但她的提问始终言不及义，无法触及任何实质问题。1869年，曾国藩被慈禧召见谈话后，即评价她"才地平常，见面无一要语"[14]，意即慈禧并不了解时代之要务何在，故在向曾国藩问话时提不出有价值的问题。15年过去了，慈禧操弄权术的手腕越发高明，引领时代转型所需的知识与见识却始终没有增长。于是乎，史念祖也乐于唯唯诺诺，一味揣摩迎合慈禧的话锋，而非提供有实质意义的情报信息。对史来说，努力让君臣之间的谈话始终处于愉快的气氛，才是最要紧的事情。

非但慈禧如此，"甲申易枢"后取代奕䜣执掌军机处的奕譞，也是这样一个不学无术之人。他对中法战争的前景充满了乐观且浪漫的想象，显示他也是典型的门外汉。奕譞当日提供给朝廷的取胜之道是：

舍炮台而讲清野，舍船费（指买铁甲船的钱）而练民团，彼以整，我以散，头头设伏，处处邀截，彼之火药有尽，我之刀矛无穷，加以炸器惊其马，水军抢其船，进无所获，退无所归，似乎一两仗后，彼气自馁矣。[15]

大意是：御敌于国门之外的炮台建设不必再搞，不如坚壁清野后放敌人进来；铁甲舰也没有必要再买，不如将钱省下来练民团。敌军集中进攻，我军散入民间，这里打埋伏，那里放冷枪，敌军的火药有限，我军的刀矛永远用不完，再用炸弹惊吓他们的马匹，用水军偷抢他们的军舰，敌军进攻无所收获，退军又无处可去，很快就会自己瓦解掉。

奕谟还说，"夷怕民，民怕官，官怕总，总怕夷。此外间自来俗论。此关打破，百事可成"。这是外间流传的真道理，明白了这一点，什么事都能办成。奕谟据此指责奕䜣，说在他的主持之下，既往的洋务自强改革将对洋人的"俯就"（指维持和局）当成妙策，将朝野呼吁的"发愤"（指与洋人决裂）当成胡话，犯下了严重的政治错误，白白浪费了二十年的时光：

> 我之不振，在乎悠忽于平日，仓卒于临时，而以俯就为妙策，以发愤为盲谈，廿载驹光，因循浪掷，实为可惜。[16]

奕谟的这些话，显示他不思讲求军事改革的近代化，反迷信所谓"民团"的人多势众；不思御敌于国门之外，反寄望于将敌军引入境内，以民众的生活、生产乃至生命为代价，去搞所谓坚壁清野……奕谟与奕䜣之间见识差距如此之大，也就无怪乎盛昱会恳求慈禧收回"甲申易枢"的成命；无怪乎时人会将奕谟取代奕䜣，形容为"逐恭王出军机，以瞽瞍继任"[17]（瞽瞍，就是算命的瞎子）。

可是，算命瞎子奕谟的这些意见却得到了慈禧的认同。在给翁同龢的书信中，奕谟透露了这一点："日前呈件得达帘前，敬悉民团果成，声势自壮，第恐绌于专恃淮军及水师耳。"[18]这里所谓"得达帘前"，就是此类意见已送至慈禧手中；"敬悉"云云，则是指慈禧对"民团"的兴趣已超过了建设正规的国家军事力量。

基于最高决策层的这种盲目乐观与自信，大批主战派于"甲申易枢"前后得到了慈禧的重用。其中既包括左宗棠、彭玉麟、曾国荃这些湘军元老，也包括张之洞、吴大澂、陈宝琛、张佩纶、邓承修这些清流中人。张之洞署理两广总督，吴大澂会办北洋事务，陈宝琛会办南洋事务，张佩纶会办福建海疆事务

（后又兼署船政大臣）。时人将这种异常的人事变动总结为"不问军旅之事曾学与否，凡主战者，即使往战地，尤近滑稽"[19]。

被重用的清流中人，似乎也对这种人事变动颇感迷惑。邓承修被派往广西担任勘界大臣，他前去向醇亲王奕譞辞行时便满脑袋问号，不知为何自己这样一个常年在岸上指点别人划船的人，竟会被派去船上充当水手。奕譞不得不对他如此解释：此番调动的缘故，是朝廷（其实也就是慈禧）认定"各省督抚绝少实力任事之人"，故希望将清流中的主战者派往前线，以扭转地方督抚只图保全富贵，不肯为朝廷力战的状况。奕譞还说，"朝廷令张佩纶往福建，原为外间督抚奏报全是粉饰，欲得破除情面之人，使之有所顾忌，非要他去打仗也"[20]，派张佩纶去福建是为了让外面的督抚不能再继续糊弄朝廷，并不是真的要张佩纶去带兵打仗。

"甲申易枢"也引起了列强注意。美国《芝加哥每日论坛报》依据不可靠的小道消息，发表过一篇颇为耸人听闻的报道，称"中国前总理恭亲王自杀身亡"；英国的《泰晤士报》则说，"这是一场突然的政变……标志着中国历史、中外关系史新时代的开始"[21]。

"不败而败"只是个神话

法国政府同样密切关注着清廷这场高层人事变局，重点关注到三大迹象：一、清廷对最高决策层实施大换血。二、严惩前线打了败仗的督抚将领：徐延旭、唐炯被革职送往京城治罪，广西提督黄桂兰自杀，道员赵沃被判秋后处斩，总兵陈德贵、副将党敏等被判军前正法。三、新起用的官员几乎全部属于主战派——让茹费理内阁判断清廷将在中法战争中采取更加强硬的立场。鉴于法军此时尚未做好与清廷打一场全面战争的准备，茹费理内阁决定采取外交手段与清廷谈判，以保住既有的战争成果，并寄望于利用局部战事上的胜利，在谈判桌上拿到更多的东西。

于是，与"甲申易枢"大略同期，法国海军将领福禄诺（François Ernest Fournier），通过清朝海关德籍雇员德璀琳（Gustav von Detring），向李鸿章提出了和谈的建议。福禄诺与李鸿章是旧识，同时也是时任法国总理茹费理的好友。[22]

李鸿章将此事报告给总理衙门后，得到的指示是可以谈判，但须"不损国体，不贻后患"。慈禧太后拟定了四条底线，密谕李鸿章：一、保全中越宗藩关系；二、杜绝云南通商；三、不赔军费；四、保全刘永福黑旗军[23]。谈判的结果，是李鸿章与福禄诺于1884年5月在天津签订了一份《中法简明条款》，又称《李福协定》。

但该协定没能结束战争。

原因之一是清廷朝野上下主战氛围太盛，已无签订和约的舆论基础。协定的中文本内容甫一流出，就引来了朝野舆论的猛烈抨击，数日之内有近50封奏折弹劾李鸿章。

原因之二是协定的中文本与法文本在措辞上有微妙的区别。最主要的区别有四点：一、中文本第二条规定，中国承诺将驻扎在越南北部的军队"即行调回边界"。法文本则规定"中国应立即开始从北部湾撤走所有中国驻军，调回边界"（由法文回译，下同）。据此，中方的理解是将清军约束在边界地带即可；法方的理解则是清军须退出越南，回到中国境内（这实际上很难做到，因中越勘界工作尚未展开）。二、中文本的第三条规定，法国"情愿不向中国索要赔款"，中国则允许所有"法、越与内地货物"在"毗连越南北圻之边界"自由运销。法文本则规定，"法国放弃向中国索要赔款"，交换条件是"中国在整个南部与北部湾接壤的边界，允许法国与越南为一方，中国作为另一方的货物自由贸易"。据此，中方的理解是仅允许在中越交界的一小块地区允许商贸自由往来；法方的理解则是中国云南、广西等地全面向法国和越南开放通商。三、中文本第四条规定，法国与越南订立条约"决不插入伤碍中国威望体面字样"。法文本则规定，法国与越南订立条约时"此条约内不运用任何伤害中国威望的表达方式"。据此，中方将之理解为其中不能有改变中国和越南宗藩关系的内容；法方则将之理解为其中不涉及中国即可，也就是中越宗藩关系没了，但条约里回避不提。四、中文本第五条规定，两国"限三月后悉照以上所定各节会议详细条款"，法文本则规定"两国政府应在三个月期限内"在该条约的基础上做最终谈判。一者是三个月以后，一者是三个月以内，措辞有明显不同。[24]

这种文本表达上的差异，显示和谈并没有真正达成共识。

对李鸿章来说，清军在战场上既无胜绩可言，又要在谈判桌上守住慈禧交代的底线，不能赔款，得保住中越宗藩关系，还得杜绝云南通商，除了"以空泛之辞，与福禄诺议成简明条约"[25]外，其实别无其他办法。整个谈判过程中，慈禧一面不断给李鸿章下发谕旨，责备他"办理海防有年，尚无十分把握"，竟还没有把握击败法军，所以此番将"以办理是否得宜定其功过"[26]；一面又附带下发朝中各色人等对李鸿章的严厉弹劾，如刘恩溥的奏折痛骂李鸿章，说他主和是为了"全躯命保妻子"，实可谓"诚老奸巨猾之尤者矣！"[27]李鸿章读到这类弹劾奏折，自然明白悬在自己头顶的命运为何。于是，《李福协定》就成了一种中文本与法文本存在微妙差异的东西。"以法文本为准"字样满足了法国人的要求，中文本里可做多种解读的"空泛之辞"则用来满足慈禧太后和她设定的强硬底线。

大势如此，军机处与总理衙门的立场也只能日趋强硬。

1884年6月，法军开始派部队北上接收清军驻地——按《李福协定》，清廷有三个月的时间来后撤军队，时限未到法军即前来接防，显然是违约行为。这场违约与福禄诺并非专业外交人员有直接关系——他曾与李鸿章讨论过清军的撤退时间，但李的权力不足以确定具体日期，只允诺"余将安排此事，但须假我以时日"，福禄诺据此向法军传递了错误信息，让他们误以为《李福协定》达成之后，法军即可北上接防清军驻地。

法军有了北上的动作后，李鸿章向军机处请旨，希望将那些向越南境内出国远征的部队，调回中越边境地带，以避免冲突。时值左宗棠入值军机处，李鸿章的主张被否决。在醇亲王奕譞看来，左是一位坚定的主战派，在西北建功之后，正期待着在西南与法国大战一场，故一再奏请去前线督战，"跃跃欲试，有不可遏之势"[28]。结果，军机处请到的谕旨是让各军仍在原地驻扎，"不准稍退示弱"，也不许先向法军开枪；若法军先发动进攻，"则衅自彼开，惟有与之决战"[29]。

法军北上，清军不退，武力冲突再起。6月23日，一支约800人的法军部队北上至谅山以南的北黎观音桥一带，向驻扎在该地的3000名清军提出接防要求；清军与之交涉，提出需要几天时间来向上级请示，甚至请求由法军代其向清廷军机处和总理衙门发电报请示。该部法军不愿等待，试图以武力恐吓的方式直接驱逐清军，于该日下午4时向清军发起了攻击。清军依照军机处谕旨"衅自彼开，惟有与之决战"的指示还击。法军阵亡24人后选择撤退，清军伤亡300余人。中法两国战事再起。[30]

《李福协定》的签署，原本已让法国朝野上下欢欣鼓舞，认为法军顺利完成了变越南为殖民地，迫使中国开放西南边境通商的既定目标。观音桥事件的爆发让这种欢欣鼓舞碎成一地，也让茹费理内阁大失颜面。因清廷国际形象不佳，欧美舆论近乎一致认定是清廷违约在先（其实真正的违约者是法国）。随即，法国终止了自越南局部撤军的行动，并下令给远东舰队司令孤拔，允许他在中国拒绝谈判的情况下，"在福州行动，摧毁船厂及防御工事，占夺中国军舰，并可能前往基隆，从事其认为可行之军事行动，法国政府予以广泛之行动自由，尽可能使中国受害"[31]。

李鸿章也受到了慈禧谕旨的严厉斥责。谕旨说，既然"福酋"（福禄诺）之前说过会派军队去"巡查越境"，你李鸿章"并未告知总理各国事务衙门"[32]，实在是疏忽得太过分。军机处随后改派强硬主战的曾国荃去上海与法国谈判。法国拒不承认观音桥事件的责任在己，还向清廷索求3500万两白银的巨额赔偿，且威胁将派军队攻占基隆、福州等地为质，直到清廷愿意拿出赔款。曾国荃的回复是至多赔偿50万两白银来抚恤死亡的法军士兵。谈判持续到该年8月8日彻底破裂。清廷照会法国驻华公使，宣布：

> 曲直自在人间……即使兵连祸结，或数年，或数十年，中国仍必坚持！贵国亦难歇手！各耗物力，各损生灵，和局杳无归宿，战事杳无了期，此岂中国所愿？又岂贵国所愿乎？……倘必别有举动，彼此皆为大国，自有堂堂正正规模，届时仍当约定后行，勿以诡道贻讥，自损声望。[33]

在清廷发出该照会之前，8月3日，法国军舰已出现在台湾基隆海域。5日，法舰开炮占领基隆港。法军的目的是控制基隆的煤矿，以之作为法国远东舰队的燃料补给基地。若拥有基隆，法国远东舰队就可以长期对中国的浙江、福建沿海实施威慑。但法军派出300人组成的陆战队上岸后，陷入了清军的三面包围之中，经数小时激战，伤亡了100余人，不得不撤回海上。8月16日，法国议会通过了3800万法郎的对华军事经费。8月23日，已在马尾军港内"游历"了一个多月的法国海军，突然向清廷福建水师开炮，约半个小时的江面战斗之后，福建水师11艘舰艇，9艘被击毁，2艘重伤，阵亡将士700余人，法军仅死伤30余人，2艘鱼雷艇重伤，其余皆为轻伤。随后，马尾船政机关及船厂，以及附近配套的炮台，均被法军摧毁。这一结局的首要原因，是清廷海军实力远逊于法国海军，马尾港内的福建水师都是木肋船，总排水量不足1万吨，普通火炮47门；法国海军大多是铁甲船，总排量约有14500吨，重炮70余门，鱼雷艇2艘。此外，福建水师的军舰多系法国人监造，其实力对法军而言不是秘密。[34]

8月26日，清廷发布上谕，正式对法国宣战。

海战方面。9月，孤拔亲率约1000人的舰队转向台湾，兵分两路，同时对沪尾和基隆展开攻势，目标直指台北府。台湾巡抚刘铭传决定集中有限兵力保卫沪尾、放弃基隆并炸掉当地煤矿。理由是沪尾失守则台北府无险可守，基隆一带有崇山峻岭，法军若由此登陆，不但会失去海面炮火的支援，还会陷入不利的山地战之中。10月3日，法军占领基隆，但在10月8日进攻沪尾时遭受伏击，死27人，伤49人，不得不撤回海上。此后，法军多次试图从淡水和基隆攻入台北府，均被刘铭传挫败。只是清廷也无力改变台湾被法国海军封锁的状况，1885年初，孤拔率军截击清廷南洋水师增援台湾的5艘军舰，击沉了其中2艘，另外3艘避入镇海。

再看越南北部陆路战场。1884年10月8日，清军与法军发生"郎甲之战"，清军将领王绍斌、黄立均、胡延庆等阵亡，提督方友升右手腕被击穿，清军士兵死亡600余人；法军阵亡21人，伤58人。清军抵抗顽强而仍惨败，与没有火炮有直接关系。无炮的巨大劣势也见于同期发生的"船头之战"。10月6日战斗爆发时，法军人数仅约700人，清军苏元春部共计有5000人，牢牢占据着兵力优势。作战过程中，清军分两路进攻，法军亦分两路抵抗，清军的死伤主要来自火炮，如哨长邵士友与李明德被炮穿胸阵亡，将领邱福光与哨长蒋全昌冲锋陷阵，被炸掉头颅，将领吴廷汉、李纯五、苏玉标等，也是被炸伤左膀、右腿等处。激战4天之后，船头法军仅付出阵亡21人、伤92人的代价，不但守住了阵地，还等来了在"郎甲之战"中获胜的法军的支援。此役最终以清军撤退告终，时人称"兵勇死者千计"[35]——5000人的部队若有1000名士兵战死，考虑到受伤者至少是战死者的2—3倍，意味着该部已基本丧失了战斗力。

苏元春部是前线清军中战斗力极强者。苏部尚且如此，余者可想而知。所以，广西巡抚潘鼎新在给总理衙门的汇报中，说过这样一段话："法兵每战不过千余，枪炮之利，我军四五千当之犹觉吃力。苏真健将，若法再加兵，支持不易。"[36]陆战的情形，此后也大体如此，清军在装备和战术上缺乏优势，主要依赖地利（山地）和天时（如大雾）来阻击法军。1885年2月，在约8000名法军（装备了6个炮兵中队）的猛攻之下，谅山与镇南关失守，朝野震动。对于此败，《中法战争史》一书作者廖宗麟的评价是："从两国的军事水平差距来看，当时中国还没有一个将领，包括李鸿章、左宗棠等，率领哪一支军队在一次战斗中，能抗衡这么多法军。"[37]

法军夺取镇南关后未将兵力全部集结于此。于是，清军在次月集结2万余人，由老将冯子材等率领，以10倍于敌的兵力，在镇南关战役中大败"全军总数为2137人及10尊大炮"的法军，并于3月29日成功收复谅山阵地。谅山的收复与法军旅长尼格里（François Oscar de Négrier）被流弹击中胸部重伤有直接关系，他的接替者决定率法军撤离谅山，故清军几乎兵不血刃夺回了谅山。4月4日，清廷与法国协议停战，慈禧下旨前线军队撤退。

收复镇南关与谅山，在当日被宣传为"大捷"（这与清军前线将领夸大战功有直接关系，如收复谅山并无激战，前线将领的汇报奏折里却有许多描绘战事如何激烈的文字），容易给人一种法军在陆路战场上已被清军打得丢盔弃甲落荒而逃的感觉。这感觉又衍生出了一种说法，即紧随战事胜利而来的议和，"让法国不胜而胜，让中国不败而败"。但这种说法忽略了如下几点事实：

一、法军在越南北部战场上并未受到真正的重创，清军继续追击下去，势必拉长战线，10倍于敌的优势兵力不存。同时，法军却在不断收缩兵力并进行增援，至1885年4月中旬，集结在越南北部的法军总数已达2.5万余人。冯子材等部若继续追击下去，结局不容乐观。

二、海战方面，几乎与镇南关大捷同时，法军攻陷了澎湖，计划在此兴建军港做永久驻守。澎湖的失守对清廷而言是重大打击，主和的李鸿章说"澎湖既失，台湾必不可保"[38]；主战的左宗棠也承认，"该岛悬隔海中，地形散漫，非有坚船巨炮，战守两难，实不足以自保。而自敌人得之，则足以塞援台之路而为水师停船之区，其势又在所必争也"[39]，清廷没有强大海军保不住该岛，但该岛可停泊海军，可切断援助台湾的路径，又是势在必争的战略要地。

三、茹费理内阁在中法战争中倒台，是因为法国朝野普遍不满他的软弱——并不是法国民众不满茹费理内阁好战，而是不满该内阁好战而未能对清军摧枯拉朽。法国国内的反对派们希望有一个对清廷更加强硬的内阁来维护法国在远东的利益。茹费理内阁倒台后，法国议会表决通过了向越南增派5万军队、增加军费2亿法郎的提案。

战争是谈判的另一种形式。中法两国重新开战期间，和谈工作也仍在持续。只不过，军机处和总理衙门新班子所信任的和谈执行者已非李鸿章，而是海关总税务司赫德。随着清军在战场上节节败退，慈禧也一再下调自己的和谈底线，最后只要求保留一条，那就是"绝不赔款"。之所以仍保留这条底线，是因为慈禧之前发动"甲申易枢"将恭亲王奕䜣逐出中枢时，扣给奕䜣的罪名是与朝廷的"振作求治之意"对抗，搞阳奉阴违。所谓"振作求治之意"，就是指要对外强硬，要洗刷"庚申之变"的耻辱。如果"不赔款"这条最后的底线坚持不住，那就意味着慈禧自己也没能保住朝廷的"振作求治之意"，比主张和谈的恭亲王还不如。换言之，为个人的政治生命计，为"甲申易枢"的合法性计，慈禧必须坚持"不赔款"这一最低限度的强硬。如此也就不难理解，为何清廷会在和谈中一再强调"不能认此无名兵费"[40]，且指示赫德说，若法国不愿承诺取消赔款，则可中止商谈，离开上海回京[41]。

不过，赫德似乎没有充分站在慈禧太后的立场上考虑问题。1884年7—8月份，他协助曾国荃在上海与法国驻华公使谈判，其间设想了多种可能会被清廷与法国共同接受的赔款方式，比如将名目改成"边界管理与建设经费"，或请求由其他国家来公断具体的赔款数额，或在若干年分期支付[42]。所有这些设想，包括曾国荃提出的给法国死亡士兵50万两抚恤金的建议，均受到了清廷的否定和斥责。法国坚持要取得巨额赔款，清廷坚决不愿赔款，是当时谈判的核心冲突。

随着战事的深入，法国政府也渐渐意识到了一个事实：清廷毕竟已搞了20多年的洋务改革，"四千法军即可纵横中国"的时代已经过去了。法军在海战与陆战中均处于优势，但这优势已不足以让清廷像1861年那般全面屈服。战事的长久僵持对法国而言并无多少好处。于是，法国政府转而改变态度，表示愿意放弃赔款。1885年6月，两国签订《中法新约》，重新恢复了和平。

据赫德日记，《中法新约》的所有条款均经由慈禧过目修改并审定。其中最重要的修改有两处：一、她曾亲笔加入一条"中安可照旧往来，中国如责安方失礼，法国不持异议"，这是为了保住中国和越南（安南）之间的宗藩关系；二、她曾亲笔删掉了"本约内各款，如有疑义，应以法文为准"一条，这是吸取了《李福协定》中文版与法文版不一致的前车之鉴。法方很抵触这两处修改，慈禧则挟"镇南关大捷"之势，表示如果法方不接受修改，那就再次开战。赫德遂又努力说服法方："我必须提醒你们，如法国不能在第二、第十两款顺太后之意，中国方面或将意气用事。"[43]最后，法方勉强接受了慈禧的修改，在第二条中增入"至中越往来，言明必不致有碍中国威望体面，亦不致有违此次之约"一段文字，并删掉了第十条里的"以法文为准"字样[44]。

战场上互有胜负，和约里没有赔款，还用文字游戏留下了一点"成功保藩"的影子。站在慈禧的角度，这既意味着朝廷的"振作求治之意"达成，也意味着"甲申易枢"是对的，还意味着恭亲王的改革路线有问题，清廷接下来的改革必须由慈禧太后掌舵。

总督遗折请求开设议院

但慈禧的胜利，不等于国家的胜利。

中法战争给传统知识分子带来了强烈的挫败感。不管和约里如何粉饰，清廷失去了越南这个藩属国，已是板上钉钉的事实。1885年6月13日，《申报》刊登文章，就中越宗藩关系名存实亡一事公开嘲讽了慈禧的所谓胜利：

今以法国图取越南之故，而令中国废其朝贡之礼，以改为馈赠之文，尚得谓之不损威望体面乎？……和议之中明着中国舍弃越南之语，而谓犹不失中国威望体面，谁则信之！[45]

中法战争也给新派知识分子带来了巨大的心理创痛。福建水师全军覆没；战事绵延数年，国库几乎被掏空；孤拔率千余人的法国海军即可肆无忌惮纵横中国东南沿海……这些事实给他们的"清朝认同"造成了巨大冲击。1884年战事期间，19岁的孙帝象正在香港中央书院读书。他既为香港工人拒绝维修因攻打台湾而受损的法国军舰而感慨，也为清朝福建水师被法军全歼而痛心疾首。若干年后，他以"孙文"之名，在自传中如此写道：

> 乙酉中法战败之年，始决倾覆清廷，创建民国之志。[46]

在血气方刚的孙帝象眼里，慈禧所宣传的那种胜利是不存在的，中法战争只是一场巨大的惨败，惨败的根源是整个清廷已经腐朽不堪。

中法战争也让许多体制内官员更清晰地看到了清廷的弊病所在。醇亲王奕譞就是其中一个典型代表。往日以旁观者的立场打量洋务，奕譞发出过"请摒除一切奇技淫巧、洋人器用"的极端之声；在1870年的天津教案中，他也曾严词责备奕䜣"汲汲以曲徇夷人为先"[47]。那时候的他是一个站在岸上的人，不断对船上的水手们指手画脚。甲申易枢后，奕譞被慈禧推向前台主持政务，成了水手的一分子，终于切实认识到了清军与法军战斗力的真实差距。然后，他就迅速转变成了另一个奕䜣。据赫德讲，"镇南关大捷"的消息传来后，奕譞的反应不是兴奋而是忧惧：

> 总理衙门惟恐谅山的胜利会使官廷听从那些不负责任的主战言论，急于迅速解决。一个星期的耽延，也许会使我们三个月以来不断努力和耐心取得的成就完全搁浅。[48]

中法战争之后，奕譞抛弃夷夏之防的陈旧观念，转而成了洋务自强事业的坚定支持者，主张"凡外洋恃以争雄，如轮船、电线、后膛枪炮、水旱雷以及明暗炮台之类，皆以次购造"[49]。洋务成了奕譞巩固爱新觉罗皇室统治的核心手段。在他的支持下，新式枪炮、铁甲军舰、军港炮台、铁路、电报电灯等，均于京畿优先展开建设。

体制内因中法战争而生出的最深刻的认知，来自两广总督张树声。

张树声是安徽合肥人，晚清淮军的第二号人物，地位仅次于李鸿章而略高于刘铭传、吴长庆、潘鼎新等人。1882年，李鸿章回籍丁忧时，张树声署理直隶总督兼北洋大臣，其间成功处理了朝鲜壬午兵变，一度对李鸿章的淮军领袖地位形成挑战。后李鸿章回归北洋，张树声便回任两广总督[50]。张树声与淮军是中法战争的直接参与者。与李鸿章不同，张树声是立场鲜明的主战派。1883年旧历八月间，张曾上奏朝廷，直言若不能与法国在谈判桌上达成共识，则唯有诉诸战争；若诉诸战争，则须请朝廷"委任责成，坚持定见，勿喜于小胜，勿怵于小挫，勿摇动于一二处之得失"[51]，意即希望最高决策层千万不要和战不定，既不要因为一点小胜就膨胀，也不要因为一点小败就惊惶。他担忧最高决策层的和战不定，会导致前方将士无所适从，进而对战事造成极不利的影响。张还希望，朝廷要做好战争至少持续一年的心理准备。

遗憾的是，张树声的这些担忧，在战争进程中全部变成了现实。

需要说明的是，清廷最高决策层的"和战不定"，非是指究竟要不要对法国采取强硬立场——自甲申易枢之后，达成"振作求治之意"即始终被慈禧列为终极目标。而是指清廷最高决策层只愿意向前线发出指示，却不愿意承担该种指示带来的不利后果。一旦前线的强硬立场引发最高决策层不愿接受的结果，前线将领就会受到最高决策层的申饬，进而被冷落乃至彻底失去信任。简言之就是：最高决策层中的二三人，只肆意根据自身政治权斗的需要来下达和战指令，却拒绝承担与之相关的任何责任。

清流的遭遇是一个典型案例。前文提及，"甲申易枢"前后，大批清流中的主战派，包括张之洞、吴大澂、陈宝琛、张佩纶、邓承修等，被慈禧集中赋予重任。张之洞署理两广总督，吴大澂会办北洋事务，陈宝琛会办南洋事务，张佩纶会办福建海疆事务（后又兼署船政大臣）。此外，慈禧还重用了一大批由这些人举荐的将领（如徐延旭等），将之派往前线。稍后，徐延旭等在前线遭遇惨败，张佩纶在马尾主事也未能挽救福建水师几近全军覆没的命运（张出京之时就已明了这是一项不可能完成的任务）。随之而来的，并非慈禧在用人和决策上的自省，而是对徐延旭等一干前线将领施以严惩，并将清流集体逐出朝堂（唯张之洞例外）。也就是原本该由慈禧承担的责任，全部落在了清流众人的头上：

> 比甲申之役，张佩纶等并得罪谴去，当时清流党大受摧击，几尽于绝。朝臣皆以言事为戒，相与酒食征逐，其上者为诗文金石之玩而已。[52]

淮军将领、广西巡抚潘鼎新，也是这种"和战不定"现象的典型牺牲品。前文提及，1884年6月发生在越南北部的"观音桥事件"，是中法战事重启的直接导火索。事件发生之前，潘鼎新已通过与李鸿章的私人电报往来，获悉了《李福协定》签署的消息。驻扎在观音桥的清军也大体了解此事。但军机处给前线的谕旨，却是命各军仍在原地驻扎，"不准稍退示弱"，假如法军率先进攻，则"衅自彼开，惟有与之决战"。然而，当观音桥清军依照军机处的谕旨，向入侵法军开火之后，最高决策层却极不满意，将造成中法战争重启的责任，全部推给潘鼎新和他辖下的观音桥清军。据李鸿章给潘鼎新的电报，执掌军机处和总理衙门的醇亲王奕譞因观音桥之战对潘非常不满，"省三自京回云，醇邸面言，当日尊处若先照约略退，再电奏亦无妨，可知内意非必主战"[53]——刘铭传从京城回来说，醇亲王当着他的面讲，如果你那边先按《李福协定》向后略作撤退，然后再向朝廷电奏汇报，其实也是可以的。也就是责备潘鼎新没能见机行事。

潘鼎新接到李的电报后既诚惶诚恐，又迷惑不解，朝廷既然有谕旨让前线"不准稍退示弱"，何以照做之后却又引发了朝廷的不满？针对潘的迷惑，李鸿章再次去电提点："前旨不准退扎，上意负气，亦不料胜仗后予以口实。今法责言正急，我辈当弥缝前事，不肯任咎……"[54]意思就是之前不许前线军队后退驻扎，是慈禧太后"负气"之下的任性之举，没想到在观音桥打了胜仗之后，反给了法军严厉抗议和开战的口实。李鸿章这段话，清晰地指出慈禧负责决策，却绝不会为决策引发的后果承担任何责任；当事件引发的后果超出清廷的预估，最高决策层即会迁怒于前线将领，哪怕他们是在严格遵守谕旨行事。

除了造成战事指挥上的无所适从，观音桥事件也损毁了潘鼎新在军中的形象。因清廷严格控制此役有功将士的褒奖名单，潘没有办法对众部属说问题出在中枢不满观音桥事件，只好代中枢受过，被一众期望获得褒奖却失望而归的部属视为"骗赏银"的无耻小人。该流言对前线军队的战斗力造成不小的破坏，之后消极不进者有之，托病告假者有之，不满闹事者亦有之。[55]

对潘鼎新来说，这类遭遇其实只是一个开端。类似现象此后一再发生在前线与中枢之间。最后，潘鼎新丧失了最高统治阶层的信任，在中法战事进入尾声时被革去了职务——统治阶层不会轻易相信一个多次被迫背锅之人。张树声在1884年3月奏请开缺，说要出关与潘鼎新协同作战。朝廷知道张心怀不满，于是耐人寻味地不批准他出关去前线，只顺水推舟批准他辞去两广总督之缺，由慈禧重点培植的张之洞接了他的职务。

1884年11月，张树声去世。临终前夕，这位前封疆大吏口授了一道遗折，呼吁朝廷开设议院，以变革最高决策机制：

微臣病势垂危，谨伏枕口授遗折，望阙叩头恭谢天恩……夫西人立国，自有本末，虽教育文化远逊中华，然驯至富强，俱有体用，育才于学堂，论政于议院，君民一体，上下一心，务实而戒虚，谋定而后动，此其体也；大炮、洋枪、水雷、铁路、电线，此其用也。中国遗其体而重求其用，无论蹶蹶步趋，常不相及，就令铁舰成行，铁路四达，果是特欤？……采西人之体以行其用，中外臣工同心图治，勿以游移而误事，勿以浮议而蠰功，尽穷变通久之宜，以尊国家灵长之业，则微臣虽死之日，犹生之年矣。[56]

将"育才于学堂，论政于议院"视为体，将"大炮、洋枪、水雷、铁路、电线"视为用，直言清廷的洋务自强改革走上了"遗其体而重求其用"的歧路，这是张树声遗折中，见识最为高远之处。不过，需要注意的是，张树声口中的"议院"与弘扬民权无关，而是一种"朝廷内部集体决策机制"。他希望以之取代现有的最高层决策模式，亦即以"众人论政于议院"，来取代"一二人独裁于深宫"。

张树声会提出这样的改革意见，与他在中法战争中受够了朝廷"只下指令不负责任"的和战不定有直接关系。他在遗折里说得很明白，众人论政于议院的目的，是要达成一种最高决策上的"务实而戒虚，谋定而后动"，如此才能做到"勿以游移而误事，勿以浮议而隳功"——所谓游移误事、浮议隳功，正是在委婉指责最高统治阶层和朝堂舆论，说他们在中法战争期间，不断变换主张，不断变换立场，给战事带来了极大危害。

在19世纪八九十年代的清帝国，已颇有一些在野知识分子主张变革清廷的最高决策机制。如陈虬主张在京师置都察院，其中设议员三十六人，由中央各部推举，作为议论、决策国事的核心机构[57]。汤震（寿潜）建议朝廷搞"上院"和"下院"，前者由在京高级官僚组成，后者由在京中下层官僚组成。凡有政事，上、下两院各抒己见，做出决策，最后由宰相"上之天子，请如所议行"[58]。张树声是地方督抚当中第一个敢于直接挑战朝廷现有最高决策机制者，具体而言，他挑战的是慈禧的独断专权。

张树声的遗折没有产生任何反响。

中法战争的"胜利"巩固了甲申易枢的合法性，也巩固了慈禧太后的地位。慈禧的权力自此彻底失去了约束。1885年，中法战争结束的同一年，她开启三海重修工程，至完工时共耗银约670万两[59]；1887年，她开启颐和园修建工程，不算园内陈设，仅就园内建筑本身而言，就至少耗银500万—600万两[60]；1889年，她重修太和、贞度、昭德三门，为光绪举办大婚，总计耗银不低于550万两；1891—1892年，又先后开建醇亲王庙、醇亲王祠与醇亲王园寝，耗银过百万两。1894年，慈禧举行了自己的六十大寿庆典，耗银至少在千万两以上。据一份不完整统计：衣物耗银232万余两；金饰合银38.6万两；辇轿耗银18.3万两；架彩、彩绸耗银101万两；彩殿、彩棚耗银46万余两；铺垫（仅算入颐和园与中南海内的铺垫）、陈设耗银22.4万余两；灯只耗银27.7万两；匾额、对联耗银7万余两；各处修缮工程，仅慈宁宫与宁寿宫即高达55万余两；街道点景工程耗银至少240万两；宴席、演乐与唱戏，至少耗银80万两；赏用物品至少耗银30万两……[61]

在这种不受约束的骄奢淫逸之中，清廷的改革已悄然落潮。

老太后似乎从未意识到，她在中法战争中取得的"胜利"，只是各种偶然因素叠加而成的结果，与她个人的英明神武无关。不管怎样复盘1884年，都只能得出一个结论：清廷20余年改革的含金量有限，远不足以与法国部署在远东的海陆军全面开战。可是，当一个人以错误的认知和错误的手段，凭着不自知的外部因素竟然取得了成功，那么，在未来，她大概率会将这些错误认知与错误手段当作成功经验，再玩一把。

再玩一把，结局就不会如此幸运了。

第二十五章　1885 年：企业转型成了衙门

1885年，德国工程师卡尔·本茨（Karl Friedrich Benz）的汽车公司研发出了世界上第一辆现代汽车。在清帝国，洋务改革中创办的首家企业轮船招商局，在经历了13年的兴盛期后，因改行官督商办之路，于是开始急速跌落，快速走向了下坡路。

开办洋务以来最得意之事

1862年夏天，上海沙船业元老、八大船商之一的王永盛[1]，陷入深深的烦恼之中。该商号的一名船夫吞下毒药后跳水自杀，素以厚道广受赞誉的王氏家族因此事被卷进汹涌的道德审判当中，"为富不仁"成了他们的代名词。

王永盛其实也很无奈。沙船是一种极古老的传统船型，它方头方尾，船身扁长，船底平坦，多桅多帆。在咸丰道光年间，沙船运输业空前繁荣。一艘沙船自北往南输运大豆，自南往北输送漕粮，月余往返一趟，一年可往返七八次，获利极其丰厚。时人称：

> 沙船聚于上海，约三千五六百号，其船大者载官斛三千石，小者千五六百石。船主皆崇明、通州、海门、南汇、宝山上海土著之富民，每造一船须银七八千两，其多者至一主有船四五十号，故名曰船商。[2]

最盛之时，上海港有沙船5000余艘，船夫10万余人。但好景不长。1842年《南京条约》和1860年《北京条约》签订后，清帝国对外开放港口，欧美轮船涌入，传统沙船客货运输业迅速被挤压到几乎崩溃的地步。无论是速度、载重、安全还是价格，传统沙船根本不是西洋货轮的对手。仅数年光景，各口通商之处"凡属生意码头，外国已占十分之九"[3]，大批沙船闲置港内，无所事事。王永盛的船队也是如此，那名自杀的船夫已几个月没有活干，家里揭不开锅，自己又有病在身，还欠着船主几十两银子。船主早上心情恶劣吼了该水手一顿，水手转身就寻了短见。沙船商们没有办法，只好集体推举王永盛等大船商为代表，向官府呈文恳求，希望将大豆生意重新划归沙船专营，外商不得插手。

1862年之前，清廷实施豆禁政策，自山东登州与牛庄往南的大豆运输，只有本土商船可以参与。上海的沙船业正是靠着这笔业务，才能在洋轮的冲击下维持一线生机。欧美轮船公司当然也很想进入这一领域。1861年，英国驻华公使与恭亲王就此事有过交涉。为免得罪英国，同时又能保住本国沙船业，清廷想出一条两全之策，即允许英国商人参与大豆南运，但他们只能雇用中国船只前往登州与牛庄装载大豆，不可雇用洋船。1861年底，太平军攻占杭州、宁波，进逼上海。英方再度就解除豆禁一事与总理衙门交涉，提议说若通商口岸有各国商民从事贸易，各国自会协助清廷保卫该口岸以维护自身利益。清廷正欲"借师助剿"，担忧拒绝这一要求会刺激英国"转而与贼暗通"，遂同意解除豆禁，允许外国商船参与大豆运输业务。[4]随后，上海的沙船业便集体陷入了没生意可做的境况。

在给官府的呈文里，船商们列举了多项理由，试图说服清廷重新维持豆禁。其中最重要的两条是：一、沙船业破败会影响朝廷的漕粮海运。漕粮长年来一直由沙船垫款采办，再由海路北运至天津。沙船在天津卸下漕粮后，会在山东装运大豆南返。解除豆禁意味着沙船北上无利可图。沙船不肯北上，漕粮海运必会受到冲击。二、沙船业关系到10多万名船夫的生计，这些人集体丧失谋生手段，很可能激起民变。当时担任署理江苏巡抚的李鸿章，也承认这两条理由是成立的。他将船商们的呈文转给总理衙门，建议朝廷认真考虑船商们的要求。

重启豆禁意味着出尔反尔，意味着得罪欧美列强。刚刚经历过"庚申之变"的总理衙门绝不愿采纳这种请求。而且，沙船船夫的就业问题对总理衙门来说也不是什么重要的事情——只要这些失业者不武装闹事，他们的境遇便不必太关心。当然，安抚政策还是要有的，比如清廷减免了沙船三成的"助饷银"和三成的"捕盗银"——所谓免税不过是换个好听的名目，毕竟沙船没了生意，这些苛捐杂税早就收不上来了。朝廷不愿支持，面对轮船航运业也无优势，古老的沙船只能接受退出时代的命运。1869年，苏伊士运河通航。两年后，欧亚海底电缆远东段铺设到上海，更多的欧美商轮涌入中国。1865年，上海的沙船"日就疲乏，无力出洋，大半废搁"[5]。到1873年，上海的沙船规模已从极盛时的5000号跌至仅500号，且"有日少无日多"[6]，有活干的日子少，没事做的日子多。

但漕运的问题必须重视，毕竟漕运关系到京城数十万军人和公职人员的吃饭问题。沙船不愿干了，得有个解决办法。朝廷最初的计划是修复运河。这一不切实际的想法立即引起曾国藩、李鸿章等人的反对。他们上奏说：运河搞了800余年，竭尽全力，其运输能力也不过是每年十万石，于漕运大局无补。何况明明有便利的海运条件，非要耗费巨资去修运河，实在不明智。而且搞河运需要修复船只，需要修建容量万石以上仓库400余座，朝廷哪来这么多钱？[7]之后，朝廷又计划由政府出资，将闲置的沙船买下来，组建官方的漕运船队。但此举也被认为极不划算。据苏松太道应宝时估算，收买可装运50万石粮食的旧沙船船队（约300多只），需耗银75万两，每年的修理费需26万两。李鸿章见到这笔账目后惊呼"修理费太巨，骇人听闻……收买济运，实属毫无把握"[8]。

思虑再三，李鸿章于1866年采纳了应宝时的另一项建议："官买夹（甲）板船"，也就是由官府出资购买洋轮自建船队来运输漕粮。据应宝时的估算，20万石漕粮，收买沙船船队来运输的话，需要两三百条船，管理成本、维修费用与人力支出都不低。如果购买小一点的洋轮来运输，只需要二三十艘就够了。船少，管理起来就容易，维护成本也低，人力支出还会大降。而且，沙船速度慢，南北往返两次要八个月；洋船速度快，六七个月就可以往返三次，这也能节省成本。李鸿章将应宝时的这番估算比较写进了呈递给总理衙门的信函之中。[9]

恭亲王奕訢不反对使用洋轮运输，只是漕运归户部主管，李鸿章的建议最终须交给户部商议。户部回复称，洋人居心叵测难以约束，沿海居民失业流离者甚多，最好还是疏浚运河。户部之所以坚持恢复河运，是护食心态在作怪。漕运是户部最大的蛋糕，是各色官员发财致富的沃土，正所谓"朝廷岁漕江南四百万石，而江南则岁出一千四百万石；四百万石未必尽归朝廷，而一千万石常供官旗及诸色蠹恶之口腹"[10]。太平天国起事后，东南半壁摇动，漕运一度几近于无。如今战事已平，漕粮日增，户部绝不愿意将这块蛋糕拱手让人。总理衙门无奈，只能在给李鸿章的回复中说：

> 际此中原多故，于势处两难之中，急需筹一美备之法，固不能节外生枝，亦不能因噎废食，其中有不可明言之隐，阁下高明，自能洞察。[11]

所谓"有不可明言之隐"，指的便是户部宁可去整修运河，也不愿让出漕运这块蛋糕。

李鸿章之外，丁日昌、曾国藩等地方督抚也试图引入洋船来维持漕运。1867年，曾国藩上奏说，江苏的漕粮体量在各省中最大，自运河淤塞之后，长期依赖沙船海运。曾国藩担忧沙船一天比一天少，"江浙漕米愈多，必致无船可用"[12]。鉴于朝廷内部有仇洋情绪，对洋船与洋人均不信任，曾建议说，不如先做试点，由商户出面雇买洋轮，官府再与商户合作运输粮食，若效果良好且无负面事件发生，就可以把这办法全面推行起来。为防户部反对，曾国藩还建议在试点时只用洋船运输田捐米，暂时不碰漕粮正供。

试点在1868年获得成功。户部不甘心漕运易手，又在朝堂上以洋船抵达天津的时间比沙船晚（实际情况是洋船的起运时间晚了一个多月）、洋船吃水太深进港困难、天津货栈数量不足以消化洋船的运输规模等为由，反对以洋船运输漕粮。曾国藩期待中的全面推广因此落空。漕粮问题的解决也因此停滞了四年之久。

官办轮船运输业再次被提出来讨论，已是1872年。契机是内阁学士宋晋的一道奏折。宋在奏折中攻击洋务改革的重要项目福州造船厂，称该厂已拨用经费达四五百万两白银，却没给朝廷提供任何帮助，实属浪费——如果说该厂制造的轮船可用来"制夷"，如今的情况是中外议和，并不需要与洋人开战；而且，即便与洋人开战，该厂生产的轮船也"断不能如各国轮船之利便"，质量也比不过洋人。所以，该厂的存在"名为远谋，实同虚耗"，造出船来也只是放在那里虚耗维修费用。宋晋建议将福州造船厂和江南造船厂全部关停，至于那些已经造出的船，可以租给富商使用，用租金来支付维修费用。[13]

宋晋的奏折站在了反对改革的立场，但他的批评其实是有道理的。江南制造局与福州造船厂的造船事业，确实是一个只有投入不见收益的大黑洞。因造船的目的是供给国家使用，并非售卖谋利。每一艘轮船造成后，即意味着下一艘轮船的制造需要一笔新的财政支出，造好的轮船每年也都需要养护维修的费用。如此这般运转，结果就是轮船造得越多，政府的财政负担就越大，迟早会来到一个无以为继的临界点。宋晋的奏折只是提前引爆了这个问题。

宋晋提出了真问题，总理衙门无法假装看不见。造船厂不可能关停，因为它是改革的重点项目，是奕䜣、曾国藩、李鸿章、左宗棠、沈葆桢一干人等耗费了极多人力、物力、财力和心力，才建设起来的。船厂的存废相当于改革的风向标。但造船厂的经费问题确实需要解决，造出的轮船全部闲置确实不是个事，得拿出来用，得产生收益。总理衙门最初的设想，是将造好的轮船分配给各省使用。哪个省分到了哪艘轮船，就由该省负责承担这艘轮船的制造成本和维护费用。这种做法形同"摊派"，遇到的阻力可想而知。而且轮船分配给各省后，也未必能发挥什么作用。若被各省搁置起来，还是会招来反对者对改革的攻击。于是总理衙门又想出一个办法：允许商人雇买轮船。可是，在李鸿章与曾国藩看来，这个办法也是行不通的。首先，福州与上海造出的轮船质量不上不下，"装载不如商轮之多，驶行不如商轮之速"[14]，商人普遍更愿意直接雇买洋轮；其次，商人最不愿做的事情就是与官府打交道，要想吸引商人来租赁朝廷的轮船，实在是极为困难。

曾、李二人的主张，是利用这批轮船与民间资本合作，成立一家轮船公司。总理衙门在1872年初致函曾、李，要他们拿出一个切实可行的具体方案。3月曾国藩去世后，事情完全落在了李鸿章的身上。李鸿章认为，目前的情况是轮船运输市场已经被洋商全部占领，中国商人租用朝廷官船加入竞争，必会遭到洋商的集体排挤，得自己去创建货栈、保险等配套的设施与制度，成本极为高昂。所以，要想让本国商人愿意参与，朝廷必须得派出在商人中有公信力的人来主持这件事，还得将漕运这桩业务委托给轮船公司，用来给轮船公司兜底，让他们无论如何都有业务可以做，不必担心被洋商排挤破产。[15]

1872年12月23日，李鸿章正式上奏请求"设局招商试办轮船，分运江浙漕粮"[16]。这一次户部的阻挠没有成功，毕竟有一批耗费巨资建造的轮船闲置在那里亟待使用，亟待产生收益。三天后，李鸿章的请求获得批准。1872年，轮船招商局在上海正式成立，这是清廷创设的第一家近代公司。李鸿章极为兴奋，他在给友人的书信中说，成立招商局被誉为"中国第一好事"，是自己"开办洋务"以来的"最得手文字"[17]。

"官进民退"与疯狂"报效"

对于轮船招商局的成立动机，学者吕实强有一段非常中肯的评价：

在创办招商局的过程之中，在中央的恭亲王等和在地方的曾国藩、李鸿章等，始终在和衷共济、尽心竭力地合作。他们的目的，也是在图谋国家的富强，没有任何显著的证据可以看出他们在筹划建立轮船航业的同时，也是在考虑他们个人权势的扩张事宜。招商局的创立，是他们耗费无数心血换来的成果，官督商办制度的产生，则是他们珍惜时机，迁就事势，而采取的不得已的措施。[18]

但是，吕也承认，"官督商办"这种特殊制度，"对中国近代的工业化，发生了相当或重大的阻碍作用"。自1873年创立至清廷灭亡，这近40年里，轮船招商局的产权变化纷繁芜杂，始终跳不出官僚资本与民商资本之间的吞并与反吞并游戏。

这一吞并与反吞并过程，大体可以分为三个阶段。

第一个阶段，是民商资本不敢入股的"官商合办"时期。

1872年8月，招商局第一个正式章程《轮船招商节略并各项条程》出台，明确规定企业的性质是"官商合办"。《条程》没有明确商股的权利与义务，也没有涉及公司股权的具体分配，且规定招商局由官方管理，可官方只收取官利，不负盈亏责任。这些规定，成了招商不利的重要因素，胡雪岩等巨商均对投资招商局不感兴趣。

同年12月，招商局不得不进行首次改组，重拟《招商局条规》28条，明确规定了华商股份的权利。如凡有股份者皆能享有分红，再如招商局的轮船，不管是招商局自己的还是入股商人折算的，官府若要调用，都必须按市场价支付租金，如有损毁必须由官府负责修理，如果损毁严重无法修理，必须按船价向招商局支付赔偿的银两。《招商局条规》也明确了官府的领导权，具体来说就是由李鸿章派过来一名总办，总办会带着关防大印上任，"所有公牍事件，悉归总办主裁"。[19]

商股的权利有了规定，但将招商局业务的裁断权交给官员，对商人们来说仍然是一件很可怕的事情。所以民商资本仍然裹足不前。招商局的开办经费（包括置办轮船、租建上海天津等地的码头和栈房等），约需现银40万两。李鸿章当时委派出身沙船世家的候补知府朱其昂来负责筹措这笔钱。朱四处奔走，将自己的身家全部投了进去作为示范，也只募到现银1万两，另有10万两认股始终在犹豫没有缴款。最后只能由李鸿章自官款中拨出20万串制钱作为开办经费，"以示信于众商"[20]。

第二个阶段，是盈利颇丰的"官退商进"时期。

招商局勉强用官款启动之后，很快便陷入经营困境。原因之一是主持业务的朱其昂懂沙船但不懂轮船，但更主要的原因是招商局在以衙门的方式运作，所以仅半年时间就亏损了4.2万两白银。亏损引起了朝中舆论的责难。

为扭转局面，1873年7月，李鸿章改派唐廷枢与徐润主管招商局事务。唐、徐二人有在洋行工作的经验，甫一上任就向李鸿章提出"局务由商任不便由官任"的要求，还建议按照"买卖常规"招募股份[21]。二人站在民间商人的角度，认为招商局的"官商合办"模式是错的。这种模式意味着商人只有出钱的义务，没有经营的权利。赚了钱还好说，一旦赔钱，民间商人就要吃大亏，民间资本不敢投资招商局的主因便在这里。唯有将"局务"（也就是企业的经营权）改由商人主持，招商局才有希望。

唐、徐的要求得到了李鸿章认可。新的《轮船招商局局规》规定：招商局资本100万两，先收50万两，分为1000股，每股500两。每100股推举一名商董，再由众商董之中推举出一位商总。总公司和分公司的经营与管理由商总和商董负责[22]。也就是说，投资者对公司业务拥有发言权，大股东享有经营管理权。商董推选出来之后，要将该人的详细信息报送至北洋大臣李鸿章处备案。很显然，唐、徐的目的是引入现代股份制企业的管理模式。其中最重要的一点，是企业的管理层由股东推举产生，再向李鸿章报备；而非由李鸿章指派，再带着北洋大臣颁发的官印来招商局办公。

这项改革带来了非常直观的效果。唐廷枢与徐润分别在招商局投资了10万两和12万两白银（后来还有增加）。企业的运营规则顺了，又有唐、徐的示范效应，投资入股者遂蜂拥而至，仅在第二年（1874年），即实收股金47.6万两，基本完成了预定50万两的招股目标。到1881年，不但募足了100万两股金，股票行情也节节看涨，深受私人投资者的欢迎，出现了供过于求的局面。[23] 经营上了轨道，招商的业务构成，也由之前官方制定的"承运漕粮，兼揽客货"，蜕变成了"揽载为第一义，运漕为第二义"[24]。载客载货的商运增长迅猛，很快就超越漕运成了核心业务。杀入客货运载领域必然要与外国轮船公司发生激烈竞争。英国太古、怡和轮船公司，以及美国旗昌轮船公司，多次针对招商局发起商战。在一干熟悉商业运作规律的"买办股东"的通力合作下，旗昌公司破产，太古、怡和三次被逼握手言和，与招商局签订"齐价合同"，互相约定不再打价格战。

官退民进时代，招商局的盈利情况如下：1873年得利6.7万余两；1874年得利13.5万余两；1875年得利15.1万余两（该年外商联手压价相逼）；1876年得利34.9万余两（该年与太古公司展开商战）；1877年得利41.9万余两（与太古公司继续商战）；1878年得利76.6万余两（本年已与太古公司议和）；1879年得利67万余两。[25]

第三个阶段，是"官进民退"走向巨额亏损的时期。

1885年，是轮船招商局由盛转衰的关键年份。在此之前，轮船招商局的上面虽有北洋大臣这个"婆婆"，但经营上基本走的是"商办路线"，是按现代股份制企业的基本模式在运作。1885年之后，徐润被撤职，唐廷枢被调离，盛宣怀以李鸿章指派的官身，而非股东推选的商董身份入主轮船招商局，企业经营迅速退化成了"官办路线"。

变化始于中法战争。战争期间，法国军舰曾开到上海扬言进攻江南制造局，引发上海市面恐慌，发生了金融风潮。后来清军在中法战争中失利，又波及招商局的部分业务，如自红河运米北上的商道不再安全。业务上的冲击，引发人事上的连锁反应。1883年底，李鸿章以招商局业务不振为由，将亲信盛宣怀插入招商局，委以督察重任。入局后，盛宣怀迅速查出徐润曾挪用部分招商局资金从事房地产生意，又因金融风波地价暴跌而未能填回款项。此事引发李鸿章震怒。在李的支持下，1884年底，盛宣怀逼迫徐润以招商局股票和地产做抵押，然后将其扫地出门。不久之后，唐廷枢也被以相似的理由排挤出局。1885年，招商局完全落入盛宣怀的控制。[26]

随后，盛宣怀迅速将招商局引向了"官办"。以"官督商办"的总纲领为依据，盛在局内宣布了新章程，核心规定有二：一、招商局此后一切事务，包括用人、财务等，全由督办大员调度管理，督办的任免须经北洋大臣批准；二、各地分公司的总办、各条船的买办，须由督办举荐再由官府任免[27]。换言之，招商局由公司转型成了衙门。

李鸿章支持盛宣怀，弃用徐润与唐廷枢的直接原因，是徐、唐二人挪用了公款。深层原因则是彼此对轮船招商局的定位存在分歧。金融风潮发生前，徐、唐二人多次向李鸿章提出，招商局已走上正轨，官府应自经营中全面退出，以保证企业的正常运作。比如，唐、徐二人1881年向李鸿章呈递禀文说："官商本是两途，名利各有区别。轮船揽载为利非为名……诚以体制攸关，官似未便与民争利；经营之术，商亦未便由官勾稽。是夹杂官商，实难全美。"[28]这些话，显然是在否定"官督商办"。李鸿章当然也明白"官督商办"存在问题，但他同样明白，"官督商办"是朝廷允许设立轮船招商局的重要前提。李是政坛中人，要算经济利益更要考虑政治利益，他至多只能做到在经营上尽可能放权给徐、唐，却绝无可能允许招商局官商分家。

尤其让李鸿章不安的，是中法战争期间他不断被慈禧敲打揉捏（如在给李的谕旨中多次夹附措辞极为厉害的弹劾奏章），更因《李福协定》成了朝中清议集中攻击的目标。而轮船招商局又正是清议攻击李鸿章的重要内容。如秦钟简在《请罢斥李鸿章片》中说：

> 李鸿章出其资财，令人贸易，沿江沿海，无处不有，深恐启衅洋夷，则商本亏折，是以断不欲战。夫既不欲战，则断不能战。[29]

这是以杀人诛心的手法，将李鸿章的主和立场，解释成担心战争损害轮船招商局的商业利益。这种指控不需要证据，也无法辩解，是否会酿成灾祸只在于慈禧太后信或者不信。恰于此时，轮船招商局因上海金融风潮发生经营上的困难，成了朝中舆论关注的对象；继而又被盛宣怀查出徐润、唐廷枢等人存在挪用款项无力偿还的事情。面对这种"主动给对手输送炮弹"之事，李鸿章的恼怒可想而知，所以他才会在徐润的辩白文书上写下"几致败坏全局""殊为可恨"[30]这些极重的斥责字眼。

李鸿章曾对张佩纶说，1884 年的甲申易枢让他"念之心悸"[31]，心悸的原因当然是自己也身在这波谲云诡的局中。心悸之下，李鸿章只能快刀斩乱麻，简单粗暴地让盛宣怀入主招商局取代徐润与唐廷枢，并吸取教训支持盛出台新企业章程，以加强官府对招商局人事、业务与资金的监督，以免再出事故成为被人攻击的把柄。

盛宣怀的新章程在招商局股东中掀起了轩然大波。官府任命的督办总理公司一切事务，等同于剥夺了民商股东在公司中的发言权。作为出资人的大股东完全失去了过问公司事务的权利。各地方分公司的总办原本由股东推荐，如今也全归督办任免。其结果必然导致这些分公司负责人只对盛宣怀一人负责，而不再对公司股东的利益负责。此外，盛宣怀还在公司内部编制了一套完全以自己为核心的垂直控制网，最终形成了招商局股票"盛股独多"[32]的局面。企业变回衙门，招商局成了盛宣怀的独裁王国。民商资本见势不妙，纷纷开始退出招商局。1885 年也就成了这家旗帜性的洋务企业由盛转衰的关键节点。

企业变衙门还造成了一个结果，那就是招商局自此沦为了向朝廷"报效"的工具。所谓"报效"，实际上就是官方勒索，要求企业股东将利润拿出来无偿献给朝廷。自 1891 年起，清廷要求招商局每年"报效"白银 10 万两。1894 年，慈禧六十大寿，又被额外要求"报效"贺礼 5 万两。1896 年，南北洋公学堂成立，招商局又被要求每年"报效"白银 8 万两。此外还有北洋兵轮经费"报效"，也是每年 6 万两[33]。即便如此，朝廷中许多人仍不满意。1899 年 7 月，大学士徐桐上奏说，招商局、电报局和开平煤矿这些企业，在与洋企业的竞争中"有收回利权之名，无裨益公家之实"，说是要从洋人手里收回利权，其实朝廷并没有拿到多少钱，且"赢余利息如何酌提归公未经议及"。所以是时候好好制定一个规矩，让这些企业向朝廷上缴利润了。随后，朝廷派刚毅南下对这些企业进行查账。自此，原本已呈亏损状态的轮船招商局，又不得不再次拿出每年盈余的20%交给朝廷，具体数额是每年"捐纳"12.4万两，再"报效"6万两。如果盈利超过一定额度，还得再增加"报效"；如果盈利不足，"报效"额度也不能减免，须延期到以后的年份补足。[34]

1901年，早已失势的李鸿章去世，袁世凯接任直隶总督兼北洋大臣。为了将轮船招商局变成自己的提款机，袁不但驱逐了盛宣怀，还往里面派入大量官僚以取代地位本已有限的"商董"，衙门化程度进一步加深。盛宣怀后来说，1903—1906年，"四年之内，产业既有减无增，公积亦有少无多，抑且亏空百万，局势日颓，人人得而知之。北洋提去用款每年数十万，商情敢怒不敢言"[35]。

1891—1911年，这20年里轮船招商局共向清廷无偿"报效"了白银135.396万两。此外，清廷不断压低漕运价格以减少政府支出，还导致1899—1911年轮船招商局的漕运业务成了亏本为朝廷做贡献，共计亏损98.4万两白银。这两笔资金加起来共计约234万两，相当于轮船招商局1907年资本总额（400万两）的58%。[36]如此这般熬到民国初年，轮船招商局早已从昔日的明星企业，变为巨债缠身奄奄一息的状态。

郑观应的诊断与药方

轮船招商局的命运不是特例。晚清所有存在民商资本的洋务企业，如开平煤矿、上海机器织布局、津沪电报局、汉阳铁厂、漠河金矿等，全都有相似的经历。

所以，浙江商人汤寿潜才会感叹说，"西人言理财，从无以商合官者。今乃混官商而一之，官有权商无权"，并断言如此这般搞"官督商办"只有一种结局，那就是"势不至本集自商、利散于官不止，特借矿股为戏人之猴焉而已"[37]——不闹到股本全部来自民间商人，利润全进了官方口袋，绝不会罢休。所谓矿股云云，不过是拿人当猴耍。

广东士绅麦孟华也直言不讳："中国公司，以官督办，事权号令，皆出其手，任意吞蚀，莫敢谁何，诸商股息，越数岁而不一给，良法美意，以官督而悉败矣，否亦一人专制，听其经划，既患才绌，复至侵吞，名虽为商，实同官督，以君权而行之民事，安在其不败也。"[38]——"官督商办"体制之下，权力全在官员手里，他们随意侵吞利润，商人却拿不到该得的红利，可谓毫无办法。实在是名为企业，实为衙门。

曾积极入股这些洋务企业，并在招商局里担任过重要管理职务的郑观应，后来写了一首诗，如此总结这段"官进民退"的沉痛往事：

> 轮船招商开平矿，
> 创自商人尽商股。
> 名为保商实剥商，
> 官督商办势如虎。[39]

这位放弃科举，从商多年的知识分子，曾在外国公司长期担任要职。结交者既有欧美来华的知名人物，也有晚清的朝中人员和在野名上，较之同时代的中国读书人，有着更开阔的视野与更完备的知识结构。所以，在其著作《盛世危言》中，郑观应对晚清的时代病症，有着较之同时代人更精准的诊断和更对症的药方。

这诊断与药方，大体可分为政治改革与经济改革两项。

政治改革方面，郑的诊断是清廷的政体已落后于时代。这种制度下，政府不忧人言，也不怕民怨，往往"一事不为而无恶不作"[40]，孜孜于以汲取为要务，而从不履行该负的责任。治病的药方是设立议院与国会，让朝政可以付诸公论、与民意接轨，而非决策于深宫、掌控于一二人之手。

郑观应第一次上书请求开设国会，是在1884年——中法战争让他切身体会到了慈禧的独断专行、以国事为弄权工具所带来的巨大危害。这份上书被朝廷斥责为"狂妄之言"[41]，但郑的呼吁没有停止。在郑看来，议院有一种好处，就是可以连接民意，"民以为不便者不必行，民以为不可者不得强"[42]。政府的运作与民意有了联结，民众与国家之间的关系就会发生改变，就会有"我的国家"的意识，而这正是国家走向富强的基础。

　　经济改革方面，郑的诊断是"但有困商之虐政，而无护商之良法"[43]，朝廷只想着如何从商人身上谋利，从未尽过保护商人合法权益的义务。治病的药方是"欲强国，先富国；欲富国，先富民"，富民的手段是"以实业为总枢"[44]，将发展实业放在核心位置，而发展实业，又决不能走轮船招商局的歧路。

　　郑还说，要想让这个国家的工商业发达，让这个国家的企业可以与欧美强国的企业竞争，一定要抛弃"官督商办"思维。中国的航运业，之所以远远不如日本的航运业，就是因为我们在玩官督商办"政治不良"；只有做到"全以商贾之道行之，绝不拘以官场体统"[45]，中国的工商业才会有希望。

　　1893年，郑的《盛世危言》正式出版。1895年，江苏布政使邓华熙将《盛世危言》五卷本推荐给了光绪皇帝。光绪读过之后，批示印制2000部，分发给各省督抚。皇帝的推荐让《盛世危言》成了畅销书，据说坊间盗版翻刻达10余万部之多。

　　然而，盗刻虽多，知音却无。在清廷最后十余年里，以议院联结民意构建一种新的国家认同，始终只是虚幻的梦想，慈禧更乐意操弄权术；轮船招商局式企业，也不是越来越少，而是越来越多。1922年郑观应去世时，轮船招商局仍笼罩在"官督商办"的阴影之下。

第二十六章　1886年：拿昆明湖换渤海

对清廷来说，1886年是一个充满了自信的年份。

打打停停持续三年之久的中法战争，于1885年以慈禧太后认可的形式"胜利"了结。清廷向德国订购的定远、镇远、济远等军舰也陆续抵达北洋。这些军舰带来了空前的安全感，让清廷朝野深信没有强大海军的日子已一去不返。与军舰到位大略同期，清廷成立了"总理海军事务衙门"，以醇亲王奕譞为总理大臣。1886年5月，奕譞怀着前所未有的自信检阅了北洋海军。7月，为震慑俄国对朝鲜永兴湾的窥伺，北洋海军奉命前往朝鲜东部海域巡视。任务完成后又前往日本长崎，引起日本朝野震荡，发生了著名的"长崎兵捕互斗案"。

北洋海军无奈前往长崎

所谓"长崎兵捕互斗案"，指的是清廷海军的定远、镇远、威远、济远四舰在长崎港短暂停留期间，与日本警民两次发生严重的流血冲突。据日本学者安冈昭男的统计，日方死亡2人，中方死亡5人;日方负伤人数为29名，中方负伤人数为45名[1]。日方将冲突归咎于清廷水兵自恃海军强大而傲慢行事，所以当年将此事称作"长崎暴动"或"长崎清国水兵暴行"。清廷则认为冲突源于日本做贼心虚下的排华情绪——日军之前已有强占琉球、染指朝鲜与侵略台湾等前科，担心清廷报复，故日本朝野普遍将清廷海军的到来视为刻意的威慑行动。

其实，李鸿章派丁汝昌率海军进入日本长崎港是出于无奈。

自德国购入铁甲舰时，德国船厂曾告诫清廷"铁船每年必入坞一次上油"[2]，也就是至少每年要维修一次，刮去船底的附着物，检查有无损伤，并重新上油以防锈坏。日本自英国购回的"扶桑"号装甲巡洋舰就是因为保养不善导致锈蚀严重，使航速受到影响削弱了战斗力。有了前车之鉴，李鸿章自然不敢怠慢定远、镇远这些新购入的钢铁长城。问题是，北洋海军的船坞尚在修筑之中，要到1890年底才能竣工。这些巨舰1885年自德国启程来华时检修过一次，1886年的例行检修只能依赖外部船坞。

当时可供选择的船坞有香港与长崎两处。前者是英商的地盘，后者是日本海军的地盘。李鸿章曾写信给醇亲王奕譞，说将大清的巨舰送去外部船坞检修，实在是一种耻辱，但又不得不为：

> 中国无可修之坞，非借英之香港大石坞、日本之长崎大石坞不能修理。铁船易积海蠹，或偶损坏，无坞可修，便成废物，此为至要至急之举。鸿章今年始聘到德国监工名善威者，相度旅顺口内地基，堪以创建船池石坞……约需银百三十万两，限三年竣工。此后南、北洋无论再添铁快舰若干，皆可就旅坞修理，不致为英、日所窃笑，有警时亦不受制于人。[3]

借用船坞检修不仅仅是面子问题，还涉及军事机密有可能泄露。丁汝昌就很担忧这一点，认为"船图似亦未便轻与人看"[4]。以保守军事机密为优先考量因素的话，两害相权取其轻，香港的英商船坞显然要好过长崎的日本船坞。但香港船坞传回消息说他们修理不了镇远与定远这样的巨舰。眼看着一年的检修期已过，李鸿章和丁汝昌只能选择将军舰开往长崎港。在给丁汝昌的指示里，李鸿章将长崎之行的目的说得很明白：

> 丁汝昌同琅威理自胶州湾回烟台装煤，即带铁舰快船赴朝鲜釜山、元山。闻俄船窥伺永兴湾，拟令由元山驶巡永兴，聊作声势。吴大澂俄界勘定，欲由海参崴乘我兵船内渡，永兴距海参崴不甚远，各船即往崴游历，顺便接吴。铁舰须上坞油修，俟由崴折赴日本之长崎，酌量进坞。[5]

按李鸿章的计划，北洋海军这次出航有几个目的。第一个目的是回烟台补充煤炭燃料后，前往朝鲜的釜山、元山一带巡游，再从元山驶往永兴湾，震慑一下俄国人。第二个目的是接人。吴大澂前往俄国谈判边界问题，要从海参崴回国，永兴距离海参崴不远，舰队可以"顺道"去海参崴把吴大澂接回来，这里显然也有震慑俄国人的用意。第三个目的才是将舰队从海参崴开往长崎港进行检修。至于具体检修哪些船，检修哪些地方，李鸿章让丁汝昌等人酌情考虑。

丁汝昌酌情考虑后的决定，是仅率数艘军舰"就近至长崎刮、油船底，并装添煤斤"[6]，只做刮船底上油漆这类最基本的维护。这当中，既有保护军事机密的用意，也是力求缩减舰队赴日规模，以避免刺激日本朝野。8月9日，定远、镇远、威远、济远四舰抵达长崎，没料想很快就发生了两次流血冲突。

清廷海兵与日本警察互斗

第一次冲突发生于1886年8月13日。当天是星期五，中国水兵上岸购物，与岸上日警发生摩擦引发斗殴，造成日警一人重伤，中国水兵一人轻伤。

斗殴的起因已很难考据明白。当日的报道众说纷纭。《申报》记者发自长崎的消息说："十三日若干水兵上岸购物，在岸上遇上一名日本警察，毫无理由地命令他们停止。中国水兵以为被污辱，因之斗殴遂起。"[7]当地英文报刊《长崎快报》说："有一群带有醉意的水兵前往长崎一家妓馆寻乐，因而发生纠纷。馆主前往警察局报告，一日警至，已顺利将纠纷平静。但因中国水兵不服，不久乃有六人前往警察局论理，非常激动，大吵大闹，引起冲突。日警一人旋被刺伤，而肇事的水兵也被拘捕。其他水兵则皆逃逸。"[8]此外，还有中国水兵购买西瓜时由言语不通引发纠纷等多种说法。虽然具体原因已很难搞明白，但综合这些报道可知，引发冲突的只是偶发小事。

第二次冲突发生于两天之后，也就是8月15日。首次冲突后，日方要求清廷海军限制水兵登陆，中方也有此意，故周六全天要求所有水兵都留在舰中未曾外出。周日舰内炎热，水兵请假要求外出，提督丁汝昌坚持不准，副提督琅威理替水兵说情争取到下午半天假期。为防生事，又勒令水兵上岸不许携带任何武器。孰料当晚八九点钟左右，在长崎广马场外及华侨居住区，清廷水兵与日本警察再次发生斗殴流血事件。混战长达三个小时，双方死伤达80余人，中方伤亡数字是日方的两倍。

关于第二次冲突的起因，中日双方各执一词。中方认为是日本警方预先设计，故意向中国水兵挑衅，上千人将街巷两头堵塞，逢中国水兵便砍，日本民众于沿街楼上泼滚水掷石块，中国水兵猝不及防，伤亡惨重。日方认为是中国水兵存心报复，先挑衅夺了日本巡查的警棒，继之围殴直至毙命，大规模流血冲突由此而起。

直到今天，中日两国的历史学者也未能就冲突的起因达成共识。日本学者安冈昭男选择相信日本警方当年出具的报告书，认为冲突始于清军水兵闹事：

下午1点左右开始，各舰的上岸水兵已经达到四百数十人之多。他们在市中到处游荡，并聚集在广马场町的华人街一带……（下午6时）阪本半四郎巡查在广马场町巡逻中，一名迎面而来的水兵打掉了他的帽子，那名水兵还用西洋小刀对着他比划。这些水兵浑身酒气，举止异常；在长崎居住的清国人，对警察也是百般嘲弄和侮辱……（下午8时左右）3名清国人（不是水兵）堵在（3名日本巡警）前面，三番五次，反复纠缠，要么伸手触摸警察的面部，要么拿小刀对着警察比划。有些清国人再次出来，企图夺取福本巡查的警棒。福本巡查正要采取防范措施，后边又来了一个人，双方扭打在一起。这时，忽然有人大喊一声，20名水兵一下子从餐馆里冲了出来，向福本巡查扑去。福本巡查头部遭到一顿毒打，倒在地上，当场死亡。喜多村巡查也被打倒在地，但被一家清国人拉进屋子里，幸免于难……[9]

中国学者王家俭却认为，"若以过错的轻重而论，日本应负更多的责任，则大致是没有问题的。因就当时的情形来说，如云华兵报复，向警察寻衅，似乎不太合理。"王的大致理由如下：一、第一次冲突导致日警重伤，中国水兵乃是轻伤，无报复的必要；二、水兵上岸已严禁携带兵器，且丁汝昌又命亲信武官携带令箭随行弹压，有组织的复仇活动不可能出现；三、水兵登岸200余人，凶刀仅有四把，且水兵受伤皆在背部，显系遭遇突袭逃命之际所负。王家俭认为日警设计的嫌疑更重。首先，13日的冲突发生后，日本警方派了渔船在华舰附近监视华兵活动，清军水兵下午甫一上岸，日本警方就能得到讯息。其次，13日事发之后，长崎警方大规模调集人手，有组织袭击的能力。再次，长崎日本市民也被动员参与了对中国水兵的攻击，而且一向闭市甚晚的长崎，各商家在15日晚竟纷纷提前打烊，显示他们早已知悉袭击计划。[10]

细节很难考据明白，真相当然也无法具体。但大背景是清晰的。清廷方面。明治维新后的日本一意谋求扩张，吞并清廷的藩属琉球，已激发了清朝士绅的愤慨；随后侵略台湾，又引发了朝野要求东征日本的舆论；中法战争期间，日本故伎重施欲将势力扩展到清廷的藩属国朝鲜，再度撩拨起清朝士绅厌恶日本的情绪。北洋海军的士兵文化水准略高于一般军队，能读一点书看一点报，难免会受到这种厌日情绪的影响。

日本方面。按当时日本民众的逻辑，清廷始终不承认日本对琉球的占有，又阻碍日本将势力东扩至台湾和朝鲜，实可谓日本走上强国之路的绊脚石。日本民众对清帝国的反感很普遍。1878年，清廷驻长崎首任领事余瓗到任后就感受到了这一点，"当地清国人不断向其诉苦告状。日本警察在盘查登记证（牌）时，态度恶劣，中国人对此非常反感。据说余领事到任不久，就在路上受到警察的侮辱性对待，他立即提出了抗议"[11]。在这种民族情绪的支配下，北洋海军进入长崎港，在日本民众的眼里就成了"名义上是为了对军舰进行维修，以便继续开往仁川；但实际上，这还是一次示威活动，借此机会炫耀优势的海军力量。对于北洋水师来长崎，日本国民就是这么看的"[12]。如此这般先入为主，长崎市民眼里的清国水兵，自然也就成了一群"旁若无人……简直是横着身子走路，遇到日本警察也决不让路"[13]的无礼之人。

李鸿章与丁汝昌并没有向日本炫耀武力的计划，前往长崎油修"乃是丁汝昌他们的第二或者最后的选择，更是一种无奈的选择"[14]。可是日本朝野不这么看，他们觉得"北洋舰队以定远、镇远等巨舰为首，列队从符拉迪沃斯托克（海参崴）出发，来到长崎，（是为了）向日本炫耀威力。冲绳县知事大迫贞清以为北洋舰队驶来长崎是为了交涉琉球归属问题，立即带领几十名警察赶回县里"。长崎流血事件发生后，日本国内舆论沸腾，又一度传出"日清断绝邦交，清国军舰大举来袭"等消息。深受刺激的日本，随后由明治天皇颁发敕令称"立国之务在海防，一日不可缓"，捐出内帑30万日元作为海军经费，首相伊藤博文也发出"建设海国日本"的宣言，号召地方有志之士为海防建设捐款，仅半年就收到了203万日元。日本的海洋扩张热由此全面高涨。[15]

与之一同热起来的还有军国主义。福冈玄洋社本是一个旨在倡导民权的政治团体，长崎事件发生后，玄洋社众人深受刺激，发表声明称："欲保持日本帝国之元气，不可不依靠军国主义，不可不伸张国权。曩日之民权论，弃之如敝屣也。"[16]部分日本知识分子抛弃了民权，全身心投入了以军国主义来伸张国权的"伟大事业"之中。

1887年2月，长崎事件以中日两国互相抚恤的方式了结。日本向清廷支付的金额是52500日元，清廷向日本支付的金额是15500日元。之所以清廷所得较多，是因为北洋海军士兵在冲突中的伤亡更惨重。

昆明湖里练海军的玄机

与深受刺激发愤建设海军的日本不同，长崎事件的处理结果似乎让清廷颇为满意。所以，当明治天皇拨发内帑充当海军军费时，清廷却在利用"海军军费"这个名目给慈禧太后修筑颐和园，以供其"暮年之娱"。

时为1886年9月，也就是"长崎事件"发生的次月，醇亲王奕𫍯呈递了一道《奏请复昆明湖水操旧制折》。奏折里，奕𫍯谈到了稍前巡阅北洋海军时的自豪与失落。自豪的是海军很强大"足为济时要务"，失落的是八旗子弟虽不乏"聪颖矫健者"，但对海军事务竟全都一窍不通。据此，奕𫍯建议恢复乾隆时代的"昆明湖水操"旧例，开设昆明湖水操内外学堂，以锻炼八旗子弟。[17]

"昆明湖里练海军"这话说得冠冕堂皇，但其实不切实际。奕𫍯当然也清楚不切实际，他这样做另有两重目的。

第一重目的是暗度陈仓满足慈禧的修园欲望。要在北京城里训练海军，得先建设"昆明湖水操内外学堂"；水操学堂破土动工之日，即是浩大的颐和园工程破土之时，前者恰可掩护后者，以避开舆论的关注和抨击。

自"庚申之变"后启动改革算起，慈禧太后大兴土木修园子的欲望已被迫压抑了20余年。同治皇帝亲政后曾启动圆明园大修工程，要将之当作慈禧结束垂帘听政后的养老之所。后因小人物李光昭的骗局曝光——李勾结内务府打着"报效圆明园工程"的旗号，以同治皇帝的名义与外商签订木材购买合同，想玩空手套白狼的把戏，将实价只有5万两的木材由内务府上报为30万两。不料外商按约将木材运抵天津时，李却没能筹足5万两木材款，遂被告发，引起法、美两国驻天津领事馆及北洋大臣李鸿章的介入，骗局随后被揭穿。以此事为契机，恭亲王奕䜣等十名王大臣联名上奏反对重建圆明园，工程遂不了了之。[18]

1886 年，光绪皇帝 16 岁，已是亲政之日在即，慈禧的颐养天年问题再度被提出。这年 7 月 11 日，慈禧召见奕譞及一干军机大臣，下发懿旨称：这十多年来，光绪皇帝学业进步，批阅奏章也已能够做到"论断古今，剖决是非，权衡允当"，所以是时候遵照"同治十三年十二月初七日懿旨"，让皇帝亲政了[19]。

太后对权柄的热衷举朝皆知，谕旨如此写，不过是归政之说必须由太后自己主动提出，才算体面。奕譞与一干军机大臣皆是"甲申易枢"后仰慈禧鼻息被提拔上来的，自无可能会错此中真意（慈禧赶在光绪成年之前驱逐恭亲王及李鸿藻等一干军机大臣，也有这方面的考量）。所以，5 天之后的 7 月 16 日，奕譞与一干军机大臣集体演了一出"变归政为训政"的戏码。先是由奕譞代表一干"王大臣"上奏，请求慈禧念在时局艰难的分上，"俯允所请"继续训政。具体来说就是光绪皇帝大婚之后，仍须请慈禧继续对他耳提面命，"归政后，必须永照现在规制，先请懿旨，再于皇帝前奏闻"，奕譞与军机处遇事仍先向慈禧请旨，然后再奏闻光绪皇帝。礼亲王世铎等一干军机大臣，也恳求慈禧继续"训政数年"，"于明年皇上亲政后，仍每日召见臣工，披览章奏"；伯彦讷谟祜（僧格林沁之子）则说，光绪皇帝还有很多不足，请慈禧再训政几年，"俟一二年后圣学大成，春秋鼎盛，从容授政"，等过个一两年，皇帝年纪再大一点，再全面转交权力。这些请求里，既有对慈禧的迎合，也有对光绪太年轻的不信任，还有对权力交接太快可能引发人事震荡的担忧。[20]

太后说要归政，王大臣们恳请太后不要归政。这种戏码上演至 1886 年 9 月 2 日，终于告一段落，慈禧"于皇帝亲政后再行训政数年"[21]成为最高统治者的定论。同月，醇亲王奕譞上奏请求"昆明湖里练海军"。昆明湖在清漪园内，太后与皇帝随时可能会去昆明湖视察海军状况，需要有驻足休憩之所，于是重修已成一片废墟的清漪园，也就成了顺理成章的事情。

所以，"昆明湖里练海军"的建议刚刚得到批准，奕譞立即上奏折说：

因见沿湖一带殿宇亭台半就颓圮，若不稍加修葺，诚恐恭备阅操时难昭敬谨，拟将万寿山及广润灵雨祠旧有殿宇台榭并沿湖各桥座、牌楼酌加保护修补，以供临幸。[22]

所谓"保护修补"实是完全重修。昆明湖所在的清漪园早已化为一片瓦砾，只能重修。至于费用，既然是"水操"，自然是从海军衙门支取。清漪园此番重修后，成了后来的颐和园。

"昆明湖里练海军"潜藏的猫腻，朝野上下直到两个月后才反应过来。当年旧历十月二十四日，翁同龢在日记中写道：

> 庆邸（奕劻）晤朴庵（奕谟），深谈时局。嘱其转告吾辈，当谅其苦衷。盖以昆明易勃海，万寿山换滦阳也。[23]

勃海即渤海，代指北洋水师；滦阳是承德避暑山庄的别名。日记的意思是：庆郡王奕劻去见了醇亲王奕谟，二人深入商谈时局。醇亲王嘱咐庆郡王转告翁同龢，让朝堂众人谅解他"以昆明易勃海，万寿山换滦阳"的苦衷。所谓"以昆明易勃海"，指的是以"昆明湖水操"来取代北洋海军建设；所谓"万寿山换滦阳"，指的是以修建颐和园来权充给慈禧的承德避暑山庄。

除了博取慈禧太后的欢心，奕谟或许还存有一份私心。尽管他是牵头请求慈禧继续训政之人，但在内心深处，他仍希望太后能按正规程序早日归政。毕竟，光绪皇帝宗法上虽是咸丰的后代，血缘上却是奕谟的亲子。奕谟希望颐和园建成后，太后能将更多的时间花在园子里，尽可能远离政治中心（颐和园与皇宫之间，步行至少要四个小时）。他让翁同龢等人"谅其苦衷"，很可能指的是这个。

"昆明湖里练海军"的第二重考量，涉及"以昆明易勃海"的另一重解释。

水操学堂是颐和园工程的掩护，不意味着奕谟对该学堂毫无期望。他曾在给李鸿章的信函中说，"昆明习战，不过借一旧制，大题实则开都中风气"[24]。所谓"都中风气"，既是指新式海军在清廷官场是个尴尬的"局外者"，朝堂之上对其充满了疑虑的目光；也是指满洲八旗亲贵子弟皆不愿参与海军事业，而奕谟又不放心将海军交在汉人手中。于是，"昆明湖水操内外学堂"就被他办成了晚清唯一一所专门培养八旗子弟的近代海军学校。也就是说，"以昆明易勃海"这句话，也可以被解释成"以昆明湖训练出来的八旗子弟，来取代北洋训练出来的海军人才，让八旗子弟成为大清海军的骨干中枢"，也就是"用昆明湖子弟取代渤海子弟"。

考虑到这句话的传达对象是翁同龢，目的是寻求翁同龢的支持，将之理解为"用昆明湖子弟取代渤海子弟"，可能更为可信一些。翁当时对海军的立场是"海军亦急务，但王大臣可恃而所用之人不可恃"[25]。这是翁同龢1889年2月21日在养心殿东暖阁对光绪皇帝所说的话。"王大臣"指的是以光绪生父醇亲王奕𫍽为首的军机中枢。至于靠不住的"所用之人"，翁同龢当着光绪的面举了李凤苞与徐承祖两人为例。这二人都是李鸿章圈子里的干将，可见翁真正的攻击对象是李鸿章。奕𫍽知道翁同龢反对李鸿章，他对翁同龢说要"用奕𫍽训练出来的昆明湖子弟，取代李鸿章训练出来的渤海子弟"，是料定了翁必定会赞成，必定会谅解。

其实，昆明湖水师学堂在教学模式与课程设置上，完全模仿了李鸿章主持的天津水师学堂。第一批入校学生60人，学满五年肄业者共计36人；这36名没有见识过海洋的半成品经择优考试后，选拔出24人送入天津水师学堂继续学习，最后有9人完成了全部海军课程。第二批入校学生40人，因甲午战争爆发而未及完成学业。北洋舰队覆灭后，昆明湖学堂与海军衙门一同被裁撤。直到1909—1910年清廷重建海军，力图以满人控制军队，这些"昆明湖子弟"才真正得到了短暂重用。[26]

奕𫍽在海军建设中的这种"满洲本位"意识，也见于海军衙门的组织结构。海军衙门1885年成立，其组织建制、内部结构与政务运作，皆体现出奕𫍽的认知与主张。该衙门表面上仿照总理衙门，由一名王公领衔总理，一到两名大臣担任会办，一到两名大臣担任帮办，大臣的用人兼顾满汉和湘淮派系；下面则设章京作为具体办事人员；实质则是一个满人机构，该衙门与奕𫍽掌控的神机营（八旗军队）一同办公并共用印信达六七年，该衙门的章京30余人全部抽调自神机营，也全是满人。

这种人事布局曾引起李鸿章的不满。他在给张佩纶的书信中说：

神机营兼设海军衙门，奏派文案旗员三四十人，铺排门面，毫无实济。邸谓如昔惠王为奉命大将军，全赖僧邸在外，兹事非陆军比，鄙人更非僧比。部臣皆作壁上观，请吾入瓮，可慨也。[27]

大意是：既想建设海军，却又不让海军衙门成为一个独立的部门，反将其兼设在神机营下面；海军衙门的王大臣无一人专职办理海军事务，然后衙门里具体办事的章京三四十人，又是从神机营里调来的完全不懂海军的旗人，实在是毫无实际用处。醇亲王说这般布局，好比昔日咸丰皇帝任命惠亲王绵愉为奉命大将军（奕𫍙以总理大臣自比绵愉），全赖参赞大臣僧格林沁在外筹划（李鸿章担任衙门会办，被比作僧格林沁）。海军建设与陆军没有可比性，我李鸿章与僧格林沁也没有可比性。朝中部臣个个作壁上观，只是请我入瓮，实在可叹。

李鸿章期望中的海军衙门，对标的是欧美各国的海军部，其基本特征是"设衙门于都城，海部体制与他部相埒，一切兵权、饷权与用人悉以畀之，不使他部掣其肘，其海大臣无不赞襄枢密者，令由中出，事不旁扰"[28]。即海军部设在京城，地位与其他部门（外交部、财政部等）相同，拥有独立的兵权、饷权和用人权，不受其他部门牵制，海军部的大臣可参与中枢机密决策。海军部奉行的命令来自中央，海军部负责的事情只有海军建设，没有别的。

显然，由奕𫍙主导设立的海军衙门，与李鸿章的设想相距甚远。慈禧与奕𫍙之所以不愿采纳李鸿章的设想，不愿创设拥有独立地位的海军部，核心原因仍是出于对汉人的不信任。昆明湖水操学堂变成纯满人海军学校，海军衙门纯用满人章京，即是明证。如此做法的结果，固然可以防止李鸿章和他的北洋海军坐大（人事权与财权犹如两条勒脖子的绳索，皆牢牢控制在朝廷手中），也导致海军衙门徒有其表，对清廷的海军建设几乎没能起到任何作用，最后沦为了纯粹的文件收发机构（很多督抚甚至不发文件至海军衙门）。[29]

也就是说，一方面，在1884年之后的中枢决策层里，奕𫍙是洋务自强事业最强力的支持者，李鸿章的海军、铁路、电报、矿务建设，均高度依赖奕𫍙的协助，所以1891年奕𫍙去世时，李鸿章痛心不已。另一方面，奕𫍙也是一个典型的"满洲本位者"，洋务改革要支持，但若能借着洋务改革将近代化海军这支举足轻重的军事力量的掌控权向满人转移，那就更好了。就这层史实而言，"以昆明易勃海"这句话或许还可以解释为：以满人构筑一个新的昆明湖海军系统，来取代以汉人为主的渤海北洋海军系统。

人人皆知中国不足惧

无论"以昆明易勃海"这句话如何解释，结局都是失败的。

浩大华丽的颐和园，圈不住慈禧太后对权力的贪恋，最终成了一座永远也修不完的园林。从1886年到1894年，是整整8年永不停止的修筑。修筑的永不停止，意味着归政的永不到来——这是一种微妙的政治手段：太后颐养天年的居所尚未完工，朝臣们自无人敢贸然吁请太后归政；1886年谈"训政"时既然没有规定具体年限，太后也不妨装聋作哑，不会再有自请归政的压力。

这场无休止的造园游戏，究竟消耗了多少民脂民膏，已无法具体核算。按王道成的估算：

根据档案记载，乾隆帝修建清漪园，历时15年，共用银4402851两9钱5分3厘。颐和园的修建经费，虽然没有像清漪园那样的完整的记录，但是，根据样式雷家藏资料，颐和园56项工程，共用银3166699两8钱3分3厘。这56项工程，占颐和园工程总数的一半以上。由此推算，颐和园修建经费当在五六百万两之间。[30]

叶志如等人的估算是"三海大修工程的经费总额当为六百万两左右"，这其中不包括之后的岁修和慈禧庆寿工程。算上后者，"从光绪十一年四月起至光绪二十一年四月止的十年中，整个三海工程（包括大修、岁修及庆典工程）共计挪借海军衙门经费4365000余两。这是一个庞大的数目，如果用这笔钱去订购新的海军舰只，就能够再获得像北洋舰队中定远、镇远、济远那样的3艘主力舰只（3舰合价为4085000余两）；如果把这笔经费用于北洋海军的舰只维修及设备、火器更新上（据统计，更换锅炉需要150万两，更换大炮需要60余万两），也是绰绰有余的"。此外，"将颐和园工程用费的上限估计为600万两左右，当属恰当"。[31]

学者王家俭细致考察了清末海防经费的收支，得出的慈禧造园（包括颐和园和三海工程）耗银数据是："共计约有11531048两，督抚集款260万两，以存银行生息，本金未动。其中由海署所直拨者计922700两，虽不及百万，但若连同三海工程时所拨之140万两，已达2322700两。至其假海军之名，以行修园之实，所用之款则远超此数。"[32] 按王家俭的估算，甲午年之前，同治陵墓花费了五六百万两，光绪大婚用去六七百万两，三海及颐和园工程用掉了2000余万两，慈禧六十大寿的耗银也超过了1000万两。仅这几项，即共计耗费了约4000万两白银以上。

由此不难看出，在中法战争中走上"人生巅峰"的慈禧，因"甲申易枢"而使最高权力完全失去约束之后，其中兴自信与享乐放纵究竟膨胀到了一种怎样的地步。

然而，在日本政要的眼里，慈禧太后的"中兴自信"不过是一种幻象，清廷的体制决定了它的一切自强改革都终将沦为镜花水月。1886年初，清廷驻日使节徐承祖给军机处发来一份文件，系由间谍刺探所得，内容是日本1885年底的一次御前会议讨论。讨论的缘起，是黑田清隆结束对清廷的考察返回日本，向天皇做了一番报告。黑田在报告中认为，清廷自中法战争之后，"于海陆各军力求整顿，若至三年后，我国势必不敌，宜在此三年中，速取朝鲜，与中国一战"。明治天皇对该建议存有疑虑，召集政要会商。伊藤博文在会上发言说：

我国现当无事之时，每年出入国库尚短千万元左右，若遽与中国、朝鲜交战，款更不敷，此时万难冒昧。至云三年后中国必强，此事直可不必虑。中国以时文取文、以弓矢取武，所取非所用，稍为更变，则言官肆口参之。虽此时外面于水陆各军俱似整顿，以我看来，皆是空言。现当法事甫定之后，似乎奋发有为，一二年后，则又因循苟安。诚如西洋人所说，中国又睡觉矣。倘此时我与之战，是催其速强也。诸君不看中国自俄之役，始设电线。自法之役，始设海军。若平静一二年，言官必以更变为言，谋国者又不敢举行矣。即中国执权大臣，腹中经济只有前数千年之书，据为治国要典。此时只宜与之和好。我国速节冗费，多建铁路，赶添海军。今年我国钞票已与银钱一样通行，三五年后，我国官商皆可充裕。彼时，看中国情形，再行办理。[33]

在伊藤博文看来，如果现在对清廷开战，等于提前惊醒它，反会促它发奋自强；倒不如暂时不要戳它，且让它沉浸在虚幻的"中兴自信"之中，待到日本的力量蓄积到一定程度，再相机处置。井上馨在会上的发言更是直截了当："中国之不足惧，人人皆知，无烦多论。"尽管此次御前会议最终以黑田清隆与井上馨等人极不愉快地"詈骂而散"，但伊藤博文对清廷政治生态的判断，实可谓入木三分。

1891年旧历五月，直隶总督、北洋大臣兼颐和园装修工头李鸿章，在给庆君王奕劻（醇亲王奕譞已于本年初去世）和总理衙门的信函中（实际上也是写给慈禧看的），详细汇报了自己为颐和园采购安装电灯的工作进展。他说，"颐和园电灯、机器全分业经分批解京，并派知州承霖随往伺候陈设"；这些灯具是他趁广东水师学堂的德国鱼雷教官回国休假的机会，特意让其在德国代为挑选订购的，"格外精工，是西洋最新之式，前此中国所未有"；而且在抵达之后，李鸿章本人又对灯具做了一次详细检查，"鸿章逐加披视，实属美备异常"；奏折还啰啰唆唆，大谈了一通具体该如何安装这些灯具。最后，李鸿章才道出他的真实诉求：他想申请一些经费，为北洋水师修筑关东铁路。[34]

这战战兢兢和小心翼翼里，藏的是李鸿章版本的"以昆明易勃海"。3年后的1894年，昆明湖还在，渤海已无。曾经的洋务改革先锋人物李鸿章，也开始支持另一场更深层次的改革。1898年，改革以康梁出逃、谭嗣同菜市口喋血告终。1899年，慈禧在颐和园召见李鸿章，对他说有人弹劾他是康党，李鸿章回答道：

臣实是康党，废立之事，臣不与闻，六部诚可废，若旧法能富强，中国之强久矣，何待今日？主张变法者即指为康党，臣无可逃，实是康党。[35]

君臣间的这番问答，可谓百味杂陈。

第二十七章　1887年：广学会的成立

1887年，来华传教已有20余年的英国人韦廉臣（Alexander Williamson），联络了赫德、林乐知、慕维廉等一批知名在华外国人士，决定在上海成立一个文化出版机构，将欧美的政治、经济、文化、科学知识引入中国。机构最初的名称是"同文书会"，后更改为"广学会"，意思是"以西国之新学广中国之旧学"。

没有任何一家同时代的文化出版机构，可以像广学会这般，对晚清的时代变革产生深远的影响。

博得中国士大夫的尊敬

按韦廉臣的设想，要想将西学介绍进来并得到认同，文化出版机构必须熟悉中国人的思维方式，必须切实站在中国人的立场上著书立说，如此才有可能影响中国"有知识和领导能力的阶级"，才有可能起到"引导和提升民众"的作用[1]。

在《发起书》里，广学会（同文书会）计划做两件事：一、提供承载近代文明的高档书籍，给中国的知识阶层阅读；二、提供附有彩图的启蒙类书籍，给中国的一般家庭阅读。韦廉臣认为，要实质性改变中国的愚昧现状，首要之务是改变士大夫的知识结构。他的理由是：

我们发现往往在北京的高级官员和开明的官员已准备接受外国人的建议，而地方上的士大夫们却进行干涉，并且会有效地阻塞一切进程。这般士大夫们充斥在帝国各地而且受到高度的尊敬，事实上他们乃是这个帝国的真正的灵魂，并实际地统治着中国。这就很明显，如果我们要影响整个中国，就必须从他们下手；只有当我们愈是博得士大夫的尊敬，我们在中国的事业才愈能顺利进行。[2]

所谓"博得士大夫的尊敬"，换一个说法就是"启蒙中国的士大夫"。韦廉臣希望那些"对中国昌盛感兴趣的人"可以加入广学会（同文书会）里来，共同推动这项事业。

1887年11月1日，广学会（同文书会）正式成立。由清廷海关总税务司赫德担任第一任会长（总理），韦廉臣任督办（总干事，负责实际事务）。首届职员共计38人，其中包括传教士7人、商界人士16人、政界人士12人，以及医生、律师和报纸编辑各1人[3]。商界、政界中人或出钱或站台，许多人来到中国又离开中国，所以会务仍主要由长期在中国生活的传教士们主持。1890年，韦廉臣去世，督办之职由另一位英国传教士李提摩太接任。

为了让"启蒙中国士大夫"这项工作更加有的放矢，李提摩太在1891年完成了他对中国知识阶层的调查。他的结论是：

县级和县级以上的文官2289人，营级和营级以上的主要武官1987人，府视学及其以上的教育官吏1760人，大学堂教习约2000人，派驻各省城的高级候补官员和顾问及协助人员2000人，经科举考试获得秀才以上头衔的文人姑且以60万计算，以其中百分之五为重点，计30000人，经过挑选的官吏与文人家庭的妇女儿童，以百分之十计算，计4000人，以上共计44036人。这个数字，从整个中国来看，平均每县只有30人，但是却影响了4万多人，就等于影响了整个中国。[4]

李提摩太会去做这样的调查，与他在中国的切身经历也有很大关系。

在惨绝人寰的"丁戊奇荒"（1876—1878）中，李提摩太为拯救灾民，辗转于山东、河南、山西，见识过无边的人间惨状。这惨状，不仅体现在城门口堆积如山的尸体（这是李提摩太1878年2月2日，在太原以南530里的一座小城里见到的"最恐怖的一幕"，城门一侧堆满了男性尸体，"像屠宰场的猪一样被摞在一起"，另一侧则堆满了同样高度的女尸[5]）；还体现在朝廷的私心（在朝廷眼里，洋人前来救灾，实在有损国家的脸面，所以当日本驻华公使森有礼表示可以免费向山西灾民提供粮食，且这些粮食近在天津港口时，总理衙门的回复是"谢谢，从天津运往山西路途遥远，这些赈粮我们还是不要了"[6]。李提摩太在山西的活动，也被视为收买人心、窥探虚实，谕旨要求山西巡抚曾国荃对李提摩太"婉为开导，设法劝阻"[7]，将其从灾区请出去，直到李提摩太答应出钱，而将赈灾的名义让给山西的地方官。

不仅如此，这惨状也包括士大夫们的愚昧——以苏州士绅谢家福为代表的江南士大夫群体，积极参与"丁戊奇荒"的赈灾活动。然而，他们赈灾的第一目的并不是救济饥民，而是打败夷人，与传教士争一个高下。谢家福在给友人的书信中说，自己赈灾只以收养难童为主，原因是"小孩饿死尚是小事，为天主教诱去，则大不可"[8]；他还说，"弟之此行为敌夷，不为赈济。赈济则以仁存心，当念亲亲仁民之意，敌夷则惟知大义"[9]，我这次去灾区，目的不是赈灾，而是与洋人对抗，赈灾要讲仁心，抗夷只论大义。

不仅"丁戊奇荒"，在之后年月里，李提摩太一再重温着相似的惨状。这给了他很深的刺激。在1891年的广学会（同文书会）年度报告中，李提摩太说，不管外国社团如何慷慨，导致饥荒的那些"可避免的原因仍然没有清除"，所以真正能够有效帮助中国的，是"开展启蒙工作，恰如广学会所试图做的那样"。而首要之务，正是将清帝国的官员和知识分子带入近代文明：

> 我们不能梦想在整个帝国内建立起现代化的学校，那将是各个省政府的职责，当它们对自己的需要有所了解并知道如何去满足这种需要时，它们会有所动作；我们也不能企图结识帝国的所有高官；我们更是远远不能接触在帝国政府中拥有重要地位的每一个读书人。然而，帝国最重要的行政官员、各省学政、县教谕、书院院长以及部分一般读书人，还有他们的子女等（估计有44036人）是可以顾及的。[10]

基于这样一种愿景，李提摩太决定推动广学会做七件事情：

一、撰写、发行西学图书。

二、向举子和官员免费赠书。

三、开展有奖征文活动。

四、创办一份供高级阶层阅读的期刊，也就是后来的《万国公报》，由传教士林乐知担任主编。

五、开办讲座、设立博物馆与阅览室。

六、在各个省会考场附近建立书报销售点（至1899年已设有35个销售点）。

七、与中国人合作建立组织（比如后来的强学会），来推动文化的传播和进步。

图书出版方面，李提摩太虽然身为传教士，但他主张将更多精力放在近代世俗文明的推广上。这既与广学会吸纳了许多非教会人士、已非一个传教组织有关，也有认知方面的原因——在李提摩太看来，推广世俗文明与传教是一件并行不悖、一体两面的事情。所以，广学会出版的图书，大多是非宗教类。1897—1911年，广学会出版书籍461种，纯宗教书籍只有138种，占比29.93%；无宗教色彩的书籍238种，占比51.63%；含部分宗教色彩的书籍85种，占比18.44%[11]。

赠书和有奖征文，都是为了引导中国知识分子多读西方的书。

赠书方式有两种。一种是乡试、省试、恩科考试举办的时候，广学会派人去考场外面蹲点，将书籍免费赠送给举子。每年，广学会都要在大约200个考场外搞免费赠书的活动。比如1893年的恩科乡试，广学会印制了一批图书，包括《开矿富国说》《国贵通商说》《辨明技艺工作说》等，运到10个省的考场，共送出6万余册；1897年，也就是百日维新前夕，广学会的赠书曾高达12万册。另一种，是将书籍免费赠送给清廷的各级官员。1888年，广学会曾将2000册《格物探源》，分送给南京、北京、奉天、杭州、济南五地的官场；而另一本西学读物《自西徂东》，仅南京一地就送出了1万册。[12]

有奖读书征文活动的效果同样很不错。

1889年的一次征文活动，题目是要读者区分近代科学与中国传统"格致之学"，比较西方数学与中国算学。头等奖奖金8元，二等奖5元，三等奖2元。1893年的一次征文活动，题目是要读者写一写自己对多种近代文明事物的认知，说出它们是什么，有什么好处。具体包括：铁路之益；邮政之益；游历各

国之益；公司轮船行于各国之益；钢厂铁厂之益……报馆之益；公家书院之益；博物院之益……[13]

1894年，英国商人托马斯·汉壁礼爵士（Sir Thomas Hanbury）捐助了600两银子作为悬赏，"征文讨论中国如何改良币制、建筑铁路、扩充邮政、用机器制茶、制丝"等重大现实问题，"意在要诱掖全国的文生，对国内要事大政，各发表改良的计划"[14]。刚刚自京城参加科考归来的康有为，也以"康长素"的名字参与征文比赛，列广东省第10名，获得奖金4两白银[15]。

与广学会的接触，彻底改变了康有为的思想轨迹。他后来"变法上书"中的内容，几乎都可以在广学会出版的书籍和《万国公报》刊登的文章中找到。比如：他的富国之法来自英国传教士艾约瑟的《富国养民策》；他的养民之法来自李提摩太的《养民四要》；他的教民之法来自林乐知的《治安新策》；他的改革之法来自李佳白的《上中朝政府书》。他那创设孔教以救国的想法，也受到"传教士推崇基督教"这一现象的影响。[16]

康有为并不讳言这种影响。他曾对香港《中国邮报》的编辑说："我信仰维新，主要归功于两位传教士——李提摩太和林乐知牧师的著作。"[17]与康关系恶劣的胡汉民也说："康有为未尝研究政治的学问，单就当事李提摩太、林乐知所译一二粗浅西籍，管窥蠡测，以为民族是要分别的，民主政体是这样的，实则似是而非，一知半解。"[18]李提摩太也看过康有为的变法请愿书，他给妻子写信说："我惊奇地发现，我曾提出的各项建议几乎都揉进了请愿书中，并被浓缩在一个绝妙的小小'指南针'中。无怪乎他来拜访我，因为我们有这么多共同观点。"[19]

不但康有为这些民间士绅深受广学会影响，清廷的中枢决策层和督抚大员们，也大多成了广学会书刊的读者。《万国公报》也被送进总理衙门。醇亲王奕譞不但经常阅读，还常与高级官员就报纸所刊载的问题进行讨论。李鸿章告诉李提摩太，他"看过几次"李提摩太撰写的《泰西新史揽要》，也订阅了《万国公报》；张之洞的幕府里，《万国公报》也是必备读物，张还给广学会捐助了1000两白银。有统计称，所有的督抚及其他2500位官员订阅了该报，官府的订阅量占到销售量的八分之五。简言之，《万国公报》已在"全国的重要官邸流传"。[20]

图书的情况也大体如此。上海轮船招商局的一位理事曾一次性买了100本《泰西新史揽要》分送京城高官；曾国藩的女婿、做过道台巡抚的聂缉椝，是广学会书籍的忠实读者与慷慨捐赠者。1894年前后，广学会的书籍开始出现盗版印刷，其中仅李提摩太所著《泰西新史揽要》一书，在四川就发现了19种盗版本。林乐知不得不通过美国驻华领事馆向清廷提出抗议，来维护自己的版权。盗版猖獗，意味着市场需求很大。其中最让广学会兴奋的，是光绪皇帝搜求到的129种西学书籍当中，至少89种由广学会出版，且购置了全套《万国公报》[21]。

1890—1911年，广学会至少出版了400余种100多万册西学书籍。可以说，晚清的求新之士，几乎都曾是广学会的读者。这个成立于1887年的出版机构，成了晚清中国人"开眼看世界"重要的窗口。可以说，若没有广学会，可能就不会有戊戌年汹涌澎湃的维新舆论。

批评洋务改革走了歧路

广学会致力于西学的输入，但并不是一个机械的"文明输入者"。对清廷正在实施的各项改革，广学会众人亦有诸多针砭。

自1861年启动的晚清"洋务自强"改革，专以购入西方先进设备、学习西方先进技术为要务。广学会众人觉得此中有所不妥。他们批评说：科学技术与科学理论，是两个完全不同又相辅相成的东西，重视前者却对后者漠然不闻，只是一种"徒袭皮毛"之举，无助于中国迈入近代文明。

广学会花了很多精力，试图向中国输入近代科学的思想基础。比如，慕维廉于1878年在《万国公报》上连续8期刊登文章，翻译培根的《新工具》，试图向中国人介绍培根以归纳法为基础的逻辑思想。在慕维廉看来，中国传统文化缺乏科学传统，也没有发育出认知自然方法论，培根的归纳法，正是中国传统文化的急需之物；中国人要想在科学领域获得原创能力，须懂得归纳法这样的逻辑学常识。这些译文最后集结为《格致新机》一书由广学会出版。虽然该译本在当时产生的影响有限，"但我们应注意到，十九世纪末二十世纪初中国培根思想的传播者，似乎都多多少少与慕维廉的这些译本有过直接或间接的接触，钟天纬、梁启超、章太炎都曾是《格致汇编》与《万国公报》热心的读者"。[22]

甲午年后，推崇丛林法则的社会达尔文主义，被一些救亡心切的中国知识分子奉为至理。但在一些有宗教背景的广学会成员看来，将生物进化论移植应用于人类社会是错误的，它相当于只承认人的动物性而不承认人的社会性，或者说是将人的社会性直接等同于动物性。他们认为，社会达尔文主义信奉弱肉强食，带有为殖民主义美化的性质，中国人掉入该主义，是正中陷阱，走上了歧路。以《万国公报》为凭借，以人道主义为精神依归，广学会对社会达尔文主义这一流毒深远的流行学说，做了许多廓清工作。成员林乐知撰文说，社会达尔文主义是一种"以荒野间草木禽兽之所行，窜入人类社会之中"的错误理念，与动物不同，人类另有追求自由和幸福的同情之心。成员马林（William E. Macklin）也论证说，人类社会进化的关键，不是武力的强盛，而是"自由之道"。[23]

广学会还批评了晚清盛行的"官督商办企业"，试图将当时最先进的经济学思想引入中国。1892年8月，会员艾约瑟（Joseph Edkins）开始在《万国公报》上连载《富国养民论》，这是一本综合多本西方近代经济学名著而成的作品，其中至少包括亚当·斯密的《国富论》和杰文斯（W.S.Jevons）的《政治经济学入门》[24]。其中对《国富论》的编译，要比严复的翻译早出近十年，理解程度上也要远远超过严复。

艾约瑟说，之所以想要编译这样一本著作，是因为他观察到当时的中国，正激荡着一股洋务企业排挤民商资本，并蜕化为官办或官督商办企业的浪潮。该书的第15章题为《益民生诸事官办、民办之利弊》，专门论证官办企业的种种弊端，对鼓励自由竞争这方面的内容，做了重点阐述。艾约瑟希望他的中国读者，能够对官办企业、官督商办企业有一个正确的认知；能够意识到自由竞争与市场经济的好处。[25]另一位广学会成员马林，也于1899年编译出版了一本经济学著作《富民策》。针对清末改革孜孜追求的富国，马林大唱反调，说"富国不如富民，富一二有资本之民，不如富天下无衣食之民"。该书的核心底本，是美国经济学家亨利·乔治（Henry George）的代表作《进步与贫困》[26]。

对清廷财政系统的混乱与黑暗，广学会也提出过批评意见。1882年，花之安（Ernst Faber）在《万国公报》上刊文，首次向中国介绍了西方的国家预算制度。花之安说，清帝国的财政，既缺乏可靠明晰的预算，也缺乏公开性，权力不受约束地"开捐纳之门、设抽厘之厂"，结果导致官吏的横征暴敛与财政的入不敷出。他建议清廷效仿英国，引入近代财政预算体系，让政府财政收支有预算、有决算，皇帝花多少、兵丁花多少，"每年俱有定章，不能多取"，而且公开透明，可供国人监督。这些文章后来结集为《自西徂东》一书，由广学会出版。[27]

以上种种批评，究其实质，是在呼吁清廷不要仅仅沉迷于器械和技术的引进，还须做制度层面的改革。早在19世纪70年代，后来成为广学会成员的林乐知等人，即已开始用中文写作，想要将天赋人权、自由平等之类的西方理念输入中国。林乐知说，近代国家之所以比传统国家强大，是因为"其治国之权属之于民"，国事有民意为基础，"非一人所得自主"。林乐知还创造了议法、掌律、行政三个词语，来描述近代政治中的三权分立。[28]

批评逆耳。广学会的这些言论，自然也常常引来被批评者的不满。他们指责洋务运动不该以官办企业为主，呼吁给民营企业生存空间的声音，尤其招惹忌讳。结果便是广学会众人得了一顶"好预人家国事"的帽子。

对于这顶帽子，林乐知的回应是：

> 本馆主，美国人也。局外旁观，岂未知不在其位，不谋其政乎……知无不言，言无不尽，非好预人家国事也；只祈尽一己之心与中国交好，而欲有益于中国……知我者，谓我推诚布公，以亲中国；议我者，必谓我干预中国事矣。而不知大公无我者，本馆主人之实心也。既有一知半解，而不为友邦进忠直之言，尚得谓之和好耶？[29]

不过，愿意拥抱近代文明的有识之士，并不介意这些批评（哪怕有些批评有着局外人的幼稚）。他们喜欢阅读广学会编写的书籍，也乐意倾听广学会众人对中国的批评。上海格致书院的院长王韬，就是其中之一。甲午年清军惨败之后，林乐知利用诸多中外电文、奏疏与文件，写成《中东战纪本末》一书，细致复盘清廷惨败的经过和原因，痛斥清廷政治存在八大恶习——骄傲、愚蠢、胆怯、欺诳、暴虐、贪私、因循、游惰。王韬读了该书后，即感慨林的用意深远，"林君之作此书盖欲中国自强而发也……实欲中国以行新法、教西学……其所以期望者深矣"[30]，爱之深责之切，旨在鞭策中国变法自强。

稍后在戊戌年支持维新的吏部尚书孙家鼐（但他不支持康有为主导的维新），读了林乐知的《中东战纪本末》后，也在家信中赞叹说，林的文章"于中国之病源，可谓洞见症结，此中国士大夫所不能知、知之而不敢言者"[31]。

1895年8月，梁启超等人效仿广学会，在北京创办强学会，试图"输入世界之智识于我国民"，同时还设立近代中国第一家公共图书馆"强学会书藏"，孙家鼐也参与其中。广学会的李提摩太鼎力支持强学会；英、美两国公使，也给"强学会书藏"提供了颇多欧美书籍与地图器物[32]。这年秋天，梁启超等人每日的主要工作，就是邀人进入图书馆读书。其间，他们得到一张高质量的世界地图后，遂"日出求人"，每日到街面上打招呼做广告，"偶得一人来观，即欣喜无量"[33]，觉得自己又将中国社会推动了一小步。

遗憾的是，"强学会"与"强学会书藏"只存在了短短五个月，就被步军统领衙门查封了。查封的缘由是被御史杨崇伊攻击，其中一条罪名正是："专门贩卖西学书籍，并钞录各馆新闻报刊，印《中外纪闻》，按户销售。计此二宗，每月千金以外。犹复借口公费，函索各省文武大员，以毁誉为要挟。"[34]

小小学会要挟敲诈"各省文武大员"，自是天方夜谭。杨崇伊深谙官场辞令之术，他真正想要对慈禧太后表达的，其实是"各省文武大员"都很支持强学会和强学会书藏；但他的弹劾目标不是"各省文武大员"，本身也不愿与"各省文武大员"交恶，故选择在奏折里施以曲笔不加点破，而非"直抒胸臆"。慈禧久历政坛，自然能够敏锐接收到杨崇伊奏折的本意——这样一个得到众多官员和士绅支持的"专门贩卖西学书籍"的学会组织，对朝廷而言显然是一个危险的迹象。所以，她没有按惯例让都察院去查明情况，看看"函索各省文武大员，以毁誉为要挟"这种事情是否真的存在，然后再来汇报请旨。而是直接下发谕旨，封禁了强学会这个"中国版的广学会"。

第二十八章　1888年：北洋海军以残阵成军

1888年是风平浪静的一年。清王朝既无外患，也无内忧。这年5月，耗费670余万两白银的三海修缮工程竣工，慈禧太后多了一处颐养天年的好所在。7月，太后下发懿旨昭告天下，光绪皇帝将在明年举行大婚。10月，康有为来到京城参加恩科考试，向朝廷呈递了一份请求变法的奏章，奏章的主要内容来自广学会的报纸与书籍。

也是在10月，经李鸿章与海军衙门共同拟定的《北洋海军章程》获朝廷批准通过。这意味着传统军队"北洋水师"正式升格为近代军队"北洋海军"。

与大清格格不入的近代化军队

在请求慈禧批准《北洋海军章程》的奏折里，醇亲王奕譞写有这样一段文字：

> 海军系属初创，臣等此次所拟章程，本无成例可循。且因时制宜，间有参用西法之处，与部章未能尽合，应饬部免其核议。[1]

所谓没有"成例可循"，所谓"参用西法"，均是指北洋海军的制度建设，已抛弃了清廷既有的军队制度，采用的是西方近代海军的体系。

较之传统军队，北洋海军有如下几个新的特点：

一是官兵被区分为军官与士兵两个独立的系统。士兵分弁目、士兵与练勇。弁目略相当于军士长；士兵包括水手、炮兵和各种技术人才（如锅炉匠、电灯工、鱼雷技术员等）；练勇则是候补兵员。军官则分战官和艺官。前者指的是各船的管带以及大副、二副、三副，相当于作战指挥官，必须由水师学堂出身，懂得判断天气、地形的优劣，拥有枪炮、鱼雷、水雷等军事技术常识，还必须精通"战守机宜"，也就是对近代海军战术要有充分的认知。后者指的是各船的管轮官，相当于专业技术军官，必须"由管轮学堂学生出身"。也就是说，北洋海军的军官，将来自受过专业海军知识教育的军事学堂，而非自行伍之中提拔。这是在效仿英国海军和德国海军的官制，对晚清军队而言，是一种前所未有的创举。

二是引入军官退役制度。《章程》规定，海军军官自"授职守备之日"算起，"总以二十年为限"。也就是说，如果14—17岁进入海军学堂学习，25岁学成进入军队任职，约在45—50岁，即应退役。这项制度可以保证军官团队的年轻化，防止出现八旗、绿营之中将领严重老化、70多岁的老人还在领军饷的荒唐弊病。此外，北洋海军还引入军衔制度，并规定军衔与军职的对应关系。军衔是区分军人等级、彰显军人身份的一种标志和荣誉称号。北洋海军中，不但军官有相应的军衔，士兵也被包括了进来，有一等练勇（水手）、二等练勇（水手）、三等练勇（水手）之分。

三是薪饷方面，北洋海军的制度也与传统清军大不相同。首先是北洋海军的俸饷更为优厚。军官方面：绿营提督一年的薪俸共计约2605两白银，绿营总兵约2011两，绿营副将一年约1177两；绿营参将一年约743两。北洋海军提督一年的薪俸是8400两，总兵3960两，副将3240两，参将2640两。士兵方面：绿营兵分三等，第一等马兵每月2两银子加3斗米，第二等战兵每月1.5两银子加3斗米，第三等守兵每月1两银子加3斗米，以上这些还只是纸面数据，士兵极少能按标准拿到。北洋海军士兵的月饷，电灯匠是30两，鱼雷匠24两；一等炮目20两，一等水手10两，最低的刚入伍的三等练勇也有4两。其次是北洋海军的俸饷构成更为合理。绿营军官的薪俸由年俸、生活费、办公费和养廉银四部分组成，非常复杂，有廉、薪、蔬、烛、炭、心红、纸张、案衣、什物、马干等诸多名目。名目越多，意味着潜规则容身的空间越大。反观北洋海军，其军官薪俸主要由"本官之俸"（由官职大小决定，占四成）和"带船之俸"（由船只大小决定，占六成）两部分构成。其余办公经费和船只修理经费，则全部纳入"行船公费"一项。再次，北洋海军提督以下、守备以上军官，因公事受伤致残或供职超过15年积劳成疾者，可于开缺后得到一年的俸禄作为补偿，并按回籍路途远近发放路费。下面的千总、把总和外聘人员，如有这种状况且服务满20年，也可以得到一年俸禄作为补偿。此外，北洋海军官兵还有医药费、阵亡病故慰问金等待遇。以上这些，绿营官兵从来不曾享有。[2]

在给醇亲王奕譞的信函中，李鸿章说，这份《北洋海军章程》"大半采用英章，其力量未到之处或参仿德国初式，或仍遵中国旧例"，主要内容采用了最先进的英国海军章程，力所难及之处，或仿效德国以前的办法，或仍遵循清军的旧例。

李鸿章还向奕譞指出，北洋海军仍存在着两大缺陷。

第一，北洋海军虽然号称成军，实际上舰船严重不足。不但聘用的英国籍军官琅威理"每谓船不足用"，军内凡有过出洋经历、见识过欧洲强国海军阵容者，也"皆以添置战舰为请"。目前的情况是：中国海岸线极长，与日本、朝鲜和海参崴处处相接，一旦有事北洋海军只能"分守辽渤"，没办法援助其他地方；眼下除了守港口的蚊船、炮船之外，"惟铁甲快船九艘可以驰骋大洋"，这区区九艘船在旅顺、大连湾、威海卫驻扎巡逻"或可抵御"，若要开往其他海域，那就"势弱力单"了。简言之就是《章程》里最核心的"船制"是不完整的。

第二，海军人才短缺，海军将官地位尴尬。清廷的传统军官体系里，没有海军将官的位置；旧制度也不足以吸引人才进入海军。欧美各国建设海军，都以建设海军学校与配置大量练船为核心工作，且有一套按资历提拔海军人才的制度，所以各国海军人才辈出，"未有不学而能任海军者"，绝无不经过正规学习就加入海军者。反观大清，"风气未开，士绅争趋帖括，议论多不着痛痒，目前仅以公款设一二学堂"，士绅们对海军一窍不通却又乱发议论，导致现在只有一两所海军学堂，造就不出多少人才。[3]

要想弥补第一项缺陷，就必须继续出资购置军舰。

1888年的北洋海军，共计有：镇远、定远铁舰2艘；济远、致远、靖远、经远、来远、超勇、扬威快船7艘；镇中、镇边、镇东、镇西、镇南、镇北蚊炮船6艘；鱼雷艇6艘；威远、康济、敏捷练船3艘；利国云船1艘。总共是25艘军舰。2艘铁甲加上7艘快船，即所谓"惟铁甲快船九艘可以驰骋大洋"。3艘训练船加上1艘运输船，更是明显不足。所以《章程》里说得明白："然参稽欧洲各国水师之制，战舰尤嫌其少，运船太单，测量、探信各船皆未备，似尚未足云成军。"按《章程》的保守规划，北洋海军至少还需要再添补：大快船1艘、浅水快船4艘、鱼雷快船2艘（以上系基本补足战船的战术需要）、鱼雷艇6艘、练船1艘、运船1艘、军火船1艘、测量船1艘、信船1艘。要有这样43艘舰船，才能勉强算是一支结构完整的海军。[4]

但第二项缺陷，却是无解的。

英国记者克宁汉（Alfred Cunningham）曾深入报道过中日甲午战争。战后，他出版了《水陆华军战阵志》（*The Chinese Soldier and Other Sketches*）一书，对北洋海军在清廷内部的尴尬处境，有一段入木三分的描述：

中国的海军，在提督丁（汝昌）指挥之下，质料上远胜于陆军。军官们大都是受过欧式训练，当琅威理做他们的领袖时，更是彻底地训练过。中国战舰上的水兵，都是在沿海招募来的，自然是很好的水兵。他们是经过本国的军官和西洋的教官训练过的，即使在他们赌性发作时，纪律偶然松懈些，但他们是受很好的训练而且知道怎样使用他们的枪炮，那是日本人也承认的。在大吏们吞剥所余的财力的限度之内，满清帝国的海军是模仿美国式的，海军军官是自成一新阶级的，没有一个对他们稍为敬重的人把他们来和陆军军官相提并论的。就教育和实用的知识而论，他们是远在中国官吏之上的。从中国的官场观点而言，他们是局外人，只因为海防需要海军，他们才被容忍着。[5]

海军军官"自成一新阶级"这句话，显示克宁汉敏锐地观察到新式北洋海军与清廷传统官场的格格不入。这些海军将官接受过西式教育（很多人到过欧洲或留学欧洲），会说英语，喜吃西餐，给自己建造的房屋也带有欧式风格。他们是清廷统治集团里面视野最广阔的一群人，但他们的视野无处安放，因为他们是统治集团里的异类，而非被推崇的对象。这一点，与同期的日本海军将官的境遇截然不同。明治时代的日本海军将官，在本国政治秩序中有着非常重要的地位，他们经常就国事发出强力声音。反观北洋海军，除了北洋大臣李鸿章之外，几乎所有海军将官在晚清政坛上都是失语的。这群视野广阔之人失语的核心原因，正如克宁汉所言，是"他们是（中国官场的）局外人"。

这种"局外人"的状态，是李鸿章没办法解决的问题。他只能在《章程》里做一点有限的补救。手段之一，是给北洋海军将士制定远高于绿营的薪俸，通过提升他们的经济待遇来彰显他们的政治地位，进而吸引更多优秀人才加入海军。手段之二，是在海军《章程》里对"升擢"与"保举"问题略作变革，将那些应该升职却无职可升的海军将领"开缺当差，薄予官俸"；也请朝廷在每三年一次对海军实施大检阅时，对这些海军将领"酌加奖叙"[6]。

这种补救只是聊胜于无，远不足以改变北洋海军在清廷政治秩序中的"局外人"身份。1918年，池仲祐撰《海军大事记》，请严复作序。清末时，严复曾赴伦敦皇家海军学院求学，归国后长期服务于北洋水师学堂。此时的他已垂垂老矣，回首前尘往事，念及所教导的海军学生，在中法、中日两战中，"为国死绥者殆半"，不禁悲从中来。痛定思痛，严复想起了30年前，自己与清廷海关总税务司赫德的一番谈话。严复在谈话中对赫德说了许多海军的弊端，赫德则告诉严复：

> 海军之于人国，犹树之有花，必其根干枝条，坚实繁茂，而与风日水土，有相得之宜，而后花见焉。由花而实，树之年寿亦以弥长。今之贵国海军，其不满于吾子之意者众矣，然必当于根本求之，徒苟于海军，未见其益也。[7]

赫德深度参与了北洋海军的成军过程（比如帮助采购军舰），他自然了解，不管存在多少缺陷，就硬件而言，北洋海军已是一支近代化舰队——船舰主体基本购自西方，威海、旅顺是远东第一流的海军基地；还有练饷局、支应局、军械局、水师煤厂、工程局、征信局、医院等一整套较完备的后勤机构；且建设有数千公里先进的海防电报通信；中法战争后，认识到军事运输能力在海陆联防中的作用，铁路事务也被归入海军衙门；海军学堂也大体建设了起来。此外，北洋海军的将官们，也大多接受过西式的近代海军训练。

然而，正如每一朵花都得开在一棵具体的树上，只有树的根干枝条坚实繁茂，那花才能开得璀璨，那花才能结出果实，那树的寿命才会绵长。欲让海军强大，犹如求树开花，须先有相宜的政治土壤，造就相宜的政治环境，眼光只放在海军上，而不从"根本求之"，是不会有结果的。

严复说，赫德的这番话，道破了北洋海军的"盛衰之故"：这朵近代之花，只是被机械地嫁接在了传统帝国正日趋干枯的枝条上。

海军停滞，李鸿章怀念醇亲王

《北洋海军章程》绝非完美。

比如有学者批评该章程，说它"最大的缺陷在于缺乏战时规定"。具体包括：

一、对海战统一指挥权的序列问题没有明确规定，导致后来的甲午海战中，提督丁汝昌所在定远舰的信号装置被摧毁，其他将领因没有依据可循，而无法出面接替丁汝昌指挥作战，全军因此失去了有效的统一指挥。

二、对海战中作战舰船"伤重而不能战"时是否可以退出战斗的问题，没有做明确规定。直接导致甲午海战中方伯谦率济远舰、吴敬荣率广甲舰退出战斗后，无法进入正规的司法程序，只能依据高层政要的好恶来做"政治判决"。

三、对海战中的各种具体行为，没有制定具体的赏罚条款。这导致海军官兵"找不到依据而失去了对自己未来命运的准确预判"。镇远舰管带林泰增的自杀、致远舰管带邓世昌的殉国，均存在这方面的因素。丁汝昌在战后对李鸿章说，邓世昌奋勇击敌后与军舰一同沉海，"业已被人救起，自以船亡不能独存，不肯出水，仍复溺毙"，这做法虽然壮烈，却是重大的人才损失，他希望能够"明定章程"，制定具体的赏罚条例，"以示常守之法而全有用之才"[8]，让海军官兵可以依据条例预判自己的命运，免去那些不必要的牺牲。

四、虽有抚恤条款，但对海战中官兵伤亡的抚恤没有明确规定。

五、对各舰艇炮弹的基数，也就是弹药的日常充足度，没有明确规定。[9]

不过，《北洋海军章程》终究是让传统军队"北洋水师"蜕变成了近代军队"北洋海军"。转型之初的种种不完美，实应视为常态。极少有后进国家在模仿先进体系时，可以做到完美移植。关键是转型的方向是否正确，方向对了，缺陷不妨慢慢改掉，不必有一步到位的心态。

所以真正的问题是：为什么直到甲午海战，《北洋海军章程》里的这些问题还没有得到解决？

答案自然也再次回到赫德对严复说过的那段话，即"徒苟于海军，未见其益也"，真正掐住北洋海军命运咽喉的，仍是清王朝的土壤与风水。

前文提到的《北洋海军章程》里的五点不足，前四点如要改革，必然会对清廷的整个军事体制造成冲击——海军制定了关于军队指挥权序列的新规矩，其他军队要不要跟进？海军制定了新的舰船退出战场机制，其他军队要不要跟进？海军制定了新的赏罚明细，其他军队要不要跟进？海军制定了新的伤亡抚恤标准，其他军队要不要跟进？如果朝中有人支持，这些冲击旧体制的改革，多少还有付诸实施的机会。然而，北洋海军正式成军仅两年，最支持海军建设，为《北洋海军章程》里各种迥异于传统清军的制度建设大开绿灯的醇亲王奕譞，就于1891年1月1日与世长辞。奕譞的去世，直接导致"朝廷最高决策层中能真正理解并支持李鸿章建设海军的人，竟没有了"[10]。醇亲王之死让李鸿章"哭之恸"，一个重要原因就是他自此失去了在朝中最有力的奥援，从此"独力难支，致户部有停军火十年之奏"[11]。

所谓"户部停军火十年之奏"，指的是1891年6月，户部上奏建议南北洋的枪炮、船只与机器采购暂停两年。亲政不久的光绪皇帝，随即在帝师翁同龢（翁是户部尚书）的怂恿下批准此奏，并下旨褒奖李鸿章，说北洋海军"连年布置，渐臻周密"[12]，实在是值得表彰。李鸿章自然明白皇帝的表彰是假，让他没机会张嘴再说北洋海军存在诸多硬件缺陷是真。没有了奕譞的支持，李鸿章自知无力改变中枢——也就是光绪与翁同龢的决定。他在9月10日给朝廷写了近两千字的回奏，细说了五点意见：

一、"北洋向来购买船械，本无专款存储"，从来就没有专门款项，每一笔购买舰船火炮弹药的资金，都得向朝廷专门申请，所以如今朝廷决定让海军停购船械炮火，海军这边"仍属无银可解"，并没有资金可以移交给户部。

二、北洋海军购买外洋机器，分为两个部分。一是购买本国没有的新机器，一是购买配套消耗品和维护更换的零部件。历年所拨经费，各省其实都还欠着没给。所以即便停购，这一块也是"仍无余款可以腾挪"，也没有钱移交给朝廷。

三、舰艇和船坞里的机器，都是西式的，零部件坏了就要修，就要对外购买，不购买就等于报废；鱼雷、水雷、雷筒、电信这些是消耗品，有缺额有损坏就要对外购买添置，不够买的话舰艇和电报线路也等于报废。所以，这些东西"万难停缓"，每年仍须开支10万两白银。

四、户部的奏折说要裁撤军队至少一成，直隶的淮军勇营驻扎在东至奉天旅顺口、大连湾，渡海南至山东威海卫等漫长的防线上，淮军勇营虽足额并无空饷，也是捉襟见肘，近年来已不得不"一营分扎两处"。勇营枪炮以西式枪炮为主，从炮目到勇丁，每个人都有自己在队伍里的"应管之物，应做之事，缺一不可"。而且，这些年经营渤海门户，各种工程建设都是勇营兵丁在做，如果换成民夫，还不知道要消耗多少钱粮。

五、北洋海军"现有新旧大小船舰共二十五艘"，之前上奏得到批准的《北洋海军章程》已说得明白，仍须购买一批军舰"乃能成队"，醇亲王当年也是这个意见。如今海军要停购军舰，防营就更不能随便裁撤了。[13]

由这些意见，不难看出李鸿章的无奈与挣扎。

回奏的末尾，李鸿章说：眼下各处炮台尚未竣工，臣与前任山东巡抚张曜[14]刚刚对勇营士兵遍加抚恤，"方蒙激励之恩，忽有汰除之令"，才表彰完毕就要将之裁汰，恐怕不是"圣朝慎重海防作兴士气"的正确方式。臣我仔细阅读了部臣们的奏议，"既曰自相商定，又令察酌情形"，里面既说已自行商议有了定论，又让各处体察斟酌具体情形，显然是深知外面的事情各有特殊性，断难在政策上搞"一刀切"。所以，臣我遵令再三筹算，"目前饷力极绌，所有应购大宗船械，自宜照议暂停，至裁减勇营一成，应俟各处台工竣后，再行酌办"[15]。

无可奈何的李鸿章，只能在给友人的私人书信里，怀念着醇亲王奕譞还在世的时光：

回忆十二年奉陪醇贤亲王巡阅，犹如目前，楼船方新，旌钺已往。当时威海卫、大连湾两处尚是荒岛，连年布置，始有规模，足与旅顺重门相倚。现议接办胶州澳，则北洋形势更觉完密，而农部适有裁防勇及停购船械之议，正与诏书整饬海军之意相违。宋人有言，枢密方议增兵，三司已言节饷。国家之事，固有如此各行其是而不相谋耶？[16]

　　其实，即便奕譞仍然在世，北洋海军某些制度上的问题也是不可能得到解决的。比如前文提到的军队统一指挥的序列问题。在传统国家，军队的指挥权与皇权的安危紧密相连，历来都是朝堂政治统治的一部分。咸丰时代倚重僧格林沁的带兵能力，却要在他上面任命一个惠亲王绵愉为"奉命大将军"，就是如此。海军衙门成立后被交付在醇亲王奕譞手中，奕譞也写信给李鸿章，要他努力做好"新时代的僧格林沁"[17]，不过是对咸丰权术手腕的忠实继承。被困其中的李鸿章，自不免常常陷入畸形制度的牢笼。

　　琅威理的愤然离职，就是一个颇为典型的案例。

　　1890年，北洋舰队巡访东南亚返程途经香港，提督丁汝昌因事离队，右翼总兵刘步蟾即将提督旗降下，换升总兵旗。此举遭到琅威理的激烈抗议。当时，琅威理的身份是"水师副统领""赏加提督衔"。在琅威理看来，提督离开，自己这个副提督尚在；刘步蟾改升总兵旗，这分明是对自己的藐视与挑衅。清人姚锡光后来在《东方兵事纪略》里说，刘步蟾此举是刻意为之，目的是羞辱琅威理迫其离开，原因是"琅威理督操极严，军官多闽人，颇恶之。右翼总兵刘步蟾与有违言，不相能，乃以计逐琅威理……琅威理去，操练尽弛。自左右翼总兵以下，争挈眷陆居，军士去船以嬉。每北洋封冻，海军岁例巡南洋，率淫赌于香港上海，识者早忧之"。[18]

　　说刘步蟾"以计逐琅威理"，其实是以后果推断前因而得出的阴谋论，有矛盾并不意味着冲突是有预谋的行为[19]。琅威理离开北洋海军的主因，是他的抗议与诉求得不到李鸿章的支持。升旗冲突闹到李鸿章处后，李态度模糊，既未申斥刘步蟾做得不对，也没说琅威理的抗议不成立，而是发电报给左翼总兵林泰曾（刘步蟾是右翼总兵），让他另给琅威理做一面旗帜："琅威理昨电请示应升何旗，章程内未载，似可酌制四色长方旗，与海军提督有别。"[20]

　　所谓"章程内未载"，其实是章程内不便做规定。北洋海军身上的淮系色彩，已让朝堂侧目，也是中枢的一块心病（所以海军衙门章京专用满人，昆明湖水师学堂也专招满人学生），李鸿章自不敢在海军章程里再将琅威理的副提督之职坐实，让他拥有与丁汝昌同升总督旗的地位——让洋人做真正的副提督，只会给李鸿章招来更多的攻击。事情出来之后，李能想到的最好的解决办法，就是给副提督单独做一面"四色长方旗"。这种迁就现实政治的特色处理方式，与世界各国海军的惯例格格不入，自然无法让琅威理满意。稍后，琅威理北上与李鸿章当面讨论此事，二人不欢而散。用李鸿章的说法是："琅威理要请放实缺提督，未允，即自辞退。"[21]

李鸿章暧昧模糊的处理方式，既谈不上对琅威理"舰队副提督"身份的尊重，也谈不上对刘步蟾升总兵旗行为的支持，实属息事宁人式的和稀泥。李鸿章有自己的不得已。朝廷赏给琅威理的"副提督"已明言只是虚衔，李断不能将之弄成实授，所以不能让琅威理升总督旗，但北洋海军需要琅威理的专业能力，所以只能另制旗帜以做安抚。然而，这种安抚在琅威理看来，却等同于对尊严的侮辱。琅威理愤然辞职后，天津的英文报纸《中国时代》（*The Chinese Times*）刊文说，琅威理虽然拥有皇帝赐予的提督职衔，"但并非服务于中国政府，而不过为一总督的奴仆"[22]，此说准确道出了琅威理离开北洋海军时的心理感受。

琅威理的离开，影响的不仅是北洋海军的军纪，还直接影响到英国在东亚的政治天平向何处倾斜。琅威理来华的背后有总税务司赫德的运作。自琅威理任职北洋舰队之后，中英关系日趋融洽。北洋海军安排学生留英，英国政府允许他们进入皇家海军学校就读，并前往英国海军舰队实习。对清廷在英国的购舰活动，英国海军也愿意派人提供查验、试航方面的帮助[23]。赫德希望借此机会推动"中英结盟"（自19世纪60年代起，赫德即在试图推动此事）。琅威理离职事件发生后，几乎所有英文媒体都在抨击清廷排外，认为北洋海军将会坠入旧官僚体制的深渊，将会与清王朝的大多数官僚一样成为腐败与堕落的代名词。英国政府不再允许中国海军派学生留英，且撤回了在北洋海军中（包括海军学校）任职的其他英国军官。对"中英结盟"抱有极大期待的总税务司赫德也灰心丧气，在给金登干的信函中说：

中国不听劝告，遭到不幸才会吸取教训。如今我要和海军离得远远的。[24]

此后，英国在亚洲与清廷越走越远，与日本越走越近。甲午年，日本发动对清廷的战争的底气之一，就是获得了英国政府"不反对"的默许。

没有好的土壤，花是结不出果实的

终于，甲午年彻底压垮了北洋海军。

1894 年旧历七月二十九日，李鸿章上奏朝廷，比较了中日两国海军的实力优劣：

> 查北洋海军可用者，只镇远、定远铁甲船二艘为倭船所不及，然质重行缓、吃水过深，不能入海汊内港。次则济远、经远、来远三船，有水线甲、穹甲，而行驶不速。致远、靖远二船前定造时号称一点钟十八海里，近因行用日久，仅十五六海里。此外各船愈旧愈缓。海上交战能否趋避，应以船行之迟速为准，速率快者胜则易于追逐，败亦便于引避，若迟速悬殊，则利钝立判。西洋各大国讲求船政，以铁甲为主，必以极快船只为辅，胥是道也。详考各国刊行海军册籍内载，日本新旧快船推为可用者共二十一艘，中有九艘自光绪十五年后分年购造，最快者每点钟行二十三海里，次亦二十海里上下。我船订购在先，当时西人船机之学尚未精造至此，仅每点钟行十五至十八海里，已为极速，今则至二十余海里矣。近年部议停购船械，自光绪十四年后我军未增一船。[25]

与李鸿章的审慎不同，此时清廷的中枢决策层、台谏系统和督抚群体，均对清廷的军事实力抱有一种不切实际的自信。

身为帝师，同时也是清流领袖的翁同龢自不必说，他对日本素无研究，却是一个坚定的主战派。战事爆发前夕，王伯恭自天津前往北京拜见翁同龢。新科状元张謇在翁同龢跟前力言"日本蕞尔小国，何足以抗天兵"，深得翁的赞许。王伯恭也是翁的得意门生，但因在北洋做事多年，又在朝鲜待过，对中日两国海军的实力有较为准确的了解，于是对翁同龢"力谏主战之非"，结果却被翁嘲笑为"书生胆小"。王伯恭回应说"器械阵法，百不如人"，不宜草率从事。翁同龢则说："合肥（李鸿章）治军数十年，屡平大憝，今北洋海陆两军如火如荼，岂不堪一战！"王伯恭说知道了自己的实力不如对方却还一味主战是不明智的，翁的回复是："吾正欲试其良楛，以为整顿地也"[26]。翁这番话，既说明他自信过了头，也显示他对李鸿章成见较深。

围绕在翁身边的诸多台谏清流中人，如文廷式、余联沅等，均在对日作战问题上抱持着不可理喻的自信。比如余联沅奏称，中日之战的上策是直取东京。翰林院侍读学士准良，则奏称"倭人所恃铁甲战舰，仅有大小二艘"。翰林院编修曾广钧，则奏称日本海军只有一艘铁甲舰，其余全是木船："彼国只有铁甲一艘，名曰扶桑……（速度）并不算快。此舰尚不足畏，其余各舰悉系同治年间所造木质旧船，更不足数……若以交战大洋，直同儿戏"。江南道监察御史钟德祥的奏折，与曾广钧的说法几乎一模一样："日本倾国兵数不当中国之一，又弱不经战，虽有甲船，而能与吾定远、镇远较坚厚，仅有名速力者一艘差可强颜耳，诸下者或不及向时船政之木船。"[27]底层士绅言有章（1903年做过新安知县）也在给盛宣怀的书信中说："北洋讲究武备近三十年，以中视西，或未可轻敌，以剿倭奴，足操胜券"[28]，希望通过影响盛宣怀的立场来贡献绵薄之力，将李鸿章推向主战派。

中枢与台谏清流如此，号称老成谋国的督抚重臣如刘坤一、张之洞等，也是相似的心态。刘坤一身为湘军领袖，初时将甲午之战视作李鸿章淮军之务，袖手旁观，且认为日本绝非中国对手，故其身为两江总督，江苏沿海一带防务却迟迟未做规划。张之洞则素来认为，日本乃海权国家，中国乃陆权国家，彼此无利害冲突，不妨结盟对付俄国。战事爆发后，张也极为乐观，认为只要中国闭关绝市，即可使日人屈服，他对日军的战力和目的，可以说几无了解。[29]刘、张二人尚且如此，余者可想而知。

这种不切实际的自信，反馈到具体战事上，让北洋海军无所适从。

1894年7月26日，李鸿章电报指示丁汝昌："汝即带九船开往汉江洋面游巡迎剿，惟须相机进退，能保全坚船为要。仍盼速回。"[30]8月1日，李鸿章再次电报指示丁汝昌："总署催汝统铁、快各船，往仁川附近，截击其运兵船，机不可失……速去速回，保全坚船为要。"[31]这两份电报，显示总理衙门给李鸿章施加了很大的压力。总署一再强调"机不可失"，要求北洋海军向日军发起攻击。但深知北洋海军与日本海军硬件差距和软件差距的李鸿章，对出击一事并无多少胜算，所以他在转达总理衙门的指示时，给丁汝昌的命令，在措辞上非常微妙：一面命令丁汝昌抓住机会率军出击，一方面又指示他要"相机进退""速去速回"，要将"保全坚船"当成最重要的事情。

光绪皇帝很快就觉察到，丁汝昌汇报中的"未遇敌船"，其实是不想与敌船展开正面交锋。遂连发谕旨，严词命令李鸿章，要他调查丁汝昌是否存在刻意避敌的行为。其中8月5日的一道谕旨是这样说的：

> 丁汝昌前称追倭船不遇，今又称带船巡洋，倘日久无功，安知不仍以未遇敌船为诿卸地方？近日奏劾该提督怯懦规避，偷生纵寇者，几于异口同声，若众论属实，该大臣不行参办，则贻误军机，该大臣身当其咎矣！[32]

谕旨里威胁说要拿丁汝昌"身当其咎"，实际上敲打的是李鸿章。无奈之下，李鸿章只好命令丁汝昌在一个月的时间里，四度率舰队出海，以应付皇帝。但中日海军之间没有大战，光绪绝对不能满意；北洋舰队不能击败日本海军，光绪也绝对不能满意。9月17日的黄海大战，北洋海军受创颇重，但根基尚存。两天后，光绪再发严旨，催促修复军舰再战，李鸿章无可奈何，只能指示丁汝昌，要他尽快将船只修复到能行驶的程度，再将其开上洋面威慑日军，以应付朝廷的严责，同时要注意不可与日本军舰交战，要理解此中"虚虚实实"的真意：

> 定、镇、靖、济、平、丙六船必须漏夜修竣，早日出海游弋，使彼知我船尚能行驶，其运兵船或不敢放胆横行，不必与彼寻战，彼亦虑我蹑其后。现船全数伏匿，将欲何为。用兵虚虚实实，汝等当善体此意。[33]

闭目塞听带来了盲目的自信，盲目的自信带来了混乱的指挥。这混乱的指挥贯穿了整个甲午战争，直至北洋海军消亡。

土壤贫瘠的另一个表征，是清廷的军事改革以一条腿走路，只改革了海军，将之拖入近代军队的大门，却几乎没有改革陆军，更没有改革其他相关体制。所以，甲午年的海战颇为激烈，陆战的规模却可以用"微小"来形容。

"微小"二字的评价，来自日本学者藤村道生。他的理由是：日军在陆战上消耗的弹药非常少，且绝大部分人员损失来自瘟疫，而非与清廷陆军交战。藤村道生说：

在整个战争过程中，日军所消耗的弹药为：步枪子弹1241800百发，炮弹34090发。派往海外的士兵，每人约放步枪子弹8发，每门大炮约放炮弹100发。看看十年后日俄战争中的南山战役，它以三个师团为骨干的第二军，在两天的时间内，就消耗了大约同等数量的弹药。如果仅限于同清国陆军作战，就可知日清战争的军事规模，是微小的。

日本士兵的真正敌人是瘟疫。因为没有建立预防体制，卫生设备很差，所以许多人病死了。在出征期间，入院治疗的达17万人。其中因重病而被送回国内的，约占派往海外士兵人数的1/3，达67600人。在17万入院患者中间，因战争而负伤的不过4519人。其余则是或患赤痢、疟疾、霍乱等传染病，或患脚气病。忽视卫生带来的结果就是大量的人命牺牲。[34]

简言之就是：日军人均8发步枪子弹，即击溃了清廷陆军。而且这还是一支遭受严重瘟疫侵袭的军队（主要是霍乱、痢疾与脚气病），过半数士兵与随军夫役因病入院，逾三分之一的海外派遣士兵因重病不得不被送回日本。据藤村道生的统计，整个战争中，日军战死者（包括受伤后死去者）共计1417人（其中，964人死于1894年7月25日至1895年5月30日，余者死于1895年5月31日至1895年11月30日），因疾病而死者共计11894人（其中，1658人死于1894年7月25日至1895年5月30日；余者死于1895年5月31日至1895年11月30日）。后者是前者的8倍有余。

日本参谋本部第二局长（管西局）小川又次，1879年被派往清朝，从事谍报侦查，明治二十年（1887年）向当局提交了一份《征讨清国策案》。由这份《策案》，不难窥见清廷陆军的战斗力为何如此之差。

对清廷陆军的总兵力，《策案》的评估是：八旗兵大约30万人；绿营兵大约47万人。此两者之内，练军约10万人，蒙古兵大约10万人，勇兵大约30万人，合计大约117万人。其中，防勇、练军40万人，战斗力较强，但"由各省总督、巡抚分而辖之"，"教育之法各不相同"，虽然多聘请外国教练，但"可惜者，并非举而全然委任于外国教师，而是采用半洋、半清式之战术"，非但无益，徒生烦杂；"更为可怜者，乃是将校为文官，虽有武官，但也一概不知兵学为何物，皆是惟有利己之谋"；何况，"以此四十万之兵员，布于我十倍之土地面积，特别是道路粗糙恶劣，交通甚为不便，故而假令一方有事，也难以直接调遣邻省之兵"。小川又次在《策案》里说，直隶与山东地区，清廷的练军与防勇总数仅5万人；吉林、盛京与黑龙江地区，练军与防勇总计不过2万余人。这与甲午战争前夕，李鸿章向光绪汇报"陆海兵数"时给出的数据颇为吻合。李的数据是：沿海陆军分布直隶、山东、奉天三省海口，扼守炮台者，合计仅2万余人[35]。甲午战争期间，其他省份的陆军，确如小川又次所预料的那般，无法迅速集结开往前线。

至于余下的77万军队——朝廷之八旗，地方镇台之绿营，皆是"携带家眷之兵"，其薪饷本极有限，且"长发贼大乱以来……又减少官兵俸禄钱粮"，已到了"不从事贱业，则不足以糊口"的程度，"今查清国军备金额，大约七千五百余万圆"，数额虽大，"但用于八旗、绿营者，恰如救助贫民"，仅算勉强养活，至于军备训练，完全无从谈起，"实乃有名无实之兵员"。虽然中法战争后，鉴于地方勇兵坐大，而八旗衰败已久，清廷为维护其满人统治，曾命地方"减少防勇人数，每年节省二三十万两，以充作训练八旗兵之费用"，但这种以弱易强的做法，反使其实力"又有几分退步"[36]。

《策案》的最终结论是：清廷"近来虽然虚张声势，频繁谋求扩张军备。但尚未达到杜绝百弊之源、布设铁路、采用义务兵役之日，决不能称作真正之强国"。意思就是清廷陆军并不是一支近代化军队，架构上没有陆军部（也没有海军部，只有一个四不像的海军衙门，海军衙门五大臣全是兼职，既无人专门研究与建设海军，也无人出身海军或受过海军训练），体制上没有最基本的义务兵役制度；训练与改革更是政出多门，彼此无法兼容。反观日本，自明治维新后即设立海军省与陆军省，统一筹划管理海军、陆军事务；其后又设立军令、军政机构，以完善统一指挥体系；再颁布征兵令，实行普遍义务兵制，进而确立现役与预备役结合的近代常备军制度；为适应出洋远征，陆军还效仿德国，改成了师团制。

按藤村道生的说法，"北洋陆军装备毛瑟枪和克虏伯炮，所以在武器方面，它比使用村田式步枪和青铜山炮的日军优越"。但对战的结果，却是日军所向披靡。原因是清军虽然装备了近代武器，但无力去执行一场近代战争。比如，大多数清军将领的作战经验仍来自与"长毛"对垒（清廷朝野弥漫着一种对"宿将"的迷信），没有接受过近代战术的培训，根本不知如何部署步兵与炮兵，往往将炮兵阵地安排在"第一线步兵阵地内或其间隙"，使"火炮成为显著的目标，在战斗的初期阶段，屡次被日本炮兵破坏"[37]。而参加甲午战争的18位日军旅团级以上军官中，有一半曾到欧美留学或考察，深知与火炮相关的各种战术。再如，清军士兵普遍训练不足，多数时候只要求"演走各样阵法，步伐既甚整齐，释放连环枪炮，声响亦均连贯"即可。战争爆发后临时招募的新兵，更几乎没有训练，只是学习"一齐将矛举起向前一冲，口中就喊一声杀"[38]。反观日军，步兵不仅训练有素，且已有了独立的工兵与辎重兵，清军则尚不知工兵与辎重兵为何物（按李鸿章1891年给光绪皇帝的奏折里的说法，其辖下淮勇全部长期兼职工兵，在修筑各种工事）。日军将领也观察到，清军进攻时"没有整然的秩序"，"经常用的队形是在散开的一队中挥舞大旗开火，开火为随意射击"；清军射击出去的子弹"多从（日军）头上通过，达到很远的距离。他们不考虑利用地形地物，从不用跪射、卧射，一律站着射击"[39]。清军士兵开炮前，先要摇动大旗，恰好成为日军射击的靶子。

其实，李鸿章自己也知道，北洋海军这朵花，被嫁接在清王朝日趋干枯的枝条上，是难以结出果实的。甲午年后，李闲居贤良寺，回首前尘往事，曾对曾国藩的孙女婿吴永说过这样一番话：

> 我办了一辈子的事，练兵也，海军也，都是纸糊的老虎，何尝能实在放手办理？不过勉强涂饰，虚有其表，不揭破犹可敷衍一时。如一间破屋，由裱糊匠东补西贴，居然成一净室，虽明知为纸片糊裱，然究竟决不定里面是何等材料。即有小小风雨，打成几个窟窿，随时补葺，亦可支吾应付。乃必欲爽手扯破，又未预备何种修葺材料，何种改造方式，自然真相破露，不可收拾，但裱糊匠又何术能负其责？[40]

纸糊的房子没有根基，一如缺失了土壤的花朵无法结果。

1896年8月，李鸿章出访欧美，抵达伦敦时与琅威理有过一次长谈。李再次邀请琅威理前来中国，琅说自己"或多或少"愿意接受邀请[41]。可惜的是，北洋海军已成过眼云烟，李鸿章的政治生命基本上已经结束了。

第二十九章　1889年：光绪大婚不给慈禧面子

1889年，清帝国最大的政治事件，是光绪皇帝终于获得慈禧恩准举行了结婚典礼。

清朝皇帝一般多在14岁至16岁间成婚，此时的光绪已年满19岁。光绪晚婚背后的原因显而易见——成婚意味着彻底成年。皇帝成年意味着慈禧太后必须结束训政，交出手中的权力。影响清帝国最后20年历史走向甚巨的帝后之争，由此发端。

"若非太后垂帘，大清哪有今天"

早在1888年旧历五月，慈禧便不定期入住专供其"退休"后颐养天年的颐和园（事实上工程还在继续），以示归政皇帝出自她的真心实意。然而，慈禧随后强势指定了自己的侄女作为光绪的皇后，且不愿搬入慈宁宫，又相当于明确表态自己并不会从最高政治舞台上退场。

慈宁宫的功能是专供先皇遗孀居住。自孝庄太后开始，慈宁宫一直是历代太后、太妃与太嫔们了却残生之所。按惯例，归政后的慈禧也应该搬入慈宁宫，但慈禧想去的是宁寿宫。

宁寿宫有它独特的权力隐喻。此宫始建于康熙时代，乾隆皇帝后来对它进行了改造，作为自己退位后的养老之所。不过，乾隆85岁退居太上皇之后，并没有入住宁寿宫。理由是他觉得自己身体很硬朗，还可以继续留在养心殿主持朝政。对此，乾隆有过这样一段公开说辞：

寿跻八十开五，精神康健，不至倦勤，天下臣民以及蒙古王公、外藩属国，实皆不愿朕即归政……归政后，凡遇军国大事及用人行政诸大端，岂能置之不理？仍当躬亲指教。[1]

意思很明白，乾隆虽然做了太上皇，有归政之名，但他没有放弃最高权力，也没有放弃最高统治权。大臣们也很合作，随即联名上奏，请求乾隆务必执政到百岁之后再将权力正式移交给嘉庆皇帝。乾隆之后的100余年里，宁寿宫始终无人居住。原因无他，这里是太上皇，而且是不交权的太上皇的居所。之后这100多年里，没人有资格入住宁寿宫。慈禧选中宁寿宫，自然正是看中了它背后这种明晰的权力隐喻。用一句不那么准确但足够形象的话来说，慈禧是在以"新时代的太上皇乾隆"自居。

太后的这种心思，也见于上一年旧历十一月批准通过的一份方案。该方案由军机大臣世续、孙毓汶等五人拟定上呈，核心内容是光绪亲政后朝中政务该如何处理。方案中有两条非常关键的规定。一条是关于京城各衙门奏折的批阅流程："在京各衙门每日具奏折件，拟请查照醇亲王条奏，皇上批阅传旨后，发交臣等另缮清单，恭呈皇太后慈览。至内阁进呈本章及空名等本，拟请暂照现章办理。"另一条是关于外省奏折的批阅流程："每日外省折报，朱批发下后，查照醇亲王条奏，由臣等摘录事由及所奉批旨，另缮清单恭呈皇太后慈览。"慈禧太后的批示是"依议"。[2]

这两条规定的内容，合而言之就是：光绪皇帝亲政之后，将拥有直接批阅京城与外省奏折的权力；军机处会将奏折内容与皇帝的批示做一个摘录，另外形成一份清单呈递给慈禧阅览，也就是让慈禧做"事后审查"。

变"事前监督"为"事后审查"，是训政时代结束、亲政时代开启后的最大变化——三年前，也就是1886年，慈禧结束了"垂帘听政"后，又以光绪年仅16岁为由启动训政。在该年颁布的《训政细则》里，有"凡召见引见以及考试命题诸大政，莫不秉承慈训，始见施行"[3]的规定，意思是所有重要政务均须禀报慈禧并听取她的意见之后，皇帝才能做出决策。

与"事后审查"制度相配套的，是礼亲王世铎等人起草的一份《归政条目》。该《条目》也有两条微妙的规定：一、中央和地方官员的政务奏折"应恭书皇上圣鉴"，也就是不再写"皇太后字样"，但他们呈递的请安折"仍应于皇太后、皇上前各递一份"。此说看似光明正大，实则意味着慈禧仍可以通过"请安折"（一般随附在奏事折内）了解朝中的人事动态。二、对"各衙门引见人员"，皇帝"阅看"之后，"拟请仍照现章于召见臣等时请（懿）旨遵行"[4]。人事权是权力的核心，皇帝见了什么人，不但必须让慈禧知晓，还须取得她的同意。

至此，光绪亲政的表面文章（形式上让皇帝单独批阅奏折）与实际布置（政务事后审查与人事任用控制），就算基本完成了。军机处将《条目》等文件下发后，群臣需要做的，不过是以奏折例行公事，赞颂太后圣明并拥护皇帝亲政。

但一位叫作屠仁守的御史，却不愿意例行公事。见到朝廷下发的《条目》后，他出人意料地呈递上了一道耐人寻味的奏折。里面说：太后归政在即，时局并不太平，请求朝廷明降谕旨，"拟请各部院衙门题本及奏项差使，遵乾隆六十年军机大臣议奏，俱按照向例，进呈皇上御览，至于外省密折，廷臣封奏，仍恭书皇太后皇上圣鉴"[5]，依照乾隆皇帝当年训政的旧例，部院的题本（呈报寻常事务）送给皇上批阅，外省的密折与廷臣的封奏（呈报重大事务），仍写上"皇太后圣鉴"字样，由太后阅览批示后再下发施行。

对屠仁守这道奏折，孔祥吉的看法是"无疑是想要讨好慈禧"[6]。黄彰健的理解是："题本系例行公事，而密折封奏所论多系国家大事。屠氏请章奏书太皇圣鉴，很明显的系因光绪年轻，屠氏想借重太后的长才，治理国家，同时又可减少慈禧与光绪间的嫌隙。"[7]屠仁守在一众御史当中有刚直不阿之名，被誉为"西台孤凤"，此前上奏批评过慈禧修建园林，也上奏要求醇亲王奕譞避嫌退出朝政，似非谄媚取佞之徒。所以黄彰健的理解可能更为准确：清廷面临一个前所未有的国际化时代，屠仁守不信任年轻的光绪皇帝，他确实发自内心地希望慈禧太后能继续在重大事务上发挥影响力（否则屠就没有必要在奏折里将政务区分为寻常事务和重大事务两块）。毕竟，自1861年垂帘至今，慈禧太后与"中兴群臣"一起，成功地带领清廷蹚过了无数内政外交上的险关。较之没有多少政治经验的光绪，朝中群臣显然更为信任慈禧。慈禧由垂帘变为训政，再由训政变为退居二线事后审查，均未遭遇大的阻力，原因也在于此。

但慈禧没有从善意的角度去理解屠仁守这道奏折。屠在言官中素有刚直之名，他反对修筑园林的奏折，慈禧想必也不会全然忘记。在慈禧的眼中，屠的这道奏折很可能近似于一个大大的陷阱，"试想，归政本是慈禧提出，现反而要慈禧降旨，说自己还要参预政事，岂非要慈禧示不愿归政之面目于天下？"[8] 也就是说，屠的奏折让慈禧陷入一种"逼人表态"的困境。同意吧，那是食言自肥；不同意吧，那就得更明确地做放权的公开声明。

屠仁守正月十九日上奏，慈禧二十一日即颁布谕旨，严厉申斥屠。谕旨写道："看完奏折后极其骇异！垂帘听政本属万不得已之举。本宫有鉴于前代后宫干政的流弊，及时归政，上合祖制，下顺舆情，真心实意，早已降旨宣示中外。如果归政伊始，又降旨要求书写'皇太后圣鉴'字样，岂非出尔反尔，后世之人会因此将本宫视作何许人也？何况垂帘听政乃权宜之计，岂可与高宗皇帝的训政相提并论？"总之，"此见甚属荒谬"。[9]随后，屠仁守被革去官职永不叙用，同情屠的吏部堂官也受到牵连处分。

颁布斥责谕旨的第二天，慈禧与光绪皇帝在养心殿东暖阁召见了翁同龢。据翁日记，那是一个天气阴沉似要下雨的日子。他一进入东暖阁，慈禧即向他提起处分屠仁守之事，二人间发生了这样一段对话：

> 翁同龢：御史未知大体，然其人尚是台中之贤者。
>
> 慈禧：吾心事伊等全不知。
>
> 翁同龢：此非该御史一人之言，天下臣民之言也，即臣亦以为如是。
>
> 慈禧：吾不敢推诿自逸，吾家事即国事，宫中日夕皆可提撕，何必另降明发？
>
> 翁同龢：此诚然。
>
> 慈禧：吾鉴前代弊政，故急急归政，俾外人无议我恋栈。
>
> 翁同龢：前代弊政，乃两宫隔绝致然。今圣慈圣孝，融洽无间，亦何嫌疑之有？
>
> 慈禧：热河时肃顺竟似篡位，吾徇王大臣之请，一时糊涂，允其垂帘（语次涕泣）。
>
> 翁同龢：若不垂帘，何由至今日。（此数语极长，不悉记）[10]

"吾不敢推诿自逸，吾家事即国事，宫中日夕皆可提撕，何必另降明发"

一句（我不会推诿逃避治国的责任，我的家事就是国事，在宫里时刻可以提点监督皇帝，有何必要再公开下旨说这个事），显示慈禧认定屠仁守的奏章，对她来说是一个大陷阱。翁同龢的"此非该御史一人之言，天下臣民之言也，即臣亦以为如是"，则显示多数朝臣确实更愿意慈禧退而不休，而非让光绪全面亲政。

值得注意的是，慈禧与翁同龢说这些话的时候，光绪皇帝也在座。慈禧回顾诛杀肃顺的历史，一度"涕泣"了起来，既是说（做）给翁同龢听（看），也是说（做）给光绪听（看）。翁同龢盛赞"若（太后）不垂帘，何由至今日"，既是对慈禧1861年至1889年这近30年执政成就的一种高度认可，也是希望将这种认可传递给光绪，以消弭年轻皇帝心中的愤懑之气。

光绪何时开始对慈禧心生不满，已难具考。至晚在1887年慈禧以"训政"规避光绪"亲政"时，年轻皇帝就已表现出苦闷和不满。该年2月7日，光绪举行"亲政"典礼。之后，皇帝便开始经常性地无故减少书房听讲的时间。1887年4月21日，翁同龢前往书房，"总管佟禄云上意甚不怡，余应之曰自有说。比入，仍未平也，从容讲论乃解，未初一刻即退。智勇俱困，奈何！"[11]——太监总管告诉翁，皇帝现在的心情很糟糕，很生气。翁说自己自有开导之法。进书房后见到皇帝仍是一副怒气冲冲的样子。翁是个谨慎之人，日记中没有说皇帝为什么生气，但就"从容讲论"四字来看，翁深知皇帝发怒的原因；从"智勇俱困，奈何！"这句对皇帝的评语，也能窥见光绪怒气的由来，并非寻常政务，而是涉及权力冲突。

4天后，也就是4月25日，翁在日记中揭开了谜底。当天，慈禧召见翁同龢，"首论书房功课宜多讲多温，并诗论当作，亦宜尽心规劝，臣对语切挚，皇太后云书房汝等主之，退后我主之，我亦常恐对不得祖宗也，语次挥泪"。[12]慈禧强调书房功课不可荒废，仍要"多讲多温"，还要求光绪作诗，写政论文章，公开所持立场是好好培养皇帝，以免对不住列祖列宗。但对已经举行了"亲政"典礼的光绪而言，越强调书房功课就越意味着他还没有"毕业"，自然也意味着"亲政"只是虚言。慈禧告诉翁同龢"书房汝等主之，退后我主之"，即是明言要继续加强对光绪皇帝的约束，不能任由皇帝闹情绪发脾气。

年轻皇帝内心充满愤懑

1889年大婚之后，皇帝的不满开始公开发作。

对这场由慈禧一手包办的政治婚姻，光绪毫无喜悦和欢欣之感。婚后第四天，也就是1889年3月5日，光绪先是借口有病——"早间吐水头晕，因饮药避风不能诣前殿"，将原定在太和殿宴请"国丈"及整个皇后家族、在京满汉大员的筵宴礼给撤销了，引起"外间不免讹言"[13]。3月7日下旨将宴桌分送在京王公大臣时，竟又"未提后父后族"[14]。翁同龢将这些不寻常的行为，全部载入了日记。

显然，年轻皇帝正在以一种毫无意义的方式，发泄着对慈禧太后的不满。

光绪还曾怀疑慈禧有意害死自己的生父醇亲王奕譞。1887年，奕譞病重，御医无可奈何，经醇王府延请的民间医生徐某诊治之后却大有转机。但宫中传旨，不许醇亲王服用徐某所开之药。光绪皇帝遂心生怀疑，就此询问帝师翁同龢。据翁日记1887年12月29日记载：

上曰：徐某方有效，而因用鹿茸冲酒，不令诊脉矣，此何也？臣未对。上又曰：余意仍服徐方耳。又问：今日往问候耶？臣对：无事不往。[15]

皇帝问翁同龢：徐某的药方有效，但如今不许他诊脉，这是为什么？翁一字未答，自然是因为面对皇帝的怀疑，无论说什么都不妥——在前一天的日记里，翁写道："醇邸服徐延祚方，左腿略转动。昨用鹿茸冲酒，中旨不令服，大约御医辈有先入之言也，奈何奈何！"[16]可见翁同龢不但知道徐延祚已不被允许给醇亲王诊脉，连"用鹿茸冲酒"的方子也被宫中传旨给否决了。翁同龢知道这些，却以沉默应对光绪，显见他不愿激化光绪与慈禧之间的猜忌。

奕譞本人也察觉到光绪对慈禧的不满与怀疑。12月30日，翁同龢奉光绪之命前去醇王府探病，向奕譞传递了光绪的问候，"因传上意，请斟酌服药，总以得力者常服，不必拘"。奕譞的回复是"徐方实亦未见甚效"，且交代翁同龢"明日回奏可云当斟酌服药，请勿惦记，好读书"。翁同龢评价说，奕譞这番话"实有深心"[17]。这"深心"所指，正是奕譞领会到了光绪问候里对慈禧的敌意，但他希望光绪收起这敌意，按照慈禧的要求好好读书，以韬光养晦为重。

奕譞熬过了1887年，死于光绪亲政后的第二年初（1891年1月1日）。奕譞去世后不久，市井间便有流言，说他死于慈禧操纵医疗：

> 奕譞病亟，直督李鸿章荐医往视，奕譞弗与诊脉，诏医曰："君归致言少荃（李鸿章字），予病弗起矣。太后顾念予，日请御医诊视数次，药饵医单，悉内廷颁出，予无延医权。"而病日深，旋泣然问曰："有壮盛男子，多所娶而不育者曷故。"医惊问王谓谁，奕譞枕畔坚擘指曰："今上。"于是知德宗永无嗣续信矣。奕譞病，后往视，必携德宗，暮必携德宗偕返。德宗归必怒杖内监，击宫中什具几罄。人多讥德宗失狂，不知实有以致之。[18]

过于丰富的细节，往往意味着小说家言。奕譞与医生在病床前的对话即属此类。但奕譞之死确实很容易使人生疑。奕譞患病期间，宫中强力管控着他延请医生、使用药方和采买药品的选择权，确实是一个事实。李鸿章关心奕譞的病情，且自1879年之后即深信近代医学，认定"中国医术如政术，全是虚伪骗人"，常向同僚与好友推荐自己熟悉的欧美来华医生。说李鸿章向奕譞"荐医"，是有他的可信度的；李如果"荐医"，自然多半是洋医，但目前确实也找不到洋医曾给奕譞诊病的记载（恭亲王奕䜣则不然，他身边常年有德贞等洋医提供诊断意见）。也就是说，光绪对慈禧的怀疑，并非全然无因。

然而，生疑归生疑，终究迄今仍找不到任何直接的材料，可以证实奕譞之死是慈禧刻意迫害所致。反倒是姜鸣提供了一种更可信的解释。他在《一时耆旧凋零尽：光绪十六年冬季的传染病》一文中指出，1890年底的北京城，曾遭受过一场传染病（中国传统医学称之为"瘟疫"）的侵袭，"疫疾大行，都中十室九病"。工部尚书潘祖荫、户部左侍郎孙诒经、前礼部右侍郎宝廷、怡亲王载敦、丽皇贵太妃、大理寺卿冯尔昌等先后染病去世。李慈铭、张佩纶等人则在染病后幸运地熬了过来。其中，张佩纶听从岳父李鸿章的建议，服用了西药金鸡纳霜。姜鸣认为，醇亲王身体一直不好，但他死亡的直接原因，很有可能是"临终前感染了时疫"，因为号称擅治时疫的名医凌绂，曾给染病去世的潘祖荫诊治过，后来又出现在了醇亲王的身边。[19]

较之"被慈禧蓄意害死"久病缠身的醇亲王死于一场被遗忘的瘟疫，显然是一个更合理的可能。光绪皇帝当日或许也意识到了这种可能的存在，但醇亲王的死多多少少仍在他的心中播下了疑忌的种子。此外，一个已婚的成年皇帝，每日里批阅过的奏章，仍须封送至颐和园请慈禧太后重审[20]，好似学生写完作业交给老师批改，也会不断加深年轻皇帝内心的怨气。疑忌与怨气合流，最后发展成了帝党与后党对垒，严重影响了晚清改革的历史进程。

不过，有必要特别强调的一点是："帝党"的出现是在戊戌年（1898），而非流传甚广的甲午年（1894）。甲午年存在"帝党"之说由来已久，比如担任过海关总税务司赫德秘书的英国人濮兰德（John Otway Percy Bland），因听闻过不少关于光绪与慈禧的传言，后来写了一本关于慈禧的著作，其中有这样一段内容：

至1894年，即光绪二十年，李（鸿藻）翁（同龢）同入军机，于是争斗愈烈，以至牵引宫廷。盖太后袒北派，而皇帝袒南派也。当时之人，皆称李党、翁党，其后则竟名为后党、帝党。后党又浑名"老母班"，帝党又浑名"小孩班"。[21]

甲午年，朝中已存在着帝后角力，这是没有问题的。但要说朝中此刻已有泾渭分明的"帝党"与"后党"，且将李鸿藻划入后党、将翁同龢划入帝党，却只是一种远距离瞭望朝堂而产生的想当然。事实是，光绪皇帝自亲政至甲午年，不过短短五年时间，当时朝廷内外的重臣，均与慈禧太后有着长期共事的经历。这些重臣，对太后自1861年以来的执政，基本上都是认可的，对年轻、缺乏政治经验的光绪皇帝则心存疑虑。慈禧太后在制度上也控制着朝廷的核心人事大权，光绪没有办法无视慈禧的意志而任用私人。所谓"帝党主战、后党主和"之说，同样与史实全然不符。在甲午年，光绪"并非始终主战"；慈禧被定性为主和派，"其实也不乏主战言论"；翁同龢号为主战，却也曾一度对朝中言官的主战言行"颇不以为然"。[22]

"帝党"无法成型于甲午之前，却可以成型于戊戌是有原因的。这原因，就是清军（尤其是北洋海军）在甲午年的惨败。惨败引发变法的思潮，也折损了慈禧的政治声望。作为清廷权力的实际掌控者，慈禧被许多人认为需要为甲午年的惨败承担责任——比如以康有为、梁启超和军机四章京为代表的激进知识分子。当慈禧的保守形象日趋固化，光绪的开明形象也在逐步上升。当康有为试图通过开设制度局、懋勤殿，以及引进李提摩太、伊藤博文等外国顾问，来拓展帝党权力的边界时，帝后角力遂不可避免地被激化成了流血冲突。"戊戌六君子"被杀，慈禧宣布恢复训政，光绪则被软禁。

帝、后关系，至此彻底破裂。

"朕连那汉献帝都不如！"

戊戌政变之后，慈禧开始筹划另立新君。先是以光绪的名义下诏求医，营造出一种皇帝病重的假象。然后又封溥儁为"大阿哥"，试图推动"己亥立储"，继而以溥儁取代光绪。

甲午年之前，慈禧无论是搞垂帘、搞训政，还是搞"对皇帝的决策做事后审查"，都得到了朝中群臣大多数人的支持。但这一次，她废黜光绪的计划，却遭遇了朝廷内外重臣的集体抵制。

先是1898年10月，刘坤一接到以皇帝名义下发的求医诏书后，意味深长地在回复的奏疏中说："皇上圣躬欠安，莫名企念"[23]"伏愿我皇太后、我皇上慈孝相孚，尊亲共戴，护持宗社，维系民心"[24]（该奏疏由张謇草拟，唯独这句话，却是刘坤一在张謇的草稿上特意亲笔所加[25]）。言下之意，显然是在提醒慈禧，他不同意废黜光绪皇帝。此外，刘坤一还积极联络其他重臣。比如他致电荣禄，说"君臣之义已定，中外之口难防。坤一为国谋者以此，为公谋者亦以此"[26]，力劝荣禄一起来反对废黜光绪。刘坤一还以舆论向荣禄施压，称"天下皆知圣躬康复"，希望他劝说慈禧"明降谕旨，声明病已全愈"[27]，不要让外面的报馆继续传播"太后想要害死皇帝"的谣言。

刘坤一之外，李鸿章、张之洞等地方督抚，均曾表态反对慈禧废黜光绪。李鸿章曾对荣禄说过一番言辞激烈的话："此何等事，讵可行之今日。试问君有几许头颅，敢于尝试！此事若果举行，危险万状，各国驻京使臣，首先抗议。各省疆臣，更有仗义声讨者。无端动天下之兵，为害曷可胜言！"²⁸慈禧没能在戊戌政变后成功废黜光绪，主要是"为重臣疆吏所阻"²⁹。

然而，到了1900年，"己亥立储"问题与"义和团事件"纠缠在了一起。洋人对光绪的友好立场开始让慈禧感到不安，决策信息多来自亲信耳旁风而非专业智囊团队的慈禧，竟然相信了一封在市井中流传的"列强勒令太后归政"的假照会。³⁰假照会给了慈禧巨大的刺激，使她做出了不理智的决策，并最终落得一个京城被"八国联军"攻陷，太后挟皇帝仓皇西逃的结局。

1900年11月，为求重回紫禁城且不被列强追究，慈禧终于彻底打消了废黜光绪的念头。她颁下懿旨，拿掉了溥儁"大阿哥"的名号。但光绪皇帝被软禁的傀儡命运，并未得到任何改变。

故宫没有光绪皇帝的照片留存下来，即是这种被软禁的傀儡命运的一个具象写照。

1990年，故宫出版社出版《故宫旧藏人物照片集》；1994年，故宫出版社又出版《故宫珍藏人物照片荟萃》，收录有故宫博物院所藏慈禧、奕譞、奕䜣、载沣、光绪帝后妃、溥仪、婉容、文绣、太监宫女、八国联军乃至入宫表演的戏剧人物的诸多照片，其中唯独没有光绪的照片。

据这两本书披露，"在紫禁城内，直到光绪二十九年（1903），才由年已六十九岁的慈禧太后开始用照相机拍摄个人照片"，"这些照片及底片，在1924年11月5日溥仪迁出故宫后，全部由故宫博物院集中保存下来"。对于故宫内无光绪照片传世这件事，书中给出了一种解释：

再查查晚清大事，她（慈禧）热衷于为自己拍照、树立个人威仪之时，正是……倡导变法的光绪皇帝一直被她长期软禁于瀛台之际。这又不难使我们理解：何以故宫旧藏慈禧照片如此之多，而光绪皇帝的照片一张也没有！³¹

这种解释，可以在德龄的《清宫禁二年记》（相比她后来所写的那些迎合市场猎奇趣味的回忆录，《清宫禁二年记》要朴实、可信许多）中得到佐证。德龄喜好摄影，为慈禧做御前女官时，曾在宫中摆弄过摄影仪器。据德龄回忆，一次偶然的机会，她与光绪皇帝谈及外国画师为慈禧绘制油画一事。光绪流露出一种也想绘一幅油画像的情绪，却又自觉这是不可能的事，因为慈禧不会同意。于是就有了下面这样一段对话（括号内系原文）：

德龄：你真想给自己画一张油画？（果否欲画一像？）

光绪：这问题我不太好回答。其实我究竟应不应该画，你是知道答案的。我看太后拍了很多肖像照片，连太监们都拍了。（欲吾答此，殊属为难。惟吾究应绘与否，尔知之稔矣。吾见太后摄肖像甚多，下至太监辈亦有之。）

德龄：我拿个小型摄影机过来给你拍照，你愿意吗？（果以小摄影器来，为摄影，究愿之否？）

光绪：你也会摄影吗？如果能保证没危险，等有机会了可以试一下。你不要忘了这个事。不过，一定要小心谨慎。（尔亦能摄影否？苟此举而不危险，俟有机遇，试为之可也。尔必毋忘。但行此必审慎耳。）[32]

显然，在慈禧的严密控制下，光绪是没有拍照自由的。慈禧禁止光绪拍照，用意也是显而易见：一、慈禧为了改善自己的政治形象，找了洋画师来做油画像、找了洋人来拍肖像照，然后将油画和照片赠送给外国政要。她当然不会希望光绪皇帝也如法炮制，通过拍照绘像这种活动，来重塑他的政治存在感。二、自戊戌年后，慈禧一直致力于对外营造一种光绪皇帝身体状况极其糟糕的印象。她绝不会希望光绪真实的身体状况，通过照片流传的形式，引起朝野乃至各国使节的揣测与议论。

于是，就造成了紫禁城内存有许多慈禧照片，却无一张光绪照片的诡异状况。

此外，徐珂《清稗类钞》中记载的一段逸史，也颇有助于管窥光绪皇帝的真实处境：

最初两后垂帘也，德宗中坐，后蔽以纱幕，孝贞孝钦则左右对坐，孝贞崩，孝钦独坐于后，至光绪戊戌训政，则孝钦与德宗并坐若二君焉，臣工奏对，嘿不发言，有时太后肘使之，言亦不过一二语止矣。至幽于南海瀛台，则三面皆水，隆冬冰坚结，尝携小阉踏冰出，为门者所阻，于是有召匠凿冰之举，偶至一太监屋，几有书，取视之，三国演义也，阅数行掷去，长叹曰："朕且不如汉献帝也。"[33]

召工匠凿冰以断绝光绪与外界的自由联系，显示这对宗法意义上的母子的关系已经降到了冰点。

第三十章 1890年：清帝国开炼钢铁

1890年的大清，处于暗潮涌动的风平浪静之中。

在京城，慈禧太后的颐和园正在有条不紊地修筑中。御史吴兆泰以京畿地区发生水灾为由上奏反对修园，没掀起半点波澜便被罢官免职逐回原籍。在天津，李鸿章一如既往焦头烂额，北洋舰队发生了让外聘英籍将领琅威理极其不满的"撤旗事件"[1]，李满足不了琅威理的要求，只能眼睁睁看着他辞职离开，看着英国与清廷在海军建设上的全面合作因此彻底破裂，英国不再支持清廷购舰，不再愿意向北洋海军派遣军官与技术人才，不愿再帮助清廷培养海军留学生。

同年，清廷正式启动重工业建设开炼钢铁——钢铁工业是打开近代工业体系大门的入场券，没有钢铁工业，一切近代工业体系所需要的材料与工具皆无从谈起。出人意料的是，清廷没有将这一重任交给熟稔洋务、筹备铁厂已久的李鸿章，而是交给了清流出身、对钢铁工业缺乏了解的张之洞。

贵州巡抚炼钢铁弄出大爆炸

晚清的工业建设始于制造新式枪炮和制造轮船，二者均需进口钢铁作为原料。

进入19世纪80年代之后，洋务军工企业渐多，铁路、电报线建设也提上了日程，进口钢铁的规模也越来越大，成了清廷一项沉重的财政负担。同治六年（1867），进口的"洋铁"还只有11.3441万担；到光绪十一年（1885），已增长至120.2881万担了；光绪十七年（1891），又增至172.6056万担。[2]据张之洞披露，清国各省进口洋铁的花费，1886年共计耗银240余万两，1887年耗银213万余两，1888年耗银280余万两。这几年没有出口之铁，落后土法炼出来的铁在本国也几乎毫无市场。[3]

最早尝试引入外国技术自建炼铁厂的人，是贵州巡抚潘霨。

1885年底，潘霨甫到贵州上任，就上奏朝廷说：贵州土地贫瘠，到处是山，民生困顿，但矿产很多，尤其盛产煤铁。各省机器局造枪、炮、轮船要用很多煤铁，如今海军要制造铁甲也要用很多煤铁。贵州可以开采铁矿与煤矿，再将之运出销售给各省，"运销各省，源源接济，亦免重价购自外洋之失，未始非裕国阜民之一端也"[4]，不但可以满足各省的需求，也省去了一笔朝廷的大开支。

朝廷的回复是：

知道了。即着该署抚详细体察，认真开办，毋得徒托空言。钦此。[5]

显然，这不是一个充满热情的反馈。朝廷原则上同意，却无意给潘霨提供切实的帮助。也是在这一年，朝廷有上谕给四川总督丁宝桢，要他会同云贵总督岑毓英与云南巡抚张凯嵩商议，在四川和云南开办铜矿，在四川开办铁矿。谕旨还说，暂时先由各省自行筹款，等经费核算清楚后，再由户部"筹拨的款应用"[6]。上谕无一字提及贵州，可知朝廷对潘霨的采煤采铁计划，既不抱期望，也无意提供实质性帮助。

此时的潘霨想的还不是开办钢铁厂，而是开采煤矿与铁矿，再将之卖给其他省份从中获利。得到朝廷的同意之后，潘霨成立了"贵州机器矿物总局"，拟出一份《开采章程》，宣布"矿为商办，官为督销，严禁走私"，也就是矿场交给商人经营，采出来的矿产由官府收购，再对外销售。官府既分享利润，也从中抽税（每100斤矿物抽20斤）。[7]

从采矿升级为炼铁炼钢，与南洋大臣曾国荃的建议有关。潘霨将采出来的煤、铁、硝、硫黄矿分送南北洋大臣后，曾国荃回复说：送来的硝与硫黄是次等品，出于义与情，金陵制造局愿意从贵州采购10万斤硝和1万斤硫黄，但这只是一次性支持，以后就不采购了，因为用不上。送来的煤炭、生铁等质量也都不行，没法用。只有"熟铁质地尚好"，但没提炼干净，下炉重新去除渣滓后只剩一半，而且金陵制造局对这种熟铁的需求量不大，一般都是从湖南采购。曾国荃还说，熟铁的主要销路是在民间，但现在这种品质不行，"非用机器炼制，分别等差，不能畅销"，也就是需要有新式炼铁厂。[8]

接到曾国荃的回复后，潘霨将重心从开矿转向了炼铁。

潘霨的专长是中国传统医学，对近代科技了解甚少。筹办铁厂之事，他主要依赖胞弟潘露。潘露早年在广东军装机器局、广州火药局、江南制造局等处工作，担任过金陵制造局的总办，有十年左右的近代军工制造经验，在冶铁领域仍是门外汉。1886年夏，潘氏兄弟决定将钢铁厂设在潕水岸边交通便利的青溪镇，并派了两名技工前往英国学习钢铁企业的设备运作与流程管理。这两人经短暂学习后，与潘霨之子潘志俊一同担负起了在英国为铁厂购买机器设备的重任。

这个业余团队，显然无法胜任建设新式钢铁厂这样的重任。如论者所言，"这一决策体系中没有懂行的钢铁冶炼技术人员，因此决策者不太可能根据技术的适用性来选择设备……近代炼铁设备的选择与燃料、矿石资源特点和地理位置等有关，但青溪铁厂设备购置之前亦未进行过系统的资源勘探和检验。因此，青溪铁厂的设备购置具有较大的盲目性和风险性"[9]。这种无知与盲目很快便带来了灾难性的后果。

1888年，自英国购买的机器设备陆续运抵贵州。因经费短缺，这批机器的数量缩水，并不是一个完整的体系。1890年6月，经过长达两年的建设，青溪铁厂正式开炉。工厂自上海聘来一批技师与工匠，不算矿工，仅炼铁工人就有千余人。潘霨颇为自豪地向朝廷汇报说"每一昼夜得铁四万余斤"[10]。可是，铁厂缺乏合格的焦炭原料，只能用无烟煤、土制烟煤焦炭与木炭杂用，结果频繁引发高炉事故，出铁口与炉渣出口经常堵塞，铁水无法正常流出，高炉爆炸一再发生。开炉仅一个半月，炼铁厂的实际主持者潘露就去世了，青溪铁厂也随之停工。

按潘霨给朝廷的解释，其弟潘露是积劳成疾突然去世的；潘露去世后，贵州再无懂行的专业人才，所以青溪铁厂不得不停工。潘霨在这里故意颠倒了事情的因果，实际情况是：铁厂频繁发生高炉爆炸事件，无法正常出铁，让潘露压力极大，以致发病猝死。青溪铁厂当时已耗银27.6万余两，除潘霨自筹（包括商股）的8万两之外，还挪用了"公项银19.2万两"。这笔挪用的银子，朝廷有严令"自行筹款，不准报销"，是必须要补上的。同时，铁厂又已无资金运营。这些情况，逼得潘霨不得不向法国洋商借款30万两，先还掉了朝廷的钱，余下的部分作为铁厂的周转资金。[11]几乎就在借款获朝廷批准（当时地方督抚对外借款皆须上报朝廷）的同时，潘露去世了。潘霨随即上奏说，虽然自己"仍欲开大炉"，但已无人督理，只能停工，从洋人那里借的钱也只能退还。[12]朝廷尚未否决铁厂，铁厂的创办人却毫无挽救之意选择放弃，是因为铁厂在当时早已因高炉爆炸陷入了绝境。

中国第一座近代炼铁厂就此夭折了。次年，心灰意冷的潘霨以年纪太大、身体有病为由奏请开缺，离开了官场。

要政治平衡，不要专业能力

青溪铁厂之所以会搞砸，核心原因有两条。一是资金上没有强力支持，潘霨依赖个人能量仅筹到了8万两银子，对一个所有配套设施都要从零开始的工业领域来说，这点钱实在是杯水车薪。二是技术上也没有强力支持。得不到质量合格的焦炭，固然与资金不足有关，但使用劣质焦炭导致高炉多次爆炸，显然是极为业余的做法。

1890年，也就是青溪铁厂停工的同年，湖广总督张之洞开始筹办汉阳铁厂。

困扰潘霨的资金问题没有发生在张之洞身上，因为他得到了朝廷的鼎力支持。据张自己统计，截至光绪二十二年（1896）五月，汉阳铁厂"已实收库平银五百五十八万六千四百十五两；实用库平银五百六十八万七千六百十四两"[13]，也就是花掉了568万余两银子。这种规模的开办经费，是潘霨的青溪铁厂不敢想象的。

朝廷之所以在资金上如此支持张之洞，是因为朝廷在1890年选中了张之洞，要利用他与李鸿章分庭抗礼，要塑造一位新的洋务改革领袖。

张之洞出身清流，不懂办厂炼钢，手下也基本上没有这方面的人才，所以张之洞自己原本并无开设汉阳铁厂的打算。他在两广总督任上，虽一度计划于广东设立炼铁厂，但调任湖广总督时，没有主动将筹建炼铁厂所购买的机器一并运走，即是一个明证。[14]在1889年，张之洞很关心青溪铁厂能否炼出合格的钢铁。他多次致电潘霨，询问该厂每天能炼出多少生铁、熟铁与钢材，以及运至湖北会是什么价格；他还承诺"若铁佳而价廉"自己肯定会多多购买，希望潘霨"速示复，切盼"[15]。这是因为，张此时正在筹划修筑卢汉铁路（卢沟桥至汉口），急需钢轨。他很期待青溪铁厂能炼出卢汉铁路所需的钢材。除了关注贵州，张之洞当时还寄望于山西也能炼出钢铁来（张做过山西巡抚，知晓山西的煤铁资源很丰富），好让卢汉铁路有钢材可用。

对青溪铁厂给予厚望，足见张之洞对钢铁行业缺乏最基础的认知。他在1889年底致函海军衙门，向醇亲王奕譞提建议，也非常外行地主张将钢铁厂分散于各省，同时开炼"粤铁""闽铁""黔铁""楚铁""陕铁""晋铁"……让炼钢厂在各省遍地开花。张说：

> 中国铁虽不精，断无各省之铁无一处可炼之理。晋铁如万不能炼，即用粤铁；粤铁如亦不精、不旺，用闽铁、黔铁、楚铁、陕铁。皆通水运，岂有地球之上独中华之铁皆是弃物……炼机造厂，每分不过数十万，多置数处，必有一获。粤新购定，黔早运到，均有确价，并不为多。小炉拆机，山路可行，已确询外洋，并不为难。各省铁利大兴，无论修路与否，无论利国利民，涓滴皆非靡费，此不必惜费者也。[16]

这种"各省铁利大兴"的外行式乐观，让已就钢铁工业建设做了不少知识储备、人才储备和勘探准备的李鸿章与盛宣怀感到颇为焦虑。李鸿章先是给张之洞去电，提醒他"开矿炼成钢条，器款甚巨，岂能各省同开"。——钢铁工业要想造出合格的钢条，需要的机器和成本是非常高的，绝无各省一窝蜂上马的道理。李还建议张之洞，既然之前在广东已采购炼铁炉，也雇用了专业技术人才，现在不妨就在湖北大冶开办炼铁厂。至于贵州的青溪铁厂，那是"难成而运远，断不可指"的，绝对不会成功，不必指望。山西的矿藏确实很好，"惜无主人耳"，山西没有合适的人主办这件事，也不可能成功。[17]

给张之洞去电的次日，李鸿章又给醇亲王奕譞发了电报，表达了相似的意见："窃思粤既购机炉、雇矿师，亟应就湖北大冶勘办。西洋开矿至炼成钢轨，节目甚繁，器款甚巨，岂能各省同时并举，多糜费少实济。"意即如果各省一起上马，结局一定是一体同败。此外，李鸿章还指出贵州青溪铁厂存在的一个致命问题，那就是经费不足而导致"购机不全"，不必期待该厂能炼出合格的钢铁。[18]

李鸿章远比张之洞更了解钢铁工业，也更了解湖北的煤铁矿资源——早在光绪初年，盛宣怀就受李鸿章的委托，聘请洋矿师在湖北各地勘探、试采煤铁矿，优质的大冶铁矿即是如此被发现的；张之洞于1889年底与盛宣怀会面详谈之前，对湖北的煤铁矿资源情形，则近乎一无所知。醇亲王在与张之洞和李鸿章双方的往来沟通中，也能很明显地感觉到这一点。即便如此，清廷仍决定驳回盛宣怀的筹建计划，要将清廷第一家大型钢铁工厂的建设交给张之洞来负责。

盛宣怀在1889年底提交给朝廷的计划是这样的：一、责成。请朝廷派一名大员专职督办，用人与立制度以后都由该大员去同督抚们商议。二、择地。大冶的铁矿很优质，但附近没有适合炼铁的煤矿；当阳的白煤可以，但运费比较贵。此外，江苏徐州的利国铁矿的质量与大冶差不多，距离该铁矿数十里的地方有煤矿，可以制成炼铁的焦炭。最好是将大冶铁矿、当阳煤矿、利国的铁矿与煤矿合在一起，由一个"局"来负责开办。三、筹本。欧洲的钢铁工业全部商办，没有官办。中国也应该效仿，采取之前轮船招商局、津沪电报局和开平煤矿的办法（也就是官督商办）。据专业人士估计，开办钢铁厂的资本至少需要180万两白银，可以募集民间资本80万两，再请户部借拨80万两，5年后分10年免利息归还。如此才有可能让民间资本有信心投入这项前所未有的事业。四、储料。朝廷希望炼铁厂为铁路建设提供钢轨，这就需要铁路建设有专款和建设计划，否则炼铁厂为了生存，是不敢购入机器大批量生产铁轨的，可能就得去生产其他更畅销、更能回款的产品。[19]

这份计划，显然是深思熟虑之后的产物。第一项，是希望由专业的人来办专业的事。第二项，是就多年的勘探结果而做出的一种理性选择。第三项，是基于轮船招商局等洋务企业既往的"成功经验"：官督可以保证政府对企业的控制，商办可以激活企业的经营动力。第四项也很实际，其实是对张之洞的卢汉铁路计划持一种谨小慎微的态度，不希望炼铁厂的生死与卢汉铁路的建设完全捆绑在一起。

但在张之洞眼中，这份计划却是对他的一种极大冒犯：炼铁厂由朝廷派大员督办，意味着他作为湖广总督失去了对炼铁厂的绝对控制权；"局"所辖煤铁矿的分布超出了湖广总督的辖区，意味着该"局"不是张之洞的下属，而是与之平行的部门；张对炼铁厂的兴趣主要就是为了修筑卢汉铁路，岂能容忍炼铁厂的运营独立于卢汉铁路建设？

所以，张之洞随后便给醇亲王去电，明言"管见总以煤铁矿距鄂较近者为宜"[20]。稍后又给李鸿章去电，明言"如大冶实无煤，或用湘煤炼铁，或用湘煤炼湘铁，或参买黔铁"[21]。意思就是煤矿与铁矿，均须于湖广总督的辖区范围内找寻。

针对张之洞的这种盘算，盛宣怀于1890年初给张写了一封信。信中，盛给张之洞细细地算了一笔账。盛说：我这些年督率着外国的专业勘探人员，沿着长江，上至秭归与巴东，下至广济与兴国，考察了很多煤矿，没有一个煤矿的煤炭质量是可以炼铁的。宜昌再往上，运输艰难，就算有好煤，运费上也不划算了。当阳的煤不需要炼成焦炭就可以炼铁，但要从淯溪河驳运出来再送到大冶，每吨大概要花费5两银子，比起煤与铁同在一地，每吨要多花出2—3两银子。炼铁厂每年用煤16万吨，10年就等于要多花三四百万两银子。所以我早已勘探知晓了大冶的铁矿和当阳的煤矿，却一直犹疑没有动手开办炼铁厂。中国的矿务建设"久不得法"，长期不按规律办事，这次"必当计出万全，谋定后动，方免后悔"。盛还直言，往宜昌以上和湖南去寻找采办煤矿，是更不划算的做法，每吨煤运出来"恐更不止五两之价"。他能提供给张之洞的最好建议，是命人"只须在沿江寻觅，似不必拘定鄂界"，可以沿着长江寻找，不必局限于湖北地界，因为长江水运可以节省许多运费，"凡不通水路之处，纵有好煤亦不足取"。最后，盛宣怀说："敬求宪台俯采此言，是所至祷。"，请张之洞一定要采纳自己的建议。[22]

盛宣怀的意见没有对张之洞产生任何影响。张稍后分别给醇亲王和李鸿章去电，强调自己不能同意盛宣怀提交给朝廷的那份计划：一、炼铁厂不能交给商股办理，"商股恐不可恃"，民间资本是靠不住的。二、"现决计以楚煤炼楚铁，取材总不出两湖"，至于江苏的利国矿，以后再说吧。三、决不同意由朝廷派大员来负责炼铁厂，"所拟奏派督办大员一层，尤可不必"。[23]

事情来到了必须就"张之洞方案"与"盛宣怀方案"二选一的地步。最终，慈禧与奕譞选择了对办厂炼钢毫无经验的张之洞，而非谙熟洋务的李鸿章与盛宣怀。之所以如此，袁为鹏已有很中肯的解读：

当时李鸿章久任直督，并兼署北洋通商大臣，掌握着清朝最强大的陆军和海军；又通过盛宣怀等亲信控制轮、电两局等重要洋务事业，势力之盛，并世罕有其匹……张之洞曾是重要"清流"人物，因受慈禧太后宠信而升为封疆大吏，在督抚晋、粤过程中，逐步从清流士大夫过渡为洋务派骨干。张氏"出为督抚，亦颇能自创一格，与湘淮首长并立，而深得中枢之青睐"。在中法战争期间，张之洞既因与李鸿章政见不同而对李抱有隐憾，又敢于重用因弹劾李鸿章而免官的梁鼎芬，他无疑成为清廷中枢大力扶植的对象。其实，在此前不久，清廷搁置李鸿章修筑津通铁路（天津—通州）的建议，而采纳张之洞改修卢汉铁路的主张，调张之洞任鄂督；稍后醇亲王奕譞又拒绝李鸿章、李瀚章兄弟将粤省枪炮厂移设天津的主张，支持张之洞将枪炮厂移鄂。这都带有抑制李鸿章淮系势力过于膨胀，扶植张之洞，使与李之间形成平衡的政治意图。[24]

扼要言之，最开始张之洞并无意在湖北设立炼铁厂，是李鸿章与盛宣怀坚持认为从现实条件考量，炼铁厂设在湖北大冶最为合适。清廷中枢支持创办钢铁工业，但并不希望该项事业仍由李鸿章主导，于是原本并不积极，也缺乏相关常识与经验的张之洞，遂被慈禧与奕譞选定，成了建设汉阳铁厂的主导者。显见朝廷更热衷于按照政治需要，而不是经营需要，来选择官办企业的主持者。

明了此中玄机的张之洞，于是也始终紧跟朝廷的步伐，竭力将李鸿章的影响从钢铁工业建设领域驱离出去。他后来违背经济规律，将炼铁厂设在武昌省城附近，而非铁矿所在地大冶，即是为了"可通过自己的亲信蔡锡勇等将铁厂牢牢控制在自己手中"[25]，进而杜绝李鸿章与盛宣怀等人对炼铁厂的影响。

不是炼铁厂，而是炼铁厂衙门

张之洞的全盘官办，给汉阳铁厂造成了许多损害。

首先是企业变成了衙门。作为湖广总督，张之洞对汉阳铁厂拥有绝对的控制权。在企业管理上，张完全延续了他官场上的那套作风。

据时人钟天纬所披露，铁厂经常遭遇如下困境：一、日产量说改就改，全然不征询技术人员的意见："本拟每日炼铁百吨，（香帅）忽又改为二百吨。所定熔炉、机器皆须重换，蔡观察力争不听。"二、事无大小，全部控制于一人之手："名为蔡毅若观察为总办，而实则香帅自为总办，委员、司事无一人不由宪派，用款至百串即须请示而行，蔡毅若仍不过充洋务幕府之职。"三、企业决策没有规章制度可循，全凭个人一时之念："忽而细心，锱铢必较；忽而大度，浪掷万金；忽而急如星火，立刻责成；忽而置若罔闻，延搁数月。"四、官办时代，汉阳铁厂的管理人员，皆是由张之洞委任的各级候补职衔人员，如候补道、候补同知、候补知县等。每有一个职位，即委任一堆吃闲饭的委员。官办企业，实为另一个官场："每有一差，则委员必十位八位，爵秩相埒，并驾齐驱，以致事权不一，互相观望"，"全用官场办法，习气太重，百弊丛生，不可穷诘"。[26]

其次，由对炼铁常识一窍不通的官僚主导钢厂的建设与运作，几乎不可避免会犯下严重的错误。

张之洞为汉阳铁厂购入炼钢机炉时（购于两广总督任上，后运至湖北），既没有派人去欧美考察，也没有聘请专业人员先勘探煤、铁矿，甚至连开办一座钢铁厂具体需要多少资金也没有概念，结果就出现了严重的问题。

最要命的是炼钢炉并不适用。当时存在两种炼钢方法，一是贝色麻法（转炉炼钢法），又称酸性法，只能冶炼含磷成分低的特矿石；二是马丁法（平炉炼钢法），又称碱性法，能排除铁矿中的磷质，且可用废钢铁为原料并使用劣质煤。

张之洞对此一无所知。他致电驻英公使刘瑞芬和他的继任者薛福成，要他们替自己采购炼钢炉机。英国公司的回应是："欲办钢厂，必先将所有之铁石、炼焦寄厂化验，然后知煤、铁之质地若何，可以炼何种之钢，即可以配何样之炉，差之毫厘，谬之千里，未可冒昧从事。"也就是要先化验煤铁矿石，才能决定具体使用哪种炼钢机炉。薛福成将该意见转告张之洞，张的回应是："以中国之大，何所不有！岂必先觅煤铁而后购机炉？但照英国所用者购办一份可耳。"[27]于是，购回的是一套酸性法配置大炉和一套碱性法配置小炉。然而，大冶铁矿却是一种含磷量较高的矿石。

不过，1894年汉阳铁厂开始产铁时，炼钢炉的问题还没有暴露出来。

当时让张之洞焦头烂额的，是果然如盛宣怀所料，他没有办法在湖广总督的辖区内获得高质量的煤炭来炼制合格的焦炭。马鞍山等煤矿炼出的土焦没法使用，只能改向德国进口，每吨须银20余两之多；后来改用开平煤矿的焦炭，每吨成本也高达17两，而且炼出来的钢还不合格。简言之，从1890年到1896年，汉阳铁厂共计耗费560余万两白银，生产了5000余吨生铁和1000余吨钢料，但没能炼出一根合用的铁轨。按张之洞自己在1898年的说法，"铁厂自炼出样钢铁价银二万四千八百二十五两零"[28]，这点成果，相当于560万两白银投入的0.4%。

1896年3月，在给李鸿藻的书信中，张之洞承认，自己的官办企业已经走到了穷途末路："特以铁厂一事，户部必不发款，至于今日，罗掘已穷，再无生机，故不得已而与盛（宣怀）议之。"[29]同年4月，张之洞终于妥协，与盛宣怀谈妥，由盛来招商，接手汉阳铁厂。该厂自此进入"官督商办"的新阶段。盛接手后，花大力气创办了萍乡煤矿，才解决了汉阳铁厂无焦煤可用的困局。但造出来的钢轨始终不能合格，容易脆裂。直到1904年，盛派人携带铁矿石、焦煤与制成的钢轨零件前往英国寻求专业帮助，才得知汉阳铁厂的贝色麻炼钢炉无法去除大冶铁矿中的磷，该炉炼出的钢含磷量是0.2%，而铁轨的含磷量须达到0.08%以下。换句话说，要想炼出合格铁轨，汉阳铁厂必须换一座新的马丁炼钢炉。[30]

事实上，盛宣怀在1896年接手时，汉阳铁厂已奄奄一息，很难再招到商股。加之"官督商办"企业在19世纪90年代急速沦为向朝廷"报效"的工具，"名为保商实剥商，官督商办势如虎"，也已成了参与其中的民间资本的深刻教训。所以，尽管在"官督商办"时代，汉阳铁厂炼出了更多的钢铁，也提升了钢材品质，但始终没能实现赢利。盛后来将萍乡煤矿、大冶铁矿与汉阳铁厂，合并成了"汉冶萍煤矿有限公司"。但该公司仍得靠着直接出口煤炭和铁矿石，才能让亏损的铁厂继续运转。

1908年，新的马丁炼钢炉建成，共计费银300余万两。从青溪铁厂算起，折腾了20余年，清廷终于可以自造铁轨了。

此时距离清廷的灭亡，只剩短短三年时间。

第三十一章　1891 年：皇帝开始学英语

1891年，光绪皇帝正在学习英文的消息传出，震惊了清帝国的朝野士绅。主张革新的知识分子兴奋异常，宫里也"掀起了一股学英语的热潮，王爷和大臣们都一窝蜂地去寻找英语课本和教员"[1]。传统士绅们则惶恐不安，当李鸿章16岁的小儿子李经迈也在本年十月份开始学习英语时，京中士大夫纷纷"函劝鸿章不可"[2]——70岁的李鸿章已办理洋务逾30年，当然不会理会这种"函劝"。

年轻的光绪皇帝要亲自开眼、正眼看世界。可遗憾的是，他并不是清帝国真正的掌舵者。

洋文堆满御案，引起国际关注

据翁同龢日记，光绪皇帝接触英语始于上一年的12月1日。翁在当天的日记里写道："是日起（每日午），上在勤政，命奕劻带同文馆教习进见讲洋文。"[3]

在此之前五天的11月26日，翁在去书房给光绪皇帝上课时，已知晓光绪皇帝有了学习外文的念头，但翁对此似乎并不太理解，在日记中写道："闻欲通泰西字义，此何意也？"[4]

外文学习开始后，光绪兴趣颇高，用工也很勤。于是，12月5日，翁又在日记中写道："上于西文极用意也。"[5]

英文成了皇帝最关注的学业内容，让翁同龢深感失落。12月7日，他在日记中写道："近且洋文彻于御案矣，伤哉。"[6]皇帝的书桌上堆满了外文书籍，让满肚子圣贤之道的翁同龢黯然神伤。

光绪原本希望请华人传教士颜永京担任自己的英文教师。颜早年留学美国，1862年回国，担任过上海英国领事馆翻译、公共租界工部局通事等职。后转入教会工作。19世纪80年代任上海圣约翰书院校长。颜很想为中国输入近代科技知识，在学校里专门开设了科技课程，也很热心于禁烟与放足运动。

但颜无意入宫侍奉皇帝。据其外孙女曹舒丽安说，颜拒绝的主要原因，是受了近代教育的他，已不愿再向皇帝跪拜：

> 光绪十七年，清廷曾有意征召他充任皇帝英文师傅，他竟婉辞谢却。他对家人说："每天教书，要我向学生跪拜磕头，我如何能做到呢？"[7]

究竟是谁向光绪皇帝推荐了颜永京，所见材料有限，笔者尚不得而知。颜永京留过学、办过教育、与来华传教士关系密切（他自己正是一位牧师），且关心清廷改革。无论是谁将拥有这种背景的人推荐给光绪皇帝做英文老师，其着眼显然并不仅限于英文，必也有意在其他方面对光绪皇帝施加影响。

无法聘请到颜永京后，被派去给光绪皇帝教授英文的，是出身京师同文馆的张德彝与沈铎。其中，张德彝是同文馆培养出的最早一批懂洋文的学生，1866年在赫德的带领下随斌椿等人游历欧洲，1867—1870年又随蒲安臣使团出使欧美诸国，1870—1871年再随崇厚使团赴法国为"天津教案"致歉。张德彝的外语能力优秀，后来郭嵩焘出使英国、崇厚出使俄国等外交活动，都由他充任翻译官。1890年，张德彝是总理衙门的英文正翻译官。沈铎出身于广州同文馆，1871年"咨送"[8]入京到京师同文馆学习，1879年以"工部笔帖式"（负责抄写、翻译工作的文员）的身份留在了京师同文馆，1882年做过清廷驻日大使黎庶昌的英文翻译。1890年，沈铎是总理衙门的英文副翻译官。

据京师同文馆总教习丁韪良披露，之所以要给光绪配备两名英语教师，是因为这项工作非常累人，必须由两个人分别负担——"每天半小时的英语课程是在清晨四点钟左右，老师们必须在半夜刚过就起身入宫，然后等上好几个小时"。光绪很尊重自己的英文教师，"允许他们在自己在场时能落座，而王爷和其他大臣见皇帝时都只能跪拜"。但两位老师教一位学生同一门课，难免会出现一些冲突。丁韪良说，"有一天，其中的一位老师向我抱怨说，另一位老师扯了他的袖子，并纠正了他对一个词的发音"。教师间的这种抱怨，让丁韪良有些忧虑，担忧会影响到教学效果。皇帝的热情与教师的谨小慎微，也确实让教学效果打了折扣，"在很长一段时间里，他们尊贵的学生上课都很准时，很少会缺课，在阅读和写作方面也显示出相当的颖悟，但他的口语糟糕透顶。试想当学生犯错时老师从不敢纠正，怎么会学得好呢？所有的对话练习都是预先写下来交我审定，然后再给皇上，让他再抄一遍"。丁韪良还说，"臣民们对于皇上学英语……视为一种极其屈尊的行为"，但光绪皇帝自己似乎并没有这种感觉。他甚至还准备了一篇英文稿，试图在年节之际向各国使节做一次演讲。[9]

张德彝与沈铎入宫给光绪皇帝教授英语，似乎相当仓促，以致他们并未准备好合适的教材，只能向北京城内的传教士们寻求帮助。据美国传教士何德兰（Isaac Taylor Headland）回忆："皇帝开始学习英语。他找了两名教师，和以前教师给他上课的时候只能跪着不同，他特许他们教课的时候可以坐着。这两位教师蒙召的时候，我正在和其中一位的孙子互教中英文，从他那儿对光绪的进展了解不少。皇帝急着学英文，以至于来不及去美国或者英国买书了。于是官员们找了许多家学校和教会，寻找初学者用的初级课本。当他们找到我们的时候，我们彻底搜索了一遍，终于在马库斯·L.塔夫特博士处找到了一本插图精美的初级课本，是他带到中国给小女儿弗朗西斯用的。于是就给光绪送去了。"[10]

何德兰1888年来华，在北京汇文书院担任文科和神科教师。寻到英文课本之后，光绪皇帝仍频繁派太监前来拜访何德兰，目的是想从何德兰处获得广学会等机构出版的由外文翻译过来的中文书籍。何德兰说："我当时是两三个这类（出版）协会的监管人，手里有许多种中文书籍。于是我就把当时我在学校教的天文学、地质学、动物学、生理学以及其他各样科学书籍叫他（太监）转送给光绪帝……连着六个星期，这太监天天上我这里来，我不给皇上找本新书出来他就不走。这些书也许是文学方面的，也许是科学方面的，也许是宗教方面的。他对任何派别或机构出的书都一视同仁，一样积极地加以搜寻。有时候我被弄得只剩一本小册子，最后不得不从我妻子的私人藏书室取出她的中文医学书让他给皇上送去。我知道别的太监也在访问其他藏书多的人，寻访别的书。当时，所有译自任何欧洲语言的中文书籍都被光绪买了去。"何德兰妻子的自行车，也被光绪皇帝弄走了，但他没能学会骑行，原因是在宫内试骑时"辫子缠在了车后轮里，颇为狼狈地摔了一跤"，自此没有再继续练习。[11]

这种寻书活动，显示1892年的光绪皇帝，兴趣不仅局限于学习英语，他还希望对欧美文化有更直接的了解。

皇帝开始学习英文的消息，很快从宫中传到了民间，引起了改革期盼者们热烈的反响。"中国圣教会"创办的中文报纸《图画新报》，于1891年底援引《字林西报》的报道称："皇上神圣英武，万几余暇，典学不倦。现并欲通英邦语言文字，侍读者为同文馆之两教习云。中外臣民莫不赓飙舞蹈而颂圣学之日进无疆也焉。"[12]广学会的机关报纸《万国公报》，刊登了一篇题为《天亶聪明》的整页彩色头条，赞颂光绪皇帝学英语之举让"中外臣民尤当奋兴鼓舞"[13]。《申报》除了报道光绪皇帝正在学英语，还刊登了一篇长达1200余字的评论文章，说皇帝这样"精益求精、勉益加勉"，可以推想，将来"凡西国之所谓长技者，不难尽为我有"，欧美国家那些先进的东西都会"为我大清所用"。[14]

广学会的主持者李提摩太也亲自写了一篇褒扬文章，刊登在《万国公报》上。文章一面赞扬光绪皇帝此举英明神武，让"中西明理之人同深庆幸，未始非中国振兴之转机也"；一面列举了学习英文的四大好处，希望以此坚定皇帝将英文学习到底的决心：

> 今皇上亲习英文，其益甚多。英文熟习之后，凡英美国人所著之书，其载各国之事；凡政治之得失，国家之兴衰，武备何以修明，商务何以兴旺，教养何以推广，一切有益国家之政，可以一览而知，不必再索解人，一益也。既知各大国前后政事，可以择善而从，有利则行，有弊则去，挟其富强之本，探其振作之源，然后以各大国可益之法以益中国之民，俾得转弱为强，转贫为富，二益也。中外之情本无二致，惟言语不通，则亦无由洞悉。一通英文，则与通达英语之使臣等交接，可以当面咨询，情意愈亲，邦交愈固，义理愈明，且免通事传述之误，三益也。西人之学并非一得之私之见，与富强之政大有相关，惟不知西学之有益者，未免尚有违言。因而中国教养之方，一时之间推行非易。若皇上既身先庶职，学习英文，以上行下，转移风化之机，其权尤易，四益也。[15]

最后,李提摩太说,学英语有如此这般四大好处,若中国的"明达者"们个个"以皇上之心为心",效仿光绪皇帝,去探求"有益民生之学",那么富国强兵就绝不会只是梦想。

《万国公报》是19世纪90年代清帝国发行量最大、最有影响力的媒体。该报"年最高发行量约10万份,年最低发行量约为10529份,多数年发行量在3万至5万份之间徘徊"[16]。它的主办者广学会,走的是影响中国官员与读书人的路线。上至总理衙门,中至督抚将军,下至地方名流,均是该报的读者。1900年,八国联军占领北京,在皇宫中也发现了供光绪皇帝阅读的全套《万国公报》;醇亲王、李鸿章等也是该报的忠实读者;康有为、梁启超等人的主要维新思想,更是直接得自《万国公报》和广学会出版的书籍。[17]

《万国公报》对光绪学英文一事的广而告之,目的是尽可能放大此事对清朝士绅的思想启蒙效果。事实也证明了这种效果很不错。据何德兰回忆:"阅读光绪帝所阅读的书籍成为一股汹涌热潮,港口城市(指通商口岸)供应书籍的能力达到了极限,许多印刷协会的负责人担心对这种新情况他们毫无准备。阿伦、马蒂厄、马丁、威廉、莱奇诸博士的著作在上海的书店出现了盗版,售价仅为正版的十分之一……在皇上研读外国书籍的这三年中,全国上下,成千上万的青年学者也都在研读西学。"[18]李鸿章也在1891年10月,让自己的小儿子、时年16岁的李经迈开始学习英语,结果引来京中士大夫纷纷"函劝鸿章不可"[19]。鉴于李鸿章早在19世纪60年代即主张家族子弟好好学习英语,此番让李经迈大张旗鼓"学英语",或可视为他以实际行动来表达对光绪皇帝的鼎力支持。与翁同龢的"伤哉"不同,李鸿章对光绪学习英文一事高度赞同,曾"称颂圣明"。[20]

光绪皇帝的举动,也引起了外国媒体的注意。1892年2月4日,《纽约时报》刊文《光绪皇帝学英语》,向西方世界郑重报道了此事。文章写道:

中国上海,12月28日讯:

从去年12月份开始,清国开始发生该国历史上最大的变化。毫无疑问,这种变化将在今后若干年里对整个帝国产生深刻的影响,甚至可能进一步打开保守封闭的枷锁,将清国带入人类进步历史的前沿。总之,这种进步将超过过去五十年变化的总和。产生这种变化的根本原因，是清国最高统治层最近发生了重大的政策变化。在数万万清国人中，有一个人思想的改变将直接影响国家的每一个人，这个人就是大清国皇帝陛下。

今年二十岁的清国皇帝陛下（在清国，人民称他为天子），目前正由两个受过英美教育的北京国子监学生负责教授英语，而这件事是由光绪皇帝颁布诏书告知全国的。皇帝陛下学习外语这一消息真让这里的人感到意外，他们甚至怀疑这是不是真的。

光绪皇帝屈尊学习外语，是因为他和他的政治顾问们都认为，死死保住三千年前就形成的"老规矩"的时代已经过去了，要应对当今列强，必须相应地改变国家制度。他的政治顾问们在这个问题上显示出很高的智慧和胆量，而在此之前没有任何人胆敢苟同类似的想法。皇帝陛下周围的一些大臣甚至希望，大清国未来应该在文明国家的行列中占据一个适当的位置。[21]

光绪皇帝引领的这场英语学习热，持续了约三年时间。1894年12月6日，慈禧传令"满功课及洋字均撤"[22]，中止了光绪皇帝的正规英语课程——需要说明的是，慈禧这样做并非出于对英文的敌意。她原本想要撤掉的是整个"毓庆宫上书房"。翁同龢在毓庆宫给光绪授课前后长达20年，君臣二人渐渐形成了"书房独对"的议事机制。甲午年清军惨败于日本后，慈禧调整最高权力架构，一面引恭亲王重入军机，一面试图通过撤书房来削弱翁同龢对皇帝的影响力。光绪对撤书房不满，要求恭亲王前去向慈禧说项。慈禧不便驳回奕䜣的说项，又不便全盘否定自己的旨意，于是将书房全撤改成了撤掉"满功课及洋字"。[23]

正因为此时的慈禧对"洋字"尚无恶感，所以光绪皇帝仍得以继续通过其他渠道学习英语。直至戊戌政变后，慈禧有意断绝光绪与外界的直接联系，学习英语的渠道才被正式切断。庚子年后，光绪的境况更加糟糕，只能偶尔向宫廷女官德龄请教英文。德龄回忆说：

他常常趁我空的时候，问我些英文字……我们常常谈到西方文明，我很惊异他的对于每一事物懂得那样透彻。他屡次告诉我他对于自己国家的抱负，希望中国幸福。夏天我比较空闲，每天能有一个钟头的时间替皇帝补习英文。他很聪明，记忆力又惊人的强，所以进步很快，然而他的发音不很正确，不久他就能够阅读一般学校英文课本中的短篇故事了，而且能够默写得很好，他的英文字写得非常美丽。[24]

帝师们竭力防止皇帝"过激"

光绪皇帝在1891年开始学英语，与翁同龢等人多年来对他的教育有很直接的关系。这种教育，既带有启蒙成分，也带有控驭色彩。

这一点，透过翁同龢等人为光绪皇帝选择和提供的西学启蒙读物的性质，即不难窥见——翁提供给光绪的，是江苏人冯桂芬的政论集《校邠庐抗议》，时为1889年。据翁日记，该年2月5日，翁同龢收到10部冯桂芬的《校邠庐抗议》[25]。次日，翁"以抗议新本进"，将该书送给了光绪皇帝。[26] 2月21日，慈禧与光绪在养心殿东暖阁召见翁同龢，问及洋务，翁回复说："此第一急务，上宜讲求，臣前日所举'冯桂芬抗议'（内有谈驭夷数条），正是此意。"[27]建议皇帝好好阅读自己进呈推荐的《校邠庐抗议》。3月27日，翁在日记里说，他当天进入书房，光绪皇帝正"闲看书籍，兼看西学书。真风气日开耶[28]"，对光绪皇帝开始阅读西学书籍感到非常开心。同年12月25日，翁同龢又记载道："到书房天未明，看碑帖，看《抗议》，昨言此书最切时事，可择数篇另为一帙，今日上挑六篇装为一册题签交看，足征留意讲求，可喜！"[29]——见到光绪皇帝正在认真阅读自己推荐的《校邠庐抗议》，翁同龢当时的愉悦心情可想而知。

冯桂芬的《校邠庐抗议》写于1861年，也就是晚清改革元年。冯说，自己写这部书的目的，是想要在"不畔（叛）于三代圣人之法"的前提下，"参以杂家"并"羼以夷说"，来为清廷寻找一条强国之路。也就是首先要坚持儒家的传统意识形态，然后再吸取一些杂家和夷狄的好东西进来。简言之，这是一部"改革建议书"，其核心内容，可以概括为"采西学制洋器改科举"。书写成后，冯桂芬将抄本寄送给曾国藩，希望曾可以为书作序。曾的评价是：该书可算"名儒之论"，但"多难见之施行"，他觉得书中的多数主张缺乏可行性。1874年，冯桂芬去世，该书仍未正式出版，民间流传的只有抄本，影响很小。

冯桂芬不寻求出版的原因，或许在于他不想成为众矢之的。这种忐忑的心态，见于该书稿本中冯自己做的诸多删节（稿本由他人缮录，冯再在上面删改批注）。比如他删掉了"及见诸夷书，米利坚以总统领治国，传贤不传子，由百姓各以所推姓名投匦中，视所推最多者立之，其余小统领皆然。国以富强，其势骎骎凌俄英法之上，谁谓夷狄无人哉！"这段文字，还把"传贤不传子"里的"贤"与"子"涂抹得辨认不出来，还加上批注称"末句似不足为典"。陈旭麓如此评价冯的这种行为：

> 就已删去的这段话来看，可见冯桂芬读过一些译书，也知道一些西方的事物，但囿于封建士大夫身份，他不能也不敢进一步去探索一些新事物，且害怕刺痛了封建体制。所谓"不足为典"，正是他对民主思想采取回避态度的遁词；但也可说明当时的人们，要前进一步是那么崎岖艰难。[30]

"封建士大夫""封建体制"等词虽然带有时代色彩，但这段解读，仍准确地点出了冯桂芬作为一个启蒙者的患得患失。他见到了更广阔的天地。这广阔天地让他兴奋，也让他忧惧。兴奋的是原来现实政治的运作还可以有其他模式，忧惧的是传播、提倡这种新模式可能会给自己带来不测之祸。于是就有了"同人咸促锓版，先生卒秘匿不出"[31]——朋友们都劝冯将书刻印出版，冯直到去世都没接受他们的劝说。

1883年，《校邠庐抗议》第一次有了正式的刻本。此时，距离该书写成已过去22年，距离冯桂芬去世也已过去九年。又过了六年，这本书才经由翁同龢之手，呈递至光绪皇帝的书桌上。然后，年轻的光绪皇帝，就被这本30多年前写成的"改革建议书"所吸引了。

翁同龢之外，另一位帝师孙家鼐也曾向光绪皇帝推荐过《校邠庐抗议》。与之一同被推荐的，还有汤寿潜的《危言》和郑观应的《盛世危言》——附带一提，翁同龢也向光绪皇帝进呈过陈炽的《庸书》和汤寿潜的《危言》，时为

1895年4月17日。[32]孙说，这三本书"皆注变法，臣亦欲皇上留心阅看，采择施行"。又说，"臣观冯桂芬、汤寿潜、郑观应三人之书，以冯桂芬《抗议》为精密"，他最认同冯桂芬的《校邠庐抗议》。因为孙家鼐的推荐与建议，戊戌维新期间，光绪批准印刷了两千部《校邠庐抗议》，下发给各衙门官员，要他们就书中所主张的改革内容提出意见，指出哪些可行，哪些不可行，可行的理由是什么，不可行的理由又是什么。[33]

《校邠庐抗议》之所以能得到帝师翁同龢与孙家鼐的特别青睐，该书倡导变法，有助于启蒙皇帝，只是原因之一。另一个同样重要的原因，是冯桂芬很"自觉"地将该书的宗旨局限在"以中国之伦常名教为原本，辅以诸国富强之术"[34]。这种"自觉"，使得《校邠庐抗议》在启蒙之外，还具有一种控驭皇帝的思想，使之不至于"过激"的作用——作为对比，郑观应的《盛世危言》里虽然也有"中学其体也，西学其末也"这样的文字，但郑于1892年为该书所写的自序中已说得明白，"治乱之源，富强之本，不尽在船坚炮利，而在议院上下同心，教养得法"[35]，他主张改革朝廷体制，通过开设议院来兴民权、抑官权。

唯有明了这种启蒙与控驭并存的心思，才能理解这样一个事实：为何翁同龢一面给皇帝推荐讲求西学的改革派著作，一面又对皇帝沉迷于英文学习发出了"伤哉"的哀叹。他推荐讲求西学的改革派著作，是因为认同"西学为用"。翁并不糊涂，知道清廷所处的现实环境需要引入西方的器械与技术。他哀叹皇帝沉迷英语学习，是因为坚信"中学为体"。在翁的心目中，儒家的伦常名教才是大清的立国之本，皇帝应该将主要精力放在此处，说洋话不过是奇技淫巧，是同文馆的低端读书人才应该去做的工作。给光绪皇帝教授英语的张德彝，因出身同文馆，一辈子都没能摆脱自卑感，直到晚年还在感慨"国家以读书能文为正途……余不学无术，未入正途，愧与正途为伍"。[36]

光绪的思想逸出牢笼

从1889年通过翁同龢、孙家鼐等人接触到中国改革派学者们的著作，到1891年开始自学英语，并派太监外出，向何德兰等外国来华传教士搜求广学会等机构翻译编撰的西学著作，光绪皇帝见识上的进步显而易见，由强烈求知欲支配而生的"不满足感"也显而易见。本土"知识搬运工"们的著作已不能让他满意，皇帝开始寻求与西学建立更直接的联系。到1898年（戊戌年），他已搜求到至少129种西学书籍，其中89种是由李提摩太等外国来华传教士主持的广学会所出版，皇帝还购置了全套的广学会会刊《万国公报》。[37]

翁同龢与康有为在戊戌年的不同遭遇，也可以由此得到一种新的解释。

光绪皇帝是广学会图书与《万国公报》的忠实读者；康有为的变法思想，也主要来自广学会图书和《万国公报》——康曾对香港《中国邮报》的编辑说："我信仰维新，主要归功于两位传教士李提摩太和林乐知牧师的著作。"[38]李提摩太与林乐知，正是广学会的骨干成员。这是康有为的变法条陈，能够在光绪皇帝那里产生共鸣的一个极为重要的原因——他们有着共同的知识背景。

翁同龢则不然。他对光绪皇帝有启蒙之功，但皇帝的见识与日俱增，早已非他所能控驭。1898年6月11日，光绪皇帝颁布《明定国是诏》，后世多以该诏书的颁布日期为戊戌变法的发端。然而，仅四天之后，诏书的起草者翁同龢就被光绪皇帝罢免了。许多人对这一变故迷惑不解，其实答案就藏在《明定国是诏》里——这份诏书从头至尾贯穿的是翁同龢的思想，而非光绪皇帝的意志。

诏书全文可以分为三个部分。

第一部分，主要讲为什么要发布这样一份诏书。大意是，这些年来，大家一直在讲变法图强，也下达了不少这方面深思熟虑的诏书。但目前风气还没有大开，内部也有很多意见分歧，有些人还打着"老成忧国"的旗号，"以为旧章必应墨守，新法必当摈除"，在阻碍变法。时局与国势已坏到如此地步，"不练之兵，有限之饷，士无实学，工无良师"，如何能够抵抗别人的"坚甲利兵"呢？所以，必须要把"国是"，也就是改革的路线方针彻底确定下来，"朕惟国是不定，则号令不行，极其流弊，必至门户纷争，互相水火，徒蹈宋明积习，于时政毫无裨益"。

第二部分是传达"新国是"的具体内容。关于"新国是"，诏书的原文是这样表达的："以圣贤义理之学，植其根本，又须博西学之切于时务者，实力讲求，以救空疏迂谬之弊，专心致志，精益求精，毋徒袭其皮毛，毋竞腾其口说，总期化无用为有用，以成通经济变之才。"简言之，就是"中学为本，西学为用"。

第三部分是传达关于京师大学堂的改革方针。大意是：京师大学堂要做出表率，开风气之先，开设西学课程，官员们也要积极响应，"所有翰林院编检、各部院司员、大门侍卫、候补候选道府州县以下官、大员子弟、八旗世职、各省武职后裔"，愿意进入新学堂修习西学者，"均准入学肄业"。[39]

对照翁同龢日记，可以知道这份诏书是不能令光绪皇帝满意的（详见第488页）。因为《明定国是诏》最核心的部分，也就是"新国是"的具体内容，实际上体现的是帝师翁同龢的意志。翁之所以能够做到这一点，以自我意志取代皇帝意志为"新国是"，或许与他取得了慈禧的支持有直接关系——由翁日记中"上奉慈谕"四字可以推知，诏书拟成后需要送至慈禧处审定。如果翁草拟的诏书已经获得了慈禧的认可，光绪是无法再驳回的。

希望"专讲西学"的光绪皇帝，无法驳回"中学为体、西学为用"的变法诏书，却可以驱逐翁同龢。皇帝罢免翁同龢的诏书里有这样一番言辞：

> 协办大学士翁同龢，近来办事多不允协，以致众论不服，屡经有人参奏，且每于召对时，咨询事件任意可否，喜怒见于词色，渐露揽权狂悖情状，断难胜任枢机之任。本应察明究办，予以重惩，姑念其毓庆宫行走有年，不忍遽加严谴，翁同龢着即开缺回籍，以示保全。钦此。[40]

所谓"屡经有人参奏"（常常有人弹劾批评），自然只是套话。但"每于召对时，咨询事件任意可否，喜怒见于词色"，确有许多真实迹象。比如，据张荫桓对日本驻华公使矢野文雄披露，"德国亲王谒见皇帝之时，翁固拒绝皇帝与其行握手之礼。而皇帝则采用其他革新派之意见，与之行握手礼。于是翁对皇帝大放怨词。又其节飨宴之时大臣理应坐陪，翁氏亦不为之"。[41]再如，光绪欲重用康有为，翁则说康"其心叵测"，不可重用，君臣二人曾因此当面闹出许多不愉快。1898年5月26日，光绪向翁同龢索要康有为的上书，"令再写一份递进。臣对：与康不往来。上问：何也？对以此人居心叵测。曰前此何以不说？对：臣近见其《孔子改制考》知之。"5月27日，"上又问康书，臣对如昨。上发怒诘责"。[42]

　　以上种种，皆可谓"喜怒见于词色"，但还算不上"揽权狂悖情状"。所谓"渐露揽权狂悖情状"一句，"渐露"二字显示"揽权狂悖"是新近发生的事情，对照史实，它只能是指翁同龢无视光绪皇帝的意志，按自己对变法的理解拟定"明定国是"诏书，又送呈慈禧太后审阅批准，并以光绪皇帝的名义颁布。这种事情，对正欲在戊戌年有所作为的光绪皇帝来说，显然是无法接受的。他的思想已经摆脱了翁同龢等人的控驭，断不能容忍自己的行为再由他们控驭。

第三十二章　1892年：周汉被精神病

1892年，最让清廷焦头烂额的事情，是如何处理"周汉反教案"。

上一年夏秋之际，长江中下游地区的外国传教士与中国教民集体陷入巨大的恐慌之中。自5月至9月，东起上海，西至宜昌，长江沿岸安徽、江苏、湖北、江西等省份接连发生教案。教堂、教会学校及慈善育婴堂遭到围攻、抢掠与火焚，传教士与教民的人身安全受到严重威胁。美国驻华公使田贝在给美国国务院的报告中说："这次事变使我感到十分惊讶……没有一个城市是安全的，上海也包括在内。"[1]

一时间，长江流域风声鹤唳，各国前来示威护侨的军舰多达20余艘。驻华公使集体向清廷施压，要求调查事件起因，结果收集到多种民间反教书籍、文告、歌词，以及伪造的中国官方公文，还追踪到大多数反教书籍乃是由湖南长沙的三家书铺所刊刻。活跃在这三家书铺背后的，则是一名叫作周汉的湖南士绅。

与谣言共舞，全躯岂算大清人

周汉字铁真，又号铁道人，生于1843年。早年致力科举，在15岁时得了一个秀才功名。太平军起事，周汉投身军旅，自称"我自幼研精韬略，十九从军，平发、平稔（捻）、平回、平苗，身履行间二十余载"[2]，后在刘锦棠军中帮办营务，因功被保荐为陕西补用道。

1884年，周汉因弟丧请假返回湖南，刘锦棠委托他在长沙开设宝善堂，刊布善书。善堂设在长沙救婴局内，由100名湖南善士组成。周汉担任董事，除了出版介绍赈捐、救荒、育婴方面的善书外，还办理育婴、救生、施棺等善举。[3]

那时节，外国传教士已依据英、法等国与清廷签订的条约，获得进入内地传教的许可。湖南也不例外。1879年前后，湖南境内约有天主教堂120余个，传教士约20人，教民约8700人。[4]

这些人的存在，让周汉如鲠在喉。

教民的出现，确实对晚清中国的底层民众造成了一些冲击。当时的一种常见现象是，教民遇有诉讼往往会寻求传教士的帮助。传教士介入后，懒政的地方官员担忧引发教案影响自己的仕途，又往往选择不问是非直接袒护教民。这样的判例多了，免不了又会有一些教民经不起人性的考验，故意玩起了"教民诉非教民"的游戏。

但这类诉讼游戏的大规模出现，是1899年之后的事情。这一年，清廷为了逃避责任，将处理教案的权力下放给地方官员。为将民教纠纷顺利推给地方督抚，朝廷还出台了《地方官接待教士事宜条款》，将来华传教士的身份与地方官员的身份，用官方文件逐一对应了起来。比如主教对应督抚，可以直接入督抚衙门交涉。余者依次类推。这相当于明确鼓励传教士介入诉讼事务。[5]

对19世纪八九十年代的周汉来说，让他痛苦的主要因素，不是偶发的"教民诉非教民"判决里的不公正，而是教民的存在败坏了他心中至高无上的三纲五常和皇帝宝训。1890年2月，他于《周程朱张四氏裔孙公启》文中号召天下官民一起来打倒洋教邪说。该文开篇就骂大清的当代读书人全都猪狗不如，理由是：

> 天下士大夫莫不蒙尧舜禹汤文武周公孔子之泽，与我大清列祖列宗今皇帝之恩者也。蒙恩泽而不图万一之报，是谓非人……今天猪耶稣妖叫四行，四处结匪巢、散逆书、放迷药、行淫术，逞毒威、啸鬼党，穷凶极恶，蹄迹逼人。而我士大夫晏然不以恪遵圣教、阐扬救世为意，是我士大夫之图报，不及猪孙猪徒孝于妖叫之猪祖，忠于妖叫之猪师。[6]

周汉觉得，天下的读书人享受了尧舜禹汤文武周公孔子的恩泽，享受了大清朝爱新觉罗氏列祖列宗和当今皇帝的恩泽，却连万分之一的报答都不做，简直不是人。如今洋教横行（周汉的文章以"猪"代"主"、以"羊"代"洋"），大清的读书人不应该待在家里过太平日子，应该站出来保卫"圣教"，否则就不算个人了，连洋教的"猪孙猪徒"都不如。

大清读书人该怎么做才能变回"人"？文中说得明白：第一，要日日诵读四书五经；第二，要时时谨记大清雍正皇帝的《圣谕广训》；第三，要常常回顾爱新觉罗氏列祖列宗和当今皇上的教导。

这篇文中无一字提及"民教诉讼"里那些具体的不公正（1890年前后的湖南出过此类案件），以及不公正产生的具体原因（比如清廷自中央到地方的治理失职）。相比具体冲突里的具体是非，周汉更痛恨教民们不爱四书五经，更痛恨教民们不爱《圣谕广训》。彼时，长沙城里只有区区70余户教民。这些人并未损害过周汉的具体利益。

同一年，周汉还公开刊印题为《谨遵圣谕辟邪》的通俗读物。他在其中说自己是"顶天立地、掀天动地、惊天动地"的奇男子，发誓要与"邪教妖书"决一死战。且给自己写了一副挽联，喊出了"全躯岂算大清人"的壮烈口号：

> 以遵神训讲圣谕辟邪教而杀身，毅然见列祖列宗列圣列仙列佛之灵，稽首自称真铁汉。若忧横祸惑浮言惧狂吠而改节，死犹贻不忠不孝不智不仁不勇之臭，全躯岂算大清人。[7]

1890—1892年，周汉撰写了大量类似的仇洋仇教资料，流传至今者尚多达33种。这些资料通过宝善堂等书商渠道，以免费形式发放，遍及长江中下游各省。仅其中一本名为《鬼叫该死》的小册子，就印刷了80万册之多[8]。

为了扩大声势，激起更多人的共鸣，周汉甚至不惜在宣传材料中伪造民意与官意，将自己撰写的文章和图文册说成"大清天下儒释道三教公议""全湘士绅公刊""湖南巡抚部院堂稿""总理衙门通行晓谕"[9]……他混迹过官场，自然知道伪造"官意"的后果。仍选择这样做，只能说明他的仇恨真诚地发自内心，他是真的想要践行自撰挽联里的"全躯岂算大清人"。

遗憾的是，这种真诚的仇恨，并没有建立在真实的信息之上。

在《鬼叫该死》里，周汉如此指控传教士：

> 鬼叫都有妖术，切得妇女们恖肠子、奶尖子、孕妇胞胎、小孩子肾子，他

拿去买鬼商人配制照相的药水，熬炼铜铅，每百斤铜铅熬得出八斤银子。凡从叫的死了，鬼叫头不准亲人近前，要由他殡殓。他把眼睛剜了去，也是卖去配药，还哄人说叫做"封目归西"，你们说可怕不可怕，可恨不可恨哩！[10]

这是50年前，魏源在《海国图志》里传播过的谣言。50年的漫长时光里，清廷与外部世界频繁碰撞。洋人们走进来，清儒们走出去，"挖眼炼银"这种拙劣的谣言早已在彼此的交流中不攻自破。周汉是一个拥有许多社会资源的上层士绅，但凡做一点求证的工作，就不难了解到"挖眼炼银"之说的荒诞。

周汉不去求证，是因为他不想去求证。他相信"挖眼炼银"，是因为他愿意相信"挖眼炼银"。他接触过郭嵩焘的作品，但他拒绝依循郭提供的路径去"开眼看世界"，相反，他在宣传资料里将郭嵩焘等人斥为"四鬼"，为郭在1891年的去世欢呼鼓掌，且警告称若湖南再出郭嵩焘这类"鬼"，民众应该起来杀光他们全家：

> 近二十年来，为郭嵩焘、曾纪泽、朱克敬、张自牧四鬼所煽，邪鬼日炽，正气日衰，湘人渐多变鬼。今郭、曾、张、朱四鬼随若天诛，余党犹蔓不绝。此次御鬼驱邪，敢有妄出一言，为逆鬼改说，一言阻挠义举者，即系鬼子鬼孙，登时击毙，执弃空山，俾食豺虎。[11]

到处是周汉，张之洞焦头烂额

在19世纪60年代到90年代的湖南，周汉的言论极有市场。

早在1862年，长沙的士绅们就曾集体发出过声明，警告省内百姓，若有人敢信洋教，"子弟永远不准应试"[12]。1876年，在长沙参加科考的读书人，又集体请愿驱逐洋人，城乡之中贴满了"洋夷入境，不问有无情弊，立即格杀"[13]的宣传语。

1890年前后，周汉开始疯狂印刷传播仇洋仇教资料，号召对洋人实施肉体消灭。这种主张，得到许多湖南官员和读书人的同情乃至支持。他印刷材料的资金，大多是湖南士绅无偿捐助；湖南官场无人出面制止他的暴力宣传，长沙知府甚至还支持生员利用戏台来宣传周汉的《鬼叫该死》。

1891年夏秋，终于出事了。自5月至9月，东起上海，西至宜昌，长江沿案的教堂、教会学校与慈善育婴堂，普遍遭到民众的围攻焚掠，不但财产被抢劫一空，传教士与教民也死伤甚多。各国驻华公使要求清廷调查真相，然后就发现了周汉和他的宣传品几乎无处不在。

同年末，各国驻汉口领事齐聚英国领事馆（计有美、俄、法、德、挪威、荷兰、比利时、丹麦、意大利、奥匈等十国）商议，通过了一份致湖广总督张之洞的抗议书。抗议书内容如下：

> 我们签名于下的各国驻汉口的领事、副领事与代理领事，听说一项散发（反教文件），不仅暗地，甚至完全公开地进行，以激动华民根除基督教与毁灭基督教。对于五月七日北京的上谕与总理衙门屡次的命令，全然不顾。甚至将揭帖贴在各县城的城墙上，特别是在湖南省，成千成万的小册子《鬼叫该死》已经在长沙印出公开发售与分送。我们抗议该省当局不能使煌煌上谕受到尊敬；我们请求他们嗣后能采取适当的方法去制止这些敌视的运动。此外，如果从文体和措词来推断，我们认为大多数的文件，并非出于一般平民，而系出自受过教育且具有上流社会地位的人之手。此项犯罪者，不论何种地位，都绝对需要加以惩罚，以为社会警惕。[14]

这份抗议书，也被抄送给驻北京的各国驻华公使，以便他们向清廷施压。抗议与施压的结果，是10月底逮捕了长沙的几名书商，但在周汉的活动下，随即又以证据不足为由释放。印书的书版，也从书局转移到了周汉的居所。眼见地方政府并不积极，德国公使巴兰德稍后又直接将搜罗到的反教文件送到总理衙门，要求严禁。英国政府也命英国驻华公使向总理衙门提出政府照会性质的抗议，要求严惩周汉及相关之人，且称英国政府认为此项事件极其严重，假如清廷忽略而不予以惩罚，此后再发生教案，清廷需担负全部责任。随后，张之洞接到了总理衙门的电报，要他严禁反教匿名揭帖并严惩周汉。南北洋大臣和其他地方督抚将军也接到了相似的指令。

京城急于消弭事端，湖广总督张之洞却另有顾虑。1892年1月，张之洞致电总理衙门，详细讲述了自己所面临的困难处境：

> （周汉）寄居长沙，素好攻讦洋教，编成歌谣图画极多……刷印数十万本，托人各省分散……敝处屡次严饬南北两省查禁，不遗余力，旧本甫毁，新本旋出，曾致函湘省剀陈事理利害，于大局无益，嘱官绅婉劝，亦置不听。查该道性情迂谬，而在湘省颇有名，长沙三书院亦多推重，故代为传播之人甚多。该道刊此等书，自认不讳，并自言不怕死。大约其人颇有血性，而不达事理，以为此举乃不朽事业，以故禁劝俱穷，湘省官吏无可如何！该道自以崇正黜邪为名，以杀身报国为词，若加参办，既于政体有妨，且湘省无知之人，必为激愤。闻曾经扬言：若办周某，立将长沙省中教民七十余家先行杀害。若付之不问，彼自鸣得意，益肆鼓煽，揭帖愈出愈多，后患难弥……[15]

张之洞建议朝廷将周汉调往西北省份任职，那里没有洋人和洋教，他闹不起来，也许就消停了。但朝廷的首要着眼点，是赶紧给各国公使一个交代，所以否决了张之洞的提议。无奈之下，张只好将自己的困境，又向李鸿章和盘托出，希望他能提供帮助。张在信里提到两湖士绅"赞周之歌谣者十人而九，真不可解，长沙三书院尤佩服周"[16]，也提到长沙的读书人扬言要杀光城里的教民。李鸿章接信后，思虑再三，在给总理衙门的电报中说：

> 敝处前亦接香涛佳电，得知其详，再四筹度。道员周汉为湘省士民之望，彼既借口于崇正黜邪，编造揭帖，若遽执法惩办，湘中民情蚩悍，诚虑激众怒而酿变端；若如香涛所拟，请将该员摘去顶戴，发交甘督严加管束，该员如不遵调前往，又何以处之，似乏两全妥善之策。连日英领事壁利南、德领事司艮德来谒，业将香涛电中语意据实告知，谓钧署与楚帅皆有为难之处，此事必须从缓察办，属其转致该公使等勿相催促。该领事等深知湘省士民素恶洋教，桀骜难驯，亦以缓办为是。尊处晤各使时，如提及此案，似宜切实开导，俾内外互相印证。惟刊布毁教书图煽惑愚民，其风必不可长，不能置为缓图。似应俟湘抚察复到日，请旨严饬该督抚认真查拿刊印、传播之人，随时随地照例惩办，以遏其流。周汉稍有身家，未必敢公然自认编造，一面密致该督抚查访，

该道如有别项劣迹，奏明酌量办理，亦不至激动众怒。是否有当，敬候卓裁。[17]

　　然而，周汉是一位真诚的反洋教者，对物欲和私利缺乏兴趣，查不出什么"别项劣迹"。最后，湖广总督衙门只能以周汉患上了精神病（痰迷）来了结此事。在给总理衙门和李鸿章的通报里，如此写道：

　　（周汉）平日性好扶箕，惑于鬼神，言语放诞。近年痰迷日甚，已成心疾。素性不喜洋教，仅止信口诋訾，实无刊刻书画及伪造公文等事，实系匪徒假托其名。[18]

　　李鸿章接到电报后的回复是"办法极妥"；总理衙门的回复是"办法甚妥"，同时要求张之洞的正式奏折必须"详细声叙，两面兼顾，以备发钞"，需要兼顾洋人和民意，要让洋人满意，又不能触怒士绅。[19]

　　但"痰迷"云云，只是一种糊弄之术，并不能真的解决问题。与周汉"被精神病"大略同期，清廷任命吴大澂为湖南巡抚。周汉本已被革职交地方官严加管束，但地方官绅无人愿意认真执行这项处罚，周遂继续自由活动。他听说吴大澂是一个洋务派官员，立即写了一张题为《湖南通省公议》的通告，给吴扣了一顶"勾结夷鬼"的大帽子。在通告里，周汉号召全体湖南人行动起来向吴大澂宣战，搞一场"驱鬼"运动。不但要将吴驱逐出湘，还要尽诛入湘的洋人。通告里还威胁说，若有人敢为"鬼"说话，立即击杀，尸体弃之荒野去喂虎狼；若有人敢将土地房屋卖给"鬼"，可将业主与经办人全家杀光，再将他们的产业充公，作为"灭鬼"经费。[20]

　　驱吴风波之后，湖南官场加强了对周汉的管束。但他仍在1897年再度闹出事端，"复刊帖布乡县"，将反洋的通告到处贴。此时的湖南巡抚已是陈宝箴。陈派人撕了通告，又派人去传周汉到巡抚衙门问话。周汉怒揍传话的衙役，逼得陈宝箴不得不"排众议下之狱"[21]，将他抓了起来。

　　抓了周汉的陈宝箴，也陷入了两难，只好给张之洞去电，询问是否可以将周押往武汉审讯。张深知此事难解，在同一天连发两封电报给陈宝箴，严词拒绝将周汉送来武汉：

> 惟解至鄂省一节万万不可……若解鄂，则审无从审，办无从办，放不能
> 放，只可仍解回湘省，不惟为周汉所笑，且从此更将肆行无忌矣。[22]
>
> 若周汉解鄂，断无人敢审，不敢不以实告，务望在湘省了之。[23]

张明明白白告诉陈宝箴：周汉这个事我也解决不了，你千万不要把他送来。送来了我也没法审，我也没法判，我也不能放，最后还得给你送回去。只会惹来周汉的嘲笑，让他更加放肆。我跟你说的全是实话，你务必将问题解决在湖南。

陈宝箴无法可想，只好再度以"疯癫成性、煽惑人心"[24]为由，用监禁的办法将周汉管控了起来。这一管控就是十多年。1910年，周汉被保释出狱。次年，清廷灭亡，周汉亦去世。

愚昧爱国——士绅的思想底色

"周汉反教案"提供了一个极佳的切口，来观察晚清的普通士绅们对洋人与洋教来华，持一种怎样的普遍认知，以及会做出怎样的反应。

周汉是一个奋不顾身的爱国者。遗憾的是，他的反教著作里，充斥着洋教士挖小孩的眼睛、心脏之类荒诞不经的陈词滥调。偏偏正是这样的著作，在19世纪90年代的湖广乃至整个清王朝，有着非常广阔的市场。许多教案，表面上看起来，参加者多是无知识的底层百姓，但背后真正的策动者，恰恰是周汉这样的基层官绅。他们是乡土中国"知识传播"的主力，他们对时代的基本认知，实际上等同于乡土中国对时代的基本认知。

被周汉痛斥为"四鬼"之一的郭嵩焘，也是一位奋不顾身的爱国者。1891年7月，他留下"流传万代千龄后，定识人间有此人"的感慨，于家中孤独病逝。同年，庙堂之上，清廷以"郭嵩焘出使外洋，所著书籍，颇滋物议"[25]为由，拒绝接受李鸿章的请求为他赐谥，拒绝将他的事迹宣付国史馆立传[26]；江湖之远，周汉们正在揭帖里为郭嵩焘的去世欢呼雀跃。

一位爱国者与另一位爱国者水火不容，缘故显然在于各自的见识不同。郭嵩焘远涉重洋，见识到"君王之治"与"制度之治"的区别，对制度建设与文

化、风俗乃至国民性之间的关系，有了更深刻的理解。周汉则不然，他历事虽多，却始终困于传统礼教之中难以自拔。

1897年，周汉在供词中如此陈述自己的思想底色：

> 大清未定鼎中国以前，明朝臣子不得叛明而称大清臣子。今我大清虽受各邻国侵欺，然一日未灭，我非大清臣子，何国之臣子哉？大清灭，而我降为他国之臣子，万国万世所共恶；大清一日未灭，而我预叛大清，降为他国之臣子，尤万国万世所共恶，罪不容诛。忠臣孝子，万国万世所应尊仰者也……各邻国之教，我不知之。我中国自古奉行周公孔子之教，我大清定鼎，未有改也。大清皇帝身为周公孔子之徒，以周公孔子之教教臣子，于今二百五十五年。大清灭，而我降为他国之臣子，服从他国之教；大清一日未灭，而我预叛大清，降为他国之臣子，服从他国之教，万国万世所共恶，罪不容诛！忠臣孝子服从本国君父之教，至死不变，万万世所应尊仰者也。[27]

这种认知，是19世纪90年代多数士绅与读书人的思想底色。

第三十三章　1893年：关东铁路为太后大寿让路

对清廷中枢而言，1893年最重要的工作，是筹备慈禧太后即将于次年到来的六十大寿。该年1月19日，距离慈禧寿辰还有约22个月之久，清廷就已宣布成立由礼亲王世铎、庆郡王奕劻等担任总办大臣的专门机构来筹办庆典。户部、礼部、工部与内务府全被卷了进来，庆典规模以乾隆八十大寿为参照标准。

之所以对标乾隆大办特办，有两个原因。第一个原因是此时的慈禧自我评价甚高，自认为是带领大清走出"庚申之变"阴影、实现同光中兴的掌舵者。第二个原因是寻求心理上的补偿。40岁生日那年同治皇帝突然夭折，50岁生日那年有中法战争，慈禧很希望60岁生日可以有一场规模空前的平安喜庆。

所以，在1893—1894年，一切都要为太后的大寿"让路"[1]。就连李鸿章念念不忘，旨在巩固东北国防的关东铁路也不例外。

边患日重，亟须往东北修铁路

李鸿章主持修筑关东铁路，核心目的是应对东北地区日益严重的边疆危机。

这条铁路的由来，要从津通铁路的夭折和卢汉铁路的停建说起。

清廷对铁路的抗拒由来已久。19世纪60年代发生过"第一次铁路问题大讨论"，结果是反对者占据绝对上风。1869年，总理衙门经过艰难的外交谈判，成功将铁路与电报拒之于大清的国门之外。该年2月，奕䜣代表总理衙门就修约之事向慈禧太后和同治皇帝做情况汇报，不无得意地写道："又铜线、铁路两事，另经臣等历次舌战，甫关其口……而节略后开款目五条，亦并未提及铜线铁路之事。"[2]此后，整个19世纪70年代，不但清廷自身在铁路建设上毫无建树，还以先买后拆的方式，毁弃了洋人修筑的吴淞铁路。[3]

19世纪80年代，受中法战争的刺激，铁路建设问题再次成为朝野热议的"洋务"。1884—1885年，朝堂之上曾掀起"第二次铁路问题大论战"。朝中主流舆论仍以铁路会便利洋人攻入大清腹地、破坏大清风水、损害大清从事车船行业的百姓生计等为由，对铁路建设持反对意见。不过，清廷中枢的看法已渐渐有所改变。激烈反对修筑铁路的内阁学士徐致祥，在1885年遭到上谕谴责，"降三级调用，不准抵销"[4]就是一个信号。1886年，李鸿章得到醇亲王奕譞的支持，开始筹划修筑津沽铁路（天津—塘沽），也是一个积极的信号。

1888年，津沽铁路竣工通车。李鸿章希望更进一步，建议朝廷将铁路延展至京郊通州。该建议得到醇亲王奕譞和海军衙门的支持，却招致朝中群臣的集体反对，于1889年引发了"第三次铁路问题大讨论"。上奏反对者包括御史余联沅、屠仁守、吴兆泰、张炳琳、林步青、徐会澧、王文锦、李培元、曹鸿勋、王仁堪、高钊中，以及给事中洪良品、仓场侍郎游百川、内阁学士文治、大学士恩承、尚书徐桐、侍郎孙毓汶等数十人，翁同龢、孙家鼐等人虽承认铁路建设有必要，却仍坚持认为"此法可试行于边地，而不可遽行于腹地"，在偏远地区搞一搞是可以的，修到京城附近那是万万不可。李鸿章非常强硬地写了两封奏章，对那些似是而非的反对意见逐一驳斥，强调"国有大政，不得稍执成见，亦不得维阿取容"。[5]随后，在奕譞的支持下，是否要启动大规模铁路建设这个问题，被交给了地方督抚将军们集体讨论。

讨论的结果，是决策中枢采纳了张之洞提出来的折中方案。

张说，铁路有两大好处。首先它可以利民，可以"内开未尽之地宝，外收已亏之利权"。洋货进入大清已没法阻止，唯一能与之抗衡的办法，就是把更多的土货卖出去，这就很需要建设铁路来降低运输成本。其次，具体来说就是方便朝廷"征兵转饷"。大清的现状是沿海沿江、辽东三省、秦陇沿边都存在冲突和危机，可以……还说，御史台谏们担忧修铁路才可以让国家迅速调集部队……会风俗；殊不知，铁路不过是行路会导致洋教猖獗，让洋……生要用本国工人，聘请的洋人有限，也程迅速，与洋教……但他不同意修李鸿章主张的津通铁路，理由是：不会让洋……

一、津通铁路太靠近京城，若没有"置兵筑垒以扼要隘"，仅凭临时性地拆毁铁轨，恐怕不足以保证京城的安全。二、天津至通州一带"以车船行店负贩"为生者大约有6万人，加上他们的家人，就是30万人。如果修了铁路，这些人就失业了，就会变成不安定的社会因素。三、津沽是京城的门户，屯有重兵。如有变故，援军早应集结于此，既不应该调集京城的军队去援助天津，也不应该撤掉天津和山海关的军队回防京城。所以从军事上说，"苟无此路，亦无甚妨"，津通铁路不修也没关系。同时，张也不同意翁同龢等人主张的"试行铁路于边地以便运兵"，理由是边境地带偏远，对国防全局作用有限，且不是商旅群集之地，铁路建成后无法靠商业运营维持。

最后，张之洞提出自己的主张："宜自京城之外卢沟桥起，经行河南，达于湖北之汉口镇，此则干路之枢纽，枝路之始基，而中国大利之所萃也。"也就是造一条从卢沟桥至汉口，纵贯直隶、河南、湖北的大干线。张还说，这条干线在修筑过程中，除了开始阶段购买洋料之外，"其余悉用土铁"，全用本国所造之铁，以便"藏富于民"。[6]

张之洞的建议得到了慈禧的赞赏，上谕要求醇亲王奕譞与海军衙门统筹全局，将卢汉铁路这一前所未有的大工程落到实处。随后，清廷将张之洞由两广总督调任湖广总督，把创办汉阳铁厂一事也全权交付与他，以便为卢汉铁路提供国产铁轨。

李鸿章愿意支持卢汉铁路——虽然卢汉铁路计划取代了他的津通铁路计划，但这终究是一件好事，它意味着铁路得到了慈禧太后的认可，意味着清廷上下关于铁路的争议基本结束了。不过，李鸿章办铁路的经验远比张之洞丰富，他对张的具体修建计划仍颇有异议。比如，按张的规划，卢汉铁路约需资金1600万两（李鸿章认为远远不够（日后卢汉铁路建成，共计耗费白银5000万两以上）。李鸿章认为远远不够。不如主张开设炼铁厂以供应国产铁轨，李鸿章认为炼铁厂建设缓不济急，不如不借外债，李鸿章认为仅此远远（汉阳铁厂在张之洞时代果然未能造出合格的铁轨）。此外，张之洞的铁轨（汉阳铁厂在张之洞时代果然未能造出合格的铁轨）。此外，张之洞计划搞十年，前六七年筹款造路的费用全靠政府拨款与民间招商，桥和汉口同时建造），一气做成"[7]，李鸿章招商与外债共用才能成事。张之洞计划搞十年，前六七年筹款造路 "两端并举（从卢沟桥 足以应对日趋严重的外部危机。

现实环境的变化，确实容不得张之洞慢慢施展十年大计。1890年，鉴于俄国正在修筑西伯利亚大铁路，朝鲜的藩属国身份也在俄、日两国的介入下岌岌可危，清廷开始意识到东北的边防危机已迫在眉睫。这年3月，李鸿章自天津入京，与总理衙门大臣奕劻及醇亲王奕譞商议东北防务。李提出"精练水陆各军"和"兴办东三省铁路"两条，得到慈禧太后认可。随后，总理衙门上奏称，关东铁路要比卢汉铁路更紧急，建议朝廷暂停修筑卢汉铁路，将每年200万两白银的经费移往东北，赶修关东铁路。[8]

张之洞对此也表示理解。他于同年4月致电海军衙门和李鸿章，表态称："关东路工紧要，廷议移缓就急，卢汉铁路可徐办等，谨当遵办。湖北即专意筹办煤铁，炼钢造轨，以供东工之用。"[9]张之洞此时最大的担忧，是李鸿章很可能会采购洋轨，而非汉阳铁厂即将造出的国产铁轨。[10]事后来看，他这番担忧完全多余，因为汉阳铁厂在他手里根本就没造出可用的铁轨。

有了总理衙门的支持和张之洞的理解，关东铁路随后启动了勘测工作。按预定计划，该铁路将与津沽铁路相接，出山海关经营口、吉林抵达珲春，共计2000余里。需银3000余万两。李鸿章的计划是每年由朝廷拨给白银200万两，每年修造200里铁路（进度其实也很慢）。[11]造成后，一旦有事，清军可由该铁路迅速在东三省集结。

万寿最大，铁路建设只能停工

1893年5月5日，李鸿章给主持总理衙门事务的奕劻发去了一封诉苦电报。

电报中说，关东铁路目前已造到了山海关，土地也已购买到了锦州府，正是"需费浩繁，事难中止"之时。如今的现实却是，"前因庆典紧要，户部商借二百万，极形支绌，岁仅百万可指，实难再分"[12]。李鸿章这通诉苦电报，透露了户部为筹办慈禧太后1894年旧历十月初十的六十大寿，至少提前了一年半就开始在四处挪用资金。但李鸿章发这通电报，并不是为了要回那200万两被挪用的修路经费，而只是为了保住剩下的一点点经费。[13]就在前一天，庆郡王奕劻给李鸿章发来一封电报，说湖广总督张之洞向朝廷提出一项请求。张说：

汉阳铁厂竣工在即，马上就要开炉炼钢造铁轨，故希望将湖北、湖南两省应该承担的关东铁路修筑经费各5万两，直接截留在湖北，当作关东铁路向汉阳铁厂购买铁轨的预支费用。奕劻在电报里对李鸿章说，"香涛（张之洞）此举，系豫支轨价，并非扣留另用，且开炼急需，势难不准。现拟照准，以观其成而免作辍，以为何如，立望电复，以便速奏"[14]——朝廷觉得这事挺好，已打算批准了，但还是来问了一下李鸿章有无意见。

李鸿章接到奕劻的电报后头大如斗。

按1891年朝廷多轮商议的结果，每年由户部和各省筹拨200万两银子，作为关东铁路的修筑经费。其中，"库拨"120万两，各省承担"每省五万两"。[15]如今，为了办慈禧太后的大寿，户部先将由其直接掌控的"库拨"120万两，挪用掉了100万两（连续挪用1893年与1894年的份额，共计是200万两）。各省的80万两份额，又时常拖欠无法按时缴足。李鸿章给奕劻的电报中有"岁仅百万可指，实难再分"，即是指此。

除了经费拮据之外，李鸿章还有另一重担忧："倘预支银而轨不济用，必至贻误，兹彼仍坚执预支之说，自系筹款为难，殿下总揽全局，当不顾彼失此。可否商令户部另筹十万，给鄂或拨还铁路，免致两废。将来开炼钢轨合式，鸿断无不用之理，仍守随收随付，价原议为妥。"[16]李建议奕劻，由户部另外筹集10万两白银，或者给张之洞，或者给关东铁路，这样两不耽误。将来汉阳铁厂炼出的铁轨合格，关东铁路绝不会说不用，会随时买随时付款。

清廷中枢似乎一度采纳了李鸿章的反对意见和处理办法。1893年5月24日，奕劻致电张之洞说："豫支北洋轨价，少荃（李鸿章）相国以为不易腾挪。海署现与户部商定复奏，仅准由粮道借拨十万。"[17]大意是朝廷决定另想办法去筹集10万两。但最后，湖北的10万两铁路款似乎仍由张之洞扣下未缴，户部未给关东铁路另补经费，张也未生产出一根合格的铁轨来供应关东铁路。1893年11月18日，李鸿章给奕劻写了一封长信，内中说：

来示拟分年抽拨铁路经费，查十九、二十两年业经每年分拨百万为庆典之用，鄂中又奏留十万为铁厂之用，是每年仅余九十万，如再抽拨，便须停工。[18]

所谓"来示拟分年抽拨铁路经费"，指的是该年永定河发生水患，清廷中枢为给慈禧办寿已是焦头烂额，拿不出钱来治河，遂又计划从李鸿章剩余不多的关东铁路经费里每年再挪用数十万两作为治河经费。于是李鸿章再次给庆郡王奕劻去信诉苦称：太后的万寿庆典已挪用了1893年和1894年的铁路建设经费各100万两，张之洞处又截留了每年10万两的修路款，现在每年仅剩下90万两。如果再挪用，那铁路建设就只好彻底停工。

李鸿章的这些诉苦，没有能够挽救关东铁路的命运。1893年底，关东铁路终于因为资金短缺而暂时停工[19]。次年3月22日，《申报》刊登了一篇题为《铁路停工》的报道，将铁路停建与慈禧万寿之间的关系，直接公之于众。文章写道：

> 天津铁路公司分官商为二局，其业已筑成由津车站旺道庄起至古冶止，谓之商路。其后来兴筑者由古冶至滦州陆续接至山海关，谓之官路。车客由山海关而来，至古冶须另购车票；由旺道庄而去至滦州，亦另购车票。以清官商两局界限。官局经营伊始，工程浩大，费实不赀，不若商局规模已备，可图利益。今岁恭逢皇太后六旬万寿，普天同庆，在廷王公大臣、外省将军督抚，以及实缺提镇司道，各抒报效之忱，借献冈陵之祝，户部总司出纳，更应力求撙节，遂将铁路经费暂停支放，为移缓就急之计。关外工程今春并未开办，委员司事不便坐支薪水，有辞回津郡者。想须俟万寿庆典告成，然后再议兴工也。并闻某侍御以永定河关系畿疆水利，若不寻流溯源大加修浚，不特为民生巨患，且为国帑漏卮，若谓部库支绌无款可筹，何不以铁路经费为治河之用。盖以铁路为未然之利，永定河为已然之害，不可不熟筹缓急也。独不思铁路为富强根本，时至今日兴办不容稍缓，东三省逼近强邻，整备边防，尤非铁路不为功，漫欲以数载之经营，废弃于一旦，岂识时务者之所为哉？[20]

为这篇报道提供讯息之人（或许也正是这篇报道的作者），对关东铁路的情况非常了解。他不但清楚这条铁路分关内和关外两块分别修筑，不同路段存在着商办和官办的区别（关外人口与市场有限，缺乏商业利益，很难招揽到民间商股参与修造铁路，故只能采取官办），还非常清楚筑路资金被挪用的流向，是慈禧的万寿与永定河的治水；而治水缺钱，又是因为户部将钱全拿去给慈禧办万寿了。

铁路停工，随之而来的是筑路工人在寒冬中失业。据《申报》1894年3月27日的一篇记者实地采访，在辽宁营口一带，失业工人迫于生计，已开始沦为强盗了："北地兴建铁路，今岁因值皇太后万寿，抽提经费，暂停工作，已列前报。兹接营口访事人函云，铁轨工程本已出关三百余里，一旦大工中辍，所有作工之人流落关内外，失所依归，甚至三五成群，见过客之携带囊橐者，肆行劫夺。日前有送信之人被劫川资银两并钱数吊，所穿破布棉袍及破鞋袜皆被夺去。"记者还说，"此种工人为数不少"，若不赶紧想办法安置，"遗患有不堪设想者"，可能会给地方治安造成很大的危害。[21]

但太后的万寿事大，区区几千至万余名工人的失业，远不足以引起中枢与地方的注意。清帝国的大小官员们，此刻正全部忙于向太后提交自己的"报效"。

全国大小官员掀起"报效"热潮

所谓"报效"，即臣子向君王送钱送物。

1893年7月17日，礼亲王世铎上奏说，参考乾隆时代的旧例，慈禧太后六旬万寿，应该降下"天恩"，给中外大小臣工一个"祝嘏输忱共襄盛典"[22]的机会，具体来说就是按官职的大小等级，制定一份给太后送钱的清单。

按世铎等人拟定的"报效"清单，京官们需要给慈禧太后进呈白银26.39万两。具体包括：亲王、郡王、贝勒、贝子、公、将军，共银43600两；宗人府、内阁、各部院寺满、汉文职各官，共银94800两；侍卫处、銮仪卫、八旗满洲、蒙古、汉军、前锋、护军、圆明园八旗、内务府三旗、健锐营、火器、领绿步各营，满汉武职各官，共银68400两；公、侯、伯、子、男、轻车都尉、骑都尉、云骑尉、恩骑卫，满、汉袭荫各官，共银57100两。

外省官员需要给慈禧进呈的银两，共计是94.3万两。具体包括：1.直隶省共银57000两；2.江宁省共银35800两；3.江苏省共银35600两；4.安徽省共银33500两；5.山东省共银56100两；6.山西省共银51500两；7.河南省共银58400两；8.陕西省共银29300两；9.甘肃省共银66500两；10.新疆省共银46800两；11.福建省共银45000两；12.台湾省共银13400两；13.浙江省共银43300两；14.江西省共银41200两；15.湖北省共银43600两；16.湖南省共银44900两；17.四川省共银61800两；18.广东省共银64500两；19.广西省共银31700两；20.云南省共银32600两；21.贵州省共银37600两；22.奉天省共银5700两；23.吉林省共银3000两；24.黑龙江省共银1000两；25.热河省共银3200两。[23]

总计，清帝国的大小官员，需要给过生日的慈禧太后"报效"白银120.69万两。

但是，在朝廷眼中，只让文武官员们"报效"一次是不够的，还不足以让他们充分抒发对慈禧太后的爱戴之情。所以，两个月后，1893年9月22日，礼亲王世铎等人又想出一个主意，以慈禧过寿时须从颐和园返回皇宫为由，请求太后"赏给地段点缀景物叩祝万寿"，也就是将回宫的这段道路"赏赐"给群臣，由他们来负责装点，以表达对太后的感恩和对万寿的祝福。为了让地方督抚们踊跃交钱，又找到直隶总督李鸿章，要他率先"主动"上奏，去恳求太后"赏赐"一截回宫地段，给文武官员们来出钱整饰。[24]

于是，已因关东铁路经费被万寿庆典挪用200余万两白银而心焦不已的李鸿章，又不得不于这年的11月8日，以大学士的身份领衔上奏，如此这般"主动"恳求朝廷：

> 奏为吁恳天恩事。恭照明岁恭逢慈禧端佑康颐昭豫庄诚寿恭钦献皇太后六旬万寿，普天同庆，薄海胪欢，凡在廷大小臣工，无不思勉效愚衷，共襄盛典。恭查乾隆年间历次恭办庆典成案，内外臣工呈请祝嘏，均经奏明，请旨遵行。臣等世受国恩，渥沾圣泽，瞻依寿寓，忭舞难名。愿抒葵藿微忱，虔颂宫闱嘉祐。谨援照成案，合词吁恳天恩，赏给地段，俾得点缀景物，建设经坛，同申叩祝。所有臣等情殷祝嘏吁恳恩准缘由，理合缮折具陈，伏乞皇上圣鉴，训示遵行。再，此折系内阁主稿，合并声明。谨奏请旨。[25]

李鸿章的"恳求"迅速得到"恩准"。11月25日（也就是李给奕劻去信诉苦铁路经费"每年仅余九十万，如再抽拨，便须停工"后的第七天），李鸿章再次上奏，称自己和直隶的大小官员，愿意在之前的报效之外，"再筹集银三万两，以备添设地段点缀景物之需"，且因外省前往京城装点路段多有不便，这笔钱"仍交内务府办理"，直隶只象征性地派人前往指定地段"随同照料"。[26]

至此，文武官员第二次"报效"的额度也确定了下来，即每省再交银3万两（也有部分省份如甘肃超过了3万两，部分省份如吉林、黑龙江、热河等未达到3万两）。据两江总督刘坤一的奏折披露，这第二次"报效"的额度之所以是3万两，是因为援引了"乾隆二十六年，大学士傅恒等奏明各段点景交纳银数单开各省督抚每省交银三万两"的旧例。[27]

此外，总税务司赫德、各处盐商，以及开平矿务局、轮船招商局等工商企业，也被要求一同参与此次"报效"。最终慈禧收到白银169.55万两。加上第一次"报效"的数额，清帝国的大小官员共计给慈禧上交了298.15万两白银。[28]按茅海建的估算，"这近300万两银子，以当时的价格可以从英国、德国购买并养护大型军舰三四艘，或装备并编训一个完全近代化的陆军师团"。[29]

这还只是清廷中枢的"指定报效"。交完了这两笔钱之后，包括光绪皇帝在内，内外大小官员还需要绞尽脑汁、耗费重金去购置各种特色礼物，才能走完给慈禧祝贺"万寿"的全部流程。

1893年，没有人在乎关东铁路已经停工；也没有人在乎北洋舰队的建设已停滞多年。1894年1月24日，李鸿章致函总理衙门，说北洋舰队各军舰已进入大修年限，"全军二十五船，大小锅炉八十一座，约需经费银八十四万两，各船大修约需经费银六十万两，又旅坞添置机器厂房约需经费银六万两，共需库平银一百五十万两"。李知道，朝廷不可能在1893年和1894年拿出这笔维修经费，所以他的主张是：将这场维修分成十年来做，且推迟至1895年开始，希望朝廷能每年筹拨白银15万两作为维修经费。[30]

在李鸿章为北洋舰队乞求维修经费之前约一个月，《字林西报》报道日本外相陆奥宗光在众院做了一次报告，内称：

日本自1868年明治维新二十五年来，对外贸易由三十万增至一万万六千二百万两，有三千英里铁路线，一万英里电报，及各种航行大洋船只。日本有最现代化之常备陆军十五万人，有各式军舰四十只，与任何欧洲各国相比无逊色。日本已实施代议政治，今日不怕任何人。所以日本外交政策为与外人互相往来，开全国为商埠，任人旅行以促贸易。[31]

与日本的"三千英里铁路线"相比，甲午战争前夕的清廷，铁路总里程仅有477公里（包括刘铭传在台湾所建的99公里），其中与东北防务关系密切的关东铁路仅218公里，出山海关的部分仅64公里。这直接导致甲午战争期间，总兵力占有绝对优势的清廷陆军，始终无法集中起优势兵力对入侵的日军实施有效阻击。下表是甲午战争期间陆路战场主要战役的兵力对比。从中可以看到，只装备了洋枪洋炮，却未在体制层面完成近代化改革（如将领专业化、征兵智识化、幕僚参谋化）的清廷陆军，在山东、辽东战场，对阵已基本完成近代化改革的日本陆军时，"本土作战"人数优势完全消失了，甚至总体上还处于劣势[32]：

甲午战争期间陆路战场主要战役的兵力对比表

战役	清军兵力	日军兵力
平壤之战	1.3万	1.6万
鸭绿江防战	3.04万	3万
旅顺之战	1.47万	2.5万
威海之战	2.1万	2.5万

造成这种结果的核心原因之一，便是清帝国几乎没有铁路可用。按日本参谋本部第二局（管西局）局长小川又次1887年向日本政府提交的《征讨清国策案》，清廷陆军总数合计大约117万人。其中，战斗力比较强的，是防勇与练军，共计约40万人，由各省总督、巡抚统辖，分散在全国各地。小川又次说，这40万军队不足为惧，因为他们"布于我十倍之土地面积，特别是道路粗糙恶劣，交通甚为不便，故而假令一方有事，也难以直接调遣邻省之兵"，日军真正需要在意的，只有直隶、山东与辽东地区的这部分军队。其中，直隶与山东地区，清廷可用陆军总数是5万人，东三省可用陆军不超过2万人[33]。甲午年山东、辽东的清军部署，较之1887年小川又次的调查，并没有太多变化。铁路建

设的情况，较之1887年也几乎没有进步。

这只是战役层面的兵力对比。具体到战斗层面，更常见的是日军集中优势兵力围攻清军。正如山东巡抚李秉衡在1895年1月所哀叹的那样："二十四日，（日军）四十余轮，万余人扑成山登岸，防军不支。除威海各军归北洋外，南北五百里处处可登。仅二十余营新募之勇，分防太多，敌专注辄万人，我所应多不能过二千人，势太不敌。"[34] 所谓"敌专注辄万人，我所应多不能过二千人"，即是指清廷没有办法组织起一支能够产生威胁效应的陆军野战部队，所以日军在山东战场上，可以随心所欲地集中优势兵力，对被动防守军事要塞的清廷陆军以多打少，实施各个击破。

反观日本。甲午年前后，已拥有400多辆火车头；东海道线、横须贺线、北陆线等，也均与港口之间实现了有效连接。战争期间，日本全国的铁路都动员了起来，不断将人员与物资运往广岛港，再由轮船运往前线（北洋舰队战败后，日军控制了制海权）。有统计称，"1894年度日本国铁的军事输送量为兵员17万4595人，军用品4万3445吨；1895年度国铁输送兵员10万5944人，军用品2万736吨，马匹7727头。整个甲午战争期间，日本铁路运输了20多万出征士兵，3万多匹战马。日本在甲午战争期间，军事铁路运输基本上没有间断过，铁路交通极度繁忙"。[35]

小川又次曾经断言，清廷只要一天没有"布设铁路"，就"决不能称作真正之强国"。发生在1893年的关东铁路为慈禧太后之万寿让道暂停建设事件，所暴露出来的体制问题，显然要远比没有布设铁路更严重。

第三十四章　1894 年：大清"战胜"了日本

1894年的甲午中日战争，让慈禧太后心心念念的六十大寿庆典化为泡影，也让晚清30年自强改革正式宣告破产。

海战方面，北洋海军虽可与日本海军勉力一战，终不免因决策层的胡乱指挥而全军覆没；陆战方面，日本陆军人均仅消耗8颗步枪子弹，就击溃了清廷陆军。[1]遗憾的是，战败带来的震荡主要局限于体制内人士和关心时务的知识分子。清帝国的底层民众大多对这场战争无感，许多人甚至以为大清才是战争的胜利者。

清军在版画新闻里所向无敌

浙江余姚人蒋梦麟（1886—1964）在他小时候一段时间里，始终以为中日甲午之战是以大清的全面胜利而告终，因为他看到的画片就是这么画的。

蒋梦麟回忆：

新年里常常有些小贩到村子里卖画片……有一年新春假期里，有一套新鲜的图画引起小孩子们的浓厚兴趣。这套五彩图画绘的是一八九四年（甲午年）中日战争的故事。其中有一张画的是渤海上的海战场面，日本舰队中的一艘军舰已被几罐装满火药的大瓦罐击中起火，军舰正在下沉。图中还画着几百个同样的大瓦罐在海上漂浮。这种瓦罐，就是当时民间所通用的夜壶，夜间小便时使用的。另一幅画中则画着一群带了铐链的日本俘虏，有的则关在笼子里。中国打了大胜仗了！自然，那只是纸上的胜仗，但是我们小孩子们却深信不疑。后来我年纪大一点以后，我才知道我国实际上是被日本打败了。而且割让了台湾，我们的海军被日本消灭，高丽（指朝鲜）也被日本抢走了。[2]

这段回忆是可信的。因为类似的版画，迄今仍留存于世。

2014年5月，日本国立公文书馆亚洲历史资料中心（JACAR）与大英图书馆合作，在其网站上举办了题为"绘画中的日清战争锦绘、年画和公文书"的网络特别展[3]，展示了甲午战争期间制作于中日两国的235件版画，其中179件为日本画家作品，绝大部分为锦绘；其余56件出自清末中国画师之手（56件中有雷同者）。[4]

这56件藏于大英图书馆的中国版画中，有一幅《捉拿倭奸审问正法图》，极可能便是蒋梦麟提到的那张让他印象深刻的画片。这幅《捉拿倭奸审问正法图》，右下角注明出品者是"仁川必胜斋石印"，左上角注明作画者是"嵩山道人"，作画时间是"光绪甲午季秋"，画面内容是战败被俘的日军士兵，由清军以绳索捆绑、囚笼关押，送去砍头处决。与蒋梦麟当年所见画片"画着一群带了铐链的日本俘虏，有的则关在笼子里"，核心元素基本一致。

展出的中国版画里，未发现与蒋梦麟记忆中的"夜壶炸弹击沉日军战舰"相关者。不过，这些版画，与蒋梦麟所见画片的主旨相同，全部是在宣传清军大胜、日军大败。

比如，有一张题为《朝鲜水战得胜捷图》的版画，表现的是清军水师大败日本海军。版画署名"梅州隐士制"。左上角题记注明："倭逆无故称兵犯顺，占据韩京，肆行狂悖，欺害华商。凡我朝野诸君，无不同深义愤……"（"义愤"后似仍有文字，但已受损不可复见）。

还有一张《海军大胜图》，极力表现"日本海军遭到大清水师痛击"。版画署名"望平东馆主人识"。上中部题记写道：

> 倭逆无端开衅，不遵公法，击伤运船。朝廷震怒，立饬海军大队铁甲前往助剿，开仗于惊涛骇浪之中，烟雾腾空，杀声震雷。轰沉倭逆铁甲三艘，兵轮数艘，溺毙倭逆无数。飞电传来，共相欣喜。兹将倭逆败北情形，绘图贴说，俾天下怀忠义之气者争先快睹，略抒公愤。他日水陆并进，不难一鼓荡平，倭逆之亡指日可待。

陆战方面的情形也差不多。比如有一幅《高丽月夜大战牛阵得胜全图》，将日军在陆战中的"惨状"刻画得淋漓尽致。画中,狂牛角上绑有利刃,背上负有灯笼,直冲日军而去,日军士兵或瘫软在地,或仓皇返身逃跑,清军将领左宝贵端坐骏马之上,一派指挥若定状。

另一张版画《宋刘二帅克服九连城》里,清军占据着战场上的绝对优势,左上角题记注明:"天津来电云:倭逆攻九连城,宋刘二帅假退五十里,用引虎入牢之计埋伏地雷火炮。十月初四轰死倭兵二万。"

关于台湾战场的描绘尤其夸张。版画里,不但日军在台湾被刘永福等人率领的清军打得屁滚尿流,而且连后来的日本第一任台湾总督桦山资纪(1837—1922),也遭清军捕获,受审后被浇上火油活活烧死了。

表现桦山资纪被捕受审的版画,题为《刘大将军擒获倭督桦山审问》。画作署名"上海吴文艺斋",并有题记说明:

厦门各商号来信云及,倭总督桦山氏彼(原文如此)刘军擒获。倭奴见主将彼获,随即恳请西国大员向刘帅恳情,愿出五百美金赎回。刘帅不允,定要和约见还,方可赎回耳,倘和约不还,将倭逆审明首级示众。

表现桦山被浇火油活活烧死者,则是一幅署名"小芳陆士勋"的未命名版画。画中题记写道:

桦山氏者,倭将之巨擘也。少时游学泰西,精于测算制器等学,又深究西国军律营制,故回国后倭主即授以水师提督之任。自去年称兵犯顺以来,凡军旅之事皆桦山一人主之。其趾高气扬藐视台湾,大有一口吸尽西江水之意。不料自遇我刘大将军,而后大小数十战,无不悉坠术中,不及两月,伤亡以五万计,遂慷慨登岸,不胜愤然。一日,仅带倭军数十人,意欲探视道路,为进兵计。正巡行山径间,突有生番自丛莽中啸聚而起,以毒箭踣之,生擒而献诸刘营。将军命以棉絮渍火油,周裹其身,燃火烧之。凡忠义之士无不拍手称快。所谓桦山氏以疫死者,则倭奸之代讳之也。

总之,在这些版画里,无论陆战、水战,日军都不是清军的对手;每次战役，都被英勇的清军打得落花流水。

朝廷对战争信息实施了管制

值得注意的是，展出的这56幅中国版画，全部出自民间商家。

比如，绘制《捉拿倭奸审问正法图》的"嵩山道人"、绘制《朝鲜水战得胜捷图》的"梅州隐士"，虽生平信息不详，但都是长年给上海小校场的年画店铺供稿的民间作者。今人之所以不知道他们的身份，是因为较之文人画，年画被认为上不了台面，故当时作年画的文人多不署真名。[5]

另据唐权对这些版画的梳理与研究，"就风格而言，这五十余件版画大致可分成两类。一类属于有传统色彩的年画，从作品的题记可知，其制作者或是批发者有'吴文艺斋''筠香斋''文仪斋''沈文雅'等，皆是上海旧校场制售年画的知名店铺。另一类则无论是主题、内容还是画面构成，都酷似《点石斋画报》中的时事画。不难想象，这两类作品都是与清末上海的文化市场密切相关"。[6]简言之，这些描述清军"战胜"日军的版画，全部来自上海的民间文化机构。

这些上海的民间文化机构，究竟是受了不实传言的误导，还是有心刻意造假？

从版画题记里的"天津来电云""厦门各商号来信云及"等文字判断，这些文化机构是有消息源的。但是，这些消息源并不完全可靠。战争期间，清军拒绝外国记者随军采访，也拒绝外国武官随军观战（日军为塑造"文明之师"的形象反其道而行之），报刊往往只能依赖自己聘请的"访事人"（大略相当于记者或线人，不属于报馆的正式员工）和朝廷邸报里的信息，来报道前线战事。

这些"访事人"缺乏专业训练，送回的信息常充斥着"我愿意相信事实是这样，所以事实是这样"的道听途说。朝廷邸报也常因前线将领的不实战报而失真。为了掩饰劣迹和邀功请赏，甲午战争初期的前线战报，大多存在杜撰战斗情节、夸大乃至捏造歼敌数据等情况。如清廷上谕中对"济远舰"管带方伯谦的褒奖是"鏖战甚久，炮伤敌船，尚属得力，着李鸿章传旨嘉奖"[7]。该上谕的依据，是方伯谦报告中的"倭船又来追赶……我船后台开四炮，皆中其要处，击伤倭船，并击死倭提督并弁数十人。彼知难以抵御，故挂我国龙旗而奔"[8]。但当日的实情却是济远舰"挂白旗及日本海军旗逃跑"[9]。清廷上谕对陆军将领叶志超在牙山战役中的褒奖，则是"连获胜仗，毙倭贼二千余人，该提督偏师深入，以少击众，克挫凶锋，深堪嘉悦"，"加恩着赏给该军将士银二万两"[10]。《申报》与《点石斋画报》等遂依据这些信息，刊登（绘制）了诸多关于牙山大捷的报道（画报）[11]。当时的实情却是清军在牙山惨败。

清廷实施的信息管制政策，也是民间报道信息失真的一个重要原因。

当时的重点管控对象是电报局。战争期间，清廷严禁电报局向外界传递任何与战争相关的信息，任何人都不能在电报里写入前线战事的实情，尤其重点禁止民间以暗码传递消息。[12]这种信息管制，既是为了防范军事情报被日军间谍侦知传递（后来李鸿章赴马关谈判，清廷中枢与驻日使馆的往来电报便被日军破译，形同明文），也是不希望民间知晓前线清军的败绩而发生恐慌与愤怒的情绪，进而引起社会不稳。这种管制让《申报》难以及时从可靠信源获取信息，在战争初期过度依赖道听途说，与《点石斋画报》等媒体一样误以为清军所向披靡，正在朝鲜痛击日军，报道严重失真。[13]

信誉受损的《申报》，后来不得不公开刊登启事，向用户解释为何会出现假新闻，以及之后将怎样解决，其中便提到了清廷的信息管制。启事全文如下：

倭奴犯顺以来，夺我藩封、侵我口岸，狼奔豕突，顽梗难驯。本报以事关军国重情，人皆先睹为快，用是不惜巨费，遍嘱诸埠访事友，一有战务，立即传电告知，俾从速列入报章，布告薄海内外。乃日前接烟台电报局来信，谓近奉督办之谕，凡事之涉于争战者，一概不得为人传达，以免泄漏军情。阅日又有天津访事友书来，称某日有极要事机，携费至局中传电，局中人既已收取，翌日仍复退回，谓无论中西各人，除商报外，苟有涉中日事宜者，决不代递。本馆揆时度势，断不能再发电音，而下笔之时又自觉忝颜，不敢动辄捏称接得某处某处中西各访事人来电，致以无稽谰语摇惑人心。只得于日本、高丽、烟台、天津及南北洋各埠，逐一添派妥实友人，悉心侦访，闻有军务，即刻飞函，庶几信不愆期，事皆核实，用副诸君子赐阅之盛情乎。[14]

"访事友"是《申报》在各地重要城市口岸聘请的"准记者"。这些"准记者"与上海报馆之间，高度依赖电报联系。中日战争爆发后，清军在海、陆两处战场节节败退，清廷随即针对电报局启动了信息管制，"凡事之涉于争战者，一概不得为人传达"，中日之间只有商务信息可以用电报发送，"苟有涉中日事宜者，决不代递"。《申报》无可奈何，只能加派记者四处探访，改用传统信函来传递信息。

讽刺的是，清廷对电报局的信息管控，只能阻碍本国百姓获知前线的真实战况，并不能真正起到对日信息保密的效果。据时任日本外务大臣陆奥宗光披露，两国正式宣战前，日本方面就已经破译了清廷驻日公使汪凤藻、赴朝将领袁世凯、北洋大臣李鸿章与总理衙门间的往来密电。后来的马关议和期间，更是靠着破译清廷往来电报完全掌握住了谈判的主动权，在谈判桌上取得了最大利益。[15]

据陆奥宗光的秘书官中田敬义披露，破译清廷电报者是时任日本电信课长的佐藤爱麿。1886年北洋海军前往日本长崎港维修，清兵与日本警察发生流血冲突，冲突中，清廷使用的一份密电本意外遗失，被日军获得。1894年6月22日，对清廷开战前夕，陆奥宗光给清廷驻日公使汪凤藻送去一份信函。这封信函原本是以英文起草，后由日本外务省的工作人员译成日文，再由中田敬义负责译成中文。汪凤藻拿着这份日本人送来的中文文件，完全没有意识到这是一个圈套，随即将其发给了总理衙门。佐藤爱麿手里有中文原件，然后又能截获电报信号，二者互相比对，再以之前意外获得的清廷密码本为辅助资料，很快就破解了清廷密电码的编排规律。[16]

甲午之战结束后，日本政府小心翼翼地将破译清廷电报一事隐藏了起来。陆奥宗光1895年底写成的《蹇蹇录》也延迟了30年才公开。清廷直到灭亡都不知道自己在1895年已被日本政府看了个精光。

这场电报泄密事件看似技术事故，实则可视为清廷拒绝开放、拒绝拥抱变化造成的恶果。早在1869年，传教士丁韪良便试图将电报技术输入清帝国，在总理衙门供职的某翰林却不屑一顾，认为"中国四千年来没有过电报，固仍泱泱大国也"[17]。直到清廷先后经历了1874年日军侵台、1879年日本吞并琉球和1879年中俄伊犁交涉事件，每一次都因为没有电报，前方与中枢之间信息传递太慢，而坐失良机损失巨大，才半推半就同意李鸿章建设电报线。可即便如此，也还是拖到1883年才勉强允许电报线进入通州，信息到了通州之后，须由人骑马传入城内。直到1898年，清廷才允许电报线直接接入总理衙门。那时已是甲午战争结束的三年之后。可想而知，在这样一种政治氛围下，清廷内部不可能产生佐藤爱麿这样的电报人才。于是，也就没有人能够站出来提醒汪凤藻与李鸿章，要他们在使用日本人提供的有线电报时，千万不能将日本人提供的中文文件直接发给总理衙门。

报纸为取媚民众搞畸形报道

除了信息管制之外，舆论环境也在"迫使"《申报》与《点石斋画报》不断扭曲自己的报道。早在19世纪80年代的中法战争期间，《申报》就已见识过清帝国知识界对不符合心理预期的新闻报道，将会采取怎样的措施。该报主笔黄式权回忆道：

> 自越南用兵，与法开战，他报皆讳败为胜，以掩一时之耳目。美查则雇一俄人随法营探报，备录无遗，而无识者反谓偏袒法人，几以《申报》为集矢之鹄矣。是时与之相角者有《沪报》，《沪报》专用笼络阅者之法，《申报》独守正不阿，自石浦沉船，基隆失地，华军之儒弱不任事，几于道路皆知。[18]

读者不认同《申报》对中法战争的报道，是因为《申报》说前线清军不敌法军，与他们的心理预期不符。那时节，《申报》的读者主要是识文断字、关心时务的官绅与商贾。他们对清廷自1861年启动的洋务自强改革，集体怀抱着一种强烈的自信，本能地不愿意相信经过20余年的自强改革，清军在法军面前仍是不堪一击。[19]于是，说真话的《申报》就被扣上了"偏袒法人"的大帽子，成了众人攻击的对象。可想而知，《申报》的订阅量也会因此受到冲击。尽管黄式权说《申报》之冤"大白于天下"后"销数益畅旺"，但该报的拥有者英国商人美查（Ernest Major）却从中看到了商机。他随后投资创办了《点石斋画报》，并在总结创办缘由与成功经验时，留下了这样一段文字：

> 近以法越挑衅，中朝决意用兵，敌忾之沈，薄海同具。其好事者绘为战捷之图，市井购观，恣为谈助，于以知风气使然。不仅新闻，即《画报》亦从此可类推矣。爰倩精于绘事者，择新奇可喜之事摹而为图，月出三次，次凡八帧，俾乐观新闻者有以考证其事。[20]

"好事者绘为战捷之图，市井购观，恣为谈助，于以知风气使然"，指的是美查观察到民众很喜欢购买阅读表现清军大胜法军的图文报道。"择新奇可喜之事摹而为图"，指的是美查乘中法战争之机创办《点石斋画报》，绘画内容的取向一是"新奇"，一是"可喜"。所谓"可喜"，大约正是指点石斋在战争期间绘制的那些表现清军英勇无畏、战无不胜的版画。

对《申报》来说，甲午年的用户环境，与十年前的中法战争并无多少区别。

战争的中后期，《申报》通过编译英文、日文媒体，刊载的多是清军战败的消息，即被人指责为"助敌"。1895年3月，《申报》广告版甚至刊登出《胜倭确信》的文章，相同的内容连登两天，当是某爱国士绅个人出资，将其耳闻且愿意相信的"倭兵……尸积如山，伤者无数"的消息广而告之。[21]《新闻报》是《申报》的竞争对手，其经营者斐礼思呼应这种"民意"，命"主笔房日撰一论，昌言日军败绩，捏称清军胜局"，甚至造出清军以"夜壶阵"戏弄日军的假新闻。该新闻称，"（清军）以箬帽絷缚于便壶口上浮之海中，以远望之，俨然人头挤挤，引诱敌军开枪开炮"。结果便是该报深受市场欢迎，"各报贩易于脱售，未午即均已告罄。越日增印若干，而销数亦如之"[22]，很快就挤进了上海报纸的前三甲。

市场压力之下，《申报》与附属于申报馆的《点石斋画报》，也在报道中日甲午战争时，呈现出两种不同的面貌。一面是《申报》常报道清军战败的消息，另一面则是《点石斋画报》里全是清军大胜日军的图文：

以平壤战事为例，起初不明真相，《申报》的报道也失实；而一旦发现西文报纸登载日本电讯，知道平壤已经失守，该报立即转述。反观《点石斋画报》，读者所能看到的，从《牙山大胜》《海战捷音》，一直到《破竹势成》《大同江记战一、二》等，全都是"捷音"，不见黄遵宪所说的"一夕狂驰三百里，敌军便渡鸭绿水"的狼狈败退。[23]

同属一家报馆，内容上南辕北辙，核心原因仍是为了取悦用户。在当时的上海，《申报》还有一个比《新闻报》更强力的竞争对手《字林沪报》，该报相当于英文报纸《字林西报》的中文版，常翻译外国电讯，内容的及时性与真实性较高。作为一家严肃的新闻媒体，《申报》无法在《字林西报》等英文媒体不断刊登前线真实消息的情况下，仍继续刊登"清军大胜"的假新闻；《点石斋画报》则不然，它既非真正意义上的新闻刊物，用户的文化层次较之《申报》也要更低，更乐于追求感官愉悦而非理性思考。所以，对经营者而言，《申报》需要调整报道，向真相靠近；《点石斋画报》却大可继续让清军所向无敌。

事实上，《申报》的调整也有玄机。如前文所言，它在甲午年的竞争对手，既包括比较追求内容可信度的《字林沪报》，也包括完全以迎合读者口味为要务的《新闻报》。《申报》既不愿丢失"求真"的那部分用户，也不愿放弃"求爽"的那部分用户。于是，其新闻报道的行文，便常呈现出一种非常古怪的面貌。比如下面这则短讯：

> 昨日日本神户来电云，大约日本之兵，已在高丽社神地方开仗。未几，又接长崎来电云，廿一日有高兵攻击日本兵，高兵败北。又云韩京全被日兵占据，高王已与拘禁无异。按此电来自东沪，所谓韩京全据、高王坐困，纯是张大之词。今者中国水陆雄师，长驱直进，扶危戢暴，定霸取威，当不难计日而待也。[24]

简讯的前半部分，是在报道消息源传来的新闻，也就是"求真"。简讯的后半部分是编辑的增补，先是在没有任何证据的情况下断言这些消息源不可信

（若真不可信，这篇简讯也就不必登了），然后又畅想了一番清军即将碾压日军。这种"狗尾续貂"，显然是在照顾读者的情绪，以满足他们"求爽"的需求。

类似的处理方式，也见于清军战败之后的和议。分明是屈辱的城下之盟，在《申报》配发的评论文章里，却成了大清皇帝超越古今的英明与仁慈。该评论文章写道：

> 吾于张邵二星使衔命赴倭商议和局，而窃见中国大皇帝之量符覆载，非尺见咫闻者所得而窥其万一也。以中国幅员之广、人民之众、饷糈之厚、兵卒之多，与倭国相较，虽三尺童子亦知其非我敌。以皇上之英武、枢府之赞襄、疆帅之宣勤、将士之协力，何难奋扬威武、戢彼凶残？惟不忍两国生灵屠戮之惨，故欲以玉帛化干戈，人非木石，谁不闻而感颂！[25]

以"求真"为第一要义的新闻媒体《申报》尚且如此（《字林沪报》似也有类似操作[26]），《点石斋画报》等非新闻媒体的情况更是可想而知——这些刊物明明有《字林沪报》《申报》的信息源可用，却始终不愿以版画如实报道清军的败绩，不愿意说出"大清军队不行"这个事实，反而继续大力宣传"清军各种大胜日军"。于是就有了前文所述的《朝鲜水战得胜捷图》《海军大胜图》《高丽月夜大战牛阵得胜全图》《刘大将军擒获倭督桦山审问》等一系列与真相背道而驰的时事画。

其中，最令人瞠目结舌者，莫过于关于《马关条约》的版画报道。

李鸿章前往日本马关签订"和约"，是因为清军在海、陆两个战场均遭遇了惨败。即便不知道这一事实，仅就李鸿章须"屈尊"前往日本这一点，也可知此行绝非光彩。但版画的作者们自有妙计来处理这种屈辱。比如，一幅题为《迎迓李傅相前图》版画中，文字内容竟是这样的：

> 中日失和已有一年，各埠生意清淡。故泰西诸国从中劝和，特来电音恳请傅相至东瀛议和。倭主派外务大臣伊藤引舆迎迓。

如此，李鸿章此行，就不再是被迫前去与日本签订战败条约，而被粉饰成响应列强的"恳请"前往日本议和。细观这幅版画的局部，还可以直观地体察到绘制者的"良苦用心"。画面上，以伊藤博文为首的日本代表团成员，个个毕恭毕敬，点头哈腰；李鸿章拱手为礼，随行的大清代表团成员，个个昂首挺胸，气势凌人。

另一幅由"吴文艺斋"出品的《各国钦差会同李傅相议和图》，也向读者传递着相似的自豪感。画中，比国钦差、俄国钦差、英国钦差、法国钦差、德国钦差、美国钦差济济一堂，李鸿章居中主持"议和会议"。日本政府将刺杀李鸿章的刺客小山抓来，令其屈双膝跪于李鸿章跟前。

《点石斋画报》中，也有一幅题为《赞成和局》的版画。画面内容是李鸿章谴责日本政府"多方要挟，赔款又割地"。此画虽然没有再让日本人对着李鸿章点头哈腰，却以文字题记的形式，赞扬了李鸿章"大度包容"愿意"重申和议"，说这种"大度包容"折服了西方列强。为了支持李鸿章，他们"各派兵舰赴烟台严阵以待""鸣炮为礼"，使"日方知众怒难犯"，于是同意签署和约。[27]

在无人强迫的情况下，这些开办于租界、投资者多是洋人的新闻媒体与画刊杂志如此"一致自觉"，孜孜于营造一种"大清在甲午年战胜了日本"的假象，究其本质，主要是"媚众"二字。可窥见当时中国读书看报的士绅，仍然深深地沉浸在"天朝上国"的虚幻荣耀之中无法自拔。

幻象越大，幻象破灭时的失望也就越深。

不过，这种失望，也仅局限于能够且愿意读书看报的士绅。历史学家蒋廷黻是湖南邵阳人，出生于1895年，适逢中日战争落幕。他在回忆录里说："后来我从族人那儿获悉，邵阳乡下的老百姓若干年后才知道中日之间发生了战争。这并不稀奇。因为当时邵阳没有报纸，也没有邮政电信设施。"[28]

甲午中日战争宣告了晚清自1861年开启的洋务自强改革的失败，也重挫了慈禧太后在清帝国士绅中的威望。但对占人口绝大多数的清帝国普通民众而言，这是一场不存在的战争。因为他们感知不到战争带来的震荡；即便震荡出现在他们的日常生活中（比如赔款），他们也不知道震荡究竟从何而来。

第三十五章　1895 年：朝野反思甲午之败

1895年是个前所未有的反思之年。

法国驻华公使施阿兰（A.Gerard）说：甲午战前的中国仍在坚持用并不存在的、幻想出来的强大欺骗自己，"事实上，它剩下的只是为数众多的人口，辽阔的疆土，沉重的负担，以及一个虚无缥缈的假设——假设它仍然是中心帝国，是世界的中心"。然后，甲午年惨败于日本之后，"它就不得不从傲慢的梦中惊醒"。[1]

这场惨败，逼着"庙堂之高"与"江湖之远"各自反思。

光绪认同改革唯有"仿行西法"

为示负责与变革，清廷中枢在甲午之战后进行了大换血。原军机大臣兼总理衙门大臣、兵部尚书孙毓汶称病告退，吏部左侍郎徐用仪也被逐出军机处与总理衙门。启用了恭亲王奕䜣，以及翁同龢、李鸿藻、奕劻、荣禄、刚毅、张荫桓等人。

"庙堂之高"的反思，从承认战败，决定派李鸿章前往日本求和的那一刻，就已正式开始。1895年3月7日，担任军机大臣并执掌总理衙门的恭亲王奕䜣，率军机处公奏：

中国之败，全由不西化之故，非鸿章之过，请给鸿章以商让土地之权。[2]

恭亲王口中的"西化"与今人所谓"西化"，含义或许存在着一些微妙的区别。陈旭麓认为，奕䜣口中的这个"化"字，"在意思上同'彻底'是相近的"[3]，也就是承认晚清自强改革向西方学习的程度太有限，还不够。今人讲

"西化"则往往是指接受一整套包括政治、经济、文化在内的生活方式。

次日，李鸿章单独觐见光绪皇帝，接受奉旨议和的全权敕书。觐见中，李向光绪皇帝转述了美国驻华大使给中国的建议："修铁路、开矿、经营企业、办银行"，请求皇帝下定决心改革自强。光绪认同李鸿章的这些意见，对他说：

> 负国之罪，在不自强。[4]

君臣间的这番对话，意味着他们有一个共识：30余年的洋务自强改革失败了，败在改革程度太浅，改革力度太小，改革速度太慢。

《马关条约》互换生效后的第三天，1895年5月11日，光绪皇帝发布亲笔朱谕，向群臣解释朝廷为何选择议和。共计提到四项原因：一、陆战、海战全部溃败；二、东北与京师同遭威胁；三、"慈闱颐养"不可受惊；四、海啸成灾，天意示警。光绪说，自己在做割地赔款议和的决定时，一度"宵旰彷徨，临朝痛哭"，他希望众人此后痛定思痛，重启改革：

> 我君臣上下，惟当坚苦一心，痛除积弊，于练兵、筹饷两大端，尽力研求，详筹兴革，勿存懈志，勿骛虚名，勿忽远图，勿沿故习，务期事事核实，以收自强之效。朕于中外臣工有厚望焉！[5]

这道朱谕的阅读者，被限定为京官中的大学士、六部九卿和翰詹科道，且"不得抄录携出"[6]。但谕旨的内容很快就在北京城里传开了。随后便是官员士子群起上奏言事，对前30年的洋务自强进行反思，对此后的改革将往何处去提出建议。文廷式目睹了此番上书盛况，如此形容道：

> 和议既成，举国争言洋务，请开铁路者有之，请练洋操者有之，请设陆军学堂、水师学堂者亦有之。其兴利之法，则或言银行，或言邮政，或请设商局，或请设商务大臣……中国人心，至是纷纷欲旧邦新命矣。[7]

在这种举国皆谈改革的氛围下，1895年7月19日，光绪颁布了一道改革谕旨。皇帝说，"当此创巨痛深之日，正我君臣卧薪尝胆之时"，正需要各省将军督抚悉心筹划推进改革。现从诸多谈改革的奏折中选出九件，下发给各省参考。限各省将军督抚接到谕旨后，在一个月之内就改革办法做出回复，不可"畏难苟安，空言塞责"[8]。

这九件奏折当中，光绪最欣赏的，是胡燏棻的《因时变法力图自强条陈善后事宜折》[9]，故军机处《随手档》将这批奏折统称为"胡燏棻等条陈折片九件"[10]，翁同龢日记中也有与光绪在书房"看胡燏棻条陈"[11]的记载。胡燏棻是安徽人，甲午年在天津办理东征粮台，对洋务颇为了解。胡的奏折能得到光绪的青睐，在于他抓住了光绪此时最焦虑的两个问题——筹饷与练兵，并就此给出了一些较为具体的解决方案——筹饷需要朝廷改走工商立国之路；练兵需要朝廷广设学堂教授实用知识，抛弃传统的八股试帖诗赋经义等无用之学。具体措施包括：大力修筑铁路；改革币制创设中央银行；允许民营企业进入军工领域；允许民间资本进入采矿领域；裁汰无用的漕运机构；全面裁减无用的绿营；创办邮政废除驿递；改革军制创办新式陆军；仿效西洋重整海军；广设学堂抛弃八股力行西法。[12]

这十条主张，有些属于技术引入（修筑铁路、改行邮政），有些属于器械引入（重整海军须全面购入西方军舰），有些属于经济体制转型（工商立国支持民营企业、建立中央银行发行统一货币），有些属于教育体制改革（弃八股改授现代学科）。唯一缺席了政治制度方面的主张。这或许是胡燏棻见不及此，也可能是刻意避而不谈[13]。毕竟，这十项改革建议全部是在呼吁朝廷向洋人学习，已经冒了极大的风险。胡燏棻在奏折里说得明白：

> 今日即孔孟复生，舍富强外，亦无立国之道，而舍仿行西法一途，更无致富强之术。[14]

胡燏棻的这句"舍仿行西法一途，更无致富强之术"，与奕䜣的反思"全由不西化之故"，可谓殊途同归。这种见解，显然得到了光绪皇帝的共鸣。1898年，百日维新启动前夕，光绪命翁同龢起草《明定国是诏》，即要求翁在诏书中"明白宣示"自今以后"宜专讲西学"。[15]皇帝的这一指示，与翁同龢"西法不可不讲，圣贤义理之学尤不可忘"的思想发生了激烈冲突，最终导致了两个结果：一是翁同龢擅自按自己的意见拟定《明定国是诏》，仍坚持"以圣贤义理之学植其根本"；二是光绪盛怒之下将翁同龢逐出了朝堂。[16]

光绪的"宜专讲西学"在1898年遭到了帝师翁同龢的阻击。胡燏棻的"舍仿行西法一途，更无致富强之术"，在1895年也遭遇到了地方督抚将军们的严厉批判。

山东巡抚李秉衡对废除八股改授现代学科极为抵制。他在回奏中说，朝廷已设立了同文馆，也设立了武备学堂，"行军制器参用西法未为不可"，这就够了。至于科举之道，那是万万不能改的，胡燏棻所谓"立国之道舍仿行西法更无富强之术等语"离经叛道，"若如胡燏棻之言，势将驱天下之才力聪明，并心一志以专攻泰西之书而加诸圣经贤传之上，即令富强埒于泰西，而人心之陷溺已不可救。臣恐天下之患不在夷狄而在奸民，不在贫弱而在乱臣贼子，其祸有不可胜言者矣"。[17]这番论调，与翁同龢的"西法不可不讲，圣贤义理之学尤不可忘"，可谓完全一致。上一年，李秉衡刚刚在山东被日军打得满地找牙，甲午之败反成了他攻击改革的依据："近年诸臣中熟悉洋务者莫如大学士李鸿章。李鸿章之崇效西法亦专且久矣，所谓富强者安在哉！"[18]

河南布政使额勒精额也反对变革科举制度。他在回奏中，以毫无可信度的耳闻为证据，鼓吹清廷的纲纪伦常是世界上最优秀的："昔有德国人游历中国，返其国而谓其众曰：中国之纲纪伦常，非泰西诸国所能企及，将来人心齐一，器械精良，我泰西诸国莫敢犯之"。他还施展出阴谋论的手段，说自己与胡燏棻曾在天津共事过一段时间，深知此人平日里"常存容容两可之见，易为他人摇撼"。这次立场鲜明地跳出来主张"仿行西法"，还将许多情况说得相当详细，背后一定有人在指使：

折内所陈铁路勘明道里，由直隶而湖北而湖南而江南，举其河山平野，言之详尽，历历如绘，不但胡燏棻不能悉其原委，即中国长于测算之士，亦不能如此周详，非习于游历之洋人，莫能道也。此折必由洋人授意于奸细，由奸细转交胡燏棻呈进者也，使返而问之，则胡燏棻之疏阔，将茫然而不晓也。[19]

废驿递改邮政、废漕运改海轮、废绿营练新军等主张，也遭遇到大体相似的阻力。其中一个重要缘故，是驿递、漕运、绿营这些旧制度上面，长期依附着巨量的食利群体。改革等于动了他们的蛋糕。于是乎，年轻皇帝的改革热情，在地方上虽能收到一些抽象而公开的赞成，但更多的反馈却是具象而隐蔽的抵制。

至于慈禧太后，没有确切的材料可供阐述她对甲午年惨剧的反省。作为前30年改革的主持者和掌舵者（尤其是甲申易枢以来这十年），慈禧必然清楚，不论朝臣们在遣词造句时如何谨小慎微，他们对前30年自强改革的反思，最终一定会涉及自己——即便纸面上没有涉及，他们的内心必不会对慈禧毫无意见。

李鸿章的反思便是如此。

李鸿章主张变更"立国政教"

甲午年让李鸿章的一生事业付诸流水。他的反思，见于签订《马关条约》之后给光绪皇帝的汇报奏折。

李在奏折中说，日本割占了台湾，又得了巨额赔款，如虎添翼，后患无穷，"臣昏耄，实无能为。深盼皇上振励于上，内外臣工齐心协力，及早变法求才自强克敌，天下幸甚"。[20]所谓"及早变法求才自强克敌"，意即之前的改革路径错了，既不足以自强，也不足以克敌。

之前的改革路径究竟错在哪里？李鸿章并未在给朝廷的奏折中做进一步的展开。甲午战争期间，他对朝廷最尖锐的批评似乎仅止于器械问题，尤其是清廷在长达近十年的时间里拒绝拨款给北洋海军，以致舰队的配置始终未能完整，更遑论让舰队紧跟潮流进行更新换代：

行军制胜，海战惟恃船炮，陆战惟恃枪炮……倭人于近十年来……购置船械，愈出愈精。中国限于财力，拘于部议，未敢撒手举办，遂觉相形见绌。海军快船快炮太少，仅足守口，实难纵令海战……至陆路交锋……固由众寡之不敌，亦由器械之相悬，并非战阵之不力也。[21]

对李鸿章来说，这种抨击已可谓相当大胆。毕竟，翻查历史旧账，人人皆知支持北洋舰队成军者，是醇亲王奕譞；对北洋舰队的经费釜底抽薪者，是帝师翁同龢；挪用北洋舰队经费者，则是慈禧太后。"中国限于财力，拘于部议"这种委婉的用词，实际上潜藏着对朝廷极深的怨念。

在给新疆巡抚陶模的私人信函中，李鸿章也翻查了相似的历史旧账：

十年以来，文娱武嬉，酿成此变。平日讲求武备，辄以铺张糜费为疑，至以购械购船悬为厉禁，一旦有事，明知兵力不敌，而淆于群哄，轻于一掷，遂至一发不可复收。[22]

所谓"十年以来，文娱武嬉，酿成此变"，明显已将问题回溯到了1884年的"甲申易枢"。在这里，清廷前30年的改革，被李鸿章划分成有恭亲王和没恭亲王的两个阶段。后一个阶段的十年完全由慈禧掌控，被李鸿章认定为彻底失败。这种怨念即便不见于正式的奏折，想必慈禧也是心知肚明。

类似的怨念，也见于马关议和期间李鸿章与伊藤博文的一段对话。当时，伊藤博文与遇刺后略有康复的李鸿章寒暄，恭维李说"此次败在中国，非安徽也"，又说自己如果处在李的位置，未必能做得比李更好。这些话引发了李的感慨，遂对伊藤博文说道："贵大臣之所为，皆系本大臣所愿为，然使易地而处，即知我国之难为，有不可胜言者。"李还说，自己非常羡慕日本的明治天皇"能听善言"，使得日本诸大臣的志愿都能够得到施展和实现的机会。言下之意，乃是伤感自己办了30年洋务自强，始终无法按照自己的真实认知去行事。[23]

揆诸史料，可知李鸿章此番伤感并非矫情，确属由衷而发。早在19世纪70年代，李就已意识到，由农耕文明向工商文明转型，才是大清救亡图强的必然路径。他曾在给儿子的家书中写道：

年来国势日非，吾等执政，虽竭力谋强盛，然未见效，深为可叹。国人思想受毒根深……不谙世事，默守陈法，藏身于文字之间而卑视工商。岂知世界文明，工商业较重于文字。窥东西各国之强盛，无独不然。[24]

这封信约写于1872年前后（因信中提及幼童留美），及至甲午惨败，时间已过去了20余年。除了有限的几家官办洋务企业之外，中国的工商业几乎没有什么实质性的发展。朝廷的取才方向与教育制度也完全没有改变，仍然"藏身于文字之间而卑视工商"。李鸿章不断为轮船招商局、开平矿务局、津沽铁路的专业技术人员向朝廷请赏，但要让一个国家的读书人摆脱文辞与经义，鼓励他们将才智投入更广阔的知识领域中去，这种个案性质的请赏再多，也是无济于事的。真正需要的，是一场从上而下的人事制度改革和教育体制改革。

李鸿章知道症结在于制度，但他无力推动制度改革。毕竟，对皇权来说，科举取士是一种非常成功的统治术。朱元璋当年就说过，"柔天下"之法莫过于科举，"天下才智，无所试，久必愤盈。诸负血气者，遂凭之以起"。科举的作用，正是以四书五经诗词经义这些无用之物，将"负血气者"困入科场。[25]

1896年，李鸿章奉命使俄，并访问欧美诸国。他对清廷30年自强改革的反思，又有了一番更深刻的领悟。在给友人吴汝纶的书信中，他如此写道：

（西人）立国政教，今人纂述中，郭、曾、薛三日记所言，颇得涯略。此行辙迹所经，视数君为广，而时日则太促。然详咨博考，已觉所见过于所闻。其扼要处，实在上下一心，故能齐力合作，无事不举，积富为强。中国则政杂言庞，而生财之法又不逮远甚。每于纵观之际，时增内顾之忧。胡文忠云：使我多财，天下事尚可为。昔尝叹味其言，然犹是第二义也。[26]

这封私人信函，道尽了李鸿章甲午年之前与甲午年之后的思想依归。

函中的"郭、曾、薛三日记"，分别指郭嵩焘、曾纪泽与薛福成在出使西方期间，遵从朝廷要求所写的日记。这些日记须上交总理衙门，供中枢重臣们了解、体察"夷情"。李鸿章虽未进入总理衙门或军机处，但他是清廷倚重以办理洋务的要员，也有资格阅读到这些日记。在给吴汝纶的信函中，李鸿章说自己读这三人的日记，颇得西人立国政教的"涯略"（概况），即是指此。李又说西行亲自观摩后，发现"所见过于所闻"，言下之意自然是高度认同郭、曾、薛的日记。

郭嵩焘是清廷外派使节的拓荒者，也是晚清士绅中真正的"开眼看世界第一人"[27]。他于19世纪70年代出使欧洲，凭着亲眼所见，在日记中赞叹英国"国政一公之臣民，其君不以为私"[28]，国家是民众的国家，非君王私有；政务是百姓的政务，非君王独裁。结果引来朝野上下的集体攻击，成了"京师所同指目为汉奸之人"[29]。

曾纪泽继郭嵩焘出任驻英、法两国公使后，多次前往英国上下议院旁听议事的整个流程，还曾前往拜会法国上下议院的领袖，了解法国政府内部的权力制衡。他后来在给友人丁日昌的书信中说，"纪泽自履欧洲，目睹远人政教之有绪，富强之有本，艳羡之极，愤懑随之，然引商刻羽，杂以流徵，属而和者几人，只能向深山穷谷中一唱三叹焉耳"。[30]有了郭嵩焘的前车之鉴，曾纪泽呈递给朝廷的日记，内容尺度已远小于他的私人信函，他选择将自己的愤懑与艳羡藏了起来。即便如此，其日记中那些不带主观评价的客观描述，仍使许多人如坐针毡。

1890年，薛福成被任命为"出使英法意比四国大臣"，至1894年5月（也就是甲午中日战争前夕）任满回国。出国之前，薛福成对郭嵩焘是有意见的，"稍讶其言之过当"，觉得郭的话过于夸张。为此还去询问了清廷首任驻美公使陈兰彬，以及随郭嵩焘一同出使欧洲的黎庶昌等人的意见。尽管陈、黎二人"皆谓其说不诬"，都说郭嵩焘的言论没错，但薛福成仍持一种保守的怀疑态度。这种怀疑，在薛福成亲至欧洲数月之后即烟消云散——光绪十六年（1890）三月十三日，薛福成在日记中写道："此次来游欧洲，由巴黎至伦教，始信（郭）侍郎之说。"[31]

再后来，薛福成又在欧洲见到了繁盛远超清廷的义务教育，还见到发达的女子教育和聋哑人福利教育，并获知父母若不让孩子接受义务教育，要受到法律的惩罚。参观学校时，薛福成又惊讶地发现"有厨房、有书库、有浴室、有饭厅"。如此种种，让他感慨万千。光绪十八年（1892）七月十八日，薛福成在日记中发出了"於戏！至矣尽矣，毫发无遗憾矣！吾不意古圣先王慈幼之道、保赤之经，乃于海外遇之也"[32]的赞叹。而在20年前，也就是1872年，陈兰彬携幼童赴美留学时，薛福成写过一篇《赠陈主事序》相送。在那篇文章里，幼童们要去的海外，被薛福成定性为"饕利朋淫腥膻之地"。他深深地忧虑这些孩子"志识未定"，还没有建立起正确的世界观和价值观，就要"去中国礼仪之乡，远适海外"，离开礼仪之邦去往那蛮荒之地，很可能会被同化为蛮夷，然后"归而挟其所有以夸耀中国"，带着从海外学到的技术回来，向中国耀武扬威。所以，他特别提醒陈兰彬，"先生此行，务必究洋人之所长，更善查洋人之所短可也"[33]。如此，才能让孩子们免于沦于异族。

20年前的文章，与20年后的日记，犹如天壤之别。这天壤之别的背后，是道听途说与亲身见闻。

再然后，薛福成在呈递给清廷的六卷17万余言的出使日记里，开始集中呼吁两件事情：一、经济上摒弃"以农立国"，向"工商立国"转型。薛发出了"商为四民之纲"的惊骇之论。他说，大清要想富强，必须走工商立国之路，虽然这条路"四海之内所未知，六经之内所未讲"[34]，清朝的知识分子没听过，儒家的六经也不传授，但他以自己的亲眼所见，证实这条路是对的，是必须要走的。二、政治上须"在养民教民上用功"，而不能只知道买枪买船建兵工厂。这种制度建设有"五大端"（也就是五件大事）要做。第一件是"通民气"。要有制度建设，让民意可以畅通地表达。第二件是"保民生"。要以制度来保障民众的私产，使它们没有"意外之虞"，要有制度来给民众提供养老、疾病等保障。第三件是"牖民衷"。要以制度来保障民众的受教育权，让他们"终身无一废学者"，都可以接受教育。第四件是"养民耻"。法律要文明化，须废除各种残忍之刑；监狱也要文明化，须讲究卫生，须给服刑者提供工作学习机会，须有医疗保障，不可有鞭打之事。第五件是"阜民财"。朝廷要做好各种支持工商业和农业发展的基础建设，要藏富于民。[35]

薛福成还注意到，一个国家的社会运转是否正常，很大程度上取决于这个国家有没有"体面人"，和这些"体面人"能不能够有效地介入公共事务。在光绪十八年（1892）五月十三日的日记里，薛福成说，欧洲各国介入公共事务的"员绅"，大多家道殷实，"群谓之体面人"。薛福成敏锐地觉察到，这种风气与中国推崇"寒士"的传统大不相同。在光绪十九年四月十六日的日记里，薛福成将这种区别，总结为"中国用人以富者为嫌，西俗用人以富者为贤"。他比较了二者的历史成因，然后发出了一句非常古老的感慨："有恒产即有恒心。"[36]

不难发现，李鸿章在1896年对洋务自强改革的反思——"其扼要处，实在上下一心，故能齐力合作，无事不举，积富为强。中国则政杂言庞，而生财之法又不逮远甚。每于纵观之际，时增内顾之忧。胡文忠云：使我多财，天下事尚可为。昔尝叹味其言，然犹是第二义也"——与薛福成的认知高度一致。两人都意识到了经济改革（工商立国以求多财）之外，还需要实施更要紧的政治改革（上下一心）。这种相似，或许是因为在三部日记里，薛福成的日记最晚出，距甲午年也最近。对正在反思甲午之败的李鸿章而言，印象也就更为深刻一些。

李鸿章是个谨小慎微之人。他没有在信函中说要如何做才能实现上下一心。但在郭、曾、薛三人的日记里，这个问题有一个共同的答案，那就是：将清廷变成一个"君民共主之国"。

严复撰文挑战皇权的神圣地位

庙堂之上，奕䜣、光绪与李鸿章对甲午战事惨败的反思不过是个案，催生不出改革共识。这一点，从光绪欣赏的胡燏棻的改革奏折被许多人痛批、李鸿章对改革的意见只能存身于私人书信，即不难看出。

江湖之远也是如此。受甲午年战事惨败震动的主要是士绅群体。这个群体在1895年的唯一共识，或许只有对李鸿章的批评和对30年洋务自强的否定。批评与否定之外，比如接下来的改革将往何处去，多数人一片茫然。

不茫然者也有，比如严复与谭嗣同。

1895年2月4日至5日，严复在天津《直报》上连载发表文章《论世变之亟》，分析中国所面临的危机。文章说，甲午之败，与"运会"有极深的关系。

"运会"这个概念，相当于今人常说的"历史观"。此时的严复已不满足于仅从器械层面和制度层面去反思甲午战争。在他看来，甲午之败的背后存在着很深的文化根源，东方与西方之间也有着巨大的文化差异，具体表现是：

中之人好古而忽今，西之人力今以胜古；中之人以一治一乱、一盛一衰为天行人事之自然，西之人以日进无疆、既盛不可复衰、既治不可复乱，为学术

教化之极则。³⁷

　　用今天的话来转述就是，中国人的历史观追求复古，崇尚治乱交替，是一种历史循环论；西方人的历史观追求崇今，坚信由乱到治，不可复逆，是一种历史进步论。

　　严复说，中国的统治者力图使历史停滞在一个特定阶段，因为他们追求的不是社会进步，而是社会平衡。也就是"以止足为教，使各安于朴鄙颛蒙"，让民众不要争，消灭民众的竞逐之心，让他们安于穷困与愚昧。秦始皇销兵焚书是这种作用，宋代以来的"制科"也是如此。严感叹说，"此真圣人牢笼天下，平争泯乱之至术，而民智因之以日窳，民力因之以日衰"。只要轮船、铁路与洋人不来，在一种与外界老死不相往来的状态下，这种统治模式确实可以做到"富者常享其富，贫者常安其贫"，使众人彼此相安。遗憾的是，泰西的冲击一波接着一波，"我四千年文物声明，已涣然有不终日之虑"³⁸。甲午年的惨败，即是这种冲击的结果。

　　严复还说，中国的传统文化里只有专注于待人接物的"恕"和"絜矩"，却没有关乎人的基本权利的"自由"概念——"夫自由一言，真中国历古圣贤之所深畏，而从未尝立以为教者也"。"自由"理念的缺失，使得中西文化呈现出了一种完全不同的面貌：

　　粗举一二言之：则如中国最重三纲，而西人首明平等；中国亲亲，而西人尚贤；中国以孝治天下，而西人以公治天下；中国尊主，而西人隆民；中国责一道而同风，而西人喜党居而州处；中国多忌讳，而西人众讥评。其于财用也，中国重节流，而西人重开源；中国追淳朴，而西人求欢虞。其接物也，中国美谦屈，而西人务发舒；中国尚节文，而西人乐简易。其于为学也，中国夸多识，而西人尊新知。其于祸灾也，中国委天数，而西人恃人力。³⁹

　　如此这般一番比较之后，严复说，"吾实未敢遽分其优绌"。所谓不敢区分优劣，自然只是委婉的说法。因为接下来，严复又写了一大段为郭嵩焘鸣不平的文字，且将"三十年来祸患频仍"的主要责任，归在了那些对郭嵩焘等

"正眼看世界"之人持敌视、批判立场者的身上，说这些人的所作所为，实可谓"自灭同种"。[40]

1895年3月4日至9日，严复又在《直报》连载发表《原强》一文。

《论世变之亟》旨在诊病，《原强》旨在治病。严复说，自己试图提出的，是一种标本兼治的改革方案。所谓标，指的是"收大权、练军实，如俄国所为"[41]。所谓本，则是要在"民智、民力、民德"这三者上下功夫。战场上的胜败没那么重要，"夫疆场之事，一彼一此，战败何足以悲"[42]，欧洲的强国都曾在战场上有过惨败，重要的是民德、民智与民力，是否能够保证国家有能力自战败中迅速恢复过来。假使民德已衰、民气已困，即便上有圣人主持大局，也将无济于事，只能步印度、波兰的后尘被人瓜分。而要提升民德、民智与民力，就需要跳出中国历代圣人设置的牢笼，跳出历史循环，转向洋人学习他们的"法胜"和"无法之胜"。

什么叫"法胜"？什么叫"无法之胜"？严复有这样一段论述：

> 彼西洋者，无法与法并用而皆有以胜我者也。自其自由平等观之，则捐忌讳、去烦苛、决壅蔽，人人得以行其意，申其言，上下之势不相悬，君不甚尊，民不甚贱，而联若体者，是无法之胜也。自其官工商贾章程明备观之，则人知其职，不督而办，事至纤悉，莫不备举，进退作息，未或失节，无间远迩，朝令夕改，而人不以为烦，则是以有法胜也。[43]

"法"指的是"官工商贾章程"。那么，用今天的话来说，"法胜"大体等同于法规制度建设比清廷好。"无法"指的是"自由平等"的理念和"捐忌讳、去烦苛、决壅蔽"的社会风气。那么，用今天的话来说，"无法之胜"大体等同于文化风俗比清廷好。

学习"法胜"与"无法之胜"，相当于为改革提供一个大方向。落到具体的改革措施上，严复又显出了谨慎与保守的另一面。他先是批评那些迷信祖宗之"法"者，这派人认为中国的问题并不是"法"不完善，而是执行不力，只要将祖宗之"法"落到实处，强盛指日可待。严复说，按这派人士的做法去搞，十年以后，"中国之贫与弱犹自若也"[44]，中国积贫积弱的状况绝不会有什么改善。然后，他又批评了另一种相反的意见，这派人主张赶紧借鉴西洋富强之政，"其于朝也，则建民主开议院；其于野也，则合公司用公举；练通国之兵以御侮，加什二之赋以足用"[45]。严复说，这样做，同样改变不了中国的积贫积弱，还会让事情变得更糟。理由是清廷现在的状况是"上作而下不应"[46]，上面倡导而下面无人响应；下面无人响应，那上面的倡导者最终也会失去支持，丧失驱动改革的能力。

据此，严复提供给清廷的建议是：不必急于"建民主开议院"，也不必急于"合公司用公举"；当下首先应该做的，是废除科举，改革清帝国陈旧的教育体制，以开启民智、培育民德、增长民力。

但时代经历了1895年的惨败，严复已不愁没有知音。谭嗣同在《时务报》上读到《辟韩》一文后，产生了强烈共鸣。在给好友汪康年的信中，谭猜到了"观我生室主人"便是严复，并以"好极好极"四字评价此文：

> 《时务报》二十三册《辟韩》一首，好极好极。究系何人所作，自署观我生室主人，意者其为严又陵乎？望示悉。[47]

谭嗣同愿做"陈涉杨玄感"

"好极好极"的背后，潜藏着谭嗣同对清廷的极度失望。

谭嗣同是一位"官二代"。其父谭继洵在甲午年前后的官职是湖北巡抚。1895年，当光绪皇帝下发以胡燏棻为首的九道关于改革建议的奏折，让地方督抚们讨论时，谭继洵的回复是：

> 人者本也，法者末也。变法者末之末也，用人者本之本也。得其本，如挈纲而理，中法固善，西法亦善；逐其末，如治丝而棼，中法固弊，西法尤弊。[48]

显然，谭继洵的观念，仍停留在古老的传统治术之中。不重视以专业人才去解决专业问题，而是处处强调所用之人的德行；虽然认可引入洋枪洋炮洋船，却对制度层面的变革不屑一顾，不但视为末端的末端，甚至觉得这类变革有可能给清廷带来不测之祸。据说，光绪皇帝对谭的回奏，颇不以为然。

甲午年的惨败没有撼动谭继洵的知识结构，却让他的儿子谭嗣同从传统治术的拥趸，陡然转变成了清帝国的逆子。

1889 年，25 岁的谭嗣同写过《治言》一文。那时的谭，虽忧心清廷敌不过欧美列强，却仍坚信"中国圣人之道"不可变，且认定"西人格致之学"虽然看起来不可思议，实际上也"皆中国所固有"，是中国以前就有过，只不过后来或失传或没有再深度发展。当时的他，给清廷开的药方是"立中国之道，得夷狄之情，而驾驭柔服之"，即所有的理念与制度都不必变，要学的只是一些夷狄的器械工艺。[49]

甲午年的惨败，让谭嗣同猛然惊醒。谭的说法是：自己平日里虽然也对"外事"有一些关心，但"终不能得其要领"，直到甲午年，"经此创巨痛深，乃始摒弃一切，专精致思。当馈而忘食，既寝而累兴，绕屋彷徨，未知所出"。深受刺激的他开始有意识地读书访友，探求自强之道，结果发现局势早已"非守文因旧所能挽回"，唯一的办法便是"尽变西法"。[50]

忧心国运不振的同时，30 岁的谭还愤慨于清廷的专制、腐朽与无能，乃至于说出了这样一番"大逆不道"之言：

> 幸而中国之兵不强也，向使海军如英、法，陆军如俄、德，世﹍逞其残贼，岂直君主之祸愈不可思议，而彼白人焉，红人焉，黑﹍棕色人焉……欲尚存噍类焉得乎？[51]

﹍败，给谭嗣同这种怀有经世之志
由这些颇为极端的言辞，可﹍﹍也没有信心继续阐述中国之"道"比西方更为
的青年，究竟造成了多﹍谓民主者，尤为大公至正"[52]，主张"尽变西法"。
自甲午之﹍重新界定了"君民关系"，对维系中国传统帝制王朝统治的
优越﹍发出了尖锐挑战：

君也者，为民办事者也；臣也者，助办民事者也。赋税之取于民，所以为办民事之资也。如此而事犹不办，事不办而易其人，亦天下之通义也。[53]

谭还说，既然君与臣都是为民办事之人，如果出现君王以天下为其私产，视民众为犬马粪土草芥的情况，则民众必然不会再爱这被君主变为私产之国：

吾不知除民之外，国果何有？……民既摈斥于国外，又安得小有爱国之忧。何也？于我无与也。[54]

谭的政治立场，也自此由清廷的拥护者，转变成了反对者。在《仁学》中，他追溯往事，激烈抨击清王朝的建立纯粹依赖血腥与暴力：

天下为君主囊橐中之私产，不始今日，固数千年以来矣。然而有如辽、金、元之罪浮于前此之君主者乎？其土则秽壤也，其人则膻种也，其心则禽心也，其俗则毳俗也，一旦逞其凶残淫杀之威，以攫取中原之子女玉帛……马足蹴中原，中原墟矣，锋刃拟华人，华人靡矣……锢其耳目，桎其手足，压制其心思；绝其利源，窘其生计，塞蔽其智术。繁拜跪之仪，以挫其气节，而士大夫之才窘矣；立著书之禁，以缄其口说，而文字之祸烈矣……成吉思汗之乱也，犹能言之，忽必烈之虐也，郑所南《心史》纪之。有茹痛数百年不敢言不敢纪者，一命益悲乎！《明季稗史》中之《扬州十日记》《嘉定屠城纪略》，不过略举一二，十八省之当时既纵焚掠之军，又严薙发之令，所至屠杀掳掠，莫不如是……此食毛践土者之分然也。夫既转于刀砧之下，瑟缩于贩贾之手。方命之曰：谁食谁之毛？谁践谁之土？……吾愿华人，勿复梦梦谬引以为同类也。[55]

《仁学》写于1896—1897年，正是谭嗣同思痛的产物。康熙、乾隆这些从前的"圣主"，在谭眼里已成了"客帝"和"贱类"，是凭着"蛮野凶杀之性气以窃中国绕屋彷徨"痛定思痛之败，谭的感受是清廷宁愿承受前所未有的城下之盟，也绝甲午之败。

拥有"战守之权"：

> 东事亟时，（清廷）决不肯假民以为战守之权，且曰"宁为怀、愍、徽、钦，而决不令汉人得志"……故华人慎毋言华盛顿、拿破仑矣。志士仁人，求为陈涉、杨玄感，以供圣人之驱除，死无憾焉。[57]

谭的这种观感并非无的放矢。前文曾言及，山东巡抚李秉衡在就光绪下发的改革奏折回复意见时，即明白说出过"臣恐天下之患不在夷狄而在奸民，不在贫弱而在乱臣贼子"这样剖析利害极为赤裸的言语。谭希望"志士仁人"少谈点华盛顿和拿破仑，要有去做陈涉、杨玄感的觉悟，其实就已隐隐伏下了他在戊戌年毅然牺牲的命运脉络——陈涉首揭义旗讨伐暴秦，杨玄感率先起事反抗暴隋，他们拉开了时代变革的序幕，然后死于变革完成之前。

希望"志士仁人"努力去做陈涉与杨玄感的谭嗣同，自己也正是这样一位"志士仁人"。1896年，当愿做时代变革垫脚石的他，遇上了正在宣扬"保中国不保大清"[58]理念的康有为，立即便怀着"以供圣人之驱除"的心态，对康执弟子之礼。1897年，谭嗣同又动用自己和好友唐才常的关系，帮助康党集体进入湖南，秘密筹划"湖南腹地自立"。这意味着，在针对甲午之败的反思里，已有部分知识分子，将清廷视作了革命对象。[59]

第三十六章　1896年："甲午后改革"遇挫

关于甲午战争之后的改革，长期存在一种固化印象，即将1898年的百日维新与甲午年的惨败直接联系起来，视百日维新为甲午之败的反思与挽救。这种印象漏掉了极重要一环：1896—1898年这三年，清廷中枢其实也在推行改革，这个推行者主要是光绪皇帝。

与其说后来的百日维新是对甲午战争失败的回应，不如说是对1896—1898年"甲午后改革"失败的回应。

皇帝的十万新军计划流产

按光绪皇帝对甲午惨败的反思，"甲午后改革"应该包括四项核心内容：一、军事改革，采用西法练兵，包括陆军与海军；二、财政改革，采用西法整顿财政并发展工商业（鼓励开矿）；三、教育改革，采用西法变更学制，抛弃科举设立学堂；四、兴办铁路创设邮政，效仿欧美列强大搞基础设施建设。[1]

除了第四项得到部分落实外，前三项改革皆未能够按照光绪皇帝的意志推行。

先说练兵。

甲午战争期间，清廷成立了以恭亲王奕䜣、庆亲王奕劻、翁同龢、李鸿藻、荣禄为主要成员的"督办军务处"（简称督办处），作为中枢最高军事机构。《马关条约》签订后，督办处又成了实施军事改革的领导机关。督办处当时主要干了两件事：一是裁汰旧军，编练新军。旧军指的是八旗、绿营和湘军、淮军，新军指的是袁世凯在小站以"西法"所练的北洋军。二是试图要求全国的枪炮厂用统一标准生产制式武器，以改变清军枪械种类繁杂、弹药补给艰难的弊端。[2]这当中，第一件事最受光绪皇帝关注。

清廷决定以"西法"重新编练新军，始于1895年12月8日。该日，督办处上奏光绪皇帝，说袁世凯拟出来的"改练洋队办法"和"聘请洋员合同及新建陆军营制饷章"，都很周详妥当。所以请旨赋予袁世凯权限，让他负责督练新建陆军。[3]光绪于当天下旨批准，明确指示这次练兵的大方向是"大抵参用西法，此次所练系专仿德国章程"，严令袁世凯须体察朝廷筹集饷银不易，启动变法更不易，必须"严加训练，事事核实"，万不可重蹈勇营的旧习气，否则"惟该道是问，懔之！慎之！"。[4]上谕只有指示和警告，没有任何温言与鼓励。八天后，12月16日，袁世凯正式接手新军的编练工作，"小站练兵"开始。

光绪皇帝的批复谕旨之所以如此严厉，是因为袁世凯并非他选定的练兵之人；"小站练兵"这种模式，也不符合光绪最初的设想。

清廷中枢意识到整个陆军需要推翻重来，约始于1894年10月。该月23日，清廷将参与过黄海之战的德国前陆军军官汉纳根召至京城，以备总理衙门咨询。10月28日，汉纳根与德璀琳应邀前往总理衙门，与恭亲王奕䜣、庆亲王奕劻及总理衙门大臣翁同龢、李鸿藻、张荫桓、汪鸣銮、敬信等人会见。会面阵容如此豪华，可见中枢的重视程度。

据翁同龢日记，这次谈话持续了一个半时辰，也就是三个小时。汉纳根向清廷提供了三项建议：一是前线的清军宋庆部应该撤回来，但要慢慢撤，不能一溃千里。二是向智利购买七艘军舰，要连船带人一起买过来。三是要重新招募十万新兵，用欧美的方式训练。[5]军机处给皇帝的汇报中，也详细记载了这次谈话：

问：现在倭兵已越奉边，关外防务更吃紧，据你看来，刻下应以何法制胜？

汉云：据我看有三样办法：要接济宋（庆）提督兵力，并须请旨令其勿与倭兵大战，亦不可不战。如遇倭来，与之小战，以牵缀之，且战且走，一步步缓退，此间后路接应亦可赶到。要速买智利出售战船。一要加练新军十万。三者并行，阙一不可。

问：你所说加练新兵十万，应于何省招募？天津人可用么？

汉云：天津人甚好，若募四万人，两月可以招齐。此外，山东、山西、河南亦可招数万。

问：几时可以练成？

汉云：至快亦须六个月。[6]

复出的恭亲王奕䜣当时更倾向于寻求列强调停来实现中日停战。一再追问汉纳根最快要多久能练出十万新兵的主要是帝师翁同龢，翁同龢的背后是光绪皇帝。30余年改革造不出能战的军队，期望用六个月练兵十万来扭转战局，只能说是病急乱投医，想要抓一根救命的稻草。但即便汉纳根有超能力，可以在六个月里练成十万新军，势如破竹的日军也不会突然停下来坐等六个月。焦虑万分的光绪皇帝听完军机处的汇报后，一度有意当面召见汉纳根再问计策，但被恭亲王、翁同龢与李鸿藻三人力阻[7]。

三天后，胡燏棻来见翁同龢，说他昨天也见到了汉纳根，觉得"此时实无办法"[8]。所谓"实无办法"，仍是指战场形势已无可挽救。11月1日，翁同龢与李鸿藻再次在总理衙门会见汉纳根与德璀琳，谈话内容仍是如何练兵十万，如何向智利等国购买舰船。谈话从下午两三点开始，持续至日暮才结束。翁同龢的感受是"所言虽有条理，究无良法"[9]。虽然如此，翁同龢次日觐见慈禧时，仍选择"力保"起用汉纳根。[10]

其实，督办处众人并不愿意将练兵之权交给洋人。11月14日，翁同龢再次前往督办处讨论用洋将练兵一事。恭亲王与庆亲王都在，荣禄出面提出强烈的反对意见。翁同龢在日记中写道："仲华（荣禄）力争不可，乃发电致胡桌（燏棻），谓三万最妙，至多不过五万，非余意也。"[11]据此可知，本日的争论中，翁同龢的主张被荣禄抨击落了下风，以致练兵十万的原计划被无奈裁减为"三万最妙，至多不过五万"。另据荣禄给陕西巡抚鹿传霖的书信，他与翁同龢争论时，在场的恭亲王、庆亲王与李鸿藻，均持作壁上观的态度：

日前常熟欲令洋人汉纳根练兵十万，岁费饷银三千万，所有中国练军均可裁撤，拟定奏稿，由督办军务处具奏。鄙人大不以为然，力争之；两王及高阳（李鸿藻）均无可如何，鄙人与常熟几至不堪，使暂作罢议。及至次早，上谓必须交汉纳根练兵十万，不准有人拦阻，并谕不准鄙人掣肘云云，是午间书房已有先入之言矣，奈何！……当争论时，鄙人谓："中国财富已属赫德，今再将兵柄付之汉纳根，则中国已暗送他人，实失天下之望。"渠谓"此系雄图，万不可失之机会"等语，不知是诚何心！[12]

荣禄虽然在督办处吵赢了翁同龢，但他第二天就见到了光绪皇帝措辞严厉的谕旨。谕旨中说，汉纳根"赶募新勇十万人，选派洋将，用西法认真训练……海军单弱，亦亟须购置船炮，自成一军"等主张都是很中肯的，日军此番赢了大清，正是"专用西法制胜"。所以，汉纳根的主张"实为救时之策"。皇帝已经决定采纳，决不许督办处的王大臣们掣肘：

着照所请，由督办王大臣谕知汉纳根，一面迅购船械，一面开招新勇。招募洋将，即日来华，赶速教练成军。一切章程，责成臬司胡燏棻，会同该员悉心筹画，禀明督办王大臣，立予施行，不令掣肘。至一切教练之法，悉听该员约束。倘有故违，准该员据实申呈，按律严办，绝不宽贷。钦此。[13]

谕旨没有点名，但荣禄准确读出了其中含义，知晓皇帝是在警告自己，知道谕旨的意思是"不准鄙人掣肘"，否则将严惩不贷。于是，四天之后，11月18日，翁同龢再次前往督办处与众人商谈招募洋教练用四个月练兵5000人的计划，"两邸（指恭亲王与庆亲王）颇属意，令到津明告汉纳根再办"[14]。会上无人反对，恭亲王与庆亲王都表态同意，说到天津与汉纳根商议后再办。无人反对，是因为众人已经了解，起用洋人重新练兵是光绪皇帝的意志。

汉纳根能够得到光绪的青睐，与皇帝的知识结构有很直接的关系。自1891年起，光绪即开始有意搜集阅读与西学相关的书籍报刊，尤其喜好阅读广学会出版的论述改革的著作。这种阅读经验让皇帝对"西学"有着极大的好感。

光绪青睐汉纳根的另一个原因，是他的主张有助于皇帝实际掌控军权。

按汉纳根提交给光绪的方案，此番紧急练兵，同时建设新式陆军和新式海军，需耗时"五六月闲暇"。陆军方面，"应练战兵十万人，前后分作两队，军制悉照德国良法，一统帅主之"，这个统帅只能是皇帝。但是，皇帝不能亲自前往军中主持事务，所以须指派一名"亲藩"，也就是可信赖的皇族中人代行统帅之职（当是指恭亲王），该统帅大概率不懂如何以西法练兵，所以需要为他配备一名"洋员"作为军师（当是指汉纳根本人），各营将领也均须配备一名洋将作为教习，来协助他们练兵。海军方面，主要的问题是"近八年中未曾添一新船"，器械已远远落后于时代，须斥巨资购买新式军舰，然后"另派一洋员为全军水师提督"，该提督须接受光绪皇帝的直接领导。[15]

尽管得到了光绪皇帝的鼎力支持，汉纳根的"十万新军计划"最终还是流产了。汉纳根后来回忆说，自己洞察到清廷的军队存在两大取败之道："一曰无总帅，督抚各自保封疆，分而不能合；一曰无名将，提镇各未谙韬略，愚而不能明"。军队分散操控在地方督抚手里，上面没有一个总的统帅，兵力集中不起来；军中各级将领都没接受过近代军事教育，都是些愚昧之辈，谈不上有名将。所以在向恭亲王当面献策时，提出了选练十万御林军，"特简西员为总统，舍仰秉庙谟之外，疆吏不得节制"的方案，也就是使用外国将领为总统帅，军队只听命于皇帝，不听命于督抚。正因如此，皇帝和恭亲王、庆亲王都赞同该计划；同样也正因如此，该计划遭到了督抚们的集体抵制，最后归于失败：

> 两邸帅俱已嘉许，事垂成矣，更不料疆臣心大不惬，似疑皇上独揽兵权，而分隶各省之兵必渐将解散也者。遂各巧构形似之言，荧惑圣听，无奈概作罢论……原疆臣力阻之故，盖不愿以兵权归诸朝廷也，疆臣为谁？余不必指其姓氏也，要其酿就一败涂地无从收舍之势，实自此策之不用始。[16]

汉纳根的这番归因，有部分不确之处。比如他说恭亲王和庆亲王都很"嘉许"他的计划。事实是这二人虽未表达明确的反对意见，但也未旗帜鲜明地支持光绪的新军计划。汉纳根说"疆臣心大不惬"，不愿支持光绪组建御林军，则是事实。据张荫桓日记，李鸿章（当时尚坐镇直隶）对此事，即明确持反对态度：

> 傅相言：云眉向不知兵，又升转在迩，岂合以此相累？至汉纳根，虽有才而不易驾驭，不图内间抚番至此。[17]

"云眉"指胡燏棻。胡当时奉了光绪的谕旨，正与汉纳根商议练兵的具体问题。在李鸿章看来，胡燏棻对军事一窍不通，且按惯例升官在即，绝不会愿意去配合汉纳根练兵；汉纳根是一个有才能但难以驾驭的人，将十万大军交到他的手里，是一种巨大的冒险。

李鸿章对汉纳根的这番评价是否中肯不得而知（至少汉纳根自己不会如此评价自己）。但他对胡燏棻的判断是准确的——此前，胡燏棻已向光绪回奏，对汉纳根的计划大浇冷水。先说"十万新军计划"所需费用高昂，筹集艰难。洋将的工资加上购买军械的费用，再加上华洋员弁及兵伕的薪饷，每年需要4000余万两白银，这还不包括购买军舰的费用。无可奈何只能暂且减为三万新军。又说汉纳根此人虽然在黄海之战中曾为大清出过力，但他"此次建言，似欲多购船械为牟利起见"，很可能居心不良，将军队交到他手里，再起用一大批洋将，日后恐怕难以约束。总而言之，必须想一个办法，"使汉纳根无掣肘之虑，而臣亦得操驾驭之权，于事方有实效"。[18]

可以看到，胡燏棻的回奏（十万裁减为三万，汉纳根这些洋人不可信），与荣禄在督办处与翁同龢争辩时所持论调高度一致。有理由怀疑胡是在听闻中枢的反对意见之后，故意迎合中枢才如此回奏——胡当时既不想主持练兵，也不想卷入中枢的政治旋涡。他那句"使汉纳根无掣肘之虑，而臣亦得操驾驭之权"，看似是在响应光绪的谕旨，实际上却是在给光绪出难题：既不许掣肘汉纳根，又要确保胡燏棻可以掌控汉纳根的行动，这显然是做不到的事情。在给军机处的汇报中，胡的意见直白得多，明言汉纳根"自命为军师、总统，并设军务府，一切兵权饷权均由伊主政"，他提醒中枢，对汉纳根的主张"万不可轻许"。[19]

除了荣禄、胡燏棻与李鸿章，湖广总督张之洞也明确反对汉纳根的"十万新军计划"。他在给朝廷的奏折中说："欲用洋将，必须令归外省督抚节制钤束，断不可令径归总署及督办军务处，方能听用。"[20]

内外皆无支持者，光绪只能宣布终止汉纳根的练兵计划，将"以西法练兵"一事交托给胡燏棻。新军规模也从十万人缩减成了5000人（胡一度希望扩充至1万人，但被督办处否决）。鼓捣了一年左右的时间，胡燏棻共计招募编成一支4750人的部队，包括步队3000人，炮队1000人，马队250人，工程队500

人，号为"定武军"。

这支定武军虽然号称一切操练章程都按照西法来办理，但胡燏棻终究是个对军事一窍不通之人，用李鸿章的话说就是"向不知兵"。中枢对胡缺乏信心，胡对自己的前途也另有打算。1895年底，胡离开定武军转去督办津芦铁路。得到荣禄、刘坤一、李鸿章、王文韶等人青睐的袁世凯进入督办处的视野，成了定武军的新统帅，成了负责练兵的新人选。

袁世凯的"小站练兵"，虽然也以西法为准绳，还因于1896年将军服、营房全面改成西式而引来朝中言官的弹劾[21]，但这支部队与光绪皇帝最初所寄望的"十万御林军"终究不是一回事。袁世凯的背后站着的不是皇帝，而是署直隶总督兼北洋大臣荣禄。

附带一提，另一支在1896年成型，同样仿效德国军制，以西法训练的新部队"自强军"，背后站着的也不是皇帝，而是两江总督兼南洋大臣张之洞。张之洞稍后调任湖广总督，另设新军并聘请德国军官操练，"自强军"在两江总督刘坤一手中渐渐沦为靠边站的摆设。新军的振兴与沦落，均取决于地方督抚而非皇帝。

皇帝的财政整顿计划流产

再说财政改革。

"甲午后改革"中对财政的整顿，最初的驱动力是为了偿还《马关条约》的巨额赔款。

甲午战前，清廷中央每年的财政收入大约是8000万两白银，收支大体相等，没有节余。按《马关条约》，清廷须赔偿日本2亿两库平银，若加上赎辽费与日军在华的驻军费，则共计2.315亿两。日方提供了两种赔款方式：一、条约互换后六个月内交付第一期赔款5000万两，一年内交付第二期赔款5000万两，余款分六次递年交付，按5厘计算利息；二、若清廷自换约之日起三年内还清，则利息全免。

清廷选择了后者。这意味着每年须支付的赔款额度，几乎与中央财政收入相等。整顿财政成了当务之急。

户部在1895年7月25日提出过一揽子筹款办法。主要包括: 一、裁军。裁掉那些毫无战斗力,但"岁尚需银一千余万"的绿营兵。二、考核钱粮。户部提供的数据称,各省每年应交给朝廷的钱粮税赋,总计3600余万两,但实际缴纳"每年仅及七成,约短征银一千一百万有奇",要把这些缺额全都追缴上来。三、整顿厘金。命各省清查厘金的真实征收情况,将中饱私囊的部分查出来上交中央。四、核扣养廉。暂停发放自王公大臣至八旗兵丁的俸米折银,合计每年至少能省出110余万两。五、各省盐斤加价,每1斤盐涨价2文,对全民变相增税。六、裁减局员薪费。要求各省将军督抚将他们设局招募的办公人员的薪费集体下调一到两成,上交给户部。户部称各省仅已上报登记的局员每年薪费就需170余万两。七、茶、糖加税。八、烟、酒加税。九、当商捐银。十、土药行店捐银。[22]

很明显,这些筹款办法主要针对地方将军督抚,会严重损害他们的利益。其中,又以前三项的体量最大,最受地方抵制。清廷无力强制清查地方将军督抚,只能寄望于他们的自觉配合,其结果可想而知。1896年,户部无奈上奏说,以上种种财政整顿措施,均已成为空谈:

> 各省复奏率多空文,鲜有实际,即按臣部所拟条目举行一二,而亦大半截留本省应用,终致有名无实。[23]

户部向皇帝诉苦,皇帝其实也没有办法。光绪皇帝于1896年1月10日下达给各省将军督抚的上谕里,遣词造句已极尽恳求之能事,试图动之以情晓之以义,感化将军督抚们与朝廷合作,割肉裁撤绿营并将部分厘金上交给中央。谕旨说:

> 自中东战役(指中国与日本的战争)以来,中外诸臣竞言自强之术二年于兹矣!现在事机日迫,凡遇各国交涉之事,无不万分棘手,总缘窥我武备废弛,船炮不齐,以致强邻狡焉思启,合以谋我。目下欲图自强,自以修明武备为第一要义,惟是出、入两款不敷甚巨。前曾谕谕各该省将军、督抚,严杜厘金中饱,汰除练兵冗数,旋据陆续复奏,并未将厘金中饱之数和盘托出,所裁

兵勇亦未确查空额……当兹需款孔亟之时，部臣、疆臣自应不分畛域，竭力图维。惟是外省用款，疆吏实总其成……应如何认真整顿，集成巨款，总期激发天良，详核复奏。[24]

"激发天良"这种用词，恳求与责备兼具，显出的是中枢对地方的无能为力。

财政整顿流产，剩下的办法只有对外借款。自1895年至1898年，为支付赔款并维系政府的正常运转，清廷先后借了三笔巨额外债，分别是俄法借款、英德借款和英德续借款，共计白银3.1亿两。

对外借款同样涉及中央与地方之间的财政博弈。借款需要担保，在关税收入基本上已全部担保出去之后，能用来担保的只剩下厘金。但问题是：第一，厘金掌控在地方督抚手中；第二，厘金收入要想成为合格的担保品，需像海关一般有一套可信赖的征税系统来提供保障。

光绪皇帝与总理衙门寄望于海关总税务司赫德。在过去的30余年里，赫德打造的海关系统给清廷的财政收入带来了极可观的增长，关税收入成了颇受信赖的外债担保品。如今，总理衙门希望再度利用赫德的名望与理财天赋，来帮助清廷管理厘金并协助对外借款，以渡过难关。1896年5月17日，赫德给驻伦敦办事处税务司金登干致电说道：

> 昨天，总理衙门问我是否愿意负责管理内地的土产鸦片。各通商口岸的常关、厘金、盐税等，如有可能，也都将交我管。[25]

赫德此时已年过六旬，身体状况不佳，对接下这一重任心存犹豫。所以他一面向金登干感慨工作负担很重，"我很想能再年轻二十年"；一面又说"如果在这时候引退，是件可惜的事"。

稍后，总理衙门再度向赫德请求帮助。6月14日，赫德在给金登干的函电中说：

> 最近他们又要我接办土产鸦片征税工作，我已同意。但这不是一件轻而易

举的事，因为这将把我们的工作扩展到全中国，各地官吏和人民都不欢迎，还须经过很多年才能有效而纳入正轨。正如我过去所说，如果我再年轻二十岁，我将会把一切事情办好。[26]

所谓"各地官吏和人民都不欢迎"，指的是地方政府不愿与中央分割国产鸦片的税源，鸦片商也担忧中央介入会让税负整体上升。这些反对使事情进展缓慢。所以事情拖了九个月之后，赫德才接到谕旨，获知朝廷已确定聘请自己来负责征收土产鸦片的厘税。1897年3月28日，他致函金登干如此说道：

前几天户部的两位尚书奉皇帝谕旨，将土产鸦片管理事宜交给我办，我正草拟计划中。恐怕厘金、盐税甚至田赋都可能照样交给我办，但是我怎么能都搞呢？[27]

清廷当时正因借款问题焦头烂额，面临三种选择：一、由清廷自己的机构来征收厘税，这种做法未必能让国际银行认可厘税的担保资格；二、将某些厘税项目交给借款国（如俄国、法国）来管理。欧美各国很希望这样办，但赫德担忧会造成"一个纯粹的外国机关，影响中国行政权的完整"；三、由赫德来掌管。赫德说这可能是最好的办法，国际银行愿意认可，征税机构也"仍旧是由一个中国机关自办"。[28]

但几个月后，清廷又改变了主意，不再支持由赫德掌控厘税，试图改用田赋作为抵押来向外国银行借款。原因是多方面的。首先，清廷内部并不是所有人都愿意认可赫德领导下的机构是纯粹的"中国机关"，不少人担忧赫德会不受控制——他已经掌控了海关，若再掌握内地的厘税和田赋，就等于握住了清帝国的全部经济命脉。其次，中枢对赫德寄予的期望很高，希望他整顿土产鸦片的厘税后立即搞到一大笔钱，赫德认为不切实际，不愿做这样的承诺。再次，地方督抚从自身利益考量，也普遍不支持赫德——赫德执掌海关的结果之一，是地方在关税领域再无搞灰色收入的空间，督抚们普遍不希望见到类似的事情重演。

赫德对此深感遗憾。1897年7月4日，他给金登干写信说：

户部从我这里学了乖，让各省去征收土产鸦片税，不让我搞了。户部要各省立刻按33万箱每年征收2000万两。我过去答应30年才能办到这个数目！我的计划当然吹了，他们的试验也要失败。[29]

赫德在清帝国做事30余年，很明白阻力来自哪里。他向金登干解释说，总理衙门不会有好日子过，因为他们没有办法实施财政改革，"如果他们进行改革，即使是温和的改革，事情也会好转，但这是官吏们最不愿意做的事"[30]。总之，"总理衙门大臣们只顾眼前，不计后果。由外人管理厘金将影响中国官吏的私囊，而管理田赋只影响到政府。因此，衙门的大臣们宁可不顾将来的一切危险将田赋抵押给俄国，而不肯答应由英人管理厘金，改善内政"。[31]所谓"由外人管理厘金将影响中国官吏的私囊"，指的是厘金的上报征收数目与实际征收数目之间，素来存在巨大差额。这差额自然是归了地方。由赫德来组建机构，像管理关税那般管理厘金，差额将不复存在，地方将失去一块巨大的蛋糕。

1898年，总理衙门的自主借款活动陷入困局。无可奈何之下，最终仍是靠着赫德的周旋，与汇丰银行达成了一项"英德续借款"，共计1600万英镑（约1.13亿两白银）。此时，海关收入早已不足以充当担保品，清廷遂又将苏州、淞沪、九江、浙东的货厘，和宜昌、鄂岸、皖岸的盐厘，共计500万两，纳入担保品的范围。汇丰银行不信任清廷的税收机关，提出认可担保的条件是"由总税务司代管厘金"。清廷遂将这七处关口的厘金，交给赫德的总税务司去征收。总理衙门的官员对赫德说：

如果你收的厘金比现在收的多，那就证明我们不顾所有财政官员的反对把厘金交给你管理是正确的，而且将来扩大你的管理范围也就更有理由了。[32]

赫德有些兴奋，将这一变化视为"改革财政的开端，也是中国复兴的先决条件"[33]，"管理厘金就可以开始改革财政，这是我一直希望插手进去的事"[34]；同时也很忧虑，担心自己的能力不足以搞定这些事情，"管理厘金不是一件好玩的事，尤其因为各省当局都要反对……现在才交给我管，可能已经太晚了”[35]。赫德还担心出现另外一种情况：

总理衙门大臣说：我们要的是钱，5月6日就要。银行要求由赫德代管厘金，好吧，就让他管，并且让他征收，把整个事情交给他，如果钱来不了，我们就对银行说："这不是你们自己要求的吗？"[36]

如果出现这种情况，既会降低赫德在清帝国内部的地位，也会损害他在国际政治界的名誉。所以赫德在给金登干的信函中，透露出一种非常矛盾的心态。一方面，他希望“英德续借款”顺利完成，如此自己就可以由管理七处厘金入手，来整顿清帝国的财政，将之引向近代化（赫德同时也认为，由自己来做这件事情，将有助于确保英国的在华商业利益）。另一方面，他又觉得仅整顿厘金一事，就已是非常头大的问题，除了名分，清廷中枢几乎无法向赫德提供任何有价值的技术性帮助，“户部不能供给我们任何情况，他们说，到了当地就会知道的”[37]，地方政府自然更不愿意尽心配合。所以，“一接触这个工作，就觉出它的庞大，我几乎害怕而把它扔了”[38]，“我真不想搞，本来还希望借款不成功就可以不要搞了”[39]。

事情之后的进展，恰如赫德所忧虑的那般。信息与资料匮乏，地方政府又不愿配合，总税务司派出的人员，迟迟无法对七处关口的厘金征收工作实现有效接管——直到进入民国，总税务司仍只能通过催促各省来实施这500万两担保款的“代征”权力。这种催促绝大多数时候是无效的。[40]

如此这般拖到1899年，清廷中央财政已山穷水尽，不得不再次下旨，命令地方督抚“裁汰陋规、剔除中饱，事事涓滴归公”，并派了军机大臣刚毅为钦差，率团队南下江苏、广东各省，核查关税、厘金与盐课。最终，刚毅只从地方督抚们手中压迫出200余万两银子。这200余万两只是一次性成果，并不是“年年皆有”的固定制度。[41]

皇帝的京师大学堂计划流产

再来看教育改革。

甲午年后，呼吁实施教育体制改革的声音很多。较突出者，是1896年刑部左侍郎李端棻的《请推广学校折》和工部尚书孙家鼐的《遵筹京师建立学堂大概情形折》。

李端棻的折子由梁启超拟写。

内中说，20多年来，各地陆续开设武备学堂与自强学堂，但仍是人才匮乏，无法应对时代变局。主要原因是学校数量不多，学生也少，学馆往往仅有数十名学生。传授的内容也不行，只能教出一些翻译人才和器械操作人才，几乎不涉及"治国之道"与"富强之原"，更不懂得实施分科教学，教学资料与器材严重短缺，学生只能在故纸堆中玩空谈。此外，这些新学堂与功名利禄分离，也无法吸引到有素质的学生。

李端棻的改革建议是：一、创办三段学校制度：京师大学堂、省学堂与府州县学堂。京师大学堂是全国最高学府和最高教育机关。省学堂与府州县学堂，均以京师大学堂的规章制度为模板。学堂生源须从科举体系中的诸生、举人和贡生中选拔。二、改革教育内容，府州县学堂须增加外语、算学、天文、地理、世界历史等科目。省学堂须增加天文、舆地、算学、格致、制造、农商、兵矿、时事（相当于政治）、交涉（相当于外交）等科目。京师大学堂旨在让学生"益加专精，各执一门"，以求将之培养成某一领域的专业人才。三、学校须配备藏书楼（图书馆）、仪器院（实验室）、译述局（翻译机构）等，并在京城、省会与通商口岸设立报馆（包括新闻报纸和学术报刊）。四、选派优秀学生在国内和国外"游历"（相当于留学、实习与考察）。[42]

显然，该奏折的核心主旨是要引入一套迥异于科举取士的新教育体制。

光绪皇帝对奏折很感兴趣，将之交给总理衙门讨论。但总理衙门的"议复"很像是在和稀泥。

总理衙门说，李端棻的建议很好。早在去年十二月（旧历），总理衙门就已请旨，命令沿江沿海的将军督抚们，有学堂者可扩张规模，无学堂者可模仿创办，"听令官绅集资办理"。该政策与李端棻的主张完全一致。藏书楼、仪器院与译书馆这三项建议，即可设在新学堂里。时事类翻译报纸很多，新学堂也可以搞一搞"艺学之报"（即学术报刊）。这些都是朝廷乐于鼓励的事情，"惟在地方官之劝导有方"。至于派学生游历，也和总理衙门派同文馆学生出洋是一个意思，多多益善。只是还须考虑经费上的难处，由学堂派出去游历的，应由学堂出资；由商局派出去游历的，应由商局出资。总而言之，以上种种，"均系就臣衙门奏定成案，量与扩充"——全是总理衙门已经实行了的改革举措，可以在体量上再扩充一些。[43]

总理衙门此番回复，有两个意味深长之处：

一、李端棻原折是要在科举取士之外，另造一套"学堂取士"的新制度。总理衙门的"议复"回避了这层主旨。这大约是因为总理衙门深知，改革官僚系统的上升渠道会损害许多人的既得利益。其实，在该不该改走"学堂取士"之路这个问题上，总理衙门与李端棻之间并无分歧。李端棻上奏之前，1896 年 2 月，总理衙门已在给光绪皇帝的奏折中提到，"泰西"之所以人才鼎盛，是因为他们的学校发达、媒体发达、图书馆发达。英、法、德、俄等国的学校总量"或二三万所，或六七万所"，有学生二三十万人；美国的学校总量"多至十七万余所"，学生数量更是"几及千万人"[44]。这种繁荣的学校教育系统是清帝国应该学习的东西。

二、李端棻原折欲让中央政府在教育改革中承担重任。总理衙门的"议复"强调此事"惟在地方官之劝导有方"。这大约是因为总理衙门深知，创办新学堂并置办配套设施是一笔不小的开支，中央政府负担不起，只能将权力与责任一并下放给地方督抚和士绅。然而，对大多数地方督抚而言，做官远比做事重要，"保守"虽会引起后世的讥笑，在当时却是最稳妥的做官之法。所以，梁启超曾无奈感慨，即便是在两广这样受西潮冲击最大的前沿省份，自总督谭钟麟而下的大多数官员，仍选择敌视西学——"督、抚、藩、臬、学五台，皆视西学如仇耳，度风气之闭塞，未有甚于此间者也"[45]。较之拥抱西学，与西学保持距离乃至持敌视态度，才是地方官们更普遍也"更理性"的选择。

总理衙门的这番"议复"，看似是在肯定李端棻的改革主张，实际上是在消解李端棻的改革主张，使其失去了获得落实的可能性。据茅海建考证，该议复出自总理衙门章京沈曾植之手。沈不反对李端棻的主张，但他担忧"一有浮议，立即关门"的现实政治环境——强学会在 1895 年被御史杨崇伊攻击"专门贩卖西学书籍""函索各省文武大员，以毁誉为要挟"[46]，而被慈禧授意步军统领衙门查封。有强学会这样的教训在前，沈曾植对那些他认为明显不可能实现的改革奏折，往往采取肯定其主旨，却消解其操作性的处理手段。

李端棻奏折中唯一未被消解的主张是设立京师大学堂。沈曾植在"议复"中将之强行定性为"扩充官书局"的附属项目，建议光绪皇帝下旨让"管理书局大臣"（由帝师孙家鼐担任）酌情办理。对此，茅海建的评价是："他（沈曾植）当然知道李端棻的提议此时很难施行，于是精心选择了其中的可办之事（大学堂），交给可办之人（孙家鼐）。"[47]。孙家鼐是一位深谙官场运作机制，又怀有改革思想之人。早年做帝师时曾向光绪皇帝推荐过《校邠庐抗议》《危言》《盛世危言》等呼吁改革的著作。

接到了沈曾植踢过来的"球"，孙家鼐与友人翁同龢等商议后，向光绪皇帝进呈了《遵筹京师建立学堂大概情形折》。

孙在奏折中说，传统的官学与义学只会教授学生玩"经义括帖"来猎取功名，对时局毫无助益。后来总理衙门设立同文馆，各省设立广方言馆，也只是培养了一批翻译人才。再后来，福建船政学堂、江南制造局学堂、南北洋和各省水师学堂，也只是培养了一些特定的技术人才。总之，几十年来，清帝国的教育系统确实没能为国家培养出多少有用的人才。故此，应参照西方的教育体制，延请外国教习，在京城设立一所分科教学的近代高等学府，也就是京师大学堂。[48]

与李端棻的奏折相比，孙家鼐的奏折可谓大退步。不但完全没有提省府州县的新学堂建设，也没有要求从科举体系里选拔学生进入京师大学堂，仅主张在科举考试中新设"时务"一科。如此这般让步，显然是不想刺激科举取士制度下的既得利益者和因循守旧者。

光绪皇帝接到孙家鼐的奏折后，"将原折恭呈慈览"[49]，也就是送至慈禧太后处请示。然后此事就没有了消息。创办京师大学堂的计划遂中途流产，直至两年后"戊戌维新"，才由光绪皇帝再次谕令批准创设。

第三十七章 1897年："湖南腹地自立"

1897年11月，德国以巨野教案为借口派兵强占胶州湾，给清廷朝野造成了巨大冲击。

在庙堂层面，总理衙门衡量敌我实力，认为不可轻言决战，若"立启兵端，必致震动海疆，贻误大局"，故致力于让事件国际化，寻求通过外交途径解决，严令山东巡抚李秉衡"断不可先行开炮，致衅自我开"[1]。在江湖层面，总理衙门的这种处置策略被视为软弱，被视为30余年洋务自强改革全面失败的又一强力证据。事发后，德国记者曾在胶州湾现场发文报道称："中国现政府之死亡，乃时间问题。"[2]受亡国灭种危机的刺激，部分民间志士生出了一种新认知：救亡图存之事，断不能再依赖清廷中枢。

于是就有了扑朔迷离的"湖南腹地自立"。

康党入湘"保中国不保大清"

所谓"湖南腹地自立"，扼要来说，指的是康有为在1897年派门下弟子梁启超、韩文举、叶觉迈等集体入湘，与湘省人士谭嗣同、唐才常、熊希龄等合作，试图以湖南为基地，通过创办学堂、印刷报纸等方式，来谋求"保种保教"。

为什么选择湖南？"腹地自立"又是何意？康有为在1901年给革命党人赵曰生的书信中，留下过一段文字，可以权充解释。康说：

当戊戌以前，激于国势之陵夷。当时那拉（指慈禧）揽政，圣人（指光绪皇帝）无权，故人人不知圣上之英明。望在上者而一无可望，度大势必骎骎割鬻至尽而后止，故当时鄙见专以救中国四万万人为主……因陈右铭（指湖南巡抚陈宝箴）之有志，故令卓如（梁启超字卓如）入湘。当时复生（谭嗣同字复生）见我于上海，相与议大局，而令复生弃官返湘。以湘人材武尚气，为中国第一，图此机会，若各国割地相迫，湘中可图自主。以地在中腹，无外人之干涉，而南连百粤，即有海疆，此固因胶、旅大变而生者。诚虑中国割尽，尚留湘南一片，以为黄种之苗，此固当时惕心痛极，斟酌此仁至义尽之法也。卓如与复生入湘，大倡民权，陈、黄、徐诸公听之，故南学会、《湘报》大行。湘中志士，于是靡然发奋，人人种此根于心中……[3]

康的这段自述，包含以下四点信息：一、梁启超等康门弟子云集湖南，不是个人行为，而是有目的、有组织的一场计划。二、诱发这场计划的导火索，是德国强占胶州湾引发的"各国割地相迫"（也就是各国在中国建立军事据点），让康门弟子和湖南士大夫们都有了亡国灭种的严重危机感。三、选择湖南的原因，是该省既有谭嗣同这般对康有为执弟子礼的人物，该省官场的活跃人物陈宝箴、黄遵宪等，也均对时局持改革立场；且湖南的地理位置居中，既非首当瓜分之冲的沿海，也非封闭愚昧的内地。四、康门弟子集体入湘的目的，是传播民权思想，造就一种"若各国割地相迫，湘中可图自主"的可能性，若清廷被列强瓜分，尚可留下湖南一隅作为保国保种的基地。所谓的"湘中可图自主"，即"湖南腹地自立"。

严格说起来，"湖南腹地自立"这个概念实出自梁启超之笔。

因康有为留在上海，故梁启超乃是入湘康门弟子的领袖，是康门在湖南政治活动的主要实践者。入湘后仅一个月，梁便上书湖南巡抚陈宝箴，向其含蓄提出"湖南腹地自立"这一计划。梁对陈说：当前的局势"非变法万无可以图存之理"，但已不能将变法寄托在"政府诸贤"身上。若继续依靠朝廷中枢，那真是"东海可涸南山可移"，改革也断无成功之日。要想挽救危亡，只剩一种办法，那就是：

必有腹地一二省可以自立，然后中国有一线之生路。[4]

梁随后向陈宝箴做了一番解释，强调"腹地自立"不是背叛与脱离清廷，

而是一种特殊局势下的"独立自任"。他希望陈宝箴能效仿新莽末年的窦融,
经营河西而佐复汉室;效仿清朝初年的郑成功,经营台湾抵御洋人的入侵。梁
用窦融和郑成功为例来游说陈宝箴,可谓极具深意——窦融的河西政权相对于
刘秀的东汉,郑成功的台湾政权相对于爱新觉罗的清廷,均拥有高度独立性,
但二者皆非中央政权的叛逆。窦融后来归汉,将河西完整交到东汉政府手中;
郑氏后人也归顺爱新觉罗,将台湾完整交到了清廷手中。[5]

当然,梁的这番解释只是一种巧妙的掩饰。因为真正的"湖南腹地自立"
计划,并不在意清廷的存亡。戊戌政变后,在康有为的家中抄获了一份梁启超
1897年写给康有为的书信。梁在书信中说:

> 谭服(复)生才识明达,破例绝伦,所见未有其比,惜佞西学太甚,伯里
> 玺之选也。[6]

"谭服生"即谭嗣同,"伯里玺"即President(总统)之音译(晚清常译为
"伯里玺天德")。显见康党有意在大局崩解之际,在湖南另立以谭嗣同为首
脑的新政权,而非与清廷所任命的湖南巡抚陈宝箴合作去效仿窦融经营河西。

梁启超在其《戊戌政变记》中还曾承认,康党在湖南期间先后成立了南学
会、新政局等若干机构,这些以维新面目出现的机构俱有深意:

> 南学会实隐寓众议院之规模,课吏堂实隐寓贵族院之规模;新政局实隐寓
> 中央政府之规模。[7]

以南学会为众议院的雏形,以课吏堂为贵族院的雏形,以新政局为新中央
政府的雏形。显见康门子弟与谭嗣同、唐才常等湘省士大夫所谋求的绝非清廷
的存续。相反,"保中国不保大清"才是"湖南腹地自立"的真实指导理念。
所以,梁启超等人主持湖南时务学堂期间,曾在学生当中大力鼓吹革命:

> 吾侪方醉心民权革命论,(师生)日夕以此相鼓吹。[8]
> 每日在讲堂四小时,夜则批答诸生札记,每条或至千言,往往彻夜不寐。

所言皆当时一派之民权论，又多言清代故实，胪举失政，盛倡革命。其论学术，则自荀卿以下汉唐宋明清学者，抨击无完肤。时学生皆住舍，不与外通，堂内空气日日激变，外间莫或知之。及年假，诸生归省，出札记示亲友，全湘大哗。[9]

以民权革命为时务学堂的主要教学内容，是来湖南之前，谭嗣同与梁启超、康有为等人商量好了的决定。梁的教学批语，与谭嗣同《仁学》中关于"君民关系"的理念高度一致：

臣也者，与君同办民事者也。如开一铺子，君则其铺之总管，臣则其铺之掌柜等也。有何不可以去国之义。[10]

除了在课堂上宣扬民权，谭嗣同、梁启超与唐才常等人，还曾私印《明夷待访录》《扬州十日记》等反清书籍，添加批点按语，广为散播，并利用《湘报》为《明夷待访录》等书做广告。

至于"保中国不保大清"之说，则见于康门弟子何树龄与康有为的通信。内中有"注意大同国，勿注意大浊国……大浊国必将大乱，为人瓜分，独夫之家产何足惜！"[11]等语。所谓"大浊国"，显然是"大清国"的隐笔。及至戊戌年，监察御史文悌弹劾康有为等人，又特别点出其将忠君与爱国割裂为两事，完全不在乎大清国的存亡。戊戌政变后，清廷宣布康党及谭嗣同等"六君子"罪状，其中一条赫然正是：

又闻该乱党私立保国会，言保中国不保大清，其悖逆情形实堪发指。[12]

清廷内改革派容不下民权思想

时务学堂内民权思想日日激荡，很快便引起湖南士绅王先谦、叶德辉等人的警觉。他们联名向湖南巡抚陈宝箴上书，指梁启超等人为"康门谬种"，将他们在学堂内教授的内容斥为"异学""邪说"，要求查办。[13]

王先谦与叶德辉在当时的湖南学界有很高的声望（王是岳麓书院的山长），他们的批评给康门弟子造成了很大压力，也给"湖南腹地自立"计划带来了很大阻力。陈宝箴眼见事情已经闹大，也欲调阅时务学堂的教学札记一窥究竟。于是，唐才常等人"尽一夜之力统加抉择，匿其极乖谬者，就正平之作临时加批"[14]，将激进的内容删去，伪造了一批温和的札记。但纸终究包不住火，陈宝箴还是知晓了部分真相，于是下令将坊间已刊的《时务学堂课艺》"版片、刻本查出，一并销毁，严饬毋得再行刷印售卖"[15]。

后世给了王先谦与叶德辉等一顶"守旧派"的帽子。不过，若以变法为新，王、叶二人其实并不守旧。相反，在1897年前后，他们皆已成为变法的拥护者。比如，时务学堂一向被视为湖南新政的标志，该学堂正是由王先谦领衔禀请开办。康门弟子进入湖南之前，湖南的知识分子已颇具改革共识，与王先谦、叶德辉这些士林领袖转变了态度有很直接的关系。进入民国后，王先谦反思清末变法的历史教训，甚至认为问题恰恰出在不愿对西法"亦趋亦步"，反要在西法的基础上"自出新意"，才搞得"纷纭二十年一无所得"。[16]

王先谦之所以会出面领导士绅驱逐梁启超等人离湘，实是因为他无法认同康党"保中国不保大清"的革命立场。这一点，可以由王领衔向巡抚衙门呈递的抗议书《湘绅公呈》看得很明白。呈文中说：

> 原设立学堂本意，以中学为根柢，兼采西学之长……梁启超及分教习广东韩、叶诸人，自命西学通人，实皆康门谬种，而谭嗣同、唐才常、樊锥、易鼐辈，为之乘风扬波，肆其簧鼓。学子胸无主宰，不知其阴行邪说，反以为时务实然，丧其本真，争相趋附，语言悖乱，有如中狂……他日年长学成，不复知忠孝节义为何事。[17]

这段话的意思很清楚：王先谦等人不反对"采西学之长"，他反对的是梁启超、谭嗣同等人在学堂内"乘风扬波，肆其簧鼓"，向学生灌输民权理念这种"邪说"。他担忧受了这种教育的学生，长大之后脑子里没有"忠孝节义"的观念，对清廷不会再有认同感。王先谦等人是改革者，但他们的改革主张仅限于引进西方的强国之"术"，大清的立国之"道"是决不能改的。

为了挽救那些被梁启超们"祸害"了的湖南学子，王先谦等人还制定了一份《湘省学约》，内中有一段针对梁启超等人更激烈也更具体的批判：

考其为说，或推尊摩西，主张民权；或效耶稣纪年，言素王改制；甚谓合种以保种，中国非中国，且有君民平等、君统太长等语，见于学堂评语、学会讲义及《湘报》《湘学报》者，不胜偻指。似此背叛君父，诬及经传，化日光天之下，魑魅横行，非吾学中之大患哉！……今与吾湘人士约，屏黜异说，无许再行扬播，煽惑人心。其被诱误从者，均宜悔改。[18]

这段批判的意思更加清楚。王先谦不能认同的，是康门弟子对民权的推崇。他们的政治主张里有改革的成分——主持岳麓书院时，王先谦曾要求书院学生订阅《时务报》；戊戌政变后，他也不赞成恢复八股科举。但王先谦容不下"君民平等"这种思想。

叶德辉的情况与王先谦略有不同。他比王先谦年轻，正是气盛之时，所以对梁启超等人的攻击也要猛烈许多。叶曾发出"鄙人一日在湘，一日必拒之，赴汤蹈火，在所不顾"[19]的誓言。但叶也不是一个保守的排外者。他曾批评那些嘲讽"西人无伦理"者为"浅儒"[20]；他与时务学堂西学总教习李维格（上海人，19世纪80年代赴英国求学）的关系也甚好，常就西学问题交流心得。庚子年，清廷中枢号召民众驱逐洋人，旨意传达到湖南后，叶德辉进入巡抚衙门，极力劝阻公布谕旨，理由是"告示一出，捣毁教堂之案必纷纷而起，无论战事利钝，终归于和，彼时赔偿之费将何所取？"[21]。

总体而言，叶德辉不反对变法，但他不是变法的倡导者。他解释说：自己很清楚眼下的时局已到了需要做出变革的地步，但每次变法都不能解决问题，反生出更多的新问题，所以自己不倡导变法，只呼吁去弊：

制造兴，则仕途多无数冗员；报馆成，则士林多一番浮议。学堂如林，仍蹈书院之积习；武备虽改，犹袭洋操之旧文。凡泰西之善政，一入中国则无不百病丛生，故鄙人素不言变法，而只言去弊。弊之既去，则法不变而自变矣。[22]

西方的好东西一旦引入大清就变了样，就成了百病丛生的东西。这种例子见多了，叶德辉便成了一个明知道该变法，却又不愿再提倡变法之人。他只希望能有办法根除本土那些弊端。弊端一除，不用主动去变法，自然而然就会不同。

遗憾的是，叶德辉的思考未能再进一步。他似乎没有意识到，之所以会出现每次变法都生出新问题，根源正在于清廷只引入先进技艺，却没有改革制度的运作模式。此时的叶德辉仍坚信清帝国在世界中拥有天然的特殊地位。他先从人种层面论证说：亚洲在地球的东南方，中国正在其中；西方人还把中国人称为黄种人。按“五行之位首东南”“五色黄属土，土居中央”，这意味着“天地开辟之初，隐与中人以中位”[23]，中国人是天生的最伟大的中央人种。又从文化层面论证，认定西方的宗教不过是中国“老氏之学”的余绪与皮毛：老子的学问在中国演变为儒家与法家，“人夷狄而为浮屠，又变而为释……若天主、若耶稣，又本释氏之支流余裔”[24]。

一面是人种、文化层面的自恋自大，一面是承认现实政治已坏到极点难以改革。这两种认知奇异而扭曲地共存在叶德辉身上。催生出来的，便是他对梁启超等人的极度反感。这种反感基于两重认知：一、叶坚信儒学是最先进的东西，“孔教为天理人心之至公，将来必大行于东西文明之国”[25]，不用搞什么“保教运动”，在未来，西方人必定会拜倒在孔教脚下，成为儒学的信徒。二、叶无法容忍梁启超等人为了现实政治需要，而变更久已形成定论的某些历史事实与历史评价，比如“言仲尼改制，言王莽王田，言秦始皇不焚书，言王安石能变法。千百年之所是，一旦而非之。千百年之所非，一旦而是之”[26]。

扼要而言，1897—1898 年的“湖南守旧派”与康门弟子之间的这场对抗，并不是什么顽固派与改革派之间的斗争。而是两群同样认同改革，却对需要改革到何种程度存在巨大认知分歧的知识分子之间的冲突。王先谦与叶德辉等人驱逐梁启超等，并非出于私利，仅缘于他们的认知，或仍局限于“忠孝节义”的范畴，或仍坚信儒学是世界上最先进的文化。

被他们批判的谭嗣同与唐才常等，却早已坚信“君主之祸”不除，中国的改革即无成功的希望。1897 年，谭、唐二人已开始着手联络会党势力，组建属于自己的武装力量。戊戌年，谭嗣同一度计划秘密运送这支力量入京围杀慈禧。庚子年，唐才常又率领这支名为"自立军"的部队起义，不幸失败，唐亦遇害。

无双国士"未尝须臾忘革命"

湖南的康门弟子因王先谦与叶德辉等人的发难而人心惶惶，纷纷欲离湘避难，谭嗣同却不以为意。

在谭看来，既然要做事就要有不惧杀身灭族的觉悟。他给老师欧阳中鹄写信，如此说道：

> 宗旨所在，亦无不可揭以示人者，何至皇遽至此！平日互相劝勉者，全在"杀身灭族"四字，岂临小小利害而变其初心乎？耶稣以一匹夫而撄当世之文网，其弟子十二人皆横被诛戮，至今传教者犹以遭杀为荣，此其魄力所以横绝于五大洲，而其学且历二千年而弥盛也。呜呼！人之度量相越岂不远哉！今日中国能闹到新旧两党流血遍地，方有复兴之望。不然，则真亡种矣！[27]

当然，谭嗣同并非主张无谓的牺牲，只是深知推动时代转型的风险。早在1886年，他即写信给上海的好友汪康年，请他想办法替自己搞几张英俄的"免死卡"。信中如此说道：

> 传闻英俄领事在上海开捐"贡监"，捐者可得保护，借免华官妄辱冤杀，不识确实否？保护到如何地步？价值若干？有办捐章程否？嗣同甚愿自捐，兼为劝捐，此可救人不少……嗣同求去湖北，如鸟兽之求出槛絷；求去中国，如败舟之求出风涛；但有一隙可乘，无所不至。若英、俄之捐可恃，则我辈皆可免被人横诬为会匪而冤杀之矣。伏望详查见复。[28]

谭没有弄到所谓的英俄"免死卡"。在湖南士绅的批判与驱逐声中，鼓吹民权的《湘学报》与《湘报》引起了湖广总督张之洞的注意和不满，进而被整顿清理。康门弟子也于1898年陆续离开了湖南。同年，康有为、梁启超与谭嗣同三人进入光绪皇帝的视野，北上入京深度参与到"戊戌变法"之中，"湖南腹地自立"计划遂无疾而终。康、梁、谭等人留给后世的政治标签，也由"革命者"急骤转向了"改革派"。

不过，当谭嗣同于戊戌年北上担任军机章京参与维新时，许多人并不相信他会甘愿替清廷卖命。毕竟，他既是"湖南腹地自立"计划的骨干推动者，其《仁学》一书中，也处处呈现出对帝制，尤其是对爱新觉罗皇室的高度痛恨。所以，在革命党人黄中黄（章士钊）看来，谭北上的用意，绝非效忠清廷，而是与沈荩、唐才常等人有所分工，试图在清帝国的政治中心有所行动：

> （沈荩）持破坏主义，出于性成……独嗣同、才常与（沈荩）谈天下前局，其旨趣虽有出入，而手段无不相同。故嗣同先为北京之行，意覆其首都以号召天下。迫凶耗至，才常投袂而起，誓为复仇，荩亦随之而东下……以嗣同天纵之才，岂能为爱新觉罗主所买，志不能逮，而空送头颅，有识者莫不慨之。[29]

欧阳中鹄是谭嗣同的老师。欧阳中鹄之孙欧阳予倩，也不相信谭会真心为爱新觉罗服务。欧阳予倩搜集家藏谭氏书信，于20世纪40年代编成《谭嗣同书简》。在该书序言中，欧阳予倩如此表达自己对谭北上的理解：

> 在他（谭嗣同）的著作中，他对清政府不满的议论颇不显明，他给我祖父的信里却公然说满人视中国为傥来之物，无所爱惜。可见他对于利用光绪行新政，不过认为是一时的手段。还有一事为证，就是他曾经秘密把《大义觉迷录》《铁函心史》一类的书介绍给我父亲读。[30]

唐才常是谭嗣同的至交好友。唐才常之弟唐才质，也曾自兄长处闻知，北上前，谭嗣同曾托唐才常、毕永年往汉口联络哥老会，"且欲于京师结纳有志之士，以为策应，然后凭此二者之力而建功业"；接北上之电，众人皆贺，唯谭"忽忽若不怿者"，并不兴奋，且叮嘱唐才常秘密保持与哥老会的联络，不可为仇者侦知。作为革命同志，唐才常对谭嗣同北上之行的定性是：

虽役其身于清廷从事维新，而其心实未尝须臾忘革命。[31]

其实，维新也好，革命也罢，对谭嗣同而言皆是推动时代转型的手段。这些手段所欲达成的终极目的皆是为了兴民权，将专制之清廷改造为"君也者，为民办事者也；臣也者，助办民事者也"的新政体。北上之前，谭嗣同与友人唐才常作别，口占一绝称"三户亡秦缘敌忾，勋成犁扫两昆仑"。"三户亡秦"四字，足见谭对清廷旧体制的态度。可惜的是，因为种种原因，戊戌维新未能实现谭嗣同的理想。

戊戌年，在屠刀即将落下之时，谭放弃了逃亡。在给同志毕永年的诀别信中，谭写道，自己已决心"引颈"待死，希望毕氏志气不坠，在海外"为贵种觅一遗种之处"[32]。他还将自己所著《仁学》一书及其他诗文稿交给了梁启超，希望他能够将之刊印，并勉励道："不有行者，无以图将来；不有死者，无以召后起。"只是很遗憾，"无以召后起"一句，后来被转向保皇的康有为与梁启超师徒，篡改成了"无以酬圣主"。[33]

这种篡改，极大地矮化了一位无双国士，矮化了他那为理想不惧杀身灭族的伟大精神。1898年9月28日，谭嗣同在北京菜市口慷慨赴死时，他念念不忘的，并非爱新觉罗王朝的存亡，而是中国由君权走向民权的时代转型。唯有理解了这一点，才能理解为何这群在1897年致力于"湖南腹地自立"的志士，会在1898年突然变成了围绕在光绪皇帝身边的"维新派"。

他们的理想没有变，变的只是实现理想的手段。

第三十八章　1898年：百日维新

1898年的5月29日，65岁的恭亲王奕䜣与世长辞。这位晚清改革最重要的启动者、支持者与执行者，据说在临终之际留下了两句遗言。一句是向慈禧太后"泣奏"要当心帝师翁同龢，说"翁心叵测，并及怙权"[1]。另一句是提醒光绪皇帝："闻有广东举人主张变法，当慎重，不可轻任小人也。"[2]他去世后不足半月，翁同龢被驱逐出中枢，光绪皇帝召见了康有为，然后宣布启动变法。

过于准确的预测往往都是后世杜撰出来的，恭亲王的那些遗言也是如此。杜撰者搞错了一个基本事实：决意驱逐翁同龢的并非慈禧太后，而是光绪皇帝。

光绪皇帝很不满"变法诏书"

1898年6月11日，清廷以光绪皇帝的名义，颁布了一份《明定国是诏》。

该诏书被后世视为"戊戌变法"启动的标志，但鲜有人注意到，该诏书从头至尾贯穿的并非光绪皇帝的意志，而是帝师翁同龢对改革的理解。此事的始末，本书前文《1891年：皇帝开始学英语》已有考据。这里仅做一点扼要的复述。

诏书内容可分为三个部分。第一部分主要谈为什么要发布这样一份诏书。皇帝希望通过该诏书将"国是"，也就是改革的路线方针确定下来，以后朝廷与地方全按照这个路线方针去做，不必再有争论。第二部分是传达"新国是"的具体内容。第三部分是传达关于京师大学堂的改革方针。显然，第二部分最为关键——关于"新国是"，诏书原文这样表达：

以圣贤义理之学，植其根本，又须博西学之切于时务者，实力讲求，以救空疏迂谬之弊，专心致志，精益求精，毋徒袭其皮毛，毋竞腾其口说，总期化无用为有用，以成通经济变之才。[3]

这70余字概括起来，其实就是"中学为体，西学为用"。

但这段文字并非光绪皇帝的本意。据帝师翁同龢日记1898年6月11日记载，诏书的草拟情形是这样的：

是日上奉慈谕，以前日御史杨深秀、学士徐致靖言国是未定，良是。今宜专讲西学，明白宣示等因，并御书翰林官应准入学，圣意坚定，臣对："西法不可不讲，圣贤义理之学尤不可忘。"退拟旨一道，又饬各省督抚保使才，不论官职大小旨一道。[4]

这段日记，透露了三项信息：一、光绪想要发布《明定国是诏》，是受了御史杨深秀、学士徐致靖的影响。众所周知，杨深秀、徐致靖的背后是康有为。二、光绪交代翁同龢，他心目中的"新国是"是"专讲西学"，要求在诏书中对这一点"明白宣示"，不许含糊，而且"御书翰林官应准入学"，要翰林去修习西学。三、翁同龢认同应该确立"新国是"，但他不同意光绪主张的"新国是"。尽管"圣意坚定"，要求"专讲西学"，翁还是当面提出了修正意见："西法不可不讲，圣贤义理之学尤不可忘"。

对照后来以光绪皇帝名义公开颁布的《明定国是诏》，可以知道，翁同龢将自己的意见，变成了诏书的正式内容。光绪皇帝"今宜专讲西学"的意志遭到了否决。翁是怎么做到这一点的？是面对面说服了光绪吗？显然并不是，因为仅仅过了四天，翁同龢就被以光绪皇帝名义下发的谕旨给罢免了。谕旨陈述翁的罪状是："每于召对时，咨询事件任意可否，喜怒见于词色，渐露揽权狂悖情状，断难胜任枢机之任。"[5]这段陈述，恰与翁同龢拟定的《明定国是诏》并未体现光绪皇帝"专讲西学"的意志一事高度合榫。时间如此接近，显然不能用巧合来解释。

《明定国是诏》里暗藏的这番玄机，可以说是理解戊戌年变法命运极为关键的一环。比如：

一、欲有所作为的年轻皇帝，至晚自1889年起，就开始接触冯桂芬的《校邠庐抗议》这类倡导改革的著作，稍后又深受李提摩太主持的广学会所出版的西学著作的影响。到1898年，皇帝已搜求到至少129种西学书籍，其中89种是广学会的出版物，皇帝还购置了全套广学会会刊《万国公报》。在这些书籍的影响下，皇帝产生出"专讲西学"的改革理念，实在是不足为怪之事。

二、戊戌年前后，谈变法者极多。在一大堆谈变法的奏折里，光绪皇帝会看中康有为，并不是一件偶然之事，而是因为他们的思想与知识结构高度相似。和光绪一样，康有为也是广学会出版物的忠实读者，他变法奏折里的内容基本取材于广学会的出版物。

三、翁同龢本是光绪皇帝颇为信赖和倚重之人，却在"明定国是"诏书上违逆光绪的意志，不愿写入"专讲西学"字眼，坚持要按自己的理解去走"中学为体、西学为用"之路。这种对抗给光绪造成了巨大的刺激，他不惜自毁羽翼也要罢免翁同龢即是明证。康有为后来欲开制度局、懋勤殿作为变法的最高决策机构，且能得到光绪皇帝的认同，即是因为皇帝本人也亟欲摆脱旧官僚体系对自己的束缚，以求开创新局——皇帝显然不会忘记，他在甲午年之后痛定思痛，曾有过一番改革的雄心壮志，结果却是"十万新军计划流产""财政整顿计划流产""京师大学堂计划流产"。翁同龢对"明定国是"诏书的阻挠，与这些改革计划的流产，本质上是一样的。造成的结果也相同，那就是：年轻的皇帝越来越受不了旧官僚系统。

制度局、懋勤殿与大裁员

在戊戌年，康有为鲜少就具体的改革事务如新学堂、新农商、新军事等如何办理发表意见。他孜孜不倦致力推动者，乃是请开制度局与懋勤殿。

1898年初，康有为上了一道折子，请求皇帝在中央开设制度局，作为维新变法的总司令部；制度局下面，设十二个专门分局，负责各项维新事宜；地方则开设民政局与新政局，负责将新政落到基层。

这项举措若获实施，将架空自中央到地方的现有行政机构。虽然康有为辩解说，他并不想架空六部、军机处、总理衙门与地方督抚衙门；在他的构想里，制度局只是一个"议论"机构，原有的行政机构则是具体的"办事"机构。但这种解释实可谓此地无银。所谓"议论"机构，即发号施令的脑子；所谓"办事"机构，即执行具体政策的手足。垄断了脑子，手足便只是傀儡。更何况，康还建议光绪"凡制度局所议定之新政，皆交十二局施行"[6]。如此，新政的执行也将为新机构所垄断，旧机构能做，便只剩下那些未被改革的旧政。

按康的设计，王大臣将担任制度局的总裁，制度局会议须由皇帝亲临主持；去制度局值班者，是筛选出来的"天下通才"，这当中包括了康有为。据康自己的说法，翁同龢（此刻尚未与康反目）曾表示愿意推荐康去制度局当值。[7]

1898年6月13日，康有为起草了一份折子，以礼部侍郎徐致靖的名义，呈递给光绪皇帝。折子的核心内容，是建议皇帝任命康为贴身顾问。随后，便有了6月15日光绪对康有为的召见。但事情进展不顺，因慈禧的干预，康有为没能成为光绪的贴身顾问。稍后，康上奏弹劾了礼部尚书许应骙，又向皇帝进呈自己的著作《孔子改制考》（删改版，隐去了带有革命色彩的内容），并再次上奏请求开设制度局。康在折子里说，皇上若不想变法图强，也就罢了；若想变法图强，那么要做的第一件事情，就是非开制度局不可。[8]

光绪对康有为开制度局这一建议颇感兴趣。如前文所言，甲午年之后，光绪对改革有一套自己的想法，但始终无法依赖既有的官僚系统将这些想法变成现实。他无法建立一支属于自己的新式军队，无法整顿财政分割地方督抚掌控的税源，也无法废除科举建立新式学堂体系，甚至无法将自己"专讲西学"的主张写进"明定国是"诏书。康有为提议开制度局，意味着打造一套围绕着皇权运作，可以让光绪如臂使指的新官僚系统。所以，皇帝迅速将康的奏折下发给总理衙门讨论。当总理衙门深知此事关系重大而故意回应迟缓时，光绪又屡次动怒，责令总理衙门必须限期拿出意见。庆亲王奕劻承受不住压力，只好去颐和园求助。慈禧的反应可想而知，她向奕劻交底："既不可行之事，只管驳议。"[9]于是，在拖了一个多月之后，总理衙门拿出了一份冗长的讨论报告，对康有为的建议做了逐段批驳。

康有为也觉察到了这种巨大的阻力。他在《自编年谱》（即《我史》）里说，自从请求在京城开设十二局，在外省开设民政局之后，便是流言纷纷，都说康想将内阁六部以及地方督抚、藩臬司道全部废除架空，"于是京朝震动，外省悚惊，谣谤不可听闻矣。军机大臣曰：开制度局，是废我军机也，我宁忤旨而已，必不可开"[10]。改革的目地，是重新分配权力和利益，康的这番回忆，大体属实。

制度局成了众矢之的，康有为转而建议皇帝在内廷开设懋勤殿。制度局是个新名词、新事物，懋勤殿不同，清代历史上有过开设懋勤殿的先例。但此事的本质，慈禧、军机处与六部衙门洞若观火，同样没有结果。除了制度局与懋勤殿，康还曾将新机构的名号换作"置散卿""议政局"等，皆是没有结果。[11]到1898年的9月，新政宣布启动已有足足三个月，光绪所期望的改革局面仍迟迟没有动静。皇帝终于失去了耐心，他决定乾纲独断，不再与军机处和总理衙门众大臣商议，直接宣布开设懋勤殿。康有为获知消息后，立即去找了王照与徐致靖，让他们写折子推荐自己与梁启超进入懋勤殿。

王照后来回忆说："七月二十九日（旧历）那天午后，我与徐致靖正商量折子的草稿，康有为来了，面有喜色，告诉徐致靖和我，谭嗣同请皇上开懋勤殿，准备任用顾问官十名，名单皇上已经定了，需要朝臣举荐走个形式。所以来请你们二人写折子推荐十个人。我推辞说自己正准备上一道更重要的折子，恐怕没有时间。康有为说皇上已经定了名单，今夜一定要见到推荐的折子，这个折子最重要，你的折子改日再说吧。我不得已，于是和徐致靖分别写了折子。我负责推荐了六个人，以梁启超为首（注：王记忆有误，为首被推荐的是康广仁），徐致靖负责推荐另四个人，以康有为为首。折子夜里递上去，第二天早晨皇上赶赴颐和园面见太后，却将我们的折子暂交到军机处记名存档（这意味着光绪并未就懋勤殿人选做出最终决定）。原来康有为所谓皇上已经确定了人选名单，并不是真话。"[12]

所谓的"懋勤殿十人名单"或许是假，但光绪迫切想开设懋勤殿，变更高层决策机制，掌握最高权力，以推动"专讲西学"的改革，却是真的。这也恰是戊戌变法最大的阻力所在。慈禧对制度局和懋勤殿不满，中枢大臣与地方督抚也不希望自己的权力被架空、利益受损。整个官僚系统则充满了对"裁撤冗员"的恐慌。苏继祖（戊戌六君子之一杨锐的女婿）在《戊戌朝变记》里说，当时京城之中，已有裁撤六部九卿，设立鬼子衙门，用鬼子办事的谣言（指康有为向光绪力荐传教士李提摩太与日本政客伊藤博文为改革顾问，进入最高决策层），以致那些老迈昏庸、懵懂无知的官员焦急欲死，整日毁谤皇上、诅咒康有为。[13]

在这咒骂声里，康有为觉得自己有些冤。他说：自己确实建议皇帝引进新人、设立制度局或懋勤殿，但从未建议裁撤旧人、废除六部九卿。外界都将"裁撤冗员"的主张归于自己，但自己的变法主张一直都是"但主增新，不主裁旧"，既要"选通才以任新政"，也要"存冗官以容旧人"。[14]康的这些话大体可信。1898年8月23日，太仆少卿岑春煊上折请求裁除冗署。岑的建议十分大胆，仅中央就建议裁除以下机构：詹事府、宗人府的宗丞、大理寺、通政司、太常寺、光禄寺、鸿胪寺、太仆寺（岑本人的工作部门）、内务府（裁一半）……此折引发官场恐慌，招致举朝反对。康有为也觉得太过，于同月29日上折，希望皇帝在人事改革上采取"以高爵待耆旧，以差使任才能"[15]的办法，将旧官僚系统里的无能者用优厚的待遇养起来，将新政要务交给新提拔的人才，而不是以激进的手段直接裁官。

但光绪未能采纳康的建议，他已决定使出雷霆手段。康上折的第二天，未做任何预备性部署，皇帝直接宣布了一份大规模裁并冗署冗官的上谕。岑春煊奏折中建议裁掉的机构，基本都列入了上谕的裁撤名单。

一时间人心惶惶。时任顺天府尹的陈夔龙，在《梦蕉亭杂记》中详细记述了亲身经历的这场动荡。他说：戊戌政变，首先起源于裁官。京城闲散衙门被裁撤者不下十余处，连带失业者近万人，朝野震骇，民不聊生。太仆寺被撤之后，我前去接收公事档案，发现自从上谕下达后，众人如鸟兽散，办公室空无一人，印信、文件也全都找不到了，门窗亦被全部拆毁，一切接办都无从着手。[16]

太仆寺、太常寺这类机构，确可算作冗署，也确可以裁撤。时代变了，要处理的问题也变了，这类传统衙门已是很尴尬的存在。然而，如何安置、安抚被裁撤者，以平息大规模失业造成的恐慌与混乱，却没有任何准备。于是，结果便是陈夔龙所见的毁文书、撕档案、扔印信、拆门窗。接收上的这种混乱，其实还只是小事；更紧要的问题是：如何在裁员时重新平衡各方利益？光绪对此事，似乎也是毫无预案。

皇帝更激烈的动作还在后面。

下达大裁员谕旨的第二天，礼部主事王照写了一道奏折，弹劾礼部堂官怀塔布等人扣押自己的折子，不将之呈递给皇帝。王照说，若礼部继续拒收拒递，他就要将折子送往都察院。王照要礼部代递的奏折，核心内容是建议光绪皇帝侍奉慈禧太后，一同巡幸中外，去考察各国新政，并建议以日本为首站。礼部拒绝代递，是觉得该建议可能会将皇帝和太后推入险境，毕竟前车之鉴就在眼前——俄国皇子在日本遭到袭击，李鸿章也在日本遇到刺杀。

礼部的这种担忧显然是有道理的。但王照觉得，自己的良苦用心远比礼部的担忧重要。据王照自述，其奏折的用心是：由光绪侍奉慈禧游历日本，明了日本崛起的缘由后，再"奉太后之意以晓谕臣民"实施变法，"所有变革之事皆太后开其端，皇上继其志"。如此，"以名誉归太后"，将变法主持者的名分让给慈禧，便可以调和皇帝与太后之间的矛盾，进而消弭最高权力集团之间的斗争。[17]但奏折递不上去，王照的良苦用心便毫无实现的可能。所以才再次写了奏折，要弹劾礼部堂官怀塔布等人。新政启动后，光绪有旨不许各部扣留任何谈论变法的奏折，礼部担忧王照将事情捅到都察院后闹大，无奈只好代递了他的奏折。

然后，事情便朝着与王照的期望完全相反的方向疾驰。读到王照的弹劾奏折后，光绪勃然大怒，将礼部六位堂官全部罢免；王照则连升三级，赐三品顶戴，授四品京堂候补。王照的本意，是劝说皇帝将"变法领袖"让给慈禧，调和二人的关系，结果却激化了他们之间的权力冲突——在光绪看来，礼部六堂官扣留王照的变法奏折，是明目张胆不将皇权放在眼里；在慈禧看来，皇帝独断专行罢免礼部六堂官，是迫不及待清除异己向自己夺权。

对激进的后果，光绪似乎也有所意识。为了巩固自己的权力，他在罢免礼部六堂官的第二天，破格任命谭嗣同、杨锐、林旭、刘光第四人为军机章京，让他们参与新政。这四人中，谭嗣同对康有为执弟子礼，杨锐、刘光第的背后是湖广总督张之洞，林旭的背后则是直隶总督荣禄。

"中日合邦"与慈禧政变

除了制度局与懋勤殿，康有为在戊戌年还曾建议光绪皇帝实施另外两项重大人事改革。

一项是废八股设立"孔教会"。扼要来说，便是自中央到地方建立一套与世俗政权完全平行的神权体系，教首的产生流程及权力运作则独立于皇权之外，"以衍圣公为会长，听天下人入会，令天主、耶稣教各立会长，与议定教律。凡有教案，归教会中，按议定之教律商办，国家不与闻"。[18]

"孔教会"显然是在机械效仿"耶稣会"等欧美传教士团体。不过，该主张似未得到光绪的青睐，也未得到士林的认同。毕竟，为证成"孔子改制"，康有为对儒学的解读已严重偏离了当时的主流儒学。

另一项改革建议是与各国"合邦"，该建议严重激化了高层权力冲突。

康有为的"合邦"目标是英国与日本。其《自编年谱》中有这样一段叙述，说他曾与日本驻华公使矢野文雄"约两国合邦大会议，定稿极详，请矢野君行知总署答允，然后可以大会于各省。而俄人知之，矢野君未敢"。[19]时为戊戌年四月，康有为尚未得到光绪皇帝的召见。矢野文雄与伊藤博文之间有很好的交谊，康有为在戊戌年与伊藤博文建立联系，很可能便是通过矢野文雄的渠道。

《自编年谱》中没有对"两国合邦大会议"做更详细的描述。要了解康所谓的"两国合邦"究竟何意，须参考其他资料。比如，刑部主事洪汝冲曾上书光绪（据孔祥吉的考据，该奏折当是康有为所拟），提出迁都、借才、联邦三条建议。迁都指的是建议清廷将都城迁往荆襄[20]，"借才""联邦"二策，则均与"合邦"有关[21]。

关于"借才"，奏折的主张是："职以为不仿行西法则已，苟仿行西法，则一切内政，尤当广聘东西各国名士，畀以事权，俾资赞助，收效必宏。"意即建议光绪聘请"东西各国名士"参与新政，这些"名士"不只是顾问，而要"畀以事权"，赋予他们具体的职务和权力。奏折还提出了具体的"名士"人选："甲午之役，则伊藤、陆奥，名震寰区。近日伊藤罢相，将欲来游，借觇国是。皇上如能縻以好爵，使近在耳目，博访周咨，则新政立行。"也就是希望光绪聘请刚刚卸任日本首相职务的伊藤博文，使之成为核心决策层的重要顾问。

关于"联邦"，奏折的具体建议是：

> 为日本者，所亲宜无过中国，以我幅员之广、人民之众、物产之饶，诚得与之联合，借彼新法，资我贤才，交换智识，互相援系，不难约束俄人，俾如君士但丁故事，则东西太平之局，可以长保，而祖宗缔造之业，亦巩如磐石矣。此事若在欧西，即合为一国，亦不为怪，挪威以合于瑞典而得自存，匈牙利以合于奥地利而以不灭。他如意、德以众国合成而称帝制，既无碍自主之权利，而有关两国之存亡。故坦然行之，并无猜忌。

不难看出，虽然"联邦"一词的语意颇为含糊，但可以肯定，绝不是一般的国与国之间的结盟。若止于国与国之间的结盟，奏折就不必拿"挪威合于瑞典""匈牙利合于奥地利"来举例，更不必说"此事若在欧西，即合为一国，亦不为怪"这种话。

请洪汝冲向皇帝推荐伊藤博文的同时，康有为还邀请了来华多年的英国传教士李提摩太赴京一个重要原因，正在于他的"借才"想法，其实来自李提摩太。

早在甲午年清廷战败之后，李提摩太便撰有《新政策》一文，刊登于《万国公报》。其核心内容是：

一、宜延聘二位可信之西人，筹一良法，速与天下大国立约联交。

二、宜立新政部，以八人总管，半用华官，半用西人。

三、铁路仍电请西国办理铁路第一有名之人，年约四十岁者与之商办。

四、李提摩太本人力强年富，心计最工，在新政部应总管筹款借款各事。

五、中国应暂请英人某某、美人某某，随时入见皇上，以西国各事详细奏陈。

六、国家日报，关系安危，应请英人某某、美人某某总管报事。

七、学部为人才根本，应请德人某某、美人某某总之。

八、战阵之事，李氏本人素来不懂，应专精此事之人保荐人才，以备任使。

九、以上各事，应请明发谕旨。[22]

这一连串建议，究其实质，是希望清廷在外交、铁路、财政、报纸、教育等部门向各国"借才"，且这种"借才"非一般的顾问性质，而是要有"总管"权限。

另据茅海建研究"张之洞档案"发现，1895年中日战争期间，李提摩太曾致电张之洞，称自己"今日得妙法，救近救远。法成，赏一百万两；不用，分文不费"（李要价百万，似是为了引起注意和重视）；并以同样的价码向李鸿章兜售该妙法。李鸿章曾试图邀李提摩太北上详谈，得知李提摩太已起身赴湖北面见张之洞后，又转而致电张之洞，请他仔细考察李提摩太的"妙法"是否真的可用。见到张之洞后，李提摩太抛出的"妙法"是"延请外国监管中国的外交和政治"。张之洞则回应说："不主张将中国变成某个国家的暂时的保护国。"

此外，李提摩太还拜访过总理衙门大臣张荫桓、帝师翁同龢、恭亲王奕訢等人，试图说服他们"对外借才"，但都没有成功。[23]不能成功的原因也很简单：请洋人来帮忙出谋划策是可以的，但要让洋人进入清廷的政府机关担任领导职务，甚至于像赫德一样直接掌控具体的权力部门，对清廷的安全而言却是巨大的隐患。

但戊戌年的康有为，似乎并不在意清廷的安全。毕竟，康门弟子上一年尚在湖南谋划运作"腹地自立"，传播"保中国不保大清"的政治理念。戊戌年夏天，李提摩太与康有为往来密切。很可能便是在这番往来中，康有为接受了李提摩太"对外借才"的建议。据李提摩太在回忆录中披露："在夏天的时候，康有为和我商量过变法的计划，我曾建议既然伊藤博文那样成功地改变日本，成了一个强国，那么最好的方法，是由中国政府请他作一个外国顾问。我后来被康有为约请到北京去作皇帝的顾问……"[24]而且，李提摩太来京后，曾与伊藤博文住在同一所旅馆，与伊藤的秘书有过长谈。

随后，康有为的"懋勤殿计划"便增入对外借才的新内容（其"制度局计划"未提及此事）。康建议光绪，"选集通国英才数十人，并延聘东西各国政治专家，共议制度，将一切应兴应革之事，全盘筹算，定一详细规则，然后施行"[25]，也就是成立一个有伊藤博文、李提摩太这类外国专家参与的最高决策机构。

1898年9月20日，伊藤博文晋见了光绪皇帝。同日，康有为正式向光绪提出了"合邦"的建议。据康自述，该提案是他在前几日拟定的。出面呈递奏折的，是与康关系密切的御史杨深秀。杨在奏折中说：

> 臣闻刑部主事洪汝冲所上封事中，有迁都、借才两说，而其最要者，莫过联结与国之一条，盖亦深恐新政不及布置，猝为强敌所乘，蹈波兰之覆辙耳……今该主事所见与臣暗合，而其语之痛切尤过于臣，是诚按切时势之言也。昨又闻英国牧师李提摩太，新从上海来京，为吾华遍筹胜算，亦云今日危局，非联合英、美、日本，别无图存之策……况值日本伊藤博文游历在都，其人曾为东瀛名相，必深愿联结吾华，共求自保者也。未为借才之举，先为借箸之筹。臣尤伏愿我皇上早定大计，固结英、美、日本三国，勿嫌合邦之名之不美，诚天下苍生之福矣。[26]

奏折提到了洪汝冲之前的借才建议，也提到了李提摩太与伊藤博文是极合适的可借之才。内中的"固结英、美、日本三国"，显然也不是普通的国与国之间的外交结盟。外交结盟是正常事，不足以让杨深秀说出"勿嫌合邦之名之不美"这种话。

见过了伊藤博文，也见到了杨深秀的奏折，但光绪并没有在当天就"借才""合邦"二事做出决策。于是，次日，与康有为关系亲密的另一位御史宋伯鲁，就"合邦"一事再度上书。奏折中说：

> 又闻俄君在其彼得罗堡，邀集德、法、英各国，议分中国，绘图腾报……昨闻英国教士李提摩太来京，往见工部主事康有为，道其来意，并出示分割图。渠之来也，拟联合中国、日本、美国及英国为合邦，共选通达时务、晓畅各国掌故者百人，专理四国兵政税则及一切外交等事，别练兵若干营，以资御

侮……今拟请皇上速简通达外务、名震地球之重臣，如大学士李鸿章者，往见
该教士李提摩太及日相伊藤博文，与之商酌办法，以工部主事康有为为参赞，
必能转祸为福，以保乂我宗社。[27]

宋的奏折，终于将康有为"合邦"主张的具体内容（宋折中说，这些主张
是李提摩太建议的）明确表达了出来。总结起来便是：一、"四国"合为"一
邦"；二、自四国中选出百人，组成"合邦"后的新政府；三、新政府拥有管
理"四国兵政税则及一切外交"的权力。

无疑，这是一项石破天惊、耸人听闻的计划。

虽列在合邦之中，但英国政府与美国政府，似乎未曾接触过这项计划，康
有为将两国列入，或许只是因为有李提摩太参与——英国政府可能对此事有所
耳闻，其驻上海外交官班德瑞与白利南，曾批评康有为"被李提摩太的一些无
稽之谈所迷惑"，责备"李提摩太是个阴谋家"，说他向康有为提供了"一些
愚蠢的建议"。[28]

日本政府与"合邦计划"的关系则要复杂许多。因为"合邦"之说，本就
来自日本。1898年初，梁启超曾将日本人森本藤吉的《大东合邦论》一书，改
编为《大东合邦新义》（蔡元培评价说，梁启超是删改本"多无聊语"，且有
颇多可笑之处，如将李鸿章改为"某总兵"[29]），由康门弟子经营的"大同译
书局"刻印发行。《大东合邦论》一书宣扬日韩应合并为一个联邦，成为新的
"大东国"，该书序文声称，唯有东方国家合邦为一国，才能抵御西方强国的
侵略。[30]为了影响更多的朝鲜人与中国人，该书以汉文书写，上海、天津、汉
口、重庆、福州等地的乐善堂，均有此书出售。康有为、梁启超师徒删改出版
此书，显然是因为他们认同书中的理念。[31]

对执政者而言，"合邦论"最大的风险，是"合邦"之后的新政权以谁为
主导。森本藤吉主张的"日韩合邦"，显然便是以力量强盛的日本去"合"掉
力量衰弱的朝鲜。清廷与英、美、日四国"合邦"，自然也只能是国力强盛的
英、美、日三国"合"掉国力衰微的清廷。明知如此，康、梁师徒为何还会接
受"合邦论"？一种较为合理的解释，便是康门上下此时仍持"保中国不保大
清"的政治立场，旨在"保教保种"，并不在乎爱新觉罗皇室的存亡，即所谓

的"大浊国必将大乱，为人所瓜分……独夫之家产何足惜，所难堪者，我之亲戚、兄弟、友生耳"。而且，大略同期，康有为与谭嗣同等还在筹划"围园杀后"，欲以武力除掉慈禧太后，但光绪皇帝对此事并不知情。

就在宋伯鲁呈递"联合中国、日本、美国及英国为合邦"奏折的同日，1898年9月21日，慈禧发动政变，软禁了光绪皇帝。此时的慈禧，尚未知晓康有为的"围园杀后"计划。数日后，她才会从荣禄的口中知悉此事，荣禄的信息则来自袁世凯。

慈禧之所以急于发动政变，大约是担忧朝廷的人事改革将走向"失控"。她不担忧军机处和总理衙门的中枢大臣，也不担忧张之洞等地方督抚，这些人与她之间的政治联结，远比与光绪皇帝的政治联结紧密。她最担忧的，是伊藤博文与李提摩太成为光绪皇帝的贴身顾问，他们的背后是日本政府和英国政府，那是慈禧撼动不了的力量。她不能容忍光绪借外国势力与自己争权。

"戊戌六君子"之间的理念分歧

与光绪被软禁同时发生的，是谭嗣同、康广仁、林旭、杨深秀、杨锐、刘光第等人被清廷逮捕，其中，谭、林、杨、刘四人是光绪皇帝新任命的军机章京，杨深秀是山东道监察御史，康广仁是康有为的胞弟。康有为与梁启超则出逃海外。"戊戌变法"夭折，成了"百日维新"。

1898年9月28日，政变后的第七天，清廷下达了杀害"六君子"的上谕，内中给他们定的罪名和刑罚是"大逆不道，着即处斩"[32]。次日，朱谕下至内阁，将六君子的"大逆不道"罪名进一步具体化。朱谕说：康有为宣扬邪说，利用变法的机会包藏祸心，竟然策划了"纠约乱党谋围颐和园，劫制皇太后"这样胆大包天的计划，还私下成立保国会，宣扬什么"保中国不保大清"，实在是罪大恶极。梁启超"与康有为狼狈为奸"，写了许多"狂谬"的文章；康广仁、林旭、杨深秀、杨锐则是"与康有为结党，隐图煽惑"。[33]

慈禧以迅雷不及掩耳之势，对谭嗣同、杨锐等"六君子"不审而判直接杀害，大约有两个原因：一、进入审判程序可能会引来外部势力的干预，慈禧希望快刀斩乱麻，以果断杀伐迅速掌控局面；二、政变后从荣禄处获悉"围园杀后"计划，让慈禧震怒不已。

这种不审而判，给后世留下一种错误的印象，认为"戊戌六君子"有着共同的政治主张，是一群志同道合的维新志士。而事实却是，对戊戌年的改革，六君子意见和立场存在着很大的分歧。其中，杨锐与刘光第二人对康有为和康党相当厌恶，林旭在被捕之前曾试图撇清与康党的关系，杨深秀的情形略模糊；只有谭嗣同，是康有为改革主张的真正拥护者，是一位无疑义的康党。

先说杨锐与刘光第。

戊戌年的杨锐与刘光第，大体可以算作张之洞门下之人。张之洞不喜欢康有为的学问，斥之为伪学、野狐禅。杨、刘二人的学术旨趣，则与张之洞大体相近。杨锐早年对康有为曾颇有好感，认为他上奏的某些条陈"透切时弊"[34]。1897年12月，杨曾鼓动御史高燮曾上折子，推荐康去参加瑞典的"万国弭兵会"。但在戊戌年，杨锐对康有为和康党的态度，已从欣赏转变为不满与鄙视。在给张之洞的一封密信中，杨锐给了康有为一个"谬妄"的评价。信中说：

> 近日变法，都下大哗。人人欲得康有为而甘心之，然康固多谬妄，而诋之者至比之洪水猛兽，必杀之而后快，岂去一康而中国即足自存乎？……京师大老，空疏无具，欲以空言去康，何能有济！[35]

另据唐才质《戊戌闻见录》披露，谭嗣同在给唐才常的书信中提到，在军机处担任章京一职期间，因为杨锐公开表达对康有为的鄙视，谭嗣同与他发生过正面冲突：

> 伯兄曰：复生入值，与刘裴村一班，刘愿者，虽不奋发，而心无他。然可虑者，叔峤跋扈，媚旧党而排南海，复生愤与之争，叔峤不纳。[36]

"伯兄"指的是唐才常，复生即谭嗣同，刘裴村即刘光第，叔峤即杨锐，南海即康有为。这段话的意思是：谭嗣同去军机处值班，与刘光第排在一起。刘没什么，做事不积极，但也不闹腾。最让人担忧的是杨锐，此人嚣张跋扈，成天取媚旧党，对康有为非常排斥。谭嗣同愤愤不平，与杨锐公开争执，杨不采纳谭的批评。嚣张跋扈、取媚旧党这类负面评价，是唐才常个人对杨锐的一种成见。但他提到杨锐与康有为一派不合，引发谭嗣同不满，则是一个重要的客观事实。

杨锐的好友高树，也在《金銮琐记》里记载称，杨锐对同为军机章京的谭嗣同、林旭二人相当不满，私下里评价谭嗣同"鬼幽"、林旭"鬼躁"：

> 鬼幽鬼躁杨公语，同列招灾窃自忧……叔峤曰："某君鬼幽，某君鬼躁，同列如此，祸可知矣。"[37]

参考戊戌年谭、林二人的行状，可以知道，杨锐之所以评价谭嗣同"鬼幽"，是因为谭与康党多有密谋而不令杨锐、刘光第等人知晓。之所以评价林旭"鬼躁"，是因为林年少轻狂，"日夜谋变更一切甚亟"[38]，也就是不稳重，求变之心太急切。

杨锐担任军机章京，是张之洞请托湖南巡抚陈宝箴推荐的结果。刘光第的情形，与杨锐大致相似，他任职军机章京，也是借了张之洞的力量由陈宝箴推荐。或许是因为不像杨锐那样是张之洞的心腹之人，所以刘光第事前并不知道自己会被推荐去做军机章京，入职之后也没有像杨锐那样积极活动（杨很希望促成张之洞入京，来主持变法）。

不过，刘光第对康有为等人的坏感受与杨锐并无区别。康党开设保国会，刘仅前往一次，因不喜欢康有为等人的言论，再未有过交往。他还在家信中感叹说，朝中新旧两党相争让人寒心，而自己偏是一个"无新旧之见"的人：

> 新旧两党，互争朝局（好在兄并无新旧之见，新者、旧者均须用好人，天下方可久存），兄实寒心。[39]

刘光第家书里"无新旧之见"的自述，与唐才常对他的观察是一个"愿者"，两面不得罪人，在军机处做事，虽然不积极，但也不闹腾，可谓相当一致。

戊戌年朝中新旧两党之争，始于改革理念差异，终于光绪与慈禧之间的权力斗争。当光绪将有关新政的奏章，一概越过军机大臣，交由新任的四章京办理时，身在局中的刘光第，便已明了自己已被迫卷入高层权斗，稍有不慎就会粉身碎骨。为了免祸，他在军机处值班时的做法是："仍以要件商诸大军机，又曾请于德宗，为言不能僭越大军机之权。"[40]，遇有重要奏章，仍拿去与"大军机"（指军机大臣，军机四章京当时被称作"小军机"）商议，并寻了个机会上奏劝说光绪皇帝，希望他不要以军机章京来架空军机大臣的权力。这些做法，显示了刘光第的政见和立场与康有为等人大不相同。

故此，当入军机处值班不过十余日的杨锐与刘光第二人被清廷定性为"康党"而惨遭杀身之祸后，时人皆视为奇冤。张之洞也曾急电京城友人，请他们营救杨锐。他在电文里打包票为杨锐做担保，说他绝对不可能是康有为的同党。电文如下：

> 杨叔峤者，端正谨饬，素恶康学，确非康党，平日议论，痛诋康谬者不一而足，弟所深知……此次被逮，实系无辜受累。[41]

刘光第死后，家中被查抄，亦搜出一份尚未写完的针对康有为的弹劾奏章。

其实，被捕之前，杨、刘二人已隐约觉察到了时代的车轮，很可能会从他们自己的身上碾过，均动过辞官退隐的念头。杨在给弟弟的家书里说，自己没办法和林旭等人共事，军机章京这份职务实在是无法继续再做下去：

> 同列又甚不易处，谭最党康有为，然在直尚称安静，林则随事都欲取巧，所答有甚不妥当者，兄强令改换三四次，积久恐渐不相能。现在新进喜事之徒，日言议政院，上意颇动……兄拟加遇事补救，稍加裁抑，而同事已大有意见，今甫数日，既已如此，久更何能相处。拟得便即抽身而退。[42]

刘光第也想辞职。他很担忧自己长期处在军机章京这种敏感职位上，"终以憨直贾祸"，会给自己招来祸端。他原本计划待下一次被光绪当面召见时，就痛陈一番"新政措理失宜"[43]，对新政做一番批判，然后就辞官回家。可惜，没能等到那一天，慈禧就已经发动了政变。

再说林旭、康广仁与杨深秀三人的情况。

林旭任职军机章京时，年仅24岁。他对康有为的看法，多受外界环境的影响，并没有什么定见。1897年11月，林致书李宣龚，谈到自己与康有为的交往，称"康长素适来，日有是非，欲避未能"[44]。所谓"是非"，大约是指此时政、学两界的主流人物均不喜欢康有为的政见和学术。林是两江总督沈葆桢的孙婿，以世家子弟身份在京寻求政治机会，自然不太愿意与风评不佳的康有为和康党扯上关系。

至1898年5月，康有为已得到光绪青睐。林旭在为康的《春秋董氏学》作跋时，已转而颇为自豪地明言自己是康有为的学生，说康将他的学问"授旭读之"[45]。

林旭进入军机处，可能与他在1898年6月被荣禄招入幕府有关。光绪选拔军机四章京，既希望通过他们来贯彻自己的改革意志，也希望在选人时可以平衡满汉新旧——杨锐、刘光第与汉臣领袖张之洞关系密切；林旭与满臣荣禄有来往，且与康有为交好；谭嗣同有湖广官场的背景，同时又是康有为的拥护者。

据时人披露，林旭当值期间，"欲尽斥耄老诸大臣"，"凡建一策，僚辈不能决者，旭大呼奋笔拟稿以进"[46]，可见他确实是一个非常积极，同时也相当冒进的人。这种冒进，曾引发荣禄的担忧。他写信给林，劝他在新政事务上与"枢廷诸老"好好合作，"斟酌情形，悉心商办"，不要"遇事纷更"，别动不动就要改这个变那个。[47]但林似乎并没有接受荣禄的劝告。与张之洞急电京中友人营救杨锐不同，林旭被捕后荣禄未曾施以援手。荣的这种态度，或许与二人之前的疏离有些关系。

康广仁是康有为的胞弟，自然支持康有为。不过，在政变前夕，康广仁也曾致信友人，抱怨过兄长的做法太过理想主义，目标太高、敌人太多、支持者太少，缺乏可操作性，成功率不高。其信函原文如下：

伯兄规模太广，志气太锐，包揽太多，同志太孤，举行太大，当此排者、忌者、挤者、谤者盈衢塞巷，而上又无权，安能有成？弟私窃深忧之，故常谓但竭力废八股，俾民智能开，则危崖上转石，不患不能至地。今已如愿，八股已废，力劝伯兄宜速拂衣，虽多陈无益，且恐祸变生也。[48]

杨深秀的身份是御史。杨锐在给张之洞的密函中曾提到，御史圈里面"惟杨深秀、宋伯鲁最为康用"[49]。康有为在戊戌年写了许多奏章，大多以杨深秀、宋伯鲁二人的名义呈递，结果使杨深秀被杀害，宋伯鲁逃往外国使馆得免一死。

杨深秀被杀的直接原因，是他替康有为呈递的那份与"合邦"有关的奏折里，不但建议皇帝聘请李提摩太和伊藤博文为贴身顾问，还劝说光绪调袁世凯的军队入京。该折附片中还有一个计划，称颐和园内存在一个"秘密金库"，希望光绪允准募集300人，于9月23日入园发掘，挖出来的金子正可作为变法经费。[50]所谓秘密金库云云，自是子虚乌有，该建议的真实用意便是康有为等人策划的"围园杀后"计划。编造"秘密金库"这个谣言，是为了有一个理由将武装人员带入颐和园。在杨深秀呈递奏折之前，谭嗣同已致信唐才常，要他带会党人马秘密入京，等待时机伪装成掘金工人入园，趁机杀死慈禧。杨深秀卷入这样的密谋，而慈禧又在政变后知晓了该密谋，他自是难以侥幸。不过，杨在呈递奏折时，是否知晓"入园掘金"的实质乃是"围园杀后"，资料有限，尚难以判断。

略言之，"戊戌六君子"中，杨锐与刘光第二人并非康有为的同道。林旭与康有为的关系则存在摇摆。杨深秀是否知晓康有为等人的惊天策划，也尚缺乏证据。康广仁对康有为的做事方式颇有异议。唯有谭嗣同，高度认同康有为的政治立场。他在戊戌年的所作所为，全然是在践行"求为陈涉、杨玄感，以供圣人之驱除，死无憾焉"[51]的夙志。致力于"保教保种"且暗存"保中国不保大清"之念的康有为，正是谭嗣同心目中的"圣人"。

遗憾的是，"六君子"被清廷杀害后，康有为等决定充分利用"保皇"这一政治资产，遂出于宣传的需要，刊布了许多回忆、纪念文字。这些文字，将杨锐与刘光第打扮成了康有为的忠实拥趸。如康有为在《六哀诗》里面说，杨锐"与我志意同，过从议论熟"；梁启超在《杨锐传》里说，杨锐"久有裁抑吕（后）武（则天）之志"，于是"奉诏与诸同志谋卫上变"。其实，杨锐并不知道康党的"围园杀后"计划，他的立场始终是调和帝后关系，而非扳倒慈禧。对于刘光第，康、梁也做了类似的虚假描述。

康、梁的这种做法，与清廷对"六君子"的草率定性，构成了一种虚假的"呼应"，也让戊戌年改革的本来面貌发生了扭曲。进而严重影响到后世对这场改革的反思。百日维新是一场极为错综复杂的改革，它的失败，既不能简单地以"顽固派的镇压"来解释，也非责备康有为"志大才疏"便可使人满意。它实际上是清廷此前30余年洋务改革失败结出来的一枚苦果。在这场改革里，年轻的皇帝不再信任旧体制；旧体制里的太后与官僚集团也无意响应年轻的皇帝；"改革旗手"康有为在改革启动的前一年，便已萌生出"保中国不保大清"的思想，无论是对年轻的皇帝还是老迈的太后，他都缺乏认同感。

第三十九章　1899年：底层社会全面失序

1899年的清廷，陷入了内忧与外患错综交织的状态。

继德国强占胶州湾后，俄国于本年强租了旅顺港。美国在本年向英、法、德、俄和日本提出了"对华门户开放"政策。[1]慈禧深受"围园杀后"计划的刺激，已动了废黜光绪皇帝的念头。她先是软禁光绪宣布训政，随后又以光绪的名义下诏求医，营造出一种皇帝已然病重的假象。反对废黜光绪的重臣疆吏如世铎、奕劻、刘坤一与李鸿章等，一面强调自己与光绪的"君臣之义已定，中外之口难防"[2]，一面强调"此事若果举行，危险万状，各国驻京使臣，首先抗议"[3]，将慈禧另立新帝的内政与列强的外交干涉联结在了一起。

当时应该鲜少有人意识到，1899年影响清帝国历史走向最深的事件，是清廷出台了《地方官接待教士事宜条款》。该条款让清帝国本已严重失衡的底层社会变得更加支离破碎，直接催生出1900年的义和团运动。

庙堂失职，只提供畸形秩序

《地方官接待教士事宜条款》这项文件，由总理衙门与法国主教樊国梁议定，经法国驻华公使同意，以光绪皇帝名义批准。

其主要内容是：一、规定教中品秩。主教品位与督抚相同，摄位司铎、大司铎与司道平行；司铎与府县平行。督抚司道府厅州县的官员，须依据上述品秩以礼接待传教士。二、各省教案发生地的主教与司铎，可请本国驻华公使与领事，与总理衙门或地方官交涉，也可直接与地方官交涉。地方官则须迅速与该主教或司铎协商办理教案。[4]

简单来说，该文件的实质是赋予传教士以相当于清廷官员的特殊身份，允许他们参与到教案的审判与处置中来。

让传教士介入地方诉讼，本是清廷自19世纪60年代以来极为忌讳的事情。1861年总理衙门曾下发文件给各省督抚，要求他们若遇到传教士干涉地方公事，须坚持原则一概"驳斥不准"。这项原则一直维持到19世纪80年代末。1870年的天津教案，一度让慈禧太后与恭亲王奕䜣担忧"庚申之变"再现，故曾在1871年试图与列强订立一项《传教章程》，希望通过制度建设来一劳永逸解决教案冲突。但列强从清廷拟定的《传教章程》中看不到好处，集体采取拒绝立场，总理衙门只能作罢。

进入19世纪90年代后，尽管清廷下发了大量文件，要求地方官严防死守，绝不可让辖区内发生教案，但教案仍是愈来愈多。如1892年的"周汉反教案"搅动了整个长江中下游地区。清廷又在甲午战争中丧师赔款割地，国力之孱弱完全暴露在国际社会的注视之下，随后便又有了列强纷纷以教案为由扩张在华利益，如1897年德国借"巨野教案"侵占胶州湾。清廷无奈，再次试图寻求一种办法来缓和地方官府与传教士之间的关系，将民教冲突消弭在地方，降低其上升为教案、引发外交冲突的频率。《地方官接待教士事宜条款》便是在这样一种背景下产生的。

其实，在《地方官接待教士事宜条款》出台之前，清廷为了消弭教案，已经针对地方官员，制定了严厉的处罚措施。比如1896年5月，总理衙门曾拟定过一项办法，并得到了光绪皇帝朱批允准实施。该办法规定：

> 嗣后遇有拆堂杀教之案，除有心故纵以致酿成巨案者，应由臣部酌量案情，随时奏明请旨办理外，如系事起仓猝，迫不及防，应将地方官照防范不严降一级留任公罪例议，以降一级留任；其保护未能得力，自系办理不善，应照历办成案以不应重公罪降二级留任例议，以降二级留任，俾示惩儆。[5]

这种做法，只一味向地方官员施压，而无力从司法文明与条约外交层面去解决问题——这种无力既是认知层面的（不懂近代司法文明），也是利益层面的（司法权的改革会造成清廷的传统统治秩序的动荡），更是实力层面的（清廷无力让列强坐到谈判桌前平等商谈）——带来的直接后果，便是地方权力体系的失衡，与底层治理秩序的崩溃。

这种失衡与崩溃的发生逻辑，扼要来说是这样的：一、地方官员希望保住自己的仕途。遇到教民与非教民之间的诉讼，他们往往倾向于祖护教民，避免与传教士发生冲突。至于究竟是教民占理还是非教民占理，并不重要。二、传教士希望收获更多的教徒，也多见识过清廷司法的黑暗。在诉讼中，他们因无法信任清廷的地方官员，往往选择支持自己的教民（亦不排除某些传教士有意祖护教民，以吸引更多信徒）。三、底层民众至少可区分为三类人：第一类，不堪忍受清廷粗暴的基层治理的人（比如饥荒、疾病、贫困），而选择投入传教士的怀抱。第二类，游民、地痞之类人物，见识了教民所享有的诉讼特权后，为谋利而入教。第三类，自身利益与传统乡村秩序捆绑在一起的乡绅、富户、平民，选择入教对他们而言有困难，但又不愿忍受来自第二类人的敲诈勒索，于是组织拳会、刀会之类团体相对抗。

换言之，在列强与传教士进入之前，清廷是一个典型的秦制国家，其基层治理虽无公正可言，却有一种奇特的"公平"。所有民众，无论贫富，若无体制内背景，无一例外是秦制汲取和压榨的对象，官僚系统无司法文明可言，但在裁断纷争方面拥有独一无二的权威。这种"公平"，为基层权力的运作带来了稳定。传教士进入清廷的底层社会之后，对清廷的司法文明提出了挑战，酿成种种冲突。这些冲突，给了列强将司法问题上升为外交问题的机会。清廷力不能敌，一再以赔款道歉、开放口岸了结。为回避教案，以往那种"无公正可言的公平"消失了，取而代之的是教民在诉讼中拥有了针对非教民的优势。

一个社会的理想状态，是教民与非教民俱接受相同的法律约束，俱受文明司法的庇护。可惜的是，清廷既无司法文明，又为了自身利益（非国家利益）而在司法操作中将教民与非教民归入两个不同的阶层，其结果便是社会失序，利益受到损害的民众选择投入江湖的怀抱。义和团的前身——各种名目的民间拳会，如大刀会、梅花拳、义和拳等，之所以会集中出现在19世纪90年代，与清廷庙堂的这种失职有着非常直接的关系。清廷中枢明了这一切，但"两害相权取其轻"，又于1899年出台了《地方官接待教士事宜条款》，赋予传教士与清廷地方官相似的地位，使之拥有了介入地方诉讼的合法权力。

对于《地方官接待教士事宜条款》，清廷中枢怀有两重期望：一、缓和与传教士（主要是法国天主教）之间的紧张关系，避免民教冲突动辄被捅到各国驻华公使处，进而演变为外交问题；二、将处理民教冲突的主要责任下放给地方官员，赋予传教士进入地方官府、与地方官员直接交涉的特权，避免民教冲突动辄被捅到总理衙门，进而演变成清廷中枢与各国列强之间的对垒。

至于这两项好处会给底层秩序带来怎样的动荡，清廷中枢已无暇在意。毕竟，就巩固政权而言，消弭与列强的冲突，远比向底层民众提供稳定的秩序来得重要。

江湖自救，遍地皆是刀会与拳会

制度上的缺陷无法依赖人事上的努力来弥补。

晚清底层社会的失序也是如此。权力结构变了，游戏规则也变了，无论传教士对教民如何做慎重筛选，无论地方官如何与传教士密切沟通，都已无济于事。民教冲突只会愈演愈烈。因为有缺陷的制度，实际上是在考验人性。面对可以轻松获取的利益（与非教民打官司），一个人即便从无作奸犯科的历史，也很有可能会突破道德与法律的底线。

西方学者并不讳言梅花拳、大刀会这类组织起源于"教民与非教民的冲突"，也不讳言这些冲突与"干预词讼"一事关系甚大。比如德国学者狄德满（Rolf Gerhard Tiedemann）认为："传教士成功地干预地方争端为教会获得了许多新的信徒，但有时也转而使反教冲突层见迭出。在某种程度上，这种对抗也是对传教士扰乱了地方社会传统的政治、社会文化结构的一种反应。"[6]七次考察中国的德国地质学家李希霍芬（Ferdinand von Richthofen），也如此描述方济各会在山东传教的情形："中国教民多数主要是为了获得外国的保护而受洗入教的，就连马天恩神父也承认这些人大半不是好基督徒。"[7]柯文则认为："1860年以后天主教士实行的另一种方法也许更加产生了反效果。这就是对当地的政治和司法进行广泛干涉，以赢得可能的皈依者。通过这种方法入教的中国人往往是居民中最不守法的分子，而传教士倚仗法国的保护来维护这些人的利益，便普遍激起了官府和非基督教平民两方面的仇恨。"[8]

不过，在责备"通过这种方法入教的中国人往往是居民中最不守法的分子"时，还须注意社会失序，也就是畸形的司法制度，对于底层民众而言，实际上形同在考验人性，而人性是最经不住考验的。那些后来成为"不守法分子"的教民，并不一定在入教时就已经是"居民中最不守法的分子"。坏的制度诱惑好人变成坏人；好的制度约束坏人成为好人。不能简单地以普通百姓入教后的行为，去反推他们入教前的情况。

比如，相蓝欣的《义和团战争的起源》一书，对教民与非教民之间的冲突，有颇多考据与勾勒，其中提及：

> 有的时候，教士或教徒有意寻衅，无事生非。19世纪90年代中，鲁南的很多民教冲突发生在人流量很大的集市上，所以教案的消息和谣言流传甚广。1890年，在某县集市上，一位屠夫在卖肉时将一羊头挂在摊上，有教民看见，告诉洋教士，谓此乃有意诋毁洋教，只因为"羊""洋"谐音。一场混战之后，该屠夫被教士报官，在公堂上这位屠夫自然输掉了官司，吃尽了苦头。9

从19世纪60年代开始，教案中常可见到以"羊叫"喻"洋教"的内容。教民见该屠夫在肉摊上挂羊头，而将之告上衙门，使其吃尽苦头，显然是自以往的教案中得到了"启发"。地方官无视屠夫的行为完全正当，一味偏袒教民，则是因为他不愿惹事，不愿损害自己的顶戴前程。这种偏袒，反馈到其他教民那里，便成了一种对人性的考验。反馈到非教民那里，则是催生出大刀会、梅花拳、义和拳等民间自救组织（还有一种更糟糕的情况，是一些被清廷认定为非法组织的社团如白莲教等，为寻求庇护也会选择加入教会。而在某些传教士看来，"白莲教的成员多是乡村中的好人，是农村人口中的优秀分子"10）。

以义和团极为繁盛的煽动为例。整个19世纪90年代，山东的地方官员都在颤颤巍巍地走钢丝。他们既想维持对地方的有效"治理"（也就是为朝廷实现有效汲取），又想保住个人的仕途，不愿与教民和传教士发生冲突。所以，他们对大刀会、梅花拳这类民间组织，采取了两手策略：一是鼓励。希望大刀会等民间自救组织能展示实力，让传教士们从自己的辖区知难而退。二是杀戮。冲突激化时，就把大刀会等民间自救组织的领袖抓起来，作为给传教士的一种交代，以消弭教案。曹县大刀会领袖刘士端就遭遇了这样的命运。刘士端曾协助地方政府提拿土匪岳二米子，获得官方表彰（岳二米子为自保，选择了入教）。但当1896年四五月间大刀会与教民冲突激化时，曹县地方官选择以宴会的形式对刘士端进行诱捕，然后将其杀死。[11]

《地方官接待教士事宜条款》于1899年春出台后，类似的情况变得更加常见了。整个19世纪90年代，所有的山东巡抚都在奏折中强调，教民和非教民之间的冲突，是山东动荡不安的根源。不过，没有人敢更进一步指出，这种动荡的源头，是自中央而下各级政府的失职。[12]

尽管所有的山东巡抚都对冲突中的非教民持同情态度，但考虑到那些躲避官府盘剥的平民也很有可能选择入教寻求保护，在一桩具体的冲突中，要评判教民与非教民之间的是非曲直，其实并不容易。不过，有一点是可以肯定的：在19世纪90年代的大多数时间里，梅花拳、大刀会这些"义和团早期组织"，他们与教民发生冲突时，所争的几乎全部是具体的物质利益。

比如，1896年，江苏砀山县地主庞三杰，与刘芭臣争夺一块名叫"东滩"的土地的所有权（因黄河改道造成产权不明），刘芭臣入了教，庞三杰就选择从山东单县请来大刀会与之对抗。[13]再比如，1897年，家有400亩地的梅花拳领袖赵三多，介入山东冠县梨园屯的教民与非教民冲突之中，其目的是从教民手里夺回当地的玉皇庙。[14]这些拳民使用的手段可能是愚昧的（比如求助于鬼神，相信刀枪不入），但他们的目的并不愚昧，多是为了维护自身的利益。

庙堂已然全面失职，江湖只能结社自救。

拳会异变，我们的菩萨不灵

正因为结社自救的目的是维护自身利益，所以梅花拳与大刀会这类组织的最初参与者，往往是基层社会中那些有家有产之人。

比如在山东威县张家屯，全村共计186户800多口人，有104户参加了梅花拳，占到了全村户数的近六成。其中，村里可算富户者13户（人均拥有土地20亩以上），有11户加入了梅花拳；可算贫穷户者26户（人均拥有土地1亩以下），却只有8户参加了梅花拳。其领袖人物张汉，拥有的土地达到了110亩之多，在当地的声望也远远超过了同支的赵三多（尽管赵三多在后世的历史叙述中远比张汉知名）。[15]

　　但在1899—1900年，事情开始发生微妙的变化。先是北方大旱。饥饿刺激了教民与非教民之间的冲突。再就是《地方官接待教士事宜条款》出台，地方官员在面对民教冲突时，对教民的偏袒愈加严重，愿意暗中支持梅花拳与大刀会这类江湖自救组织的地方官员越来越少，刻意制造的民教官司则越来越多。

　　影响所及，梅花拳与大刀会这类组织的领导者成分，也发生了巨大的变化。有家有业的士绅富户最先觉察到政策的变化，意识到继续掌控拳会进行活动所要承担的风险，已远远大于可能获得的收益。于是，他们渐渐放弃了对拳会的控制权。此外，士绅富户们不愿意离乡也不愿抢掠，而加入拳会寻求救济的灾民日复一日增多。救济同人变成了一种沉重负担，这也在促使士绅富户们或主动或被动，让出拳会的主导权。

　　取而代之的，是姚文起、朱红灯、心诚和尚、于清水、曹福田、张德成这类无业游民，渐渐成了拳会的新领袖。姚文起四处流浪为生，有一手烧窑的技术，人称"姚（窑）师傅"。他一再鼓动赵三多举旗，赵也因为介入梨园屯事件，感觉进退皆不得解脱，倾向于举旗，但梅花拳其他有家有业的领袖人物俱不赞同，要求赵另立名号，不许使用梅花拳名义，赵遂改用"义和拳"[16]。朱红灯也是一个四处流浪的游民。光绪二十五年（1899）十一月的《济南府禀》里说："朱红等，籍隶泗水，家无亲属，只身游荡。"[17]心诚和尚又名本明和尚，原是高唐人，因家中贫困，幼年即被父母送到禹城的寺庙做和尚，成年后四处游方，去过北京，后长期在济南活动。[18]于清水家中仅二亩半地，以给人扛活为生，后来把二亩地卖了，"又做小买卖，卖过醋，没爷没娘，有些流氓"[19]。曹福田"本游勇，嗜鸦片，无以自存"[20]。张德成则以操舟为生，"往来玉河、西河间"[21]。

　　主导者变了，拳会组织的性质自然也要变。

　　朱红灯、曹福田这类人并不爱大清，虽然他们喊出过"兴清灭洋"这样的口号，但那只是一种避免被清军剿灭的策略。他们也不是真的"排外"，柯文的研究发现："到（1900年）5月中旬为止，义和团的暴力活动几乎完全是针对教民、教堂和教民住宅的，只有一个外国人（卜克斯）丧了命，义和团的矛头还未指向铁路和电报。"[22]之所以只针对本国教民，或许是因为多年的斗争经验让拳民很清楚一件事情：伤害洋人必然惹来官府和官军。不去扒铁路和电报线，则是因为这些东西无法拿来吃喝，无助于解决拳民迫在眉睫的饥荒问题。而且，这种"理性"确实有效。1899年底，袁世凯就任山东巡抚，准备以武力镇压团民。朝廷却接连给他去了三封电报，要他大事化小小事化无，不可一味进剿，慎防酿成民变[23]。若拳民们的暴力已然指向了洋人，朝廷断不会有这样的电报给袁世凯。

不过，袁世凯率军上任，公开指责义和团的组织源头是反朝廷的秘密组织，这种手段还是起到了震慑作用。1900年春，山东的游民扛着"兴清灭洋"的旗帜，陆续转移到了政策更为宽松的直隶。不久，他们便进入慈禧太后的视野，获允涌入京城。

老太后之所以看中拳民，是因为她此时亟欲利用民意向洋人发难，以展示自己的强硬实力。戊戌政变后，慈禧欲废黜光绪皇帝，重臣疆吏则"挟洋自重"，拿列强的保守立场来阻止慈禧（各国均不愿清廷出现政治上的大动荡，担心这种动荡会损害他们的既得利益）。且列强也确实大多对光绪抱持着好感（光绪皇帝在19世纪90年代学习英语，长期阅读广学会等传教士文化机构出版的西学书籍，给西方世界留下了很好的印象）。慈禧对列强的不满已非常严重，但又不敢以正规军与列强公开决裂，遂动了利用义和团的"民心"来打击列强的念头。

随后发生的，便是远甚于"庚申之变"的"庚子之变"。最后，为了与列强议和，慈禧又选择了抛弃和清算义和团。

这种抛弃与清算，在1901年深入到了整个中国北部。山西太原乡绅刘大鹏，闹义和团时正在太谷县南席村的私塾任教，撰有《退想斋日记》。这部日记，真实记录下了辛丑年清廷对拳民们的迫害——其形式可谓多种多样。试举两例说明：

一、山西春荒，地方政府重点赈济教民，不管那些不入教的平民。1901年4月16日，刘大鹏在日记中写道："各州县之教民，官皆赈济，大口银三两，小口半之，而不入教之穷民，饥饿而死者枕藉于野，未闻官开仓赈济，以救民于水火之中；人事如此，安望天之普降甘霖乎。"[24]

二、地方官员到处捉拿拳民，一味听从教民的指控，并不细查被捉者是否真参加过义和团。1901年5月21日，刘大鹏在日记中写道："今日有徐沟及太谷差役来南席村，锁拿去年练习义和拳者。其指名之人且系在京为商者，现不在家，并非拳民。此系清源教民捏造者也。嗟夫！教民现恃洋夷之强，控告邻里及诸拳民，缧泄满狱，官不能保民，惟听教民之言以肆毒。成何世界乎？殊令人心意俱酸。"5月22日，刘大鹏又在日记中写道："（官府）严惩各处拳民，凡去岁练习义和拳者，无不锁拿治罪，其为教民素日所恶之人，即未练拳，亦乘此气焰甚炽之时，指为去岁抢其财物，而控告之，官虽深知其然，而亦不敢违教民之意，必将被告黎民锁拿治罪……邻里乡党悉受蔓延之害。太原一郡之州县官无他政之办，唯是办理教案，听教民之指挥而已。当此之时，差役四出，恫吓乡民，乡民恐惧；贿役求免，而役遂生无厌之求，闾巷何以能安乎？新抚到晋之初，即发帑金十万赈济教民（每人月五两）。其未奉教之民，饥饿垂毙，置之不问，此固离散民之一端也。"[25]

这种捉拿，并非走走形式。1901年5月，榆次、太谷两县差役四出，还在太谷县衙门前的照壁上贴了悬赏告示，向官府告密谁是拳民、躲在哪里者可得"十金"，直接捉了拳民送来官府可得"五十金"。[26] 5月29日，刘大鹏在日记中写道："现在捉拿去岁习拳之命十分吃紧，太谷捉获水秀村一名到案，笞一千下狱。凡练过拳者莫不遁逃。"[27]

在刘大鹏看来，当局如此做法，一方面可能逼迫民众铤而走险，"去年练习义和拳者，城镇村庄处处皆有，今日听洋夷教民之言，差役锁拿以治其罪，是迫之使变也"[28]；另一方面，相当于驱赶民众加入洋教（入教就可以避免来自官府的追究和迫害），可谓极大的玩忽职守。在《潜园琐记》中，刘大鹏如此写道："州牧县令唯是袒庇教民，唬吓百姓，以求事之了结而已。教民虽曲，而刑罚不加，百姓虽直，而箠楚不免。州牧县令如此待民，而蚩蚩者氓有不忿然兴起接踵入教者乎？故曰：为渊驱鱼者，獭也……为洋教驱民者，州牧县令也。"[29]

为逃避官府的迫害，或寻求在官司中占据有利地位而入教，是庚子年之前就有的现象。比如，1889年，山东单县李集人被卷入讼事，他们"听此消息后非常害怕，就从刘庄请来一个范神父，大家都请求在教，求教会保护"[30]。1901年，这种现象变得更加常见了。拳民固然是被官府锁拿的对象，非拳民也常常被地方官吏和教民指为"拳民"而横加勒索。于是，许多曾经做过反洋教先锋的义和团拳民，许多安分守己的普通民众，最后不得不加入洋教，以求保全身家性命。比如，据《拳时北京教友致命》记载，京郊下营村的刘广来，"曾当团头，为逃避官府追究而奉教"[31]。所谓"官府追究"，指的正是1901年慈禧为取媚洋人，而掉转刀锋迫害拳民。在义和拳的发源地直隶，拳民变教民的现象也非常普遍。著名的教案发生地红桃园，当地民众"大部分就入了耶稣教"，缘由则是为了"不受辱，不受气"[32]。所谓"辱"与"气"，也是指来自地方官府的迫害。

1905年，周作人北游京城，整整五年过去了，"拳匪"二字带来的恐惧，仍笼罩着这座城市。周氏写道：

这是我第一次到北京，在庚子事变后的第五年，当时人民创痛犹新，大家有点谈虎色变的样子，我们却是好奇，偏喜欢打听拳匪的事情。我们问客栈的伙计，他们便急忙地分辩说："我们不是拳匪，不知道拳匪的事。"其实是并没有问他当不当过拳匪，只是问他那时候的情形是怎么样罢了。可是他们恰如惊弓之鸟，害怕提起这件事来……民国初年钱玄同在北京做教员，雇有一个包车夫，他自己承认做过拳匪，但是其时已经是热心的天主教徒了，在他的房里供有耶稣和圣母马利亚的像，每早祷告礼拜很是虔诚。问他什么缘因改信宗教的呢?他回答得很是直截了当道："因为他们的菩萨灵，我们的菩萨不灵嘛。"这句话至少去今已有四十多年了。[33]

从一位前义和团拳民的口中，说出了"他们的菩萨灵，我们的菩萨不灵"这样的话，实在是有太多的值得深思之处。

第四十章　1900年："庚子之变"

晚清改革始于1861年，改革的核心驱动力是为了雪耻。具体而言，第一重目的是让"庚申之变"的惨剧不再重演，第二重目的是用坚船利炮从洋人身上寻回属于天朝上国的荣光。在近40年的漫长时光里，扬眉吐气一直是清廷中枢念念不忘的事情。

1900年，40年改革终于结出了它的"果实"——较之"庚申之变"更为屈辱的"庚子之变"。

太后之怒与许景澄之死

1900年6月19日，紫禁城仪鸾殿。

吏部侍郎许景澄发现自己站在了人生命运的十字路口上，也站在了国家命运的十字路口上。这两条路却不在同一个方向。

这是朝廷中枢第四次召开御前会议。讨论的议题，是究竟要不要对英、法、美、俄、日、意诸国宣战。

在此之前。6月16日的第一次御前会议上，太常卿袁昶站在仪鸾殿的门槛之外高呼"臣有话上奏"。光绪命他入内说话，袁遂详谈拳民不可倚仗，邪术不可相信，即便真有邪术，自古以来也绝无靠邪术成事的先例。时人称，袁的上奏"慷慨唏嘘，声震殿瓦"。这些话，这种气势，引起了慈禧的极大不满，正面问他："法术不足恃，岂人心亦不足恃乎？"侍读学士朱祖谋质问慈禧"信乱民敌西洋，不知欲倚何人办此大事"，换来的则是太后的"大怒色变"，厉声责问："汝何姓名？"[1]

6月17日的第二次御前会议上，慈禧宣读谕旨说，洋人送来四条照会。第一条是选个地方"令中国皇帝居住"，第二条是由列强"代收各省钱粮"，第三条是由列强组织新机构“代掌天下兵权”。她没有说第四条，因为那一条是“勒令皇太后归政”。[2]在谕旨里，慈禧还说，洋人既然如此猖狂，与其“等亡”，不如“一战而亡”，她要来一场全面开战。与会群臣集体叩头，大呼“愿效死力”。老太后血冲上脑，很满意这种欢呼，又对与会的大臣说：你们今天都在这里，今天的事是我们大家决定。将来若战败亡国，不要把责任推到我一个人头上，“勿归咎于一人，谓皇太后送祖宗三百年天下”[3]。

大略同期，两江总督刘坤一、湖广总督张之洞联名发来急电。两位砥柱老臣在函电中态度鲜明，坚决反对慈禧的决定。眼见“各国纷纷征兵调舰”，张之洞忧心忡忡。他在给刘坤一的电报中说，希望在联名电报中的末尾，增入“从来邪术不能御敌，乱民不能保国，外兵深入横行，各省会匪四起，大局溃烂，悔不可追”等语。刘坤一与张的意见相同，果然便在联名电报中，将这六句措辞极为严厉的警告写入其中。[4]

于是，又有了6月18日的第三次御前会议。会上，礼部侍郎联元竭力反对向各国开战，他担忧“洋兵他日入城，鸡犬尽矣”。结果被载漪扣了一顶“汉奸”的大帽子，险些被慈禧当场处死。大学士王文韶以缺乏胜算，若战败难以善后为由劝慈禧三思，却惹来老太后当堂拍案痛骂：“此话早厌矣！……（有本事就前去）令夷兵毋入城，否则且斩若！”[5]

老太后的疾言厉色里，满是对自身权位摇摇欲坠的忧虑。

她召集第二、三次御前会议，目的并不是与群臣商议危机的处理办法。宣战一直都是她的第一选项。将皇帝与绝大多数朝臣一起绑架到战车上，才是她召集御前会议的真正目的。她为了个人私欲向列强集体开战，但并不愿意独自承担战败的后果。

既然王文韶们不同意宣战，那就派他们前往各国使馆去交涉。在老太后的算盘里，交涉有效自然是好事，列强若答应不率军入京，自己的权位就算是暂时保住了。交涉失败也是好事，那样的话，王文韶们除了同意宣战，便再无其他选择。

但联军的进展超出了老太后的预计。6月19日，大沽沦陷的消息传入京城。慈禧觉得自己被剥夺权力的凄凉命运似乎近在眼前，遂于当天又紧急召开了第四次御前会议。会上，慈禧决定向列强宣战，命许景澄前往各国使馆递送照会，限使馆内人员于24小时内离开北京。慈禧血脉偾张之际，光绪皇帝却是面如死灰。他顾不得君臣之间的分野，离开皇座走入群臣之中，拉住许景澄的手，含泪对他说"更妥商量"[6]，不要急着去各国使馆递文件，这事还得再商议商议。皇帝还说，许景澄你在总理衙门做事多年，熟悉洋务，应该明白时局大势。我大清现在究竟能不能与各国开战？国运安危在此一举，请一定直言不讳。

许景澄做过十多年的驻外使节，办过许多复杂的对外交涉，自然知道外部世界的真实状况。如今，他必须在个人命运与国家命运之间，做一个抉择。

戊戌年后，慈禧始终高度警惕地甄别、防范着朝堂中的每一个"帝党分子"和"疑似帝党分子"。她甚至还动了废黜光绪皇帝的念头，先是变相囚禁、宣布恢复训政，然后又以光绪的名义下诏求医，营造出一种皇帝病重的假象；再然后，又指使亲信积极推动"己亥立储"，封溥儁为"大阿哥"，欲用溥儁来取代光绪。许景澄深知帝后之争波诡云谲，多年来一直小心翼翼，避免卷入这个旋涡。长期担任驻外使臣，也帮助他有效地远离了"帝党""后党"这些标签。如今，皇帝拉着他的手，要他就该不该对列强宣战发表内心的真实见解。讲真话，等于和皇帝站在同一阵线；说假话，等于是在支持老太后。选前者，是弃个人命运于不顾；选后者，是弃国家命运于不顾。

史载，许景澄含泪回奏，列举了诸多理由，结论是"万无以一国尽敌诸国之理"。兵部侍郎徐用仪、太常寺卿袁昶也站出来支持许。许每说一条理由，光绪"辄一首肯"，便点一次头；当许说到最激昂之处时，"乃相持而泣"，君臣二人竟一并哭了起来。[7]

一同与会的恽毓鼎后来写道，老太后见状怒发冲冠，厉声呵斥："皇帝放手，毋误事！"[8]许景澄神情恍惚，"牵帝衣而泣"，也被老太后怒骂："许景澄无礼！"[9]载漪也加入其中，厉声叱问："许某执皇上手何为？"袁昶则回护许景澄："是皇上执许某手，非许某执皇上手。"[10]

其实，许景澄知道自己的真话只是无用的冒险。同僚唐文治在《自订年谱》里说，第四次御前会议过去约一个月后，他去拜见了许景澄与袁昶。见到许忧虑满腹，气色惨淡，非常沮丧，对他"绝不言疏谏拳匪事，但言此次洋兵入京，条款必格外苛刻，君等宜早为预备"[11]。许闭口不谈劝朝廷不要开战之事，说的全是列强军队攻入京城之后，善后的条款肯定很苛刻，你们要早有准备。袁昶的情况，也大体相似。他们已预知了结局。

1900年7月28日，慈禧终于拟定了诛杀许景澄、袁昶的旨意。她勒令光绪皇帝以朱笔抄写，然后下发给内阁。谕旨里说：

> 吏部左侍郎许景澄、太常寺卿袁昶，屡次被人奏参，声名恶劣，平日办理洋务，各存私心，每遇召见时，任意妄奏，莠言乱政，且语多离间，有不忍言者，实属大不敬，若不严行惩办，何以整肃群僚。许景澄、袁昶，均着即行正法。[12]

所谓"语多离间"，指的正是许、袁二人在御前会议上说真话，被视为支持光绪、反对慈禧。怀来知县吴永在《庚子西狩丛谈》里说，他随慈禧西逃时，曾试图劝说慈禧给许景澄、袁昶等人平反，结果招来慈禧的盛怒。自己话还没说完，"突见太后脸色一沉，目光直注，两腮迸突，额间筋脉悉贲起"。好在慈禧念及吴永迎驾、随行有功，怒斥之后没有再施惩罚。慈禧且告诉吴永：

> 太后……曰："想你是不知道此中情节，皇帝在此，你但问皇帝。当日叫大起（即御前会议），王公大臣都在廷上，尚未说着话，他数人叨叨切切，不知说些什么，哄着皇帝，至赚得皇帝下位，牵着许景澄衣袖，叫'许景澄你救我'。彼此居然结着一团，放声纵哭。你想还有一毫体统么？你且问皇帝，是否实在？"皇上默无一语。[13]

老太后不在乎许景澄说的是不是真话，也不在乎许景澄的真话是否有利于国家。她耿耿于怀的，是这真话不利于自己，是这真话与自己不在同一阵线。

1900年7月29日，北京菜市口，刑部侍郎徐承煜处于一种高度兴奋的状态，因为他要在今天作为监斩官，处斩两名久已恨之入骨的朝中"内奸"——许景澄与袁昶。徐承煜与他的父亲——体仁阁大学士徐桐，早就看不惯许景澄、袁昶之流成天"长夷人志气"。此刻，儿子徐承煜在刑场监斩"汉奸"，父亲徐桐在家中召集门下翰林翻查典籍，要为攻下西什库教堂贡献脑力。徐桐们坚信教堂之所以攻不下来，是因为洋人用女人的下体在那里摆了一座"阴门阵"[14]。作为朝廷供养的高级知识分子，他们自认有责任找出破阵之法。

临上刑场之前，袁昶指着徐承煜大骂："国家之事被汝父子败坏至此，吾在地下候汝！"（徐桐在"庚子之变"中上吊自杀，其子徐承煜逃跑未成，遭日军捕获，亦被斩于菜市口）许景澄却劝袁昶："爽秋（袁昶字爽秋），何必如此。"[15]

刽子手在午后三刻的阳光里举起了屠刀。有目击者称，袁昶之子事先打点了行刑者，获准在地上铺"莞簟"（也就是竹席或草席），让尸身保持干净体面。许景澄家计艰难没有打点，"头颅既断，宛转泥沙中，面目模糊，几难辨认，真惨矣哉"[16]。行刑后，家人也不敢前来收尸。直到次日才由兵部尚书徐用仪前来吊唁掩埋（稍后，徐用仪、联元、立山三人，也因相似的缘由被慈禧杀害于菜市口）。

其实，许景澄本可成为一个有钱人。早年间，许负责外事交涉，有许多捞油水的机会，却因拒绝受贿成了俄国人日记中"极公正有道德的人"[17]。1899—1900年，他兼着京师大学堂的"管学大臣"，用今天的话说算是"北大的第二任校长"，掌握着学校存于华俄道胜银行的数十万两白银的运营经费。许被捕后，却因担心俄人赖账，在狱中紧急完成了存折的交接。他保住了京师大学堂的一线命脉，却未能给自己打点一个体面的死刑。

行刑那天，菜市口围观民众甚多。见到许景澄与袁昶即将被处死，这些人"塞途聚观，拍掌大笑"[18]。

宣战诏书与东南互保

时间回溯到许景澄被杀的40天以前。1900年6月19日，清廷给列强驻京各使馆送去了一份照会。其内容如下：

中国与各国向来和好，乃各水师提督遽有占据炮台之说，显系各国有意失和，首先开衅。现在京城拳会纷起，人情浮动，贵使臣及眷属人等在此使馆情形危险,中国实有保护难周之势,应请于二十四点钟之内带同护馆弁兵等,妥为约束,速即起行,前赴天津。[19]

文件中所谓的"各水师提督遽有占据炮台之说",指的是法国总领事杜士兰送到慈禧手上的一份外交文件。文件中,杜士兰要求清廷交出"大沽口各炮台",否则将以武力强占。[20]

虽然清廷的这份照会,在后世一般被称作针对列强的"宣战照会",但通观照会全文,其真实主旨却限于应对列强送来的外交照会。列强以不相信清军能保护各国驻北京使馆之人免遭伤害为由,向清廷索要大沽口等处炮台。清廷不愿敞开门户将军事重地交出,又不愿与列强开战,于是提出另一种解决办法,希望列强将驻京使馆之人暂时撤到天津,由列强自行保护。而且,这份"宣战照会"当中,不但无一字明确"宣战",也无一字言及断交——按照国际法,两国宣战必互撤使团。清廷仅提议列强将驻京使馆之人撤至天津,与将各国驻华使团驱逐出境有明显区别。

两天后,1900年6月21日,清廷又颁布了一份被后世称作"宣战诏书"的文件。该文件全文如下:

光绪二十六年五月二十五日,内阁奉上谕:我朝二百数年,深仁厚泽,凡远人来中国者,列祖列宗罔不待以怀柔。迨道光、咸丰年间,俯准彼等互市,并乞在我国传教;朝廷以其劝人为善,勉允所请,初亦就我范围,遵我约束。讵三十年来,恃我国仁厚,一意拊循,彼乃益肆枭张,欺临我国家,侵占我土地,蹂躏我人民,勒索我财物。朝廷稍加迁就,彼等负其凶横,日甚一日,无所不至。小则欺压平民,大则侮慢神圣。我国赤子,仇怨郁结,人人欲得而甘心。此义勇焚毁教堂、屠杀教民所由来也。朝廷仍不肯开衅,如前保护者,恐伤吾人民耳。故一再降旨申禁,保卫使馆,加恤教民。故前日有"拳民教民皆吾赤子"之谕,原为民教解释凤嫌。朝廷柔服远人,至矣尽矣!然彼等不知感激,反肆要挟。昨日公然有杜士兰照会,令我退出大沽口炮台,归彼看管,否则以力袭取。危词恫吓,意在肆其猖獗,震动畿辅。平日交邻之道,我未尝失礼于彼,彼自称教化之国,乃无礼横行,专肆兵坚器利,自取决裂如此乎?朕临御将三十年，待百姓如子孙，百姓亦戴朕如天帝。况慈圣中兴宇宙，恩德所被，浃髓沦肌，祖宗凭依，神只感格。人人忠愤，旷代无所。朕今涕泣以告先庙，抗慨以示师徒，与其苟且图存，贻羞万古，孰若大张挞伐，一决雌雄。连日召见大小臣工，询谋佥同。近畿及山东等省义兵，同日不期而集者，不下数十万人。下至五尺童子，亦能执干戈以卫社稷。彼仗诈谋，我恃天理；彼凭悍力，我恃人心。无论我国忠信甲胄，礼义干橹，人人敢死，即土地广有二十余省，人民多至四百余兆，何难减彼凶焰，张我国威。其有同仇敌忾，陷阵冲锋，抑或仗义捐资，助益饷项，朝廷不惜破格懋赏，奖励忠勋。苟其自外生成，临阵退缩，甘心从逆，竟作汉奸，朕即刻严诛，绝无宽贷。尔普天臣庶，其各怀忠义之心，共泄神人之愤，朕实有厚望焉！钦此。[21]

　　显而易见，这份下发给内阁的诏书，内中虽有"与其苟且图存，贻羞万古，孰若大张挞伐，一决雌雄"（与其屈服，不如对抗）之语，但其核心内容，却是号召"普天臣庶"，也就是所有的大清官民，都来支持慈禧太后与列强决裂的立场。换言之，这是一份"内部动员令"，将之称为"宣战诏书"并不准确。不但列强从未收到过这份文件，该诏书在清廷内部也只秘密传达到了内阁及部分地方督抚一级。

　　也正因为所谓的"宣战照会"和所谓的"宣战诏书"，并不是真的国际法意义上的宣战文件[22]，所以八天之后，6月29日，清廷尚能再下谕旨给驻各国使臣，向他们强调此次战事绝非朝廷所愿。谕旨写道：

朝廷非不欲将此种乱民下令痛剿，而肘腋之间，操之太蹙，深恐各使保护不及，激成大祸……尔时不得已，乃有令各使臣暂避至津之事……不料……（6月17日联军）先开炮击（大沽炮）台……自此兵端已启，却非衅自我开。且中国即不自量，亦何至与各国同时开衅，并何至持乱民以与各国开衅。[23]

　　也正因为清廷自认从未正式向列强宣战，所以战事爆发后，始终没有按国际法的宣战规则召回驻各国使臣，且命令他们须将清廷不愿与列强开战的立场向各国"切实声明"，遇有交涉事件也仍须"照常办理"。7月份，清廷又在致俄、日、英三国的国书中，再度重申未向列强宣战，希望各国能"设法筹维，执牛耳以挽回时局"[24]。

之所以所谓的"宣战照会"里并没有宣战字样，而御前会议上的慈禧太后，却又坚持要与各国决裂，主要是因为：一、清廷中枢对自己的力量并不自信（慈禧倒是一度相信义和团的神功，还曾两度下旨命人去请五台山的神僧前来以"六甲神兵"退敌[25]）。二、慈禧未能得到清廷地方督抚的支持。比如，张之洞与刘坤一曾致电荣禄，说拳民只是"符咒惑人"，并不能真的避枪避炮，他们打出"扶清灭洋"的旗帜，也只是一种"会匪故套"。张、刘二人希望朝廷能够"明降谕旨，力剿邪匪"，否则"再过数日，大局决裂，悔无及矣"。[26]

再比如，山东巡抚袁世凯也不赞成支持义和团。他面临的局势非常严峻，义和团正在他的辖区内如火如荼。如何处置义和团，直接关系到他个人的政治生命。支持义和团虽然迎合了慈禧太后眼下的喜好，却会在长远的未来给自己挖下陷阱——袁亲历过甲午战争，战后又曾参与军事改革，深知清廷的军事实力远不足以抵御列强。于是，袁展示了一种独特的"政治智慧"。他在各州县张贴布告，鼓励义和团"北上助战"。布告中说，真正的义和团，现在都去了京津地区与洋人作战，真有志于报效国家的拳民，应该赶紧北上，不可再在山东逗留。凡逗留山东境内者，都将被当作乱国的匪徒抓起来。[27]

时任清廷电报局督办的盛宣怀，也不认同慈禧的决裂立场。所谓的"宣战诏书"于6月21日以"内部动员令"的形式出台后，清廷中枢即正式命令各省督抚将辖区内的拳民"招集成团，借御外侮"，强调"沿江沿海各省尤宜急办"[28]，并派出军队与京城中的拳民一道合力攻打使馆。但朝廷这一旨在"动员"与"招抚"拳民的电报，却被盛宣怀擅自扣押了下来。盛嘱咐各电报局，对这几件上谕"但密呈督抚，勿声张"[29]——他不希望府道州县的地方官接触到这项命令，更不希望这项命令被公开传播、人人皆知。随后，盛急电两广总督李鸿章，向他分析形势，提议搁置朝廷的命令，不要随京城的局势起舞。盛说：

以一敌众，理屈势穷。俄已踞榆关，日本万余人已出广岛，英、法、德亦必发兵。瓦解即在目前，已无挽救之法。初十以后，朝政皆为拳党把持，文告恐有非两官所自出者。将来必如咸丰十一年故事，乃能了事。今为疆臣计，各省集义团御侮，必同归于尽。欲全东南，以保宗社，诸大帅须以权宜应之，以定各国之心，仍不背二十四旨，各督抚联络一气，以保疆土。乞裁示，速定办法。[30]

除了致电李鸿章，盛宣怀也给湖广总督张之洞、两江总督刘坤一发去了内容大致相同的急电。其中提议，"上海租界归各国保护，长江内地归督抚保护，两不相扰"[31]。

这些建议，得到了接电者的积极响应。但他们也面临着一些非常现实的难题：朝廷已颁布"动员诏书"，地方督抚要如何才能回避执行诏书？地方督抚没有外交权，又要如何与列强订立协定维持和平局面？除此之外，列强也对这些地方督抚缺乏足够的信任，怀疑他们是否真的有决心和能力，可以无视清廷的旨意继续维持其辖区内的秩序。

盛宣怀提出的解决办法，是宣布朝廷的"动员诏书"乃是伪诏（即前引电报中的"朝政皆为拳党把持，文告恐有非两官所自出者"）。李鸿章对该办法深表赞同，他在给盛的回电中说："二十五矫诏，粤断不奉，所谓乱命也。"[32] 李鸿章的率先表态，对之后"东南互保"的成形，起到了一锤定音的作用。时人如此评价李鸿章此举：

当伪诏命各省焚教堂杀教民，诸疆臣失措，李鸿章久废居京师，方起为粤督，乃各电商鸿章请所向。鸿章毅然复电曰："此乱命也，粤不奉诏。"各省乃决划保东南之策。[33]

6月26日，由张之洞、刘坤一、盛宣怀等人牵头，江苏、江西、安徽、湖南、湖北各省巡抚派代表参加，在上海与各国驻沪领事议定出了一份"东南互保"协议。南方督抚正式集体拒绝卷入清廷中枢的对外战争。美国驻上海领事在给美国国务院的报告中，称赞该协议使得外国人的权利得到了有效保护，维持了东南地区和平。

"东南互保"协议商定后第三天，清廷的"动员诏书"在上海正式公布，舆论哗然。盛宣怀再次致电刘坤一、张之洞，请他们坚持原议。刘、张二人表态"无论北事如何，仍照原案办理，断不可易"，刘坤一还说，他愿与张之洞"一力承担"此事的后果。[34]

至此，慈禧太后彻底失去了东南督抚的支持。

"钟不鸣，和尚亦死矣"

岭南的气候潮湿溽热。

对一位年过七旬、经常咳血的老人而言，广州似乎不是久居之地。然而，当朝廷调他回北方担任直隶总督时，李鸿章并没有表现出任何喜悦之情，他干瘦的身子在宽大的藤椅里陷得很深。

北上之前，李鸿章决定先去香港见一见英国港督卜力（Henry Arthur Blake）。此时的卜力，正怀揣着一种谋划，希望以两广为基地，在中国南方建立一个新政府。

卜力不是第一个试图给李鸿章"黄袍加身"的外国人。早在甲午年间，美国人就曾有过一次秘密策划，希望趁日本攻陷北京之机，在中国实现改朝换代，由李鸿章父子取代清朝统治中国。策划者是李鸿章的私人秘书兼顾问毕德格和美国陆军军官、铁路工程师兼承包商威尔逊，以及美国前任国务卿、马关议和期间担任李鸿章顾问的科士达。时间是1894年9月。[35]

那时节的清廷，已在平壤、黄海两次关键战役中遭到沉重打击，可谓国势危如累卵。日军占据朝鲜、控制了黄海制海权后，又兵分两路大举入侵辽东。正在美国筹划对华铁路开发事务的毕德格，与好友威尔逊商议（两人相识于1886年，均参加过美国内战），认为清廷遭受日本的沉重打击后，很可能将无法继续存在下去。毕德格认为，要使中国从混乱中摆脱出来，李鸿章会是最合适的统治者。

威尔逊赞同"倒清拥李"，但他觉得这是一件大事，需要有几个具有身份者参与才有可能成功，而首选的合作者，便是科士达——科士达担任过哈里逊总统的第二任国务卿，被誉为美国"专家外交第一人"，且对中国问题兴趣浓厚，卸任国务卿后做过中国驻美使馆的法律顾问，与李鸿章、张荫桓、曾纪泽等也有过密切交往。威尔逊建议毕德格去访问科士达。然后，科士达告诉毕德格，他主张"最好是改朝换代，推李鸿章掌握权力"。科士达还给美国驻华公使田贝写了一封信，含蓄透露了这个拥护李鸿章称帝的计划。

同期，威尔逊与毕德格也开始做具体部署。威尔逊给日本驻华盛顿使馆的顾问史蒂文斯（D. W. Stevens）写信说："统治中国的满族集团已经失去了他们祖先征服汉帝国的那种能力，除非日本迅速采取行动改变这种状况，否则英、俄就将瓜分中国，使日本丧失胜利果实。"他在信里自问自答："如果清廷覆灭，谁来继承皇位？哪个国家来决定这个混乱国家的命运？""只有让李鸿章或他儿子李经方当皇帝，和由日本来控制这一局面。"随后，威尔逊接到史蒂文斯的回复，说他已将信交给了日本驻美公使栗野深一郎，并准备再抄送一份给日本首相伊藤博文和外相陆奥宗光。

诸事顺利，毕德格兴奋地写信给威尔逊说："将军，您的伟大计划——改朝换代，让您的朋友李鸿章当君主——随着每天从中国传来的新消息而越来越可行了。"威尔逊则在给驻华公使田贝的信中说："我要你在时机来临时充当华瑞克（英国玫瑰战争中的重要人物，绰号king-maker，即国王拥立者）这一角色。"此时，日军正兵分两路入侵旅顺、大连。威尔逊等人越发确信，清廷的覆灭指日可待。

然而，日军没有如威尔逊等人所愿继续向北京挺进。伊藤博文做出了"进攻威海、略取台湾"的决策。他担心日军攻下北京，会招来列强干涉；日军在中国也很可能陷入"暴民四起"的困境。日军的这种"克制"让毕德格等人相当失望。史蒂文斯在给威尔逊的信里说道："当初，如果日本要攻打北京，那是完全可以做到的。它之所以没有这样做，是担心清廷覆灭之后，列强之间会出现一场权力之争，日本在这场争夺中将有相当可观的利益被列强夺走，所以日本人感到，更明智的做法是，不拿现有的战利品去为威尔逊的计划作冒险式的赌博。"

日军没有攻陷北京，毕德格失去了给李鸿章"黄袍加身"的机会。随后又发生了李鸿章失势的变故，先是被革职留任，又被褫夺了黄马褂。毕德格从美国返回天津时，李鸿章正处在一生政治生涯的最低谷。毕德格极力鼓舞这位垂头丧气的上司，但始终没有向他透露拥其为帝的密谋。

光阴流转，转眼已是庚子年。这一次，试图给李鸿章“黄袍加身”者，成了英国人和大冒险家刘学询。

刘学询是一位极具传奇色彩的人物。他能文能武，亦官亦商。在风雨飘摇的晚清，刘学询怀抱着强烈的帝王梦四处奔走，与孙中山、康有为、李鸿章等人均有深度接触。他视自己为朱元璋、洪秀全一类人物，视孙中山等人为徐达、杨秀清。为支持孙的起义，他还曾“慷慨”地将自己作为官商呈缴朝廷的税银行踪相告，以方便革命党人“智取生辰纲”。[36]不过，因政见不同，庚子年之前，孙中山与刘学询已数年不通音讯。1900年的夏天，为推动李鸿章在两广独立，二人再度恢复联系。冯自由《革命逸史》里说：

> 总理在东京忽接刘（学询）自粤来书，谓粤督李鸿章因北方拳乱，欲以粤省独立，思得足下为助，请速来粤协同进行。[37]

此时的刘学询，已是两广总督李鸿章幕府里的当红幕僚。孙中山接信后半信半疑，与平山周、宫崎寅藏等人离开日本，于当年6月初抵达香港。李鸿章此刻，正受到刘学询和港督卜力的双重鼓动。

关于“两广独立”，为人谨慎的李鸿章几乎没有留下什么文字信息。但刘学询写信给孙中山，大概率得到了李的默许。孙离日赴港，驻日公使李盛铎紧急给李鸿章派发电报说：“逆犯孙文，前日由横滨赴港，恐谋滋事，乞严防”[38]，但在由李鸿章机要幕僚吴汝纶编纂的《李文忠公全集·电稿卷》里，这条电报被刻意抹掉了。这意味着，李鸿章很可能知道孙中山为何而来，甚至有学者推测，“孙即经李允请而来。李的机要幕僚或因参与此事、或为师尊避讳而将这部分的材料掩盖起来了”[39]。

孙中山抵港后，刘学询派船来迎，邀孙过船商谈。孙不敢全然相信刘，担心这是一场诱捕，遂指派宫崎寅藏等人赴粤，自己乘船避往法属西贡。宫崎寅藏抵达广州后，与刘学询彻夜密谈。刘代表李鸿章，答应贷款10万两白银给孙；至于两广独立，他的回应是“各国联军未攻陷北京前，不便有所表示”[40]。于是，宫崎寅藏等人略有失意，返回香港。

刘学询将密谈的结果报告给李鸿章时，这位担负着维持帝国南方政局稳定的督抚重臣，只是深躺在藤椅里，半闭着眼睛，做出一个"领之"[41]的动作。这个动作含义模糊，既非赞成也非反对（在刘的疏通下，李鸿章似曾允给孙中山3万元活动经费）。也许，他只是想要知道，闹出如此大的乱子之后，革命党人会有怎样的想法与动作。毕竟，他已经77岁了，改朝换代做皇帝对风烛残年的他而言，并没有太多的吸引力。而在北方，八国联军的进攻势如破竹。慈禧太后自知捅下了天大的娄子，老裱糊匠李鸿章又一次成了她的救命稻草。一道道圣旨接踵而来催他北上，催他去为大清国善后。

"平安号"在香港靠岸时，满怀期待的卜力已在码头上等候了许久。这期待，见于他呈给英国政府殖民部的电报。他在电报里说：反满起义预计将于两周内在南方爆发，信任他的中国绅士向他保证，造反者不排外，且希望在取得一定胜利之后得到英国保护。卜力还说："如果赞成孙中山和李鸿章总督缔结一项盟约，对英国的利益将是再好不过了。"卜力觉得，李鸿章很有可能会背叛清廷，"这个李总督正向这个（两广独立）运动卖弄风情，谣传他想自立为王或是当总统"。[42]

李鸿章被请入密室。一番避重就轻的外交辞令后，李不做铺垫直截了当询问卜力："英国希望谁做皇帝？"卜力说："如果光绪皇帝对这件事情没有责任的话，英国对他在一定条件下继续统治不会特别反对。"李鸿章继续问："我听说洋人们有这样一个说法：如果义和团把北京的所有公使都杀了，列强就有权力进行干预，并宣布'我们要立一个皇帝'。如果事情变成这样，你们将会选择谁？"停顿了一下，李又补充了一句："也许是个汉人？"[43]

这句补充意味深长。它也许是在隐约显露汉臣在清帝国因"满洲本位"而导致的漫长的隐痛；也有可能是在试探英国人和卜力对革命党人的口号"驱除鞑虏，恢复中华"，究竟有多少认同。李鸿章很清楚这一点，他的幕僚刘学询即以明末将领后裔自居，时刻怀有"反清复明"之志。

卜力没有正面回答李鸿章的问题，他将皮球踢了回去："西方大概会征求他们所能找到的中国最强有力的人的意见，然后作出决定。"所谓征求"中国最强有力的人"的意见，其实就是征求李鸿章的意见——如果李愿意动用自己的力量，他显然是一个"强有力"者。然后，卜力注意到李鸿章眯起了眼睛，他觉得这是一种微笑。李鸿章用一种缓慢而沉稳的语调告诉卜力："慈禧皇太后是中国最强有力的人。"[44]

这不是卜力希望听到的答案。卜力很擅长破译中国人的外交辞令,但李鸿章的这句话,究竟是出自真心,还是在打官腔,他无法准确判断。他最切实的感觉,是老态龙钟的李鸿章在说这句话时,口齿异常清晰。

同期,孙中山在海面上焦急等待着会谈的结果。卜力传来的消息,让他大为失望。皇帝梦炽烈的刘学询也很失望。他一度已与卜力达成协议,欲将李鸿章扣留在香港,然后宣布两广独立。卜力还盘算着趁势将两广也划入他的治下,为此他甚至已给李鸿章准备好了囚室。但伦敦的指示是:不得扣留李鸿章。李北上的职责,是与列强交涉善后,伦敦担心扣留李鸿章会让英国成为众矢之的,引来不必要的外交麻烦。[45]

轮船继续往北。盛夏的海风燥热,不适合体弱多病的老人。随从们不时提醒李鸿章回舱房休息,但他执意要在甲板上多坐一坐。他77岁了,欣赏清帝国大好河山的日子已经不多。也许,甲板上的他还在内心深处不断地问自己:这一次,北上的平安号,能给这个千疮百孔的老朽帝国带来平安吗?他已探听了英国人的立场,也了解了革命党人的目的和行动。但在那千年帝都之中,仍有许多他无法掌控的东西。

相比李鸿章在"两广独立"一事上的含糊与保守,受"庚子之变"冲击的张之洞似乎走得要稍远一些。他不但有过组建新政权的想法,还为此积极进行了一番运作。庚子年在日本参谋本部工作的宇都宫太郎留下了一本日记,其中便披露了张之洞在庚子年试图寻求日本政府的支持,在南方另组一个新政权的秘密用心。庚子年春夏之交,张之洞的长子张权曾率众多湖北系部队武官(随行者有后来大名鼎鼎的黄兴,当时名叫黄轸)前往东京,考察军事购买武器。这个规模庞大的赴日军事考察团,是张之洞的私人动作,并未得到清廷的批准。当张权考察团抵达日本,恰值清廷中枢血涌上头要与列强决裂。张之洞忧心清廷极可能土崩瓦解,张权考察团遂转而负有与日本军政各界联络的重任;当八国联军攻陷京城,慈禧挟持光绪仓皇"西狩",张之洞又授意亲信幕僚钱恂,含蓄地向日方透露了自己不排斥建立新政权的立场。直至李鸿章的议和渐有眉目,慈禧也准备返回京城,张之洞才命张权一行人等自日本返回。[46]

"庚子之变"带来的这种对清廷中枢决策层的绝望感,既弥漫于"庙堂之高"，也遍布于"江湖之远"。同年夏天，报人汪康年在其主持的《中外日报》上刊文《论保东南宜创立国会》，公开宣布：八国之兵毁一国之都，已造成"国亡而政府倒"的既定事实，国民已沦为"无国无主之民"；当务之急是"七省督抚立公共政府，布设国宪"，在南方组建一个新政府。[47]稍后，又有容闳等人在上海成立"中国议会"，以无记名投票的方式，推举容闳为议长，严复为副议长，汪康年、唐才常等十人为干事。议会成员囊括了戊戌维新以来的各种求新力量。议会的十二条秘密宗旨，可归结为十个字：反对清王朝，建立新政权。[48]在这些人眼里，慈禧执掌之清廷的合法性已是荡然无存。

时间回溯至1900年7月17日，平安号从广州起锚的日子。李鸿章坐在甲板上的藤椅里，众人热汗淋漓，等着他下达开船的命令。但李鸿章很久都没有开口。他半闭着眼睛，仿佛睡着了。

没有人敢过去提醒他。直到南海知县裴景福，一位与李鸿章私交很深的同乡，在沉闷压抑的气氛里登上轮船。他祝贺李鸿章调任直隶总督，说"外洋有电，诸领事皆额手称庆"，各国领事都很支持李鸿章北上。然后，李鸿章缓缓睁开眼睛，用一种顿挫的音调说了四个字："舍我其谁？"

然而，当裴景福问及眼前事时，"舍我其谁"的李鸿章却哽咽了："日本调兵最速，英国助之，恐七八月间不保矣。"当裴景福再问他有什么办法可让国家尽量减少损失时，李鸿章已是泪眼蒙眬："不能预料。唯有竭力磋磨，展缓年份，尚不知做得到否？吾尚有几年？一日和尚一日钟，钟不鸣，和尚亦死矣。"[49]

1901年11月7日，李鸿章去世。那敲钟的和尚预见了自己的死期，也预见了钟的末路。

第四十一章 1901年：新政不过是权术

正如1860年的"庚申之变"直接驱动了晚清自强改革，1900年的"庚子之变"也直接驱动了清末新政。二者的不同是：自强改革启动时，咸丰皇帝已经死在了热河，改革的主导者恭亲王奕䜣与慈禧太后皆非引致"庚申之变"的核心决策者，他们没有自我反省、自我否定的压力。清末新政则不然，它是慈禧太后仓皇"西狩"期间下旨启动的，是引致"庚子之变"的核心决策者迫于外力，不得不转身成为新改革的启动者和主持者。在这种情况下，自我反省、自我否定，是极需要见识和勇气的。

可慈禧太后不具备这种见识与勇气。

"量中华之物力"的真实含义

如何处置清廷？

这是八国联军攻占北京城后，最费思量的一个问题。

京师大学堂总教习丁韪良在1900年8月至11月间提出的主张是"以华制华"。希望列强与持"东南互保"立场的南方督抚合作，废黜慈禧、扶植光绪，限制清廷军力，由洋人入主军机处。

这种意见在当时极具代表性。义和团事件后，西方世界普遍认为清廷内部存在两股价值观截然相反的势力——慈禧被视为"排外运动"的罪魁祸首，光绪则被视为新文明秩序的拥抱者。

丁韪良劝告西方世界，不要将清廷视为铁板一块，"得区分进步的光绪帝和排外的慈禧太后"，"（光绪）因热烈支持进步而被剥夺权力，因此他特别值得我们的同情"。他还将自己对清廷的具体处理意见，公开刊登在了《京津泰晤士报》上：

一、由各大国共同议定，放逐慈禧，恢复光绪的合法权力。

二、取消慈禧太后戊戌年政变后颁布的一切政令。

三、恢复光绪帝的改革方案，由各国批准后执行。

四、各国划分利益范围，指派代表监督各自利益范围内督抚们的行动。[1]

广学会的主持者李提摩太，也拟写了一份关于"如何处置清廷"的意见书，供各国政府参考。李提摩太说，时下的中国，已没有"被各国信任并能执行条约义务的中央政府"，须由列强出面，组织一个联合内阁，进而"使中国人和外国人获得持久的和平与繁荣"。

他为这个联合内阁设计了具体形态：

一、内阁由一半外国人与一半中国人共同组成。

二、每个能派遣一万名常备军驻扎中国的大国，可以派二人为阁员。

三、中国的总督和巡抚，可以推派同等数目的人为阁员。这些被推举的人，必须得到列强的信任。

四、内阁的主要任务是：保护各国人民生命财产，保障中国领土完整。毫无歧视地保护所有国家的利益，而不是一国或几国的利益。

五、新内阁不受任何一国的直接管辖。

六、组织一个最高国际法庭，处理这个联合内阁产生的一切问题。

七、过渡时期，责成各省督抚负责各自辖区内的秩序，不可派遣军队援救北京。[2]

究其实质，丁韪良与李提摩太的主张乃是"推翻慈禧，重组政府"。但列强的核心诉求是"与一个有所改良的政府完成议和"，不愿如此激进。他们提出了两个议和的前提条件：一是惩凶，即处分朝廷中的"顽固势力"；二是两宫回銮，即要求慈禧太后与光绪皇帝回到京城。这两个前提，指向的是"将旧政府大臣更换，另选大臣，立一新政府"[3]（中国驻日公使李盛铎之语），即对军机处之类的具体机构进行人事上的换血。这种保守，与联军统帅瓦德西的判断有关。他认为：

无论欧美日本各国，皆无此脑力与兵力，可以统治此天下生灵的四分之一。[4]

于是，如何处置慈禧太后，便成了善后问题的核心。

此时的西方媒体，对慈禧的观感已降至冰点。英商在上海的喉舌《字林西报》发表社论，支持恢复光绪的权力，同时主张"必须对中国人明白指出，挑起目前战争的是慈禧太后"；德国人办的《德文新报》也说，应该换一位"不同慈禧集团相联系的新皇帝"，而慈禧的命运只能是"退隐"。来华传教士要求惩办慈禧的态度也很坚决。1900年9月，来自20个传教团体的约400名英美传教士集会上海，联名致电列强政府，要求恢复光绪的合法权力，"迅速和适当地惩处起自慈禧太后的所有煽动暴乱的官员"。[5]

与舆论的一致声讨不同，列强内部对如何处置慈禧，是存在不同意见的。德国坚持将"惩办真正的祸首"作为和谈的先决条件，且明言所谓祸首"必须是些大家伙"。英国则认为"惩办皇太后是绝对不可能的"，理由是从现实利益角度考虑，这实际上等于"冒着废弃中国整个国家组织的危险"，无论是对英国还是对整个欧洲，都是不利的。[6]

列强衡量得失之际，慈禧太后也在日夜担忧自己的政治生命与政治权力。她最后决定做三件事来回应列强，以期逃脱洋人的惩罚：

一、"量中华之物力，结与国之欢心"，与列强议和。
二、迫害义和团。
三、改善个人的排外形象，发布改革上谕。

对义和团的迫害，本书前文已有介绍，此处不赘。"量中华之物力，结与国之欢心"一句，出自慈禧于"西狩"途中，以光绪皇帝名义下达给内阁的一道谕旨，时为1901年2月14日。内中说：

本年夏间，拳匪构乱，开衅友邦……叠命庆亲王奕劻、大学士李鸿章作为全权大臣，便宜行事，与各国使臣止兵议款。昨据奕劻等电呈各国议和十二条大纲，业已照允。仍电饬该全权大臣，将详细节目，悉心酌核，量中华之物力，结与国之欢心。既有悔祸之机，宜颁自责之诏，朝廷一切委曲难言之苦衷，不得不为尔天下臣民明谕知之。[7]

大意是：夏天"拳匪"作乱得罪友邦后，曾授权庆亲王奕劻与大学士李鸿章为全权大臣，与友邦议和。奕劻之前呈送的议和大纲已批示照准，并饬令两位全权大臣将详细内容细细斟酌查核，务必做到"量中华之物力，结与国之欢心"。如今既然有了悔祸的机会，便该颁布自责的诏书，将朝廷所有"委曲难言"的苦衷，说与天下臣民知晓。

虽然"量中华之物力，结与国之欢心"这句话是以光绪皇帝的名义说出来的，但它的版权拥有者毫无疑问正是慈禧太后——众所周知，自戊戌年后，光绪皇帝便已只是傀儡。

"量中华之物力，结与国之欢心"这句话，究竟是什么意思？常规的解读，可参见胡绳的看法："这就是说它一定要把'中华之物力'有多少就拿出多少来，巴结这些武装占领了首都的'与国'，使它们感到这个朝廷确是值得'保全'的。"[8]

不过，王开玺不同意这种常规解读。在他看来，《辛丑条约》签订之前，为了削减赔款数额，清廷曾努力与列强交涉，只是最终没有成功。何况该谕旨里还有一段话，是指示奕劻与李鸿章等人与列强讨价还价，要他们"细订约章时，婉商力辩，持以理而感以情。各大国信义为重，当视我力之所能及，以期其议之必可行。此该全权大臣所当竭忠尽智者也"。故此，王开玺认为，对"量中华之物力，结与国之欢心"这句慈禧名言的正确解读应该是：

清廷的上谕是要求议和大臣奕劻、李鸿章，必须"竭忠尽智"，与列强切实相商，不得在赔款等问题上漫天要价，任意要挟，以尽可能少的中华之物力，来结与国之欢心。[9]

简单来说便是：胡绳认为"量中华之物力"的"量"字是"尽可能多"的意思；而王开玺则认为，这个"量"字是"尽可能少"的意思。

仅就字面意思而言，王开玺的理解似乎是正确的。因为在谕旨原文里，"量中华之物力，结与国之欢心"一句之前，确实有"仍电饬该全权大臣，将详细节目，悉心酌核"这样的指示。此处的"悉心酌核"，再加上后面的"婉商力辩"，确实是在指示参与谈判的大臣们，须想办法减少赔款总额，不能任由对方随意开口索要，更不能对方要多少便答应给多少。更何况，谕旨里还有一句："各大国信义为重，当视我力之所能及。"

但如何说是一回事，如何做又是另一回事。谕旨的措辞关乎皇权的体面，自然少不了要用话术来包装。回到具体的和议谈判中，慈禧真正想要的，却是不惜代价也要确保自己不被追究，继而实现和谈成功。正如时人李希圣所言的那般："太后方以首祸当议己，常惴栗不自安。及见约无之，喜过望，诏报奕劻、鸿章尽如约。"[10]——慈禧一直焦躁不安，担忧列强追究祸首会追到自己头上，后见列强提出的十二条和议大纲里没有提到自己，大喜过望，遂命奕劻与李鸿章全盘接受（即1901年2月14日谕旨中的"昨据奕劻等电呈各国议和十二条大纲，业已照允"）。张之洞也曾提醒英国驻汉口领事："洋兵一日在京，两宫一日不能回銮，缘皇太后深恐一经回銮，其权或为联军所削夺也。"[11]

议和的过程中，李鸿章还曾为端郡王载漪等人辩护。瓦德西的回应是："吾等所列罪魁，皆其从者。为全中国体面，其首罪名，犹未提也。"[12]——如今点名要求惩办之人不过是从犯，为保全清廷体面尚未追究首罪之人。瓦德西口中的"首罪"，所指正是慈禧。李鸿章将瓦德西的强硬态度传至西安后，慈禧随即同意在"惩凶"一事上完全应允列强的要求。稍后，便有了严苛至极的十二条议和大纲送至西安，慈禧回应全盘照准之事——尽管指示中仍要求奕劻与李鸿章就细节问题与列强"婉商磋磨"，以求"稍资补救"，但这些话显然只是在粉饰门面。十二条大纲已全部"照允"，磋磨和补救的空间其实早就没了。谕旨可以将"量中华之物力"的"量"字装点为"尽可能少"之意，但在实操中，却更接近"有多少就拿出多少来"。

最终付出代价的是底层百姓

于是，便有了总额空前绝后的庚子赔款。

先是以中国人口数（4.5亿）为准每人摊派一两，定为海关银4.5亿两；再定下39年期、年息4厘的清偿方式，本息共计9.82亿余两海关银。再加上地方赔偿教会、教士、教民损失的2000万两，共计海关银10亿余两。据王树槐的考据与计算，若将后来的"庚款退回"之数视为"其利益全为中国所得"，则中国实际所付赔款相当于"总赔数的45.11%"。此外，1903—1905年的"付金付银"交涉，1922—1924年的"金法郎案"交涉，还使中国在庚子赔款上需要再多支付1.68亿两白银。[13]

清廷筹集这笔巨款的主要方式有二。一是关税，二是直接盘剥民众。关税方面，当时的清廷已失去了关税自主权。所以，原拟将进出口税率提高到10%的计划，因英、日两国反对，最终只定为5%。盘剥民众方面，则先由清廷拟定具体数额，分别摊派到各省，共计每年1880万两库平银（一两等于37.301克），再由各省官员负责具体执行。

随之而来的，便是一场浩大的加税加捐运动。以浙江为例，据巡抚任道镕的汇报，该省到1902年4月，已采取如下加税加捐政策：

一、按固定比例增加"粮捐"，以前征1两银子的，一律再加收300文。

二、每斤盐加价4文钱。

三、每张盐引加价0.4两银子。

四、按月租金的十分之一收房租税，房主与租客对半承担。

五、卖出1两银子的鸦片，收税20文。

六、收酒税，酿够50缸酒得缴纳"照费洋"10元；在本地卖，每100斤酒收税2角洋银，运去外地卖，收税加倍，变成4角。

但这些还远远不够。任道镕在奏折里向朝廷承诺，浙江还将出台其他搜刮政策，钱铺、典当、牙帖、契税……所有人所有行业都跑不了。不算入关税等间接负担，在清廷存在的最后九年里，浙江民众总计直接负担了1227.6万余两白银的辛丑赔款。[14]

对地方官员们而言，庚子赔款是政治负担，是必须要完成的摊派，也是致富的机会。他们可以名正言顺地制造新名目来疯狂敛财。1901年5月，内阁中书许枋在奏折中说，京郊的延庆被摊派了庚款13万，而当地官府实际摊派给民众的数额已超过了20万。[15]但清廷无意查办这类敛财行为，竭力凑足给列强的赔款以延续大清政权才是首要之务。惩办不法敛财则会妨碍这个大局。这种微妙的心思，从1902年12月底慈禧下发给各省督抚的一道严旨中不难窥见。慈禧说：

> 此次赔款载在条约，必须如期筹偿，万不可稍涉迁延，致失大信。着各直省将军督抚务须遵照全权（大臣）、户部会议办法，竭力筹措，源源拨解，按期应付，不准丝毫短欠，致生枝节。倘或因循贻误，定惟该将军、督抚等是问！懔之！慎之！[16]

官员们的贪腐无足轻重，一切都得为完成赔款让路。所以，在敛财欲望的驱使下，食盐加价这类"常规手段"，可以一用再用——户部已经加了一次（各省每斤一律加价4文），省内不妨再加一次（比如湖南、江西、河南）；省内加了一次，也不妨碍县内再加一次。苛捐杂税，自然也是层出不穷。福建的丁漕每两加征200文"丁漕捐"；江西的漕粮每石"按粮输捐"160文；四川每年按田亩征收"赔款新捐"100万两；南京对小推车收税，必须先照上路；苏州对驴和马每匹收洋银2角，没有执照的驴子和马不许接生意上路；奉节在原来的屠宰税之外，每杀一头猪加收200文税，叫作"新加肉厘"，后来又再加收一次，叫作"续加肉厘"……[17]

光绪三十二（1906）年九月，《华字汇报》刊载了一则陕西的新闻。里面写道，陕西将摊派下来的庚子赔款"全数加入地丁"，直接扣在陕西农民头上，百姓早就被压得喘不过气来；最近政府要修建西潼铁路，社会上出现传言，说这笔钱也要按田亩加派，于是：

> 渭北各州县人心惶惶，以有地为累，争先贱售，甚至连阡累陌有不索一钱甘心送人耕种者。[18]

老太后要"量中华之物力"保住权位，代价便是沉重的庚款摊派将民众压迫得喘不过气来，以至于他们"两害相权取其轻"，连土地都不想要了。

改革上谕的核心目的不是改革

与下旨"量中华之物力，结与国之欢心"大略同期，1901年1月30日，"西狩"至西安不敢归来的慈禧太后，还以光绪皇帝的名义发布过一道改革上谕。

这份改革上谕对理解清末新政极为重要，故大篇幅引用如下：

世有万古不变之常经，无一成不变之治法……盖不易者三纲五常，昭昭然如日星之照世。而可变者令甲令乙，不妨如琴瑟之改弦……自播迁以来，皇太后宵旰焦劳，朕尤痛自刻责。深念近数十年积习相仍，因循粉饰，以致成此大衅。现正议和，一切政事尤须切实整顿，以期渐图富强。懿训以为取外国之长，乃可补中国之短；惩前事之失，乃可作后事之师。自丁戊以还，伪辩纵横，妄分新旧。康逆之祸，殆更甚于红拳……殊不知康逆之谈新法，乃乱法也，非变法也。该逆等乘朕躬不豫，潜谋不轨。朕吁恳皇太后训政，乃拯朕于濒危，而锄奸于一旦。实则剪除乱逆，皇太后何尝不许更新？损益科条，朕何尝概行除旧？执中以御，择善而从，母子一心，臣民共见。今者，恭承慈命，一意振兴，严禁新旧之名，浑融中外之迹。我中国之弱，在于习气太深，文法太密，庸俗之吏多，豪杰之士少……至近之学西法者，语言文字、制造器械而已。此西艺之皮毛，而非西政之本源也。居上宽，临下简，言必信，行必果，我往圣之遗训，既西人富强之始基。中国不学此之务，徒学其一言一话一技一能……舍其本源而不学，学其皮毛而又不精，天下安得富强耶！总之，法令不更，锢习不破，欲求振作，当议更张。着军机大臣、大学士、六部、九卿、出使各国大臣、各省督抚，各就现在情形，参酌中西政要，举凡朝章国故、吏治民生、学校科举、军政财政……各举所知，各抒所见，通限两个月，详悉条议以闻。再由朕上禀慈谟，斟酌尽善，切实施行……事穷则变，安危强弱全系于斯。倘再蹈因循敷衍之故辙，空言塞责，省事偷安，宪典具存，朕不能宥！[19]

概括起来，这份改革上谕的内容有如下几个要点：

一、大开改革空间。除了三纲五常这一根本制度不能动，其他具体政策都可以改革。

二、将"庚子之变"的责任，归结为之前的改革有问题，即所谓的"数十年积习相仍，因循粉饰"。并明言慈禧的改革立场一直是"取外国之长，补中国之短"。

三、为戊戌年的政变辩解。强调康有为的改革不是变法，而是乱法，是想要谋害慈禧太后。慈禧太后镇压康有为，并不是要镇压变法，而是铲除乱逆。并声称慈禧与光绪在变法问题上母子同心意见一致，慈禧并没有"不许更新"，光绪也从未"概行除旧"。

四、批评以前的改革只是学一点洋人的语言文字和器械制造之术，没有触及到"西政之本源"。

五、将"西政之本源"，也就是洋人富强的根本原因，钦定为中国的传统文化"居上宽，临下简，言必信，行必果"。然后命令清帝国的核心官僚集团，必须在两个月内向朝廷拿出自己的改革方案。

这当中，对戊戌政变和两宫关系的解释，可谓此地无银，只可视作一种政治粉饰。[20] 开篇时大开改革之门，说什么除了三纲五常不能动之外什么都能讨论；后文却又步步收紧，紧到最后连何谓"西政之本源"都已然给出了标准答案。这种微妙的表述方式，则需要局内人仔细品味、谨慎体察。

湖广总督张之洞接到改革上谕后，并没有急着就如何变法上奏。庚子年，张坐镇江楚，与刘坤一、李鸿章等联合发起"东南互保"，为清廷保住了一丝元气。张自然很期望慈禧能放弃排外立场重启改革——他甚至还在英国驻汉口领事的面前为慈禧辩护，说她自1860年以来，作为清廷的掌舵者，"屡次削平大难，华人莫不倾心，即洋人亦多有称之者。况听政三十年，从无仇视洋人及憎厌西法之意，故宫殿中所用之物，亦皆以洋式者为多，且颇欲与外国妇女为友"[21]。但张久历官场，已成了老油条，自然能够看出这份上谕不寻常，内中藏有玄机。所以，他的第一反应，是给自己在西安的关系网写信，希望弄清上谕来路。信中说：

初十明谕何人陈请？何人赞成？祈速示。[22]

得到回复称"明谕闻出圣意，荣相赞成"[23]（是光绪皇帝的意思，军机大臣荣禄也赞成）后，张之洞仍不放心，希望得到更多的信源。然后，安徽巡抚王之春的来电，便让张的心凉了下去。王在电报里说：

> 顷行在军机章京密报："……奏复变法，毋偏重西"云，想见两宫宗旨，奈何？然就复我古法立论，或不干怒。[24]

大意是：刚刚接到"行在军机章京"也就是流亡在外的慈禧身边的军机章京们的密报，要我等上奏谈论变法时，不要偏重西学。想来这才是太后与皇帝的真实想法，无奈。不过，若在奏折中以中国之古法来立论，大概不致引来上面的愤怒。

张之洞读完电报后给王之春回电，感慨道："变法不重西，所变何事？"——宣布变法又不让以西法为重点，那还有什么可变的？张还提醒王，"复奏万不可急，东南数大省必须大致商妥"[25]，最好是等东南各督抚有了共识后一起行动。随后，张之洞又给鹿传霖（张的姐夫，时为军机大臣，正随慈禧在西安）去电，询问变法上谕究竟是怎么回事。张在电报中满怀忧虑地说道：

> 闻有小枢（指军机章京）致他省督抚电云："初十谕旨，令条议变法整顿一件，切嘱各省复奏万勿多言西法"云云，殊堪骇异。窃思采用西法，见诸上谕明文。鄙意此后一线生机，或思自强，或图相安，非多改旧章、多仿西法不可。若不言西法，仍是旧日整顿故套空文，有何益处？不惟贫弱，各国看我中国，乃别是一种顽固自大之人，将不以平等与国待我，日日受制受辱，不成为国矣。究竟此事慈意若何，略园（指荣禄）能透澈否？各省能否切实覆奏，哪几种事可望更张？鄙意第一条欲力扫六部吏例痼习痼弊，枢廷诸公肯否？[26]

内心深处，张之洞并不愿相信军机章京们传出来的小道消息，不希望"复奏万勿多言西法"是慈禧的真实意志。这位自19世纪80年代开始参与晚清改革的督抚重臣，经过20年与洋务的直接接触，早已洗去了清流气息，认识到改革的本质是革掉旧法引入西法。若不许讲西法，那所谓的改革便是毫无益处的空谈，清帝国的自强也绝无可能，只会落得一个贫弱遭欺的下场，成为世界各国眼中顽固自大的异类。张希望鹿传霖能从慈禧的宠臣荣禄处探询到改革的真实底线——督抚们回奏时能否说真话，哪些改革可以说，哪些改革不能碰？

鹿传霖在回电中否认了慈禧有"勿多言西法"的指示，还说所谓的军机章京传递出的小道消息只是妄言。鹿告诉张之洞，变法上谕其实是他与荣禄两人建议的，"上亦谓然"，光绪皇帝也认同。至于该如何去做，"总期实事求是，决无成见"。但鹿同时又说，改革的各种主张都可以提，不过最好不要挂在西学名下，"不必拘定西学名目，授人攻击之柄"[27]。

张之洞读懂了鹿的回信，在给鹿的回信里，写下了一段措辞非常激烈的文字：

> 去腊变法谕旨，海内欢欣鼓舞，咸谓中国从此有不亡之望矣。人心所以鼓舞者，以谕旨中有"采西法补中法"及"浑化中外之见"二语也，并非因"整顿除弊""居上宽，临下简""必信必果"等语也。嗣闻人言，内意不愿多言西法，尊电亦言"勿袭西法皮毛，免贻口实"等语，不觉废然长叹：若果如此，变法字尚未对题，仍是无用，中国终归澌灭矣！盖"变法"二字，为环球各国所愿助、天下志士所愿闻者，皆指变中国旧法从西法也，非泛泛改章整顿之谓也。若仅整顿常谈，安能数年即有成效，安能即望自强，且与外国何涉？……大抵今日环球各国大势，孤则亡，同则存。故欲救中国残局，惟有变西法一策。精华谈何容易，正当先从皮毛学起，一切迂谈陈话全行扫除。盖必变西法，然后可令中国无仇视西人之心；必变西法，然后可令各国无仇视华人之心；必变西法，然后可令各国无仇视朝廷之心。且必政事改用西法，教案乃能消弭，商约乃不受亏，使命条约乃能平恕，内地洋人乃不致逞强生事。必改用西法，中国吏治、财政积弊乃能扫除，学校乃有人才，练兵乃有实际，孔孟之教乃能久存……若不趁早大变西法，恐回銮后事变离奇，或有不及料者。[28]

这段话显示张之洞读懂了"变法上谕"里的玄机，只是他无法认同这种玄机。所以才会在电报中说，天下人见到"变法上谕"欢欣鼓舞，觉得国家有救了，是因为看到了上谕里有"采西法补中法"及"浑化中外之见"这样两句话，而不是因为上谕里写了"整顿除弊""居上宽，临下简""必信必果"这些话——后面这些话，恰恰是上谕钦定的"西政之本源"。张不认同上谕钦定的"西政之本源"，也不认同上谕对"西学之皮毛"的批评，反强调西学的精华不容易得到，一切都要先从皮毛学起。

张之洞的这些话，与"变法上谕"的精神完全背道而驰，甚至可以说是在否定"变法上谕"。

从连续数个"必变西法才能如何如何"中，不难窥见张之洞在拟写这封电报时的激动情绪。这位年过六旬的老臣已然看清，这份公开发表的"变法上谕"，核心目的并不是变法，而只是太后的一种自我宣传。太后希望通过这样一份上谕，洗刷掉自己"顽固排外""反对改革"的标签。这些标签，正是列强坚持要惩罚她，坚持要迫使她归政光绪的主要说辞。谕旨中写入"采用西法"之类文字，其实只是写给列强看，并非真的要那样去做。太后仍是以前那个太后，刻意传出的小道消息"不言西法"，才是她的真实主张。总之，这份所谓的"改革上谕"，只是维系个人政治生命的权术，而非振兴国运的筹谋。

这也是张之洞为什么要在给鹿传霖的电报中大谈特谈"必变西法，然后可令各国无仇视朝廷之心"，乃至于发出威胁称，若不变西法，将来两宫回銮，很可能发生不测之祸。既然太后最在意的是如何逃脱列强的惩罚，那么，便搬出列强来压迫太后吧。张在电报里说，自己"夙夜忧焦，不敢不密陈，不忍不尽言"，每天都为此事焦虑难安，他希望鹿传霖能将电报里的这些意见"与略园、仁和两相密商之"，也就是告知军机大臣荣禄和王文韶二人，再通过这两人传递到慈禧耳中。

督抚们想要改变决策模式

不愿看到"中国终归澌灭矣！"（澌灭的意思是消失得干干净净）的张之洞，同一时期还在联络各省督抚，希望就变法问题"互通声气"，以向慈禧施加更大的压力。

这种串联的结果是：

一、虽然上谕限期各省督抚在两个月内做出回复，但督抚们集体动作迟缓，以致流亡西安的清廷中枢，不得不于1901年4月再次下旨，强调两个月的期限已过，督抚们须"迅速条议具奏，勿再延逾观望"[29]。

二、张之洞原拟与各省督抚联名上奏。两江总督刘坤一、山东巡抚袁世凯等近20位地方督抚均愿响应。督抚们之间频繁的电报往来引起了清廷中枢的警惕，下令不许联名，各省督抚均必须单独上奏。张之洞遂致电先前联络过的地方督抚，要众人单独上奏时，仍须步调一致。刘坤一则仍坚持要与张之洞联名上奏，最后二人经过反复磋商、修改，在1901年7月连续呈递了三份阐述"改革应该如何搞"的奏折，共计四万余字，史称《江楚会奏变法三折》。其核心内容，仍是力主"采用西法"。[30]

最值得注意的，是张之洞原本想将"开设议会"一条也写入奏折之中。在给两江总督刘坤一、两广总督陶模、山东巡抚袁世凯、安徽巡抚王之春等人的电报中，张之洞曾如此解释"开设议会"在整个新政改革中的重要性：

> 变法有一紧要事，实为诸法之根，言之骇人耳。西法最善者，上下议院互相维持之法也。中国民智未开，外国大局茫然，中国全局、本省政事亦茫然，下议院此时断不可设。若上议院则可仿行。考宋"磨勘转官"之法，必有荐主十人。明"廷推"之法，则大臣皆与，似可略仿之。督抚由司道府县公举，司道由府县公举，府由州县公举，州县由通省绅民公举，但不能指定一缺，举员多者用。京官除枢垣不敢轻议外，部院堂官，由小九卿翰詹科道部属公举；科道由翰詹部属公举；司员掌印补缺，由本部堂候补者公举。每一缺举二、三员候钦定，岂不胜于政府数人之心思耳目乎？推之各局总办，亦可由局员、工匠公举。惟武将不在内，盖今日营哨官并不知兵，不能举也。流弊亦不能无，总是利多害少，贿赂情面、庸劣尸位之弊，必可绝矣。姑妄言，请诸公略本此意而思一可行之法，则幸甚。[31]

这段电报的内容，概括起来主要包括如下几层意思：一、上、下议院是西法里最好的东西，也是"诸法之根"，是变法中的基础性建设。二、下议院（平民院、众议院、国民议会）目前还不能搞，因为下议院的议员是由选民产生的，清帝国的百姓受教育程度太低，不能胜任选民。三、上议院（贵族院、参议院）目前可以搞而且应该搞。而且应该全面推行，不但地方省府州县要搞，中央各大小部门也应该搞。地方督抚由下面的司道府县公举，朝中重臣也由下面的京官公举。四、为什么要搞上议院？因为公举出来的官员，必然"胜于政府数人之心思耳目"。

"政府数人之心思耳目"具体指的是谁？张之洞没有明言，甚至还有些遮掩（如"枢垣不敢轻议"一语）。但其实也不必明言，经历了"庚子之变"，清帝国的体制内重臣们，皆已从沉痛的教训里意识到了最严重的问题出在哪里——老太后与一二重臣决策于深宫之中的模式，是很危险的。因为刘坤一持谨慎立场，《江楚会奏变法三折》的正式文本里没有写入"议院"方面的内容。不过，参与了此次讨论的两广总督陶模，却在单独上奏时明确提出了开设"议院"的主张。他说：

> 议院议政，而行政之权仍在政府，交相为用，两不相侵，而政府得由议员以周知民间之好恶，最为除壅蔽良法。或谓中国民智未开，骤难创立。窃考泰西选举议员，本有限制，民智未开，限可从严，民智渐开，限亦渐宽，自无众论纷淆之弊。[32]

他希望清廷在接下来的新政改革中，将议政权与行政权分离。议院负责议政，做出决策；政府各部门机构则负责将该决策落到实处。这项建议无一字提及慈禧，却非常明确地将改革的矛头指向了"慈禧与二三亲信直接决策"的现实。很显然，"庚子之变"给了陶模极深的刺激。

此类主张的结果，自是可想而知。陶模的建议被冷藏，根本未曾下发给重臣督抚们讨论。朝廷对《江楚会奏变法三折》的评价也仅止于"事多可行"与"择要举办"。于是，所谓的清末新政，在1901年便仅止于对慈禧个人政治形象的重新塑造。

1902年1月，两宫回銮，慈禧与光绪结束流亡回到京城。随后，老太后便频频在宫中举办宴会，邀请各国驻华公使夫人入宫，请他们吃西餐、参观自己卧室内的英国女王挂像，以装点开明。[33]这大约也是庚子年后老太后做出的最大改变。

第四十二章　1902年：新式学堂挽不回青年

虽然1901年颁布的"改革上谕"诚意极为有限，但既然公开颁布了谕旨，接下来多少该有些动静，否则便说不过去。于是就有了1902年的《钦定学堂章程》与1903年的《奏定学堂章程》。这两份文件的核心目的，是变传统学塾体系为近代学校教育制度。

遗憾的是，清廷中枢愿意变更的只是教育机构的形式，而非教育的具体内容。

最高教育长官张百熙很愤慨

清廷设立新式学堂，始于19世纪60年代。

最早是京师同文馆、上海广方言馆、广州同文馆等，旨在培养翻译人才；稍后是江南制造局的机械学校、马尾船政局的船政学堂、天津水师学堂等，旨在培养新式军队和工业所需的技术人才。这类学堂皆属于因应时局的权宜之计，数量不多，也不成制度，对清廷国力的提升也极有限。直至甲午年惨败给日本后，清廷中枢才真正开始关注基础教育层面的制度建设，试图在全国各府、州、县推行新式学堂，但中央不愿出钱，地方政府的积极性自然有限，效果不彰。1898年"戊戌维新"期间，清廷中枢曾下旨命令各省府州县将辖下大小书院改为学堂，此事未及全面推行便发生了政变。于是，1901年清廷又再度下达旨意，命全国各州县将书院改为小学堂。

至此，清帝国的教育终于从私塾书院时代进入学堂时代。

1902年颁布的《钦定学堂章程》，便是为了理顺新式学堂在清廷体制内的位置。章程将全国学校划为小学、中学、大学三个阶段，规定了各阶段的修学年限，也规定了各阶段的修学内容。章程的制定者、时任清廷管学大臣（相当于最高教育行政长官）的张百熙（同时也是京师大学堂的校长），还注意到义务教育的必要性。虽然明白目前还做不到，仍在章程中留下了"蒙学为各学根本，西律有儿童及岁不入学堂，罪其父母之条"[1]这样的句子。

不过，《钦定学堂章程》未得到实施的机会，便在次年被《奏定学堂章程》给取代了。

之所以如此，与张百熙重视西学，却又处处遭遇掣肘有直接关系。《钦定学堂章程》获准颁布时，慈禧太后正仓皇"西狩"，日日忧心会被列强清算。批准张百熙的教育改革计划，只是慈禧对外重塑政治形象的一种权宜之计，并不意味着朝廷中枢真的认同张百熙的改革计划。所以，当张以高薪招揽海内知名学者到京师大学堂任职，大量起用新人来推行新学时，立时便遭遇了巨大阻力。

首先是"旧人"对京师大学堂和张百熙个人的攻击。教育方向上的转折关系到许多人的饭碗；大学堂重视"新学"，搞了几十年"旧学"者自然不会高兴。其次是来自中枢的不信任，这是较之"旧人"的诽谤更严重的问题。据时任京师大学堂编译局副总纂的罗惇曧披露：

> 庚子后，一大新政，只有学务，乃以属百熙。有用人之柄，复掌财权，既杂用外吏，又薪俸厚，羡妒者多；诸人争以新学自帜，尤为旧人所恨，蜚语寝盛。荣禄、鹿传霖、瞿鸿禨在枢府，皆不善百熙所为，阻力纷起，百熙恒愤慨。[2]

张百熙原拟在北京丰台购地，创建一所"七科大学"，后因朝中"旧人"弹劾此事者太多，自己在中枢又无人支持，只好放弃。改为修缮旧校舍，勉强开设"师范""仕学"两馆。[3]张百熙还试图重用吴汝纶（曾任李鸿章秘书）来协助教育体制改革，也未能如愿。吴主张向日本学习，张派了吴去日本考察。荣禄却不信任吴，"以荣勋、诏英随之行，实隐监之"，让人随行监视吴汝纶。吴汝纶到日本后不久，便因留学生请愿问题，与清廷中枢的立场发生冲突，引起荣禄的"大恚"，庆亲王奕劻甚至扬言"汝纶当正典刑"。[4]张百熙只好让吴汝纶返乡避祸。

"吴汝纶事件"的始末，大致如下：1902 年 7 月，有数名自费留学生欲进入日本成城学校就读，请正在日本访问的吴汝纶做中介，希望取得清廷驻日公使蔡钧的推荐。蔡钧素来反对学生赴日留学，尤其反对自费留学生赴日学习军事——他曾密奏清廷中枢，主张停止派遣学生留日，不但朝廷不要外派，各省也不要外派。蔡仅认同各省自设学堂，再聘请"泰西著名教习"来主讲；且在学生方面须"慎选清白子弟"，教材方面须经由朝廷审核"书籍中无民权平等诸学说"。总之，是力求切断青年学子与外部世界接触的机会[5]。为阻止"来历不明者"者赴日留学成为清廷的祸患，蔡钧还与日方交涉达成一项约定，所有欲进入日本军校学习的中国留学生，须先得到公使本人的许可与推荐。成城学校虽非军校，同样被蔡列入严格管控的范围。这也是自费留学生找吴汝纶做中介的主要原因。

蔡碍于吴的情面不便拒绝（总不能说吴的推荐"来历不明"），又不愿让自费留学生如愿，于是推说已与日方沟通，无法入学是日方作梗。学生找到日方询问，得知蔡所言不实，回转找蔡理论，于是闹出了学生冲入清廷驻日使馆、使馆报请日本警察将学生逮捕的事件。事件中，吴汝纶支持自费留日学生，曾多次访问日本外务省，希望日方在接收留学生时，不要区分官费和私费，"告以私费生有益于国，望外部爱惜保护，以振兴敝国新机"[6]。正是这种立场引来了蔡钧的怨恨，引起了荣禄和奕劻的严重不满。张百熙只得急电吴汝纶回国返乡。

此番风波之后，张百熙继续主持京师大学堂，聘请新人入校教授新学。结果又"谤焰乃集于百熙一身，劾者纷起……忌者必欲催锄大学，目为革命之府"。有御史弹劾批判教育部门问题重重，说主要原因是该部门仅有张百熙一名汉臣担任最高行政长官。紧接着，清廷中枢便"增命荣庆为管学大臣"[7]。荣庆是满人，稍后又成为军机大臣，张百熙遂形同被架空。张关于教育体制改革的种种设想也因此难以施展——《清史稿·荣庆传》说"张百熙一意更新，荣庆时以旧学调剂"，所谓"以旧学调剂"其实便是坚持八股旧学，抵制新学进入学堂。[8]

正当张百熙万般愤懑无奈之际，湖广总督张之洞入京觐见了回銮的慈禧与光绪。张之洞与张百熙交流，谈到自己也有一套关于教育改革的方案，方向与张百熙的方案大致相同（重视西学，引进现代学科体系）[9]。张百熙觉得这是一个摆脱荣庆掣肘、重启教育改革的好机会，遂上奏朝廷，建议由张之洞来改定学堂章程。张百熙在奏折中赞誉张之洞，说"学堂为当今第一要务"，而张之洞正是"当今第一通晓学务之人"。[10]

张之洞也很愿意干这件事情。于是"（张）百熙拱手让之"，将新章程的制定工作全盘交由张之洞独断。荣庆可以架空张百熙，但张之洞的地位与能量远非张百熙所能比拟，所以荣庆面对张之洞陷入"不能置喙"[11]的境地，只能徒呼奈何。有了张之洞保驾护航，新章程虽仍引来许多批评之声，最终还是以《奏定学堂章程》之名公开颁布，成了清末教育改革的最高指导文件。

以培养忠君意识为改革方向

《钦定学堂章程》与《奏定学堂章程》这两份文件，在课程设置上努力参照了近代教育的形式，如历史课已区分为中国史、亚洲各国史、本朝史、东西洋各国史等多种课程。

唯有教育宗旨这项总纲仍必须聚焦于"忠孝"二字。虽然张之洞在庚子年参与了"东南互保"并一度考虑过若清廷中枢溃灭便成立新政府，庚子年之后也已深信唯有"西法""西学"才可以救亡，但由张百熙、张之洞与荣庆联合署名的《厘定学堂章程折》里仍说得很明白：

> 以忠孝为本，以中国经史之学为基，俾学生心术一归于纯正，而后以西学授其知识，练其艺能。[12]

换言之，书院成了学堂，物理、化学也进了教材，但以经学与史学为基础的"忠孝教育"，仍将是新学堂教育的核心内容。教育的目的，仍是为清廷制造忠诚者，待学生们的"心术"已被固化至符合朝廷需要的程度，再去学点西学和技术来为清廷效力。这是大方向，只要张百熙与张之洞们仍身在清廷的官僚系统之中，这个大方向便必须坚持。

在后续的教育改革中，这个大方向被强调得越来越极端。1905年，清廷成立学部，专门负责落实教育改革。1906年，学部出台文件《奏请宣示教育宗旨折》，颁布给全国各级教育机关，要他们切实推行。内中说，中国人原本就有，现在亟须推而广之以抵制邪说的东西有两项，分别是"忠君"与"尊孔"；中国人原本最缺，现在亟须补上的东西有三项，分别是"尚公""尚武"与"尚实"。文件还说，现在有些人知晓了一点"泰西政教之皮毛"，便想"举吾国固有彝伦而弃之"，就不想要"忠君"和"尊孔"了。殊不知，"东西各国政体虽有不同，然未有不崇敬国主以为政治之本者"，看看德国和日本就知道，它们之所以崛起，一个重要原因便是有"万世一系之皇统"。文件还为清廷中枢在改革中的守旧辩护，将那些求新者斥为"狂谬之徒"，说他们根本没搞明白"泰西学说"，才敢这般"轻视圣教"。强调孔子之道不但在中国应该万世不变，在五大洲也是"生民共仰之圣"。还说日本尊王倒幕之后能够崛起，正是因为他们尊孔和崇拜汉学。文件最后的结论是："无论大小学堂，宜以经学为必修课目，做赞颂孔子之歌。"[13]

学部定下了"教育改革"的方向后，落实该方向的文件是各级学堂章程。

其中，《奏定初等小学堂章程》里规定：初等小学历史教学的第一要义是"略举古来圣主贤君重大美善之事"，要向小学生们扼要赞美历代的所谓明君，"俾知中国文化所由来，及本朝列圣德政"，使他们对中国文化的传承和本朝先帝们伟大的历史贡献有所了解。传授这些内容的目的是"养国民忠爱之本源"[14]，也就是打造思想基础，以便将这些学生纳入忠君的轨道。

《奏定高等小学堂章程》对于历史教学也有相似的规定："尤宜多讲本朝仁政，俾知列圣德泽之深厚，以养成国民自强之志气，忠爱之性情。"[15]要给高等小学的学生们，多讲一讲本朝那些先帝们的"德政"，让他们知道先帝们对百姓究竟有多好，进而养成他们忠于爱新觉罗的本性。《奏定中学堂章程》的规定也大体如此："先讲中国史，当专举历代帝王之大事，陈述本朝列圣之善政德泽，暨中国百年以内之大事；次则讲古今忠良贤哲之事迹……"[16]

但同时代的民间知识界早已无意响应清廷，早已不再相信什么"本朝列圣之善政德泽"。1902年，梁启超发表《新史学》一文。内中说：史学是国民看清现实的明镜，是爱国心的源泉，欧洲的文明一天比一天进步，"史学之功居其半"。中国素以史学发达著称，但是民心犹如散沙，国力江河日下，究其原因之一，正在于中国数千年来"无史"，从来都没有过真正的史学。

梁反思中国旧史，总结出了一大堆病症：1.知有朝廷而不知有国家，二十四史不过是二十四姓之家谱。2.知有个人而不知有群体，历史成了英雄的舞台，舍英雄之外再无历史。3.知有陈迹而不知有今务，作史变成了一项为若干死人作纪念碑的无聊工作。4.知有事实而不知有理想，汗牛充栋的史书，如蜡人偶像毫无生气，史学非但不能开启民智，反成禁锢人头脑的工具……

最后，梁说，这种只见一家一姓，不见民众；只见统治者，不见被统治者的传统史学必须要改革，否则中国就完了："史界革命不起，则吾国遂不可救。悠悠万事，惟此为大！" [17]

也是在1902年，章太炎生出了编写《中国通史》的念头。他写信给梁启超说，今天再来写史书，褒谁贬谁已非要事，重要的是探究"社会政治进化衰微之原理"，搞明白我们这个国家的社会政治，是怎么衰败的，要怎样才能实现进步；以及"鼓舞民气，启导方来" [18]，给民众以启发，以待将来的变革。

同样是在1902年，陈黻宸与马叙伦等人，在上海《新世界学报》上写文章说，新史学必须以"保国伸民为宗旨"，必须围绕着国家和民权来书写，不能再为一家一姓歌功颂德。"史者，民之史也" [19]，他们要将历史的叙述权，从皇帝的手里夺回来。

还是在1902年，邓实写了一篇叫作《史学通论》的文章。他说，中国三千年来，无一卷史书是契合"历史真精神"的著作。它们全是朝史、君史、贵族史，而不是国史、民史、社会史。总而言之，全部属于"历朝之专制政治史"，记入史书者，无论是将帅、元勋、循吏、儒林、文苑……全是依附于帝王而存在的东西。而真正的历史，应该关注民众的利益。最后，他痛心疾首地感慨说，若不做出改变："则中国永无史矣，无史则无国矣。" [20]

也是在这一年，留日的湖南学生曾鲲化，开始筹划撰写一本新的《中国历史》，并于次年完成。他察觉到中国数千年来被"独夫民族"和"巨奸大盗"控制，并无"社会文明史"与"国民进步史"，只有帝王的世系谱，和飞将军大元帅们的相斫书。在这些世系谱和相斫书的笼罩下，"老大帝国……郁行于十八重地狱，至老死不睹光天化日"。有感于此，他于一种"酒酣心热拔剑斫地"的状态下，在栖身的"自由阁"里，发出了沉痛的悲鸣：

中国有历史乎？何配谈有中国历史乎！[21]

这一年曾鲲化20岁，像那个时代所有风华正茂的年轻人一样，曾鲲化对昔日有着痛入骨髓的反思，却也对未来充满了希望。1903年元旦，在那本稚嫩的《中国历史》的序言里，他深深地祝福所有的中国人，希望他们可以在不久的将来，冲破障碍扫除魑魅魍魉，能够以"国民"的身份"出世"，得到他们所期望的"活泼自由之真面目"。

青年们很自卑，也很自信

清廷希望用学堂培养学子对清帝国和"孔子之道"的自豪感，但在清末的最后十年里，因为改革失败，青年们实际上普遍充满了对现实的自卑情绪，以及对未来的自信。

1902年，梁启超撰《新史学》时，首次将中国列入"五大世界文明古国"（中华、印度、安息、埃及、墨西哥），盛赞其余四大文明皆已亡国而中国独存。梁深信未来的世界，必是中华文明与欧美文明的结合："大地今日只有两文明：一泰西文明，欧美是也；二泰东文明，中华是也。二十世纪，则两文明结婚之时代也。"[22]

还有很多青年在畅想中国人作为黄种人的代表，必有压倒白种人的那一天。1901年，薛锦江发表文章《二十世纪之中国》，直言中国崛起后，与白种人不能两立："苟吾国人求为英雄志士，不肯居人下，不肯让俄人、英人、法人争光，则二十世纪之中国，必有振兴之一日，必有与白种不两立之一日。为此事者，负此职者，非吾辈童子而谁？"[23]1903年，《湖北学生界》发表《论中国之前途及国民应尽之责任》一文，也表达了"压倒白人种"的复兴之梦："席二百万余方里之地，率四万万同种之民，一举而战胜于政治界，再举而战胜于经济界，使我国民自由独立之国旗，高扬于灿烂庄严之新世界，以压倒白人种于二十世纪之舞台，岂非支那民族史上空前绝后之光荣哉？"[24]

怎样才算彻底压倒白种人？自然是先在军事和政治上打败他们。

1909年出版的科幻小说《电世界》中，"新中国"发明了一种电翅，只需不到三个小时就可以环绕地球一周。靠着这类技术，"新中国"轻松击溃了"西威国"的上千艘飞行战舰，然后在民族英雄"黄震球"的领导下，统一全世界，建立起了将世界各民族置于中国统治下的"大同世界"。[25]

稍早一点，1908年出版的小说《新纪元》里，作者"碧荷馆主人"幻想在公元1999年时，中国已是立宪政体，以前被列强强租之地已全部收回，拥有250万常备军、600万后备军，年财政收入的三分之一用来养兵，国家实力震慑世界各国。于是，中国政府传旨，命令黄种诸国及纳贡的附属国全部弃用公元纪年，改用黄帝纪年。以德、法为首的五大洲白种人国家遂也结成一体，部署如何抵制黄种人。世界大战爆发，两大阵营展开各种各样的科技战，最终黄种人阵营大获全胜，一直打到匈牙利，迫使白种人阵营签署和平协议，承认黄帝纪年，承认中国对匈牙利的保护权，向中国赔偿1000兆两白银，并保护中国在欧美传播孔教的权力。[26]

晚清最后十年里，知识青年们还注意到商战在"压倒白人种"方面的重要性。1903年，《湖北知识界》发表了一篇文章《论中国商业不发达之原因》。作者列举了中国当前存在的种种问题，然后呼吁国人努力奋斗，用50年的时间去夺取世界经济霸权，由中国掌控全球经济命脉。[27]

还有一些知识分子在畅想由中国统一世界，全球改用黄帝纪元。1905年，刘师培发表文章《醒后之中国》，便预测中国的未来"惟有乐观"，中国必将征服列强、统一地球、雄霸天下：

> 吾所敢言者，则中国之在二十世纪必醒，醒必霸天下。地球终无统一之日则已耳，有之，则尽此天职者，必中国人也。
>
> 中国其既醒乎，则必尽复侵地，北尽西伯利亚，南尽于海。建强大之海军，以复南洋群岛中国固有之殖民地。迁都于陕西，以陆军略欧罗巴，而澳美最后亡。"中国醒后之陆军。中国既可以陆军略欧洲，则初兴之际，海军殆不必措意。据俄国现时国防为例，平时有兵一一〇〇〇〇〇。战时有四六〇〇〇〇〇，即约每三十人有兵一人。以中国民数计之，战时可得兵一千三百余万人，可以战必胜攻必克矣，我国民如之何其勿兴！[28]

　　总而言之，"庚子之变"后，清帝国内部的裂缝仍在加深。体制内，张百熙与荣庆们围绕着"西学"与"旧学"仍在纠缠不休；体制外，知识青年们无视庙堂对忠君与尊孔的执着，背道而驰发出了"中国有历史乎？"的沉痛反思。所谓"清末新政"远不足以挽回知识青年对清帝国的认同，他们对未来的美好期望大多以清帝国的不存在为前提。

第四十三章　1903 年：《苏报》案痛击清廷

清廷在1903年制造了"晚清最后一桩文字狱"，即著名的苏报案。身处上海租界的《苏报》，在该年因种种"过激言论"惹怒清廷。清廷本拟严惩报馆诸人，却被租界当局所阻，无奈屈尊以原告身份在租界打了一场官司。苏报案与同年发生的沈荩案[1]均演变成了严重的舆论事件，不但让清廷大失体面，也让慈禧努力想要构筑的开明形象破了产。

这个结果让慈禧与清廷中枢切实感受到"时代已经不同了"——庚子年后，商人、民间士绅与革命党人纷纷创办报纸刊物，至1903年已颇具规模。这些媒体让清帝国的舆论生态发生了巨大变化。

"清国报纸不讲真话"的真意

晚清的新闻媒体最早皆"出自外人之手"[2]。较著名的中文报纸有上海的《申报》《沪报》《新闻报》等。大体而言，"甲午以前，报纸罕言政事，对于官场中人尤不敢妄加只字……迨戊戌政变，沪报始对旧派有微词"[3]。这种"微词"让慈禧太后极为不满，遂下旨查禁各报馆并逮捕其主笔。谕旨中说：

> 莠言乱政，最为生民之害。前经降旨，将官报局、《时务报》一律停止。近闻天津、上海、汉口各处，仍复报馆林立，肆口逞说，妄造谣言，惑世诬民，罔知顾忌，亟应设法禁止。着各该督抚饬属认真查禁。其中主笔之人，率皆斯文败类，不顾廉耻。即饬地方官严行访拿，从重惩治，以息邪说而靖人心。[4]

需要注意的是，戊戌年之前对报纸报馆不满者，远不止清廷中枢，李鸿章、左宗棠这些地方督抚均对报纸报馆存有强烈敌意。

关于李鸿章对报纸的认知，中文知识界长期流传一则典故。其大致内容是：1896年八九月间，李鸿章访问美国，其间接受《纽约时报》记者采访，引起不小的关注。采访中，记者曾问李鸿章："阁下，您赞成将美国的或欧洲的报纸介绍到贵国吗？"李鸿章则回答："中国办有报纸，但遗憾的是中国的编辑们不愿将真相告诉读者，他们不像你们的报纸讲真话，只讲真话。中国的编辑们在讲真话的时候十分吝啬，他们只讲部分的真实。而且他们的报纸也没有你们报纸这么大的发行量。由于不能诚实地说明真相，我们的报纸就失去了新闻本身的高贵价值，也就未能成为广泛传播文明的方式。"[5]

这段对话确实存在，也确实刊登于当日的《纽约时报》。遗憾的是，百余年后的中文知识界，普遍错解了李鸿章的这段话，误以为李是在批评清廷的新闻政策。

之所以会出现这种南辕北辙的误解，首先是因为很多人忽略了一件事情：《纽约时报》刊登的"英文文字表述"，并不必然等同于李鸿章的"中文语言回答"。当日的记者会上，李鸿章有两名翻译。"前半部分由总督私人医生马克先生做翻译，随着问题越来越深入、详细，马克先生抵挡不住，只好由罗丰禄来应付了。"李的中文回答，由罗丰禄等人转译成英文，留存于《纽约时报》，今人再从《纽约时报》将之译回中文，至少在遣词造句上，会与李鸿章的原始表达存在很大区别。

比如，李鸿章不可能用中文说出"政治经济学家们"这类字眼，《纽约时报》英文报道里的"political economists"，究竟对应是哪个词，很费今人思量。再如，同期访问英国时，李鸿章曾于白金汉宫之签名簿上留诗一首："飘然海外一浮鸥，南北东西遍地球。万绿丛中两条路，飙轮电掣不稍留。"（该诗系李鸿章在伦敦坐火车后所写）这首诗由罗丰禄转译成英文进呈女王，伦敦的媒体曾有报道。蔡尔康、林乐知编写《李鸿章历聘欧美记》一书时，又从英文报纸回译，结果就变成了"远行之客，如海上之鸥，浮过大洋，足迹遍于东西南北。但见终岁长青之松柏中，有路两条，车轮瞬息飞去。"核心主旨没有偏差，但遣词造句已完全是另一番模样。[6]

具体到李鸿章对"中国报纸"的评价，也是同样的情形。即便核心主旨没有偏差，遣词造句也早已远离了李鸿章的原话。李绝对不可能说出"新闻本身的高贵价值"这类话，因李对新闻的独立监督权在现代政治中的重要性尚无认知。比如在给莲池书院山长吴汝纶的书信中，李就将西方媒体对自己的高度关注归结于"西人好名"，而非民众的"新闻知情权"。[7]

而且，那种将李鸿章批评"清国报纸不讲真话"解读为"批评清廷不让清国报纸讲真话"的意见，至少还忽略了两个非常关键的事实：一、李鸿章的言辞无一字涉及政府，指责对象始终局限于"中国的编辑们"。二、1896年，李鸿章出访时，清廷尚无正规的媒体管制政策，媒体与体制之间的冲突不多，矛盾多产生于报纸和具体官员之间。1898年慈禧发布上谕令各地督抚严查"捏造谣言"的报馆及主笔，是清廷第一次公开压制报刊舆论。

第一个事实有《纽约时报》的英文报道在，无须赘言。第二个事实很有必要细说。

中国近代报刊多由外人创办于通商口岸，早期内容多是商业信息。其开始报道清廷的时事消息，讨论清廷的政治问题，大约始于19世纪70年代的上海《申报》（1872年）和香港《循环日报》（1873年）。[8]最先与报纸发生冲突的，不是清廷中枢，而是地方官员。

以《申报》为例，自1872年起，其报道一再引发地方官员的不满。如报道"徐壬癸案"，描述上海县令如何对犯人施以酷刑（先杖二三百，又敲胫骨一百），引起西人舆论大哗，报纸遂与上海县令交恶；报道"杨月楼案"，遂与上海地方官员交恶；报道"杨乃武案"，遂与浙省大小官员交恶；报道"海防与塞防之争"，又与左宗棠交恶。

地方官员无法忍受，更无法适应自己的施政被报纸置于"公议"之下。《申报》的错报、误报（受信源采集能力的时代局限，这类有问题的报道并不鲜见，如报道吴中"张抚君"官轿中被人放了炸药包，结果被证明是假新闻；报道嘉善县百姓强拥县令出城，令其目睹田间旱荒，结果也被证明与事实存在出入），遂成为地方官员屡次提请查禁《申报》的重要理由。[9]

左宗棠19世纪70年代对江浙报人的诸多评价，大致可以视为当日官场对新闻报纸的一般性看法。左说，江浙报人都是些"无赖士人""无赖之徒"，专在颠倒是非：

近时传播新闻纸本英人设局，倩江浙无赖之徒，所为侈谈海务，旁及时政，公造谣言，以惑视听，人所共知。

吴越人善著述，其无赖者，受英人数百元，即编辑新闻纸，报之海上奇谈，间及时政。近称洞悉洋务者，大率取材于此，不觉其诈耳！

江浙无赖士人，优为之处士横议，托于海上奇谈，都中人士遂视为枕中秘矣。所系在颠倒是非，辩言乱政，不仅江浙一时之害。

《申报》本江浙无赖士人所编。岛人资之以给中国，其中亦间有一二事迹堪以复按者，然干涉时政，拉杂亵语，附录邸报，无纸不然。[10]

前文所言的"甲午以前，报纸罕言政事，对于官场中人尤不敢妄加只字"，便是因为地方官员对报纸这一监督施政的新事物，抱有强烈的抵触和反感。李鸿章虽是晚清改革的旗手，同样也不例外。至晚在1862年，李鸿章便开始留意从外国人所办英文报纸中搜集资讯，他曾命"会防局"搜集、翻译此类报纸，除自留一份外，还分送给总理衙门和曾国藩，每旬一送。至于中文报纸，则不在李鸿章的视野之中——曾国藩曾直言"上海所刻新闻纸谣言太多"，致信李鸿章，请他设法"禁阻一二"，可见二人对中文报纸的大体看法。[11]

李鸿章是报纸关注的焦点，对报纸的不满自然会比其他官员更深一些。比如，1875年，左宗棠西征，《申报》颇多新闻信息得自道听途说，并不准确，以致左宗棠在给友人吴桐云的私函中愤然写道："时论……道听途说，惟怪欲闻……《申报》乃称回部归土耳其，土耳其已与俄、英通款贸易，中国不宜复问！合肥据以入告，并谓得之亦不能守，此何说也！"所谓"合肥据以入告"，乃是指李鸿章拿《申报》上的报道为依据，向朝廷上奏，来质疑左宗棠的西征。当报道被证实存在偏差时，李鸿章便难免会迁怒《申报》。[12]

再如，1869年，李鸿章奉命处理酉阳教案，总理衙门抄录的中文报道里，有一些与事实也存在偏差，如声称"烧毙三十九命""致毙四五十名"，数据便不准确。这类报道引起法方注意，也被李鸿章认为给自己的交涉带来了不必要的麻烦。[13]

再如，中法战争期间（1883—1885），李鸿章与曾纪泽（曾任驻法公使）

意见相左，李的意见在总理衙门取得优势后，立场偏向曾纪泽的《申报》刊登了一篇《曾袭侯致李中堂书》，对外公开了曾、李之间的分歧。《申报》主笔并在按语中称颂曾纪泽"熟悉外洋人情"，对法国政治"了如指掌"，赞誉公开信"义正词严，思虑深远"，"语语从血性中流出，字字从天平上称过"。这封公开信，为李鸿章引来了朝中"清流"的口诛笔伐。在李鸿章看来，《申报》这种报道，无疑属于"只讲部分的真实"。[14]

1883年，李鸿章就吴长庆的部队是否适宜继续留镇朝鲜一事回奏，奏文中提到"惟沪报日报间有讥刺，皆系倭人嫉忌及朝人附倭者捏造之词，断不可信"。朝廷通过"沪报日报"获悉吴长庆部在朝鲜纪律不佳，不受欢迎，李鸿章则回禀朝廷，自己得到的信息是"军民上下欢欣如家人"。[15]1895年9月，英国传教士李提摩太拜访李鸿章。据李提摩太记载，李鸿章曾对他提道："《新闻报》（出版于上海的一份报纸，人们都认为它受张之洞资助）对他的攻击是不光彩的。"[16]

如此种种，使得"中文报纸多刊载不实信息"这种认知，一直持续到李鸿章1896年出访欧美之时。而且，恰在出访前夕，报界又发生了一件令李鸿章极其不快的事情——1896年初，御史杨崇伊（李鸿章的儿女亲家，其子娶了李鸿章的孙女）出面，弹劾了康党组织的"强学会"，重点抨击该会会报《中外纪闻》"于目前局势，未能了了，仅凭报馆横议，逞其笔锋"，"函索各省文武大员，以毁誉为要挟"，直接导致该报被禁。据康党友人吴樵披露，杨崇伊此举，是受了梁启超的文章《学会末议》的刺激。梁这篇文章"内有易相之意"（易相，即要求罢免李鸿章），本拟发表在上海的《强学报》上；不料在内部传阅时走漏了消息，杨崇伊遂先发制人，弹劾了"强学会"。梁启超等以媒体为武器介入政治，无疑加深了李鸿章对中文报纸的负面观感。[17]

如此，也就可以知道，李鸿章这句话（"中国办有报纸，但遗憾的是中国的编辑们不愿将真相告诉读者，他们不像你们的报纸讲真话，只讲真话。中国的编辑们在讲真话的时候十分吝啬，他们只讲部分的真实。"）批评的并不是清廷中枢的新闻政策，而是在表达对报纸媒体的高度不满。当戊戌年一些媒体"对旧派有微词"时，这种不满又迅速蔓延到了清廷中枢，随即便有了前文提到的措辞极为严厉的报禁谕旨。

报纸繁荣背后是社会心态剧变

庚子之乱后，慈禧大失官心与绅心，中枢的威望与控制力也大减。所以报禁虽在，却已被官绅士民无视，新报刊年年激增。

据不完全统计，1901年创办的新报刊至少有34种，1902年为46种，1903年为53种，1904年为71种，1905年为85种，1906年为113种，1907年为110种，1908年为118种，1909年为116种，1910年为136种，1911年为209种。[18]

新报刊带来了新舆论生态。

1902年6月，在天津租界创刊的《大公报》以倡导民权为政论立场，甫一出版便批评慈禧宣扬的新政只是"变名"而非"变法"[19]，又在第五天刊文要求慈禧归政光绪[20]。这类公开发声在庚子年之前不可想象，几乎是见不到的。但在庚子年之后，这类声音不但经常出现在《大公报》，也常见于各种商业报纸。在革命党人与留学生创办的报纸里，这类声音更是连篇累牍。

有"晚清最后的文字狱"之称的苏报案，恰好发生在这样一个时间节点上。

《苏报》原是挂靠在日本驻沪总领事馆的小报，约创办于1896年。创办人名叫胡璋，注册人是他的日本妻子生驹悦。该报早期口碑不好，刊载的消息与议论很无聊，1897年还因刊登黄色新闻与租界当局发生冲突。1899年，胡璋将亏损甚多的报纸全盘出让给了陈范。[21]

陈范是湖南衡山人，做过江西铅山知县，因辖地发生教案被朝廷当作替罪羊罢职。其兄陈鼎做过翰林院编修，戊戌变法期间响应光绪皇帝号召，为冯桂芬的《校邠庐抗议》一书做了详细签注。陈鼎做事认真，对冯书中提出的改革问题全部详加讨论，签注文字甚至超过冯的原文。这种认真给他带来了灾难。戊戌政变后，陈鼎因签注过《校邠庐抗议》被严惩，不但被夺了官职，还被永久监禁在省，不许与地方士绅交往。[22]自己与兄长的这些遭遇，让陈范"愤官场之腐败，思以清议救天下"[23]，于是出资接办了《苏报》。

陈范接手后，《苏报》的内容品质有了明显改观。报纸将注意力放在鼓吹维新改革、批评政府昏庸方面。1900年1月24日，慈禧下诏建储，拟废黜光绪皇帝。上海绅商学界1200余人联名发电谏阻，《苏报》公开刊文说天下人对光绪皇帝"无不向慕，无不爱戴，自戊戌八月政变，无日不翘首北望，期皇上之复权"，还说慈禧废黜光绪的用心"是可忍也，孰不可忍"。[24]1901年4月，清廷为示举办新政具有诚意而组建了"督办政务处"，《苏报》刊发了严厉的批评文章来讽刺这种装点。文中说，清廷中枢的衮衮诸公每日里忙于引用腹心、排斥异己和联络外人，只求弥缝与列强的嫌隙，并无什么切实的改革措施，无非是"偶取一二无妨于其私计者，缘饰敷衍以欺天下"[25]。

1902年，清廷启动教育改革，《苏报》又开辟了《学界风潮》专栏。该年底，上海南洋公学内部发生新旧之争，部分教师禁止学生阅读西学书籍和西学报刊，引发学生不满，二百余人集体离校。《苏报》刊文支持学生，嘲讽旧派人物的逆流而动只是徒劳，已接受了民权理念的学生，不可能甘心被重新关回"忠孝圣贤"的牢笼——"领略良辰美景、大块文章滋味，又复从而钥之，不毁瓦破壁以思突出者，未之有也"[26]——学生们已见过屋子外面的旖旎风光，再把屋子锁上，必会掀了瓦片拆了墙壁。

关注时代、介入时代，让《苏报》的舆论影响力渐增，不再是边缘小报，但报纸的经营仍很艰难。陈范没有办报经验，不是名流贤达，社会交际不广。报纸的销量渠道打不开，作者人脉也严重不足。流动资金不足、稿源不足，皆让陈范焦头烂额疲于奔命。

恰于此时，《苏报》进入了革命党人的视野。

晚清革命党人极重视舆论宣传。邹容写成《革命军》后曾与章士钊商议："此秘密小册子（《革命军》）也，力终捍格难达，革命非公开昌言不为功，将何处得有形势已成之言论机关，供吾徒恣意挥发为哉？"[27]邹深感秘密散发小册子的效率太低，希望有一个公开的舆论平台作为言论机关。《苏报》已有一定的舆论影响力，经营上又未摆脱困境，正好被章士钊等人看中。没销量的小报无价值，销量很大的报纸如《申报》《新闻报》等已是成熟的商业报纸，政治立场温和，不会与革命党人合作。

《苏报》急需开拓稿源和缓解财务压力，陈范与革命党人章士钊、蔡元培等又都是中国教育会成员。双方遂达成约定：由爱国学社（中国教育会下属机构）教员蔡元培、吴稚晖、章太炎等轮流为《苏报》撰写评论文章，报馆每月资助学社100元作为报酬。

在陈范的角度，这种合作可以保证稿源，稿酬开支上也颇有利，章太炎等名流的文章还可以提升报纸的影响力。在革命党人的角度，合作让他们终于得到了一个由自己主持的宣传平台。陈范聘请章士钊为报纸主笔后，《苏报》遂一变为"革命党机关报"。报纸的言论尺度也由主张改良转向了鼓吹革命。章士钊后来承认，自己未将用《苏报》来鼓吹革命的隐秘打算告知陈范："余之隐志，向与（章）炳麟、（邹）容私相计划……全为梦坡（陈范字梦坡）所不及知。"[28]

报纸言论尺度的突然变化，让陈范颇受了一些惊吓。1903 年 6 月 7 日、8 日，《苏报》连载了章士钊撰写的《论中国当道者皆革命党》一文。9 日一早，陈范满面愁容来见章士钊，强调《苏报》言论不能如此肆无忌惮，否则便是自取灭亡。但到了晚上，陈范又来找章士钊，态度大变，"出语壮烈，较前顿若两人"，不但不再责备报纸的言论尺度，反鼓励章士钊大胆去干，"毅然执余（章士钊）手曰：本报恣君为之，无所顾藉"[29]。态度大转变的背后，是陈范在白天碰上了一位假孙中山，他被这个骗子一顿鼓舞骗走了三四百块银圆，也被骗出了浓烈的革命情绪，于是转回报馆又去鼓舞章士钊放手大干。[30]陈范能被假孙中山欺骗，说明他对外虽以改良派自居，但内心并不排斥革命，甚至有些倾向于革命。这也是清末最后十年里大多数知识分子的状态。

《苏报》上刊发的各种大尺度新闻与评论，终于引起清廷的注意和愤怒，造成了轰动一时的"《苏报》案"。

大尺度新闻方面，刊登《严拿留学生密谕》可算典型。1903 年 4 月，因激愤于俄国拒绝按照约定从中国东北撤兵，有留日学生 500 余人组织了"拒俄义勇队"。他们致电袁世凯，要求隶属袁的麾下回国与俄国人决一死战。此事经爱国学社和中国教育会宣传运作后，成了当时的一个大新闻。6 月 5 日，《苏报》刊登了一份来历不明的《严拿留学生密谕》。该密谕称：留日学生以拒俄为名要求袁世凯发给枪械实属居心叵测，地方督抚须严密跟踪回国的留日学生，"遇有行踪诡秘，访闻有革命本心者，即可随时拿到，就地正法"[31]。

大尺度评论方面，章士钊《论中国当道者皆革命党》一文仅从标题来看就已相当劲爆。章在文章中指名道姓说：革命党好比是酒，民众好比是米，米不能直接变成酒，必须要经过"药料"的发酵，谁是药料？如今身居高位的大员如荣禄、德寿之流就是药料，他们"贪戾狠毒，横敛暴征"，正在干将民众酿造成革命党的事情。文章还拿"专以暗杀为事"的俄国虚无党来恐吓清廷中枢大员：

> 公等亦知俄国有所谓虚无党者乎？公等不读世界史，固无从而知之，吾今言之，公等谅未有不心悬而胆吊者。盖虚无党之性质，专以暗杀为事，一杀不得而再杀，再杀不得而三杀，以第一专制之俄国，第一专制皇帝之亚历山第二，卒以八次而刺死于车中，其他俄国政府以及外任大小之贪官婪吏，几于无日不摘其头数颗，而虚无党之势力亦浸盛。虚无党之所以盛者，非虚无党之自能盛也，有所以盛之者也。所以盛之者，即在俄国专制政府日捕虚无党而杀之之故。[32]

到了1903年6月下旬，《苏报》上已能见到鼓吹"杀人主义"的文章。作者在文章里号召民众起来，将"盘踞我土地，衣食我租税，杀戮我祖宗，殄灭我同胞，蹂躏我文化，束缚我自由"的"五百万之么魔小丑"尽数杀尽，"杀尽胡儿方罢手，快哉杀人！"[33]

今日反观，《苏报》当日的这种言论，似有将复杂的社会转型抽象成简单粗暴的种族复仇与阶级复仇的嫌疑。其动机虽然正义，手段却不可取。但这也恰是清廷自酿的苦果——"庚子之变"后的清帝国弥漫着浓重的失望情绪，许多人对清廷中枢已然绝望。绝望催生异心，异心催生极端。社会心态层面的这种剧变，已非政治学理所能纠正。

清廷与慈禧早已跌入"子贡陷阱"

清廷中枢也深知全社会弥漫着失望的心态。

为杀鸡儆猴镇压激进言论，清廷于1903年6月底制造了"《苏报》案"，要求上海租界工部局查封《苏报》馆，逮捕章炳麟、邹容等人，将其交给清廷地方官员审讯惩治。稍后又在7月将参与过1900年自立军起义的沈荩残忍杖杀于狱中。按惯例，沈荩受审定刑后不会被立刻杀害，须关在狱中等待秋决。据当时被关押在刑部监狱的苏元春（原广西提督）、赛金花（名妓）等人披露，沈荩遭受了数个小时的杖刑，被打至血肉模糊仍未咽气，最后只能求狱卒用绳子将自己勒死。[34]

上海的英文报纸《字林西报》，刊发了新闻《北京的野蛮官方谋杀》，描述了沈荩被杖毙的细节，今日读来仍令人毛骨悚然：

圣旨最终下发，不是将沈荩处决，甚至也不是凌迟处死，而是在狱中杖毙。没有哪种生灵会被如此严惩，但在刑部却并不缺少这样的惩罚。可怕的刑罚在四点钟开始执行，在此后的两个小时里，钝竹条像雨点一样落在可怜的犯人的四肢和背上，直至鲜血淋漓，但是犯人还没有死。他痛苦万分，请求行刑者速将其勒死，最终采取了类似的办法。直到夜幕降临，血肉模糊的身体才停止了颤动。[35]

1903年的清帝国已非1861年的清帝国，清廷没能从残暴的刑罚中得到想要的杀鸡儆猴之效，反将自己推入非常耻辱的被动境地。先是租界当局拒绝将章炳麟、邹容引渡给清廷。"沈荩案"发生后，革命党人又将其与"苏报案"归为同类——沈荩当时在《天津日日新闻》报馆的印刷厂做事，许多文章以此将沈荩归为"记者"，将慈禧对沈荩的残忍杖杀视同残杀媒体记者，引起了媒体行业同人的共情与愤慨。[36]外国媒体如英国《泰晤士报》也抨击慈禧是一个"手上沾满鲜血的旧式暴君"，还嘲讽驻华公使团参加慈禧举办的宴会是"不知羞耻地接受她（慈禧）的廉价款待"[37]。租界当局还以"沈荩案"为例，抨击清廷刑罚野蛮残暴、毫无法治，坚持要将苏报案留在租界法庭审理。

于是，"《苏报》案"的最终处理方式是：以一国政府为原告，以本国国民为被告，由设在租界的中外联合审判机构"会审公廨"共同审理，双方各自雇用律师，在法庭上来回辩论。清廷的诉求是将章、邹二人引渡到华界（然后处以极刑），至少也必须由公廨判处无期监禁。但案件拖到1904年，引起40多家中外媒体的关注[38]，终审判决结果是：章太炎监禁三年，邹容监禁两年，罚做苦工。余者释放。

平心而论，清廷在"《苏报》案"和"沈荩案"中的一些辩解并非全无道理。比如《苏报》刊载的《严拿留学生密谕》确实如清廷所言并不存在，章士钊后来也承认该上谕是捏造的。[39]再如，按媒体当时的报道，沈荩是一个记者，他被残酷杀害是因为披露了《中俄密约》的内容。其实沈荩并不是记者，只是在报馆工作，不负责采写新闻。《中俄密约》的内容是清廷主动泄露，目的是激起列强对俄国独霸东三省野心的干预[40]，将之变成国际问题。沈荩的真正死因是他的革命立场，是告密者庆宽与吴式钊欲以他的人头换取个人的荣华富贵。

但庚子年之后，时代已经变了，已没有人要听清廷的这些辩解。

《论语》中，针对商纣王在春秋时代流传的种种恶名与恶行，子贡有过一番感慨："纣之不善，不如是之甚也。是以君子恶居下流，天下之恶皆归焉。"——商纣王很坏，但也没坏到传言中那种程度。所以，君子以身居下流为耻；身居下流，全天下的所有坏事就会全归到他的名下。这个"陷阱"被子贡如此精确地阐明，不妨称作"子贡陷阱"（也可以称作"纣王陷阱"）。

1903年的清廷与慈禧，正深陷在这"子贡陷阱"之中。

第四十四章　1904年：再一次编练新军

清末新政虽无诚意，其中也有慈禧太后关心的项目，那就是筹饷练兵。

"庚子之变"中清军的不堪一击，和地方督抚的拒绝率军北上勤王，都给了慈禧太后极深的刺激，让她再度回想起40年前的"庚申之变"。所以，甫一回京，老太后就颁布上谕要裁汰旧军编练新军，然后又成立由袁世凯与铁良主持的练兵处[1]，试图训练出一支听命于皇权的新军队。1904年，日俄战争在清帝国的领土之上爆发，清廷作为第一利害人只能耻辱地宣布"局外中立"。此事再次刺激慈禧，勾起了她内心深处的恐惧，也促使她加快了军事改革的进程。

在慈禧的授意下，练兵处会同兵部在1904年制定了一份编练新军三十六镇的宏大计划。

铁良南下筹款夺权大成功

1904年7月11日，慈禧下达懿旨，密令各省筹款练兵。谕旨称：

自日俄开衅，中国势处两难，将来两国战事定后，一切因应，必多棘手。现在各省空虚，西北边防尤关紧要。近畿一带，非有数支劲旅，难期巩固。朝廷思维再四，上年特设练兵处，整齐军制，以资筹画。因袁世凯近在天津，当令其会同办理，以期联络。惟军制以整齐为要，练兵尤以筹饷为先。数月以来，叠经谕令各直省通力合作，现虽陆续奏到，除安徽每年认解十万，其余各省虽有报解，不无敷衍之处。现在宵旰焦劳，难安寝馈……兹特将此次练兵关系之重，密为宣示，各督抚务须审大局之安危，知事机之紧迫，不分畛域，各就本省财力，实心筹措。[2]

很显然，日俄两国在中国东北大打出手，让回銮未久的慈禧心生忐忑。"近畿一带，非有数支劲旅，难期巩固"是她的真心话，要各省督抚"审大局之安危，知事机之紧迫"，也是实情流露。所谓"数月以来，叠经谕令"云云，则是指清廷中枢此前已制订了一份摊派计划，要各省自1904年起向朝廷缴纳练兵费共计966万两白银。但各省无意响应，一拖再拖，于是才有了慈禧的这道谕旨。最后，慈禧嘱咐各省官员须在一个月内就筹款之事做出回复，且"事关重要，不得稍有漏泄"。她很担忧这项强军计划会引来列强的不满与干涉。

慈禧的这种忧虑，已被朝中的消息灵通人士清楚地看在眼里。该年秋冬，陶湘自京城向盛宣怀传递情报，内中提到，慈禧已因为筹款练兵之事吃不下饭睡不着觉，生日也决定不过了：

> 慈圣于练兵一事非常着意，因筹款事几至寝食皆废。所以停止祝寿，所以廷谕京外各官竭力裁拼（并），严提州县中饱。于是又派铁君赴各省查库。于是又饬各省无论报效巨细各款，均归户部另存，归练兵经费。各言路揣摩上意，凡参劾搜括，莫不以练兵为宗旨，冀动圣听。即如潘之参煤厂道租事，亦称归练兵用。诸如此类，不一而足。[3]

情报中所谓的"派铁君赴各省查库"，指的是1904年七八月间，清廷两次颁布谕旨，命时任兵部左侍郎的铁良南下，勘查江南制造局新厂址，清查地方财政并考察地方军队。这三项任务背后，皆藏有清廷中枢与地方督抚争权的用心。扼要来说便是：一、借考察江南制造局厂址，方便练兵处渗透掌控兵工厂。二、清查地方财政，督促东南督抚缴纳练兵费，分割地方政府的财源。三、整顿地方军队，为练兵处统一全国军制做准备。[4]

这三项任务，铁良均完成得相当出色。

江南制造局由曾国藩与李鸿章等创设，自19世纪60年代以来一直控制在地方督抚手中。1903年，湖广总督张之洞鉴于军工企业设在沿海地区容易首先遭受敌军的毁灭性攻击，上奏请求将江南制造局迁至内陆。次年，张之洞又与两江总督魏光焘再次就此事上奏。清廷中枢派铁良南下，便是抓准了这一契机，以"考察江南制造局新址"为名，让张之洞与魏光焘措手不及无法阻止，哑巴吃黄连有苦难言。

按袁世凯的本意，江南制造局的新厂址最好移设河南，以便由练兵处（也就是他自己）直接控制。但张之洞坚决反对，清廷不愿激化矛盾，做出了一些让步。依据铁良的勘察报告，决定设立南、北、中三厂。然后在财政和人事上暗做手脚，将开办南厂的经费70余万两白银全部挪至北厂；又要直隶（袁世凯）、两江（魏光焘）与湖广（张之洞）各自举荐两三人作为新兵工厂的总办人选，供练兵处挑选任命。实际上是将新兵工厂的财权和人事权转移到清廷中枢，具体而言就是转移到由袁世凯和铁良主持的练兵处。

铁良抵达上海后的第三天，清廷突然下令将两江总督魏光焘与闽浙总督李兴锐互调。这场人事变动，既与江南制造局主导权的争夺有关，也与铁良整顿地方军队的目的有关。魏光焘是刘坤一（1902年去世）之后新的湘军领袖，两江多年来一直是湘军的地盘。魏在两江总督任上既不愿配合袁世凯的新军计划，还自湖南招募新兵扩张湘军的规模。这种立场让袁世凯与练兵处对魏久怀不满。魏被强行调离之后，两江的湘军或被整合或被解散，就此彻底退出了历史舞台。地方督抚当中可与袁世凯抗衡者，只剩下张之洞和他的湖北新军。[5]

筹款是铁良南下时自慈禧处领到的最重要任务，也是完成得最好的任务。他先是从魏光焘和张之洞处榨出现银475万两，然后又分割了南方八省的土膏统捐，可谓从地方督抚手中挖走了一块分量相当可观的蛋糕。

"土膏统捐"指的是对土药和以土药熬成的烟膏一次性合并征收税捐。各省一起"统捐"的核心目的是避免"恶性竞争"——清末的土产鸦片税捐，虽挂着"寓禁于征"的名义，实则是地方财政的重要组成部分。各省为增加土产鸦片税捐的体量，纷纷出台各种优惠政策，如征税打折，或将遇关卡即征税合并为一次性征税后省内通行无阻等，以吸引鸦片入境销售或过境运输。这种竞争日趋激烈。不打折，鸦片便会绕道他省；打折，当其他省份也跟进之后，便只能再次加大折扣力度。最后，某些地区的税折甚至已只剩原定税率的二折（如湖北宜昌的土税总局）。当各省发现这种"恶性竞争"只会带来全输，只会让各省的鸦片税收锐减后，便开始寻求合作。1904年1月，湖北与湖南两省开始尝试合办土膏统捐，很快有了显著成效，至次年1月，湖南的"实在溢收银"（也就是扣除开支和上交中央的部分后的净增收）高达132.4897万两。于是，

1904年7月，在张之洞等人的运作下，又启动了湘鄂赣皖四省合办土膏统捐；两广紧跟风潮，也于同期合办了土膏统捐，均大幅提升了地方财政收入。[6]

铁良南下调查各省财政，旨在督促地方如实按时照摊派额度向朝廷缴纳练兵经费。张之洞对此心知肚明，更对朝廷筹款练兵的决心了然于胸，遂在铁良抵达时，按练兵处之前的摊派额度备足了50万两白银，还额外认缴3万两，并率下属司道厅府州县再报效5万两，共计58万两。张希望这笔钱可以让铁良足够交差，也可以让朝廷大体满意。但让他意料未及的是，铁良在调查过程中，发现了各省土膏统捐这项地方税源。随后，铁良便向朝廷提出了"八省土膏统捐"的计划。该计划有两个关键点：一是原本由地方督抚掌控的各省土膏统捐的主导权，将转移至朝廷手中；二是原本由地方督抚独占的统捐收益，将由朝廷与地方分割，其中又将以朝廷所占为多。

很快，清廷便依据铁良的奏折下发谕旨，决定在湖北宜昌设立总局，将云南、贵州、四川等地生产的土膏，在湖南、湖北、广东、广西、江苏、江西、安徽、福建八省实施统捐。谕旨说：

> 着财政处、户部即行切实举办。其统捐收数，除按各省定额拨给外，溢收之数，另储候解，专作练兵经费的款，不得挪移。并着财政处、户部会商各该省督抚，从速详定章程，奏明办理。[7]

按该谕旨的计划，地方督抚只能从"八省土膏统捐"中拿到"定额拨给"，其余部分将全部成为中央收入，算作练兵经费。这显然是在大刀阔斧地削夺地方财权。所以，各省一面对此事消极回应能拖就拖，一面互通声气寻求应对办法。张之洞对此事的愤怒，见于他发给周馥、岑春煊等地方督抚商量对策的电报：

> 八省统办膏捐，当时献策者，其意只图见好干进，不顾各省利害，并不顾自己能否践言作到。此人向来行径，江、皖必知其详。[8]

张之洞之所以如此痛恨向铁良献策者[9]，不仅是因为湖北少了一大块财政收入，也因为这笔收入的缺失将影响到他的事业。一方面，失了土膏统捐这笔巨款，湖北的许多事情，如练兵、办兵工厂等，便都运转不开。另一方面，练兵处由直隶总督袁世凯主持，袁与张正处于一种分庭抗礼的态势——按陈夔龙的说法，1903年张之洞应召入京，"两宫拟令入辅，卒为项城所挤"[10]，二人刚刚经历过一次入主清廷中枢的争夺战，并以张之洞的失败告终。土膏统捐收入的主体划归练兵处支配，意味着张之洞影响力的削弱与袁世凯影响力的增长。这种此消彼长，绝非张之洞所愿见。

地方督抚俱对"八省土膏统捐"心怀怨念，颇希望张之洞能像庚子年那般领头串联，对朝廷此举施以有效的集体抵制。地方上的这种心思，自然也早在清廷中枢与铁良的预料之中。为了缓和张之洞的反对情绪，减轻政策推行的阻力，铁良给了湖北一些优待政策，如湖北给中央的统捐解款，可区别于其他省份另案办理；还任命张之洞推荐的柯逢时来负责督办"八省土膏统捐"。柯逢时后来提出的土膏统捐分配方法，较之铁良的办法更有利于湖北。铁良最初的主张是：实施"八省土膏统捐"后，按1903年的土膏税捐收入为准，作为定额向各省回拨税款。柯逢时的主张则是按1904年的数据为准，原因是1904年湖北已开始实施四省统捐，土膏税捐收入远高于1903年。

这些举措有效弱化了张之洞的反对立场。一者，张没有办法名正言顺去反对中枢主导"八省土膏统捐"，只能从操作的可行性层面提出质疑。这种质疑自然是无力的；二者，张无意也无力再启动一次"东南互保"，合法性不足且不论，李鸿章与刘坤一的相继离世（李逝于1901年，刘逝于1902年），意味着"东南互保"成了绝响。既然湖北的事可以特殊化处理，自己推荐的柯逢时也做了"八省土膏统捐大臣"，很多事便不必正面对垒，毕竟具体的操作环节仍有暗施手腕的机会。

1905年夏，"八省土膏统捐"正式运行。原由各省督抚掌控的土膏捐税，自此大半归入中央手中。稍后，清廷又将该办法推广至浙江、直隶、山东、山西、河南、陕西、甘肃、云南、四川、贵州等省份，最后连东三省和新疆也被要求一体开办。自然，这期间也免不了种种地方与中枢的明争暗斗。1909年，《申报》刊登过一份柯逢时给朝廷的奏折，内中有"开办土税两年以来，征银至两千余万两，拨还各省居其大半"[11]之语。由两年即征银2000余万两，不难窥

见这块蛋糕有多大；由"大半"拨还给各省，又不难窥见中央与地方围绕这块
蛋糕的争斗有多激烈。

更要紧的是，"八省土膏统捐"之术自此成了清廷中枢分割地方督抚财税
收入的常规手段，"不久，盐税、铸币余利等项财源，也被中央以'统办'形
式夺去。由此，八省土膏统捐的开办，也就成了清末财政集权的发端"[12]。1907
年，张之洞对外声称仅土膏与铸币两项政策的改变，已使湖北的财政收入每年
骤减了300万两白银。[13]

满汉猜忌让袁世凯渐生异心

清末最后十年的军事改革，不止要与地方督抚争夺财权，争夺兵工厂的控
制权，争夺新军编练的主导权，还与满汉矛盾深深地纠缠在一起。

1903年，清廷设立练兵处，本意是为了以编练新军为手段收兵权于中央。
以庆亲王奕劻为总理练兵大臣，以铁良为襄办练兵大臣，已存有将新军队控制
在满人亲贵手中的用意。奕劻本非干才，时年已六十有五，所以要让办事干练
著称、年仅四十岁的旗人铁良做他的副手。铁良当时是兵部尚书，曾在保定负
责训练京旗营，这是一支以旗籍士兵组织的新军。选中铁良进入练兵处做奕劻
的副手，一个重要原因就是他练过京旗营。

至于起用袁世凯为会办大臣，不过是基于现实需要。甲午年后，袁开始从
事编练新军的工作。成为直隶总督兼北洋大臣后，他又在天津创设了军政司、
学校司、农务司等多种近代军政机关，其中军政司之下直接效仿日本参谋本
部训练总监及陆军部的组织结构，设有参谋、教练、兵备等部门。也就是说，
"庚子之变"后，清廷若欲编练新军，遍观中枢大员与地方督抚，袁世凯是最
有经验之人，是最合适的主持者。其实，给慈禧太后出主意，建议通过创设练
兵处来收兵权的人，也正是袁世凯。[14]

以庆亲王奕劻为名义上的领袖，以袁世凯主持具体的练兵工作，以满人铁
良辅佐奕劻并制约袁世凯，如此组建练兵处的领导班子，对清廷中枢而言似乎
是一种最合理的配置。但这种配置很快便发生了问题。

据在练兵处军令司做过副使的哈汉章回忆，引爆练兵处满汉冲突者，是留

日归来的满人青年军官良弼：

中国军队，最早多半行伍出身，自小站练兵，始取材于武备学堂。后来派遣学生到日本士官学校留学，近年学成陆续回国，因为北方军队的武备派成了一种势力，不能插进，所以分散各省。良赉臣（即良弼）系满洲镶黄旗籍，他是红带子，在旗人中有此崭新军事人才，而且才情卓越，故在北京能周旋于亲贵之间，时常游说："我们训练军队，须打破北洋武备势力，应当找士官作班底，才能敌得过他。"枢要（反庆、袁的）中人都很领会。所以练兵处成立就调在湖北的士官第一期吴禄贞，第二期哈汉章、易迺谦、沈尚濂等，又向各省增调第一期卢静远、章遹骏、陈其采，第二期冯耿光等数十人来京，在练兵处担任草拟各项编制饷章及有关教育训练并国防上应有计划重要职务（也有参加兵部的）。于是练兵处就成为士官派的大本营，良弼即暗中作为士官派与北洋派争夺军权的领导者。[15]

哈汉章的这段回忆，有些地方是准确的。比如说"北方军队的武备派成了一种势力"。练兵处成立之初，所能仰赖者主要是袁世凯。所以练兵处下设部门，也多启用袁的部署。如练兵处的提调是徐世昌，军政司正使是刘永庆，军令司正使是段祺瑞，军学司正使是王士珍。再如说良弼主张"找士官作班底"来抵消袁世凯的"北洋武备势力"——良弼出身爱新觉罗宗室（多尔衮的后裔），确实一直非常警惕汉人对满人天下的威胁，留日期间，便常因同学吴禄贞等倾向革命而"起来反驳，常常争论得面红耳赤，各不相让"[16]。练兵处成立后不久便开始大量引进留日的士官生，以稀释袁世凯的影响力，也是确凿的事实。

但哈汉章将留日士官生大量进入练兵处和后来的新军视为良弼的谋划，却是误解。良弼自日本留学归国时，不过20余岁的年纪，资历极浅，并无能力与袁世凯直接对垒。按彭贺超的研究，真正往练兵处大量调入留日士官生者不是良弼，恰是袁世凯自己。比如，练兵处调入的第一批士官生，是来自湖北的沈尚濂、哈汉章、文华、吴禄贞、吴祖荫和来自湖南的章遹骏。湖北的五名士官生是袁世凯亲自与张之洞面商后的结果，袁本来的计划是调十名湖北士官生入京，但张之洞不愿湖北人才尽失，遂留下一半。比如湖南的章遹骏，袁世凯也曾致电湖南巡抚赵尔巽，明言此人是他看中后强行留下。甚至连良弼进入军队并迅速攀升，也与袁世凯的提携直接相关。总之，"练兵处调入留日士官生是三位大臣的共识，袁世凯最为积极主动，扮演着主导者的角色，奕劻、铁良则是他的支持者"。袁世凯这样做，既是为了"从地方借调留日军事人才，以供中央之用"，更是为了"自我解围，以钳言官之口，避朝廷猜疑"，同时还有"以调入士官生为契机，收回留日军事教育主导权"的深刻用心。[17]

由"练兵处大量起用留日士官生是由袁世凯主导"这个事实，更能见出袁当时处境的险恶。

在长达200余年的时间里，清廷中枢心内的满汉分野从未消失。至清末的最后十年，革命党人屡以民族主义为号召工具，清廷中枢对汉人官僚的猜忌遂上升至一种前所未有的高峰。"汉奸"一词始于清代中叶并盛行于晚清，便是清廷中枢内心的满汉分野从未消失的一项明证。与后世对"汉奸"一词的理解（背叛国家利益的奸人）不同，在清朝统治者的语境里，"汉奸"所指乃是那些对清廷心怀不满、损害了清廷利益的"汉人奸民"。自雍正朝开始，"汉奸"一词即频繁见于清廷内部的各种往来文件。几乎每次出现社会冲突，都会有督抚大员条件反射式地将"汉奸作乱"视为重要缘由。[18]

晚清外患加剧，这种思维定式也变本加厉。林则徐赴广东禁烟，公开声言自己要做的第一件事就是抓捕汉奸——"本大臣奉命来粤，首办汉奸"[19]。第一次鸦片战争期间，广东的奕山、隆文、琦善等官员在奏折里大谈"省城大小衙门俱有汉奸探听信息，传送夷人"[20]"汉奸人面兽心……临阵则仿造号衣，又与营兵无别，往往混入军中，真伪莫辨"[21]，浙江的奕经也奏称"江浙一带汉奸极多"[22]"（宁波等地）人情险恶，半系汉奸"[23]"曹江以东，到处汉奸充斥，商民十有七八"[24]。定海之战失利，钦差大臣裕谦在奏折里说，其中一个重要原因便是"（洋人）驱使闽粤汉奸，舍死登岸……约计总有万余人"[25]。这当中，最使人瞠目者，莫过于第一次鸦片战争以失败告终之后，奕山在给道光皇帝的复盘奏折里，指责"粤民皆汉奸，粤兵皆贼党"，将此战的教训总结为"防民甚于防兵，而防兵又甚于防寇"[26]。

之后的"庚申之变"与"庚子之变"里，防备"汉人中的奸民"始终被清廷中枢列入重点关注项目。[27]恭亲王奕䜣创设同文馆、醇亲王奕𫍣创设昆明湖水操内外学堂，也均坚持满人优先原则。这些思维定式的背后，均是浓重而顽固的"满汉分野"心理在起作用。袁世凯在练兵处虽然谨小慎微，主动引入留日士官生来稀释北洋武备系的影响力和存在感，也仍同样逃不出这种困境。

这种困境，注定了汉人中的干员袁世凯与满人中的干员铁良在业务上虽可密切合作，在政治上却必然分道扬镳。铁良的下属，曾任清廷陆军部科长的李炳之，对袁铁关系留有一段颇具深长意味的回忆。李炳之说，对于袁铁两人，他当年的感觉是：

> 铁良为人拘谨谦恭，和袁世凯处得很好。
>
> 当时铁良主张泯除南洋、北洋的界限，所以在段（祺瑞）、王（士珍）、冯（国璋）三人之下，任命的（练兵处）监督，很多是南洋派遣赴日的留学生。
>
> 铁良与汉人处得很融洽，他与袁世凯也能密切合作。
>
> 据我所知，铁良同袁世凯相处很厚，他常向袁世凯说："我一生以年羹尧为戒。"这一方面固然表示他谨小慎微、循规蹈矩的作风，但同时也是讽劝袁世凯。[28]

李炳之所谓的"铁良与袁世凯也能亲密合作"，主要是指业务层面，也就是具体的练兵工作。在政治立场上，铁良对袁世凯仍是充满了猜忌，常对袁世凯强调"我一生以年羹尧为戒"，便是一种近乎赤裸的警告和威慑。若仅是自我告诫，是不必将这种话常向袁世凯去说的。

1905 年，当练兵处的工作略具正规后，清廷的"军事排汉计划"也提上了日程。该年 10 月，清廷中枢发布上谕，决定"建立贵胄学堂，令王公大臣各遣子弟投考入学，亲习士伍"[29]。次年，贵胄学堂即正式成立。该学堂共办了两期。第一期由陆军部保送学生 120 名，其中王公子弟 40 名，蒙古王公子弟及闲散宗室 40 名，汉籍二品以上大员子弟 40 名。另据学堂监督张绍增之弟张绍程讲，第一期有学员 96 人（或许是未招满的缘故），汉人只有 18 人，其中还有一个是汉军旗人。[30] 1910 年第二期招生时，将"保送入学"改作"招考入学"，以示公平。结果这期学生汉人子弟占了六成，满蒙子弟只占四成。[31]

贵胄学堂的用意，李剑农在《中国近百年政治史》中，有一段相当精辟的论述：

> 铁良等的军事排汉计划尚有一层最深刻的，便是创立贵胄学校。他们以为当兵的汉人虽多不足忧，所可忧者就是统率兵队的上级将官，也将被汉人占了多数。倘若中国的兵都能够用满人为将，就好比以牧人驱群羊一般，满人可以高枕无忧了。因此便创立一个贵胄学校，其程度期与外国的陆军大学相等；将来的上级将官，必皆由此校派出；由各省武备学校出身的，只能充当下级的佐尉。贵胄学校原定的章程，必宗室八旗子弟方准入学，后来想掩饰汉人的耳目，乃增加一条：三品以上实缺大员之子亦得入学。其实此条等于空文，因为三品以上实缺大员之子，不是京堂便是道府，罕有来入这种学校的。不过他们所办的贵胄学校，后来并没有达到目的；因为那些贵胄享惯了骄奢淫逸的福，看相虽好，实际上都不成才，所以没有发生一点效果。[32]

1906年，清廷中枢决定改革官制，其"军事排汉计划"也再次升级。先是11月6日，练兵处与兵部、太仆寺正式合并为陆军部，由奕劻管理部务，铁良担任陆军部尚书，所有新军事务均归该部管辖。袁世凯被挤出局，然后朝中御史又针对袁群起弹劾。袁体察情势，遂于11月18日主动奏请辞去各项兼差，还将北洋六镇中的四镇"请归陆军部直接管辖，毋须臣再督练"，自己只求保留第二、四两镇，理由是：

> 惟第二镇驻扎永平、山海关一带，第四镇驻扎天津附近；现在外军（指日俄战争的善后）尚未尽撤，大局尚未全定，直境幅员辽阔，控制须赖重兵，所有第二、第四两镇，请仍归臣统辖督练以资策应。[33]

两天后，清廷便接受了袁世凯的请辞，下旨称"着照所请，开去各项兼差"，并强调"现在各军应归陆军部统辖"，北洋第二与第四两镇"着暂由该督（指袁仍是直隶总督）调遣训练"[34]。这"应归"与"暂由"两词，可谓意味深长。

此后,袁世凯便长期深陷于清廷中枢因满汉分野而生的猜忌游戏之中。

1907年,日法协约、日俄协约相继签订。这些协约的真实目的,是日本欲趁日俄战争胜利之势成为东洋盟主,"故诸协约成,而中国之前途反危"[35]。袁世凯认为情势紧迫,于该年7月底上奏请求清廷加速预备立宪,并提出十条政见,分别是:昭大信(皇帝亲自前往太庙昭告立宪)、举人才、振国势、融满汉、行赏罚、明党派、建政府(内阁合议制)、设资政院(州县设议事会,省设谘议局)、办地方自治、搞普及教育。此外,袁还奏请派大臣赴德、日两国考察宪法,并派王公近支赴英、德两国学习政治与兵备。[36]这些建议未能改变中枢对袁的猜忌。9月,袁遭遇"明升暗降",被免去有实权的直隶总督兼北洋大臣的职务,内调为无实权外务部尚书、军机大臣。

1908年11月,光绪皇帝与慈禧太后相继去世,年仅三岁的溥仪即位,清廷进入宣统时代,溥仪之父载沣以摄政王的身份监国。袁世凯的命运愈加岌岌可危。据说,载沣本有意以"包藏祸心"的罪名处置袁,但被张之洞劝阻,张的理由是"王道坦坦,王道平平,愿摄政王熟思之,开缺回籍可也"[37],所以最后上谕里写的是"袁世凯现患足疾,步履维艰,难胜职任,袁世凯着即开缺,回籍养疴"[38]。

袁奉旨回到河南后,即隐居于洹上村,且特意拍摄了披蓑戴笠乘舟垂钓的照片对外公布,以示并无他志。据黄兴说,"袁氏当未辞职之先……是时兄弟寄留南京,有直隶总督杨士骧代表人来会,据称宫保此时地位颇觉危险,甚愿与革命党联合,把清室推翻,复我故国"[39],若黄兴所言属实,则在慈禧去世之时,袁世凯便已预感到自己的命运——慈禧鲜少诛杀中枢大员与督抚重臣,载沣等辈则未必——开始与革命党人接触以预留后路了。

1910年,隐居中的袁还曾派人与孙中山联系。孙于辛亥革命爆发后如此回忆此事:

一年前袁派人来请我时,我不敢轻信来使。我认为他在耍花招,其实他是有诚意的。他希望取消对我的通缉,并公开和我一致行动。而我却对他的使者说:"请回禀贵主人,我艰苦奋斗十五载,历尽险阻,不是为了轻易受骗。请转告他阁下，我可以等待。天命无常。"[40]

满汉之别引发的猜忌，终于让袁世凯与清廷的距离越来越远。袁在1911年选择和革命党联手埋葬清廷，绝非偶然。

"有兵在"是个大笑话

据胡钧《张文襄公年谱》记载，张之洞1909年去世前夕，曾与摄政王载沣，有过一段意味深长的对话。

当时，津浦铁路有官员遭弹劾革职，载沣欲以满官继任。张之洞劝他："不可，舆情不属。"载沣回复："中堂，直隶绅士也，绅士以为可，则无不可者。"张之洞说："岂可以一人之见而反舆情？舆情不属，必激变。"载沣回复："有兵在。"张之洞遂退而叹曰："不意闻此亡国之言。"[41]

该年谱还记载，张之洞病重时载沣前往探望，二人有过一番密谈。载沣离去后，帝师陈宝琛入内询问张之洞："监国之意何？"张之洞无他言，唯叹曰："国运尽矣！盖冀一悟，而未能也。"[42]

按学者羽戈的解释，张之洞之所以将载沣的"有兵在"视为亡国之言，是因为"张之洞还是有一颗敬畏之心"，"他终究是一个讲究治术的政治家"，所以才会在与载沣对话时，把"舆情"看得那么重，"能重视舆情，说明此人心中还有对舆论与民意的顾忌"。[43]这种解释令人信服。

不过，从统治术的角度来看，载沣的"有兵在"其实抓住了问题的核心。对所有的专制政权而言，能够提供稳定的人力与物力汲取的官僚系统，和以重金豢养、能够为政权保驾护航的军队，才是真实的统治基础。舆论和民意可以肆意压制，也可以肆意粉饰，反而并不重要。

问题是，当时的载沣手中无兵，所谓的"有兵在"只是一种幻象。

做了摄政王之后，载沣代宣统皇帝成为全国陆海军大元帅，以胞弟载涛为军谘府（陆军最高军事参谋机关）大臣，掌控陆军；以胞弟载洵为海军大臣，掌控海军。天下兵权看似集中掌握于兄弟三人之手。然而，载沣本是一个遇事优柔寡断之人。其弟载涛对他的评价是"人都说他忠厚，实际忠厚即无用之别名……他做一个承平时代的王爵尚可，若仰仗他来主持国政，应付事变，即绝难胜任"。他之所以一做上摄政王，便要驱逐袁世凯，便是知道自己能力不足，若将袁留在朝堂之上，"自己这个监国摄政亦必致大权旁落，徒拥虚名"。[44]

年纪轻，阅历浅，全无带兵经验，在军中毫无根基，是载沣兄弟最大的弱点。载沣是 1883 年生人，载洵是 1885 年生人，载涛是 1887 年生人。载洵、载涛皆是 1904 年进入的陆军贵胄学堂，1908 年因光绪和慈禧去世而草草毕业，随后便分别成了清廷陆军与海军的最高长官。尽管二人上台后，也曾率团队浩浩荡荡出洋考察各国军政，却终究只是蜻蜓点水、走马观花，既不足以掌握到现代军队建设的精髓，也无助于从人事上切实掌控军队。对于这种弱点，当年的媒体便已一针见血地指出：

> 以全国军政委之于三二人。三二人中，属于亲贵，以其天潢贵胄，信之于朝廷，是否有军事之学问、军事之阅历、军事之常识，皆非计也……以此而欲求全国军事之进步，岂不是南辕北辙，缘木求鱼哉！故政府专筹统一军事以防内乱，实乃春蚕自缚耳。[45]

英国《泰晤士报》的驻华记者莫理循也曾在 1909 年撰文说：

> 摄政王最近的政策极不明智，他试图加强满人的权力，结果却适得其反。他分别任命两个弟弟担任陆军大臣和海军大臣，但这两个年轻的亲王均毫无经验和能力，没有受过专业训练，因而引起了广泛的不满，受到报界异乎寻常的大肆抨击。[46]

无学问、无常识、无阅历、无经验、无能力、无根基的结果，便是载沣、载涛与载洵兄弟徒有最高军事长官的虚名，即便有铁良这种能臣辅佐，也始终无法真正有效掌控军队。

辛亥年，武昌起义的消息传来，隆裕太后召集御前会议，众人和战不定，军谘大臣载涛一言不发。隆裕太后问他意见："你是管陆军的，你知道咱们的士兵怎么样？"载涛的回应是："奴才练过兵，没有打过仗。"[47]

所谓的"有兵在"只是如此罢了，这也是清廷在辛亥年不得不再次请袁世凯出山的缘故。

第四十五章　1905年：慈禧被迫放弃科举

1905年，爱因斯坦发表了关于相对论的第一篇论文。清廷内部也发生了许多大事，如五大臣出洋考察各国政治，临行前夕遭遇了刺客；同盟会在东京召开了成立大会。其中对清帝国朝野震荡最大者，当属科举制度在本年终于被废除了。

对清帝国来说，科举制度不仅是一种人才选拔制度，更是一种笼络知识分子的手段。科举的本质是以官职为诱饵，引导天下读书人按照朝廷的需要在思想与行为上做自我修正，通过不断生产流水线式的所谓"人才"来维护政权的稳定。废除科举，意味着这种传统的立国之术已经破产，也意味着清帝国的传统统治模式走到了尽头。

科举是一种统治手段

自隋炀帝大业元年（605）创设进士科，至光绪三十一年（1905）清廷正式下旨废除科举，科举制度在中国实行了整整1300年。这项制度之所以拥有如此顽强的生命力，是因为它提供了一种幻象：上升通道对所有人开启，所有人都有机会进入体制，成为统治集团的一分子。

之所以说这种上升通道是一种幻象，是因为科举取士从来不是官僚集团的主要来源。清代不是，之前的朝代也不是。

先说唐代。按齐陈骏的估算，"唐代每30年一代官僚总数是19000人，而每30年科举出身的是3100人。我们将这3100人全部算作入仕为官的话，那么，科举出身的官僚也仅占整个官僚集团16%强，另外80%多都是非科举出身的人。如果我们将胥吏包括在内，则科举出身的连占1%也不到了"。[1]

再看宋朝。依据嘉定六年（1213）的统计，科举出身的官员只占到了全部官员的26.1%，远比不上占比56.9%的"恩荫出仕"。这一统计只包括了"官"，没有将"吏"计算在内，否则科举出身者所占比例会更低。[2]

至于元代，开科取士不过是走个形式，可参考元末明初人叶子奇的说法："（元代）科目取士，止是万分之一耳。"元代立国半个世纪，科举出身的官员，占同期文官总数的比例，不超过3.88%。[3]

明代的情况，据郭培贵考证："明朝选官来源除科举外，还有荐举、学校和吏员等途径，而以数量论，洪武时期荐举一度成为选官来源的主体；……洪武至景泰间，'七卿'中的57.6%来源于以荐举为主的非科举出身者。而永、宣以后，国子监生入仕在数量上也远远超过科举；科举只是在选任重要和高级官员中占据绝对甚至垄断优势而已。"[4]

再看清代。何炳棣的研究认为，"在1871年七品至四品的地方官中有51.2%是捐的官"[5]，也就是拿钱买官的比例已经超过了科举（剩余的48.8%的官员，也并非全部来自科举）。另一项针对湖北省和山西太谷、安泽、虞乡三县的统计显示，只有3%—4%的"士"（生员），能通过科举取士完成从体制外向体制内的流动。[6]

关于科举作为一种统治手段所起到的最核心作用，唐太宗李世民的"天下英雄入吾彀中"早已为人熟知。但李世民的这句话容易让人产生误解，以为科举的目的是选拔"天下英雄"进入统治集团，利用他们的见识和能力来造就盛世。相较之下，朱元璋与慈禧的表述，就要精准得多了。

朱元璋说，"柔天下"之法莫过于科举，"天下才智，无所试，久必愤盈。诸负血气者，遂凭之以起"，科举的作用，便是以四书五经、诗词经义这些无用之物，将"负血气"者困入科场。[7]

慈禧的看法与朱元璋高度相似。戊戌年后，兵部尚书荣禄上奏请求改革武举，欲放弃冷兵器项目，改考与枪炮有关的内容，并停止默写古老的《武经》。结果被慈禧以懿旨否决，懿旨里说，"科举之设，无非为士子进身之阶"，科举的核心目的不是选拔人才，而是给士子提供一个进入体制的路径，武举自然也不例外（其实也是幻象，清廷军队的武职，出身行伍者远多于出身武举者）。至于培养军事人才，那是"营武学堂"的事情。所以，各级武举考试"均着照旧制，用马步箭、弓刀石等项分别考试"；武进士们被录取后，再送他们去地方部队和神机营里练习枪炮。[8]

不止朱元璋与慈禧，到了晚清，体制中人皆明白科举制度的核心作用不是选拔"天下英雄"，而是羁縻乃至摧折"天下英雄"。

1905年9月2日，由直隶总督袁世凯、盛京将军赵尔巽、湖广总督张之洞、两江总督周馥、两广总督岑春煊、湖南巡抚端方等联名呈递的《立停科举推广学校折》中，便明言科举的存在"阻碍学堂，妨误人才"，只要科举一日不停，读书人便"皆有侥幸得第之心"，不愿去学习真知识真学问，新式学堂便"绝无大兴之望"。正所谓：

> 欲补救时艰，必自推广学校始；而欲推广学校，必自先停科举始。[9]

同日，清廷颁布上谕，宣布"自丙午科为始，所有乡会试一律停止，各省岁科考试亦即停止"[10]。

科举制度就此画上了句号。

日俄战争下的"两害相权"

深知"科举之设，无非为士子进身之阶"的慈禧，何以会在1905年同意废除科举？

众多地方督抚联名上奏施压，显然是一个重要原因。自"庚子之变"后，袁世凯、张之洞等人要求改革科举的奏折便没有停过。但更重要也更直接的原因，则是日俄战争带来的严重危机。

《立停科举推广学校折》里重点提到了这层时代背景：

> 近数年来，各国盼我维新，劝我变法，每疑我拘牵旧习，讥我首鼠两端。群怀不信之心，未改轻侮之意，转瞬日俄和议一定，中国大局益危，斯时必有殊常之举动，方足化群疑而消积愤。[11]

日俄两国为了争夺在华利益，在中国的领土内开战；清廷不但无力阻止，为了尽可能止损还必须宣布"局外中立"。1904—1905年的日俄战争，给国人带来的屈辱感，并不亚于1860年的"庚申之变"和1900年的"庚子之变"。

与屈辱感相伴而生的，是对清廷合法性的质疑乃至抨击。早在日俄战争爆发前夕，《大公报》便有文章写道：

> 甲午以前，我中国如力求上奋，力图富强，何至有甲午之败衄？如无甲午之败衄，何至召列国之轻视？甲午以后，我中国如真心求治、锐意变法，何至有庚子之奇祸？如无庚子之祸，何至有俄人占地不还之争？如无俄人占地不还之事，何至有今日俄日挑衅之举？[12]

类似的责备，在1904—1905年的报刊媒体上随处可见。《立停科举推广学校折》里的"斯时必有殊常之举动，方足化群疑而消积愤"（此时必须有特别重大的改革举措，才能彰显朝廷改革的决心，才能消除各方的疑虑和积蓄已久的愤怒），便是针对这类责备而言。

其实，按慈禧原本的设想，兴学堂与存科举最好同时并重——前者提供"救国家之亡"所需的技术人才；后者提供"救朝廷之亡"所需的意识形态（四书五经与忠君尊孔）。这也是为什么晚清的科举改革喊了几十年，但进入20世纪之后仍是两者并重。1903年武昌府试的考题之一，就是让学生就"废科举"与"兴学堂"的两难各抒己见：

> 问科举进身易，学堂进身难，有科举则学生不能专心，科举可废欤？近日游学日本学生、上海学生，猖狂流荡，不率教、不勤学，学生果可恃欤？然则主持学务者，若不废科举，恐无自强之时。若不惩学生，益重自由之弊。将何道之从，试深虑而畅言之。[13]

考题的主旨简单明了：不废科举，便无法得到真人才；废了科举，学生又会脱开牢笼奔向"自由"，实在是难以抉择。出题者怀着深深的忧虑，期待着考生能在作文里将"救国家之亡"与"救朝廷之亡"合二为一。

这种忧虑也深深地存在以慈禧为首的清廷中枢的头脑之中。所以，当1901

年"变法上谕"颁布，两广总督陶模奏请"变通科举"时，朝廷没有给予答复。之后，张之洞、刘坤一、袁世凯、王之春、李锐兴、张百熙等相继奏请"变通科举"，同样没有获得朝廷响应。朝廷仅以考试改用策论不得写八股文敷衍了事。1902年颁布《钦定学堂章程》时，也未涉及科举的改革与存废。1903年，张之洞与袁世凯联名奏请递减科举，得到的批示是"政务处会同礼部妥议具奏"，却又受到弹劾，再也没有了下文。[14]

1904年1月，张之洞与张百熙等人再次联名奏请递减科举、注重学堂。内中说，将来的学堂里，"凡中国向有之经学、史学、文学、理学，无不包举靡遗。凡科举之所讲习者，学堂无不优为"[15]，所有科举时代的学习内容，都将在学堂中继续保留。这种"兼顾之法"很合中枢的心意，随后便有上谕给张之洞等，要他们好好制定相关章程，以便从1906年起逐科逐年递减科举取士的名额。[16]

也就是说，按1904年的设计，为了让四书五经与忠君尊孔全面进入学堂，清廷至少需要十年的缓冲时间，才能完全停止科举。然而，日俄战争爆发后，清廷的"局外中立"引发了国人强烈的屈辱感，舆论抨击此起彼伏，排满革命也风起云涌。全社会对清廷的失望情绪来到了一个新的高点。袁世凯、张之洞等地方督抚再次趁机联合上奏，要求朝廷拿出足以挽回人心的大型改革举措，终于将以慈禧为首的清廷中枢逼到了不得不下旨废除科举的地步。

对慈禧太后来说，这是一次迫不得已的"两害相权取其轻"——宣布废除科举以鼓舞人心，并以此维系政权的合法性，是更迫在眉睫的事情；至于四书五经里的忠孝尊孔，不妨日后再慢慢往学堂里塞，再慢慢往学生的脑子里灌。

群疑难化，积愤难消

对一些旧式读书人来说，废除科举是很沉重的打击。

山西人刘大鹏，便是一个典型的例子。刘是山西太原县赤桥村人，生于1857年，逝于1942年。1894年中举，然后三次入京会试，均落榜而归，没能进入官场。为了谋生，他在太谷县某富商家中担任坐馆教师，一做就是20年。1905年10月，废除科举的消息传到该县，刘大鹏深受打击，在日记中写下了

"甫晓起来心若死灰，看得眼前一切，均属空虚"[17]的文字。

刘大鹏的"心若死灰"，既是哀叹自己再无机会通过科举进入官僚集团，也是在哀叹自己私塾教师的职业将要不保，往后会生计艰难。刘在日记中说，科举废了，"有子弟者皆不作读书想"（1905年10月15日）[18]，再没人要送孩子来私塾读四书五经；"昨日在县，同人皆言科考一废，吾辈生路已绝"（1905年10月23日）[19]，县里做私塾教师的同行都在哀叹马上就要失业；"科考一停，同人之失馆者纷如，谋生无路，奈之何哉！"（1905年11月3日）[20]，同行们纷纷丢了工作，可怎么办呢；"去日，在东阳镇遇诸旧友借舌耕为生者，因新政之行，多致失馆无他业可为，竟有仰屋而叹无米为炊者"（1906年3月19日）[21]，又在路上碰到因失业而无米为炊的老同行……

对未来的历史进程，这位私塾教师也充满了忧虑，"今之学堂，所教者西学为要，能外国语言文字者，即为上等人才，至五经四书并置不讲，则人心何以正，天下何以安，而大局将有不堪设想者矣"[22]——科举不考了，学堂也不讲四书五经了，人心从此坏掉，天下可怎么办呢？刘大鹏的逻辑与慈禧太后的逻辑高度一致。只不过，慈禧太后是爱新觉罗家的太后，刘大鹏却只是即将失业的私塾先生。这种身份错位下的思维同构，恰是科举制度千余年来一直备受皇权重视的原因所在。

其实，虽然刘大鹏们对废除科举一事牢骚满腹，但在当日，科举的废除并没有造成大的社会动荡。甚至可以说，清帝国的读书人很平静地接受了这个事实。

这当中的原因也不复杂。

第一，如前文所言，自唐宋而下至于明清，科举从来就不是官僚集团的主要来源。到了晚清，因为卖官狷獗，情况变得更加严重：

为了便于卖官，官价往往打九折。在十九世纪的最后三十年，捐官总数达534000名，而在太平天国起义之前还只有355000名。1860年以后，通过捐官途径的四品到七品地方官多于科举的正常途径得官的人数。[23]

另据王先明对湖北和山西一些县份（包括刘大鹏所在的太谷县，以及安泽县与虞乡县）的统计，1860—1905年，这些地方"通过科举制完成社会垂直流动的绅士仅占3%—4%左右"[24]。

第二，正因为绝大多数读书人很难通过科举进入统治集团，所以，与废除科举同时出台的《举贡生员出路章程》，反而得到了旧式读书人的热烈拥护。该章程旨在为各省数万举贡和数十万生员筹划善后，以防士子们倒向革命。它的付诸实施，使得自科举废除至清廷灭亡这六年时间里，原举贡生员们的入仕就职机会，反比以前更多。种种优厚待遇，还一度引发了舆论的不满。[25]

这其中，尤为重要的是一项政策是：《各省谘议局章程》规定，"有举贡生员以上之出身者"即可获得议员的选举与被选举资格。这直接导致清末各省谘议局中，有科举身份（进士、举人、贡生、生员）的绅士议员大体占到议员数的90.9%以上。[26]也就是说，士绅们并没有因为科举的废除而远离政治核心和权力核心。激烈抨击废除科举的刘大鹏，便在1908年成功当选为山西省谘议局议员。

至于以废除科举来"化群疑而消积愤"，究竟取得了多少效果，则是件很难判断的事情。

学者金观涛穷十年之功，建有一个包含了约1.2亿字的"中国近现代思想史专业数据库"。他以"革命""改革""维新"等为关键词，在该数据库中进行检索。结果发现：1900年之前，"革命"一词的使用次数相当少，且不少是负面意义的，"因为在1900年前，革命尚没有正当性"；戊戌维新失败后，"革命"一词在1899年上升至140次左右；在1901年急剧上升到200余次；1903年高达1400次左右，原因是邹容的《革命军》问世，"'革命'从此正名，大行其道"；随后到1906年，"革命"一词的使用率再度攀上高峰，多达2800余次，原因是革命党人创办了机关刊物《民报》，并与立宪派就国家该采取何种转型手段进行了大论战。[27]

革命舆论在1906年的暴涨，意味着1905年的废除科举并没有起到多少"化群疑而消积愤"的作用。之所以如此，或许是因为：改革若迟到太晚便已不是改革。毕竟，时代的转型不仅仅关乎理性层面的认知，也关乎情感层面的认同。

关于情感认同的消失，孙中山有一段自述可以作为注解。他说：庚子年之前，"吾人足迹所到，凡认识者，几视为毒蛇猛兽，而莫敢与吾人交游也"，鲜少有人愿意同情、支持革命党人；"惟庚子失败之后，则鲜闻一般人之恶声相加，而有识之士，且多为吾人扼腕叹息，恨其事之不成矣"。[28]两相对比，实在可谓天壤。

情感认同上的这种急骤改变，让许多体制中人猝不及防。维新派官员吴庆坻便是一个典型。

1848年，吴庆坻生于浙江钱塘的一个官宦世家。曾祖父做过四川夔州知府，祖父做到云贵总督，父亲做过山西雁平兵备道。20岁前，吴随父亲任职地的变化，旅居于四川、山西、陕西、河北等地。20岁后回到杭州，拜在了著名学者俞樾的门下。1886年考取进士后，吴在翰林院坐了11年的冷板凳。1897年得到机会外放为四川学政，也就是四川的最高教育长官。[29]

此时，已是戊戌维新启动的前夜，甲午战争的惨败惊醒了许多知识分子。原本坚信"中国圣人之道"万不可变的谭嗣同，便是自此再不谈传统政治理念的优越性，转而完全服膺于近代文明。吴庆坻也是这诸多的被惊醒者之一。他开始意识到清廷必须改革，且这改革必须要以西学为核心内容。

吴颇有胆识，也有执行力。到了四川后，便致力于变传统学校为现代学堂，用官费为学堂采购讲天文、算学、地理、化学的西学图书，推荐学堂订阅鼓吹改革的《时务报》。戊戌维新启动后，朝廷下旨科举不再从四书里出题考八股文，"一律改试策论"，要考生对现实问题发表意见。吴得到消息后很兴奋，下发了文件，要全省各县都动作起来响应。维新被慈禧血腥终止之后，吴也没有对川省的教育改革踩刹车。当时，朝廷下旨命各省不要再创设新式学堂，且强调"四书文"和"试帖"这些八股文章仍是科举考试的主要内容。吴却与川督奎俊等人合作，以"整顿义学"为掩护，继续鼓励创设新式学堂。与此同时，吴也高度重视给学生们"正心术"。在他看来，八股之学最垃圾，西学需要提倡，讲求"义理心性"的经学则最紧要。[30]

此时的吴庆坻，深受四川学子的拥戴。

1907年，吴庆坻的职务成了湖南提学使，掌管湘省教育。该年，湖南筹办优级师范学堂，许多人建议课程里不设"经学"，引起本省经学权威皮锡瑞的恐慌。皮跑去向吴求助。吴本就高度重视"义理心性"的讲求，自然认同皮的意见。于是请皮出手代拟文件稿，以纠正这股"歪风"。稍后，吴采用了皮锡瑞所拟文件并将之下发。皮非常高兴，去信大赞了一番吴如何如何"推尊旧学"[31]。

但此时的湘省读书人，对吴庆坻的观感却是极为恶劣，时人称："吴庆坻督学湘中，摧残士气，学风寝衰。"[32]次年，湖南麻阳高等小学学生聚论国事被校方弹压，引发省内学生的集体声援。事情一路捅到吴庆坻处，吴的批语是："学生干预外事，殊有违定章。"[33]该批语再次引起了湘省舆论的极大不满。

从1897年到1907年，吴庆坻的教育理念并没有发生本质的变化。他仍是一个重视经学教育与"义理心性"者，也仍是一个重视西学者——1906年，清廷组织各省教育长官赴日考察，吴庆坻也在其中。他切身对比了中日两国的教育情形，在家书中发出了"观于日本学校，而吾辈当愧死矣……吾中土实无教育"的沉痛感慨。[34]

1897年前后的四川学子，听说新教育长官的主张是废八股重经学和西学，无不欢欣鼓舞；1907年的湘省学子，听到"经学课"三个字，反应却是掩鼻而走。同一个吴庆坻，在1897年被视为维新派，在1907年却被当成了顽固派。这变化的背后，是时代变了，针对清廷的情感认同也变了。

第四十六章　1906年：两种"预备立宪"

除了废除科举之外，因日俄战争而引爆的"群疑"与"积愤"，还给了张之洞与袁世凯等地方督抚另一个机会，让他们可以趁机联衔上奏，要求朝廷派遣亲贵大臣分赴各国考察政治，并定于12年后实行宪政，彻底改变清廷中枢的决策机制。外有危机，内有压力，慈禧太后只能接受这项建议。五大臣[1]出洋考察归来后不久，1906年9月1日，清廷正式宣布"预备立宪"。

但是，慈禧太后想要的立宪，与地方督抚们想要的立宪，其实是两码事。

端方希望变更中枢决策机制

据说，1905年派遣五大臣出洋考察宪政时，慈禧曾对他们说：

> 立宪一事，可使我满洲朝基础永久确固，而在外革命党亦可因此消灭。候调查结局后，若果无妨害，则必决意实行。[2]

这话大约是实。毕竟五大臣出洋，本就有安抚国内人心的用意。

1906年8月25日，五大臣中出洋归来的端方与戴鸿慈联名向慈禧太后建议"急采立宪制度"，又说启动预备立宪之前应该先实施官制改革。理由是中国当下的情形与日本当年非常相似，正该参考日本的经验。日本立宪之前曾两次大改官制，中国也应该这样做。[3]

在奏折里，端方就官制改革提了八项具体主张。其中最重要的是第一与第二两项。第一项改革主张是成立责任内阁。端方说，责任内阁制有两点好处，既可以有效防止阁臣消极怠工，也可以有效帮助皇权卸责：

一切施政之方，由阁臣全体议定，然后施行，而得失功罪，则阁臣全体同负其责。所以必以阁臣负其责者，一则使之忠于职任，无敢诿卸以误国；一则虽有缺失，有阁臣任之，则天下不敢致怨于君主，所谓神圣不敢干犯者此也。

其实，这段话里尚有言外之意未曾挑明。实施责任内阁制度，意味着朝廷中枢的决策权将从皇帝（此时则是指慈禧）转移到内阁。这显然是对"庚子之变"发端于慈禧的意志，事后又无法追究慈禧责任的一种修正。端方不挑明这一点，是不愿因此引发慈禧的反感。

第二项改革主张是"宜定中央与地方之权限，使一国机关运动灵通也"。端方说，世界各国的行政系统大体可以分为两种，一是中央集权，一是地方分权。日本走的是中央集权之路，"所有地方行政长官，皆属于内务大臣监督之下，一切政策，悉须承中央"；美国走的是地方分权之路，"中央政府仅掌军事、外交、交通、关税"，其余大小事务全归地方自行办理。清廷既不是中央集权，也不是地方分权，而是权责混乱不清，结果变成了互相掣肘和互相推卸责任，"各部与督抚往往两失其权"——督抚送到中央的寻常奏报常被各部找碴驳回；中央下达给地方的指示也常被督抚阳奉阴违。许多事便这样被耽误了。

耐人寻味的是，在中央集权和地方分权之间，端方没有明确给出自己的主张。他在奏折中对慈禧说：

臣等之愚，以为治泱泱之中国，万不能不假督抚以重权，而各部为全国政令所从出，亦不能置之不理，视为具文。诚宜明定职权，划分限制，以某项属之各部，虽疆吏亦必奉行；以某项属之督抚，虽部臣不能挽越。如此则部臣疆吏于其权限内应行之事，无所用其推诿，于其权限外侵轶之事，无所施其阻挠，庶政策不致纷歧，而精神自能统一矣。

细细体察这段文字，端方似乎更倾向于美国式的地方分权。

如此推测的原因有四。一者，若端方主张日本式的中央集权，似可在奏折中明言，毕竟加强中央集权正是慈禧所期望的事情。二者，端方不明言认同美国式的地方分权，却又在具体建议中强调"万不能不假督抚以重权"，大约也是不愿直接引起慈禧的不满。三者，端方此时的身份正是地方督抚[4]，似无自废武功的道理。四者，据夏晓虹的考证，端方此折的真正起草者乃是梁启超[5]，梁一贯的思想旨趣正是限制君权、倡导民权。

扼要而言，端方这两项建议，一者是要改革中央决策机制；一者是要厘定中央与地方的权力分野。实为整个官制改革中最核心也最紧要的部分。奏折中的其他改革建议，如"内外各重要衙门皆宜设辅佐官""中央各部主任官之事权尤当归一""中央各官宜酌量增置裁撤归并"等，相对这两项而言只是细枝末节。

慈禧接到端方这封奏折后，想必不会高兴。但她最终仍决定"预备立宪"，这是因为在1906年的8月23日，也就是端方上奏的两天之前，另一位出洋考察大臣、镇国公载泽，也就"预备立宪"一事进呈了一道密折。

载泽在密折中说，自己日夜思考筹谋，得到的结论是"宪法之行，利于国，利于民，而最不利于官"，但只有那些"公忠谋国之臣"，才能消除私心和成见，将这当中的真实玄机告诉太后。宪法制定推行之后，"在外各督抚，在内诸大臣，其权必不如往日之重，其利必不如往日之优"，必然会试图阻挠，必然会对朝廷的决定发出怀疑的声音。这些督抚与大臣"非有爱于朝廷也"，他们的目的只在于"保一己之私权而已，护一己之私利而已"。[6]

载泽还说，所谓君主立宪，"大意在于尊崇国体，巩固君权"。他以日本宪法为例，向慈禧列举了十七条"由君主"的大权，然后总结说，以日本为效仿对象来立宪，可以做到"凡国之内政外交，军备财政，赏罚黜陟，生杀予夺，以及操纵议会，君主皆有权以统治之"。这是一种无远弗届的权力，"盖有过于中国者矣"，比清廷现在的皇权大多了。

除了壮大皇权，载泽还概括了三项立宪的好处。第一是"皇位永固"。从此以后君主神圣不可侵犯，在行政上又不负任何责任，出了问题不过是政府各大臣辞职另组新政府而已，对君位没有任何损害。第二是"外患渐轻"。洋人不能再指责大清"谓为专制，谓为半开化"，将由鄙视我大清转为尊敬我大清。第三是"内乱可弥"。那些会党再也不能拿"政体专务压制，官皆民贼，吏皆贪人，民为鱼肉"这类说法四处煽动，百姓也不会再听信他们的煽动。据此，他力劝慈禧："立宪之利如此，及时行之，何嫌何疑？"

最后，载泽请求慈禧"无露奴才此奏"，不要让外人知晓这封密折的存在，更不要让外人知晓密折的内容。

显而易见，虽然都是在谈君主立宪，端方的改革方案与载泽的改革方案在方向上却是完全相反的。[7]端方的奏折希望朝廷分权，希望变更中枢决策模式；载泽的密折则旨在集权，要将皇帝的权力推到一个新的高度。

载泽一厢情愿误读君主立宪

载泽的论述是错的。

无论是证之学理，还是验之史实，"立宪"的核心主旨都一定是"限制君权、保障民权"这八个字。至于"官权"会不会有所损失，要看改革前的权力架构是怎样的。

载泽拿日本立宪来举例，也是大错特错。

其中最大的错误是无视两国改革的前提不同。明治维新前的日本天皇只是个摆设；清廷却是古老的皇权专制——康雍乾时代正是中国皇权专制的高峰，即便到了清末出现地方督抚坐大，皇权总体上也仍然拥有优势，东南互保须各省督抚联合行动便是明证。毕竟，地方督抚们手中的许多权力只是时局演变过程中的权宜产物，在制度上并不具备合法性。中日两国的情形如此不同，要实现真正的君主立宪，实现权力的平衡和互相制约，要做的事情自然不会相同。日本天皇需要增加制度上的神圣性；清廷的皇权却需要削弱，需要将中央政务的决策权移交给责任内阁，需要将中央的权力范围和地方的权力范围做一个明确区分，然后用制度固定下来（这些恰是端方奏折的主旨）。载泽打着效仿明治维新的旗号，欲在君主立宪的框架下从地方督抚手中夺权，学理上不通，现实中也很难做到。

此时的慈禧年逾七旬，早已失去了与时俱进学习新知识的能力，也鲜少有资料显示年轻时代的慈禧曾致力于扩展自己的知识视野。老太后实际上并不懂何谓"君主立宪"，她之所以相信载泽的论述，一是因为载泽的身份。他不但是皇室成员，还是慈禧的侄女婿，其岳父桂祥是慈禧的兄弟；桂祥的另一个女儿是光绪的皇后，也就是后来的隆裕太后。在动机层面，慈禧没有怀疑载泽密折的理由。二是因为慈禧愿意相信载泽的论述。1900年"东南互保"带给慈禧巨大的刺激，如何削弱地方督抚的财权、兵权与人事权，是整个清末新政期间她最念念不忘的事情。之前借勘察江南机器制造局的名义派铁良南下巡察，便是为了此事。载泽密折中的"宪法最不利于官"，完全切中慈禧的心病，让她看到了削弱督抚权力的希望。

于是，1906年9月1日，载泽进呈密折后的第七天，慈禧正式宣布"预备立宪"，载泽也成了"立宪开幕元勋"。9月2日，慈禧便宣布要改革官制，打算用立宪的名义从地方督抚们手里夺权。这便是影响清末历史走向甚巨的"丙午官制改革"。

载泽为什么会误读君主立宪？

如果相信载泽《考察政治日记》的记述是真实的，没有经过编造，那么便可以有一种解释：他对君主立宪的种种错误认知，主要来自伊藤博文。日记中记录了载泽出洋考察各国政治期间，与伊藤博文之间的一段对谈。试摘录部分对话内容如下：

载泽：敝国考察各国政治，锐意图强，当以何者为纲领？

伊藤博文：贵国欲变法自强，必以立宪为先务。

载泽：立宪当以法何国为宜？

伊藤博文：各国宪政有二种，有君主立宪国，有民主立宪国。贵国数千年来为君主之国，主权在君而不在民，实与日本相同，似宜参用日本政体。

载泽：立宪后于君主国政体有无窒碍？

伊藤博文：并无窒碍。贵国为君主国，主权必集于君主，不可旁落于臣民。日本宪法第三、四条，天皇神圣不可侵犯，天皇为国之元首，总揽统治权云云，即此意也。

载泽：君主立宪与专制有何区别？

伊藤博文：君主立宪与专制不同之处，最紧要者，立宪国之法律，必经议会协参。宪法第五、六条，凡法律之制定、改正、废止三者，必经议会之议决，呈君主裁可，然后公布。非如专制国之法律，以君主一人之意见而定也。

法律当裁可公布之后，全国人民相率遵守，无一人不受治于法律之下。法律之效力及于全国，全国皆同一法律。贵国十八行省，往往各定章程，自为风气，久之成为定例，彼此互为歧异。故立宪国之法律，必全国统一者也。

载泽：君主立宪国之议会，君主有开会、闭会、停会之特权否？

伊藤博文：宪法第七条，凡议会之开会、闭会、停会及下议院之解散，必皆候君主之敕令而行。若议员随意集会，不得谓之正式国会。

载泽：如遇紧急事故，当议会停闭时，君主若何施行？

伊藤博文：此时君主可发紧急敕令以代法律，于次期开议会时，提交议院，使之承认，见宪法第八条。

载泽：君主立宪国，任命官吏之权如何？

伊藤博文：宪法第十条，一国官制，有文武之分，中央地方之别。而任命大权，必归之君主。

载泽：君主立宪，有统帅权否？

伊藤博文：宪法第十一条，凡编制海陆军及酌定军额，皆君主大权内之事。失此权力，即成共和之国。

载泽：如遇国际交涉，君主有无宣战、讲和、定结条约之权？

伊藤博文：宪法第十四条，凡宣战、讲和、定约，由君主命臣僚集议，议定请君主裁可施行。

载泽：当军事戒严时，非寻常法律所能治者，君主当何如？

伊藤博文：宪法十四条，国家当有事之时，法律之效力有时停止，或一部分停止，或全部停止。此时裁判之权，归军队掌握。而戒严之权，必由君主宣告。

载泽：赏罚者，君主操纵天下之具，君主立宪国有此权否？

伊藤博文：宪法十五条为荣典授与权。民主国以平等为主义，大统领退职后，与齐民无异。君主国必有数阶级，表异于齐民。故爵位、勋章及封典之授与权，必操于君主。宪法十六条为特赦权，凡已宣告刑罚之人，君主有特赦之权。刑罚宣布，归于裁判，君主未尝干涉。而大赦特赦等权则仍归君主。

……

伊藤又言：宪法中载君主之大权凡十七条。贵国如行立宪制度，大权必归君主，故于此详言之。

（……少间，复问君主立宪国所予民言论自由诸权，与民主国有何区别？）

伊藤博文：此自由乃法律所定，出自政府之畀与，非人民所可随意自由也。

载泽：立宪后之行政，有不洽众望者，君主仍负责任否？

伊藤博文：君主虽有以上种种之大权，而行政机关皆在政府。即有舆论不服之事，亦惟请责政府，或总理大臣退位，不得归责于君主。[8]

在给慈禧的密折中，载泽列举了十七项立宪后的君主大权。分别是：

一曰，裁可法律、公布法律、执行法律由君主。

一曰，召集议会、开会、闭会、停会及解散议会由君主。

一曰，以紧急敕令代法律由君主。

一曰，发布命令由君主。

一曰，任官免官由君主。

一曰，统帅海陆军由君主。

一曰，编制海陆军常备兵额由君主。

一曰，宣战、讲和、缔约由君主。

一曰，宣告戒严由君主。

一曰，授予爵位勋章及其他荣典由君主。

一曰，大赦、特赦、减刑及复权由君主。

一曰，战时及国家事变非常施行由君主。

一曰，贵族院组织由君主。

一曰，议会延期由君主。

一曰，议会临时召集由君主。

一曰，财政上必要紧急处分由君主。

一曰，宪法改正发议由君主。

很容易看出，载泽密折中的这些"由君主"，都可以在他与伊藤博文的问答中找到对应内容。

需要注意的是：一、如果载泽没有刻意删减自己与伊藤博文的对话，那么，在整个对话中，他所关心的其实只有一件事：君主立宪后皇帝的权力会发生怎样的改变？据载泽日记，他没有问过任何一个与"民权"相关的话题，全然不关心君主立宪后民众将获得哪些权力。二、立场导致偏见。载泽如此关心立宪后君权的变化情况，很可能会影响到他对伊藤博文回答的理解。

比如，伊藤博文在回答立宪国与专制国的区别时，曾提到立宪国法律的制定、修改与废止，"必经议会之议决"，然后再"呈君主裁可，然后公布"。显然，这里说的议会有制定、修改和废除法律的权力，君主只负责签署公布这项法令。到了载泽的密折里，议会的这种决定权便只字不提，只剩下了"裁可法律、公布法律、执行法律由君主"。出现这种情况，显然是因为载泽没有意识到议会的决定权和君主的批准权是两回事。[9]他只是在一厢情愿地按照自身立场的需要来理解伊藤博文的回答。

这样说并非基于猜测。因为载泽日记中还有这样一段文字："议会之权限有实质、形式之分。实质上之权限，一曰参与立法，一曰预算。盖参与立法与立法有别。立法者，君主之大权，议会惟议定法案，请君主之裁可而已。"[10]他非常明确地误以为"立法权"属于皇帝，议会只有"参与立法"的权力。

再如，伊藤博文说，对外宣战、讲和与签订条约，须"由君主命臣僚集议，议定请君主裁可施行"，也就是决策权在议会，君主有批准权（一般是仪式性的）。到了载泽的密折里，"臣僚集议"的部分没有了，只剩下"宣战、讲和、缔约由君主"（如此便与庚子年一切决于慈禧没有区别）。这种偏差，也是源于载泽理解上的一厢情愿。

简言之，载泽对君主立宪的误读虽然来自伊藤博文，但伊藤博文并未刻意以假学问欺骗载泽。真正的问题出在载泽的立场和学识上。皇室立场让载泽的视野里只有"立宪后君权将会如何"而无"立宪后民权将会如何"。学识不足让他听不懂伊藤博文的回答，理解不了议会的"议决权"和君主的"裁可权"的关系。

醇亲王掏出枪来威胁袁世凯

基于这种误解而启动的丙午官制改革，很快便走向了死胡同。

这场改革，名义上由庆亲王奕劻与镇国公载泽等人负责，具体的办事机构是官制编制馆。实际事务则一度控制在直隶总督袁世凯手中，馆内办事人员也多为袁的亲信。之所以如此，自然是因为奕劻不负责具体事务，载泽又缺主持具体事务的经验，而袁世凯既有地位和能力，也罗致有懂得君主立宪的人才。当然，更重要的是慈禧此时对袁世凯颇为倚重，正如时人所观察到的那般，1904—1906年，清廷中枢"向来疑难之事多取决于本初"[11]。

值得注意的是，端方与戴鸿慈出洋考察归来，回京途经天津时曾特意拜访了直隶总督袁世凯，双方"坐谈良久，谈及筹立宪准备及改官制，命意略皆符合"[12]，彼此的见解颇为一致。袁还向端方提出"先组责任内阁，俟政权统归内阁，再酌量开国会"[13]的主张。也许，这便是袁世凯奉诏进入官制编制馆后，即全力主张成立责任内阁的缘故——既然端方主张"略仿责任内阁之制"的奏折呈递上去之后，随后便有了启动预备立宪和官制改革的谕旨，自是意味着此时的中枢已然接受了"责任内阁制"[14]。袁不知道的是，慈禧启动预备立宪和官制改革的真正原因，不是端方的建议，而是载泽的秘奏。

所以，中央层面的官制改革很快便陷入了困境，皇族权贵与袁世凯之间的冲突也进入了白热化。如《时报》曾报道称，醇亲王载沣一度在会议上掏出手枪威胁袁世凯：

闻议官制时，袁宫保创议，凡宗室王公贝子将军等，无行政之责任者，别设一勋贵院以置之，非奉旨派有差缺，不得干预行政事件。以此大触宗室王公之忌，怂恿小醇邸出与为难。是日会议时，醇邸至出手枪抵袁之前，谓："尔如此跋扈，我为主子除尔奸臣。"幸庆邸急至，出而排解，风潮始息。[15]

该报道题为"京师近信"。《时报》是康有为、梁启超等人出资办的一份时政报纸，主张君主立宪，梁启超还参与撰稿。该报在京城有自己的信息来源，非如一般市井小报纯赖捕风捉影。

不独《时报》，其他媒体也有类似报道。如《申报》1906年9月27日刊登新闻称：

> 北京专电云：日前会议官制，某亲王与直督袁官保意见不合，大起冲突，由庆邸劝止。是以昨日召见军机，慈宫有“和衷共济，勿以意见误大局”之谕。[16]

《申报》是当时的老牌媒体，在北京城设有专门的信息采集人员。《申报》与《时报》的两则报道，刊出时间相差十天，详略有异，可能来自不同信源。两份报纸没有伪造故事的动机，只能解释为：当时的北京城里，确实流传着袁世凯被载沣拿枪指着脑袋的说法。因为辛亥年前后的种种表现，载沣留给同时代之人的印象是柔弱无能。所以跨越晚清民国的政治人物张国淦认为“载沣不配有此作风”[17]；民国掌故家黄濬也说：“予殊疑之，载沣庸讷，岂能持枪拼命者乎？”[18]都觉得载沣没那个胆对袁世凯掏枪。但不管载沣有没有掏枪威胁袁世凯，当时的媒体能捕捉到这种故事，至少说明庙堂上的冲突已传播到了民间，成了众所周知之事。

高层分裂后，随之而来的是御史、翰林们蜂拥而上对袁世凯展开攻击。攻击风潮发生的主要原因如李细珠所言，“以铁良、荣庆为首的王公大臣是极力反对责任内阁制的，正是这个反对派势力集团在暗中操纵官场起哄，其目的非常明显，就是要对付袁世凯势力集团”，“御史交章攻击官制改革，是由都察院总宪陆宝忠所授意，陆的背后又有‘枢垣’即军机大臣铁良、荣庆，而其总的幕后指挥则是（军机大臣）瞿鸿禨”，这些人甚至还将后宫的太监也卷了进来，“散布裁撤宫监的谣言，以为阻挠立宪之力”。[19]

如此种种，对袁世凯造成的影响是：一、他主张的“责任内阁制”无法落地；二、慈禧太后对他的信任开始动摇；三、为了减轻阻力，袁不得不屈从于反对势力，承诺“军机处事不议，八旗事不议，内务府事不议，翰林院事不议，太监事不议”[20]。

1906年11月2日，奕劻等将拟定的官制改革草案上奏朝廷，这是一份主张实行责任内阁制的方案。四天后，清廷公布了新的中央官制，完全抛开了草案里的责任内阁制，内阁仍是传统的内阁，军机处仍是传统的军机处。唯传统的吏、户、礼、刑、兵、工六部，变成了外务部、吏部、度支部（财政）、礼部、法部、学部、陆军部、农工商部、邮传部、理藩部。

以上是中央官制改革的大致情况。

地方官制改革的情况也大体相同。为了强化皇权，清廷中枢的计划是"废现制之督抚，各省新设之督抚，其权限仅与日本府县知事相当，财政、军事权悉收回于中央政府"[21]。具体做法是在地方按照"立宪"理念搞"三权分立"，新设地方审判庭、地方议事会、地方董事会，从督抚们手里分割行政权与司法权。立宪是一种时代潮流，督抚们不能有异议，于是"人民程度不够"便成了督抚们一致反对立即搞地方审判庭、议事会、董事会的主要理由。有一些督抚的态度表达得很直白，比如河南巡抚张人骏上奏说："州县不司裁判，则与民日疏；疆吏不管刑名，则政权不一"[22]，明确反对中央把司法权从地方手里夺走。

张之洞也"愤懑填膺"，致电浙抚张筱帆说："外官改制，窒碍万端，若果行之，天下立时大乱，鄙人断断不敢附和。倡议者必欲自召乱亡，不解是何居心！"[23]他甚至还提醒朝廷注意，如果剥夺了督抚的司法权，使得"疆臣不问刑名"，那么他们恐怕没有能力帮助朝廷去有效镇压那此起彼伏的革命党人，因为督抚没了司法权，不能对这些人"就地正法"，事事都要移交给独立的司法部门去另走流程，其结果只能是"不过数年，乱党布满天下，羽翼已成，大局将倾，无从补救，中国糜烂，利归渔人。是本欲创立宪之善政，反以暗助革命之逆谋"。[24]

因为督抚们的集体反对，地方官制改革在1907年也被搁置了起来，形同流产。

误矣，毕竟不当立宪

铺天盖地的反对声浪，多多少少会让慈禧对何谓"君主立宪"产生一些新的认知，让她对"责任内阁制"是否能像载泽说的那样有助于提升和巩固皇权发生一些疑虑。

1906年底，《时报》通过京城的消息渠道报道称："近日泽公请见并不叫起，并有传旨叫载泽'不要太多说话'，泽公乃不敢再有所陈奏矣。"[25]慈禧不愿见载泽，不愿听载泽解释，还要载泽少说话，这显示她的内心对于立宪似乎已有了一些别的想法。次年4月，曾留学日本的曹汝霖应召觐见慈禧。慈禧趁机询问起"日本立宪"的真面目，也显示她对载泽的"立宪最不利于官"已不敢全信。

据曹汝霖回忆，他与慈禧之间当日的对话是这样的：

太后：日本的宪法是什么宗旨？

曹汝霖：他们先派伊藤博文带了随员到欧洲各国考察宪法，因德国宪法君权比较重，故日本宪法的宗旨，是取法德国的。

太后：日本国会的议员，怎样选举的？

曹汝霖：他们国会分上下两议院，上议院又名贵族院，议员是按照定额，由日皇于贵族中有功于国的，及硕学通儒、大实业家中钦派的。下议院是按照各省定额，由各省人民投票选举，以得票最多的当选。

太后：听说他们国会里党派时常有吵闹的事？

曹汝霖：是的，因为政党政见不同，故议起事来意见不能一致。

太后：他们党派哪一党为大？

曹汝霖：那时有政友会，是由伊藤博文领导的；又有进步党，由大隈重信领导的。政友会议员人数较多，在开会时，因政见不同，时有争辩，但临到大事，朝议定后，两党都团结起来，没有争论了。臣在日本时，适逢对俄开战问题争得很利害，后来开御前会议，日皇决定宣战，两党即一致主战，团结起来了。

（太后听了将手轻轻地在御案上一拍，叹了一口气说：唉！咱们中国即坏在不能团结！）

曹汝霖：以臣愚见，若是立了宪法，开了国会，即能团结。

（太后听了很诧异的神气，高声问道：怎么着！有了宪法、国会，即可团结吗？）

曹汝霖：臣以为团结要有一个中心，立了宪，上下都应照宪法行事，这就是立法的中心。开了国会，人民有选举权，选出的议员都是有才能为人民所信服的人，这就是领导的中心。政府总理，或由钦派，或由国会选出再钦命，都规定在宪法，总理大臣有一切行政权柄，即为行政的中心。可是总理大臣，不能做违背宪法的事，若有违宪之事，国会即可弹劾，朝廷即可罢免，另举总理。若是国会与政府的行策，不能相容，政府亦可奏请解散，另行选举。所以这个办法，各国都通行，政府与国会，互相为用，只要总理得人，能得国会拥护，国会是人民代表，政府与国会和衷共济，上下即能团结一致。臣故以为立了宪，开了国会，为团结的中心，一切行政都可顺利进行了。

太后听了，若有所思，半顷不语。

我正想再有垂询，预备上陈，皇帝见太后不问，即说"下去吧"。遂带上官帽从容退出殿门，皇帝自始至终，只说了这一句话。[26]

慈禧主动询问"日本的宪法是什么宗旨"，显示她希望从多渠道了解"君主立宪"到底是怎么回事（尽管此时"预备立宪"的谕旨早已颁布）。曹汝霖回应说日本宪法效仿德国"君权比较重"后，慈禧大约是满意的（这与之前她从载泽处获取的信息没有冲突）。但当曹汝霖在后续的答话中就"立宪"总结出三个中心（立法的中心、领导的中心、行政的中心）时，慈禧的反应却变了，变成了听完之后"若有所思，半顷不语"。

何以如此？

原因或许正在于曹汝霖总结的三个中心，没有一个是以皇权为中心。"立法的中心"强调的是包括皇帝在内，所有人都要遵守宪法；"领导的中心"指的是人民有选举权，议员代表人民的利益；"行政的中心"指的是"总理大臣有一切行政权柄"。这些，与载泽说的完全不同。

据担任晚清宫廷史官十余年之久的恽毓鼎披露，1908年11月15日，慈禧于病危弥留之际，"忽叹曰：不当允彼等立宪。少顷又曰：误矣！毕竟不当立宪"。[27]恽毓鼎说，这段信息来自侍奉在慈禧身边的"内官"。若是如此，则意味着慈禧在临终之前已然明了立宪的本质是扩张民权，而非重塑君权。

第四十七章　1907 年：刺杀安徽巡抚

1907年7月9日，《纽约时报》刊发新闻《安徽巡抚遭革命党刺杀身亡》，内中说："清国安徽巡抚昨日（指7月6日）在安庆被人刺杀，刺客竟是该省警察局副局长。当时，这位高级警官正执行公务，负责护送数位政府要员参加省巡警学堂的毕业典礼。当巡抚正要进入学堂大门时，这名警官拔出手枪向他连开数枪，三颗子弹击中，巡抚当场毙命。刺客被立即抓获，并就地处决。斩首前，他承认自己属于极端革命组织的成员。"[1]

较之1905年吴樾等人刺杀出洋五大臣未遂，安徽巡抚恩铭的被刺杀给清帝国造成的震动要大得多。不只是因为这一次刺杀成功了，更是因为这一次的刺客藏身在体制内。

革命军不足畏，唯暗杀实可怕

被刺杀的安徽巡抚恩铭，是庆亲王奕劻的女婿。因缺乏资料，今人不太清楚恩铭关于改革的主张和立场。但从他能罗致聘用严复这样的人才来担任安徽高等学堂监督来看，他的政治立场绝非顽固，应当是一位体制内的开明派。[2]

刺客徐锡麟，其公开身份是安徽巡警学堂堂长、陆军小学监督，秘密身份是革命党光复会的会首。徐的官职是花了大价钱买来的。他能做到"巡警学堂堂长"这样重要的位置，也有赖于恩铭的赏识和提携。买官在当日是寻常事。恩铭无论如何也料想不到，徐锡麟买官不是为了做官，而是为了打入巡抚衙门内部，实施暗杀行动。

按徐锡麟的构想，刺杀恩铭之后，浙江、安徽两地的会党将同时起事，然后夺取杭州会聚南京，掌握住中国最富庶的长江中下游地区，再以此为根据地北伐，推翻清廷。但计划越详细，暴露的风险往往也越大。各地会党间的联络越紧密，就越容易泄露消息引起当局的警觉。光复会的这次行动也是如此。除了第一步刺杀恩铭获得成功外，其他计划皆未及展开便遭破坏。

《纽约时报》当年对这起暗杀事件的报道，有些细节并不准确。比如徐邀请恩铭前来参加巡警学堂的学生毕业典礼，于典礼上趁机实施刺杀后，恩铭并没有"当场毙命"，而是在十几个小时后之后才伤重去世。[3]恩铭之所以未被当场击毙，或许与徐锡麟的近视程度非常严重有关。冯自由《革命逸史》里说，徐锡麟原本准备的是炸弹，但炸弹未响，情急之下只好掏出手枪，亲自向恩铭连发七枪：一中唇，一中左手掌心，一中右腰际，余中左右腿，均非致命之处。[4]

恩铭伤重濒死之际，留有一道遗折给清廷，除叙述了自己任内兴办的种种改革举措（兴学、练兵、巡警、实业）外，还有这样一段话：

> 奴才今年六十有二矣。奏刀之际，生死尚不可知，特令奴才之子咸麟至前口授此折。奴才死不足惜，顾念当此世变方多、人心不靖之时，不得竭尽心力以报国恩，奴才实不瞑目。徐锡麟系曾经出洋分发道员，且以其系前任湖南抚臣俞廉三之表侄。奴才坦然用之而不疑。任此差甫两月，勤奋异常，而不谓包藏祸心，身为党首，欲图革命，故意捐官。非惟奴才所不防，抑亦人人所不料，足见仕途庞杂，流弊滋多，出洋之学生良莠不等。奴才伏愿我皇上进用之时，慎选之也。奴才身当其祸，或足以启发圣明。[5]

人之将死，其言也善。恩铭的遗折，其实是在提醒清廷中枢一个严重的问题：徐锡麟这样的人，出身好（湖南巡抚俞廉三的侄子）、学问好（曾出洋留学）、前途也好（捐有四品道员，掌管巡警学堂），为什么还会投入革命党的怀抱，还会不惜牺牲性命来搞暗杀？恩铭想不出甄别革命党人的办法，只能在遗折提醒皇帝（其实是慈禧太后），在用人时要注意审查对方的身份，如果曾是出洋的学生，那最好就不要用了。

刺杀案发生的当天中午，两江总督端方便已接到消息。他随即给袁世凯发了电报，内中说，"今午忽接安庆电，有巡警会办徐锡麟枪伤新帅，事奇极"[6]。"事奇极"三字显示端方也很难困惑——徐锡麟这种已经成功进入清帝国统治集团，前途一片光明之人，为何还会抛弃性命成为革命党人？

在徐锡麟扣动扳机之前，革命党人已先后策划了万福华刺杀安徽巡抚王之春（1904 年，未成功）、王汉刺杀户部尚书铁良（1905 年，未成功）、吴樾刺杀出洋五大臣（1905 年，未成功）等暗杀事件。这些事件皆给清廷的高官们造成了不小的冲击。如张之洞听闻铁良与王之春遇刺后，便经常变动自己的行动计划，使人感到飘忽不定难以捉摸，"每逢出行，不定时刻。朔日行香，候至晚间；初二日劝农，候至辰刻仍未动，于午后忽传命驾送留守赴杭，并带同江夏县至汉阳门外观音阁巡视一周而返，扈从者皆持械负枪，如临大敌"[7]。出洋五大臣遭遇吴樾的自杀式炸弹袭击后，慈禧也曾"慨然于办事之难，凄然泪下"[8]。

与这些未成功的暗杀行动相比，徐锡麟刺杀恩铭带来的冲击要大得多。许多清廷高官第一次意识到，革命党人其实已深入清廷官场内部。刺客与刺杀对象可能是日日相见的同僚。

更让清廷惊骇的，是徐锡麟临刑前夕交代的暗杀名单。名单里不但有恩铭，还有端方、铁良与良弼。这些人无一例外属于清廷内部的开明派，也无一例外是清廷此时极为倚重的骨干。这不能不让人回想起两年前吴樾投向出洋五大臣的那枚炸弹——梁启超等人主持的上海《时报》深知此事始末，曾刊发评论披露真相："五大臣此次出洋考察政治，以为立宪预备，其关系于中国前途最重且大，凡稍具爱国心者，宜如何郑重其事而祝其行"[9]，之所以等来的不是祝行而是炸弹，是因为革命党人"恐政府力行新政，实行变法立宪，则彼革命伎俩渐渐暗消，所以行此狂悖之举，以为阻止之计"[10]。吴樾与徐锡麟们如此这般选择暗杀对象，显示他们对清廷已然彻底失望。

恩铭之死，第一次让朝廷生出了一种革命党人无处不有、无时不在、防不胜防的危机感。清廷官场开始流行一种说法，"革命军不足畏，唯暗杀实可怕"[11]。

在安徽，虽然恩铭临终前留下遗折，称刺杀事件"皆徐锡麟会办一人所为，与全堂学生毫无干涉"（旨在安抚巡警学堂内的学生，防止他们跟随革命党人起事）[12]，但安庆地方当局仍然十分紧张，不但对恩铭之死秘不发丧，且城门紧闭，下令"凡似学生穿白洋纱衣裤者，皆须擒拿"[13]。两江总督端方也在给铁良的电报中忧心忡忡地说"吾等自此以后，无安枕之一日，不如放开手段，力图改良，以期有益于天下"[14]。

京城的情况也是风声鹤唳。陶成章在《浙案纪略》里说，"徐锡麟事起，铁良、端方惧。铁良遣安徽人程家柽来东京求和于党人，愿出万金以买其命"[15]。陶是革命党人，他说铁良花钱买命，未免有刻意丑化的嫌疑。但当时的京城确实"惶惧异常，有草木皆兵之相"。朗润园（官制编制馆所在地，奕劻、铁良与袁世凯等均在此办公）里"添派卫兵及巡警队兵，驻扎防护"；袁世凯下令"此后非实缺人员，不得在车站迎送显宦"；铁良在自己所住的三条胡同加派巡警，且"由保定特调京旗练军数十名，来京前后扈从，以防不测"；慈禧也"深恐各省引见人员良莠不齐"，"决意暂停引见"，让军机处将各衙门引见之人全部带去内阁，不要再带到自己跟前。[16]

这种种如临大敌的举措，显示徐锡麟供词里的"再杀铁良、端方、良弼"，对清廷中枢与地方督抚产生了强烈的震慑效果。[17]

人心离散，太后仅求目前之安

恐惧之后，为了杀鸡儆猴，清廷选择以酷刑虐杀徐锡麟。

负责处理此案的安徽藩司冯煦受命参照当年"刺马案"（张汶祥刺杀两江总督马新贻）的先例，对徐剖心挖脏——先由刽子手持铁锤将徐的睾丸砸烂，再剖腹取出心脏祭祀恩铭，然后由恩铭的亲兵将心脏"炒食下酒"[18]。

遗憾的是，时代改变，人心也已变，清廷的这种残暴，连主持审判徐锡麟的冯煦都难以认同。尽管两江总督端方力主严办，欲兴大狱逮捕一切与徐锡麟有关之人，冯煦仍顶住压力"意主宽大，不欲多所株连"，还想办法保住了徐锡麟的父亲，理由是徐父给儿子的书信里"有忠君爱国之语"[19]。徐锡麟被处决后，冯煦撰写了一副对联，题于安庆大观亭里。对联内容是：

来日大难，对此茫茫百端集；
英灵不昧，鉴兹蹇蹇匪躬愚。[20]

"来日大难"云云，显示冯煦对清帝国的未来非常悲观；"英灵不昧"一句，更显示他虽因立场不同成了审判徐锡麟之人，但内心深处却对徐的所作所为另有一番认同。站在徐锡麟的墓前，想到清廷之必亡与革命之必胜，想到徐此刻是逆贼，未来却是功勋烈士，想到自己今天是审判官，日后却难免被清算，冯煦心头茫然，百感交集。

审判官对被审判者的敬重与同情，意味着清廷笼络士绅的传统手段已然失效。这种失效，不仅发生在新式知识分子身上，也发生在冯煦这样读圣贤书出身的旧式知识分子身上。朝廷当然也清楚这一点，于是就有了一股反对改革的逆流。恩铭被刺杀后，官员褚子临等人痛心疾首上奏清廷，称当前的改革有"八大错十可虑"。其中一大错便是不该派遣学生出洋：

以职员所闻，出洋诸生渐染异俗，性情顿变，固有改装自髡，自弃其家而不一顾者矣，又有结党背公，潜谋不轨以幸一逞者矣。至于重臣出使，炸弹窃发，疆臣阅操，火枪致命，所称身为戎首者，不出学堂之外，则皆新政之明效大验也。[21]

所谓"重臣出使，炸弹窃发"，指的是吴樾暗杀出洋五大臣。所谓"疆臣阅操，火枪致命"，指的便是徐锡麟刺杀恩铭。吴、徐二人均曾出洋，徐还参与创办近代学堂。所以，奏折认为，这些暗杀事件，全是兴办学堂这项新政的后果。他们大声疾呼，要求清廷终止改革，重回"忠孝治国"的传统统治模式，只有在这种模式下，士子们才会再次凝聚在清廷的周围。奏折尤其不满冯煦对徐锡麟案的宽大处理，责备冯这样做是"畏其持刺"，是怕惹祸上身被革命党人报复。奏折很担忧这种宽大处理，会鼓励革命党人进行更疯狂的刺杀行动，最后的结果是"天下之学者而相率为盗贼"。

有人借刺杀事件掀起反对改革的逆流，也有一小部分高层官员试图借刺杀事件让改革加速。地方督抚中，暂署黑龙江巡抚程德全将吴樾谋炸出洋五大臣与徐锡麟枪杀恩铭两事并举，劝清廷不必因刺杀事件"悔行新政"，反而应该迅速"行宪政，融满汉，以安天下之心"[22]。两江总督端方也上奏提醒清廷，反清革命日趋高涨，须赶紧"俯从多数希望立宪之人心，以弭少数鼓动排满之乱党"，只有加快改革才能使"乱党煽惑愚氓之力"消失。[23]

事发后约20天，袁世凯便上奏清廷，建议简派大臣，分赴日本、德国、英国，专门调查研究宪法。湖广总督张之洞受诏入京觐见慈禧太后（稍后与袁世凯同入军机）时，也以徐锡麟刺杀恩铭一事为助力，劝谏慈禧加速改革的步伐。君臣间的对话如下：

慈禧： 大远的道路，叫你跑来了，我真是没有法了。今日你轧我，明天我轧你，今天你出一个主意，明天他又是一个主意，把我闹昏了。叫你来问一问，我好打定主意。

张之洞： 自古以来，大臣不和，最为大害，近日互相攻击，多是自私自利。臣此次到京，愿极力调和，总使内外臣工，消除意见。

慈禧： 出洋学生，排满闹得凶，如何得了？

张之洞： 只须速行立宪，此等风潮自然平息。出洋学生其中多可用之材，总宜破格录用。至于孙文在海外，并无魄力，平日虚张声势，全是臣工自相惊扰，务请明降恩旨，大赦党人，不准任意株连，以后地方闹事，须认明民变与匪乱，不得概以革命党奏报。

慈禧： 立宪事我亦以为然，现在已派汪大燮、达寿、于式枚三人出洋考察，刻下正在预备，必要实行。

张之洞： 立宪实行，愈速愈妙，预备两字，实在误国。派人出洋，臣决其毫无效验，即如前年派五大臣出洋，不知考察何事，试问言语不通，匆匆一过，能考察其内容？臣实不敢信。此次三侍郎出洋，不过将来抄许多宪法书回来塞责，徒靡多金，有何用处？现在日日言预备，遥遥无期，臣恐革命党为患尚小。现在日法协约、日俄协约，大局甚是可危。各国均视中国之能否实行立宪，以定政策。臣愚以为，万万不能不速立宪者此也。[24]

在程德全、端方、袁世凯、张之洞等人这里，革命不是改良的对立物。相反，革命成了改良的重要的推力。但此时的慈禧太后年过七旬，已来到人生的末路。她本就对改革之路该怎样走缺乏明晰的认知，也早已不复有改革的动力和决心。据陶湘当日写给盛宣怀的一封私人书信：

皖事出（指徐锡麟刺杀恩铭）后，慈圣痛哭，从此心灰意懒，得乐且乐。近闻日俄联盟为最紧要之问题，领袖（指奕劻）两次请单召，均未允，辞云："天气酷暑，王爷亦宜节劳"等语，所以领袖亦浩然长叹。[25]

慈禧的这种"痛哭"，岑春煊也曾见识过。1907年，岑先后四次入宫觐见慈禧，"入对凡四次，太后语及时局日非，不觉泪下"。岑于召见时提醒慈禧"人心离散之日"不远，引起慈禧的怒意，要岑提出证据。于是，君臣间便有了这样一段对话：

太后初闻此言，颇有怒容，云："何至人心离散，汝有何证据，可详细奏明。"

余对曰："天下事人同此心，心同此理，假如此间有两御案，一好一坏，太后要好的，还是要坏的？"

太后言："当然要好的。"

余对曰："此即是人之心理。臣请问今日中国政治，是好是坏？"

太后言："因不好才改良。"

余曰："改良是真的还是假的？"

太后又现怒容曰："改良还有假的？此是何说？"

余对曰："太后固然真心改良政治……请问太后记得在岔道行宫时，蒙垂询此仇如何能报。臣当时曾奏云：'报仇必须人才，培植人才，全在学校。'旋蒙简授张百熙为管学大臣，足见太后求才之切。惟此刻距回銮已将七载，学校课本尚未审定齐全，其他更不必问。又前奉上谕，命各省均办警察、练新军，诏旨一下，疆臣无不争先举办。但创行新政，先须筹款，今日加税，明日加厘，小民苦于搜括，怨声载道，倘果真刷新政治，得财用于公家，百姓出钱，尚可原谅一二。现在不惟不能刷新，反较从前更加腐败。从前卖官鬻缺，尚是小的，现在内而侍郎，外而督抚，皆可用钱买得。圭声四播，政以贿成，此臣所以说改良是假的。且太后亦知出洋学生有若干否？"

太后言："我听说到东洋学生，已有七八千，西洋尚未详悉，想必也有几千。"

余对曰："以臣所闻，亦是如此。古人以士为四民之首，因士心所尚，民皆从之也。此去不过数年，伊等皆毕业回国。回国后，眼见政治腐败如此，彼辈必声言改革，一倡百和，处处与政府为难。斯即人心离散之时。到此地步，臣愚实不敢言矣。"[26]

君臣二人谈至此处，岑春煊"不觉失声痛哭，太后亦哭"。但哭完之后，并无解决问题的办法。对慈禧忠心耿耿的岑，也只能如此这般评价慈禧：

（太后）亦实有倦勤之意，由是锐气尽销，专以敷衍为事，甚且仅求目前之安，期于及身无变而已，不遑虑远图矣。此为清室存亡第一关键。[27]

清廷中枢听不懂的大论战

清廷官员深感"唯暗杀实可怕"，慈禧太后亦"心灰意懒"之时，恰是改良派与革命党之间的论战达到高峰之际——1905—1907年，梁启超等人依托《新民丛报》，与革命党人主持的《民报》之间，围绕着中国该如何实现转型有过一场颇有深度的论战。

1902年2月，《新民丛报》由梁启超创办于日本横滨。1905年之前，梁的政治立场偏向革命（1897年，梁参与"湖南腹地自立"，持的是"保中国不保大清"的立场），《新民丛报》刊登的内容也与革命党人的主张相近。1905年后，梁启超的思想大变，转向改良，《新民丛报》的内容也随之改变。

按梁启超自己的说法，他的思想发生转变，与游历新大陆有很直接的关系。新大陆之行，让他对国民素质产生了严重怀疑。他观察到，旧金山华人的文明程度，远比国内华人高得多，且身处美国的共和政体下，结果"犹不能达文明之境"，终日堕落于宗法压迫和堂口血斗，可谓"全地球之社会，未有凌乱于旧金山之华人者"。由此，梁启超得出一种结论：华人目前"只能受专制不能享自由"，共和政体万不可实施于今天的中国，因为"共和国民应有之资格，我同胞虽一不具"，长期的专制统治，让中国人"既乏自治之习惯，复不识团体之公益，惟知持个人主义以各营其私"；如欲强制推行共和，结果将不堪设想，"乃将不得幸福而得乱亡，不得自由而得专制"。这种基于国民素质论的悲观，让梁启超对由革命走向共和，产生了严重的怀疑。[28]

于是，1905—1907 年，梁启超等改良派与孙中山、胡汉民、汪兆铭、朱执信等革命党人展开了长达三年的车轮论战。双方论战文字，合计逾百万言。中国转型时代所面临的所有重大政治命题，皆被纳入论战之中。中国知识分子的政治素养，在此次论战中得到了很大的提升，可谓极具启蒙作用。徐佛苏当日如此评价这场论战：

> 乃不意当国亡种灭千钧一发之危机，而有贵报（《新民丛报》）与某报（《民报》）之政论，放一奇光异彩……诚足以开我国千年来政治学案之新纪元……呜呼，使我国于五六十年前而有此等学说耶，则世界牛耳之先取特权果谁属？否则于二三十年前而有此等学说耶，则东亚霸权果谁属？乃此等学说，竟至今日而始昌明，真中国前途之不幸也；然今日而能昌明此学说，则犹前途不幸中之幸也。[29]

扼要说来，此次论战的焦点集中在孙中山的"三民主义"上。1905 年，孙在《民报》发刊词中正式提出以民族、民权、民生为主要内容的"三民主义"，希望以之作为革命党的政治纲领。梁启超不反对这三项主义，但对如何实现这三项主义，却有不同看法。

首先，梁不认同以"排满革命"来实现"民族主义"。

晚清最后几年里，革命党人头脑中的"民族主义"往往与"排满革命"同义，徐锡麟刺杀恩铭后的绝命词里，便有"为排满事，蓄志十几年，多方筹划为我汉人复仇"这样的句子。早年的梁启超也曾发表过许多犀利的"排满"言论（执教湖南时务学堂时，梁便大力宣传排满革命）。但 1905 年之后的梁启超，虽仍然会在读到《扬州十日记》与《嘉定屠城纪略》时"未尝不热血溢涌"[30]，却已不再主张排满。理由是：一、梁认为现政府已不是"满人政府"，袁世凯坐镇天津，张之洞坐镇武汉，两江两湖两广这些重镇，主持政务者皆已非满人。二、梁不认同"排满"背后隐含的"复仇主义"，不认同以仇恨来作为革命的原始推力。这两项理由，第一项多少有些牵强，慈禧1901年启动清末新政，其核心目的之一便是以满人为本位重建权力结构。第二项理由是一个很重要的问题，涉及革命的目的与手段间的关系。以"复仇主义"来推动革命，最终革命者与被革命者变成了同一模样，这样的事情历史上并不鲜见。张君劢后来所谓的"天下往往有主义甚正当，徒以手段之误而流毒无穷"，便是指此而言。

其次，梁启超主张用"开明专制"的手段来实现"民权主义"。

"民权"是贯穿整个晚清五十年改革的政治命题。革命党人提倡民权，梁启超也提倡民权。分歧在于如何实现民权。革命党的意见，是推翻清廷之后建立共和政府，以"军政、训政、宪政"三个步骤来完成"民权主义"；梁启超的意见，是维持君主政体，在此基础上实行"开明专制"，逐步达成"民权"。

孙中山设想的民权实现路径，最早由汪精卫笔述刊登在《民报》之上。文章说：

> 先生之言曰：革命以民权为目的……革命之志，在获民权；而革命之际，必重兵权。二者常相抵触者也。使其抑兵权欤？则脆弱而不足以集事；使其抑民权欤？则正军政府所优为者。宰制一切，无所掣肘，于军事甚便；而民权为所掩抑，不可复伸。天下大定，欲军政府解兵权以让民权，不可能之事也……察君权民权之转换，其枢机所在，为革命之际，先定兵权与民权之关系。盖其时用兵贵有专权，而民权诸事草创，资格未粹。使不相侵，而务相维；兵权涨一度，则民权亦涨一度；逮乎事定，解兵权以授民权，天下晏如矣。[31]

孙很清楚革命是一把双刃剑：革命需要军队，需要集权；但革命的目的又是伸张民权；如何保证革命者革命成功，拥有了巨大权力之后，还能将权力顺利还给民众？他提出的解决方案是"革命之际，先定兵权与民权之关系"，不要等到革命成功之日再来解决这个问题。

梁启超不能信任这种解决办法。他质问革命党人：能保证革命军人个个都有"优美之人格"，个个都能"汲汲于民事乎"？如果不能，如果有一两位革命军领袖破坏约法践踏民众，军政府将丧失信用，民众虽然能按照约法拒绝纳税，但军政府掌控了一切权力，只要"屯一小队以督收，其何术不应？"民众除了被宰割，还能怎么办呢？[32]据此，梁觉得与其主张革命，不如保存清廷，推动其走向"开明专制"。

值得深思的是，梁针对革命党人的这番质疑，同样适用于他所主张的"开明专制"。清廷中枢掌控着巨大的权力，如果他们不愿意"开明"，不愿意约束君权、扩张民权，梁启超其实也没有解决办法。

第三项争论的焦点，是能不能靠"土地国有"来实现"民生主义"。

"土地国有"是孙中山"民生主义"的核心内容。胡汉民曾在《民报》上刊文，代孙中山解释为何要实行土地国有，文章说：土地与阳光、空气一样，是生产的基本要素。阳光、空气不曾私有，土地也不应该私有。但种种历史原因，导致地主制度产生，此一制度下，有土地者成为资本家，无土地者沦为劳动者，形成了两个阶级。地主不劳而获，劳动者终日辛劳而不得饱食，造成了社会的巨大不平等。革命之后，若不改革土地制度，则中国将步西方国家之后尘，不得不面对第二次社会革命。孙中山对自己这一主张寄予极深的期望："中国行了社会革命之后，私人永远不用纳税，但收地租一项，已成地球上最富的国。"[33]

恰恰是在这个问题上，梁启超的反对立场最为坚决。他甚至对革命党人说出了"敢有言以社会革命（即土地国有制）与他种革命同时并行者，其人即黄帝之逆子，中国之罪人也，虽与四万万人共诛之可也"[34]这样激烈的言辞。

梁的反对理由有四：一、他认为革命党人对中国的国情理解有误。此时的中国与欧洲工业革命前后的状况完全不同，富豪之家太少，更没有什么贵族阶级，不存在严重的贫富悬殊。二、中国当前应该解决的是财富的生产积累，而非财富的公平分配。中国最严重的病根是贫穷，不是分配不公。三、解决社会公平问题，用"土地国有"的办法行不通。孙中山认为，土地在未来涨价，是交通发达与文明进化的缘故。梁启超则认为，应将土地涨价视作经济发达的结果，所以真正要控制的不是土地，而是资本。此处，梁氏与革命党人均赞成由国家掌控一切生产事业并负责分配利润，区别是梁认为这种理想须在数百年乃至一两千年之后才有可能。四、革命党的设计是将土地收归国有，再贷给民众，通过收取地租来维持国用。梁认为这是一种幼稚的幻想，内中涉及许多矛盾，如中央与地方的税收分配、土地直接使用者与间接使用者的税收分摊、市民与农民的土地税负区别……某一项矛盾处理不好，很容易引发动乱。[35]

1907年11月，《新民丛报》停办，改良派与革命党人之间的这场论战也随之落幕。梁启超未能在论战中取胜——按李剑农的理解，梁之所以失去读者，是因为青年更喜欢激进，《新民丛报》先主张革命后转向改良，这种立场变化很难被青年谅解；此外，梁启超着眼于未来，革命党人聚焦的却是清廷当下的种种恶行，也是青年们无法认同梁的"开明专制"之说的重要原因。不过，这场论战对革命党人的思想也起到了纠偏作用，"排满革命"后来进化为"五族共和"，民权主义后来落在了县政自治上，土地国有的构想在辛亥革命后始终未被付诸实施，这些修正均与这场论战有关。

这是属于新时代的论战，是包括慈禧太后在内的清廷中枢听不懂的论战。

第四十八章　1908年：老太后的终极布局

1908年是诸事纷杂、政策频出的一年。先是年初出台了《大清报律》，3月又颁布了《集会结社律》，8月又宣布了著名的《钦定宪法大纲》。到了年底11月，光绪皇帝与慈禧太后又先后去世。

最高权力中枢的人事剧变，给清帝国的未来蒙上了极为不祥的阴影。

出台法律压制结社集会

1907年12月24日，慈禧下达懿旨，以十分严厉的口吻谴责了"各省绅商士庶"。

谕旨中说，各省绅商士庶近年来遇有内外政事，"辄借口立宪，相率干预，一唱百和，肆意簧鼓，以讹传讹"，实在是为害深远。朝廷的政策，一方面是"民情固不可不达"，不会阻止尔等提意见；另一方面则是"民气断不可使嚣"，也不会任由尔等放肆嚣张。所以除了要制定"报律"，还得制定"政事结社条规"。

次日，慈禧再下懿旨"命学生勿干预政治"，同时命民政部、步军统领衙门与顺天府严行查禁京城中的"聚众开会演说等事"。[1]

慈禧如此这般疾言厉色，原因之一是不满江浙绅商发起的"收回苏杭甬铁路修筑权运动"。

1906年，江浙绅商成立的铁路公司获得清廷允准修筑苏杭甬铁路。可是，当部分路段开工后，英国方面却拿出了1898年与清廷订立的借款代筑的草约，要求官府禁止江浙绅商修筑这条铁路。1907年10月，清廷颁布谕旨，宣称筑路权属于英国公司，中国绅商要想参与只能"搭股"。清廷此举引发江浙绅商的集体不满，随后出现了保路运动。运动中，江浙绅商们利用《时报》《申报》

等媒体刊文，发出了"合二十二省开国会，以争还我民权""今日应急设议院，然后可保路矿"的呼声。激进者还在报纸上号召众人，"如万不得已，则以不纳租税为最后对待之手段"。[2]慈禧懿旨里斥责绅商们"借口立宪，相率干预，一唱百和"，便是指此而言。所谓"民气断不可使嚣"，针对的也是此类呼声。

慈禧强化对学生的管控，既与江浙保路运动有关——江浙学生与北京九所"大学堂"的学生曾积极声援江浙士绅；也与上一年发生的"徐锡麟刺杀恩铭事件"有关。新式学生（尤其是留洋归来者）对清廷缺乏向心力，一直是慈禧的一块心病。所以1908年1月9日的懿旨里，写入了严禁学生"干预国家政治及离经叛道、联名纠众、立会演说"的内容，还威胁说如有此类现象发生而学校不严肃处理，"不惟学生立即屏斥惩罚，其教员、管理员一并重处，决不姑宽"。[3]

这些懿旨引来了舆论的集体谴责。

《申报》刊文《论政府欺罔朝廷》，将政府与朝廷区分开来，然后讽刺道：朝廷已宣布预备立宪，政府却不想着引导人民皆有政治思想，反而不准民众干预政治，简直是在与朝廷对着干。《政论》第2期也刊文《今日中国之学生宜与闻政治之事也》，与慈禧的懿旨唱反调。文章说，在全国民众当中，学生相当于"先觉者"，不许学生参与政治，只是想愚弄民众"以便政府之私图"罢了。[4]

1908年3月11日，慈禧钦点制定的《结社集会律》正式颁布。该律为"政事结社"设置了种种程序上的障碍。如：无论室内室外集会，均须由倡始人携带详细资料前往巡警官署申请批准；常备（续备、后备）军人、巡警官吏、僧道、教师与学生等均不许参与政事结社和政论集会；结社人数不许超过100人，集会人数不许超过200人；集会时，巡警官署可以派人到现场监察，监察者在会场拥有座位。

颁布《结社集会律》，既是为了防范再出现"收回苏杭甬铁路修筑权"之类的运动，也是为了应对民间士绅以结社的形式对清廷的改革步伐施加压力。

晚清的士绅结社大约始于甲午战争之后，1896年慈禧太后曾查禁过强学会，但类似团体之后仍不断出现。清廷宣布预备立宪后，又成立了许多以研究立宪为宗旨的社团，如政闻社、宪政讲习会、预备立宪公会、国会期成会等。这些社团时常互通声气，发起各种加速改革的请愿活动。1907年9月，宪政讲习会会长熊范舆等人曾联名向清廷呈递请愿书，要求速开国会成立民选议院。其他社团纷纷效仿跟进，河南、广东、江苏、安徽、直隶、奉天、吉林、山东、山西、浙江等省均于1908年派出士绅代表赴京上书请愿。各省在请愿书上签字的士绅皆有数千人之多。如河南有4000余人，安徽有5000余人，江苏有1.3万余人，最多的是山西，共2万余人。风潮所及，连北京的八旗士民，也有1500多人签名上书请开国会。[5]

慈禧太后不喜欢这些请愿运动，那些密密麻麻、铺天盖地的签名让她觉得事情正在走向失控。她在懿旨里指示相关机构制定"政事结社条规"，要他们"斟酌中外，妥拟限制"，便已将制定《结社集会律》的核心目的说得非常明白，她希望有一件称手的司法武器去打击这些集会请愿活动。要是放在从前，放在康熙、雍正和乾隆时代，自然不需要什么《结社集会律》，皇帝一声令下，谁敢发起和参与请愿运动，谁的九族就会被诛得干干净净，但慈禧太后知道自己的时代没法再那样干了。自"庚申之变"以来，清帝国的野蛮司法一直是不断引爆外交纠纷的炸药桶，最近的历史教训是1903年的"沈荩案"，内外舆论一致痛骂清廷司法野蛮血腥，让慈禧太后好不容易装出来的开明形象毁于一旦。所以，1908年，为了打击士绅和学生，慈禧太后觉得自己需要一部《结社集会律》。她理解的法治，是有一套利于自己的法律，可以用来整治那些不稳定因素。

面对老太后的懿旨，宪政编查馆与民政部似乎做了一点抵制。他们拟定《政事集会结社律》后上奏慈禧说："除秘密结社潜谋不法者应行严禁外，其讨论政学、研究事理、联合群策以成一体者，虽用意不同，所务各异，而但令宗旨无背于治安，即法令可不加以禁遏"，除了那些以密谋造反为宗旨的结社集会外，其他结社活动没必要用法律明文禁止。在该奏折中署名的有庆亲王奕劻、醇亲王载沣、世续、张之洞、鹿传霖、袁世凯、善耆、袁树勋、赵秉钧，共计九人。这点抵制，很可能主要来自张之洞和袁世凯，因为他们在做地方督抚期间，曾是各种结社集会活动的资助者。[6]

但是，这种抵制的程度也是很有限的，慈禧太后的意志很难被改变。所以，最终出台的《结社集会律》仍通篇弥漫着针对政治性集会的"限制"。如结社前须由发起人将宗旨、名称、办事处、社内人员的履历、住址等呈报给巡警官署；在京城结社须呈报民政部审批，在外省结社须由督抚审批；集会前须确定倡始人，由该人提前一天将集会的缘由、地点、时间、倡始人的姓名、履历与住址，以及参加人数等信息呈报给当地巡警官署。其中最致命的两条规定是：

> 第十九条　无论何种结社，若民政部或本省督抚及巡警道、局、地方官为维持公安起见，饬令解散，或令暂时停办，应即遵照办理。
>
> 第二十条　无论何种集会，或整列游行，巡警或地方官署为维持公安起见，得量加限禁，或饬令解散。[7]

这意味着，只要清廷觉得不满意，无论是什么结社与集会，都可以用"维持公安"这个含义极其模糊的名目将之解散。这也正是慈禧太后下旨编定《结社集会律》的核心目的。

出台法律压制报纸媒体

《结社集会律》出台三天之后，1908年3月14日，慈禧太后钦点制定的《大清报律》也正式对外公布了。

《大清报律》内容共计45款。核心规定是：一、报刊创办前须向政府办理登记手续并交纳保证金；二、每期出版前须送交地方行政机关或警察机关审查；三、禁止刊载"诋毁宫廷""淆乱政体"与"扰乱公安"的言论，违者"永远禁止发行"；四、禁止刊载"未经官报、阁钞发布的谕旨章奏"，违者处两年以下徒刑及200元以下罚款；五、国外出版的报刊，违反上述规定者禁止入境，由海关没收后入官销毁。

这些规定里，对媒体钳制最深的是"报纸内容事先检查制度"。其具体的操作方式是："每日发行之报纸，应于发行前一日晚十二点钟以前，其月报、旬报、星期报等类均应于发行前一日午十二点钟以前，送由该管巡警官署或地方官署，随时查核，按律办理。"自然，若该报律被严格执行，便意味着清帝国的报纸上，再难出现针对现实政治的批评之声。[8]

《大清报律》引来的，是舆论铺天盖地的批评。

报律中的很多禁令，其实是从巡警部1906年颁布的《报章应守规则》里直接搬过来的。《规则》出台时，便已引起《申报》等媒体的抨击。《报律》照搬《规则》，还增添了"报纸内容事先检查制度"，通篇只讲言论控制，只字不提言论保护，自然更加引发媒体的反感。故《报律》尚未正式公布，已探知内容的媒体便已抑制不住批评的冲动。比如《公论新报》刊文说，"吾国政府未尝自束于法律之中，而仅仅苛责于吾民一方面"。《大公报》则悲叹《报律》一旦实施，"报界言论自由之灵魂将飞散于云霄之外"。《申报》也说，《报律》实施后，"吾国真为无舆论之国"。

《报律》正式公布后，又引发了全国报界的联合抵制。不但《报律》的制定者被《江汉日报》等媒体叱骂为"国民之公敌"，北京报界还发布联合宣言书，抗议"报纸内容事先检查制度"，公开指责该制度的根本目的是消灭报纸——按规定，经过内容检查的报纸若仍被查出问题，巡警官署须担负责任；巡警官署为了不担责任，便只会大力挤压报纸的言论空间。宣言书正告清廷，若坚持要实施"报纸内容事先检查制度"，北京报界将采取一致行动，同时停版，并呼吁全国报界联合起来与政府交涉，乃至于有可能将所有报馆的发行所移到租界，全部挂上洋旗。[9]

压力之下，民政部选择了稍做退让，将"报纸内容事先检查制度"更改为"本日清样送阅"。

通篇皆是"议院不得干预"

动作频频的慈禧太后，在1908年最大也最令世人失望的一项动作，是在这年的8月份主持制定了《钦定宪法大纲》——所谓"钦定"，便是指由慈禧最终审核确认。

《大纲》全文不算太长，照录于下：

君上大权

一、大清皇帝统治大清帝国，万世一系，永永尊戴。

二、君上神圣尊严，不可侵犯。

三、钦定颁行法律及发交议案之权。凡法律虽经议院议决，而未奉诏命批准颁布者，不能见诸施行。

四、召集、开闭、停展及解散议院之权。解散之时，即令国民重行选举新议员，其被解散之旧员，即与齐民无异，倘有抗违，量其情节以相当之法律处治。

五、设官制禄及黜陟百司之权。用人之权，操之君上，而大臣辅弼之，议院不得干预。

六、统率陆海军及编定军制之权。君上调遣全国军队，制定常备兵额，得以全权执行，凡一切军事，皆非议院所得干预。

七、宣战、讲和、订立条约及派遣臣与认受使臣之权。国交之事，由君上亲裁，不付议院议决。

八、宣告戒严之权，当紧急时，得以诏令限制臣民之自由。

九、爵赏及恩赦之权。恩出自君上，非臣下所得擅专。

十、总揽司法权。委任审判衙门，遵钦定法律行之，不以诏令随时更改。司法之权，操诸君上，审判官本由君上委任，代行司法，不以诏令随时更改者，案件关系至重，故必以已经钦定为准，免涉分歧。

十一、发命令及使发命令之权。惟已定之法律，非交议院协赞奏经钦定时，不以命令更改废止。法律为君上实行司法权之用，命令为君上实行行政权之用，两权分立，故不以命令改废法律。

十二、在议院闲会时，遇有紧急之事，得发代法律之诏令，并得以诏令筹措必需之财用。惟至次年会期，须交议院协议。

十三、皇室经费，应由君上制定常额，自国库提支，议院不得置议。

十四、皇室大典，应由君上督率皇族及特派大臣议定，议院不得干预。

附：臣民权利义务（其细目当于宪法起草时酌定）

一、臣民中有舍于法律命令所定资格者，得为文武官吏及议员。

二、臣民于法律范围以内，所有言论、著作、出版及集会、结社等事，均准其自由。

　　三、臣民非按照法律所定，不加以逮捕、监禁、处罚。

　　四、臣民可以请法官审判其呈诉之案件。

　　五、臣民应专受法律所定审判衙门之审判。

　　六、臣民之财产及居住，无故不加侵扰。

　　七、臣民按照法律所定，有纳税、当兵之义务。

　　八、臣民现完之赋税，非经新定法律更改，悉仍照旧输纳。

　　九、臣民有遵守国家法律之义务。[10]

　　不难看出，整个《大纲》可以分为两个部分。第一部分乃"君上大权"，通篇是"议院不得干预""不付议院议决""皆非议院所得干预"，皇权比立宪之前更加强大，可谓"含金量十足"。第二部分是臣民的权利与义务。民众有做官做议员的资格，可以去法院打官司，可以不被非法逮捕监禁，这些都只是最低限度的人权。最值得注意的是第二条，看似给予了民众言论、著作、出版及集会、结社的自由，但前缀是"于法律范围以内"，而《结社集会律》与《大清报律》是什么样子，前文已有扼要的介绍。这部分的含金量，只能说是聊胜于无。

　　做完这些布置后约三个月，1908年11月15日，慈禧太后去世，享年74岁。

临死之前毒杀光绪皇帝

　　慈禧去世的前一天，1908年11月14日，38岁正值壮年的光绪皇帝也去世了。一前一后，相差不到22个小时。

　　2008年，国家清史编纂委员会发布"重大学术问题研究专项课题成果"《清光绪帝死因研究工作报告》，内中称：

　　光绪帝头发中的砷含量明显高于正常值。

　　光绪帝头发中的最高砷含量2404微克/克，是同年代生活环境相似的成年人隆裕皇后头发砷含量（9.20微克/克）的261倍，是同年代成年人清代草料官头发砷含量（18.2微克/克）的132倍，表明光绪帝头发中的最高砷含量确实属于异常现象。

光绪帝棺椁内、墓内和清西陵陵区环境样品的砷含量远远低于光绪帝头发的砷高峰值，这表明，光绪帝头发上高浓度砷物质并非来自环境的沾染。

从光绪帝头发的异常高砷含量截段位置看，其既不在发根处，也不在发梢处，依据头发生长规律和砷中毒机理，光绪帝头发上的高含量砷不应是正常摄入代谢形成……造成光绪帝头发上高含量砷元素异常现象的成因只能来自其自身尸体的沾染。

光绪帝骨骼、内层衣物及头发的高含量砷均来自其自身尸体胃肠内容物含砷元素的直接沾染。

由砷种态分析得知，光绪帝遗骨、头发、衣物中高含量的砷化合物为剧毒的三氧化二砷，即砒霜；经过科学测算，光绪帝摄入体内的砒霜总量明显大于致死量。因此，研究结论为：光绪帝系砒霜中毒死亡。[11]

科学检测与文字材料结合，基本可以确定下令以砒霜毒害光绪皇帝者，正是慈禧太后。

清宫档案中，存有西医屈永秋（号桂庭）为光绪皇帝诊病的记录。该医生后来撰有一文，题为《诊治光绪帝秘记》。内中说：

余诊视一月有余，药力有效……迨至十月十八日（11月11日），余复进三海，在瀛台看光绪病。是日，帝忽患肚痛，在床上乱滚，向我大叫"肚子痛得了不得"。时中医俱去，左右只余内侍一二人，盖太后亦患重病，宫廷无主，乱如散沙。帝所居地更为孤寂，无人管事。余见帝此时病状，夜不能睡、便结、心急跳、面黑、舌黄黑，最可异者则频呼肚痛，此系与前病绝无关系者。余格于情势，又不能详细检验，只可进言用暖水敷熨腹部而已。此为余进宫视帝病最后一次，以后宫中情况及光绪病状，余便毫无所知。唯闻庆王被召入宫，酌商择嗣继位问题，未几即闻皇帝驾崩矣。[12]

屈永秋见到光绪皇帝出现肚子痛、"面黑、舌黄黑"等症状的时间，是清廷宣布光绪死亡的三天之前。屈诊断认为这些症状"与前病绝无关系"，显示他对光绪之死存于怀疑。

负责记录光绪皇帝起居言行的宫廷史官恽毓鼎，也以亲历者的身份，在《崇陵传信录》里记载了一段见闻，时间是屈永秋目睹光绪"在床上乱滚"的八天之前。恽毓鼎说：

> （光绪三十四年）十月初十日（11月3日），上率百僚，晨贺太后万寿，起居注官应侍班，先集于来薰风门外，上步行自南海来，入德昌门，门𫔶未闿，侍班官窥见上正扶阉肩，以两足起落作势舒筋骨，为拜跪计。须臾忽奉懿旨："皇帝卧病在床，免率百官行礼，辍侍班。"上闻之大恸。时太后病泄泻数日矣，有僭上者谓帝闻太后病，有喜色。太后怒曰："我不能先尔死！" [13]

光绪皇帝明明身体康健，可以步行前来给慈禧祝寿。慈禧却不愿与他见面，且颁布懿旨称"皇帝卧病在床"。何以如此？最合理的解释便是：此时的慈禧，对自己的病情已不甚乐观。虽然不觉得自己一定会死，却必须为自己的死未雨绸缪。这未雨绸缪里，最要紧的一项，便是不能让光绪皇帝活着，不能给光绪皇帝清算自己的机会。而要让光绪皇帝"顺理成章"地死去，先让他"重病"又是必要的安排。所以，11月3日，慈禧宣布生机勃勃的光绪"卧病在床"。11月4日，又面谕军机大臣张之洞，说"皇帝病日加剧，头班用药不效" [14]。恽毓鼎观察到光绪"被生病"之后"大恸"，则显示光绪皇帝对自己的命运，似乎也已有了预感。在慈禧的角度，不管这次生病能不能挺过去，她都已决定要结束光绪皇帝的生命了。

据清廷起居注官的记载，光绪皇帝去世当天，慈禧以自己的名义颁布了五道懿旨。第一道是确定由载沣之子溥仪同时承嗣同治皇帝和光绪皇帝。第二道是宣布由溥仪继承皇位。第三道是安排礼亲王世铎等人操办光绪皇帝的丧事。第四道是命"摄政王载沣为监国，所有军国政事，悉秉承予之训示裁度"。第五道是赋予摄政王载沣朝会班次"在诸王之前"的特殊地位。[15]其中的第四道谕旨，大略可以视为慈禧的临终遗嘱——所谓"所有军国政事，悉秉承予之训示裁度"，既含有自己未必会死的期望，也是在向载沣嘱咐，要他坚持自己为清廷规划的施政路线，不可偏离。至于这施政路线具体是什么，老太后这些年的所作所为，尤其是在1908年的动作频频，已体现得非常明确。

由"所有军国政事，悉秉承予之训示裁度"这句话继续发想，也许，慈禧之所以执意要让光绪皇帝死在自己前面，并不仅是出于戊戌年以来帝后之间的种种私怨，还因为慈禧与光绪的政治理念完全不同。

戊戌年光绪皇帝的变法诏书里，原本写的是"今宜专讲西学，明白宣示"，后来才被翁同龢迎合慈禧的立场（翁本人也是这个立场），改成"以圣贤义理之学，植其根本，又须博西学之切于时务者，实力讲求，以救空疏迂谬之弊"[16]，也就是俗谓的"中学为体，西学为用"。"庚子之变"以后，慈禧启动清末新政自我粉饰开明形象时，其真实立场仍是"勿多言西法"[17]。老太后坚信"中学为体"最利于爱新觉罗氏的统治，因为"中学"讲的是忠孝而非民权。所以连废除科举这种已被朝野上下呼吁了二十余年的事情，也要等到外有日俄战争的大危机降临，内有地方督抚们的集体奏请，她才会勉强应允。

可想而知，这样的慈禧太后，断不能容一心"专讲西学"的光绪皇帝死在自己后面，断不能容清帝国的航船驶往另一个方向。在老太后眼里，光绪皇帝不仅仅是她的私敌，也是爱新觉罗皇室的公敌——他中了太多西学的毒，断不能让他获得执政的机会。

据宫廷女官德龄回忆，庚子年后的光绪"常常趁我空的时候，问我些英文字……我们常常谈到西方文明，我很惊异他的对于每一事物懂得那样透彻。他屡次告诉我他对于自己国家的抱负，希望中国幸福。夏天我比较空闲，每天能有一个钟头的时间替皇帝补习英文……他的英文字写得非常美丽"。[18]身为傀儡、饱尝挫辱（如瀛台涵元殿年久失修四处透风）的光绪皇帝，仍如此这般坚持求学上进，其动力显然只能是自信可以活过慈禧，自信还有机会将自己的政治想付诸实施。前文提到，曾有人向病重的慈禧告密说"帝闻太后病，有喜色"，恽毓鼎说这些话是"僭"，也就是假的。其实未必，至少慈禧相信光绪皇帝正盼着自己死掉。

清廷灭亡后，恽毓鼎成了遗老。他后来在日记中写下了一段关于亡国的反思："清之亡，虽为隆裕，而害先帝、立幼主，授载沣以重器，其祸实归于孝钦也。"[19]意思是清帝国虽然亡在隆裕太后（光绪皇后）的手里，但谋害先帝

（光绪），册立幼主（溥仪），将最高权力交在载沣这种无能之辈手中，这种种亡国之举，却全是慈禧太后做的。

慈禧绝不会同意恽毓鼎的这种评价。自"庚申之变"以来，她对自己的定位一直是"爱新觉罗氏江山的忠实守护者"，皇族内部也高度认同这一点。面对"千年未有之变局"，她兢兢业业地为爱新觉罗氏支撑了近半个世纪。她支持引进洋人的先进器械和先进技术，同时又坚持抵制各种制度层面的变革，不肯废除科举，不肯改组中枢决策机制，不肯分权给地方，不肯赋社会以民权，皆是为了保住爱新觉罗氏的江山。她绝不会认同"清帝国实际上亡于慈禧太后"这种历史评价。

可是，恽毓鼎的结论没有错，清廷确实亡于慈禧之手。错的是恽毓鼎描绘的亡国逻辑——清廷亡于慈禧，并不是因为慈禧"害先帝、立幼主，授载沣以重器"，而是她无力有效应对前所未有的时代变局——政治人物对时代的影响与许多因素有关，其中最重要的三点，是见识、权术与实力。在转型时代，又以见识最为重要。权术与实力决定了影响的力度，见识决定着影响的方向。方向错了，影响的力度越大，损害往往也越大。慈禧太后面对的，恰是一个前所未有的转型时代；她自己也恰是一个有实力、有权术却无见识之人。在近50年的时间里，慈禧太后的足迹几乎不出京城（除了庚子年西狩）；她的知识结构始终停留在由《治平宝鉴》之类读物组成的传统治术里。她一直在与时代角力，而非与时代合作。

最终，她没能将自己变成一个近代人物，也没能将清帝国变成一个近代国家。

第四十九章　1909 年：谘议局与地方自治

除了以忠孝为本开办学堂、以满洲为本位编练新军、为消除朝野积愤而废除科举、为提升皇权而启动官制改革外，清末改革中还有一项重要内容，那就是在地方成立"谘议局"，在中央成立"资政院"。

按常理，顺应"扩张民权"这一改革方向，地方谘议局应该具备地方议会的性质，中央谘议局应该具备中央国会的性质。遗憾的是，清廷中枢对谘议局的定性，却仅是"牢骚机关"。

帝制中国的第一次民选

按1908年夏天清廷颁发的《谘议局章程》《谘议局议员选举章程》《钦定宪法大纲》与《逐年筹备事宜清单》等文件，"预备立宪"的进程设计是这样的：

第一年（1908）：筹办谘议局（各省督抚办），颁布城镇地方自治章程，编辑国民必读课本。

第二年（1909）：举行谘议局选举，各省开办谘议局（各省督抚办），颁布资政院章程，筹备城镇地方自治，颁布国民必读课本。

第三年（1910）：召集资政院议员开院，推广厅州县简易识字学塾。

第四年（1911）：创设乡镇简易识字学塾。

第五年（1912）：推广乡镇简易识字学塾。

第六年（1913）：城镇乡地方自治一律成立。

第七年（1914）：民众识字义者达到百分之一。

第八年（1915）：民众识字义者达到五十分之一。

第九年（1916）：宣布宪法，颁布议院法，颁布上下议院议员选举法，举行上下议院议员选举，民众识字义者达到二十分之一。[1]

如此设计的核心理由，是设计者认为民众的识字率和文化水平太低，政治参与能力严重不足，须有一个开启民智的过程。编辑国民必读课本、举办简易识字学塾，都是为了完成这个过程。至于谘议局，其定性是民众参政议政的练习场所，也就是所谓的"议院之先声"[2]。

为了能够在1909年顺利举行谘议局选举，进而于各省成立谘议局，清廷还在1908年制定了《谘议局章程》。内中规定，拥有投票选举权者，必须是年满25岁的男子，不存在犯罪坐牢、品行不端、吸食鸦片等劣迹，财务上不曾丧失信用，也没有精神疾病，且能识字并理解文义。但这些规定过于笼统，清廷对辖下百姓也未建立起严密的档案化管理，要一个个来确定投票者是否拥有选举权，是一件非常困难的事情。所以，章程又规定，只要至少满足下列条件中的一项，便可自动拥有选举权：

一、曾在本省地方办理学务及其他公益事务满三年以上著有成绩者。

二、曾在本国或外国中学堂及与中学堂同等或中学以上之学堂毕业的有文凭者。

三、有举贡生员以上之出身者。

四、曾任实缺职官文七品、武五品以上未被参革者。

五、在本省地方有五千元以上之营业资本或不动产者。

六、非本省籍男子年满二十五岁，寄居在本省满十年以上，在寄居地方有一万元以上之营业资本或不动产者。[3]

至于获得被选举权，也就是成为谘议局议员的候选人，同样须至少满足上述条件中的一项，且是年满30岁的男性。

由这六项条件，可以清晰地看到，任何一个满足其中一项条件者，必然属于地位优越的士绅阶层，要么拥有很高的社会地位（举贡生员出身、做过实缺官员），要么拥有很高的经济地位（5000元以上之营业资本或不动产）。女性及无社会地位的穷人没有参与谘议局选举的资格，既不能投票选举他人，也不能成为被选举的对象。

清廷这般做法，与民权政治初兴时对参与者受教育程度和财富状况的普遍限制有很直接的关系（章程的制定者实际上是在照搬日本的选举章程），也有刻意笼络传统士绅阶层这方面的用心。维系中国传统帝制政权稳定者，从来都是"绅心"而非"民心"。1909年，摄政王载沣对张之洞说"中堂，直隶绅士也，绅士以为可，则无不可者"[4]，便显示了清廷最高权力中枢对"绅心"重要性的深刻体认。

以此反观清廷对选举权与被选举权的种种限制，便不难理解：一、"需办理学务三年以上者"一条，照顾的是"学绅"。二、"办理其他公益事务三年以上，有举贡生员以上出身或曾任实缺职官文七品、武五品以上者"一条，照顾的是"官绅"。三、"在本地方有五千元以上的营业资本或不动产者"一条，照顾的是"商绅"。四、"在本国或外国中学堂及与中学堂同等或中学以上之学堂毕业的有文凭者"，照顾的是"新派知识分子"。这种种规定，皆是为了以谘议局笼络住士绅阶层。

据张朋园的统计，此次谘议局选举，直隶的选民与人口比例，只有0.63%，也就是1万人中，只有63名合格的选民。奉天的比例是0.43%，吉林的比例是0.28%，黑龙江是0.23%，江苏是0.50%，安徽是0.48%，江西是0.26%，浙江是0.42%，福建是0.32%……全国的平均百分比只有0.39%，也就是说，这场中国首次全国范围内的民主选举，每1万人中，只有39人拥有选民资格。[5]具体到各省，可以参与投票者，多不过1万余人，少则只有数千人。

选举采用复选方式，具体操作方法是：先由选民选出若干候选人，再由这些候选人互选，产生定额议员。最后当选的议员中，"89.13%皆具有传统功名，相对的，只有10.87%不具功名背景。各种功名的分配，进士4.35%，举人21.27%，贡生28.73%，生员34.78%。依照张仲礼的分法，上层（包括进士、举人、贡生）占54.35%，下层（生员）占34.78%，显示上层绅士为多数。二十一省63位正副议长，进士有32人，高达50.79%；举人19人，30.16%；贡生3人，4.76%；生员4人，6.35%；不具功名者5人，7.94%，更可得见绅士阵营之强大"。此外，也"不乏受过新式教育甚至留学日本者"。[6]可知清廷基本上达成了以谘议局笼络传统士绅的目的，同时也兼顾到了新式知识分子。

除了选民占人口比例极小之外，此次谘议局选举还有一个重要特点，那就是选民的反应极为平淡，甚至可以说是冷漠。如广州府有选民1600余人，真正参与投票的仅有399人；福州投票之日"城市各区到者仅十分之四，乡村各区则十分不及一二"[7]。有些地方的选民，甚至在选票上写有天津歌妓杨翠喜和长沙名妓周宝钗的名字。由此可见，清廷虽然"精心挑选"了选民，但大多数选民对自己手中的选票并无神圣之感。

只占到全部人口0.39%的选民尚且如此，余下99.61%没有选民资格的普通民众，对这次选举的态度，自然更是冷漠。如《民呼日报》1909年6月报道说，4月15日是浙江举行选举投票的日子，省城之中却"未闻有一人论及选举投票之事"，甚至于连城内各新式学堂的学生，也完全不关心此次选举，"除有职事之数员外，余皆结伴出城，或游西湖，或游拱宸桥，亦无暇问选举事"[8]。

朝野对谘议局的定位背道而驰

在普通民众当中，1909年的谘议局选举几乎没有掀起任何波澜。在士绅阶层当中，这场选举也没有能够重塑清帝国的统治基础。谘议局选举完成之后，"绅意"对清廷的向心力没有增强，而是急骤恶化了。

这其中的缘故在于，清廷中枢对谘议局的定性，和当选谘议局议员的士绅们对谘议局的定性，二者严重地不合榫，甚至可以说是背道而驰。

宪政编查馆是清廷实施新政的专门机构，《谘议局章程》便是该馆的成果。在给朝廷的奏折里，宪政编查馆这样阐释谘议局定位：

谘议局之设，为地方自治与中央集权之枢纽，必使下足以裒集一省之舆论，而上仍无妨于国家统一之大权。此其要义一也。夫议院乃民权所在，然其所谓民权者，不过言之权而非行之权也。议政之权虽在议院，而行政之权仍在政府。即如外国监督政府之说，民权似极强矣，而议院攻击政府但有言辞，并无实力，但有政府自行求退议院，并不能驱之使行。普鲁士、日本宪法且明载进退宰相、任免文武官之权在于其君。此足见民权之是言非行矣。况谘议局仅为一省言论之汇归，尚非中央议院之比，则其言与行之界限，尤须确切订明，不容稍有逾越，此其要义二也。[9]

"所谓民权者，不过言之权而非行之权也"云云，显示清廷中枢坚持将谘议局定性为一种"牢骚机构"而非"权力机构"。谘议局议员们拥有的"民权"，不过是被允许针对朝政发表批评意见，至于政务要做什么，要怎样做，仍由政府做主，即所谓的"议政之权虽在议院，而行政之权仍在政府"。总之，"民权之是言非行"——所谓"民权"，只存在于发表批评意见这个层面，做决策并具体实施的权力则不在其中。

对谘议局的这种定性，意味着议员们与帝制时代的御史们并无本质区别。谘议局可以代表"民意"，但这"民意"无法转变为权力，是否被接受全看政府的喜好。虽然宪政编查馆在奏折里一再拿普鲁士与日本为例证，来"证明"这种设置是正确的，但谘议局的议员们绝不会满意。科举已经废除了，这些从举人、贡生、秀才转型为议员的士绅们，无不希望在新时代找到自己的新位置，以维系自己的社会地位——如果议员们在谘议局里的意见只属于牢骚，而不能转化为政策，士绅们的社会地位便无从谈起。所以，尽管宪政编查馆一再援引"日式立宪"的种种好处，但山西省谘议局议长梁善济，却在本省谘议局开幕词中，就"对英国的议会政治大大称道了一番"[10]——只有在"英式立宪"的模式下，梁善济们才不是可有可无的花瓶。

这种心思，也可以从当日"立宪派"们利用媒体发出的言论中窥见。

1908年由慈禧太后监督制定的《钦定宪法大纲》里，充斥着各种各样的"议院不得干预"——比如"用人之权，操之君上，而大臣辅弼之，议院不得干预""凡一切军事，皆非议院所得干预""国交之事，由君上亲裁，不付议院议决""皇室经费……议院不得置议"。[11]但1904年考中进士的贵州士绅熊范舆却认为，"国会者，所以监督政府者也。国会既开，则政府一切之行为，吾国民皆得借国会之地位而过问之"[12]。上海《时报》说得更明白，"所谓责任内阁者，此'责任'二字，非对于君主而言，对于议会而言也"[13]，明确将"内阁对皇帝负责"与"内阁对议会负责"，作为区分专制与立宪的核心特征。

最值得注意的，是"立宪派"当日的理论巨擘梁启超的意见。梁坚持认为，议会应拥有如下权力：参预改正宪法之权；提出法律、议决法律之权；议决预算、审查预算之权；事后承诺之权；质问政府之权；上奏弹劾之权；受理请愿之权。[14]这七条权力，是就中央议会（资政院）而言的。关于地方议会（也就是谘议局）的权力，梁启超也说得很明白：

> 使我国督抚之地位，而仅如各国上级地方团体之行政长官，则谘议局之议决权，专限于地方行政事项而已足……而无如今日督抚，实带有各国国务大臣之性质，故与彼为缘之谘议局，遂不能不带有各国国会之性质。[15]

意思是：如果中国的地方督抚，形同欧美各国的地方行政长官，那么谘议局的"议决权"（梁显然不认同清廷中枢对谘议局的定性，不认同谘议局只有"言之权"而无"行之权"），便也只限于地方的行政事务。但现实是，中国目前的地方督抚的权力，实际上与欧美各国的国务大臣相似（指督抚们在财权、人事权、外交权乃至军权上，有着特殊的地位），所以与之配套的谘议局，权力也应该有所提升，相当于地方国会才对。

但清廷中枢无意赋予地方谘议局这样的权力。《各省谘议局章程》就地方督抚与谘议局之间的权力关系，有着与士绅们的期望截然相反的界定。内中说：谘议局议定可行之事，须呈报给督抚，等待督抚下令公布施行；各省督抚"有监督谘议局选举及会议之权，并于谘议局之议案有裁夺施行之权"；若谘议局议决的事件被认为逾越权限，若不接受督抚劝告，督抚便有权"令其停会"；若谘议局有轻蔑朝廷之类的情形，督抚还有权将谘议局"奏请解散"。[16]总之，谘议局通过的议案"采纳与否，凭诸督抚"，"各项议事发动之机虽在谘议局，主持之权，实在督抚"。[17]

简言之，不是谘议局有权监督地方督抚，而是地方督抚有权监督（乃至解散）谘议局；不是谘议局与地方督抚之间形成一种互相制约的权力关系，而是谘议局成了受地方督抚控制的从属机关。

对于这种权力设计，士绅们自然不会满意。于是，江苏省谘议局第一届常会期间，便通过了《本省单行章程规则截清已行未行界限分别交存交议案》，内中规定："行政长官交议之章程规则，议决后呈请公布施行，始有效力"[18]，也就是地方督抚此后若欲发布新的政策法规，须得到谘议局的审议通过才能生效。浙江省谘议局也通过了一份《关于谘议局议决权内之本省行政命令施行法》，内中规定，凡涉及本省岁入预算、决算、税法与公债、担任义务之增加、权利之存废事件时，非经谘议局议决，巡抚不能公布施行。[19]结果，江苏省谘议局与两江总督张人骏之间发生了激烈冲突，浙江谘议局的提案也两次被该省巡抚否决。

因地方议会（谘议局）的权力与中央国会（资政院）的地位息息相关，谘议局士绅们还在1910年运作发起了四次大规模的"速开国会请愿"。请愿书中，士绅们明确表达了必欲参与立法的诉求，要求政府将"立法之权利"还给"人民"，且声称若这种诉求不被满足，他日大变之时，民众也唯有坐视清廷之宗社沦为废墟：

> 人民之所以要求国会者，必因目前极厌恶此种专制政体，极不信任此种官僚，故必欲参与立法，使之独立于行政部之外……故吾国若一日不开国会，法律必无效力……政府既不授人民以立法之权利，人民即无遵守法律之义务。日后人民虽酿成大变，虽仇视政府，虽显有不法之举动，代表等亦无力可以导喻之，惟有束手以坐视宗社之墟耳。[20]

遗憾的是，这四次请愿均被清廷严词拒绝。士绅对谘议局的期望，与清廷中枢的心思完全背道而驰。于是，1909年的谘议局选举，看似将大批士绅重新笼络到了体制之内，实际上却加深了士绅阶层与清廷中枢之间的裂痕。当武昌的枪声在辛亥年响起，早已不再仅仅满足于"坐视宗社之墟"的谘议局士绅们，便互相串联致力于推动所在各省宣布独立，成了推翻清廷的一支重要力量。

地方民众普遍痛恨地方自治

地方谘议局直接关联地方自治，所以除了举办谘议局选举，1909年还是清廷中枢预定的"筹备城镇地方自治"的重要年份。地方自治与谘议局选举之所以同时启动，是因为按照当时的设计，地方自治被分为"城镇乡"与"府厅州县"两级[21]，而各省谘议局恰是联结中央资政院与这两级地方自治议会的中间机构。

地方自治，顾名思义，核心内容是要还权于民。自治之下的地方政府，不能再如帝制时代那般，一味将替朝廷汲取物力（催粮征赋）与人力（支应官差），并维系统治安定（抓捕匪盗、断案决狱）作为主要工作内容；相反，中央须将权力下放给地方，再由民意来推动地方为民众提供各种公共服务。改行地方自治，其本质便是将以索取为主的权力型政府，转型为以供给为主的服务型政府。

遗憾的是，清末的地方自治从一开始便与真正的"自治"背道而驰。

如前文所言，对选民与候选人资格的严苛限制，导致99.61%的普通民众无法参与谘议局选举，也导致谘议局成了由士绅主导的机构。各级地方自治机构的情况也是如此，几乎完全控制在有权有钱的地方士绅之手。如湖北的城议事会和城董事会成员，便分别有98.6%和99.5%属于士绅。[22]普通民众只能被动参与士绅们主导的"地方自治"。

此外，清廷的"地方自治"，在制度设计上还有一种微妙之处：凡需要朝廷花钱的项目，便往往放权让地方"自治"；凡可以为朝廷增收的项目，便往往不在自治范围，一概仍由朝廷委派官员掌控。1909年颁布的《城镇乡地方自治章程》，共列举了八项自治事务：

一、本城镇乡之学务。包括中小学堂、蒙养院、教育会、劝学所等。

二、本城镇乡之卫生。包括道路清扫、施医药局、医院、公园、戒烟会等。

三、本城镇乡之道路工事。包括修筑道路、桥梁、疏通沟渠、设置路灯、建筑公用房屋等。

四、本城镇乡之农工商事务。包括改良种植畜牧及渔业、工艺厂、工业学堂、开设市场、筹办水利、整理田地等。

五、本城镇乡之善举。包括救贫事业、育婴、救火会、救荒、古迹保存等。

六、本城镇乡之公共事业。包括电车、电灯、自来水等。

七、为办理上述各项事务筹集款项等。

八、其他因本地方习惯，向归绅董办理，素无弊端之各事。[23]

教育、医疗、道路建设、水利建设……这类事务关系到民众福祉，是需要朝廷（省府）拿钱来办的事情，结果全部被下放给了"城镇乡"，由地方自治机构负责筹款兴办。至于那些可以带来收入的行政项目，以及事关政府对基层百姓的控制力的司法、警政等，则均不在"自治"范围，不许自治机构插手。

之所以如此，是因为清廷中枢在制定《城镇乡地方自治章程》时，便已明确给"地方自治"下了一种高度具有清廷特色的定义："地方自治以专办地方公益事宜、辅佐官治为主，按照定章，由地方公选合格绅民，受地方官监督办理。"[24]如此，所谓的"地方自治"，便与权力型政府向服务型政府转型毫无关系，反成了替清廷地方官员"分忧"（帮助其摆脱各种公共服务方面的负担）的"公益机构"。

畸形的定位带来的，是各种以"自治"为名的横征暴敛。

清廷当日有大量的对外赔款（尤以庚子赔款最重）要还，宫廷又长期挥霍无度，财政状况极其困顿。故此，启动所谓的"地方自治"后，清廷先是将内政上需要花钱的诸多事务当成包袱扔给"地方自治"机构，然后要求地方自筹自治经费，以减轻朝廷的财政负担。作为配套，清廷在政策上为地方自治机构的"自筹"大开方便之门。如《城镇乡地方自治章程》规定：在征得地方官（知县及以上）的许可后，就可以征收"附捐"和"特捐"充作自治经费。这些税收名目的设立，并不需要问询民众的意见。[25]

各省谘议局也赋予城乡自治公所极大的政策弹性来筹集自治经费。在征收自治捐这个问题上，谘议局往往"但示自治公所以标准，而不设强行之规定，俾各地方得以视居民之力量程度而增益之"[26]。将征收多少自治捐的权力下放给地方自治机构，要他们按照本地居民的收入多寡来自行确定，实际上便相当于将"合法敛财"的权力，下放给了那些掌控着地方自治机构的士绅（如前文所言，这些士绅掌控自治机构，并无民意基础）。这也使得地方自治机构的横征暴敛有了"合法依据"。

不受制约的权力闸门一旦打开，便不可收拾。地方自治机构以"筹措自治经费"为名，想尽办法自民众身上榨取资财，五花八门的苛捐杂税蜂拥而出。所谓的地方自治，反变成了自治机构养活本系统越来越庞大的编制人员的工具。1911年，御史萧炳炎曾在奏折中，如此总结这种乱象：

> 其苛捐扰民也，不思负担若何，惟恐搜刮不尽。农出斗粟有捐，女成尺布有捐，家畜一鸡一犬有捐，市屠一羊有捐，他如背负肩挑瓜果、菜蔬、鱼虾之类，莫不有捐，而牙行之于中取利，小民之生计维艰，概置弗问。其开销经费也，一分区之内在局坐食者多至一二十人，一年度之间由局支出者耗至二三千圆，以一城数区合计之，每年所费不下万金。而问其地方之善堂如何、学校如何、劝业如何、卫生如何，不曰无款兴办，即曰不暇顾及。所谓办有成效者，不过燃路灯、洒街道，或设一二阅报社、宣讲所而已。似此办理地方自治，其人既多败类，其费又多虚糜，苛取民财，无裨民事，怨声载道，流弊靡穷。若不良为变通，严加整顿，臣恐民怨日积，民心渐离，大乱将兴，何堪设想。[27]

萧炳炎的奏折并无夸张。

早在1909年，御史胡思敬便曾上奏说，自甲午、庚子两次赔款之后，清帝国的民力已经穷尽。清末新政启动后，"内外诸臣，借口举行新政，百计侵渔"，中央和地方都不断增加税种，已经闹到"极而业之至秽至贱者灰粪有捐，物之至纤至微者柴炭酱醋有捐，下至一鸡一鸭一鱼一虾，凡肩背负，日用寻常饮用之物，莫不有捐"的地步。一个普通农民，除了缴纳常规的"漕粮地丁耗羡"之外，已多了粮捐、亩捐与串票捐；他拿了谷米到市场上去卖有捐，拿了豆蔬瓜果进城有捐，"一身而七八捐，力不能胜，则弃田潜逃者比比也"，被数不胜数的捐压榨到活不下去，农民们便只能纷纷弃田而逃。[28]

之前的新政已是如此竭泽而渔，"地方自治"启动后，自治机构便只能更加别出心裁来搜刮民间，如湖北安陆的居民，连结个婚也须缴纳自治捐，"男捐钱四百，女捐钱二百"，若逃税，官府便会将新人的父母抓去问罪。[29]所谓"地方自治"，不但没有还权于民，还将本就负担沉重的普通民众压得喘不过气来。

作为反抗，民众不断掀起反对地方自治的暴力活动。其中仅江苏地区，自1910年2月至1911年3月，便至少发生了37起暴力反对地方自治的案件，其中不乏数千人乃至数万人参加者。如泰州地区反对地方自治案的参与人数多达6000余人，毁坏绅董之家160余户；宜兴的参与人数多达4000余人，毁掉学堂10余所，捣毁绅董之家57处；川沙地区的参与人数难以估计，毁学堂29处，毁自治公所18处，毁绅董之家280处。[30]

在这些暴力活动中，之所以常常出现捣毁新式学堂的行为，是因为普通民众发现，地方自治机构以发展教育为名，向民众收捐办新式学堂，结果却是钱越交越多，学堂越办越多，但普通民众的孩子仍然上不起学。因为相比旧私塾，新式学堂的学费往往更高。一个或多个村庄集体供养一名私塾先生，所需不过是一人的口粮、蔬菜与薪资。新式学堂则不然，入学者须缴纳学费、宿费、膳费、服装费等，每名学生读一年书少则数十元，多则上百元。普通民众只能望而却步。张謇当年以自己的家乡江苏南通为范本，算过一笔账：一个家庭送一个孩子上初等小学，每年需花费35—50元（传统私塾的学费不过几元钱）；当时一个普通农民每年的平均收入只有12—15元，张謇开设的工厂中的工人，每年也只有50—100元的收入。[31]入学堂读书的费用，占了工人收入的大半以上，农民则根本无法负担，更不要说农民没办法长途跋涉将孩子送往城镇的新式学校，也负担不起让孩子住校求学的费用。

民众缴纳了沉重的"教育捐"，结果自治机构办出来的新式学校，却与自己的子弟无关。打砸新式学堂，便成了晚清"地方自治"期间几乎所有地方都曾发生过的"标配案件"。比如，1906年7月，直隶灵寿、平山两县的数千百姓，因痛恨"学堂捐"，将本县两所学堂焚毁。同年9月，安徽歙县民众听到传言称，自治机构将征收人口捐、米捐、菜籽捐、牛猪捐等，遂也聚众于深夜将该县的新式学堂捣毁。1910年，湖南长沙爆发抢米风潮，新式学堂同样成了第一时间被针对的对象，遭到烧毁。据时任日本驻长沙领事的理解：

> 焚烧学堂的意义在于：近年来，为了解决教育经费的巨量开支，地方百姓的负担大为增加，新政引起通货膨胀，使米价急剧升腾，但是，穷人子弟并未

在新学堂里得到任何好处。[32]

"地方自治"丧失了"自治"的本义，变成敲骨吸髓的工具。反倒是这些底层百姓捣毁学堂的暴力行为，多多少少还能见到一点维护自身权益的影子。

第五十章 1910年：请开国会运动

尽管清廷中枢一再重申各省谘议局的性质"仅为一省言论之汇归"，既非监督机关，更非权力机关。但谘议局既已成立，议员们也已当选，便意味着新因素已进入清帝国的传统体制之内，新因素必然带来新变化。

1910年最大的新变化，是各省以谘议局为中心，以谘议局议员与地方督抚为主体，掀起了多次要求尽快召开国会的请愿运动。

十六省谘议局入京请愿

第一次请愿运动发生在1910年1月，发起者是江苏省谘议局的议长张謇。筹备期最早可追溯到上一年的10月。当时，江苏省谘议局尚未正式开幕，已当选为议长的张謇同江苏巡抚瑞澂及雷奋、孟昭常、杨廷栋、许鼎霖等人磋商，决定由瑞澂出面联合各省督抚，请求清廷尽速组织责任内阁；由张謇出面联合各省谘议局，请求清廷尽速召开国会；并派人分别前往各省联络。

按张謇自己在意见书里的说法，他之所以决定站出来发起请愿运动，请求清廷尽速召开国会，是因为国势岌岌可危：两年前，德国的报纸便刊登过"瓜分中国之说"，日本"统监中国"的野心也早已昭然若揭；1909年，又传出日本人在东北"占筑安奉铁路"后又欲扩张至吉林、长春的消息；还有消息称东西方列强在1908年的海牙和平会议上曾经"密议对待中国政策三条"，其中一条便是统监中国财政。张謇说，国势危险至此，国力又衰微至极，"欲求一非枪、非炮、非舰、非雷而可使列强稍稍有所顾忌者，实无其策"。唯一的办法，便是开设国会、成立责任内阁，如此，国家便能实现转型，成为全民之国，有"全国人民合力拱卫国家"，列强再想侵略，"必将难于专制时代"。[1]

自"庚申之变"以来，晚清每一次重大改革，都与外部世界的冲击带来的危机密切相关。这是张謇要在意见书里强调国势岌岌可危的重要原因。但张謇青睐国会与责任内阁，更重要的原因，却是他不能信任以载沣为首的清廷中枢，不相信载沣们能够在复杂的内外局势下做出正确的决策。对于这一点，请愿意见书里有一段很含蓄的表述：

> 至艰极巨之责任，悉加于监国一身。政府俯仰委蛇，曾不闻有所设施，足以分监国之忧劳，而轻天下集视于监国之责望……（责任内阁）以内阁代君上负责任焉耳。责任专于内阁，而君上日临而监察之。内政有失，则责内阁大臣焉；外交有失，则责内阁大臣焉。中外人民之观听，群倾注于内阁大臣……是有人代负责任，而君上乃安于泰山。君上为责任所不及，而又有国会在下，助君上以监察此代负责任之人，而神圣之号，光于日月矣。较之君上独负责任者，其安危难易何如？今皇上冲龄，内政之弊、外侮之棘，又中国二千年所未有。千危百险，举以困我人民所倚望而敬爱之监国，各省有识之士均甚惜之。故惟有请明降谕旨，建设责任内阁，稍分监国之忧劳。[2]

张謇这段话，看似是在夸赞"监国"的载沣，责备当前的"政府"不能为载沣分忧；实则是在含蓄地批评载沣领导下的现政府无法应付"千危百险"，无法应付"中国二千年所未有"的变局。张謇希望载沣能够放弃部分权力，退而成为一个监督者，将决策与施政的权力让渡给国会和责任内阁。如此，施政出了问题便可由责任内阁负责，而不必由载沣负责（传统帝制时代本来便无人可以问责皇帝，也很难问责代持皇权的垂帘者与监国者）。

江苏省谘议局派人分赴各省游说颇有效果。1909年12月27日，共有16个省份的谘议局派出代表前往上海参与会商。商议的结果，是做出进京请愿的决定，并确定了进京请愿的代表人选，请愿的目标则是要求朝廷在一年之内召开国会。[3]

各省谘议局在上海召开会议期间，"列强在海牙和平会议上讨论监管中国财政"这则出自风闻，并无实据的消息（笔者尚未见到可证明确有此事的材料），也正在民间舆论场上发酵，最后演变成了另一场"筹还国债运动"。

"筹还国债运动"最早始于天津商务总会发起的"筹还国债会"。该会绅商对外公开宣称：既然海牙和平会议以清廷欠下巨量国债为由，要求接管中国的财政，那么，只要"国债一日不清，则种种设施，悉难着手"[4]，这巨额国债一日未能还清，中国的主权便难以保全，其他改革也难以推动，故愿意发起成立"筹还国债会"，号召民间人士自愿捐款，来替清廷在三年之内，偿还《马关条约》和《辛丑条约》欠下的巨额赔款。

这项倡议得到颇多民间绅商的响应，随后各地皆成立了类似"筹还国债会"的组织。按梁启超的说法，1910年初的几个月里，"我国民政治上之活动，有两大事：一曰国会请愿，二曰筹还国债会"。但梁同时也承认，"筹还国债运动"并不理性，操作上也缺乏可行性，"欲一举而偿七万万余两之国债，非吾国中实有十五万万乃至二十万万两之自由财不可，而现在之决无此数，吾敢断言也"[5]。若强行去做，银两的大规模外流也必会引发金融危机。

虽然可行性不足，但"筹还国债运动"在1910年仍有重要意义，那就是与"请开国会运动"合流，推动了民智的开启。如上海《时报》刊文称，民众可以替清廷偿还国债，但前提是：

> 政府必予人民以确实之担保，（人民）始可出其财产以供国用。故决定先行拟定办法，筹集巨款，储待国会之开。如政府必不允许，则断不欲以国民有限之脂膏，供政府无端之挥霍也。[6]

意即清廷必须尽速召开国会，让国民可以监督这些钱是否真的被用于偿还外债，否则国民不会将钱交给清廷。

吉林的"筹还国债会"也在公启中说：

> 虽然，吾闻之欧人之言曰：不出代议士者不纳租税。吾今欲易一语曰：不得监督财政权者，不筹还国债。吾民既不异出此巨大之代价，以填满列强之欲壑，而纾吾政府之急，则宜要求政府予我民以监督财政之权。故今日者，筹还国债会宜与全国谘议局联合会通力合作，同时并进。一方面筹还国债，一方面要求缩短国会期限，方能盾（循）法律上之资格，以与政府开正式之谈判，综计全国岁出若干，岁入若干，何者可以某项作抵，何者必宜即时清还，一一通

盘筹还之后，然后与政府订不经国民承诺不得私借外债之约，方可期其有济。否则，筹还者自筹还，续借者自续借，吾恐以吾民有限之脂膏，难抵债务国无穷之义务也。[7]

将"监督财政权者"与"筹还国债"捆绑在一起，并公开表态要与各省谘议局合作，来推动清廷尽速召开国会。这份公启，实可谓民间绅商对请开国会运动的强力支持。

1910年1月16日，各省谘议局请愿代表一同前往都察院，呈递了联名请愿书。请愿书中列举了三大理由，要求清廷尽速召开国会：

一、内政层面。旧机构不能匹配新改革，须由国会来监督政府。国势艰难，需要增加财政收入来解决；增加财政收入，需要加重民众负担；加重民众负担，必须先让民众参与政治，"必人民得有公举代表与闻政治之权，国家乃能加以增重负担以纾国难之责"。

二、外交层面。清廷自与列强交涉以来，便屡屡"暗于外情操纵失策"，造成各种严重后果，引发国民不满。且"每缔一约，事前则秘密万端，事后则亏损百出"，秘密外交没有带来任何好处，反而不断割地赔款。总之，在以前的外交中，"政府之作用，人民不知也；政府之苦衷，人民不喻也"。民众唯一能知道的，只有"条约出之一二人之手，负担加之亿兆人之身"。若再不开国会，再搞上九年秘密外交，"外交必更颠危，民怨必更剧烈"。

三、皇权层面。不开国会，不设立责任内阁，则一有施政错误，民众便会将怨愤记在皇室头上，皇室便会处于危险之中。有了国会，有了责任内阁，情况便会大不相同。[8]

本次请愿活动，还得到了孙宝琦（山东巡抚）、程德全（奉天巡抚）、陈昭常（吉林巡抚）、袁树勋（两广总督）等地方督抚的支持。这些人均曾致电清廷，希望中枢顺应舆论速开国会。但在清廷中枢看来，这些请愿代表不过是在谋求自己的利益，"系一小团体为求增其势力起见，并非出自民意"[9]。清廷上谕的最终批示是：

我国幅员辽阔，筹备既未完全，国民智识程度又未划一，如一时遽开议

院，恐反致纷扰不安……兹特明白宣示，俟将来九年预备已完全，国民教育普
及，届时朕必毅然降旨，定期召集议院。[10]

1910年的第一次请开国会运动，至此以失败告终。

成立各省谘议局联合会

第二次请开国会运动，同样由谘议局主导。

首次请愿失败后，各省谘议局来京代表不愿偃旗息鼓。1910年2月6日，这
些代表在京城召开会议，决定了如下五件事情：再次上书请愿；部分代表留
京，与朝中官员沟通，部分代表回省组织请愿，并筹措请愿经费；建立"请愿
即开国会同志会"，派代表去各省创办分会；组织报馆，出版报纸，提升请愿
运动的舆论影响力；设立各省谘议局联合会。[11]

6月16日，第二次请愿运动正式启动。共计有十大团体（包括直省谘议局议
员、直省和旗籍绅民、各省政治团体、各省商会、直省教育会、东三省绅民、
江苏教育会、江苏商务总会、雪兰峨中华商务总会、澳洲全体侨商）向都察院
呈递了请愿书，号称有超过20万名士绅在请愿书上签名。虽然"实际上有很多
虚假的成分在内"，比如有些团体的做法是"搜集几本《缙绅录》《乡会试同
年录》，和一些商会、公司、学会、学生的名册，把名字照抄上去"[12]，但比起
第一次请愿，规模与影响均已大得多了。如前文所言，第一次请愿曾被清廷中
枢视为"团体为求增其势力起见，并非出自民意"。此次请愿以十个团体的名
义上书，并征集到号称20余万士绅的签名，便存有驳斥这种谬论的用意。

十大团体的请愿书内容，各有不同的侧重点。谘议局的请愿书，通篇旨在
驳斥以国民智识程度不足为由拒绝速开国会的托辞。各省商会的请愿书则强调
称：无国会便无完备的法律，商人便不能通过合法途径维护合法利益。各省
政治团体的请愿书认为，真正应该筹备的事情是宣布宪法、制定议院法与选举
法，然后实行选举，这些事情一年时间便能筹备完，无须九年之久。东三省绅
民的请愿书，将重点放在了日俄对东三省的种种侵略，呼吁中枢尽快立宪强
国，以挽救东三省的危亡。[13]

呈递请愿书的次日，请愿代表孙洪伊等，又再次向清廷中枢上书，详述了必须速开国会的两大理由。

第一项理由是："吾国若不速开国会，则一切现行法律皆无根据不能推行也。"内中说，只要一天不开国会，则清廷现存的法律便一天没有效力，"国家可谓为无法律之国家，官吏为无法律之官吏，人民为无法律之人民……政府既不授人民以立法之权利，人民即无遵守法律之义务"，如果有一天人民起来造反，谘议局的代表们也将没有前去劝喻的立场。

第二项理由是："吾国若不速开国会，则政府一切政策皆不能确定也。"内中说，"全国政务如乱麻，全国政策如飘蓬"，全是因为没有国会，没有责任内阁。军机处天天值班，却"不知所值者为何事"；各部的堂官和各省大吏掌握行政，却"不知所行者为何事"；中枢要中央集权，各省督抚就联合发电阻挠；督抚要地方分权，中枢就请出上谕来压制；海陆军大臣要扩张军备，度支部和地方督抚却不配合筹集军费；农工商部要整顿实业，度支部也不支持经费……更要命的是，因为缺乏国会的公共讨论，"所谓政策者必系政府一面之理想"，政府一厢情愿推行的政策，往往与民众实际所需背道而驰，最终不但引发民间的激烈反抗，甚至还可能"隳非常之大业"，让朝廷走向灭亡。[14]

虽然请愿的规模更大，请愿代表们的言辞也更为激烈，但清廷中枢的态度一如既往。摄政王载沣推辞不见请愿代表，上谕对请愿书的回复则是"仍俟九年筹备完全，再行降旨，定期召集议院……兹事体大，宜有秩序，宣谕甚明，毋得再行渎请"[15]。这意味着第二次请愿运动也失败了。

但第二次请愿运动也并非毫无收获。其中对日后局势影响最为深远者，当属"各省谘议局联合会"的成立。该会成立于1910年8月9日，时值二次请愿运动失败，真正的国会无法落实——清廷中枢设计的"资政院"，则只有半数议员由各省谘议局推选（还须经各省督抚指定），另一半议员则来自钦定，议长也由朝廷直接任命，与真正的国会相去甚远。"各省谘议局联合会"有意无意间竟成了地方谘议局的"有实无名"的上级机构。

1910年8月12日，各省谘议局联合会召开第一次正式会议。前后历时27天，形成议案14件。其中影响最大的，是《陈请提议速开国会案》。之后的第三、第四次请开国会运动，皆与各省谘议局联合会的推动有关。1911年5月12日，各省谘议局联合会召开第二次正式会议。前后历时44天，开会20次，决议上奏案五项。其中的重点议案是反对皇族内阁，要求清廷中枢另择皇族之外的大员组织内阁，此外还批评了政府未经资政院议决便擅借外债是违法行为。这次会议"充满了反抗政府的气氛，其政治影响远超过第一次会议，是辛亥革命前夕立宪派大多数转变政治态度，清朝统治的政治基础进一步动摇的一个重要标志"[16]。

甚至还可以说，各省谘议局联合会将各省有影响力的士绅组织到一起，形成了一个有着鲜明政治主张的机构，实际上已具备了现代政党的雏形。这种组织化的力量，上可以联络资政院，中可以联络各省督抚，下可以联络各省议员，很自然地引起了清廷中枢的警惕。第二次请愿运动发生时，中枢便有人主张，应致电各省督抚，要他们"随时监察各议员，不得滥结党会，如各国之政党、社会党等类，致启纷扰"[17]。

资政院也支持即开国会

第二次请愿失败后，各省谘议局派驻在京的请愿代表立即召开会议作出如下决定：

一、扩大代表团和请愿同志会的规模，并筹集请愿经费；二、派代表赴各地及回省联络；三、定于次年旧历二月举行第三次请愿；四、下一次请愿的签名，须遍及士农工商各界，每省签名人数至少要在百万以上；五、签名册务必整齐划一；六、下次请愿时，府厅州县也须至少派一到两名代表来京，离京较近的省份要有百人以上的代表，较远的省份，也须有五十人以上。[18]

但有两件事情打破了这个请愿计划。一是1910年7月，日俄两国签订防御同盟，相约维护各自在中国东三省的特殊利益，抵制他国进入。二是1910年8月，日本宣布"日韩合邦"，正式吞并朝鲜，东三省形势唇亡齿寒更显危殆。时人慨叹道：

朝鲜以不开国会，监督机关不立，百事皆有名无实，庶政废弛，民生凋悴，以至于亡。今我国欲统一财政，消弭内乱，维持外交，鉴于日本之所以兴，朝鲜之所以亡，皆非有国会不可。[19]

在亡国危机的刺激下，1910年8月15日，国会请愿代表团作出决议：一、将原定次年举行的第三次大请愿提前至本年；二、因日俄订约关系中国存亡，须质问中枢如何应对，绝不能再纵容秘密外交。

代表团还向各省谘议局联合会提议：一、若不开国会，则各省谘议局不得承认新租税，并须限制本省民选资政院议员不得承认；二、各省谘议局今年的常会，全都只提一个议案，那就是速开国会，如果遭到拒绝，各省谘议局便同时解散。[20]

各省谘议局联合会同意了第一项请求，理由是中国百姓素来不知道"国会"为何物，却长期被租税所苦，若能将租税与国会挂钩，正好可以普及政治理念，"使人民有国会之观念"。第二项请求则被否决，理由是中国素来没有政治团体，谘议局联合会相当于开风气之先，"我等尤应固结联合，以为民党基础，不可自弃，谘议局是我国民之根据，不可先行破坏"[21]。

1910年10月3日，第三次国会请愿运动正式开启。请愿代表团于当天公开发布通告，呼吁民众参与请愿。10月7日，请愿代表前往摄政王载沣的王府递送签名请愿书。途中遇到"东三省旅京学生赵振清、牛广生等十七人整队而来，分别从右臂和左腿上割肉一块，各持肉在致代表书上拭擦，表示'将以血购国会'之决心"[22]。

10月9日，代表团将请愿书送呈至新开设的资政院。代表团的请愿书说：立宪的真精神，是设置责任内阁，责任内阁须对代表民意的国会负责；不开国会，便不会有真正的责任内阁。故请求朝廷在1911年召开国会。该要求在资政院获得了通过——毕竟，资政院内有许多议员便是来自谘议局，且资政院本身也有成为名副其实的国会的动力。据《资政院议场会议速记录》，1910年10月22日的资政院会议上，议员们或强调速开国会一案不决，则"诸案均不能决"；或明言"国会早一日成立，即国家早一日有转机"；或声言须待国会问题解决之后，人民才能负担租税。最后当议长沈家本宣布"如有赞成请开国会者起立"时，全体议员应声起立，掌声如雷，齐呼"大清帝国万岁！大清帝国皇帝陛下万岁！大清帝国立宪政体万岁！"旁观者的感觉是声震屋瓦"真壮观也"。[23]

第三次请愿，与前两次的最大区别，不在规模更大，而是出现了群众示威活动。许多省份组织了群众集会，如奉天全省至10月中旬，便已有20多个城市举行了集会，这些集会均号称参加者在万人以上，虽未必真有此数，但参与人数必也颇为可观，否则当不至于引起地方当局的惶恐。

这种请愿方式，给清廷中枢造成了新的压力。正如张朋园所言：

> 签名请愿与实地结成队伍游行呐喊的请愿，有着极大的分别。如果立宪派人能聚集群众在北京示威，莫说二三十万人，就是两三万人便会有可观的场面。而（第一、第二次请愿时）立宪派人仅有代表数十人入京，分赴都察院及王公大臣的邸第上书，自不能予统治者任何心理上的压力。顽固的清廷大员反而以为请愿者是在求情，爱理不理，当然不能使昏庸如奕劻之流受到威胁。[24]

谘议局请愿，资政院与地方督抚联手支持——当时同意即开国会者，有东三省总督锡良、湖广总督瑞澂、两广总督袁树勋、云贵总督李经羲、伊犁将军广福、察哈尔都统溥良、吉林巡抚陈昭常、黑龙江巡抚周树模、江苏巡抚程德全、安徽巡抚朱家宝、山东巡抚孙宝琦、山西巡抚丁宝铨、河南巡抚宝棻、新疆巡抚联魁、江西巡抚冯汝骙、湖南巡抚杨文鼎、广西巡抚张鸣岐、贵州巡抚庞鸿书[25]，再加上罢课学生群聚呐喊示威，终于迫使清廷中枢做出让步，于1910年11月4日宣布上谕，将开设国会的时间缩短至宣统五年（1913）。但上谕同时也下令解散请愿代表团，严禁再举行任何请愿，称宣统五年召开国会的决定"一经宣布，万不能再议更张"，"此后倘有无知愚氓借词煽惑，或希图破坏，或逾越范围，均足扰害治安，必即按法惩办"。[26]此外，清廷还另有谕旨给民政部和各省督抚，命其即日解散"所有各省代表人等"[27]。

第三次请愿就此告终，速开国会的目的仍未达成。

学生成了请愿运动主力

缩短国会年限缩至1913年的谕旨发布后，清廷命令京城所有商号、居民与学校一律悬挂龙旗庆贺。官府还在大清门前搭起了高高的彩棚，在马路两旁挂起了无数红灯。谘议局内部也发生了一些分裂。如江苏谘议局在张謇等人的主导下，致电朝廷称"请愿有效，天恩高厚，感极涕零"。但该省议员对这一贺电大多心怀不满，当张謇欲在谘议局内开欢祝会时，只有三人投票赞成。[28]

请愿代表团虽被谕旨勒令解散，来自各省谘议局的代表们仍决定保留"国会请愿同志会"，作为日后组织政党的基础。1910年12月上旬，"国会请愿同志会"公布了自己的政治纲领。一是督促政府迅速成立新内阁；二是要求参与制定宪法；三是要求清廷允许成立政党；四是向国民普及立宪知识。该纲领意味着谘议局议员们已大体放弃了请愿活动。

但危机在前，东三省与直隶地区的知识分子仍无视谕旨，再次发起了第四次请开国会运动。

此次请愿的主力变成了学生。据《盛京日报》当日的报道，1910年12月4日上午，奉天省城学生5000余人手执"请开国会"的旗帜前往东三省总督衙门哭诉："学生等都知道东三省就要亡了，非即开国会不能保存。"总督锡良同情学生，也赞成速开国会，对学生说道："上谕有言：'民情可使上达，民气不可嚣张'，固然很有道理。但依我的心理，不怕民气嚣张，若是民气不嚣张，便不能知道国家之亡不亡。你们学生都知道亡国的道理，本大臣也是很喜欢的。"学生遂一齐叩头，高呼"皇上万岁""中国万岁""东三省万岁"后返回学校。[29]

12月7日，锡良向清廷上奏汇报了民众的请愿情形，内中称，"本月初三、初五等日，有各界绅民一万余人，手执请开国会旗帜，伏泣于公署之前……至有搏颡流血、声嘶力竭不能自已者"，遣词造句间全是对请愿者的同情。锡良还说，他希望中枢响应民意在1911年开设国会，不要再坚持"区区二年之时间"[30]。稍后，奉天谘议局联络吉林、黑龙江两省，推选代表15人赴京请愿，于12月21日向资政院呈递了请愿书。

此时恰值"资政院弹劾军机处风波"发生。资政院是新时代的产物，是政策决于公论的保证；军机处是旧时代的遗存，是政策决于皇权的所在。资政院弹劾军机处，是因为军机处非但不愿接受资政院的监督，还对资政院呼来喝去。1910年12月24日，资政院通过了弹劾军机案，引发军机领班庆亲王奕劻的愤怒。奕劻怒责资政院议长溥伦不将该弹劾案压制，溥伦则对人无奈感慨：

> 枢府观察资政院之眼光（有）根本的谬误。彼以为资政院乃衙门，吾辈乃堂官，吾辈负有弹压之职务。殊不知所谓议长者，原是议员中之一人，不过为议员之长而已。本是一体，所议之事亦是从众取决，初不得违众独异。[31]

较之奕劻的陈腐，摄政王载沣多少能够理解资政院的这种新式政务运作逻辑，也能够认同弹劾案对军机处不负责任的指责。但军机处是维护君权至高无上的工具，资政院弹劾军机处，便是干犯君权。算不得真国会的资政院尚且如此，若开了国会，事情岂非要更糟？于是，在载沣的主持下，清廷再颁谕旨，严厉重申宣统五年开设国会已是不容讨论的终极决定，东三省派人来京请愿，"一再渎扰，实属不成事体"，命步军统领衙门速速将这些请愿者送回原籍，不许在京城逗留。此后，若京城中再出现请愿者，"定惟民政部、步军统领衙门是问"。[32]

谕旨下达后，东三省请愿代表遂被军警强行抓捕遣返。京城之中，军警们荷枪实弹，于城内城外、资政院、各学堂与车站间来往巡查监视，以防有漏网之鱼。

直隶的学生受东三省来京请愿学生的影响，也参与了第四次请愿运动。其中影响最大者，是直隶教育会代表温世霖发动天津学生罢课，组织了3800余人，群集至直隶总督陈夔龙的衙门前，打出旗帜要求速开国会。此举给温世霖和直隶学子带来了厄运。先是直隶总督陈夔龙诬陷学生"意存叵测"，派军警前往镇压；并包围学堂勒令开课，不许学生自由出入，往来信函一律拆看。随后，清廷中枢亦严令各省督抚随时注意弹压本省学子，并要求地方督抚侦查拿办领头之人。温世霖遂遭诬陷为"乡里无赖"，被秘密发配新疆。[33]

稍后，吉林、江西、四川、湖北等省学界发起的请愿运动，也相继被地方督抚以武力强行镇压。第四次请愿运动也告失败。但这四次失败，对晚清的历史走向，有着极为深远的影响：

> 请愿运动在表面上固属无效，实质上所引起的影响极为深远。立宪派人本

有心扶持挽救当时的政府，因为请愿失望，失去了大多数立宪派人的拥护。请愿之初，《时报》曾有警告，不要以为拒绝请愿仅是拂数十代表之意，而"蔑视代表，直谓蔑视四万万之民"。立宪派人固不足以代表四万万国民，但清廷对请愿的反应，实是蔑视了四万万国民。《时报》又指出，请愿不遂，"革命党日得利用时机，相为鼓煽，谓民权之路不得立宪之终……不如及早自图，颠覆政府，别立新政府之为愈"。立宪派与革命党本属南辕北辙之两种不同组织，而请愿之失望，则迫使立宪派人转而同情革命。[34]

革命党与改良派在1911年的合流，其实早有铺垫。

第五十一章　1911年：清帝国土崩瓦解

1911年10月4日，清廷颁布了国歌《巩金瓯》。乐曲选自康乾时代的皇家颂歌，歌词由严复于9月28日创作完成。词的内容是："巩金瓯，承天帱，民物欣凫藻，喜同袍，清时幸遭。真熙皞，帝国苍穹保，天高高，海滔滔。"[1]

但金瓯已无法巩固。国歌颁布后六天，武昌起义爆发；颁布后四个月，清帝宣布退位。

再次凑齐亡国三要素

从1861年启动改革，到19世纪80年代自认为实现了"同光中兴"，再到1911年土崩瓦解，清帝国以一种过山车的方式走向了灭亡。

改革启动之前，清帝国是一个典型的秦制政权。

这里的"秦制"，指的是以秦帝国的商鞅之道与韩非之术构筑起来的一套统治秩序，其在中国历史上的基本表现形式是"外儒内法"，也就是古人所总结的"三代而后，申、韩之说常胜。世之言治者，操其术而恒讳其迹"。[2]自秦汉而下至于明清，君主时代的绝大多数政权都属于秦制政权。

具体到施政中，秦制政权有两个基本特点：

一、以官僚集团为统治基础，追求的是"普天之下，莫非王土"和"率土之滨，莫非王臣"，而不是以封建贵族为统治基础。秦制政权下的贵族与官僚，只是贯彻皇权意志的工具，他们名下可以有土地、有爵位，也有俸禄可领，但他们不能拥有这些土地的所有权，不能治理这片土地上的百姓，也不能去处理封地里的政务。他们的生死荣辱完全取决于皇权的喜怒。他们是皇权依赖的工具，也是皇权打击的对象，任何朋党化的苗头都不被允许。

二、其主要施政诉求是保持人力与物力的稳定汲取，并竭尽所能回避政府应该承担的基本义务。为了达成这一目的，秦制政权会致力于消灭社会，也就是消灭那些有影响的人与组织，以制造一种散沙化与原子化的扁平社会结构。这种社会结构可以极大地降低汲取成本。在不影响稳定的前提下，秦制政权也会很愿意引进新技术，以提升汲取强度，增加汲取总量。1861年之前的清帝国，也正是这样运转的。

秦制政权的灭亡同样有规律可循。它们或亡于外敌的压迫入侵，或亡于内部利益集团（也就是统治基础）发生分裂；或亡于底层民众脱离原子化状态，变成有组织的力量（如出现规模较大的流民集团）。作为一个典型的秦制政权，清帝国的灭亡也是如此。事实上，在1861年改革启动的那个节点，清帝国已经集齐了三大亡国要素——上一年的"庚申之变"让咸丰皇帝丢了京城，圆明园也被烧成了灰烬，正是"外敌的压迫入侵"；太平军以流民的形态起事，已割据江南多年，正是底层民众脱离了原子化状态；湘军、淮军等团练武装出身的地方督抚开始拥有军权、财权和人事权，是内部开始出现新的利益集团，正是统治基础在发生变化。

从这个角度来看，清帝国在1861年启动改革，实质上相当于一个典型的秦制政权站到了命运的十字路口：要么致力于消弭亡国三要素重新回归秦制；要么接受外部环境与内部环境的变化，与之共存，因势利导从秦制时代转型至民权时代。遗憾的是，清廷中枢选择了前一条路径。所以这50年里的改革，皆只是在围绕着统治术升级——引进洋人的枪炮、关税系统、铁甲舰队、公司制度、铁路与电报……如此种种，皆止于提升清帝国的统治术，而非变革清帝国的统治模式。于是，在改革的最后十年里，致力于回归秦制的清帝国，再一次集齐了秦制帝国的三大亡国要素。

先说外敌的压迫与入侵。这主要是指庚子年京城陷落，紫禁城成为帝国军队的阅兵之所，慈禧太后仓皇逃亡西安；也包括后来在中国土地上发生的日俄战争。其中以"庚子之变"的影响最为深远，实可谓1860年"庚申之变"的加强版——"庚申之变"让咸丰皇帝的对外强硬路线破产，"庚子之变"也让慈禧太后的回归秦制路线破产。

在19世纪80年代，鲜少有人敢挑战清廷中枢以皇权独断为理所当然的决策模式。两广总督张树声在中法战争期间亲身体验了皇权的专断和不负责任给前线军队造成的巨大危害，但他也只敢在1884年底临终之际写下遗折，建议朝廷实施改革，"育才于学堂，论政于议院，君民一体，上下一心，务实而戒虚，谋定而后动"[3]。张树声口中的"论政于议院"，针对的是慈禧在中法战争期间的各种瞎指挥，针对的是慈禧的利益不等于地方督抚的利益。他将"论政于议院"作为西人立国之本提出来，是希望用一种"众人论政于议院"的方式，来取代慈禧的"一二人裁决于深宫"，也就是让军机大臣与地方督抚们也能进入中枢决策层，也能拥有决策权。那时节，慈禧太后声望正隆，若非临终遗折，张树声恐怕不敢如此建议，更不敢说得如此露骨。

再往后，即便到了戊戌年，官民蜂拥如潮给朝廷上书谈改革，也依然无人敢倡言议会，无人敢挑战中枢的秦制决策模式。正如茅海建所总结的那般：

> 在我所见的275件上书中，论及议会者不过以上数件，由此似乎可以得出这样的印象：尽管从其他材料来看，当时人对议会的议论颇多，而在正式上书中，言及议会者很少。在有限的议论中，并没有涉及西方代议制之根本，即议会的权力及议员的产生方法，更未谈及议会之理念，即"主权在民"。他们的心目中，西方议会的主要作用是"上下互通"，与中国古代的君主"询谋"是相接近的。[4]

可见，因朝廷权威尚在，官民的上书中几乎见不到扩张民权、限制君权的主张。之前致力于鼓吹民权的康有为，戊戌年甚至还在《国闻报》上刊文《答人论议院书》，明言"中国惟以君权治天下而已"。[5]

同样认同扩张民权的高凤谦，也在戊戌年写信给在上海办《时务报》的友人汪康年，劝他不要在报上大谈民权，理由之一是"君权太重，更不能容无忌讳之言，无益于事，徒为报馆之累"。[6]所谓"君权太重"，指的正是朝廷权威尚在。

空前绝后的"庚子之变"，彻底摧毁了慈禧太后的权威，让她的声望一落千丈，也极大地摧毁了朝野内外对清帝国的认同感。孙中山对这种变化深有感触。他比较过1895年10月广州起义与1900年10月惠州起义的民心之别。孙说，1895年广州起义失败时，"举国舆论莫不目予辈为乱臣贼子，大逆不道，咒诅漫骂之声不绝于耳"；1900 年惠州起义失败后，"则鲜闻一般人之恶声相加，而有识之士，且多为吾人扼腕叹息，恨其事之不成矣。前后相较，差若天渊"。[7]

总而言之，"庚子之变"带来了三个直接后果。一是庙堂内部，中枢再也不能对各部门及地方如臂使指。庚子年南方督抚拒绝北上勤王且策划"东南互保"即是例证。二是江湖之远，士绅们开始对清廷彻底失望，容闳、严复、唐才常、章太炎、文廷式等名流在上海张园成立"中国议会"，章太炎、钱玄同在日本绝不肯被称作"清国人"[8]，均是例证。三是革命党人得到了越来越多的同情和支持，孙中山的感受也是明证。

再说统治集团内部分裂。这主要是指慈禧太后启动清末新政，将改革的矛头指向地方督抚，使得地方督抚与清廷中枢离心离德，越走越远。

自地方督抚手中收回财权、兵权、人事权、司法权、外交权和行政权，一直是晚清 50 年改革的核心目的之一。在恭亲王奕䜣主持改革的时代，因为中央层面的反改革力量太过强大，经常不得不借助地方督抚之手去推行改革措施。在这个过程中，李鸿章等人慢慢成为清帝国洋务改革的核心人物。1884 年的中法战争和甲申易枢是一个分水岭。此后，清廷中枢的改革方向不断朝着重塑中央集权的路线调整。"庚子之变"后启动的"预备立宪"和"丙午官制改革"是重塑中央集权的最高峰，中枢与地方之间的矛盾也激化到了一个前所未有的程度。

双方的矛盾，概而言之是：朝廷在庚子年深受"东南互保"的刺激，希望借假立宪收回权力，重申君权的至高无上。地方督抚也在庚子年深受老太后的不理性独断决策的刺激，希望实施一场真立宪，一方面将地方手里的财权、人事权、行政权、司法权合法化，一方面以责任内阁制度来改革朝廷的决策机制。两广总督陶模在庚子乱局初定之际便上书朝廷要求设立议院，即是出于这种目的。陶模在奏折里说："议院议政，而行政之权仍在政府，交相为用，两不相侵。"[9]很明显，他设想的议院已非戊戌年众人口中的咨询机构，而是决策机构。这种主张背后潜藏的，是督抚们对慈禧决策能力的极度不信任。

1906 年的丙午官制改革中，中枢与地方的矛盾也在这里。载泽给慈禧写密折说他拟定的假立宪"最不利于官"[10]，便是指要以立宪为外衣，从地方督抚们手里收权。同时，这场官制改革还掺入了满汉分野的因素，袁世凯进入中央后欲推行责任内阁制度，将中枢决策权从皇帝（也就是太后）手中转移至责任内阁，结果引起了慈禧太后和满洲权贵的高度不满。统治集团内部的这种分裂与角力，最终让丙午官制改革以不了了之收场。中央各部只改了名称，变作外务部、度支部、法部、陆军部……运作模式与传统六部没有区别；但军机处和中央各部的十三名长官里，满人七名，蒙人与汉军旗各一名，汉人仅有四名[11]，完全打破了行之已久的满汉堂官并列的传统。这种做法让许多体制内的汉人感到寒心，也加速了统治集团的内部分裂。

最后再来说民众脱离原子化状态。这主要是指清廷中枢在慈禧去世后开办了地方谘议局，让地方士绅们成功实现了组织化。

清帝国这类秦制政权的核心统治基础，无一例外皆是军队与官僚集团。与清帝国的官僚集团对接的统治术，则是以科举为核心的传统功名体系。这个体系可以给帝国内部的所有读书人提供一种幻象，让他们以为每个人都有机会进入统治集团当中——事实是清帝国的大部分官员来自科举系统之外。科举的取士标准完全掌控在朝廷手里，还能起到在思想上、学问上规训读书人的目的，可以批量制造思想、立场与见识皆符合朝廷需要的知识分子。1905年，地方督抚联名借日俄战争的危机，迫使慈禧太后宣布废除科举制。没了科举制，清廷要想把传统统治术继续下去，便需要寻找一种新事物来替代传统功名体系。

按照正常设计，这种新事物将是国会与地方各级议会。清帝国将从秦制政权转型为民权国家，传统士绅也将由举人贡生转型为各级议会的议员。如此，议员化的士绅与民权化的清帝国仍是一个稳固的利益共同体。但是，清廷中枢拒绝转型为民权国家，清末最后十年的各项新政皆指向了重塑皇权的至高无上，皆指向了重新恢复完整意义上的秦制政权。清廷中枢既然不肯扩张民权，士绅们的身份转型就只好长期搁浅无法兑现——慈禧太后临终前夕出台了多项法律，如《结社集会律》《大清报律》等，即旨在加大压制民权的力度。慈禧去世后，各省在1909年普遍成立地方谘议局，清廷中枢又规定"谘议局仅为一省言论之汇归"，"其所谓民权者，不过言之权而非行之权也"[12]，不愿让谘议局成为民权机构，仅将之视为舆论汇总之地，视为议员们发牢骚的场所。地方该出台何种政策，仍与旧时代一样全由朝廷与各级衙门说了算，谘议局不得干涉。如此种种，清晰地昭示着清廷拒绝迈入民权时代，也清晰地解释了士绅们为何迟迟无法转型为代表民权的各级议会议员。

以摄政王载沣为首的清廷中枢似乎并未意识到，成立各省谘议局却又不让谘议局成为真正的权力机关，是一件非常愚蠢的事情。这种做法安抚不了士绅，也不能用谘议局来制约地方督抚，却将以前星散各地的士绅们聚集到一起，为他们提供了合法的组织机构与合法的活动场所。谘议局横向可以通过"各省谘议局联合会"与各省谘议局互通声气，纵向可联络资政院，下可沟通各州县士绅。原本影响力局限于本省本县本乡的士绅，因为谘议局的出现，被统合成了一个有组织有力量的全国性政治实体。

秦制国家的亡国三要素齐备，清廷的灭亡只是时间问题，武昌的枪声不过是提醒众人最后的时刻已至——枪声响起后，湖北谘议局议长汤化龙立即选择与革命党人合作，成了稳固湖北革命局势的大功臣；"各省谘议局联合会"也立即运作起来，"通电告知各省谘议局以联络，内部订军事政治各条文，自是交战团之势成矣"[13]。革命党人、谘议局士绅与地方督抚在瓦解清帝国一事上，几乎毫不费力地形成了一种默契——广西的谘议局人士与同盟会会员一同劝说本省巡抚宣布独立；广东谘议局副议长丘逢甲也率众成功游说两广总督不要与革命党人交战；福建有旗人将领率军抵抗，谘议局副议长刘崇佑却召集会议做出了与革命党人合作组织新政府、宣布独立的决议，还成功劝说闽浙总督接受了这一事实。浙江的谘议局人士也在议长陈黻宸的带领下分头游说，使浙江大体以和平方式宣布独立。[14]

对一个拥有长达整50年时间来改革和转型的秦制政权而言，最后走到土崩瓦解这一步，绝不能说是时代没有给过机会，只能说清廷中枢一次又一次地错过了机会。

革命打断改良之说不成立

1912年2月12日，清廷中枢于四面楚歌中颁布《逊位诏书》，清帝国正式灭亡。

对于这场鼎革，后世流行过一种反思，称"革命打断了改良"，认为辛亥革命不但革掉了清廷与专制，也革掉了更有价值、更有可能成功、社会转型代价更小的晚清立宪。这种说法在中文知识界一度很有市场。如果这种说法成立，那么辛亥革命不仅无功，简直可谓有罪。

在笔者看来，这种反思是没有史实支撑的。

首先，所谓的晚清立宪，早在武昌枪响之前就已经死掉了。且不论开办学堂后仍坚持搞四书五经，坚持搞以忠孝为本；编练新军时仍以满洲为本位；启动官制改革的目的只是为了提升皇帝（太后）的集权程度；废除科举也只是被内外局势所逼不得不有所表示。单就慈禧太后临终前夕的一系列布局而言，如颁布一系列谕旨禁止绅商和学生"干预国家政治"，如颁布《大清报律》压制一切不利于朝廷的言论，如出台《结社集会律》打压开国会请愿运动，如颁布《钦定宪法大纲》满篇皆是各种"议院不得干预"……皆足以证明改革在这一年已经死掉了。或者说，以扩张民权为方向的改革已被否决，清廷中枢要走的改革之路是重回秦制。之后，立宪派在谘议局与资政院内开展种种抗争，乃至发动集体签名请愿、上街游行请愿等活动，皆不能改变清廷中枢的决心。

直到武昌的枪声响起，眼看动用武力镇压已告失败，各地督抚也普遍持观望态度之后，清廷中枢才在1911年的11月3日颁发《宪法重大信条十九条》，彻底放弃《钦定宪法大纲》里的种种权力归于皇帝和种种"议院不得干预"，来了一次180度的全面改口：承诺皇帝的权力要"以宪法所规定者为限"；同意将宪法的起草议决之权交给资政院，同意将修正宪法的权力交给国会，同意将总理大臣的推举权也交给国会，同意将其他国务大臣的推举权交给总理大臣，同意让皇族退出内阁和各省行政长官，同意海陆军对内使用时要经过国会的议决；同意皇帝"不得以命令代法律"，同意皇帝不得与他国缔结秘密条约，所有外交条约皆须经国会议决；同意国家的预算要经国会议决，同意皇室经费的增减要经国会议决，同意皇室大典不能与宪法抵触。[15]

可惜，这种慌不择路下的全面改口诚意有限，而且已经来不及了。

其次，"被打断的改良"具体指什么？如果指的是清廷中枢愿意搞的"预备立宪"，那么这种改良理应被打断。根据清廷颁布的《预备立宪章程》与《钦定宪法大纲》，它所要搞的不过是一种新式的开明专制，而专制下的开明可遇而不可求，犹如风中之烛是靠不住的。如果"被打断的改良"指的是立宪派所要求的君主立宪，那么武昌的枪声并没有打断它，因为立宪派的政治诉求与革命党一样，都是"兴民权，革专制"，是否保留君主反而不是核心问题——革命党人固然无意保留君主，立宪派也从来没有坚持过必须保留君主。1911年之后，立宪派与革命党也继续在为"兴民权，革专制"而努力，中断是不存在的。

再次，在清帝国的最后十余年里，革命与改良从来就不是彼此对立的阵营。有一种流行的常识认为，革命的全称是"暴力革命"，改良的全称是"和平改良"。这种区别，与我们长期习惯以手段而非以目的来划分革命与改良，有非常直接的关系。但革命真的只有"暴力革命"一种形态吗？可不可以有不暴力的革命？当然可以有。如果以目的（也就是具体的政治诉求）来划分革命与改良，不暴力的革命同样也是存在的。[16]

具体到清末，革命党人自然属于革命派无疑。在"手段划分法"下长期被视为改良者的立宪派，在"目的划分法"下其实也可以归入革命派。这个问题，梁启超当年在与革命党论战时便已表述得相当清楚。梁说，革命党的政治诉求是共和立宪，立宪派的政治诉求是君主立宪，二者皆倡导民权反对传统帝制，故而皆是在追求政治革命：

> 政治革命者，革专制而成立宪之谓也。无论为君主立宪，为共和立宪，皆谓之政治革命。苟不能得立宪，无论其朝廷及政府之基础生若何变动，而或因仍君主专制，或变为共和专制，皆不得谓之政治革命。[17]

梁还在论战中反复申言：自己绝不反对革命，唯主张有秩序的革命，不赞成"暴动革命"。所谓"暴动革命"指的是革命党人欲以武力推翻清廷；所谓有秩序的革命指的是立宪派欲和平立宪，变数千年帝制时代为民权时代。

也就是说，一种政治运动革命与否，其实取决于它的政治诉求当中有没有变更政体、重造政治规则的选项。如果有，那就是革命；如果没有，而仅限于在现有制度的基础上做一些修修补补，那就只能算改良。如果不但没有变更政体的诉求，还采取暴力手段取代现政权，那就只是徒增黎民苦难的改朝换代。

总之，以目的（政治诉求）划分了革命与改良之后，方才轮到用手段（暴力或者和平）来划分"有秩序的革命"与"无秩序的革命"。理解了这一点，当然也就不会再纠缠"革命打断改良"这种伪问题。

其实，在清帝国的最后十年里，与其说革命与改良是一种互相冲突的关系，不如说前者一直在为后者提供动力——开办新式学堂也好，废除科举也好，宣布预备立宪也好，体制内的改革派们每次上奏要求实施此类新政时，皆会提及革命党人带来的压力，皆会将改良视为消弭革命的良药。正如鲁迅在《无声的中国》里所说的那样：

> 人的性情是总喜欢调和折中的，譬如你说，这屋子太暗，须在这里开一个窗，大家一定不允许的。但如果你主张拆掉屋顶他们就来调和，愿意开窗了。没有更激烈的主张，他们总连平和的改革也不肯行。[18]

慈禧太后和她的继任者摄政王载沣，正是这种无人拆屋顶便绝不肯开窗的性情。如前文所言，清廷中枢颁布《宪法重大信条十九条》答应开窗，答应转型进入民权时代，是在武昌起义已经爆发，清帝国的屋顶已被掀了大半之后。亡羊补牢，为时晚矣。

剪辫子是件漫长的事

清帝国灭亡了，近代中国的转型并没有完成。

事实上，真正的转型才刚刚开始。从秦制王朝彻底溃灭到民权国家真正建立，中间还有一段路要走。这期间有许多的旧观念、旧制度要摒弃，有许多的新观念、新制度要树立。秦制深重，每一件事都关系到认知的扭转与利益的妥协，不会一蹴而就。

哪怕只是剪掉脑后的那根辫子，也很不容易。

梅兰芳是在1912年6月剪掉辫子的。此时距离清帝下诏退位已过去四个月；距离民国政府发布剪发令已过去三个月。梅的行动显然称不上积极，但相对身边其他人，却已可算前卫。比如，为梅管理服装和处理杂物的"跟包"，无论梅怎么劝，就是死活不愿意剪掉辫子。梅兰芳回忆道：

> 我的跟包大李和聋子，我劝他们剪辫子，怎么说也讲不通。有一天我只好趁他们睡熟了，偷偷地拿了剪子先把聋子的辫子剪掉。等他醒过来，感觉到脑后光光的，非常懊丧，把个大李吓得也有了戒心。他每晚总是脸冲着外睡，好让我没法下手。结果，我趁他酣睡的时候，照样替他剪了……第二天他含着眼泪，手里捧着剪下来的半根辫子，走到上房向我祖母诉苦……过了好久，他谈起来还认为这对他的身体是一个重大的损失。在当年是真有这许多想不开的人的。[19]

梅兰芳身边人的情况并非个案。清帝退位了，革命军政府发起了带有强制色彩的剪辫运动，但知识分子、乡绅与百姓不肯剪辫子的案例其实很普遍，甚至不乏聚众暴力抗争的现象。

在南京，1912年2月，英国驻华公使朱尔典注意到："（浙军）带着剪刀作为武器在南京各街道上游行，剪掉所有那些仍然蓄发的中国人的辫子……南京人民对浙军的暴行感到非常愤恨。"[20]同期，在成都、长沙、昆明等地，因军队强制剪辫也引发了民众恐慌，甚至发生了血案。次级城市及基层乡村，没有了革命军的强迫，剪辫者更少。在云南腾越，英国驻当地代领事史密斯观察到："公众舆论对革命是冷淡的。人们没有任何热情……在街上很少见到剪了辫子的人"[21]，无人响应云南军政府限期五天的剪辫令。革命军势力甚大的浙江，也是同样情形——在上虞县，"自光复后，剪辫者寥寥"，虽经新政府一再劝喻，但"该处人民终观望不剪"[22]；在嘉兴县，竟有"顽民千人之众，以反对剪辫为号召"[23]，把积极推动剪辫令的官绅之家捣毁。

1912年前后，多数民众不愿意剪辫子或许尚有担忧清廷复辟的考量。毕竟，清军入关后强迫民众"留头不留发，留发不留头"酿成诸多血案，辫子问题相当敏感，是清廷衡量汉人归顺与否的重要标志。

但下面这些事实，就很难用担忧清廷复辟来解释了。

在安徽，民国成立两年了，绩溪周边乡村的留辫者仍极多。1914年，赴美留学的胡适收到来自家乡的书信，其中写道："吾乡一带，自民国成立以后，剪去辫发者已有十之九，其僻处山陬（如上金山、张家山、寺后十八村，并歇之内东乡各处），剪发者只有半数。"[24]在上海，《申报》1914年4月20日刊文嘲讽本地风俗："上海地面却有三样东西出产的顶多。是别处少有的……那就是车子（人力车）、辫子、婊子。"[25]在北京，鉴于留辫者甚多，尤其是"上流社会未剪者尚居多数"，1914年7月，内务部不得不再次发布"剪发六条"，规定：凡公务员不剪辫者，停止其职务；公立机关雇用之人员不剪辫者，解除雇佣关系；车马夫役不剪辫者，禁止营业。[26]但据《申报》1928年9月16日公布的一项统计，民国已成立16年之久，北京仍尚有4689条"男辫子"未剪。在山西，直到1918年，阎锡山仍在大力推行"剪发"政策，派出政治实察员至各县，逐级追查剪辫情况，县促区，区促村，村促户，县区官员到村蹲点，警察下村巡查。[27]至1919年，山西的辫子才算大致剪完。在天津，虽然开埠很早，但1923年上海广益书局出版的《中华全国风俗志》中却称"蓄辫之恶俗，反较他埠为独甚。无论上中下三等人，剪发者殆居最少数"[28]，是各通商口岸中最不愿剪辫子的地方。

以上事实，也很难被归因为"生活习惯"。众所周知，蓄辫并不卫生，正所谓"三朝两日梳头，四季衣衫油腻"。1912年，梁实秋的父亲给全家人剪辫子，梁实秋就非常开心，理由是"我们对于这污脏麻烦的辫子本来就十分厌恶，巴不得把它齐根剪去"。只有梁实秋的二舅爹爹"忍不住泫然流涕"，老人的眼泪显然与生活习惯无关。[29]

真正导致民众不愿意剪辫子的原因，是遗忘与美化。

对清朝初年的中原民众而言，脑后的辫子意味着被征服的屈辱史，意味着"扬州十日"与"嘉定三屠"。但当硝烟散尽，政权鼎革已成定局，这段屈辱史遂被当局用严密的文网层层遮蔽了起来。自顺治朝始，至乾隆朝终，共兴文字狱170余次，尤以乾隆朝为最，多达130余次。这些文字狱的核心目的之一，就是消灭清初历史。

按清廷的最高定论，明亡于流贼，清代明而起消灭流贼，乃是为明报仇。清初贰臣们纂修史料，全部围绕着这个"定论"展开，对明亡于流贼的史实并不避讳，却往往止于甲申国变，对之后清军进入中原及南明各政权的抗清活动只字不提。明朝遗民所留史料更成了清廷文字狱扫荡的重点对象。如彭家屏乃康熙六十年进士，仅因藏书中有记载南明史实者，父子便俱被处死。藏书尚且如此，讲授、传播明清易代的历史真相，自然更无可能。而在明清易代的史实中，"剃发留辫"又是最为敏感者。连"发"字在清代的使用都一直处于战战兢兢的状态。如常用词"一发千钧"，因容易被人联想曲解为"以千钧之重来形容一发"，进而引申为对剃发政策的不满，清人便极力回避使用该词。王汎森在《权力的毛细管作用》一书中说，清人花 80 余年所修纂的《明史》，"从头到尾未曾用过'一发千钧'或'千钧一发'"；《清实录》里同样找不出"千钧一发"，仅出现过一次"一发千钧"。[30]

一个"发"字尚且如此，剃发留辫的历史会被遮蔽到何种程度自不难想象——乾隆时代的禁书运动中，连"女真""建州卫"这类名词，皆因为有可能引起对清朝早期历史的联想，全列在抠、删的范围内。书籍中没有建州卫、没有女真、没有扬州十日、没有嘉定三屠……普通人当然也无法了解辫子之由来。于是，在晚清无知识的普通人眼里，剃发留辫仿佛已是数千年的固有习俗。

秦制时代太漫长，康雍乾三帝文网密布达百余年之久，举国上下皆在战战兢兢中学会了自我审查与自我阉割。《读史方舆纪要》是一本历史地理工具书，对明清之际的地理变化却一个字也没有写；乾隆做皇子时，其史论写作集中于汉唐宋而从不涉明清；庄廷鑨《明史》案发，谷应泰《明史纪事本末》一书的刻板紧急将"明史"二字挖去；孔尚任《桃花扇》里用流寇代替清军，李渔《巧团圆》里把掠夺妇女的清军改成李自成军。

章太炎惊讶地发现通行本《日知录》里无任何华夷种族之说，他比对原抄本后还发现，通行本不但经过官方删改，也经过了民间私人的删改，后者的删改力度远比官方彻底。钱穆一度不知本朝皇帝乃是满人，直到遇上革命党人钱伯圭做了自己的小学体操教师："伯圭师随又告余，汝知今天我们的皇帝不是中国人吗？余骤闻，大惊讶，云不知。归，询之先父。先父云，师言是也。今天我们的皇帝是满洲人，我们则是汉人。"[31]钱穆不知道，是因为他的父母和私塾教书皆非常"自觉"地回避向他谈起本朝真实的历史与现实。

乾隆时代，曾静以"理气之分"来抨击清廷，认为汉人生于中土，禀气较纯，故生而为人；夷狄生于边陲，禀气不纯，故生而为禽兽。到了清末，这套毫无道理可言的"反动理论"，竟已成了知识分子用来维护清廷、对抗近代文明的趁手武器——郭嵩焘出使欧洲写日记赞赏英国"君民兼主国政"的制度，引来同乡大儒王闿运的激烈批判，王只承认大清之人是人，他搬出了曾静当年的理论，说"彼夷狄人皆物也"[32]，那英国人都是禽兽之物，不过通了一点人气罢了。

在这样畸形的社会里苟且太久，苟且会慢慢变成生活的一部分，苟且的原始意味会慢慢消失，苟且会被美化，会变成理所当然和不容置疑。曾静的"理气之分"如此，辫子问题也是如此。曾经的压迫已经遗忘，曾经的屈辱已被美化。于是，辛亥革命后，地方士绅为保住自己的辫子不惜与新政权武力相向的冲突层出不穷——1912年7月，清帝已退位半年之久，山东都督周自齐派了宣传员前往昌邑县劝导民众剪辫。宣传员在县衙门口举行集会，公开剪掉了当地两名乡绅的辫子。次日，被剪了辫子的乡绅聚集民众公然打杀了27名无辫之人。[33]这暴烈反抗的背后有现实利益，也有对辫子的强烈认同。

有形的辫子已是如此难剪，无形的辫子当然更是根深蒂固。

1913年10月10日，袁世凯就任中华民国大总统。他公开发表了一份总统宣誓词。这份完全足以代表其个人意志的宣誓词，便露出了他脑中那根剪不掉的无形之辫。

袁在宣誓词里，如此描述他所理解的"共和"：

> 西儒恒言，立宪国重法律，共和国重道德。顾道德为体，而法律为用。今将使吾民一跃而进为共和国民，不得不借法律以辅道德之用。余历访法、美各国学问家，而得共和定义曰：共和整体者，采大众意思，制定完全法律，而大众严守之。若法律外之自由，则共耻之！此种守法习惯，必积久养成，如起居之有时，饮食之有节，而后为法治国。吾国民性最驯，惟薄于守法之习惯。余望国民共守本国法律，习之既久，则道德日高，而不自知矣！[34]

这是一段非常荒唐的论述，绝不是一个被赋予了引领国家从秦制时代向民权时代转型这般重任之人该有的认知。

通过不知来由的所谓西儒名言，袁抛出的论断"立宪国重法律，共和国重道德”，实在是错得离谱。“共和”一词起源自拉丁文，意为“人民的公共事务”，强调国家权力是公有物，国家治理是全体公民的共同事业。具体而言，指的是所有公民均有权参与国家的法律、政策的制定和执行。袁之所以大谈“共和国重道德”的谬论，主要原因是他对近代政治思想知之甚少，更熟悉帝制时代以道德礼教治国那套把戏，在那套把戏里，他的权术也可以更加如鱼得水。

袁还说自己遍访法、美各国学者，得知“共和”的定义是“采大众意思，制定完全法律，而大众严守之。若法律外之自由，则共耻之”。这话至多只说对了一半。真共和体制下的法律，确实须反映大众意志，但“法律外之自由，则共耻之”的说法却大错特错，完全没有区分私域与公域——在民权时代，就公民的私权利而言，应是法无禁止即可为；就政府的公权力而言，才是法无授权即禁止。1913年的中文知识界有区分公域与私域的能力，早在十年前，严复就已将约翰·穆勒的《论自由》翻译成中文，以《群己权界论》为书名公开出版了。袁世凯号称遍访海外学者，却无视中文知识界关于“自由”的最前沿介绍，是因为他的思想本就倾向于将“自由”理解为“朝廷明文规定给你的自由才是自由”“朝廷明文规定给你的权利才是权利”。袁呼吁民众要在起居和饮食上有时有节，说只有民众长期这样做，才能造就一个法治国家，这种逻辑仍是秦制时代的“牧民思维”在起作用。他没有意识到，或者不愿意识到：真正对法治构成威胁的，是制度建设缺失导致的公权力无约束，而不是民众何时起床、何时睡觉、何时吃喝拉撒。

宣誓词谈完对“共和”的理解，袁接下来又大谈特谈对民众的要求——这是一件很意味深长的事情。作为一份总统宣誓词，袁几乎没有向民众承诺自己将做到什么，反以相当大的篇幅对民众提出种种要求。

袁说，自己反反复复想要向国民说的“不外道德二字”。道德扩大开来讲，是希望民众做到“忠信笃敬”四个字。袁用了600余字来阐释什么是“忠信笃敬”。在这600余字里，能够见到的全是公权力对民众的要求与控制，全是公权力在要求民众服从和牺牲，几乎见不到公权力的自我约束，也见不到公权力要承诺给民众提供何种服务：

一、谈“忠”时，袁要求民众必须“屈小己以利大群”“轻权利重义务"，强调这样做才算是忠，却无一字言及公权力须忠于民众、忠于共和。

二、谈"信"时，袁批评当代国民"人心不古"，却丝毫没有意识到任何时代的道德败坏都是从政治败坏开始的。责备民众"近来人心不古"而不在公权力层面做任何的反思与承诺，恍惚中给人一种读朱元璋《大诰》的错觉（当然了，袁的措辞比《大诰》温和）。

三、谈"笃"时，袁搬出了"吾国向以名教为大防"的传统话语，责备某些民众过于理想主义，不相信国粹，"不做实事，专说大话，未得外国之一长，先抛本国之所有，天性浇薄，传染成风"。以民国首任大总统的身份，在宣誓词中只字不提自己对国民应该承担的义务和责任，却对民众发出这种严厉责备，显见袁对时代转型存在抗拒心理。

四、谈"敬"时，袁要求民众做到"有恒心然后有恒业"，具体来说就是要民众做好分内之事，不要有"旁观嘲讽之语"。这自然是在偷换概念，孟子的原话是"民之为道也，有恒产者有恒心，无恒产者无恒心，苟无恒心，放辟邪侈无不为已"，公权力要保证民众有恒产，民众才能对公权力有恒心。袁却反其道而行之，以一国总统的身份要求民众先对公权力有恒心，然后闭上嘴巴老老实实去做公权力摊派给他们的分内之事。

"忠信笃敬"阐释完毕后，袁在宣誓词里总结说：这四字及其内涵是"立国之大方针"，希望民众"日诵于心，勿去于口"。[35]

在一个由秦制时代向民权时代转型的关键期，负责主导转型的大总统，在他的总统就职宣誓词中，找不到公权力对民众的承诺，找不到公权力的谦逊与约束，找不到与扩张民权相关的制度建设，有的只是对民众的各种批评，有的只是要民众各种服从。由此可知，袁世凯虽在清末新政中有过颇为开明的表现，却仍不是一个知识与见识足以与民权时代接榫之人。他的脑子中还残留着太多秦制时代的旧辫子，他剪不掉也不想剪。自然，这绝非时代之福。

所以，1911年清帝国的灭亡不是结束，只是另一个开始。

后 记

本书的写作断断续续，最早可以追溯到2011年。当时正值辛亥革命100周年，讨论晚清改革的氛围颇盛，有一种流传很广的声音是对革命党人的反思，认为激进革命打断了转型代价更小的和平改良之路，是中国近代史的巨大遗憾。其中一篇让人印象深刻的文章称：清廷已经公布《宪法重大信条十九条》，准备实施"虚君共和"，辛亥革命有可能转变为中国的"光荣革命"，革命党人却要激进到底，这就不可原谅了。

对于这类反思，笔者始终持质疑的态度。

道理很简单。就一场持续了半个世纪之久的时代转型而言，真正有能力决定转型走向的其实是清廷中枢。立宪派也好，革命党人也罢，其实都是清廷中枢之所作所为刺激下的产物。革命党魁首孙中山回忆说，1895年底策划"广州起义"失败时，"举国舆论莫不目予辈为乱臣贼子，大逆不道，咒诅谩骂之声不绝于耳"；可是，当革命党人在1900年底策划"惠州起义"再次失败时，"则鲜闻一般人之恶声相加，而有识之士，且多为吾人扼腕叹息，恨其事之不成矣"。[1]发生这样的变化，主因当然不是革命党人的主张和手段有了什么本质性的变化，而是清廷中枢在庚子年做出了让举国官绅百姓都极度失望的事情。1907年，立宪派骨干梁启超也在《新民丛报》中点出了这一点。梁当时的立场是反对革命，视之为洪水猛兽，但文章将矛头指向了清廷："现政府者，制造革命党之一大工场也。始焉犹以消极的手段间接而制造之，继焉遂以积极的手段直接而制造之。举中外上下大小官僚以万数计，凤暮孳孳，他无所事，而惟以制造革命党为事。"[2]

孙与梁皆深度介入晚清的转型之中。他们共同意识到一个事实：转型的主导权掌握在清廷手中，究竟是立宪派成气候，还是革命党人成气候，抑或是二者皆不成气候，主要取决于清廷在大变局时代实施了怎样的改革政策。清廷一度拥有足够宽裕的时间，也一度拥有足够充分的能力。清廷可以自主控制做什么或者不做什么。遗憾的是，慈禧太后及其后继者没有响应时代转型的需要，反而执拗地试图借预备立宪之名将时代拉回到转型之前。这种做法，让地方督抚、谘议局士绅、立宪派与革命党人集体失望，也让清帝国在辛亥年变得极为脆弱，武昌城里的些微火星，便足以引发一场势不可遏的土崩瓦解。

此外，要求民众管控住自己对清廷的失望情绪，要求革命党人管控住自己受清廷政策刺激后的反应程度，本身也不具备可行性。梁启超当年与革命党人论战铩羽而归，不得不承认清廷才是制造革命党的"大工场"，并不是因为革命党人的主张更有说服力，而是因为清廷的所作所为，让梁启超也管控不住自己的失望与愤怒——使梁深受刺激的，正是清廷当时刚刚实施的"丙午官职改革"。梁在文章里说，此项新政号称"预备立宪改革官制"，实则"徒为权位之争夺、势力之倾轧"，不过是清廷中枢走回头路的障眼法，是在打着新政的旗号搞"排挤异己"。连抵制激进如梁启超者，也压抑不住失望与愤怒，显见这类反思只能提供文本上的快感，无法沉淀为可吸取的历史经验与历史教训。

毕竟，历史的演化不是进超市购物。不是左边货架上摆着标好了价码的"革命"，右边货架上摆着标好了价码的"改良"，然后任由顾客对照性价比自由挑选。如果真是这样，那自然人人选择改良，连"革命"这个词都未必有存在的空间。可惜历史不是这样简单的购物游戏，而是一场不间断的"刺激—应激—刺激"反应。这不间断的反应构筑起来的历史脉络，不是简洁明了的链式结构，而是复杂难解的网状结构。在这网状结构里，绝大多数历史事件是由多重刺激与多重应激合力造成。所以，与其责备应激者理性不足、识见有限、反应过度，不如反省刺激者在行为可控、局势可控时，为何仍一再行差踏错，不如追问清廷中枢为何要等到武昌的枪声已然响起20余天之后，才不情不愿地颁布《宪法重大信条十九条》。

　　还原这种"刺激—应激—刺激"反应，尽可能去审视那些在时代转型过程中拥有充分行为主动权的人与群体，去梳理他们做了什么、没有做什么，去体察他们可以做什么、可以不做什么（许多时候，不做什么远比做了什么重要），去追问他们为什么要这样做、为什么不那样做，正是本书的写作动机。

　　遗憾的是，晚清长达半个世纪的改革以转型失败告终。这也意味着本书的审视止于君权时代的结束，而非民权时代的成型——民国以共和立国，这共和不到两年便因袁世凯的帝制自为而化为泡影。从君权时代结束往民权时代转型，这中间的筚路蓝缕，已是另一段值得重新梳理的故事了。

　　最后，感谢在本书的写作和出版过程中所有提供了帮助的友人。感谢行距文化的黄一琨先生与武新华女士。感谢本书的编辑魏力兄，感谢浙江人民出版社。感谢我的妻子和女儿，本书的完成与你们的支持密不可分。

2022年5月

于海淀魏公村

尾　注

序　言　历史不能假设，但可以复盘

1　　当时的文件也有写作"咨议局"者，本文为求统一，选择使用"谘议局"。

前　言　从哪里来，向何处去

1　　《广东义民斥告嘆夷说帖》，中国第一历史档案馆编：《鸦片战争档案史料》（四），天津古籍出
　　　版社1992年版，第5页。

2　　梁廷枏：《夷氛闻记》，卷五。中国史学会主编：《中国近代史资料丛刊·鸦片战争》（6），新
　　　知识出版社1955年版，第104页。

3　　赘漫野叟：《庚申夷氛纪略》，中国史学会主编：《中华近代史资料丛刊·第二次鸦片战争》
　　　（二），上海人民出版社1978年版，第13页。

4　　五虎杆是一种安置在城楼上用来传递紧急信号的杆子。白天挂旗，晚上悬灯。如城内有变或有敌军
　　　攻城，就会挂上黄旗或黄颜色的灯。《钦定大清会典》卷八十七记载："九门每门各设信炮五，竖
　　　旗杆五枝，存旗、灯各五。一闻白塔信炮，则九门信炮皆应，杆上亦各悬旗悬灯。或传报不及系，
　　　何方紧急即先放何门之炮，一处放炮，别处炮声皆应。"

5　　刘毓楠：《清咸丰十年洋兵入京之日记》，《中国近代史资料丛刊·第二次鸦片战争》（二），上
　　　海人民出版社1978年版，第137—138页。

6　　《奕䜣等奏夷兵焚毁园庭片》咸丰十年九月初六日，中国第一历史档案馆编：《圆明园》（上），
　　　上海古籍出版社1991年版，第562—563页。

7　　李元度：《国朝先正事略补编》卷二，"陈宝箴"条。

8　　自魏源的《海国图志》提倡"师夷长技以制夷"之说后，晚清知识界主张改革者多秉持此说。如冯
　　　桂芬在《校邠庐抗议》中评论魏源，说他的"以夷攻夷，以夷款夷"之说没有可行性，"独师夷长
　　　技以制夷一语为得之"。冯桂芬：《校邠庐抗议》，上海书店出版社2002年版，第49页。体制中人

同样多持此说，如李鸿章"取魏默深师夷长技以制夷之说盛倡洋务"。见《清稗类钞》会党类"光宣间之党争"条。

9　《中法新约》，王德锋等主编：《中国近现代史参考资料》，吉林人民出版社1993年版，第125页。

10　这项工程共计耗银679万两。见陈先松、陈兆肆《三海工程筹款述论》，《历史档案》2009年第2期。

11　需要注意的是，在晚清的政治语境中，"议会"一词不能完全等同于现代议会民主制度。在张树声与陶模这些人的奏折里，"议会"与民权并无关系，它实际上相当于一个"集体决策机构"，组成"议会"的成员来自地方和中央的各个权力部门，并不代表民意。他们看重的也不是"议会"的决策在民意层面拥有更高的合法性，而是认为这种集体决策机制既能博采众议，也能具体追责，要比一二人决策于深宫之中更为合理，更不容易出乱子。"清末新政"中袁世凯主张的责任内阁，大体也是如此。

12　陶模：《变通政治宜务本原折》，沈云龙主编：《近代中国史料丛刊》第四十五辑，（台北）文海出版社1966年版，第25—35页。

13　《谕内阁以外邦无礼横行当召集义民誓张挞伐》，明清档案馆编：《义和团档案史料》上册，中华书局1959年版，第162—163页。

第一章　1861年：改革始于人事更迭

1　咸丰十年为庚申年，故时人将这场变故称作"庚申之变"，今人则惯称"第二次鸦片战争"。

2　郭廷以：《近代中国史纲》，上海人民出版社2015年版，第83页。

3　1841年，英船纳尔不达号（Nerbudda）在台湾因故触礁，船上约二百人被时任台湾兵备道的姚莹率军俘获。这些俘虏中的大部分后来由道光皇帝下旨集体处死，引发中英外交纠纷。英方声称英船并无侵略行为，乃是遭风触礁遇难。但台湾镇总兵洪阿与台湾兵备道姚莹在给道光皇帝的奏折里说的是"逆夷复犯台港"，"以计诱其搁浅"。见《台湾镇总兵达洪阿等奏报计破再犯台湾之英船并斩俘获胜折》道光二十二年二月初四日，中国第一历史档案馆编：《鸦片战争档案史料》（五），天津古籍出版社1992年版，第72—73页。

4　茅海建：《苦命天子：咸丰皇帝奕詝》，生活·读书·新知三联书店2013年版，第157页。

5　《筹办夷务始末（咸丰朝）》（三），中华书局1979年版，第985—986页。

6　中国史学会主编：《中国近代史资料丛刊·第二次鸦片战争》（五），上海人民出版社1978年版，第85—86页。

7　见《曾国藩全集》（二）（岳麓书社2011年版，第587页）中曾国藩《奏请带兵北上以靖夷氛折》所引咸丰谕旨。

8　《奏请带兵北上以靖夷氛折》，《曾国藩全集》（二），岳麓书社2011年版，第587—588页。

9　《中国近代史资料丛刊·第二次鸦片战争》（五），上海人民出版社1978年版，第269页。

10　《中国近代史资料丛刊·第二次鸦片战争》（五），上海人民出版社1978年版，第269页。

11　《中国近代史资料丛刊·第二次鸦片战争》（二），上海人民出版社1978年版，第160页。

12　沈兆霖：《吁请回銮疏》，（台北）"中研院"近史所编：《近代中国对西方及列强认识资料汇编》第一辑，1972年版，第743页。

13　《中国近代史资料丛刊·第二次鸦片战争》（五），上海人民出版社1978年版，第272页。

14　《中国近代史资料丛刊·第二次鸦片战争》（五），上海人民出版社1978年版，第270页。

15 《中国近代史资料丛刊·第二次鸦片战争》（五），上海人民出版社1978年版，第340页。

16 《中国近代史资料丛刊·第二次鸦片战争》（五），上海人民出版社1978年版，第341—342页。

17 《筹办夷务始末（咸丰朝）》（八），中华书局1979年版，第2682—2683页。

18 《筹办夷务始末（咸丰朝）》（八），中华书局1979年版，第2710页。

19 《筹办夷务始末（咸丰朝）》（八），中华书局1979年版，第2721页。

20 冯桂芬：《显志堂稿》卷五，古籍光绪二年校邠庐刻本，第30页。

21 《曾国藩日记》同治元年九月十七日，《曾国藩全集》（十七），岳麓书社2011年版，第342—343页。

22 《显志堂稿》卷四，第18页。

23 《校邠庐抗议》，上海书店出版社2002年版，第49页。

24 陈旭麓：《关于〈校邠庐抗议〉一书——兼论冯桂芬的思想》，《近代史思辨录》，广东人民出版社1984年版，第222—223页。

25 《上曾相》同治元年四月初二日，《近代中国史料丛刊》第四辑《李文忠公（鸿章）朋僚函稿》，（台北）文海出版社1973年版，第41页。

26 《校邠庐抗议》，上海书店出版社2002年版，"自序"。

27 《校邠庐抗议·采西学议》，上海书店出版社2002年版，第57页。

28 《显志堂稿》"序"。

29 陈义杰整理：《翁同龢日记》第四册，中华书局1989年版，第2252页、第2256页、第2266页、第2330页。

30 《都在谈"变"：对〈校邠庐抗议〉的一次讨论》，李济琛编：《戊戌风云录》，金城出版社2014年版，第249页。

第二章　1862年：步履艰难同文馆

1 老吏：《奴才小史》，陈力编：《中国野史集粹》（五），巴蜀书社2009年版，第1053页。

2 高中华：《肃顺与曾国藩集团关系述论》，《中国国家博物馆馆刊》2012年第3期。黎泽济：《郭嵩焘和肃顺的关系——对〈清史稿〉的一点质疑》，《学术月刊》1988年第9期。

3 王家范：《肃顺之死——晚清史随札》，钱伯城、李国章主编：《中华文史论丛》第六十二辑，上海古籍出版社2000年版。

4 薛福成：《庸庵文续编》下卷，转引自王继平：《晚清湖南史》，湖南人民出版社2004年版，第151页。

5 薛福成：《庸庵笔记》卷一，转引自邓云乡：《宣南秉烛谭》，河北教育出版社2004年版，第59页。

6 《清朝野史大观》卷四"科场舞弊"，转引自王家范：《肃顺之死——晚清史随札》，《中华文史论丛》第六十二辑，上海古籍出版社2000年版。

7 黄濬：《花随人圣庵摭忆》，上海古籍出版社1983年版，第13页。

8 印鸾章：《清鉴纲目》，岳麓书社1987年版。

9 茅家琦等主编：《中国近现代大事编年1840—1999》，北京出版社2002年版，第72页。

10 侯德云：《天鼓：从甲午战争到戊戌变法》，上海社会科学院出版社2017年版，第255页。

11 王铁崖编：《中外旧约章汇编》第一册，生活·读书·新知三联书店1957年版，第102页。

12 《奏请设立同文馆折（附章程）》，高时良编：《中国近代教育史资料汇编·洋务运动时期教育》，上海教育出版社2007年，第41页。

13　《核议广东同文馆肄业学生酌量变通事宜折》，《中国近代教育史资料汇编·洋务运动时期教育》，上海教育出版社2007年，第240—241页。

14　《请添设一馆讲求天文算学折》，《中国近代教育史资料汇编·洋务运动时期教育》，上海教育出版社2007年，第48页。

15　《请同文馆毋庸招集正途疏》，《中国近代教育史资料汇编·洋务运动时期教育》，上海教育出版社2007年，第9—10页。

16　《着毋庸议张盛藻奏折谕》，《中国近代教育史资料汇编·洋务运动时期教育》，上海教育出版社2007年，第10—11页。

17　《请罢同文馆用正途人员习天算折》，《中国近代教育史资料汇编·洋务运动时期教育》，上海教育出版社2007年，第11—12页。

18　《沥陈开设天文算学馆情由折》，《中国近代教育史资料汇编·洋务运动时期教育》，上海教育出版社2007年，第12—14页。

19　《密陈同文馆招考天文算学请罢前议折》，《中国近代教育史资料汇编·洋务运动时期教育》，上海教育出版社2007年，第14—15页。

20　《遵议倭仁密陈折片并陈管见折》，《中国近代教育史资料汇编·洋务运动时期教育》，上海教育出版社2007年，第15—17页。

21　《着倭仁酌保数员另行择地设馆谕》，《中国近代教育史资料汇编·洋务运动时期教育》，上海教育出版社2007年，第17页。

22　《奏陈保举无人天文算学毋庸另行设馆折》，《中国近代教育史资料汇编·洋务运动时期教育》，上海教育出版社2007年，第17—18页。

23　《着倭仁随时留心保举设馆教习谕》，《中国近代教育史资料汇编·洋务运动时期教育》，上海教育出版社2007年，第18页。

24　[美]丁韪良著，沈鸿、恽文杰、郝田虎译：《花甲记忆》，学林出版社2019年版，第335页。

25　徐一士：《一士谭荟》，太平书局1945年版，第134—135页。

26　《花甲记忆》，学林出版社2019年版，第335页。

27　欧阳昱：《见闻琐录》，岳麓书社1986年版，第103页。

28　《请撤销同文馆以弭天变折》，《中国近代教育史资料汇编·洋务运动时期教育》，上海教育出版社2007年，第21—28页。下文引自该资料者，不再赘注。

29　《见闻琐录》，岳麓书社1986年版，第102页。

30　《着毋庸议杨廷熙奏折谕》，《中国近代教育史资料汇编·洋务运动时期教育》，上海教育出版社2007年，第28—29页。

31　《见闻琐录》，岳麓书社1986年版，第102页。

32　《致李鸿章》，《曾国藩全集》（九），岳麓书社2011年版，第504页。

33　《翁同龢日记》第二卷，中西书局2012年版，第551页。

34　《郭嵩焘全集》第九册，岳麓书社2018年版，第265页。

35　李慈铭：《越缦堂日记》同治六年七月三日。

36　M.J.O'brien, *The Peking College*, North China Herald, January 25, 1870.

37　《请钦定招考天文算学各员折》，《中国近代教育史资料汇编·洋务运动时期教育》，上海教育出版社2007年，第77页。

38　《考试甄别在馆学生片》，《中国近代教育史资料汇编·洋务运动时期教育》，上海教育出版社2007年，第101页。

第三章　1863年：赫德执掌大清海关

1　戴一峰：《近代中国海关与中国财政》，厦门大学出版社1993年版，第25页。

2　中国近代经济史资料丛刊编辑委员会编：《中国海关与义和团运动》，科学出版社1959年版，第65页。

3　〔英〕莱特（S.F.Wright）著，姚曾廙译：《中国关税沿革史》，生活·读书·新知三联书店1958年版，第6页。

4　《中国关税沿革史》，生活·读书·新知三联书店1958年版，第8—9页。

5　《中外旧约章汇编》第一册，生活·读书·新知三联书店1957年版，第37页。

6　《中国关税沿革史》，生活·读书·新知三联书店1958年版，第44页。

7　《中国关税沿革史》，生活·读书·新知三联书店1958年版，第90页。

8　《中国关税沿革史》，生活·读书·新知三联书店1958年版，第87—91页。

9　陈诗启：《中国半殖民地海关的创设及其巩固过程》，李渭清编：《〈中国财政史〉学习参考资料》，湖北财经学院财金系财政教研室1984年版，第293—294页。

10　《中国关税沿革史》，生活·读书·新知三联书店1958年版，第93页。

11　《中国关税沿革史》，生活·读书·新知三联书店1958年版，第95—96页。

12　《中国关税沿革史》，生活·读书·新知三联书店1958年版，第98页。

13　《中国关税沿革史》，生活·读书·新知三联书店1958年版，第99页。

14　《中国关税沿革史》，生活·读书·新知三联书店1958年版，第104页。

15　《中国关税沿革史》，生活·读书·新知三联书店1958年版，第103页。

16　《中国关税沿革史》，生活·读书·新知三联书店1958年版，第108页。

17　《中国关税沿革史》，生活·读书·新知三联书店1958年版，第109页。

18　《中国半殖民地海关的创设及其巩固过程》，《〈中国财政史〉学习参考资料》，湖北财经学院财财金系财政教研室1984年版，第302—307页。

19　《中国关税沿革史》，生活·读书·新知三联书店1958年版，第151—152页。

20　参见《大清帝国唯一没有贪污腐败的衙门》，《学习时报》2010年1月4日；张宏杰：《大清王朝唯一不贪腐的衙门》，《经济观察报》2015年4月27日。

21　《中国关税沿革史》，生活·读书·新知三联书店1958年版，第145页。

22　沈达时：《中国海关行政之鸟瞰》，《申报月刊》1933年第二卷第1号。

23　赵淑敏：《"税专"与中国海关的人事制度》，《历史研究》1989年第2期。

24　《海关总税务司署通令》第26号（第一辑），海关总署本书编译委员会：《旧中国海关总税务司署通令选编》第一卷，中国海关出版社2003年版第131页。

25　孙修福、何玲：《外籍税务司制度下的中国海关人事制度的特点与弊端》，《民国档案》2002年第2期。

26　《外籍税务司制度下的中国海关人事制度的特点与弊端》，《民国档案》2002年第2期。

27　邵义：《过去的钱值多少钱：细读19世纪北京人、巴黎人、伦敦人的经济生活》，上海人民出版社2010年版，第136—155页。

28　汪敬虞：《赫德与近代中西关系》，人民出版社1987年版，第2页。

第四章　1864年：太平天国偃旗息鼓

1　《贼首分别处治粗筹善后事宜折》，《曾国藩全集·奏稿之七》，岳麓书社2011年版，第325页。

2　《李秀成自述》，中国史学会主编：《中国近代史资料丛刊·太平天国》（一），上海人民出版社1957年版，第788页。

3　苏双碧：《太平天国人物论集》，福建人民出版社1981年版，第24—25页。

4　《天父下凡诏书》第二部，罗尔纲编：《太平天国文选》，上海人民出版社1956年版，第162—163页。

5　洪秀全：《山曲寄人题壁》，太平天国历史博物馆编：《太平天国史料丛编简辑》第6册，中华书局1963年版，第386页。

6　《黄再兴：诏书盖玺颁行论》，《中国近代史资料丛刊·太平天国》（一），上海人民出版社1957年版，第313页。

7　《讨粤匪檄》，《曾国藩全集·诗文》，岳麓书社2011年版，第140页。

8　张德坚：《贼情汇纂》，《中国近代史资料丛刊·太平天国》（三），上海人民出版社1957年版，第237页。

9　王庆成编注：《天父天兄圣旨》，辽宁人民出版社1986年版，第102—103页。

10　韩启农编：《太平天国轶闻》第一卷，"沈良江之笔记"，上海进步书局印行，第111页。

11　《李秀成自述》，《中国近代史资料丛刊·太平天国》（一），上海人民出版社1957年版，第787—788页。

12　拜旗是当时的一种常见仪式。广西的文史部门于1959—1960年在桂平县（金田村便在该县）所做访问调查中有记载："洪秀全曾到过白沙聚众拜旗，拜旗的地点在新屋屯村背的白水塘岭儿。拜旗时旗自动上升，当时人们说：'拜上帝会人拜旗能自动升起，是清朝无道该灭，拜上帝会人可得天下。'"见广西壮族自治区通志馆编：《太平天国革命在广西调查资料汇编》，广西人民出版社1962年版，第62页。

13　《李秀成自述》，《中国近代史资料丛刊·太平天国》（一），上海人民出版社1957年版，第789—790页。

14　江夏无锥子：《鄂城纪事诗》，中国社会科学院近代史研究所《近代史资料》编译室主编：《太平天国资料》，知识产权出版社2013年版，第35页。

15　《鄂城纪事诗》，《太平天国资料》，知识产权出版社2013年版，第34页。

16　《鄂城纪事诗》，《太平天国资料》，知识产权出版社2013年版，第35页。

17　陈徽言：《武昌纪事》，《中国近代史资料丛刊·太平天国》（四），上海人民出版社1957年版，第594—595页。

18　胡奇明：《试论太平天国的"掳"人问题》，《四川师范大学学报》1987年第1期。

19　《绵愉等奏续讯李开芳等人供词折》，中国第一历史档案馆编：《清代档案史料丛编》第五辑，中华书局1980年版。

20　《贼情汇纂》，《中国近代史资料丛刊·太平天国》（三），上海人民出版社1957年版，第302—304页。

21　臧谷：《劫余小记》，《太平天国资料》，知识产权出版社2013年版，第80页。

22　邹树荣：《蔼青诗草》，《太平天国资料》，知识产权出版社2013年版，第69页。

23　汤氏：《鳅闻日记》，庄建平主编：《近代史资料文库》第五卷，上海书店出版社2009年版，第678页。

24　太平天国寓兵于农。按《天朝田亩制度》，其乡村治理体系是：五家为一伍，设一名伍长；五伍为一两，设一名两司马；四两为一卒，设一名卒长；五卒为一旅，设一名旅帅；五旅为一师，设一名师帅；五师为一军，设一名军帅。也就是说，一名旅帅需要负责500户人家的人力与物力汲取；一名师帅需要负责2500户人家的人力与物力汲取；一名军帅需要负责12500户人家的人力与物力汲取。完不成便要用自家的资财去抵账。

25　夏春涛：《太平天国筹饷问题及其对战局的影响》，《安徽大学学报（哲学社会科学版）》2012年第2期。

26　［英］呤唎著，王维周、王元化译：《太平天国革命亲历记》，上海人民出版社1997年版，第374页。

27　《瑛兰坡藏名人尺牍墨迹》第108册第4信，张守常编：《太平军北伐资料选编》，知识产权出版社2013年版，第174页。

28　《北华捷报》323号，1856年10月4日，转引自简又文：《太平天国全史》（中），（香港）简氏猛进书屋1962年版，第1163—1164页。

29　林大椿著，赵挽澜编注：《林大椿集》"招兄弟"，线装书局2013年版，第310页。

30　《林大椿集》"闻人谈磐石城事歌以纪之"，线装书局2013年版，第293页。

31　《李秀成自述》，《中国近代史资料丛刊·太平天国》（一），上海人民出版社1957年版，第820页。

32　韩启农编：《太平天国轶闻》第四卷"赖汶光之供状"，上海进步书局印行，第19页。

33　中国史学会主编：《太平天国》（四），神州国光社1952年版，第750页。该"条例"尚有其他版本，意思一致，文字略有差异。

34　郭毅生：《太平天国经济史》，广西人民出版社1991年版，第380—385页。魏文华：《太平天国甲寅四年"变政"始末》，《历史教学》1995年第5期。

35　《天朝田亩制度》的原文如下："凡天下，树墙下以桑。凡妇，蚕绩缝衣裳。凡天下，每家五母鸡，二母彘，无失其时。凡当收成时，两司马督伍长，除足其二十五家每人所食可接新谷外，余则归国库。凡麦、豆、苧、麻、布、帛、鸡、犬各物及银钱亦然。盖天下皆是天父上主皇上帝一大家，天下人人不受私，物物归上主，则主有所运用，天下大家处处平匀，人人饱暖矣。此乃天父上主皇上帝特命太平真主救世旨意也。"

第五章　1865年：引进新器械与新技术

1　戚其章：《论"英中联合海军舰队"事件》，《社会科学辑刊》1991年第3期。

2　张雪蓉：《"阿思本舰队"糜费考辨》，《历史教学问题》1991年第3期。

3　（台北）"中研院"近史所编：《中国近代史资料汇编·海防档（丙）机器局》，第4—6页。

4　《上曾制帅》同治元年四月初二日，《李鸿章全集·29·信函一》，安徽教育出版社2008年版，第83页。

5　《上曾中堂》同治元年十二月十五日，《李鸿章全集·29·信函一》，安徽教育出版社2008年版，第187页。

6　《中国近代教育史资料汇编·洋务运动时期教育》，上海教育出版社1992年，第43—45页。

7　张忠民：《江南制造局早期（1865—1875）的产权制度特征——基于资产、经费、奏销视角的考察》，《贵州社会科学》2019年第9期。

8　任智勇：《江南制造局早期经费来源考（1865—1904）——以二成洋税为中心》，《中国经济史研究》2016年第6期。

9　王维俭：《普丹大沽口船舶事件和西方国际法传入中国》，《学术研究》1985年第5期。

10　蒋廷黻编著：《近代中国外交史资料辑要》，湖南教育出版社2008年版，第373页。

11　《近代中国外交史资料辑要》，湖南教育出版社2008年版，第372—373页。

12　《致总理衙门》同治三年，《李鸿章全集·29·信函一》，安徽教育出版社2008年版，第313页。

13　《复郭筠仙钦使》光绪三年三月二十六日，《李鸿章全集·32·信函四》，安徽教育出版社2008年版，第26页。

14　《议复梅启照条陈折》光绪六年十二月十一日，《李鸿章全集·9·奏议九》，安徽教育出版社2008年版，第260页。

15　《试办织布局折》光绪八年三月初六日，《李鸿章全集·10·奏议十》，安徽教育出版社2008年版，第63页。遗憾的是，晚清的轮船招商局等洋务企业，仍走向了"官督商办"。

16　《复郭筠仙钦使》光绪三年六月初一日夜，《李鸿章全集·32·信函四》，安徽教育出版社2008年版，第75页。

17　《复郭筠仙钦使》光绪三年六月初一日夜，《李鸿章全集·32·信函四》，安徽教育出版社2008年版，第75—76页。

18　中国史学会编：《中国近代史资料丛刊·洋务运动》（六），上海书店出版社2000年版，第150页、第167页。

19　王闿运：《致郭兵左》，《湘绮楼诗文集》，岳麓书社1996年版，第868页。

20　《致郭兵左》，《湘绮楼诗文集》，岳麓书社1996年版，第869页。

21　《致郭兵左》，《湘绮楼诗文集》，岳麓书社1996年版，第868页。

22　全祖望：《梨洲先生（黄宗羲）神道碑文》，《鲒埼亭文集选注》，商务印书馆2018年版，第97页。

23　王夫之：《船山全书》第十二册"思问录外篇"，岳麓书社1996年版，第439页。

24　方以智著，张永义校注：《浮山文集》，华夏出版社2017年版，第390页。

25　王锡阐：《历策》，见阮元《畴人传》卷三十五"王锡阐下"。

26　姚念慈：《康熙盛世与帝王心术》，生活·读书·新知三联书店2018年版，第230—231页。

27　玄烨：《御制文集》第三集卷十九，康熙五十三年内府刻本，转引自冯尔康：《尝新集：康雍乾三帝与天主教在中国》，天津古籍出版社2017年版，第140页。

28　1705年，梅文鼎由李光地引见，获得康熙的召见，并阅读康熙出示的论文。梅此前已持"西学来自中学"这种立场，但见了康熙的论文后，即不再提自己的主张，转而全力赞颂康熙的见解独步古今。

29　梅文鼎：《雨坐山窗》，《绩学堂诗抄》卷四，乾隆梅城刻本，转引自左玉河：《中国近代文明通论》，福建教育出版社2010年版，第185页。

30　梅文鼎：《历学疑问补》卷一"论中土历法得传入西方之由"，转引自李迪：《梅文鼎评传》，南京大学出版社2006年版，第199页。

31　梅文鼎：《上孝感相国》，《绩学堂诗抄》卷四，乾隆梅城刻本，转引自《中国近代文明通论》，福建教育出版社2010年版，第185页。

32　梅文鼎：《测算力主序》，《绩学堂诗抄》卷二，乾隆梅城刻本，转引自《中国近代文明通论》，福建教育出版社2010年版，第186页。

33　何国宗、梅毂成汇编：《御制数理精蕴》上编第一卷"周髀经解"，江宁藩属光绪八年刊印。

34　阮元：《续畴人传》"序"，中华书局1985年版。

35　邹伯奇：《论西法皆古所有》，吴道熔原稿，李棪改编，张学华增补：《广东文征》第六册，广东人民出版社2019年版，第76页。

36　薛福成：《出使英法义比四国日记》，岳麓书社2008年版，第252页。

37　《出使英法义比四国日记》附《出使日记续刻》，岳麓书社2008年版，第451页。

38　冯桂芬：《校邠庐抗议》，中州古籍出版社1998年，第197页。

39　《盛世危言》"陈炽序"，郑观应、汤震、邵作舟：《危言三种》，上海古籍出版社2013年版，第13页。

40　陈炽：《庸书》卷上"自强"，朝华出版社2018年版，第21页。

41　郑观应著，夏东元编：《郑观应集》，上海人民出版社1982年版，第275—276页。

42　《黄遵宪集》，广东人民出版社2018年版，第183页。

43　《出使英法义比四国日记》，岳麓书社2008年版，第43页。

44　《出使英法义比四国日记》，岳麓书社2008年版，第272页。

45　《出使英法义比四国日记》，岳麓书社2008年版，第62页。

46　胡伟希选注：《论世变之亟：严复集》，辽宁人民出版社1994年版，第72页。

第六章　1866年：首个官派考察团出洋

1　《局外旁观论》，赵靖、易梦虹编：《中国近代经济思想资料选辑》，中华书局1982年版，第471—477页。

2　《筹办夷务始末（同治朝）》卷四十。《近代中国史料丛刊》第六十二辑，（台北）文海出版社1966年版，第3764页。

3　《中国近代史资料丛刊·洋务运动》（二），上海人民出版社2000年版，第20页。

4　《威妥玛说帖》，《中国近代经济思想资料选辑》，中华书局1982年版，第461—470页。

5　《筹办夷务始末（同治朝）》卷四十二。《近代中国史料丛刊》第六十二辑，（台北）文海出版社1966年版，第4058—4059页。

6　［美］徐中约著，屈文生译：《中国进入国际大家庭：1858—1880年间的外交》，商务印书馆2018年版，第240—241页。

7　《奏请设立同文馆折（附章程）》，《中国近代教育史资料汇编·洋务运动时期教育》，上海教育出版社2007年，第41页。

8　《中国近代史资料丛刊·洋务运动》（二），上海人民出版社2000年版，第21页。

9　《中国近代史资料丛刊·洋务运动》（二），上海人民出版社2000年版，第21页。

10　［英］查尔斯·德雷格著，潘一宁、戴宁译：《龙廷洋大臣：海关税务司包腊父子与近代中国》，广西师范大学出版社2018年版，第174页。

11　刘半农、商鸿逵访问整理，赛金花口述：《赛金花本事》，岳麓书社1985年版，第37—38页。

12　郑观应：《盛世危言·修路》，《郑观应集》，上海人民出版社1982年版，第663页。

13　斌椿：《乘槎笔记》，湖南科学技术出版社1981年版，第5页。

14　《乘槎笔记》，湖南科学技术出版社1981年版，第19页。

15　周天一：《清廷使团访欧观剧考》，《读书》2018年第4期。

16　《赫德与中国早期现代化——赫德日记（1863—1866）》，中国海关出版社2005年版，第512—513页。

17　《龙廷洋大臣：海关税务司包腊父子与近代中国》，广西师范大学出版社2018年版，第178页—180页。

18　《龙廷洋大臣：海关税务司包腊父子与近代中国》，广西师范大学出版社2018年版，第185页。

19　［美］马士著，张汇文译：《中华帝国对外关系史》第二卷，上海书店出版社2006年版，第199页。

20　《乘槎笔记》，湖南科学技术出版社1981年版，第37页。

21　《乘槎笔记》，湖南科学技术出版社1981年版，第18页。

22　《乘槎笔记》，湖南科学技术出版社1981年版，第25页。

23　斌椿：《海国胜游草》，钟叔河主编：《走向世界丛书》，岳麓书社1985年版，第167页。

24　《海国胜游草》，《走向世界丛书》，岳麓书社1985年版，第192页、第208页。

25　斌椿：《天外归帆草》，《走向世界丛书》，岳麓书社1985年版，第191页。

26　《翁同龢日记》第二卷，中西书局2012年版，第713页。

27　张德彝：《航海述奇》，湖南人民出版社1981年版，第55页。

28　《航海述奇》，湖南人民出版社1981年版，第115页。

29　《航海述奇》，湖南人民出版社1981年版，第124页。

30　谢泳：《回眸"如意袋"：Condom中国传播小史》，《中国文化》2009年第29期。

31　《航海述奇》，湖南人民出版社1981年版，第75页。

32　《航海述奇》，湖南人民出版社1981年版，第84页。

33　《航海述奇》，湖南人民出版社1981年版，第74页。

34　余冬林：《晚清使臣"议会书写"研究》，华中科技大学出版社2014年版，第74—81页。

35　钟叔河：《从东方到西方——走向世界丛书叙论集》，岳麓书社2002年版，第54—65页。

第七章　1867年：改革先驱发挥人生余热

1　《蒲安臣在赠送华盛顿像仪式上的致辞》，原载《纽约时报》1868年3月29日第10版。见［美］德雷克（Drake，F.W.）著，任复兴译《徐继畬及〈瀛寰志略〉》，文津出版社1990年版，第166—167页。

2　《花甲记忆》，学林出版社2019年版，第334页。

3　魏源：《海国图志·四》（卷62—100），岳麓书社2011年版，第1848—1853页。本文多处参考了章鸣九：《〈瀛寰志略〉与〈海国图志〉比较研究》，《近代史研究》1992年第01期。

4　《海国图志·二》（卷13—36），岳麓书社2011年版，第877页。

5　《海国图志·二》（卷13—36），岳麓书社2011年版，第882页。

6　《海国图志·二》（卷13—36），岳麓书社2011年版，第882页。

7　徐继畬：《瀛寰志略》，上海书店出版社2001年版，第06页。

8　张穆：《复徐松龛中丞书》，《殷斋文集》卷三。

9　邹振环：《〈瀛寰志略〉译名试评》，《疏通知译史》，上海人民出版社2012年版，第361页。。

10　《中英天津条约》，《筹办夷务始末（咸丰朝）》（三），中华书局1979年版，第1023页。

11　《瀛寰志略》，上海书店出版社2001年版，第93页。

12　《瀛寰志略》，上海书店出版社2001年版，第277页。

13　《瀛寰志略》，上海书店出版社2001年版，第291页。

14　李栋：《徐继畬撰写〈瀛寰志略〉的资料来源》，《鸦片战争前后英美法知识在中国的输入与影响》，中国政法大学出版社2013年版。

15　《中国丛报》（Chinese Repository）1844年5月，第236页，转引自顾长声：《从马礼逊到司徒雷登：来华新教传教士评传》，上海人民出版社1985年版，第66—67页。

16 徐士瑚：《徐继畬及其〈瀛寰志略〉》，《山西文史资料》第54辑。

17 史策先：《梦余偶抄》（同治四年刻本）卷1第24页，中国社科院近史所近代史资料编辑组编：
    《近代史资料》（总43号），中华书局1981年版，第219—220页。

18 《致左宗棠》咸丰八年五月三十日，《曾国藩全集》（二二），岳麓书社2011年版，第598页。

19 徐继畬：《庚戌九月致服先堂兄》，1850年10月，引自曾燕、涂楠编著：《徐继畬"大变局"认识
    与涉外实务研究》，四川大学出版社2012年版，第280页。

20 《致刘玉坡制军年伯书》，《徐继畬集》（一），山西高校联合出版社1995年版，第671页。

21 方闻编：《清徐松龛先生继畬年谱》，（台北）商务印书馆1982年版，第111页。

22 李慈铭：《越缦堂读书记》，商务印书馆1959年版，第480—481页。

23 《越缦堂读书记》，商务印书馆1959年版，第482页。

24 王韬：《弢园文录外编》，中华书局1959年版，第32页。

25 《谢政归里祭主文》，《徐继畬集》（一），山西高校联合出版社1995年版，第699页。

26 《致刘玉坡制军年伯书》，《徐继畬集》（一），山西高校联合出版社1995年版，第672页。原文
    是"闭门谢客，恒三四月不出馆门，故人偶有枉顾者，亦不报谒。数年中，共事之文武员弁或以寒
    暄信来，一概不答，邸报亦不借看"。

27 《复保慎斋廉访书》，《徐继畬集》（一），山西高校联合出版社1995年版，第663—665页。

28 曾国藩同治六年十月日记，《曾国藩全集》（十八），岳麓书社2011年版，第450—451页。

29 冀满红、吕霞：《革新与图治：略论总理衙门时期的徐继畬（1865—1869）》，《甘肃社会科学》
    2009年第5期。

30 此番风波的具体情形，可参见本书第二章《1862年：步履艰难同文馆》的第二小节"真诚勇敢的无
    知顽固者"。

31 徐一士编著：《一士类稿，一十谈荟》，书目文献出版社1984年版，第382—384页。

32 《清徐松龛先生继畬年谱》，（台北）商务印书馆1982年版，第378页。

33 《总署奏代递英美两国教士条陈中国教务折（附李提摩太等奏折）》，王彦威、王亮辑编：《清季
    外交史料》（5），湖南师范大学出版社2015年版，第2351—2355页。

34 《徐继畬及〈瀛寰志略〉》，文津出版社1990年版，第151页。

第八章 1868年：首支外交使团出访欧美

1 李育民：《清政府应对条约关系的羁縻之道及其衰微》，"近代中国、东亚与世界"国际学术讨论
   会会议论文，2006年。

2 《筹办夷务始末（同治朝）》卷五十，《近代中国史料丛刊》第六十二辑，（台北）文海出版社
   1966年版，第4816页。

3 《筹办夷务始末（同治朝）》卷六十四，《近代中国史料丛刊》第六十二辑，（台北）文海出版社
   1966年版，第5924—5941页。

4 《筹办夷务始末（同治朝）》卷五十五，《近代中国史料丛刊》第六十二辑，（台北）文海出版社
   1966年版，第5150页。

5 《复刘仲良中丞》光绪二年九月十四日夜，《李鸿章全集·31·信函三》，安徽教育出版社2008年
   版，第498页。

6 《筹办夷务始末（同治朝）》卷五十，《近代中国史料丛刊》第六十二辑，（台北）文海出版社
   1966年版，第4818—4822页。

7　《筹办夷务始末（同治朝）》卷五十四，《近代中国史料丛刊》第六十二辑，（台北）文海出版社1966年版，第5070页。

8　《筹办夷务始末（同治朝）》卷五十五，《近代中国史料丛刊》第六十二辑，（台北）文海出版社1966年版，第5155—5156页。

9　《筹办夷务始末（同治朝）》卷五十六，《近代中国史料丛刊》第六十二辑，（台北）文海出版社1966年版，第5238页。

10　《北华捷报》1867年12月14日，转引自《中华帝国对外关系史》第二卷，上海书店出版社2006年版，第201页。

11　《中华帝国对外关系史》第二卷，上海书店出版社2006年版，第201页。

12　《筹办夷务始末（同治朝）》卷五十一，《近代中国史料丛刊》第六十二辑，（台北）文海出版社1966年版，第4900页。

13　《筹办夷务始末（同治朝）》卷五十四，《近代中国史料丛刊》第六十二辑，（台北）文海出版社1966年版，第5123—5128页。

14　志刚：《初使泰西记》，湖南人民出版社1981年版，第62页。

15　李中勇：《1869年中英、中法请觐之争》，会议论文，2005年。蒲安臣使团引发的外交礼仪后续，亦参见尤淑君：《〈出使条规〉与蒲安臣使节团》，《清史研究》2013年第2期。

16　［美］约翰·海达德著，何道宽译：《初闻中国：美国对华贸易、条约、鸦片和救赎的故事》，花城出版社2015年版，第329页。

17　何文贤：《文明的冲突与整合："同治中兴"时期中外关系重建》，厦门大学出版社2006年版，第261页。

18　《北华捷报》1869年11月9日，转引自《文明的冲突与整合："同治中兴"时期中外关系重建》，厦门大学出版社2006年版，第262页。

19　F.W.Williams, *Anson Burlingame and the First China Mission to Foreign Powers*, Stanford, 1912, p.147, 转引自：《文明的冲突与整合："同治中兴"时期中外关系重建》，厦门大学出版社2006年版，第263页。

20　梁启超：《新大陆游记节录》附录"记华工禁约"，中华书局1941年版，第149页。

21　萧一山：《清代通史》（三）卷下，中华书局1986年版，第861页。

22　《初闻中国：美国对华贸易、条约、鸦片和救赎的故事》，花城出版社2015年版，第330页。

23　刘华：《华侨国籍问题与中国国籍立法》，广东人民出版社2005年版，第37页。

24　《初使泰西记》，湖南人民出版社1981年版，第55页。

25　《中华帝国对外关系史》第二卷，上海书店出版社2006年版，第209页。

26　《费正清集》，天津人民出版社1992年版，第264页。

27　《初闻中国：美国对华贸易、条约、鸦片和救赎的故事》，花城出版社2015年版，第331页。

28　F.W.Williams, *Anson Burlingame and the First China Mission to Foreign Powers*, Stanford, 1912, p.201, 转引自：《文明的冲突与整合："同治中兴"时期中外关系重建》，厦门大学出版社2006年版，第269页。

29　《初闻中国：美国对华贸易、条约、鸦片和救赎的故事》，花城出版社2015年版，第332页。

30　《初使泰西记》，湖南人民出版社1981年版，第90—91页。

31　《初使泰西记》，湖南人民出版社1981年版，第39页。

32　《中华帝国对外关系史》第二卷，上海书店出版社2006年版，第199页注释4。

33　《初使泰西记》，湖南人民出版社1981年版，第5页。

34　《筹办夷务始末（同治朝）》卷五十一，《近代中国史料丛刊》第六十二辑，（台北）文海出版社

1966年版，第4902页。

35　尹德翔：《〈初使泰西记〉中的西方科技与中国思想》，《北方论丛》2008年第1期。

36　《初使泰西记》，湖南人民出版社1981年版，第66页。

37　《初使泰西记》，湖南人民出版社1981年版，第48页。

38　《初使泰西记》，湖南人民出版社1981年版，第8页。

39　《初使泰西记》，湖南人民出版社1981年版，第41页。

40　《初使泰西记》，湖南人民出版社1981年版，第42页。

41　《初使泰西记》，湖南人民出版社1981年版，第120—121页。

42　《初使泰西记》，湖南人民出版社1981年版，第66页。

43　《初使泰西记》，湖南人民出版社1981年版，第77页。

44　以上论述参考了吴以义《海客述奇：中国人眼中的维多利亚科学》，上海科学普及出版社2004年版。

45　钟叔河：《最早的照相》，钟叔河：《念楼随笔》，江苏凤凰文艺出版社2018年版，第360页。

46　《初使泰西记》，湖南人民出版社1981年版，第73页。

47　《西方科学的基础与古代中国无缘——1953年4月23日给J.S.斯威策的信》，许良英等编译：《爱因斯坦文集》第一卷，商务印书馆2017年版，第772页。

第九章　1869年：拒铁路于国门之外

1　宓汝成编：《中国近代铁路史资料（1863—1911）》第一册，（台北）文海出版社1977年版，第33页。

2　《海防档丁·电线（一）》，（台北）"中研院"近史所1957年版，第5页。

3　《筹办夷务始末（同治朝）》卷四十一、卷四十五，《近代中国史料丛刊》第六十二辑，（台北）文海出版社1966年版，第3905页、第3909页、第4373—4374页。

4　夏东元：《洋务运动史》，华东师范大学出版社1992年版，第357—359页。

5　《李鸿章全集·3·奏议三》，安徽教育出版社2008年版，第168页。

6　吴永口述，刘治襄记：《庚子西狩丛谈》，岳麓书社1985年版，第109页。

7　《花甲记忆》，转引自陈诗启：《中国近代海关史（晚清部分）》，人民出版社1993年版，第287页。

8　中国科学院经济研究所世界经济研究室编：《主要资本主义国家经济统计集1848—1960》，世界知识出版社1963年版，第118页。

9　《美国外交文件》1868年卷1第516—517页，转引自《中国近代铁路史资料（1863—1911）》第一册，（台北）文海出版社1977年版，第27—28页。

10　《中外约章汇要（1689—1949）》，黑龙江人民出版社1991年版，第188页。

11　《中华帝国对外关系史》第二卷，上海书店出版社2006年版，第226页。

12　《中国近代铁路史资料（1863—1911）》第一册，（台北）文海出版社1977年版，第29页。

13　《北华捷报》1870年1月18日，转引自《中国近代铁路史资料（1863—1911）》第一册，（台北）文海出版社1977年版，第29页。

14　曹英：《近代中外贸易冲突及中国应对举措研究》，湖南师范大学出版社2013年版，第40页。

15　《筹办夷务始末（同治朝）》卷六十三。《近代中国史料丛刊》第六十二辑，（台北）文海出版社1966年版，第5740—5741页。

16 《中国近代铁路史资料（1863—1911）》第一册，（台北）文海出版社1977年版，第28—29页。

17 苏生文：《中国早期的交通近代化研究（1840—1927）》，学林出版社2014年版，第164页。

18 《李鸿章全集·31·信函三》，安徽教育出版社2008年版，第378页。

19 《李鸿章全集·31·信函三》，安徽教育出版社2008年版，第380页。

20 《李鸿章全集·31·信函三》，安徽教育出版社2008年版，第379页。

21 《李鸿章全集·31·信函三》，安徽教育出版社2008年版，第392页。

22 《李鸿章全集·31·信函三》，安徽教育出版社2008年版，第373页。

23 王继杰：《淞沪铁路通车》，信之、潇明主编：《旧上海社会百态》，上海人民出版社1991年版，第2页。

24 ［英］肯德（P.H.Kent）著，李抱宏等译：《中国铁路发展史》，生活·读书·新知三联书店1958年版，第13页。

25 《中国近代铁路史资料（1863—1911）》第一册，（台北）文海出版社1977年版，第39—40页。

26 《中国近代铁路史资料（1863—1911）》第一册，（台北）文海出版社1977年版，第40页。

27 曾鲲化：《中国铁路史》，文海出版社1973年版，第28—29页。

28 刘铭传：《筹造铁路以自强折》，《刘壮肃公奏议》卷二，（台北）文海出版社1968年版，第121—122页。

29 《李鸿章全集·9·奏议九》，安徽教育出版社2008年版，第254—257页。

30 《中国近代史资料丛刊·洋务运动》（六），上海人民出版社1961年版，第154—166页。

31 《筹办夷务始末（同治朝）》卷五十三。《近代中国史料丛刊》第六十二辑，（台北）文海出版社1966年版，第4995页。

32 沈葆桢：《沈文肃公牍》，福建人民出版社2008年版，第387页。

第十章　1870年：曾国藩被算计进退失据

1 张光藻：《同治庚午年津案始末》，《北戍草》"附录"。

2 《同治庚午年津案始末》，《北戍草》"附录"。

3 《曾国藩全集》（十一），岳麓书社2011年版，第477页。

4 《筹办夷务始末（同治朝）》卷十二，《近代中国史料丛刊》第六十二辑，（台北）文海出版社1966年版，第1263—1265页。

5 《翁同龢日记》第二册，中华书局1989年版，第798页。

6 《筹办夷务始末（同治朝）》卷七十三，《近代中国史料丛刊》第六十二辑，（台北）文海出版社1966年版，第6742页。

7 《筹办夷务始末（同治朝）》卷七十三，《近代中国史料丛刊》第六十二辑，（台北）文海出版社1966年版，第6749—6752页。

8 《筹办夷务始末（同治朝）》卷七十二，《近代中国史料丛刊》第六十二辑，（台北）文海出版社1966年版，第6688—6689页。

9 《左宗棠全集·书信二》，岳麓书社1996年版，第199页。

10 《筹办夷务始末（同治朝）》卷七十二，《近代中国史料丛刊》第六十二辑，（台北）文海出版社1966年版，第6678—6680页。

11 中国第一历史档案馆、福建师范大学历史系合编：《清末教案》第一册，中华书局1996年版，第801—802页。

12　《筹办夷务始末（同治朝）》卷七十三，《近代中国史料丛刊》第六十二辑，（台北）文海出版社1966年版，第6738—6739页。

13　《曾国藩全集》（三一），岳麓书社2011年版，第640页。

14　参见本书第二章《1862年：步履维艰同文馆》。

15　《筹办夷务始末（同治朝）》卷六十四，《近代中国史料丛刊》第六十二辑，（台北）文海出版社1966年版，5928—5929页。

16　《筹办夷务始末（同治朝）》卷六十四，《近代中国史料丛刊》第六十二辑，（台北）文海出版社1966年版，第5932—5940页。

17　朱尚文：《清赵惠甫先生烈文年谱》，（台北）商务印书馆1980年版，第69—70页。

18　王尔敏：《清季军事史论集》，联经出版事业公司1980年版，第104—105页。

19　《曾国藩全集》（三一），岳麓书社2011年版，第285页。

20　王学斌：《"于理势牴牾中踯躅而行"——曾国藩在天津教案前后心态之变》，《书屋》2016年第6期。

21　《曾国藩全集》（二一），岳麓书社2011年版，第521页。

22　《曾国藩全集》（十九），岳麓书社2011年版，第315页。

23　《曾国藩全集》（二一），岳麓书社2011年版，第524页。

24　《凌霄一士随笔》，《国闻周报》卷6第83期，1931年。

25　《清末教案》第五册，中华书局2000年版，第43页。

26　《凌霄一士随笔》，《国闻周报》卷8第50期，1931年。

27　赵烈文：《能静居日记》第三册，730—731页。

28　《曾国藩全集》（十九），岳麓书社2011年版，第330页。

29　《曾国藩全集》（十一），岳麓书社2011年版，第494页。

30　《曾国藩全集》（十一），岳麓书社2011年版，第493—496页。

31　《一八七〇年天津教案》，《近代史资料》1956年第4期，第5页。

32　《曾国藩全集》（十一），岳麓书社2011年版，第511页。

33　《曾国藩全集》（十四），岳麓书社2011年版，第489页。

34　《曾国藩全集》（三一），岳麓书社2011年版，第378页。

35　解成编：《基督教在华传播系年（河北卷）》，天津古籍出版社2008年版，第177—178页。

36　《基督教在华传播系年（河北卷）》，天津古籍出版社2008年版，第178页。

37　《基督教在华传播系年（河北卷）》，天津古籍出版社2008年版，第178页。

38　《筹办夷务始末（同治朝）》卷七十八，《近代中国史料丛刊》第六十二辑，（台北）文海出版社1966年版，第7517—7518页。

39　《筹办夷务始末（同治朝）》卷七十三，《近代中国史料丛刊》第六十二辑，（台北）文海出版社1966年版，第6747页。

40　崇厚使团的行踪，参见汤仁泽《经世悲欢：崇厚传》，上海社会科学院出版社2009年版，第167—183页。

41　《筹办夷务始末（同治朝）》卷八十五，《近代中国史料丛刊》第六十二辑，（台北）文海出版社1966年版，第7847—7850页。

42　黎东方：《细说清朝》，上海人民出版社1997年版，第502页。

43　《海国图志·二》（卷13—36），岳麓书社2011年版，第882页。

44　《基督教入华百七十周年纪念册》，第213页。

45　《清季外交史料》（4），湖南师范大学出版社2015年版，第1751页。

第十一章　1871年：消弭教案的努力流产

1　戴逸、李文海主编：《清通鉴》（16），山西人民出版社2000年版，第7216页。

2　《清末教案》第二册，中华书局1998年，第639—640页。

3　董丛林：《天津教案后〈传教章程八条〉的筹议与夭折》，《社会科学辑刊》2016年第5期。

4　《天津教案后〈传教章程八条〉的筹议与夭折》，《社会科学辑刊》2016年第5期。

5　李刚己辑录：《教务纪略》，上海书店1986年版，第14—15页。

6　（台北）"中研院"：《教务教案档》第三辑第一册，1975年版，第7页，转引自《天津教案后〈传教章程八条〉的筹议与夭折》，《社会科学辑刊》2016年第5期。

7　王立新：《美国传教士与晚清中国现代化》，天津人民出版社1997年版，第122—123页。

8　《清末教案》第一册，中华书局1996年版，第970—971页。

9　《美国传教士与晚清中国现代化》，天津人民出版社1997年版，第123—124页。

10　《筹办夷务始末（同治朝）》卷八十二，《近代中国史料丛刊》第六十二辑，（台北）文海出版社1966年版，第7503页。

11　《中国近代铁路史资料（1863—1911）》第一册，（台北）文海出版社1977年版，第28—29页。

12　［美］芮玛丽著，房德邻等译：《同治中兴——中国保守主义的最后抵抗》，中国社会科学出版社2002年版，第26页。

13　［英］N.A.伯尔考维茨著，江载华、陈衍译：《中国通与英国外交部》，商务印书馆1959年版，第123页、第115页。

14　张坤、王宝红：《合作政策与英国公使威妥玛对天津教案的调停》，《暨南史学》2015年第2期。

15　《天津教案后〈传教章程八条〉的筹议与夭折》，《社会科学辑刊》2016年第5期。

16　1842年的北京教案，指京城步军统领衙门于该年抓捕信奉天主教的张玉松、王广太、王泳、陈二、郑兴然等十余人，逮捕理由是"查习天主教，例禁綦严，今张玉松胆敢设立土台，召集多人习教念经，王广太等辗转传习，收藏经像，均属不法"。见《步军统领恩桂等奏拿获习教人犯张玉松等请旨交部审办折》道光二十二年三月十五日，中国第一历史档案馆、福建师范大学历史系合编：《中国近代史资料丛刊续编·清末教案》第一册，中华书局1996年版，第1—2页。

17　《中华帝国对外关系史》第二卷，上海书店出版社2006年版，第233页，文末注释。

18　吕实强：《中国官绅反教的原因（1860—1874）》，（台北）"中研院"近史所专刊（16），第133页。

19　《教务档直隶教务》，转引自《中国官绅反教的原因（1860—1874）》，（台北）"中研院"近史所专刊（16），第135页。

20　《中国官绅反教的原因（1860—1874）》，（台北）"中研院"近史所专刊（16），第136页。

21　《中外旧约章汇编》第一册，生活·读书·新知三联书店1957年版，第147页。值得注意的是，中文本此条后文里还有一句"并任法国传教士在各省租买田地，建造自便"，法文本条约里并无此句。当是订约之时某些有心之人刻意于清廷不备之际增入。

22　《中国官绅反教的原因（1860—1874）》，（台北）"中研院"近史所专刊（16），第63—83页。

23　《中国官绅反教的原因（1860—1874）》，（台北）"中研院"近史所专刊（16），第07页。

24　《教务教案档》第一辑第三册，（台北）"中研院"近史所1974年版，第1270页。

25　秦晖：《"西化""反西化"还是"现代化"》（上），《南方周末》2011年9月26日。

26　四川省档案馆编：《四川教案与义和拳档案》，四川人民出版社1985年版，第312页。

27　《教务教案档》第四辑第二册，（台北）"中研院"近史所1974年版，第900页。

28　《中国官绅反教的原因（1860—1874）》，（台北）中研院近史所专刊（16），第151页。

29　《中华帝国对外关系史》第二卷，上海书店出版社2006年版，第232页。另见［英］赫德（Robert Hart）著，叶凤美译《中国问题论集》，天津古籍出版社2005年版，第101页。

30　廖一中：《论近代教案》，本书编辑出版委员会编：《天津社会科学院专家论文选集》第1辑，天津社会科学院出版社2006年版，第361页。

31　陈银崑：《清季民教冲突的量化分析（1860—1899）》，（台北）商务印书馆1991年版，第13页。

32　赵树好：《教案与晚清社会》，中国文联出版社2001年版，第247页。

33　《教案与晚清社会》，中国文联出版社2001年版，第3—5页。

34　张朋园：《中国民主政治的困境（1909—1949）：晚清以来历届议会选举述论》，吉林出版集团有限责任公司2008年版，第64页。

第十二章　1872年：种子播下后迟早会发芽

1　容闳：《我在中国和美国的生活》，东方出版社2006年版，第1—23页。

2　刘晓琴：《容闳与耶鲁大学再研究》，《广东社会科学》2019年第3期。

3　《我在中国和美国的生活》，东方出版社2006年版，第27—28页。

4　鲁迅：《〈呐喊〉自序》，《鲁迅全集》第1卷，人民文学出版社2005年版，第441页。

5　《〈呐喊〉自序》，《鲁迅全集》第1卷，人民文学出版社2005年版，第441页。

6　《我在中国和美国的生活》，东方出版社2006年版，第28页。

7　《我在中国和美国的生活》，东方出版社2006年版，第28页。

8　《我在中国和美国的生活》，东方出版社2006年版，第173页。

9　《我在中国和美国的生活》，东方出版社2006年版，第24页。

10　薛福成：《书汉阳叶相广州之变》，转引自《陈登原全集》（9），浙江古籍出版社2014年版，第248页。

11　《我在中国和美国的生活》，东方出版社2006年版，第37—38页。

12　"Yung Wing", M. N. Whitmore：Statistics of the class of 1854 of Yale College, New Haven：Thomas J. Stafford, 1858, p.49, 转引自刘晓琴：《容闳与耶鲁大学再研究》，《广东社会科学》2019年第3期。

13　《黄文英自述》，《近代史资料》（总92号），中国社会科学出版社1997年，第112页。

14　赵烈文日记同治元年五月初三记载："金子香同广东友人容君纯甫（光照，香山人，通夷言夷字，曾居花期八年，应其国贡举得隽，去年左孟星函荐予，属我引荐揆帅）来。"《能静居日记》（一），岳麓书社2013年版，第497页。不过，容闳在自传中略去了此节，只详述了曾国藩之后如何遣人敦请自己入幕。

15　《我在中国和美国的生活》，东方出版社2006年版，第92页。

16　《清史稿·曾国藩传》，中华书局1986年版，第11917页。

17　《曾国藩全集》（二六），岳麓书社2011年版，第525页。此信写于1863年春，原文是："鄙意以其人久处泰西，深得要领，欲借以招致智巧洋人来为我用。果其招徕渐多……"

18　《曾国藩全集》（二五），岳麓书社2011年版，第363页。

19　此一时间节点，系据曾国藩日记所载张斯桂进入曾幕府的时间推测。曾国藩日记同治二年五月二十一日记："李壬叔带来二人。一张斯桂，工于制造洋器之法。一张文虎，精于算法，兼通经学小学。"《曾国藩全集》（十七），岳麓书社2011年版，第431页。

20　《我在中国和美国的生活》，东方出版社2006年版，第89页。

21 《我在中国和美国的生活》，东方出版社2006年版，第89页。

22 《我在中国和美国的生活》，东方出版社2006年版，第115—117页。需要注意的是，容闳在自传里说文祥"居丧不三月"也去世了，是错误的，文祥于1876年去世。

23 据曾国藩提交给总理衙门的文件，丁日昌的具体建议是："选聪颖幼童送赴泰西各国书院学习军政、船政、步算、制造诸学，约计十余年，业成而归。使西人擅长之技，中国皆能谙悉。且谓携带幼童前赴外国者，如四品衔刑部主事陈兰彬、江苏候补同知容闳皆可胜任。"见《曾国藩全集》（三一），岳麓书社2011年版，第492页。

24 《我在中国和美国的生活》，东方出版社2006年版，第122页。

25 《我在中国和美国的生活》，东方出版社2006年版，第79页。

26 《我在中国和美国的生活》，东方出版社2006年版，第48页。

27 《筹办夷务始末（同治朝）》卷十五，《近代中国史料丛刊》第六十二辑，（台北）文海出版社1966年版，第1548—1554页。

28 《李鸿章致总署函》，台湾"中研院"近代史研究所编：《海防档·机器局》（一），1957年版，第13页。

29 薛福成：《庸庵文外编》卷三"乙丑上曾侯相书·筹海防"。

30 董丛林编著：《曾国藩年谱长编》下卷，上海交通大学出版社2017年版，第884页。

31 曾国藩：《调陈兰彬差遣江南片》，高时良、黄仁贤编：《中国近代教育史资料汇编·洋务运动时期教育》，上海教育出版社2007年版，第898—899页。

32 1871年8月16日，曾国藩与李鸿章正式就派学生出国留学一事联名上奏时，内有"臣国藩深题其（丁日昌）言，曾于上年九月、本年正月，两次附奏在案"一句。"上年九月"即《调陈兰彬差遣江南片》，"本年正月"的奏折未知具体内容为何。所谓"附奏在案"，意即将丁日昌的提议写入了奏章。见曾国藩、李鸿章《奏选派委员携带幼童出洋肄业兼陈应办事宜折》，《洋务运动时期教育》，上海教育出版社2007年版，第899页。

33 《筹办夷务始末（同治朝）》卷六十九，《近代中国史料丛刊》第六十二辑，（台北）文海出版社1966年版，第6390页。

34 《奏选派委员携带幼童出洋肄业兼陈应办事宜折》，《中国近代教育史资料汇编·洋务运动时期教育》，上海教育出版社2007年版，第900页。

35 《奏选派委员携带幼童出洋肄业兼陈应办事宜折》，《中国近代教育史资料汇编·洋务运动时期教育》，上海教育出版社2007年版，第903—904页。

36 曾国藩、李鸿章：《挑选幼童前赴泰西肄业章程》，《中国近代教育史资料汇编·洋务运动时期教育》，上海教育出版社2007年版，第902页。

37 《筹办夷务始末（同治朝）》卷八十三，《近代中国史料丛刊》第六十二辑，（台北）文海出版社1966年版，第7588页。

38 陈向阳：《晚清京师同文馆组织研究》，广东高等教育出版社2004年版，第347—348页。

39 刘真主编：《留学教育》第一册，台湾编译馆1980年版，第83页。

40 李喜所：《容闳：中国留学生之父》，河北教育出版社1990年版，第113页。

41 曾国藩：《调陈兰彬差遣江南片》，《中国近代教育史资料汇编·洋务运动时期教育》，上海教育出版社2007年版，第899页。

42 曾国藩、李鸿章：《奏选派幼童赴美肄业办理章程折》，《中国近代教育史资料汇编·洋务运动时期教育》，上海教育出版社2007年版，第900页。

43 《筹办夷务始末（同治朝）》卷八十三，《近代中国史料丛刊》第六十二辑，（台北）文海出版社1966年版，第7587页。

44　李喜所：《近代留学生与中外文化》，天津教育出版社2006年版，第25页。

45　容应萸：《从19世纪的中日美关系看留美幼童》《纪念容闳毕业于美国耶鲁大学一百五十周年论文集》，2006年。另可参见毕乐思《容闳：心系中华》，《光与盐》第一卷，团结出版社2014年版，第8页。

46　温秉忠：《一个留美幼童的回忆》，高宗鲁译注：《中国留美幼童书信集》，（台北）传纪文学出版社1983年版。

47　《我在中国和美国的生活》，东方出版社2006年版，第137—138页。

48　《我在中国和美国的生活》，东方出版社2006年版，第122页。

49　《曾国藩全集》（三一），岳麓书社2011年版，第438—439页。

50　曾纪泽：《使西日记》，湖南人民出版社1981年版，第29页。

51　丁凤麟、王欣之编：《薛福成选集》，上海人民出版社1987年版，第46—47页。

52　《我在中国和美国的生活》，东方出版社2006年版，第140页。

53　《我在中国和美国的生活》，东方出版社2006年版，第139页。

54　《我在中国和美国的生活》，东方出版社2006年版，第138页。

55　《李鸿章全集·30·信函二》，安徽教育出版社2008年版，第629页。

56　《李鸿章全集·9·奏议九》，安徽教育出版社2008年版，第251—252页。

57　《陈兰彬集》（一），广东人民出版社2018年版，第68—69页。

58　《李鸿章全集·32·信函四》，安徽教育出版社2008年版，第458页。

59　《陈兰彬集》（一），广东人民出版社2018年版，第159页。

60　《李鸿章全集·33·信函五》，安徽教育出版社2008年版，第16页。

61　《中国近代史资料丛刊·洋务运动》（二），上海书店出版社2000年版，第166页。

62　《李鸿章全集·7·奏议七》，安徽教育出版社2008年版，第445页。

63　《留学局谕告》，《中国近代教育史资料汇编·洋务运动时期教育》，上海教育出版社2007年版，第929页。

64　《我在中国和美国的生活》，东方出版社2006年版，第138页。

65　《留美中国学生会小史》，《东方杂志》第十四卷第十二号，1917年。

66　薛福成：《筹洋刍议·变法》，《薛福成选集》，上海人民出版社1987年版，第556页。

67　《黄开甲给巴搭拉夫人的信》1982年1月28日于上海，《中国留美幼童书信集》，（台北）传纪文学出版社1983年版。

68　《一个留美幼童的回忆》，《中国留美幼童书信集》，（台北）传纪文学出版社1983年版。容良写给罗宾逊的信，1932年10月22日。《传记文学》第42卷第6期。

69　《黄开甲给巴搭拉夫人的信》1982年1月28日于上海，《中国留美幼童书信集》，（台北）传纪文学出版社1983年版。

70　《书关提学生案后》，《申报》1883年9月15日。

71　《美国罗伯特给他舅母的信》1881年10月16日于上海，《中国留美幼童书信集》，（台北）传纪文学出版社1983年版。

72　《书日本报论中国学徒事》，《申报》1881年9月22日。

73　《中国近代史资料丛刊·洋务运动》（一），上海书店出版社2000年版，第232—233页。

74　《黄开甲给巴搭拉夫人的信》1982年1月28日于上海，《中国留美幼童书信集》，（台北）传纪文学出版社1983年版。

75　《我在中国和美国的生活》，东方出版社2006年版，第150页。

76　《我在中国和美国的生活》，东方出版社2006年版，第147页。

77 黎照寰：《关于唐绍仪的生平及其与孙中山袁世凯容闳的关系》，《广东文史资料》第19辑。

第十三章　1873年：同治皇帝放弃跪拜礼

1 《中华帝国对外关系史》第二卷，上海书店出版社2006年版，第281页。

2 陈恭禄：《中国近代史》（上），上海古籍出版社2017年，第235页。

3 ［英］斯当东（George Staunton）著，叶笃义译：《英使谒见乾隆纪实》，上海书店出版社1997年版，第38—39页。

4 马祖毅等：《中国翻译通史（古代部分）》，湖北教育出版社2006年版，第53页。原文中的"英吉利""百灵""牙兰也密屯""佛兰西""爱伦"等字均前加"口"旁，以示其地乃是蛮邦，其人乃是蛮夷。

5 《英使谒见乾隆纪实》，上海书店出版社1997年版，第40页。

6 《中国翻译通史（古代部分）》，湖北教育出版社2006年版，第54页。原文中的"英吉利"三字前均加"口"旁。

7 《英使谒见乾隆纪实》，上海书店出版社1997年版，第40页。

8 《中国翻译通史（古代部分）》，湖北教育出版社2006年版，第54页。

9 葛剑雄：《世界上不止有中文——〈英使马戛尔尼来聘案〉与〈英使谒见乾隆纪实〉之对勘》，《读书》1994年第11期。

10 刘黎：《一场瞎子和聋子的对话：重构英使马戛尔尼访华的翻译过程》，《上海翻译》2014年第3期。刘黎：《意识形态的博弈：马戛尔尼访华外交翻译中的操控与反操控》，《外国语文研究》2016年第4期。

11 ［法］戴廷杰：《兼听则明——马戛尔尼使华再探》，中国第一历史档案馆编：《英使马戛尔尼访华档案史料汇编》，国际文化出版公司1996年版，第137页。

12 黄一农认为，马戛尔尼使团曾在周遭之人行三跪九叩之礼时，"也依照大家起跪的节奏跪地九次"（指单腿跪地），"英使实际所行之礼可能要较他们在文字中所承认者为重"。见黄一农《印象与真相：英使马戛尔尼觐礼之争新探》，《清华历史讲堂续编》，生活·读书·新知三联书店2008年版，第198—218页。

13 王开玺：《清史实录：政治、外交、文化与革命》（上），东方出版社2018年版，第259页。

14 可参阅本书第一章《1861：改革始于人事更迭》之第一小节"咸丰皇帝至死不回京"。

15 《近代中国外交史资料辑要》，湖南教育出版社2008年版，第489—490页。下文同样引自奕䜣该汇报奏折者，不再赘注。

16 《筹办夷务始末（同治朝）》卷五十，《近代中国史料丛刊》第六十二辑，（台北）文海出版社1966年版，第4820页。

17 《翁同龢日记》第二册，中华书局1989年版，第798页。

18 茅海建：《近代的尺度：两次鸦片战争军事与外交》，生活·读书·新知三联书店2018年版，第247页。

19 《近代中国外交史资料辑要》，湖南教育出版社2008年版，第491页。

20 《近代的尺度：两次鸦片战争军事与外交》，生活·读书·新知三联书店2018年版，第247页。摔碗之事见平步青的笔记《霞外攟屑》，可信度或许有限，后文会有所提及。

21 李鸿章：《遵旨密陈洋人请觐事宜折》，《李鸿章全集·5·奏议五》，安徽教育出版社2008年版，第343—345页。

22　《简明节略》，转引自王开玺：《清代的外交与外交礼仪之争》，东方出版社2017年版，第610—612页。

23　《清通鉴》（16），山西人民出版社1999年版，第7301页。

24　紫光阁在乾隆时代，是一个用来收藏功臣绘像、展现十全武功的"军功纪念馆"，乾隆曾在此赐宴蒙古王公、犒劳本朝将士。这些历史，赋予了这座建筑"怀柔远人"的浓厚含义。见姚文君《清代紫光阁功用管窥》，《民族史研究》2019年第1期。

25　朱杰勤：《中外关系史译丛》，海洋出版社1984年版，第186—187页。

26　沈弘编译：《遗失在西方的中国史：〈伦敦新闻画报〉记录的晚清 1842—1873》（下），北京时代华文书局2014年版，第603页。

27　《清穆宗实录》卷353，同治十二年六月壬子。

28　《清代起居注册（同治朝）》第40册，第22330—22331页，转引自《近代的尺度：两次鸦片战争军事与外交》，生活·读书·新知三联书店2018年版，第250页。

29　《京报》是一种专门刊发朝廷政务动态（宫门抄）、皇帝上谕、臣僚奏章乃至市井流传新闻的民间报纸（也受到朝廷监督），有人认为这种报纸自明末即已产生。晚清北京发行此种《京报》的民间报房有十余家之多。见张雪根《说说〈京报〉的那些事儿》，《从邸报到光复报：清朝报刊藏记》，浙江工商大学出版社2014年版，第35—38页。

30　［日］稻叶君山：《清朝全史》下册，第60—61页，转引自陈恭禄：《中国近代史》（上），上海古籍出版社2017年，第237页。该文原始中文版不知何在，稻叶君山见到的是英文版（当是读《京报》者所译）；稻叶将之译为日文，后又由但焘之译回中文。

31　李慈铭：《越缦堂国事日记》（三），《近代中国史料丛刊续编》第六十辑，（台北）文海出版社1985年版，第1114—1115页。

32　平步青：《霞外攈屑·各国使臣觐见》，转引自孙文光编：《中国历代笔记选粹》（上），华东师范大学出版社1998年版，第102 103页。

第十四章　1874年：清廷被日本耍得团团转

1　《日本外交文书》（明治）第6卷，178—179页，转引自张振鹍：《关于中国在台湾主权的一场严重斗争——1874年日本侵犯台湾之役再探讨》，《近代史研究》1993年第6期。

2　黄嘉谟：《美国与台湾》，（台北）"中研院"近史所2004年版，第212—213页。

3　《筹办夷务始末（同治朝）》卷五十，《近代中国史料丛刊》第六十二辑，（台北）文海出版社1966年版，第4790页。

4　李祖基：《台湾历史研究》，台海出版社2006年版，第360—361页。

5　田珏、傅玉能：《台湾史纲要》，福建人民出版社2012年版，第134—136页。

6　李理、赵国辉：《李仙得与日本第一次侵台》，《近代史研究》2007年第3期。

7　王芸生编著：《六十年来中国与日本》第一卷，生活·读书·新知三联书店1979年版，第64页。

8　日方档案所记毛昶熙的回复，仅有："该岛之民向有生熟两种，其已服我朝王化者为熟番，已设府县施治；其未服者为生番，姑置之化外，尚未甚加治理。" 参见《日本外交文书》（明治）第6卷，178—179页。

9　东亚同文会编：《对华回忆录》，商务印书馆1959年版，第38—39页。另见《大久保大隈两参议蕃地处分要略九条上申》，公文书馆藏档，A03030099800。

10　《台湾史稿》上卷，凤凰出版社2012年版，第113页。

11　《甲戌公牍钞存》，（台北）大通书局1977年版，第5页。

12　《甲戌公牍钞存》，（台北）大通书局1977年版，第10—11页。

13　《甲戌公牍钞存》，（台北）大通书局1977年版，第13页。

14　《大日本外交文书》第七卷，转引自李祖基、陈忠纯：《社会转型、抗击外侮与近代化建设——晚清台湾历史映像（1840—1895）》，厦门大学出版社2016年版，第131页。

15　《给日本国外务省照会》，《同治甲戌日兵侵台始末》（台湾文献丛刊第38种），（台北）台湾银行1959年版，第4—5页。

16　钱春霞：《台湾事件与清政府反应》，《沈葆桢巡台一百三十周年学术研讨会论文集》，中共党史出版社2004年版，第71—78页。

17　《四年癸巳（二十一日）闽浙总督兼巡抚李鹤年奏》，《同治甲戌日兵侵台始末》（台湾文献丛刊第38种），（台北）台湾银行1959年版，第11页。

18　《谕军机大臣等》，《同治甲戌日兵侵台始末》（台湾文献丛刊第38种），（台北）台湾银行1959年版，第13页。

19　《谕军机大臣等》，《同治甲戌日兵侵台始末》（台湾文献丛刊第38种），（台北）台湾银行1959年版，第16页。

20　李理：《日本强行出兵台湾始末》，《台湾历史研究》2013年第1辑。

21　《李仙得与日本第一次侵台》，《近代史研究》2007年第3期。

22　《大日本外交文书》第七卷，转引自张振鹍：《关于中国在台湾主权的一场严重斗争——1874年日本侵犯台湾之役再探讨》，《近代史研究》1993年第6期。

23　《中外旧约章汇编》第一册，生活·读书·新知三联书店1957年版，第342—344页。

24　［日］古川万太郎：《近代日本的大陆政策》1991年版，第139页，转引自赵纯昌：《日本混瞒窃夺钓鱼台群岛——兼论1874年日本侵犯台湾之役的"机智"外交》，《齐齐哈尔大学学报（哲学社会科学版）》，1995年第5期。

25　《对华回忆录》，商务印书馆1959年版，第65—66页。

26　《复沈幼丹节帅》同治十三年四月十八日，《李鸿章全集·31·信函三》，安徽教育出版社2008年版，第41页。

27　《致总署论台事归宿》同治十三年七月十六日，《李鸿章全集·31·信函三》，安徽教育出版社2008年版，第83—84页。

28　《复沈幼丹大臣》同治十三年九月二十日，《李鸿章全集·31·信函三》，安徽教育出版社2008年版，第114—115页。

29　《清穆宗毅皇帝实录》卷三七一，中华书局1986年版。

30　《十月丁酉大学士文祥奏》，《同治甲戌日兵侵台始末》（台湾文献丛刊第38种），（台北）台湾银行1959年版，第200—202页。下文引自该奏折者，不再赘注。

31　《复杨石泉》同治十三年十一月初十日，刘坤一著，陈代湘校点：《刘坤一集》第四册，岳麓书社2018年版，第280页。

32　丁日昌：《海防条议》，《丁日昌集》上册，上海古籍出版社2010年版，第198页。

33　《同治甲戌日兵侵台始末》，（台北）文海出版社1983年版，第248—249页。

34　《筹办铁甲兼请遣使片》同治十三年十一月初二日，《李鸿章全集·6·奏议六》，安徽教育出版社2008年版，第170—180页。

35　陈其元：《日本近事记》，《小方壶斋舆地丛钞》第十帙。

36　杨策：《论所谓海防与塞防之争》，《近代史研究》1987年04期。

37　周育民：《塞防海防与清朝财政》，《上海师范大学学报》2001年第1期。另可见周志初《晚清财政经济研究》，齐鲁书社2002年版，第205页、第208页。

第十五章　1875年：躁狂的年轻皇帝死了

1　任念文：《论"同治中兴"》，《晚清政治散论》，山西人民出版社2008年版，第78—79页。

2　《咸同两朝上谕档》十八，第297页。

3　李宗侗、刘凤翰：《李鸿藻先生年谱》上册，（台北）商务印书馆1969年版，第190页。

4　中国第一历史档案馆编：《清代档案史料·圆明园》（上），上海古籍出版社1991年版，第626—
　　627页。

5　陈康祺：《郎潜记闻》，《历代小说笔记选·清》第四册，第967页。

6　《咸同两朝上谕档》二十四，第219页。

7　《郎潜记闻》，《历代小说笔记选·清》第四册，第967页。

8　许吉敏：《试论李光昭案》，《黑龙江史志》2010年第3期。

9　《清代通史》（三），（台北）商务印书馆1962年版，第673页。

10　黄濬：《花随人圣庵摭忆》，上海古籍出版社1983年版，第504页。

11　《清代档案史料·圆明园》（上），上海古籍出版社1991年版，第744页。王无生《述庵秘录》里
　　说，载淳曾拟出过一道诛杀恭亲王的谕旨，命文祥直接传诏不许展视。文祥违命打开谕旨后大惊，
　　"叩太后宫，泣诉之"，慈禧遂出面制止了载淳的胡作非为。此说过于骇人听闻，载淳但凡尚存半
　　分理智，当不至于做出这般震颤天下之事。或可视为载淳摘去奕訢爵位与职务，后又由慈禧出面恢
　　复奕訢爵位与职务这一史实的"民间加强版"。

12　《咸同两朝上谕档》二十四，第260页。

13　《越缦堂国事日记》（二），《近代中国史料丛刊续编》第六十辑，（台北）文海出版社1985年
　　版，第1155页。

14　赵雅丽：《同治朝重修圆明园之议的政治文化浅析》，《北京科技大学学报（社会科学版）》2016
　　年第5期。本文关于同治皇帝与"圆明园修复工程风波"的回顾，亦主要参考了赵雅丽《晚清京师
　　南城政治文化研究》一书的梳理，凤凰出版社2011年版，第494—506页。

15　《咸同两朝上谕档》二十三，第33页。

16　辜鸿铭、孟森等著：《清代野史》第一卷，巴蜀书社1998年版，第100页。

17　《清代野史》第一卷，巴蜀书社1998年版，第101页。

18　《翁同龢日记》第二册，中华书局1989年版，第1069页。

19　丁燕石：《正说慈禧》，浙江人民出版社2006年版，第188—189页。翁一个月未附弘德殿讲课，也
　　可能与同治皇帝的身体已出现不适症状有关。

20　沈渭滨：《从〈翁同龢日记〉看同治帝病情及死因》，《探索与争鸣》2006年第1期。

21　［美］墨安劳：《重振帝国：同治时期的政治、交流和圆明园》，《清代皇家园林史料汇编》第1
　　辑，首都师范大学出版社2015年版。

22　《清代档案史料·圆明园》（上），上海古籍出版社1991年版，第694页。

23　《翁同龢日记》第二册，中华书局1989年版，第798页。

24　《清代档案史料·圆明园》（上），上海古籍出版社1991年版，第638页。

25　吴相湘：《晚清宫庭实纪》，（台北）正中书局1988年版，第194—195页。

26　朱琼臻：《同治皇帝感染天花的进药用药底簿》，《历史档案》2018年第3期。

27　《从〈翁同龢日记〉看同治帝病情及死因》，《探索与争鸣》2006年第1期。

28　李镇：《同治究竟死于何病》，《文史哲》1989年第6期。

29　《正说慈禧》，浙江人民出版社2006年版，第210页。

30　《翁同龢日记》第二册，中华书局1989年版，第1086页。

31　《翁同龢日记》第二册，中华书局1989年版，第1086—1087页。

32　徐立亭：《咸丰、同治帝》，吉林文史出版社1993年版，第399—400页。

33　《咸丰、同治帝》，吉林文史出版社1993年版，第402—403页。

34　《清通鉴》（16），山西人民出版社1999年版，第7301页。

35　故宫博物院编：《天禄珍藏：清宫内府本三百年》，紫禁城出版社2007年版，第334页。

36　见电视剧《走向共和》第23集之慈禧台词。

37　《义和团档案史料》上册，第187页。原文是："此次义和团民之起，数月之间，京城蔓延已遍，其众不下十数万。自兵民以至王公府第，处处皆是，同声与洋教为仇，势不两立，剿之则即刻祸起肘腋，生灵涂炭，只可因而用之，徐图挽救。奏称信其邪术以保国，亦不谅朝廷万不得已之苦衷矣。尔各督抚，若知内变如此之急，必有寝馈难安、奔问不遑者，尚肯作此一面语耶。"

38　慈禧是否相信义和团神术，并不是一个新鲜的问题。如学者羽戈之《慈禧相信义和团的神术吗？》一文也考据认为：慈禧其实相信义和团的神术。笔者不拟重复介绍该文所梳理之史料，仅以慈禧之谕旨为据，再略做分析。

39　中国第一历史档案馆编：《光绪宣统两朝上谕档》第二十六册，广西师范大学出版社1996年版，第198页。1900年7月14日八国联军已攻陷天津，但慈禧尚不知情，故有7月16日之谕旨。

40　《光绪宣统两朝上谕档》第二十六册，广西师范大学出版社1996年版，第199页。

41　李超琼：《庚子传信录》，《近代史资料专刊：义和团史料（上）》，第212页。李超琼，光绪年间举人，庚子年奉命北上，亲历了义和团之乱。该书系日记性质，记载了作者在京城的所见所闻。

42　路遥：《义和团运动发展阶段中的民间秘密教门》，《历史研究》2002年第5期。

43　高树：《金銮琐记》，《近代史资料专刊：义和团史料（下）》，第729页。

44　高枏：《高枏日记》，《庚子记事》，第159页；陈恒庆：《清季野闻》，《近代史资料专刊：义和团史料（下）》，第638页。

45　《义和团运动发展阶段中的民间秘密教门》，《历史研究》2002年第5期。王见川：《清末民初五台山的普济及其教团》，《中国秘密社会史论》，商务印书馆2013年版，第504—505页。邵雍：《中国近代会道门史》，合肥工业大学出版社2010年版，第69—70页。

46　孔祥吉：《晚清史探微》，巴蜀书社2001年版，第242页。

47　德龄、容龄：《在太后身边的日子：晚清宫廷见闻录》，紫禁城出版社2009年，第102—103页。

48　载泽：《奏请宣布立宪密折》，《辛亥革命》第4册，第28—29页。

49　曹汝霖：《一生之回忆》，中国大百科全书出版社2009年版，第66—68页。

50　恽毓鼎：《澄斋日记》第二册，浙江古籍出版社2004年版，第561页。

51　《曾国藩年谱长编》下卷，上海交通大学出版社2017年版，第1114—1115页。

第十六章　1876年：首次向欧美派驻外交官

1　《清史稿·卷154·志一百二十九·邦交二·英吉利》的记载如下："光绪元年正月乙卯，英翻译官马嘉理被戕于云南。先是马嘉理奉其使臣威妥玛命，以总署护照赴缅甸迎探路员副将柏郎等，偕行至云南腾越厅属蛮允土司地被戕。"

2　方英：《李鸿章与滇案交涉研究》，《安徽史学》2013年第6期。

3　如薛福成告诉李鸿章："近闻土耳其国王为其臣民所废，俄人意在用兵，而英人不敢漠视，香港兵船已有调归之信。虽未必即确，然其不轻用兵之意，则已有明征。"薛福成：《上李伯相论与英使议约事宜书》，丁凤麟、王欣之编：《薛福成选集》，上海人民出版社1987年版，第96—97页。

4　1908年，赫德因病请假归国，向税务处呈递了一份文件，历述他在总税务司任上半个世纪以来为清廷所办的种种事项。关于"马嘉理案"，赫德提到了自己参与的三项要事：（1）奉命前往上海将英国驻华公使威妥玛劝回北京；（2）在总理衙门束手无策之时，建议朝廷派李鸿章接手谈判；（3）"奏派郭嵩焘大臣出使英国，此后委派各国出使大臣，作为定例"。见光绪三十四年二月二十五日总税务司申呈，税务处关字第539号文，转引自杨智友：《大事件：帝国海关风云》，中国海关出版社2015年版，第209—210页。

5　Robert Hart and China's Early Modernization: His Journals, 1863—1866, p.305，转引自张志勇：《赫德与晚清中英外交》，上海书店出版社2012年版，第110—111页。赫德与郭嵩焘的关系，另可参见贾熟村《赫德与郭嵩焘》，《城市学刊》2010年第1期。

6　《中华帝国对外关系史》第二卷，上海书店出版社2006年版，第201页。

7　"合作政策"的含义，简单说来就是：（1）在华拥有利益的欧美国家之间取合作态度，而非彼此倾轧；（2）欧美各国与清廷之间取合作态度，而非以清廷为必须推翻的敌人，主张以和平的方式解决与清廷的争端，同时推动清廷接受国际法和条约外交。

8　[西]胡里奥·克雷斯波·麦克伦南著，黄锦桂译：《欧洲：欧洲文明如何塑造现代世界》，中信出版社2020年版，第206—207页。

9　方英：《合作中的分歧：马嘉理案交涉再研究》，《史学集刊》2014年第4期。

10　张志勇：《赫德与晚清中英外交》，上海书店出版社2012年版，第114—115页。直到1885年，赫德仍未放弃促成"中英结盟"这种构想。他的建议后来被英国外交大臣沙里士伯拒绝了。

11　《总署奏请派驻英国公使片附上谕》，《清季外交史料》（1），湖南师范大学出版社2015年版，第46页。

12　国书原文用词是"朕深为惋惜"。见《大清国皇帝致大英国后帝惋惜马嘉理国书》，《清季外交史料》（1），湖南师范大学出版社2015年版，第133页。

13　"4 September, 1875"，"September 8, 1875"，Hart's Journals, VoL 21，转引自《赫德与晚清中英外交》，上海书店出版社2012年版，第116页。

14　《李鸿章全集·31·信函三》，安徽教育出版社2008年版，第299页。

15　原话是"以精透洋务相推许，至于再四。语次顾谓两中堂：此人洋务实是精透。"见《郭嵩焘全集》（十），岳麓书社2018年版，第2页。

16　《中国进入国际大家庭：1858—1880年间的外交》，商务印书馆2018年版，第142页。

17　《兵左侍郎郭嵩焘奏参岑毓英不谙事理酿成戕杀英官重案折》，《清季外交史料》（1），湖南师范大学出版社2015年版，第61页。

18　《郭嵩焘全集》（四），岳麓书社2018年版，第787页。

19　王闿运：《湘绮楼诗文集》（二），岳麓书社2008年版，第110页。

20　《越缦堂日记》，光绪二年九月十八日。

21　《刘坤一集》第四册，岳麓书社2018年版，第336—337页。

22　《郭嵩焘全集》（四），岳麓书社2018年版，第787页。

23　《郭嵩焘全集》（十），岳麓书社2018年版，第17页。

24　《郭嵩焘全集》（四），岳麓书社2018年版，第790页。

25　《郭嵩焘全集》（四），岳麓书社2018年版，第791页。

26　《郭嵩焘全集》（四），岳麓书社2018年版，第793页。

27　《道咸同光名人手札》集一册二第198页，转引自孟泽：《洋务先知：郭嵩焘》，凤凰出版社2009年版，第142页。

28　《郭嵩焘全集》（十），岳麓书社2018年版，第43页。

29　柏王，僧格林沁之子伯彦讷谟诂。

30　《郭嵩焘全集》（十），岳麓书社2018年版，第45—46页。

31　"二人"指正使郭嵩焘与副使刘锡鸿（字云生）。

32　《郭嵩焘全集》（十），岳麓书社2018年版，第55—56页。

33　《郭嵩焘全集》（四），岳麓书社2018年版，第833页。所谓"京师编造联语，以'何必去父母之邦'"，指的是当时知识界以对联讽刺郭嵩焘："出乎其类，拔乎其萃，不见容尧舜之世；未能事人，焉能事鬼，何必去父母之邦。"见王闿运《湘绮楼日记》光绪三年六月十二日。

34　《郭嵩焘全集》（十三），岳麓书社2018年版，第266页。

35　《大清国皇帝致大英国后帝悯惜马嘉理国书》，《清季外交史料》（1），湖南师范大学出版社2015年版，第133—134页。

36　《使英郭嵩焘奏国书并无充当公使文据请改正颁发折》，《清季外交史料》（1），湖南师范大学出版社2015年版，第176—177页。

37　《副使刘锡鸿奏辞驻英副使折》，《清季外交史料》（1），湖南师范大学出版社2015年版，第177页。

38　《总署奏请补发使英郭嵩焘等敕书折》，《清季外交史料》（1），湖南师范大学出版社2015年版，第176—179页。

39　梁启超：《五十年中国进化概论》，《饮冰室文集》卷三十九，中华书局1989年版，第43页。

40　何金寿：《奏为兵部侍郎郭嵩焘使西纪程一书立言悖谬失体辱国请饬严行毁禁事》，见中国第一历史档案馆藏《军机处录副奏折》，03-5663-118号。转引自杨锡贵：《郭嵩焘〈使西纪程〉毁版述评》，《船山学刊》2013年第4期。

41　郭廷以：《郭嵩焘先生年谱》（下），（台北）"中研院"近史所1971年版，第665—666页。

42　王闿运：《湘绮楼日记》，岳麓书社1996年版，第569页。

43　《郭嵩焘全集》（十），岳麓书社2018年版，第197页。

44　《郭嵩焘全集》（十），岳麓书社2018年版，第172页。

45　其原文如下："西洋君德，视中国三代令主，无有能庶几者，即伊周之相业，亦未有闻焉。而国政一公之臣民，其君不以为私。其择官治事，亦有阶级、资格，而所用必皆贤能，一与其臣民共之。朝廷之爱憎无所施，臣民一有不惬，即不得安其位。自始设议政院，即分同异二党，使各竭其志意，推究辨驳，以定是非；而秉政者亦于其间迭起以争胜。于是两党相持之局，一成而不可易，问难酬答，直输其情，无有隐避，积之久而亦习为风俗。其民人周旋，一从其实，不为谦退辞让之虚文。国家设立科条，尤务禁欺去伪。自幼受学，即以此立之程，使践履一归诚实。而又严为刑禁，语言文字一有诈伪，皆以法治之，虽贵不贷。朝廷又一公其政于臣民，直言极论，无所忌讳，庶人上书，皆以酬答。其风俗之成，酝酿固已久矣！"《郭嵩焘全集》（十），岳麓书社2018年版，第376—377页。

46　《郭嵩焘全集》（十），岳麓书社2018年版，第523—524页。

47　《郭嵩焘全集》（十一），岳麓书社2018年版，第64页。

48　《湘绮楼日记》，岳麓书社1996年版，第32页。

49　《郭嵩焘全集》（十），岳麓书社2018年版，第420页。

50　《李鸿章全集·32·信函四》，安徽教育出版社2008年版，第25页。

51　《郭嵩焘全集》（十），岳麓书社2018年版，第99页。

52　《郭嵩焘全集》（十），岳麓书社2018年版，第157页。

53　《郭嵩焘全集》（十），岳麓书社2018年版，第179页。

54　《郭嵩焘全集》（十），岳麓书社2018年版，第212页。

55　刘锡鸿：《英轺私记》，岳麓书社1981年版，第124页。

56　《郭嵩焘全集》（十），岳麓书社2018年版，第246页。

57　《郭嵩焘全集》（十），岳麓书社2018年版，第266页。

58　《郭嵩焘先生年谱》（下），（台北）"中研院"近史所1971年版，第675页。

59　《郭嵩焘全集》（四），岳麓书社2018年版，第829页。

60　《郭嵩焘全集》（四），岳麓书社2018年版，第831页。

61　《郭嵩焘全集》（四），岳麓书社2018年版，第830页。

62　《从东方到西方——走向世界丛书叙论集》，岳麓书社2002年版，第439页。亦可参见《郭嵩焘全集》（十），岳麓书社2018年版，第660—661页。

63　《郭嵩焘先生年谱》（下），（台北）"中研院"近史所1971年版，第713页。

64　张佩纶：《奏请饬令出使外洋大臣不得携带眷属》，光绪三年十一月三日。

65　《郭嵩焘全集》（十），岳麓书社2018年版，第705页。

66　《郭嵩焘先生年谱》（下），（台北）"中研院"近史所1971年版，第762—763页。

67　《郭嵩焘全集》（十），岳麓书社2018年版，第593页。

68　《李鸿章全集·32·信函四》，安徽教育出版社2008年版，第152页。

69　《李鸿章全集·32·信函四》，安徽教育出版社2008年版，第233页。

70　《光绪宣统朝上谕档》第三册（光绪三年），广西师范大学出版社1996年版，第141页。

71　郭、刘二人交恶的详细经过，可参见张宇权《晚清外交史上的一点疑问：论郭嵩焘与刘锡鸿的关系》，《公共管理研究》2005年第1期。

72　《英轺私记》，岳麓书社1981年版，第109—110页。

73　《英轺私记》，岳麓书社1981年版，第122页。

74　《英轺私记》，岳麓书社1981年版，第110页。

75　刘锡鸿：《缕陈中西情形不同，火车铁路势不可行疏》。见《中国近代史资料丛刊·洋务运动》（六），上海人民出版社1961年版，第165页。

76　《英轺私记》，岳麓书社1981年版，第27—28页。

77　《郭嵩焘全集》（十），岳麓书社2018年版，第170页。

78　原文是："祖宗制法皆有深意，历年既久而不能无弊者，皆以私害法之人致之。为大臣者，第能讲求旧制之意，实力奉行，悉去其旧日之所无，尽还其旧日之所有，即此可以复治。若改弦而更张则惊扰之甚，祸乱斯生，我中朝敢不以贵国为戒乎？金银煤铁等矿，利在焉，害亦存焉，非圣天子所贪求也。"刘锡鸿：《英轺私记》，岳麓书社1981年版，第105页。

79　《郭嵩焘全集》（十），岳麓书社2018年版，第695页。

80　《郭嵩焘全集》（十一），岳麓书社2018年版，第119页。

81　《从东方到西方——走向世界丛书叙论集》，岳麓书社2002年版，第440页。

82　《郭嵩焘全集》（四），岳麓书社2018年版，第844—845页。

83　《李鸿章全集·32·信函四》，安徽教育出版社2008年版，第342页。

84　《李鸿章全集·9·奏议九》，安徽教育出版社2008年版，第330页。

85　《德宗实录》卷一二七。转引自《从东方到西方——走向世界丛书叙论集》，岳麓书社2002年版，第441页。

86　曾纪泽：《使西日记（外一种）》，湖南人民出版社1981年版，第6—7页。

87 《郭嵩焘全集》（十一），岳麓书社2018年版，第100页。

88 《郭嵩焘全集》（十一），岳麓书社2018年版，第102页。

89 《李鸿章全集·14·奏议十四》，安徽教育出版社2008年版，第137页。

90 陈功甫：《中国最近三十年史》，商务印书馆1928年版，第24—25页。

第十七章　1877年：丁戊奇荒里的天灾与人祸

1 郝平主编：《中国灾害志·断代卷·清代卷》，中国社会出版社2021年版，第103页。

2 ［英］李提摩太著，李宪堂、侯林莉译：《亲历晚清四十五年：李提摩太在华回忆录》，天津人民出版社2005年，第79页。

3 《亲历晚清四十五年：李提摩太在华回忆录》，天津人民出版社2005年，第81页。

4 《亲历晚清四十五年：李提摩太在华回忆录》，天津人民出版社2005年，第81页。

5 《亲历晚清四十五年：李提摩太在华回忆录》，天津人民出版社2005年，第109页。

6 《亲历晚清四十五年：李提摩太在华回忆录》，天津人民出版社2005年，第109页。

7 《亲历晚清四十五年：李提摩太在华回忆录》，天津人民出版社2005年，第109—110页。

8 《亲历晚清四十五年：李提摩太在华回忆录》，天津人民出版社2005年，第110页。

9 《亲历晚清四十五年：李提摩太在华回忆录》，天津人民出版社2005年，第111页。

10 《三晋石刻大全（盐湖区卷）》，三晋出版社2010年版，第407—408页。

11 《曾国荃集》（一），岳麓书社2008年版，第218页。

12 《亲历晚清四十五年：李提摩太在华回忆录》，天津人民出版社2005年，第110页。

13 李玉文编著：《山西近现代人口统计与研究（1840—1948）》，中国经济出版社1992年版，第7页。另有数据称，1884年山西共有1066.8266万人口，见《山西年鉴（1986）》，山西人民出版社1987年版，第410—411页。

14 《山西通志·第五十卷·附录》，中华书局2001年版，第31页。

15 《曾国荃集》（一），岳麓书社2008年版，第258—259页。

16 《曾国荃集》（一），岳麓书社2008年版，第259页。

17 刘增合：《鸦片税收与清末新政》，生活·读书·新知三联书店2005年版，第87页。

18 李文治编：《中国近代农业史资料》第1辑，生活·读书·新知三联书店1957年版，第458—459页。

19 李珪：《云南近代经济史》，云南民族出版社1995年版，第56页。

20 陈惟彦：《宦游偶记》卷上，"开州到任察看地方情形禀牍"，光绪二十年。

21 刘光第：《南旋记》，《四川文史资料选辑》第20辑，第144—147页。

22 何嗣焜：《存悔斋文稿·入蜀记程》。转引自《中国近代农业史资料》第1辑，生活·读书·新知三联书店1957年版，第464页。

23 《上海近代贸易经济发展概况（1854—1898年）：英国驻上海领事贸易报告汇编》，上海社会科学院出版社1993年版，第257页。

24 《上海近代社会经济发展概况（1882—1931）：〈海关十所报告〉译编》，上海社会科学院出版社1985年版，第15页。

25 《上海近代贸易经济发展概况（1854—1898年）：英国驻上海领事贸易报告汇编》，上海社会科学院出版社1993年版，第606—607页。

26 《上海近代贸易经济发展概况（1854—1898年）：英国驻上海领事贸易报告汇编》，上海社会科学院出版社1993年版，第635页。

27　《中国近代史资料丛刊·鸦片战争》（一），上海人民出版社1957年版，第449—452页。

28　《林则徐全集·第8册信札卷》，海峡文艺出版社2002年版，第3846页。

29　《许珏致赵尔巽函》，转引自《鸦片税收与清末新政》，生活·读书·新知三联书店2005年版，第334页。

30　《中国海关密档：赫德、金登干函电汇编，（1874—1907）》第七卷，中华书局1995年版，第1009页。

31　《郑观应集》，上海人民出版社1982年版，第589页。

32　《拟弛自种鸦片烟土禁论》，《申报》1872年7月9日。

33　《李鸿章全集·6·奏议六》，安徽教育出版社2008年版，第165页。

34　《郭嵩焘全集》（四），岳麓书社2018年，第809页。

35　"刘坤一复刘仲良函"，《刘坤一集》第四册，岳麓书社2018年版，第352页。

36　周育民：《19世纪60—90年代清朝财政结构的变动》，《上海师范大学学报（哲学社会科学版）》2000年第4期。

37　何启、胡礼垣：《劝学篇书后·去毒篇辨》，转引自《鸦片税收与清末新政》，生活·读书·新知三联书店2005年版，第334—335页。

38　于恩德：《中国禁烟法令变迁史》，文海出版社1934年版，第96—97页。

39　（台北）《"中研院"近史所集刊》第45卷，2004年，第94页。

40　《谕禁止外人入内地放赈及贩卖灾民妇女》，《清季外交史料》（2），湖南师范大学出版社2015年版，第253页。

41　瞿鸿禨：《请防外患以固根本疏》（光绪四年）。《皇朝道咸同光奏议》，总第3473页，转引自夏明方：《论1876至1879年间西方新教传教士的对华赈济事业》，《清史研究》1997年02期。

42　《谕禁止外人入内地放赈及贩卖灾民妇女》，《清季外交史料》（2），湖南师范大学出版社2015年版，第253页。

43　《亲历晚清四十五年：李提摩太在华回忆录》，天津人民出版社2005年，第107页。

44　《曾国荃集》（三），岳麓书社2008年版，第545页。

45　夏明方：《论1876至1879年间西方新教传教士的对华赈济事业》，《清史研究》1997年02期。

46　《亲历晚清四十五年：李提摩太在华回忆录》，天津人民出版社2005年，第86页。

47　苏州博物馆：《谢家福日记（外一种）》，文物出版社2013年版，第75页。

48　《谢家福日记（外一种）》，文物出版社2013年版，第75页。

49　李文海等：《中国荒政书集成》第8册，天津古籍出版社2010年版，第5462—5464页。

50　《谢家福日记（外一种）》，文物出版社2013年版，第75页。

51　《谢家福日记（外一种）》，文物出版社2013年版，第76页。

52　《谢家福日记（外一种）》，文物出版社2013年版，第84—85页。

53　《谢家福日记（外一种）》，文物出版社2013年版，第83页。

54　《谢家福日记（外一种）》，文物出版社2013年版，第85页。

55　《谢家福日记（外一种）》，文物出版社2013年版，第86—87页。

56　《谢家福日记（外一种）》，文物出版社2013年版，第93页。

57　朱浒：《地方性流动及其超越：晚清义赈与近代中国的新陈代谢》，中国人民大学出版社2006年版，第107页。

58　《论西人助赈并无他意》，《申报》1878年6月22日。

59　《中国荒政书集成》第9册，天津古籍出版社2010年版，第6206页。

60   《中国荒政书集成》第9册，天津古籍出版社2010年版，第6206—6207页。

61   苏州博物馆：《谢家福书信集》，文物出版社2013年版，"序言"第4—5页。

62   王乃德、翟相卫：《"丁戊奇荒"与晋商捐赈》，《史志学刊》2017年第5期。

第十八章　1878年：连小小的武举也废不掉

1   茅海建：《天朝的崩溃——鸦片战争再研究》，生活·读书·新知三联书店2017年版，第81页。

2   《筹办夷务始末（同治朝）》卷二十五。《近代中国史料丛刊》第六十二辑，（台北）文海出版社1966年版，第2494页。

3   《李鸿章全集·29·信函一》，安徽教育出版社2008年版，第312—313页。

4   《左宗棠全集·奏稿三》，岳麓书社2009年版，第53页。

5   潘俊峰：《日本军事思想史的考察（下）》，《日本学刊》1989年第4期。

6   袁晨：《外军军官职业化制度研究》，山东画报出版社2016年版，第152—153页。

7   施渡桥：《晚清陆军向近代化嬗变述评》，《军事历史研究》2002年第1期。

8   《曾国藩全集》（一），岳麓书社2011年版，第461页。

9   《纪效新书·卷一·束伍篇》"原选兵"，中华书局1996年版，第23页。

10   《曾国藩全集》（十），岳麓书社2011年版，第437页。

11   《曾国藩全集》（十），岳麓书社2011年版，第437页。

12   《晚清陆军向近代化嬗变述评》，《军事历史研究》2002年第1期。

13   《李鸿章全集·29·信函一》，安徽教育出版社2008年版，第152页。

14   《曾国藩全集》（二一），岳麓书社2011年版，第57页。

15   毕乃尔是晚清首位加入大清国籍的洋人，其生平可参见张瀚洋、萧寒、卫子豪：《淮军"洋教头"毕乃尔生平探析——基于新发现的史料》，《皖西学院学报》2015年第6期。

16   《李鸿章全集·2·奏议二》，安徽教育出版社2008年版，第62页。

17   王尔敏：《淮军志》，1967年，第203页。

18   俄国提供的第一批武器约有2000余支洋枪和6门洋炮，俄国应允提供共计1万支洋枪和8门洋炮，条件是派一个军事顾问团到北京帮清廷练兵，清廷怀疑俄国的用心，转而在训练上选择寻求英国军官的帮助。见［美］理查德·斯蒂芬·霍维茨《中央权力和国家建设——总理衙门与1860—1880年的自强运动》第三章，转引自《国外科学技术与军事著作导读》第1辑，解放军出版社2010年版，第151页。

19   李英全：《更新而不去旧：晚清旧式军队的整顿和改造》，华中师范大学出版社2014年版，第31—36页。

20   "易勇为兵"的具体情况，可参见李英全《更新而不去旧：晚清旧式军队的整顿和改造》，华中师范大学出版社2014年版，第150—159页。

21   李帆、邱涛：《近代中国的民族国家建设》，商务印书馆2015年版，第332页。

22   原文是："文职以科甲为正途，而武职科甲升阶，独居行伍、军功之后……臣到任日，武举联衔禀诉，投营几及十年，不得一差。心甚悯之，然详细查看，其晚畅营伍实不足与行伍出身比，其奋勇耐劳实不足与军功出身比！何者？所用非所习也。"朱华主编：《沈葆桢文集》，福州市船政文化研究会2008年版，第346—347页。

23   《沈葆桢奏饬停武科所请着毋庸议论》，《中国近代教育史资料汇编·洋务运动时期教育》，上海教育出版社2007年版，第678页。

24 王志明:《清代职官人事研究:基于引见官员履历档案的考证分析》,上海书店出版社,2016年,第218—219页。

25 许若青、林友标:《清代武举述略》,《兰台世界》2014年第19期。

26 王金龙:《清代武状元籍贯与地域分布》,《历史档案》2017年第4期。

27 《天朝的崩溃——鸦片战争再研究》,生活·读书·新知三联书店2017年版,第76页。

28 李林:《清代武科乡试中额及武举人群体结构试探》,《史林》2016年第6期。

29 段廷志等:《佐藤铁太郎》,云南教育出版社2011年版,第27页。

30 王炜编校:《〈清实录〉科举史料汇编》,武汉大学出版社2009年版,第1039—1040页。

31 《〈清实录〉科举史料汇编》,武汉大学出版社2009年版,第1039—1048页。

32 《刘坤一集》第二册,岳麓书社2018年版,第602页。

33 《续资治通鉴长编》卷三二七。

34 《光绪政要》卷二十七,第61页。

35 《近代中国的民族国家建设》,商务印书馆2015年版,第334页。

第十九章　1879年:琉球交涉错失良机

1 《对华回忆录》,商务印书馆1959年版,第149页。

2 何如璋:《与总署总办论球事书》,温廷敬辑:《茶阳三家文钞·何少詹文钞》卷中,(台北)文海出版社1973年版,第45—54页。下文引自该材料者不再赘note。

3 何如璋与日方交涉的详细经过,可参见戴东阳《何如璋与早期中日琉球交涉》,《清史研究》2009年第3期。

4 原文是:“若隐忍缄默,彼日疑我怯弱,或将由琉球而及朝鲜,不如早遏其萌,使无觊觎。是今日日本阻贡之举,中国之不能不与力争者,理也情也。”“琉球以黑子弹丸之地孤悬海外,远于中国而途于日本……中国受琉球朝贡本无大利,若受其贡而不能保其国,固为诸国所轻。若专恃笔舌与之理论,而近今日本举动诚如来书所谓无赖之横、疯狗之狂,恐未必就我范围。若再以威力相角争小国区区之贡……非惟不暇,亦且无谓。”见《李鸿章全集·32·信函四》,安徽教育出版社2008年版,第312页。

5 《李鸿章全集·32·信函四》,安徽教育出版社2008年版,第320—321页。

6 原文是:“日本既改球为县,前议当小为变通,而要必以宽免入贡为之基,一面遣派使臣会同各国公使保护琉球,听其自主。日本事事取法西洋,即当以西法治之;大小相维、强弱相制,固无臣事之礼,不令入贡中国,亦不令入贡日本。琉球臣服中国已久,宜中国主其议,以保护琉球为义,不足与争朝贡。”见《李鸿章全集·32·信函四》,安徽教育出版社2008年版,第415—416页。

7 [日]信夫清三郎著,天津社会科学院日本问题研究所译:《日本外交史》,商务印书馆1980年版,第181—182页。森有礼在报告中援引了《东洋杂志》的一段叙述:“琉球地势极为有利,占有此群岛,则在一旦有事之时,对大国将极为方便……我英国今若能得此群岛,置兵守备,作为太平洋中驻屯之地,则英国在东洋之地位不知因此又将前进多少。”

8 格兰特的原文是:“该国(日本)有一班人挑唆生事,望与中国启衅战争……英使巴夏礼亦阴与挑唆,惟愿两国失和。”见《李鸿章全集·32·信函四》,安徽教育出版社2008年版,第454页。

9 《剑桥中国晚清史》下卷,中国社会科学出版社1993年版,第108页。

10 《李鸿章全集·32·信函四》,安徽教育出版社2008年版,第474页。

11 原文是:“若是在该岛屿之间划分疆界,提出将太平洋的通道让给中国的话,中国是可以承诺的。

此事确实与否，虽然尚不可知，但可知中国大臣们尽管心怀愤怒，也会有意答应熟议的。"见《日本外交文书》第12卷，第78号文书。转引自米庆余：《琉球历史研究》，天津人民出版社1998年版，第211页。所谓"将太平洋的通道让给中国"，可能是格兰特在天津与李鸿章谈话时，因语言翻译失真的缘故，误解了李鸿章的某些话语。因清廷在交涉中自始至终没有在意过所谓的"太平洋通道"。

12　《清季外交史料》（2），湖南师范大学出版社2015年版，第414页。

13　米庆余：《琉球历史研究》，天津人民出版社1998年版，第213页。

14　格兰特在日本考察了两个月，结论是日本的改革蒸蒸日上，如果中日之间爆发战争，清朝军队将不堪一击。但清王朝地广人多，可以实施持久战。持久战中，欧洲国家会趁虚而入，对两国都不利。见边文锋《英国与晚清中日琉球交涉》，第八届北京大学史学论坛论文集，2012年。

15　《李鸿章全集·32·信函四》，安徽教育出版社2008年版，第524页。

16　《李鸿章全集·32·信函四》，安徽教育出版社2008年版，第525页。

17　《清季外交史料》（2），湖南师范大学出版社2015年版，第481页。

18　《清季外交史料》（2），湖南师范大学出版社2015年版，第448页。

19　日本外务省编：《琉球所属问题》第二（早大社科研究所藏），转引自《琉球历史研究》，天津人民出版社1998年版，第234页。

20　《李鸿章全集·32·信函四》，安徽教育出版社2008年版，第621页。

21　以上数据系笔者使用"瀚堂近代报刊"中的《申报》数据库，以"琉球"为关键词检索所得。

22　只有极少数文章主张对琉球问题置之不理，如《琉球沿革考》，《申报》1879年4月22日。

23　《议厚屏藩以固根本》，《申报》1879年5月28日。

24　《阅抚恤琉球难人批折书后》，《申报》1879年12月6日。

25　《恭读二月初二日上谕谨书》，《申报》1881年4月25日

26　王先谦：《条陈洋务事宜疏》，《皇朝经世文续编》卷一〇二。

27　《李鸿章全集·10·奏议十》，安徽教育出版社2008年版，第90页。

28　姜鸣整理：《李鸿章张佩纶往来信札》，上海人民出版社2018年版，第243页。

29　《李鸿章全集·8·奏议八》，安徽教育出版社2008年版，第531—532页。

30　沈瑜庆：《哀馀皇·引》。《近代中国史料丛刊》第四辑《王凤笺题》，（台北）文海出版社1973年版，第145页。

31　《中国近代史资料丛刊·洋务运动》（二），上海人民出版社1961年版，第388页。

32　《中国海关与中日战争》，中华书局1983年版，第78页。

33　《中国海关密档》第二册，第230—231页，转引自叶凤美：《失守的国门：旧中国的海关》，高等教育出版社1993年版，第149—150页。

34　胡立人、王振华主编：《中国近代海军史》，大连出版社1990年版，第140页。亦可参见赵春晨编《丁日昌集》（下），上海古籍出版社2010年版，第993—995页。

35　《丁日昌集》（下），上海古籍出版社2010年版，第992页。

36　《李鸿章全集·32·信函四》，安徽教育出版社2008年版，第473页。

37　王庆元、王道成：《沈葆桢信札考注》，巴蜀书社2014年版，第737—739页。

38　《薛福成选集》，上海人民出版社1987年版，第125—127页。

39　《李鸿章全集·32·信函四》，安徽教育出版社2008年版，第485页。

40　《李鸿章全集·32·信函四》，安徽教育出版社2008年版，第489页。

41　赵长天：《孤独的外来者：大清海关总税务司赫德》，文汇出版社2003年版，第139—140页。

第二十章 1880年：终于允许建设电报线路

1　［美］马士著，张汇文译：《中华帝国对外关系史》第二卷，生活·读书·新知三联书店1958年版，第366页。

2　《总署致俄国公使倭良嘎哩函》，《海防档丁·电线一》，第31页。

3　《俄国公使把留捷克致总署照会》，《海防档丁·电线一》，第1页。

4　《总署致盛京将军玉明函》，《海防档丁·电线一》，第5页。

5　此事发生前，英国领事巴夏礼曾先后向丁日昌与李鸿章提出修建自川沙厅至上海电报线路的请求，其中有"设令洋商竟自硬行设立电线，地方官又将如何"的话语。见赵春晨编《丁日昌集》（上），上海古籍出版社2010年版，第287页。

6　《丁日昌集》（上），上海古籍出版社2010年版，第289页。

7　1866年斌椿出洋时，曾见到"电机信，外洋各处皆有。……以铁线之一端画字，其一端在千万里外，即照此字写出，不逾晷刻也"，所谓"电机信"，就是电报。见斌椿《乘槎笔记》，湖南科学技术出版社1981年版，第21页。同行的张德彝在《航海述奇》里也提到了电报。1868年总理衙门官员志刚随蒲安臣出访欧美，也见识到了"通线信"的相隔千万里仍可迅速联通消息。1870年张德彝再次出访法国，还曾设计过一部中文编码《电信新法》。

8　［美］丁韪良：《同文馆记》，朱有瓛主编：《中国近代学制史料》第一辑上册，华东师范大学出版社1983年版，第171页。

9　［美］丁韪良：《同文馆记》，《中国近代学制史料》第一辑上册，华东师范大学出版社1983年版，第172页。

10　《李鸿章致总署函》，《海防档丁·电线一》，第8—9页。

11　《沈葆桢信札考注》，巴蜀书社2014年版，第192页。

12　《筹办夷务始末（同治朝）》卷五十三，《近代中国史料丛刊》第六十二辑，（台北）文海出版社1966年版，第4995页。

13　《沈葆桢信札考注》，巴蜀书社2014年版，第215页。

14　《交通史电政编》第三辑第五章"涉外事项"，交通部总务司1936年版，第3页。

15　《总署收署北洋大臣李鸿章函》，《海防档丁·电线二》，第370—374页。

16　《交通史电政编》第三辑第五章"涉外事项"，交通部总务司1936年版，第3—4页。

17　《中国经济发展史（1840—1849）》第二卷，上海财经大学出版社2016年版，第1095—1096页。

18　《李鸿章全集·30·信函二》，安徽教育出版社2008年版，第474页。

19　《给日本国外务省照会》，《同治甲戌日兵侵台始末》（台湾文献丛刊第38种），（台北）台湾银行1959年版，第4—5页。

20　《台湾事件与清政府反应》，《沈葆桢巡台一百三十周年学术研讨会论文集》，中共党史出版社2004年版，第71—78页。

21　崇厚1870—1871年因天津教案出使法国，曾多次利用大北公司的电报线路与总理衙门通信，皆是抵达上海之后，再由传统驿递系统送至北京。

22　《李鸿章全集·9·奏议九》，安徽教育出版社2008年版，第158页。

23　中国第一历史档案馆：《清末台湾创设电报档案》，《历史档案》2017年第4期。

24　《中国近代史资料丛刊·洋务运动》（六），上海人民出版社1961年版，第329—331页。

25　《丁日昌集》（上），上海古籍出版社2010年版，第142—145页。丁的建议获清廷批准，但因经费不足，只修成了台南—高雄的一小段，共计95公里。

26　夏东元编著：《盛宣怀年谱长编》（上），上海交通大学出版社2004年版，第115页。

27 《李鸿章全集·33·信函五》，安徽教育出版社2008年版，第186页。

28 《北华捷报》，1889年8月17日。

29 李鸿章的原话是："臣于创办电线之初，颇虑士大夫见闻未熟，或滋口舌，是以暂从天津设起，渐开风气。"见《李鸿章全集·10·奏议十》，安徽教育出版社2008年版，第195页。

30 《中国近代史资料丛刊·洋务运动》（六），上海人民出版社1961年版，第432—435页。

31 王尔敏：《近代经世小儒》，广西师范大学出版社2008年版，第235页。

32 《中国近代史资料丛刊·洋务运动》（六），上海人民出版社1961年版，第172页。徐致祥主要针对的是西山煤矿开采事宜而言。在晚清，煤矿、铁路与电报线，在破坏风水一事上往往被等同视之。

33 《总署收署北洋大臣李鸿章函》，《海防档·丁·电线三》，第853页。

34 《李鸿章全集·33·信函五》，安徽教育出版社2008年版，第396页。

35 《总署收署北洋大臣李鸿章函》，《海防档·丁·电线四》，第966页。

36 刘海波、郭丽编著：《北京通信电信博物馆》，同心出版社2014年版，第54—57页。

第二十一章　1881年：现代医学进入中国

1 张嘉凤：《十九世纪牛痘的在地化——以〈暎咭唎国新出种痘奇书〉〈西洋种痘论〉与〈引痘略〉为讨论中心》，（台北）"中研院"史语所集刊，2007年12月。

2 The Chinese Repository, Vol.2, p.38, 转引自谭树林：《英国东印度公司与澳门》，广东人民出版社2010年版，第216页。

3 《引种保婴牛痘方书·熊乙燃序》，转引自廖育群：《岐黄医道》，辽宁教育出版社1991年版，第241页。

4 《增补牛痘三要·顾文林序》，转引自《岐黄医道》，辽宁教育出版社1991年版，第241页。

5 徐谦：《邱熺"引痘略"：推广牛痘术的重要先驱》，《南方都市报》2019年7月28日。

6 上海图书馆编：《近代中文第一报申报》，上海科学技术文献出版社2013年版，第185页。

7 《牛痘新编》卷上，转引自《岐黄医道》，辽宁教育出版社1991年版，第241页。

8 谭树林：《英国东印度公司与澳门》，广东人民出版社2010年版，第223—231页。郭的免费诊所经费主要来自东印度公司，郭自己和朋友马礼逊等人，还有一些富有的中国人如伍秉鉴等，也捐助了不少钱。

9 马伯英：《中国医学文化史》（下），上海人民出版社2010年版，第384—385页。

10 谭树林：《美国传教士伯驾在华活动研究（1834—1857）》，群言出版社2010年版，第128页。

11 高晞：《德贞传：一个英国传教士与晚清医学近代化》，复旦大学出版社2009年版，第152—154页。

12 《德贞传：一个英国传教士与晚清医学近代化》，复旦大学出版社2009年版，第158—159页。

13 《近代中国史料丛刊续编》第七十辑《李文忠公（鸿章）全集》，（台北）文海出版社1980年版，第4857页。

14 《孤独的外来者：大清海关总税务司赫德》，文汇出版社2003年版，第137页。

15 《曾纪泽日记》（下），岳麓书社1998年版，第1750页。

16 《德贞传：一个英国传教士与晚清医学近代化》，复旦大学出版社2009年版，第166页。

17 按《申报》1879年8月3日的报道，在向现代医学求助之前，李鸿章为了夫人之病，"凡津城内外之五调请封、四名飞轿，自命为国手者延请几遍，大率漫无把握，非以方探病，即以病试方，求其对症发药者，渺不可得。总共计之，医经十七人，而病益沉重。爵相慨以庸医目之，因幡然变计"。可以说已经是走到穷途末路。

18　《李鸿章全集·32·信函四》，安徽教育出版社2008年版，第505页。

19　该诊所是英法联军1861年驻屯在紫竹林时所创建，主要给军队和洋人看病，也接待一些中国患者。1868年，该诊所被转交给了伦敦会。

20　《李鸿章张佩纶往来信札》，上海人民出版社2018年版，第117—118页。

21　《李鸿章全集·15·奏议十五》，安徽教育出版社2008年版，第365页。

22　《中国医学文化史》（下），上海人民出版社2010年版，第411—412页。

23　（清）王清任撰，李天德、张学文点校：《医林改错》，人民卫生出版社1991年版，第4页。本文关于王清任的部分，亦有参考杨津涛《这位古代中医，因做人体解剖被斥为"邪人"》一文，特此致谢。

24　《医林改错》，人民卫生出版社1991年版，第4—5页。

25　《医林改错》，人民卫生出版社1991年版，第6—15页。

26　《医林改错》，人民卫生出版社1991年版，"自叙"。

27　《医林改错》，人民卫生出版社1991年版，第5页。

28　《医林改错》，人民卫生出版社1991年版，第5页。

29　《医林改错》，人民卫生出版社1991年版，第35页。

30　钱超尘、温长路主编：《王清任研究集成》，中国古籍出版社2002年版，第1021页。

31　（清）陆懋修：《世补斋医书》前集卷十，"文论王清任医林改错"，第10页，转引自范行准：《明季西洋传入之医学》，上海人民出版社2012年版，第225页。

32　（清）俞正燮撰，涂小马点校：《癸巳类稿（二）》，辽宁教育出版社2001年版，第488页。

33　董少新：《形神之间：早期西洋医学入华史稿》，上海古籍出版社2012年版，第307—309页。

34　亓曙冬主编：《西医东渐史话》，中国中医药出版社2016年版，第188—192页。

35　章太炎：《论五脏附五行无定说》，《章太炎全集》第八册，上海人民出版社1984年版。

36　《西医东渐史话》，中国中医药出版社2016年版，第191页。

37　朱石生，《春风化雨：奥斯勒与现代临床医学》，新星出版社2020年出版，第110—112页。

38　《中国科学技术专家传略：医学编（中医学卷1）》，人民卫生出版社1999年版，"张锡纯"条，第12—15页。

39　张锡纯：《医学衷中参西录》，河北科学技术出版社2017年版，第332页。

40　《医学衷中参西录》，河北科学技术出版社2017年版，第332页。

第二十二章　1882年：美国出台《排华法案》

1　《中美续增条约》，黄月波等编：《中外条约汇编》，商务印书馆1933年版，第131页。

2　沈卫红：《金钉：寻找中国人的美国记忆》，广东人民出版社2017年版，第55页。

3　生键红：《美国中央太平洋铁路建设中的华工》，中西书局2015年版，第143—152页。

4　黄安年、李炬：《沉默道钉的足迹：纪念华工建设美国铁路》，中国铁道出版社2015年版，第231页。

5　潮龙起：《美国华人史：1848—1949》，山东画报出版社2010年版，第46页。

6　《沉默道钉的足迹：纪念华工建设美国铁路》，中国铁道出版社2015年版，第231页。

7　李小兵、李晓等：《美国华人：从历史到现实》，四川人民出版社2003年版，第60—61页。

8　［美］琼·菲尔泽（Jean Pfaelzer）著，何道宽译：《驱逐：被遗忘的美国排华战争》，花城出版社2016年版，第80页。

9　［美］许佩娟：《1876—1882美国制订排华法案过程中立法与行政的冲突》，汪熙主编：《中美关系史论丛》，复旦大学出版社1985年版，第260—278页。

10　梁碧莹：《艰难的外交：晚清中国驻美公使研究》，天津古籍出版社2004年版，第141—143页。

11　《美国华人：从历史到现实》，四川人民出版社2003年版，第69页。

12　宋李瑞芳：《美国华人的历史与现状》，商务印书馆1984年版，第49页。

13　李鸿章1896年9月2日在美国接受《纽约时报》专访，［美］威廉·弗朗西斯·曼尼克思编著：《李鸿章回忆录》，中国书店2011年版，第196页。

14　李鸿章1896年9月2日在美国接受《纽约时报》专访，《李鸿章回忆录》，中国书店2011年版，第195—196页。

15　当代生物学认为，"白、黄、黑、棕色人种"的划分缺乏科学性，无生物学意义可言。遗传学家卡瓦利·斯福尔扎（Cavalli Sforza）在世界各地进行探测，试图找到"种族"存在的遗传学证据，但他始终没有成功。另一位遗传学家J.克雷格·文特尔（J.Craig Venter）从亚洲人、拉丁人、白人、黑人身上提取基因，结果也发现"种族"并不存在。参见［美］贝姆·P.艾伦著，郭本禹译《人格理论》，上海教育出版社，2011年，第415页。当代史学界也已廓清了"白、黄、黑、棕色人种"这一划分的由来，指出它并不是一种通过科学研究（哪怕是不靠谱的科学研究）得出的结论，而是"一种与客观事实无关的文化构造"，故历史学者弗兰克·迪克特（Frank Dikotter）总结称："种族并不存在，它们是被虚构出来的。"见［英］冯客著，杨立华译《近代中国之种族观念》，江苏人民出版社1999年版，前言第2页。

16　袁咏红：《"黄祸"论刺激下的日本人种、民族优胜论》，《世界民族》2009年第3期。

17　罗福惠：《"黄祸论"与日中两国的民族主义》，《学术月刊》2008年第5期。

18　罗福惠：《清末民初中国人对"黄祸"论的反应》，《近代史刊》2001年。

19　《梁启超全集》第一册，北京出版社1999年版，第499页。

20　梁启超：《中国历史研究法》，吉林出版集团有限责任公司2016年版，第156页。

21　《杨度集》，湖南人民出版社1986年版，第220页。

22　［美］浦嘉珉著，钟永强译：《中国与达尔文》，江苏人民出版社2008年版，第414页。

23　《孙文选集》上册，广东人民出版社2006年版，第46页。

第二十三章　1883年：太后欲雪庚申之耻

1　［美］马士著，张汇文译：《中华帝国对外关系史》第二卷，商务印书馆1963年版，第381—382页。

2　《中华帝国对外关系史》第二卷，商务印书馆1963年版，第383—384页。

3　《法谋安南事惟有审时量力保全大局片》，中国史学会主编：《中国近代史资料丛刊·中法战争》（五），上海人民出版社1957年版，第88—89页。

4　《法人谋占越南北境并欲通商云南现拟豫筹办法折》，《中国近代史资料丛刊·中法战争》（五），上海人民出版社1957年版，第87—88页。其中，建议1、2、3来自丁日昌；建议4来自曾纪泽；建议5、6来自李鸿章。

5　《遵议越南事宜折》，《刘坤一集》第二册，岳麓书社2018年版，第158—159页。

6　《桂抚庆裕奏法人谋占越南北境遵旨预筹办法折（附上谕）》，《清季外交史料》（2），湖南师范大学出版社2015年版，第517—518页。

7　罗刚编著：《刘公铭传年谱初稿（上）》，正中书局1983年版，第385—387页。

8　《粤督张树声奏查看粤东海防情形密筹布置折》，《清季外交史料》（2），湖南师范大学出版社2015年版，第670—673页。张树声该折呈递的时间是光绪九年（1883）八月。非是对1881年底越南问题讨论的直接回应，但基本代表了他的立场与主张。关于对朝廷的期望，张的原话是："委任责成，坚持定见，勿喜于小胜，勿怵于小挫，勿摇动于一二处之得失，沉舟破釜，期以一年，彼客我主，彼劳我逸，则法人敝，各口商务常年阻碍则各国怒，待其求成，然后与议，则刚柔操纵，自我主之，洋务转机或在于此。"

9　《中华帝国对外关系史》第二卷，商务印书馆1963年版，第386页。

10　《代理粤督裕宽奏越南与法交涉请勿预其事片》，《清季外交史料》（2），湖南师范大学出版社2015年版，第532—533页。

11　《北洋大臣李鸿奏与法使会议及筹办北洋防务折（附上谕）》，《清季外交史料》（2），湖南师范大学出版社2015年版，第676页。

12　《复总署复陈法越兵事》，《李鸿章全集·33·信函五》，安徽教育出版社2008年版，第360页。

13　《成山老人自撰年谱》，《中国近代史资料丛刊·中法战争》（二），上海人民出版社1957年版，第230—231页。

14　《致宗湘文太守书》，《中国近代史资料丛刊·中法战争》（四），上海人民出版社1957年版，第542页。

15　《中华帝国对外关系史》第二卷，商务印书馆1963年版，第387页。

16　具体谈判情形，可参见关威《中法战争前李鸿章与宝海、脱利古谈判述论》，《韩山师范学院学报》2005年第5期。

17　《法人谋占越南北境并欲通商云南现拟豫筹办法折》，《中国近代史资料丛刊·中法战争》（五），上海人民出版社1957年版，第88页。

18　《奏夷难迭兴和局难恃请饬严申儆备折》，《中国近代史资料丛刊·中法战争》（五），上海人民出版社1957年版，第199—200页。

19　陈宝琛著，刘永翔、许全胜点校：《沧趣楼诗文集（下）》，上海古籍出版社2006年版，第855页。

20　《法患未解不可罢兵请急筹战折》，《中国近代史资料丛刊·中法战争》（五），上海人民出版社1957年版，第271页。

21　《北洋大臣李鸿奏与法使会议及筹办北洋防务折（附上谕）》，《清季外交史料》（2），湖南师范大学出版社2015年版，第677页。

22　《李鸿章张佩纶往来信札》，上海人民出版社2018年版，第291页。

23　《李鸿章张佩纶往来信札》，上海人民出版社2018年版，第301页。

24　《奏李鸿章贻误大局请另简贤员折》，《中国近代史资料丛刊·中法战争》（五），上海人民出版社1957年版，第215—216页。

25　《谕李鸿章左宗棠等法人侵我藩属着力筹防御》，《清季外交史料》（2），湖南师范大学出版社2015年版，第693页。

26　《曾国藩全集》（十一），岳麓书社2011年版，第511页。慈禧在"天津教案"中的作为，可参见本书前文《1870年：曾国藩身败名裂》。

27　《请罢斥李鸿章片》，《中国近代史资料丛刊·中法战争》（五），上海人民出版社1957年版，第250—252页。

28　《妥筹边计折》，《李鸿章全集·10·奏议十》，安徽教育出版社2008年版，第331页。

29　杨国强：《移接与支绌：晚清兵工业的内在困境》，《中国学》第二辑，上海人民出版社2012年版。另可参见《中国军事史·第二卷（兵略下）》，解放军出版社1988年版，第847—848页。

30　周志初：《晚清财政经济研究》，齐鲁书社2002年版，第139页。

31　［美］何天爵：《中国的海陆军》，《中国近代史资料丛刊·洋务运动》（八），中国史学会主编，上海人民出版社1961年版，第466页。

32　《复黎召民廉访》，《李鸿章全集·33·信函五》，安徽教育出版社2008年版，第11页。

33　《复总署复陈法越兵事》，《李鸿章全集·33·信函五》，安徽教育出版社2008年版，第360页。

34　《徐延旭吕春葳笔谈》，《中国近代史资料丛刊·中法战争》（二），上海人民出版社1957年版，第483—484页。

35　《清光绪朝中法交涉史料》卷一〇，第28—29页，转引自廖宗麟：《中法战争史》，天津古籍出版社2002年版，第271页。

36　《法国海军部档案》BB-4，1956年，第36页，转引自黄振南：《中法战争管窥》，中国文史出版社2005年版，第288页。

37　《一八八四年法国进军越南记》，《中国近代史资料丛刊·中法战争》（三），上海人民出版社1957年版，第371页。

第二十四章　1884年：改革来到了分水岭

1　盛昱奏折全文，见《晚清宫庭实纪》，（台北）正中书局1988年版，第117—119页。

2　朱寿朋编：《光绪朝东华录》，中华书局1958年版，总第1676—1677页。亦可参见《翁同龢日记》第四册，中华书局1989年版，第1819页。

3　《晚清宫庭实纪》，（台北）正中书局1988年版，第118页。

4　胡思敬：《国闻备乘》，《近代中国史料丛刊》第四十五辑，（台北）文海出版社1973年版，第1831页。

5　盛昱：《获谴重臣未宜置身事外，请量加任使，严予责任以禆时艰折》，中国第一历史档案馆藏，转引自董守义：《恭亲王奕訢》，人民文学出版社2010年版，第318页。

6　赵烈文：《能静居日记》，同治四年四月初二日。

7　朱诚如、张玉芬：《清代皇嗣制度》，故宫出版社2013年版，第245页。

8　胡思敬：《审国病书》，《近代中国史料丛刊·正编》第四十七辑第445种，（台北）文海出版社1970年版，总第1259页。

9　《总署奏法人欲与中国会商越事折（附上谕及条文）》，《清季外交史料》（2），湖南师范大学出版社2015年版，第597页。

10　《翁同龢日记》第四册，中华书局1989年版，第1816页。

11　《翁同龢日记》第四册，中华书局1989年版，第1816页。

12　《复丁雨生中丞》，《李鸿章全集33·信函五》，安徽教育出版社2008年版，第69页。

13　史念祖：《召对随录》，转引自《晚清史探微》，巴蜀书社2001年版，第328—330页。

14　《曾国藩年谱长编》下卷，上海交通大学出版社2017年版，第1115页。

15　《朴园赘议》卷上，第26页，转引自《晚清史探微》，巴蜀书社2001年版，第342页。

16　《朴园赘议》卷上，第26页，转引自《晚清史探微》，巴蜀书社2001年版，第342页。

17　梁溪坐观老人：《清代野记》，山西古籍出版社1996年版，第13页。有必要说明的是：奕譞执政后不久，见识即有所改变，转而支持李鸿章建设北洋海军、建设铁路、布设电报线。这种改变，与李鸿藻等清流中人切实接触政务之后，即在见识上与恭亲王奕䜣等渐趋接近，是相似的现象。

18　《朴园赘议》卷上，第29页，转引自《晚清史探微》，巴蜀书社2001年版，第343页。

19　刘体仁：《异辞录》，山西古籍出版社1996年版，第104页。

20　萧德浩、吴国强编：《邓承修勘界资料汇编》，广西人民出版社1990年版，第116页。

21　雪珥：《帝国政改》，线装书局2012年版，第32—33页。

22　陈悦：《中法海战》，台海出版社2018年版，第104—105页。

23　郭廷以编著：《近代中国史事日志》上册，中华书局1963年版，第734页。

24　黄娟：《〈中法简明条款〉法文本及其汉译》，《闽江学院学报》2008年第4期。

25　陈恭禄：《中国近代史》（上），新世界出版社2017年版，第213页。

26　《军机处寄直隶总督李鸿章上谕》，《中国近代史资料丛刊·中法战争》（五），上海人民出版社1957年版，第348页。

27　《刘恩溥请饬李鸿章整军经武片》，《中国近代史资料丛刊·中法战争》（五），上海人民出版社1957年版，第347页。

28　《醇亲王奕譞致军机处尺牍》，《中国近代史资料丛刊·中法战争》（五），上海人民出版社1957年版，第52页。

29　《军机处电寄岑毓英谕旨》《军机处电寄潘鼎新谕旨》，《中国近代史资料丛刊·中法战争》（五），上海人民出版社1957年版，第381页。

30　《中法海战》，台海出版社2018年版，第112—116页。

31　《中法海战》，台海出版社2018年版，第117页。

32　《军机处电寄李鸿章谕旨》，《中国近代史资料丛刊·中法战争》（五），上海人民出版社1957年版，第381页。

33　《总署致法使询和议如何进行照会》，《清季外交史料》（3），湖南师范大学出版社2015年版，第850—851页。

34　姜鸣：《中国近代海军史事编年（1860—1911）》，生活·读书·新知三联书店2017年版，第262—263页。

35　《中法战争史》，天津古籍出版社2002年版，第616—619页。

36　《寄译署》，《中国近代史资料丛刊·中法战争》（四），上海人民出版社1957年版，第206页。

37　《中法战争史》，天津古籍出版社2002年版，第645页。

38　束世澂：《中法外交史》，商务印书馆1928年版，第32页。

39　《左宗棠全集·奏稿八》，岳麓书社2014年版，第539页。

40　《军机处奏呈览总理各国事务衙门拟给各国照会片》，《中国近代史资料丛刊·中法战争》（五），上海人民出版社1957年版，第425页。

41　《军机处奏呈覆给赫德电稿片》，《中国近代史资料丛刊·中法战争》（五），上海人民出版社1957年版，第428页。

42　Hart's Journals, Vol. 29, 27 July 1884; Hart's Journals, Vol. 29, 30 July 1884, 转引自张志勇：《赫德与中法越南交涉》，《近代史研究》2019年第2期。

43　张志勇：《赫德与中法越南交涉》，《近代史研究》2019年第2期。

44　《中法新约》，《中国近现代史参考资料》，吉林人民出版社1993年版，第124—127页。

45　《论详约与草约之异同》，《申报》1885年6月13日。

46　孙文：《建国方略》第八章"有志竟成"，上海民智书局1992年版。

47　宝成关：《西潮与回应：近四百年思想嬗替研究》，吉林人民出版社2004年版，第290页。

48　《中国海关密档：赫德、金登干函电汇编（1874—1907）》第8卷，中华书局1990年版，第417页。

49　奕譞：《九思堂诗稿续编》卷12，转引自孔令仁、李德征主编：《中国近代化与洋务运动》，山东大学出版社1992年版，第611页。

50　此中情形，可参见姜鸣《秋风宝剑孤臣泪：晚晴的政局和人物续编》，生活·读书·新知三联书店2015年版，第344—345页。

51　《粤督张树声奏查看粤东海防情形密筹布置折》，《清季外交史料》（2），湖南师范大学出版社2015年版，第670—673页。

52　徐珂：《清稗类钞》第十一册，商务印书馆1918年版，第58页。

53　《寄龙州送潘抚》，《李鸿章全集·21·电报一》，安徽教育出版社2008年版，第177页。

54　《寄龙州送潘抚》，《李鸿章全集·21·电报一》，安徽教育出版社2008年版，第186页。

55　《中法战争史》，天津古籍出版社2002年版，第611—612页。

56　《张靖达公奏议》卷八，第32—34页。

57　胡珠生：《陈虬集》，浙江人民出版社1992年版，第21页。

58　汤震：《危言》卷一"议院"，第9页。

59　陈先松、陈兆肆：《三海工程筹款述论》，《历史档案》2009年第2期。

60　王道成：《颐和园修建经费新探》，《清史研究》1993年第1期。

61　李鹏年：《一人庆寿举国遭殃：略述慈禧"六旬庆典"》，《故宫博物院院刊》1984年第3期。

第二十五章　1885年：企业转型成了衙门

1　八大船商分别是：郁森盛、沈生义、王公和、李久大、郭万丰、王永盛、经正记、萧星记。见沈宝禾《忍默恕退之斋日记》，《清代日记汇抄》，上海人民出版社1982年版，第240—241页。

2　齐彦槐：《海运南漕议》，转引自易惠莉：《沙船商人与上海传统城市化和近代社会变迁》，《国家航海》第14辑，第152页。

3　李鸿章：《上海一口豆石请仍归华商装运片》，同治元年（1862）六月十三日。

4　《近代中外贸易冲突及中国应对举措研究》，湖南师范大学出版社2013年版，第160—161页。

5　《海运回空沙船请免北税折》，《李鸿章全集·2·奏议二》，安徽教育出版社2008年版，第369页。

6　郑观应：《论中国轮船进止大略》，《郑观应集》上册，上海人民出版社1982年版，第54页。

7　《遵旨复议南漕运京请准变通成例并饬王大臣及户部集议新章折》（同治二年九月十二日），《曾国藩全集》（六），岳麓书社2011年版，第418页。

8　吕实强：《中国早期的轮船经营》，（台北）"中研院"近史所专刊1976年版，第163页。

9　《中国早期的轮船经营》，（台北）"中研院"近史所专刊1976年版，第165—167页。

10　陆世仪：《漕兑揭》，《魏源全集第15册：皇朝经世文编卷34—卷53（户政）》，岳麓书社2004年版，第472页。

11　总理各国事务衙门清档：议购雇夹板船试办海运，转引自《中国早期的轮船经营》，（台北）"中研院"近史所专刊1976年版，第170页。

12　《海防档》，购买船炮（三），转引自戴鞍钢：《大变局下的民生：近代中国再认识》，上海人民出版社2012年版，第224页。

13　宋晋：《船政虚耗折》同治十年十二月十四日，《中国近代史资料丛刊·洋务运动》（五），上海人民出版社1961年版，第105—106页。

14　《致曾中堂》同治十年十二月十一日，《李鸿章全集·30·信函二》，安徽教育出版社2008年版，第387页。稍后，李鸿章即发现江南制造局和福州造船厂所造皆是兵船，"并无商船可领"。

15 《筹议制造轮船未可裁撤折》同治十一年五月十五日，《李鸿章全集·5·奏议五》，安徽教育出版社2008年版，第109页。

16 《试办招商轮船折》同治十一年十一月二十三日，《李鸿章全集·5·奏议五》，安徽教育出版社2008年版，第257—258页。

17 《复刘仲良方伯》同治十二年十一月十三日，《李鸿章全集·30·信函二》，安徽教育出版社2008年版，第616页。

18 《中国早期的轮船经营》，（台北）"中研院"近史所专刊1976年版，第226页。

19 《轮船招商公局规条》，陈旭麓、顾廷龙、江熙主编：《盛宣怀档案资料·第八卷·轮船招商局》，上海人民出版社2016年版，第1—6页。

20 《复何筱宋制军》同治十一年十月初十日，《李鸿章全集·30·信函二》，安徽教育出版社2008年版，第477页。

21 《唐廷枢、徐润、张鸿禄上李鸿章禀》光绪七年，转引自夏东元：《晚清洋务运动研究》，四川人民出版社1985年版，第222页。

22 《交通史·航政编》第一册，交通铁道部交通史编纂委员会1931年编印，第143—144页。

23 余德仁：《论唐廷枢与轮船招商局》，汤照连主编《招商局与中国近现代化》，广东人民出版社1994年版，第132—133页。

24 《中国近代史资料丛刊·洋务运动》（六），上海人民出版社1961年版，第82页。

25 《唐廷枢、徐润、张鸿禄呈（李鸿章）核招商局收入表》，转引自《洋务运动史》，华东师范大学出版社1992年版，第202页。

26 ［美］费维恺著，虞和平译：《中国早朝工业化：盛宣怀和官督商办企业》，中国社会科学出版社1990年版，第156页。

27 《交通史·航政编》第一册，交通铁道部交通史编纂委员会1931年编印，第56页。

28 《徐润、唐廷枢、张鸿禄上李鸿章札》，转引自黎志刚：《轮船招商局国有问题（1878—1881）》，《近代史研究所集刊》1988年第17期（上）。

29 《请罢斥李鸿章片》，《中国近代史资料丛刊·中法战争》（五），上海人民出版社1957年版，第250—252页。

30 南京第二历史档案馆藏招商局档"署北洋大臣李批"，档号468/5721，转引自朱荫贵：《中国近代股份制企业研究》，上海财经大学出版社2008年版，第215页。

31 《李鸿章致张佩纶》光绪十年三月十五日，《李鸿章张佩纶往来信札》，上海人民出版社2018年版，第371页。

32 《招商局收归国营之历史根源》（1930年11月11日），《银行周报》第14卷43号杂纂，第10页。

33 夏东元：《晚清洋务运动研究》，四川人民出版社1985年版，第171页。

34 《中国早朝工业化：盛宣怀和官督商办企业》，中国社会科学出版社1990年版，第237页。

35 《轮船招商局节略》光绪三十二年，转引自夏东元：《晚清洋务运动研究》，四川人民出版社1985年版，第179页。

36 汪熙：《论晚清的官督商办》，《求索集》，上海人民出版社2017年版，第63页。

37 《危言·开矿》，《汤寿潜史料专辑》，萧山文史资料选辑第4辑1993年版，第245页。

38 《麦孟华集》，顺德县志办公室1990年编印，第67页。

39 《罗浮待鹤山人诗草》第二卷，第29页。

40 《盛世危言》"吏治上"。

41 《盛世危言后篇》第三卷，第14页。

42 《盛世危言》"议院上"。

43 《盛世危言》"商务二"。

44 《盛世危言后篇》第六卷，第10—11页。

45 《盛世危言》"自序"。

第二十六章 1886年：拿昆明湖换渤海

1   ［日］安冈昭男著，胡连成译：《明治前期日中关系史研究》，福建人民出版社2007年版，第131页。

2   徐建寅：《欧游杂录》，湖南人民出版社1980年版，第23页。

3   《致醇邸复陈海军规模筹办船坞》光绪十一年十一月二十九日，《李鸿章全集·33·信函五》，安徽教育出版社2008年版，第592页。

4   《致德璀琳》光绪十二年六月初八日，《丁汝昌集》，山东大学出版社1997年版，第60页。

5   《寄译署转呈醇邸》光绪十二年六月十三日辰刻，《李鸿章全集·22·电报二》，安徽教育出版社2008年版，第69页。

6   《禀清帅》光绪十二年六月二十四日，《丁汝昌集》，山东大学出版社1997年版，第65—66页。

7   《北华捷报》所译之1886年8月27日《申报》，第224页，转引自张礼恒：《从西方到东方：伍廷芳与中国近代社会的演进》，商务印书馆2002年版，第87页。

8   《北华捷报》所译之1886年8月27日《申报》，第225页，转引自张礼恒：《从西方到东方：伍廷芳与中国近代社会的演进》，商务印书馆2002年版，第87页。

9   《明治前期日中关系史研究》，福建人民出版社2007年版，第137—138页。

10 王家俭：《中日长崎事件交涉（1886—1887）》，《台湾师大历史学报》1977年第5期。

11 《明治前期日中关系史研究》，福建人民出版社2007年版，第134页。

12 《明治前期日中关系史研究》，福建人民出版社2007年版，第135页。

13 《世外井上公传》第三卷，第719页，转引自《明治前期日中关系史研究》，福建人民出版社2007年版，第134页。

14 孙建军：《1886年北洋舰船长崎油修起因探析》，《大连近代史研究》2007年刊。

15 《日本外交史》，商务印书馆1980年版，第211—212页。

16 《明治前期日中关系史研究》，福建人民出版社2007年版，第169页。

17 奕譞等：《奏请复昆明湖水操旧制折》，《中国近代教育史资料汇编·洋务运动时期教育》，上海教育出版社2007年版，第464页。

18 《李光昭欺罔招摇折》同治十三年八月十六日，《李鸿章全集·6·奏议六》，安徽教育出版社2008年版，第115—117页。

19 《光绪朝东华录》第二册，中华书局1958年版，总第2110页。

20 《光绪朝东华录》第二册，中华书局1958年版，总第2123—2125页。

21 《光绪朝东华录》第二册，中华书局1958年版，总第2141—2142页。

22 《内务府档案·奉宸苑第4602号卷》，转引自叶志如、唐益年：《光绪朝三海工程与北洋海军》，《历史档案》1986年第01期。

23 《翁同龢日记》第五卷，中西书局2012年版，总第2100页。

24 《醇亲王致李鸿章函》光绪十三年八月十三日，《海军衙门函稿（未刊稿）》，转引自姜鸣：《龙旗飘扬的舰队：近代中国海军兴衰史》，生活·读书·新知三联书店2002年版，第235页。

25　陈义杰整理：《翁同龢日记》第四册，中华书局1989年版，总第2256页。

26　秦雷：《清朝海军"贵胄学校"——昆明湖水操学堂始末》，第九届清宫史研讨会会议论文。

27　《致张佩纶》光绪十一年十月初五日，《李鸿章全集·33·信函五》，安徽教育出版社2008年版，第572页。

28　《复总署 请设海部兼筹海军》光绪十年二月十三日，《李鸿章全集·33·信函五》，安徽教育出版社2008年版，第368页。

29　可参见徐笑运《清季总理海军事务衙门章京研究》，《历史档案》2019年第4期；徐笑运《总理海军事务衙门制度建设及其政务运作》，《历史教学问题》2019年第6期。

30　王道成：《颐和园与海军衙门》，《北京学研究报告（2007）》，同心出版社2007年版，第105—106页。

31　叶志如、唐益年：《光绪朝三海工程与北洋海军》，《历史档案》1986年第1期。

32　王家俭：《李鸿章与北洋舰队：近代中国创建海军的失败与教训》，生活·读书·新知三联书店2008年版，第401页。

33　《军机处代递徐承祖论韩事函》（附日人密探各事清册），《清季外交史料》（3），湖南师范大学出版社2015年版，第1307—1308页。

34　《复庆邸》光绪十七年五月二十五日，《致总署 论电灯新式并催造路拨款》光绪十七年五月二十六日，《李鸿章全集·35·信函七》，安徽教育出版社2008年版，第213—214页。

35　孙宝瑄：《日益斋日记》，转引自丁文江、赵丰田编：《梁启超年谱长编》，上海人民出版社1983年版，第197—198页。

第二十七章　1887年：广学会的成立

1　《亲历晚清四十五年：李提摩太在华回忆录》，天津人民出版社2005年版，第198页。

2　《同文书会发起书》，顾长声：《传教士与近代中国》，上海人民出版社2013年版，第133页。

3　梁碧莹：《近代中美文化交流研究》，中山大学出版社2009年版，第298—299页。

4　《同文书会年报》第四次，1891年，《出版史料》1988年第3、第4期合刊，转引自王林：《西学与变法——〈万国公报〉研究》，齐鲁书社2004年版，第45页。

5　《亲历晚清四十五年：李提摩太在华回忆录》，天津人民出版社2005年版，第111页。

6　《谕禁止外人入内地放赈及贩卖灾民妇女》，《清季外交史料》（2），湖南师范大学出版社2015年版，第253页。

7　《谕禁止外人入内地放赈及贩卖灾民妇女》，《清季外交史料》（2），湖南师范大学出版社2015年版，第253页。

8　苏州博物馆：《谢家福日记（外一种）》，文物出版社2013年版，第76页。

9　《谢家福日记（外一种）》，文物出版社2013年版，第84—85页。

10　《亲历晚清四十五年：李提摩太在华回忆录》，天津人民出版社2005年版，第201页。

11　尚智丛：《传教士与西学东渐》，山西教育出版社2012年版，第170页。

12　《近代中美文化交流研究》，中山大学出版社2009年版，第301页。

13　《近代中美文化交流研究》，中山大学出版社2009年版，第301—302页。

14　［英］苏特尔著，［英］梅益盛、周云路译述：《李提摩太传》，广学会1924年出版，第57页。

15　茅海建：《从甲午到戊戌：康有为〈我史〉鉴注》，生活·读书·新知三联书店2018年版，第138页。

16 段琦：《奋进的历程：中国基督教的本色化》，商务印书馆2017年版，第67—68页。

17 ［美］杰西·卢茨著，曾矩生译：《中国教会大学史》，浙江教育出版社1988年版，第45页。

18 胡汉民：《戊戌庚子死事诸人纪念会中之演讲》，1905年旧历九月初八。

19 ［英］苏慧廉著，关志远等译：《李提摩太在中国》，广西师范大学出版社2007年版，第205页。

20 王林：《西学与变法：〈万国公报〉研究》，齐鲁书社2004年版，第47—48页。

21 《广学会年报》第十一次（1898），《出版史料》1992年第1期。

22 邹振环：《影响中国近代社会的一百种译作》，中国对外翻译出版公司1996年版，第86页。

23 《美国传教士与晚清中国现代化》，天津人民出版社1997年版，第157页。

24 赖建诚：《亚当·斯密与严复》，浙江大学出版社2009年版，第5页。

25 ［英］艾约瑟等：《西学启蒙两种》，岳麓书社2016年版，第313—316页。

26 马林：《富民策》"序言"。

27 花之安：《自西徂东》，上海书店出版社2002年版，第40—44页。

28 ［美］林乐知：《译民主国与各国程及公议堂解》，李天纲编校：《万国公报文选》，生活·读书·新知三联书店1998年版，第437—440页。

29 ［美］林乐知：《欧洲与中国关系紧要论略》，《万国公报》第352卷，第720页，转引自袁伟时：《中国现代思想散论》，广东教育出版社1998年版，第121页。

30 ［美］林乐知著译，蔡尔康纂辑：《中东战纪本末》"王韬序"《中国近代史料丛刊续编·第七十一辑·中东战纪本末》，文海出版社1966年版，第12页。

31 孙家鼐：《复龚景张太史心铭书》，《万国公报》第91卷，1896年8月。

32 《康南海自订年谱》，（台北）文海出版社1973年版，第35页。

33 梁启超：《莅北京大学校欢迎会演说辞》，1914年，中国史学会主编：《中国近代史资料丛刊·戊戌变法》（四），上海人民出版社1957年版，第255页。

34 《从甲午到戊戌：康有为〈我史〉鉴注》，生活·读书·新知三联书店2018年版，第146页。

第二十八章　1888年：北洋海军以残阵成军

1 《中国近代史资料丛刊·洋务运动》（三），上海人民出版社1961年版，第195—196页。

2 以上总结，参考了《龙旗飘扬的舰队：中国近代海军兴衰史》，生活·读书·新知三联书店2014年版，第269—275页；马骏杰：《重读北洋海军》，山东画报出版社2017年版，第208—214页。

3 《复醇邸 议拟海军程奏底》光绪十四年六月初七日，《李鸿章全集·34·信函六》，安徽教育出版社2008年版，第386页。

4 《北洋海军章程》，《北洋海军资料汇编》（下册），全国图书馆文献缩微复制中心1994年版，第746—747页。

5 中国史学会主编：《中国近代史资料丛刊·中日战争》（六），上海人民出版社1957年版，第319页。

6 《复醇邸 议拟海军程奏底》光绪十四年六月初七日，《李鸿章全集·34·信函六》，安徽教育出版社2008年版，第386页。

7 王栻主编：《严复集》第二册，中华书局1986年版，第352—353页。

8 《海军惩劝程片》光绪二十年九月初七日，《李鸿章全集·15·奏议十五》，安徽教育出版社2008年版，第451页。

9 马骏杰：《重读北洋海军》，山东画报出版社2017年版，第215—229页。

10　《秋风宝剑孤臣泪：晚清的政局和人物续编》，生活·读书·新知三联书店2015年版，第319页。

11　张一麈：《心太平室集》卷八，文海出版社1966年版，第24页。

12　《附光绪十七年五月初五日上谕》，《李鸿章全集·14·奏议十四》，安徽教育出版社2008年版，第96页。

13　《复奏停购船械裁减勇营折》光绪十七年八月初八日，《李鸿章全集·14·奏议十四》，安徽教育出版社2008年版，第154—155页。

14　山东巡抚、帮办海军大臣张曜于1891年8月23日去世。去世前留有一封遗书给李鸿章，内称："所难瞑者，身为海军帮办大臣，抚东五年，沿海炮台尚未修备，此北洋第一重门户，竟不能躬睹厥成，曜身死心未死也，今一一托诸中堂，愿有以永固国家久远之基……惟中堂为国努力。七月十七日戌刻。张曜遗书。"见《李鸿章全集·14·奏议十四》"附张曜遗书"，安徽教育出版社2008年版，第148页。李鸿章遵张曜遗嘱，将该遗书呈递给了光绪皇帝。李鸿章在回奏中提及张曜，可能是希望光绪皇帝能够回忆起张的这封遗书，进而意识到炮台修筑尚未完工是一个基本事实。

15　《复奏停购船械裁减勇营折》光绪十七年八月初八日，《李鸿章全集·14·奏议十四》，安徽教育出版社2008年版，第155页。

16　《复前河台吴》，《李鸿章全集·35·信函七》，安徽教育出版社2008年版，第221—222页。

17　《致张佩纶》光绪十一年十月初五日，《李鸿章全集·33·信函五》，安徽教育出版社2008年版，第572页。

18　姚锡光：《东方兵事纪略》，中华书局2009年版，第88页。

19　琅威理在给英国政府的报告中说，曾致函中国驻英使馆参赞马格里，称"福建帮"在北洋海军中势力庞大，各舰艇均被他们的亲戚填满，训练有素的北方人则被他们排斥。见《中国近代海军史事日志（1860—1911）》，生活·读书·新知三联书店2017年版，第406页。

20　《香港交水师总兵林增泰等》光绪十六年二月十七日辰刻，《李鸿章全集·23·电报三》，安徽教育出版社2008年版，第23页。

21　《复伦敦薛使》光绪十六年七月初八日巳刻，《李鸿章全集·23·电报三》，安徽教育出版社2008年版，第85页。

22　《中国近代海军史事日志（1860—1911）》，生活·读书·新知三联书店2017年版，第404页。

23　王家俭：《洋员与北洋海防建设》，天津古籍出版社2004年版，第92页。

24　《中国近代海军史事日志（1860—1911）》，生活·读书·新知三联书店2017年版，第404页。

25　《复奏海军统将折》光绪二十年七月二十九日，《李鸿章全集·15·奏议十五》，安徽教育出版社2008年版，第405—406页。

26　王伯恭著，郭建平点校：《蜷庐随笔》，山西古籍出版社1999年版，第21页。

27　戚其章主编：《中国近代史资料丛刊续编·中日战争》第一册，中华书局1996年版，第26页、第94页、第99页。

28　《言有章致盛宣怀函》光绪二十年六月初六，《盛宣怀档案资料·第一卷·甲午中日战争（下）》，上海人民出版社2016年版，第22页。

29　李国祁：《清末国人对中日甲午战争及日本看法》，《甲午战争一百周年纪念学术研讨会论文集》，1995年。

30　《寄丁提督》光绪二十年六月二十四日申刻，《李鸿章全集·24·电报四》，安徽教育出版社2008年版，第166页。

31　《寄刘公岛丁军门》光绪二十年七月初一日午刻，《李鸿章全集·24·电报四》，安徽教育出版社2008年版，第189—190页。

32　《军机处电寄李鸿章谕旨》，中国档案汇编：《清光绪朝中日交涉史料》第16卷，故宫博物院文献馆1932年版，第11页。

33　《寄旅顺丁提督龚道》光绪二十年九月初六日巳刻，《李鸿章全集·25·电报五》，安徽教育出版社2008年版，第17页。

34　［日］藤村道生著，米庆余译：《日清战争》，上海译文出版社1981年版，第165页。

35　《复陈陆海兵数为倭事筹备的饷折》光绪二十年六月初二日，《李鸿章全集·15·奏议十五》，安徽教育出版社2008年版，第373—374页。

36　［日］小川又次著，米庆余译：《征讨清国策案》，《日藏甲午战争秘录》，（澳门）中华出版社2007年版。该《策案》是小川又次在两次秘密赴华侦查及听取诸多谍报人员汇报后，于1887年2月完成。其"攻击策案"分"彼我形势""作战计划""善后处理"三大部分。有评价称，甲午战争"基本上是按照这个战略方案进行的"。

37　董蔡时、王建华：《关于甲午陆战中清军的武器装备》，《江海学刊》1995年第3期。

38　司督阁：《甲午战时辽居忆录》，《中国近代史资料丛刊续编·中日战争》第六册，中华书局1993年版，第357页。

39　［日］龟井兹明著，高永学、孙常信译：《血证：甲午战争亲历记》，中央民族大学出版社1997年版，第231—232页。

40　《庚子西狩丛谈》，岳麓书社1985年版，第107页。

41　陈霞飞：《中国海关密档》第六册，中华书局1990年版，第524页。

第二十九章　1889年：光绪大婚不给慈禧面子

1　《清高宗实录》卷一四八六，乾隆六十年九月上，辛亥。

2　中国第一历史档案馆藏：军机处《上谕档》光绪十四年十一月初十日，207/3-50-3，转引自茅海建：《戊戌变法史事考初集》，生活·读书·新知三联书店2012年版，第11—12页。

3　《光绪朝东华录》第二册，中华书局1958年版，总第2190页。

4　《光绪朝东华录》第三册，中华书局1958年版，总第2542页。

5　《屠光禄奏疏》卷四第18页《归政届期谨陈旧章疏》，转引自黄彰健：《戊戌变法史研究》（下），上海书店出版社2007年版，第747—748页。

6　孔祥吉：《康有为变法奏议研究》，辽宁教育出版社1988年版，第52页。

7　《戊戌变法史研究》（下），上海书店出版社2007年版，第748页。

8　蔡乐苏、张勇、王宪明：《戊戌变法史述论稿》，清华大学出版社2001年版，第165页。

9　中国第一历史档案馆藏：光绪十五年春季《上谕档》，转引自《康有为变法奏议研究》，辽宁教育出版社1988年版，第53页。

10　《翁同龢日记》第四册，中华书局1989年版，总第2256页。

11　《翁同龢日记》第四册，中华书局1989年版，总第2102页。

12　《翁同龢日记》第四册，中华书局1989年版，总第2103页。

13　《翁同龢日记》第四册，中华书局1989年版，总第2261页。

14　《翁同龢日记》第四册，中华书局1989年版，总第2261页。

15　《翁同龢日记》第四册，中华书局1989年版，总第2159页。

16　《翁同龢日记》第四册，中华书局1989年版，总第2159页。

17　《翁同龢日记》第四册，中华书局1989年版，总第2160页。

18　《清宫遗闻》"慈禧后致疑于奕譞"，《清朝野史大观》，河北人民出版社1997年版，第94页。

19　姜鸣：《一时耆旧凋零尽：光绪十六年冬季的传染病》，《东方早报》2013年3月17日。

20　《中国近代史资料丛刊·戊戌变法》（一），上海人民出版社1957年版，第475页。

21　［英］濮兰德等著：《慈禧外纪》，辽沈书社1994年版，第98页。

22　王开玺：《晚清政治新论》，商务印书馆2018年版，第81—85页。

23　《寄总署》光绪二十四年八月十七日，《刘坤一集》第三册，岳麓书社2018年版，第345页。

24　《寄总署》光绪二十四年八月二十八日，《刘坤一集》第三册，岳麓书社2018年版，第346页。

25　《张謇自述》，安徽文艺出版社2014年版，第42页。

26　王照口述、王树枬笔录：《德宗遗事》，荣孟源、章伯锋主编：《近代稗海》第11辑，四川人民出版社1985年版，第253页。

27　《致荣中堂》光绪二十四年九月二十六日，《刘坤一集》第五册，岳麓书社2018年版，第143页。

28　陈夔龙：《梦蕉亭杂记》，北京古籍出版社1985年版，第10页。

29　茅海建：《戊戌变法的另面》，上海古籍出版社2014年版，第536页。

30　流行的说法称，这份假照会是溥儁之父载漪等人伪造，目的是给慈禧太后制造危机感，加速她废黜光绪的进程。但相蓝欣认为，此说缺乏史料依据，据他推断，这份照会的原型，是李提摩太提交给各列强政府的几条针对中国问题的建议。这份建议被身在上海的江苏粮道罗嘉杰获取后，将之报告给荣禄，荣禄随后将之面呈慈禧。见相蓝欣《义和团战争的起源（跨国研究）》，华东师范大学出版社2003年版，第299—302页。

31　刘北汜、李毅华主编：《故宫旧藏人物照片集》"前言"，紫禁城出版社1990年版。

32　德龄：《清宫禁二年记》，北京古籍出版社1999年版，第146—147页。

33　徐珂：《清稗类钞》，转引自《中国近代史资料丛刊·戊戌变法》（四），上海人民出版社1957年版，第273页。

第三十章　1890年：清帝国开炼钢铁

1　当时，北洋舰队提督丁汝昌因事离队，右翼总兵刘步蟾即将提督旗降下，换升总兵旗。此举被琅威理视为对自己的藐视与挑衅。因琅威理当时的身份是"水师副统领""赏加提督衔"。提督离开，副提督尚在，却改升总兵旗，琅无法接受。

2　彭泽益编：《中国近代手工业史资料（1840—1949）》第二卷，中华书局1957年版，第164页。

3　张之洞：《筹设炼铁厂折》，《张文襄公全集·奏议》卷二十七，（台北）文海出版社1963年版，第1—4页。

4　《光绪十一年十一月初一日署贵州巡抚潘霨片》，中国近代史资料丛刊·洋务运动》（七），上海人民出版社1961年版，第169页。

5　《光绪十二年正月二十二日署贵州巡抚潘霨奏》，中国近代史资料丛刊·洋务运动》（七），上海人民出版社1961年版，第169页。

6　王瑰、陈艳丽、马晓粉编：《〈清实录〉中铜业铜政资料汇编》，西南交通大学出版社2016年版，第368页。

7　《光绪十二年正月二十二日署贵州巡抚潘霨奏》，《中国近代史资料丛刊·洋务运动》（七），上海人民出版社1961年版，第169—172页。

8　《复潘伟帅》，《曾国荃集》（四），岳麓书社2008年版，第324—325页。

9　方一兵：《中日近代钢铁技术史比较研究1868—1933》，山东教育出版社2013年版，第25页。

10　《光绪十六年六月四日贵州巡抚潘霨奏》，《中国近代史资料丛刊·洋务运动》（七），上海人民出版社1961年版，第182页。

11　《光绪十六年六月四日贵州巡抚潘霨奏》，《中国近代史资料丛刊·洋务运动》（七），上海人民出版社1961年版，第182—183页。

12　《光绪十六年八月三日贵州巡抚潘霨奏》，《中国近代史资料丛刊·洋务运动》（七），上海人民出版社1961年版，第183—184页。

13　湖北省档案馆编：《汉冶萍公司档案史料选编》上册，中国社会科学出版社1992年版，第138页。

14　《致广州李制台》，光绪十六年正月初七日发。苑书义、孙华峰、李秉新主编：《张之洞全集》，河北人民出版社1998年版，第5425页。张之洞曾在电文里对继任粤督的李瀚章说："盖铁机非洞所自请带者，公既嘱令移鄂，即不肯以铁款累粤。布机乃洞所愿带者，公于所筹本款似宜有以济鄂也。"张带走了纺织厂所需的进口"布机"，却没有带走炼铁厂所需的进口"铁机"，显见他一开始并无在湖北开设钢铁厂的打算。

15　《汉冶萍公司档案史料选编》上册，中国社会科学出版社1992年版，第107页。

16　《致海署》光绪十五年十月初八日发，《张之洞全集》，河北人民出版社1998年版，第5389—5340页。

17　《复调鄂督张》光绪十五年十月初九日亥刻，《李鸿章全集·22·电报二》，安徽教育出版社2008年版，第546页。

18　《寄醇邸》光绪十五年十月初十日巳刻，《李鸿章全集·22·电报二》，安徽教育出版社2008年版，第546页。

19　《筹拟铁矿情形禀》光绪十五年十一月二十三日），夏东元：《盛宣怀年谱长编》（上），上海交通大学出版社2004年版，第319—320页。

20　《汉冶萍公司档案史料选编》上册，中国社会科学出版社1992年版，第70页。

21　《汉冶萍公司档案史料选编》上册，中国社会科学出版社1992年版，第71页。

22　《盛宣怀致张之洞函》光绪十六年正月十二日，《盛宣怀档案资料·第四卷·汉冶萍公司（上）》，上海人民出版社2016年版，第9—10页。

23　《致海署》光绪十六年二月二十六日发，《致京李中堂》光绪十六年二月二十六日发，《张之洞全集》，河北人民出版社1998年版，第5453页。

24　袁为鹏：《张之洞与湖北工业化的起始：汉阳铁厂"由粤移鄂"透视》，《武汉大学学报（人文科学版）》2001年第1期。

25　袁为鹏：《政治与经济之间：清末汉阳铁厂厂址定位问题新解》，《中国历史地理论丛》2000年第4期。

26　《钟天纬致盛宣怀函》光绪十七年七月初一日，《盛宣怀档案资料·第四卷·汉冶萍公司（上）》，上海人民出版社2016年版，第27—28页。

27　叶景葵：《卷庵书跋》，《中国近代史资料丛刊·洋务运动》（八），上海人民出版社1961年版，第526页。

28　《查明炼铁厂用款咨部立案折》光绪二十四年闰三月十三日，《张之洞全集》，河北人民出版社1998年版，第1295页。

29　《汉冶萍公司档案史料选编》上册，中国社会科学出版社1992年版，第127页。

30　姜锋：《近代中国洋务运动与资本主义论丛》，吉林人民出版社1996年版，第127—128页。

第三十一章 1891年：皇帝开始学英语

1 《花甲记忆》，学林出版社2019年版，第312页。本小节参考了邹振环《光绪皇帝的英语学习与进入清末宫廷的英语读本》，《清史研究》2009年第3期。

2 《近代中国史料丛刊续编》第七十辑《李文忠公（鸿章）全集》，（台北）文海出版社1980年版，第4998页。原载《字林西报》，1892年11月4日。

3 《翁同龢日记》第五册，中华书局1989年版，第2482页。

4 《翁同龢日记》第五册，中华书局1989年版，第2481页。

5 《翁同龢日记》第五册，中华书局1989年版，第2483页。

6 《翁同龢日记》第五册，中华书局1989年版，第2484页。

7 曹舒丽安：《我的外祖父颜永京牧师》，《颜惠庆自传》，（台北）传记文学出版社1973年版，第295页。

8 "咨送"指的是：广州同文馆、上海广方言馆的学生三年学满后，考试成绩优异者，可授予官衔并保送入京，进入京师同文馆参加复考，通过者可以留馆肄业深造。

9 《花甲记忆》，学林出版社2019年版，第310—312页。这次演讲没有办成。丁题良说，没办成的原因是"各国特使在过年的时候都谢绝前来恭听皇上所准备的一篇英文演讲稿"。

10 ［美］何德兰著，晏方译：《慈禧与光绪：中国宫廷中的生存游戏》，中华书局2004年版，第78页。

11 《慈禧与光绪：中国宫廷中的生存游戏》，中华书局2004年版，第79—80页。

12 《中外杂志：天亶聪明》，《画图新报》1891年第12卷第9期，第19—21页。

13 《天亶聪明》，《万国公报》1892年第37期，第6页。

14 《天亶聪明》，《申报》1893年9月3日；《报纪天亶聪明一则系之以论》，《申报》1893年9月8日。

15 ［英］李提摩太：《恭记：皇上肄习英文事》，《万国公报》1892年第37期，第8—9页。

16 杨代春：《〈万国公报〉与晚清中西文化交流》，湖南人民出版社2002年版，第79页。

17 详情可参见本书前文：《1887年：广学会改变中国》。

18 《慈禧与光绪：中国宫廷中的生存游戏》，中华书局2004年版，第81页。

19 《近代中国史料丛刊续编》第七十辑《李文忠公（鸿章）全集》，（台北）文海出版社1980年版，第4998页。原载《字林西报》，1892年11月4日。

20 苏精：《清季同文馆及其师生》，福建教育出版社2018年版，第156页。

21 《光绪皇帝学英语》，《纽约时报》1892年2月4日。郑曦原编，李方惠等译：《帝国的回忆：〈纽约时报〉晚清观察记》，生活·读书·新知三联书店2001年版，第129页。"12月28日讯"指的是1891年12月28日。

22 《翁同龢日记》第五册，中华书局1989年版，第2758页。

23 《从甲午到戊戌：康有为〈我史〉鉴注》，生活·读书·新知三联书店2009年版，第119—121页。

24 德龄著，顾秋心译：《清宫二年记》，云南人民出版社1994年版，第60—61页、第186页。

25 《翁同龢日记》第四册，中华书局1989年版，第2252页。

26 《翁同龢日记》第四册，中华书局1989年版，第2252页。

27 《翁同龢日记》第四册，中华书局1989年版，第2256页。

28 《翁同龢日记》第四册，中华书局1989年版，第2266页。

29 《翁同龢日记》第四册，中华书局1989年版，第2330页。

30 陈旭麓：《关于〈校邠庐抗议〉一书——兼论冯桂芬的思想》，《近代史思辨录》，广东人民出版社1984年版，第222—223页。

31 《显志堂稿》序，光绪二年校邠庐刊，吴序。第5页。

32 《翁同龢日记》第五册，中华书局1989年版，第2795页。

33 清华大学历史系编：《戊戌变法文献资料系日》，上海书店出版社1998年版，第790页。

34 冯桂芬：《校邠庐抗议》之"采西学议"，上海书店出版社2002年版，第57页。

35 郑观应：《盛世危言》"自序"，《郑观应集》，上海人民出版社1982年版，第233页。

36 《从东方到西方——走向世界丛书叙论集》，岳麓书社2002年版，第54—65页。

37 《广学会年报》第十一次（1898年），《出版史料》1992年第1期。

38 《中国教会大学史》，浙江教育出版社1988年版，第45页。

39 杨家骆编：《戊戌变法文献汇编》第二册，（台北）鼎文书局1973年版，第17页。

40 《翁同龢日记》第六册，中华书局1989年版，第3134页。

41 《矢野文雄致西德二郎（机密第60号信）》，1898年6月24日，转引自《戊戌变法史事考初集》，
生活·读书·新知三联书店2012年版，第477页。

42 《翁同龢日记》第六册，中华书局1989年版，第3128页。

第三十二章 1892年：周汉被精神病

1 郭舜平等译：《田贝致布赖恩函》，第1312号，1891年5月27日于北京美国使馆，7月2日收到。收
录于《清末教案：美国对外关系文件选译》，中华书局2000年版，第279—280页。

2 周汉：《大清臣子周孔徒遗嘱》，光绪二十四年，王明伦选编：《反洋教书文揭帖选》，齐鲁书社
1984年版，第225页。

3 游子安：《劝化金箴：清代善书研究》，天津人民出版社1999年版，第68页。

4 王继平：《清季湖南教案论略》，《湘潭大学学报（哲学社会科学版）》1988年第2期。

5 《地方官接待教士事宜条款》光绪二十五年二月初四，转引自李济琛、陈加林主编：《国耻录：旧
中国与列强不平等条约编释》，四川人民出版社1997年版，第652页。

6 《周程朱张四氏裔孙公启》光绪十六年二月一日，《反洋教书文揭帖选》，齐鲁书社1984年版，第
176页。

7 《谨遵圣谕辟邪》光绪十六年正月一日，《反洋教书文揭帖选》，齐鲁书社1984年版，第175页。

8 《鬼叫该死》附"灭鬼歌"，光绪十七年十二月十一日（1891年12月11日）。《反洋教书文揭帖
选》，齐鲁书社1984年版，第201页。文末署名称："万里城、严防内、官斌、平亥、常乐清、师
孔、黎庶忠、齐心战，各印赠十万本"，共计80万册。显然，这八个名字都是化名。

9 《掌京首道监察御史关辅汉，兵部车驾司员外郎杨再省，通政使司额外知事岳佐清奏议》光绪
十七年十一月十一日，《反洋教书文揭帖选》，齐鲁书社1984年版，第182页。"关辅汉""杨再
省""岳佐清"三人均非真名。

10 《鬼叫该死》光绪十七年十二月十一日，《反洋教书文揭帖选》，齐鲁书社1984年版，第200页。

11 《湖南通省公议》光绪十八年七月二十三日，《反洋教书文揭帖选》，齐鲁书社1984年版，第
224页。

12 夏燮：《中西纪事》第20卷，第9页，转引自张力、刘鉴唐：《中国教案史》，四川省社会科学院
1987年版，第451页。

13 《湖南士民公传》光绪二年八月，《反洋教书文揭帖选》，齐鲁书社1984年版，第104页。

14 吕实强：《周汉反教案》，（台北）"中研院"《近代史研究所集刊》第二期，第422页。

15 《致总署》光绪十七年十二月二十日发，《张之洞全集》第七册，河北人民出版社1998年版，第5667—5668页。

16 《致天津李中堂》光绪十八年正月初九日发，《张之洞全集》第七册，河北人民出版社1998年版，第5674页。

17 《复总署 论湖南毁教书图》光绪十八年正月十九日，《李鸿章全集·35·信函七》，安徽教育出版社2008年版，第312页。

18 《致总署、天津李中堂》光绪十八年三月十三日发，《张之洞全集》第七册，河北人民出版社1998年版，第5685页。

19 《李中堂来电》光绪十八年三月十四日未刻到，《总署来电》光绪十八年三月十五日申刻到，《张之洞全集》第七册，河北人民出版社1998年版，第5685页。

20 《湖南通省公议》光绪十八年七月二十三日，《反洋教书文揭帖选》，齐鲁书社1984年版，第224页。

21 黄濬：《花随人圣庵摭忆（附补编）》，上海古籍出版社1983年版，第227页。

22 《致长沙陈抚台》光绪二十四年三月初七日申刻发，《张之洞全集》第九册，河北人民出版社1998年版，第7530—7531页。

23 《致长沙陈抚台》光绪二十四年三月初七日申刻发，《张之洞全集》第九册，河北人民出版社1998年版，第7531页。

24 戚其章、王如绘编著：《晚清教案纪事》，东方出版社1990年版，第196页。

25 《郭嵩焘请付史馆折》"批示"光绪十七年七月二十二日，《李鸿章全集·14·奏议十四》，安徽教育出版社2008年版，第137页。

26 李鸿章此举，既是为故友尽心力，也有意借着褒奖郭嵩焘来扩张洋务的生存空间。按李鸿章给兄长李瀚章的私信，"筠仙请宣付史馆，奉朱批：郭出使外洋，所著书籍，颇招物议，所请着不准行。闻由礼力持。筠老忠诚力学，至死犹被恶名，奇可可慨。惟弟与心交四十余年，不可无此一路，以尽后死之责也"。见《致李瀚章》光绪十七年八月十五日，《李鸿章全集·35·信函七》，安徽教育出版社2008年版，第244页。"礼"即礼亲王世铎。世铎的意见能得到慈禧的认同，可知清廷中枢此时已趋于保守。

27 周汉：《供词》（三），刘苏华、李长林选编：《湖南近现代社会事件史料选编》，湖南师范大学出版社2013年版，第29—30页。

第三十三章　1893年：关东铁路为太后大寿让路

1 慈禧六十大寿庆典的耗银，具体数目已不可考，但在千万两白银以上是可以确定的。据一份不完整统计：衣物耗银232万余两；金饰合银38.6万两；辇轿耗银18.3万两；架彩、彩绸耗银101万两；彩殿、彩棚耗银46万余两；铺垫（仅算入颐和园与中南海内的铺垫）、陈设耗银22.4万余两；灯只耗银27.7万两；匾额、对联耗银7万余两；各处修缮工程，仅慈宫与宁寿宫即高达55万余两；街道点景工程耗银至少240万两；宴席、演乐与唱戏，至少耗银80万两；赏用物品至少耗银30万两。见《一人庆寿举国遭殃：略述慈禧"六旬庆典"》，《故宫博物院院刊》1984年第3期。

2 《筹办夷务始末（同治朝）》卷六十三，《近代中国史料丛刊》第六十二辑，（台北）文海出版社1966年版，第5740—5741页。

3 参见本书前文《1869年：拒铁路于国门之外》。

4　《光绪朝东华录》第二册，中华书局1958年版，总第1862、第1867页。

5　《复醇邸 议铁路驳恩相徐尚书原函》光绪十四年十二月二十二日，《李鸿章全集·34·信函六》，安徽教育出版社2008年版，第473页。

6　《光绪十五年三月初二日两广总督兼署广东巡抚张之洞奏》，《中国近代史资料丛刊·洋务运动》（六），上海人民出版社1961年版，第250—255页。

7　《致海署》光绪十五年十月初八日发，《张之洞全集》第七册《电牍》，河北人民出版社1998年版，第5389页。

8　《清实录》第五十五册，中华书局1987年版，第757页、第764页，转引自朱从兵：《李鸿章与中国铁路：中国近代铁路建设事业的艰难起步》，群言出版社2006年版，第283页。

9　《致海署、天津李中堂》光绪十六年三月初十日发，《张之洞全集》第七册《电牍》，河北人民出版社1998年版，第5474页。

10　围绕着关东铁路是否预订汉阳铁厂所产之铁轨，张之洞与李鸿章有过一番激烈的词锋往还。详见朱从兵《李鸿章与中国铁路：中国近代铁路建设事业的艰难起步》，群言出版社2006年版，第284—294页。

11　《致总署 预估关东路工》光绪十六年三月十九日，《李鸿章全集·35·信函七》，安徽教育出版社2008年版，第46页。

12　《寄译署庆邸》光绪十九年三月二十日辰刻，《李鸿章全集·23·电报三》，安徽教育出版社2008年版，第354—355页。

13　有资料称，李鸿章此电的含义，是"慈禧太后六十庆典在即，户部向鸿章商借关东铁路建筑款二百万。鸿章函总署：'建路需费，请另筹。'"见《近代中国史料丛刊续编》第七十辑《李文忠公（鸿章）全集》，（台北）文海出版社1980年版，第5006页。此说显然错解了李鸿章的这封电报。

14　《附海署来电》光绪十九年三月十九日亥刻到，《李鸿章全集·23·电报三》，安徽教育出版社2008年版，第354页。

15　《交通史路政编》第七册，交通铁道部交通史编纂委员会1935年版，第7页。

16　李鸿章这番担忧并非借口。李留心钢铁事业甚久，对汉阳铁厂的情况比较熟悉，不太相信张之洞可以将铁厂办好。事实也正如他所担忧的那般，汉阳铁厂在张之洞手里始终未能炼出一根合格的铁轨。参见本书前文《1890年：清帝国大炼钢铁》。

17　《附：庆邸寄鄂督张》光绪十九年四月初九日亥刻到，《李鸿章全集·23·电报三》，安徽教育出版社2008年版，第368页。

18　《致总署论永定河》光绪十九年十月十一日，《李鸿章全集·35·信函七》，安徽教育出版社2008年版，第575页。

19　有材料称，1894年1月5日，"慈禧作寿需款，鸿章奉命暂停山海关外铁路，移作庆典之用"。见《近代中国史料丛刊续编》第七十辑《李文忠公（鸿章）全集》，（台北）文海出版社1980年版，第5009页。

20　《铁路停工》，《申报》1894年3月22日。

21　《工人失业》，《申报》1894年3月27日。报道中的"营口访事人"，即《申报》在营口招聘的记者。1872年《申报》刊登广告《招延访事》，向社会公开招募新闻采编人员。之后，《申报》用了大约三年时间，在全国26个重要城市聘请了"访事人"，来保证可以及时报道各地发生的重要新闻。

22　《光绪朝东华录》第三册，中华书局1958年版，总第3230页。

23　《光绪朝东华录》第三册，中华书局1958年版，总第3230—3231页。

24 《张之洞的别敬、礼物与贡品》，茅海建：《依然如旧的月色》，生活·读书·新知三联书店2014年版，第229—230页。

25 《吁恳赏给地段祝嘏折》光绪十九年十月初一日，《李鸿章全集·15·奏议十五》，安徽教育出版社2008年版，第204页。

26 《直隶派办庆典点景地段委员随同照料折》，《李鸿章全集·15·奏议十五》，安徽教育出版社2008年版，第422页。

27 《万寿点景工需续申报效折》光绪十九年十二月初一日，《刘坤一奏疏》（二），岳麓书社2013年版，第862页。

28 《一人庆寿举国遭殃：略述慈禧"六旬庆典"》，《故宫博物院院刊》1984年第3期。

29 茅海建：《张之洞的别敬、礼物与贡品》，茅海建《依然如旧的月色》，生活·读书·新知三联书店2014年版，第232页。

30 《致总署：议兵轮分年大修》光绪十九年十二月十八日，《李鸿章全集·35·信函七》，安徽教育出版社2008年版，第587页。

31 《近代中国史料丛刊续编》第七十辑《李文忠公（鸿章）全集》，（台北）文海出版社1980年版，第5008—5009页。

32 表格引自何家伟、龚松柏《交通运输与中日甲午战争》，《安徽大学学报（哲学社会科学版）》2001年第4期。

33 ［日］小川又次著，米庆余译：《征讨清国策案》，《日藏甲午战争秘录》，（澳门）中华出版社2007年版。

34 李秉衡：《致浙江廖谷帅电》，《李秉衡集》，第611页，转引自《中日甲午战争全史·第三卷·战争篇（下）》，吉林人民出版社2005年版，第352页。

35 刘晨：《从交通运输看清军在中日辽东战役的失败》，《西部学刊》2019年第22期。

第三十四章　1894年：大清"战胜"了日本

1 清廷陆军与海军在制度建设方面存在的种种问题，见本书前文《1878年：连小小的武举也废不掉》《1886年：拿昆明湖换渤海》《1888年：北洋海军以残阵成军》与《1893年：关东铁路为太后大寿让路》四章。本文不再赘述。

2 蒋梦麟：《西潮·新潮》，岳麓书社2000年版，第41页。

3 全部版画展出网址：https://www.jacar.go.jp/jacarbl-fsjwar-j/gallery/index.html。本章所述涉及版画，皆可在此网址查询到，以下不再赘述。

4 唐权：《清末版画中的甲午战争》，《21世纪经济报道》2014年9月9日。

5 张伟：《上海小校场年画的崛起、发展及其演变》，《历史文献》第十五辑，上海古籍出版社2011年版，第330页。

6 《清末版画中的甲午战争》，《21世纪经济报道》2014年9月9日。

7 《附译署来电》，《李鸿章全集·24·电报四》，安徽教育出版社2008年版，第223页。

8 《济远航海日志》，转引自戚其章：《中日甲午海战史论丛》，山东教育出版社1983年版，第168页。

9 陈悦：《北洋海军舰船志》，山东画报出版社2015年版，第111页。

10 《六十年来中国与与日本》第二卷，生活·读书·新知三联书店1980年版，第81页。

11 《申报》1894年8月1日刊文《牙山战记》称，"华兵精神百倍，无不以一当十，鏖战良久，日兵辙乱旗靡，遂即退回。惟统领叶志超军门，当两军相见之时，一马当先，蓦受枪弹，以致所伤甚重，遽陨大星，诚可惜也"。该报道未明言信息来源。另有《牙山大捷图》，图中文字称："牙山为叶聂二军门驻守之所。倭逆以四千余众来攻，我军只二千余名，各奋神威，以短兵相接，斩获倭首二千余级。倭逆知势不敌，急调据韩城之兵接应。然兵锋既挫，依然败北而逃。是役也，我军以少击众，死伤无几，倭兵已死伤过半矣。他日雄师大集，倭人知其死所乎。"

12　《申报》1894年7月30日刊文《禁传暗电》称："目下中国各电报局出一新章，凡暗码之电，概不传递，盖虑有意外之事也。"

13　陈平原：《图像叙事与低调启蒙——晚清画报三十年》，《文艺争鸣》2017年第4期、第7期。

14　《实事求是》，《申报》1894年8月28日。

15　［日］陆奥宗光著，伊舍石译：《蹇蹇录》，商务印书馆1963年版，第50—51页、第148—149页、第152—153页。

16　吕万和：《甲午战争中清政府的密电码是怎样被破译的》，《历史教学》1979年第6期。

17　［美］丁韪良：《同文馆记》，《中国近代学制史料》第一辑上册，华东师范大学出版社1983年版，第171—172页。

18　黄协埙：《本报最初时代之经过》，《最近之五十年》，申报馆1923年编，第26页。

19　士绅们的这种自信，可参见本书前文《1883年：太后欲雪庚申之耻》。

20　《点石斋画报》初集甲册序文。

21　《胜倭确信》，《申报》1895年3月5日、3月6日。

22　马光仁主编：《上海新闻史（1850—1949）》，复旦大学出版社2014年版，第94页。

23　徐沛、周丹：《清末民国画报上的战争叙事与国家神话——以中日军事冲突的图像表征为例》，《新闻与传播研究》2016年第10期。

24　《高事要电》，《申报》1894年7月25日。此节分析，参考了曾庆雪《中日甲午战争期间〈申报〉的失实报道研究》，山东大学硕士论文，2015年。

25　《论和议有可成之机》，《申报》1895年2月9日。

26　雪珥：《绝版甲午：从海外史料揭秘中日战争》（文汇出版社2009年版）一书对此略有描述，见该书第117页。笔者未曾查阅《字林沪报》。

27　《点石斋画报（大可堂版）》（12），上海画报出版社2001年版，图119。

28　蒋廷黻：《蒋廷黻回忆录》，东方出版社2011年版，第9页。

第三十五章　1895年：朝野反思甲午之败

1　［法］施阿兰著，袁传璋、郑永慧译：《使华记（1893—1897）》，商务印书馆1989年版，第12页。

2　《近代中国史料丛刊续编》第七十辑《李文忠公（鸿章）全集》，（台北）文海出版社1980年版，第5064页。

3　陈旭麓：《近代中国社会的新陈代谢》，生活·读书·新知三联书店2018年版，第152页。

4　《近代中国史料丛刊续编》第七十辑《李文忠公（鸿章）全集》，（台北）文海出版社1980年版，第5064页。

5　军机处《洋务档》，光绪二十一年四月十六日，转引自《从甲午到戊戌：康有为〈我史〉鉴注》，生活·读书·新知三联书店2009年版，第84—85页。

6　《翁同龢日记》第五册，中华书局1989年版，第2803页。

7　《戊戌变法文献资料系日》，上海书店出版社1998年版，第153页。

8　军机处《洋务档》，光绪二十一年闰五月二十七日，转引自《从甲午到戊戌：康有为〈我史〉鉴注》，生活·读书·新知三联书店2009年版，第101—102页。

9　康有为的《为安危大计乞及时变法而图自强呈》（又名《上清帝第三书》）也在其中。康此时的改革思想，主要得自广学会出版的西学著作和《万国公报》的政论文章。光绪皇帝也喜欢阅读这些书和报纸。这可能是康有为的奏折被选中的主要原因。广学会的情形，见本书前文《1887年：广学会改变中国》；光绪的阅读情形，见本书前文《1891年：皇帝开始学英语》。此外，陈炽的《请一意振作变法自强呈》（又名《上清帝万言书》）也被光绪选中。甲午年之前，翁同龢等曾向光绪推荐过陈炽的《庸书》。

10　《从甲午到戊戌：康有为〈我史〉鉴注》，生活·读书·新知三联书店2009年版，第102页。

11　《翁同龢日记》第五册，中华书局1989年版，第2809页。

12　《戊戌变法文献资料系日》，上海书店出版社1998年版，第101—107页。

13　据翁同龢称，胡燏棻的奏折是由两位深谙西学的学者，浙江定海人王修植与安徽绩溪人邵作舟执笔"代作"。见《翁同龢日记》第五册，中华书局1989年版，第2812页。

14　《戊戌变法文献资料系日》，上海书店出版社1998年版，第102页。

15　《翁同龢日记》第六册，中华书局1989年版，第3132页。

16　参见本书前文《1891年：皇帝开始学英语》第三小节"光绪的思想逸出牢笼"。

17　李秉衡：《李忠节公（鉴堂）奏议》，文海出版社1973年版，第760—761页。

18　《李忠节公（鉴堂）奏议》，文海出版社1973年版，第761页。

19　额勒精额：《遵议各处条陈时务就不可开铁路等敬陈管见折》，光绪二十一年七月十一日；《军机处录副·光绪朝·内政类·戊戌变法项》。分别转引自《康有为变法奏议研究》，辽宁教育出版社1988年版，第104页；张海荣：《关于引发甲午战后改革大讨论的九件折片》，《广东社会科学》2009年第5期。

20　《中日会议和约已成折》光绪二十一年三月二十六日，《李鸿章全集·16·奏议十六》，安徽教育出版社2008年版，第56页。

21　《据实陈奏军情折》光绪二十年八月二十日，《李鸿章全集·15·奏议十五》，安徽教育出版社2008年版，第423页。

22　《复新疆巡抚陶模》光绪二十一年九月十一日，《李鸿章全集·36·信函八》，安徽教育出版社2008年版，第85页。

23　《六十年来中国与日本》，生活·读书·新知三联书店2005年版，第283—284页。

24　翁飞、董丛林编注：《李鸿章家书》"示儿"，黄山书社1996年版，第160—161页。

25　查继佐：《罪惟录》卷十八"科举志·总论"，浙江古籍出版社1986年版，第817页。

26　《复莲池书院山长吴》光绪二十二年九月初一日，《李鸿章全集·36·信函八》，安徽教育出版社2008年版，第109—110页。在给其他友人的信函中，李鸿章也多次表达过相同的见解。

27　郭嵩焘之前，晚清朝廷观察西方，有过两个阶段。第一个阶段，是林则徐的时代。那时节，西方只是中国人一厢情愿想象的西方。这位虎门销烟的英雄，在给道光皇帝的奏折里荒诞地写道：英国兵的双腿构造与中国不同，屈伸艰难，他们只要倒下去就爬不起来，故而英军毫无陆战能力，不必担忧他们登陆。第二个阶段，是斌椿的时代。这位老大人虽然去过欧洲，但西方只是一种他一厢情愿想象的东方。在斌椿眼里，西方的一切文明，都可以在中国经典中找到依据，其文明不过是中华文明的余绪。每一个读过斌椿考察报告的人，都只能在其中看到另一个"清帝国"。老大人将西方的一切都涂抹上了一层浓厚的东方色彩。直到郭嵩焘出使欧洲，始敢直言"蛮夷"政体之优良非中国"三代之治"所能及。

28　《郭嵩焘全集》（十），岳麓书社2018年版，第376页。

29　《郭嵩焘先生年谱》（下），（台北）"中研院"近史所1971年版，第675页。

30　《曾纪泽集》，岳麓书社2008年版，第161页。

31　《出使英法义比四国日记》，岳麓书社2008年版，第124页。

32　《出使英法义比四国日记（出使日记续刻）》，岳麓书社2008年版，第612页。

33　《薛福成选集》，上海人民出版社1987年版，第45—47页。

34　《出使英法义比四国日记》，岳麓书社2008年版，第82—83页。

35　《出使英法义比四国日记（出使日记续刻）》，岳麓书社2008年版，第802—803页。

36　《出使英法义比四国日记（出使日记续刻）》，岳麓书社2008年版，第772页。

37　《论世变之亟》，《论世变之亟：严复集》，辽宁人民出版社1994年版，第1页。

38　《论世变之亟》，《论世变之亟：严复集》，辽宁人民出版社1994年版，第2页。

39　《论世变之亟》，《论世变之亟：严复集》，辽宁人民出版社1994年版，第4页。

40　《论世变之亟》，《论世变之亟：严复集》，辽宁人民出版社1994年版，第4—5页。

41　《原强》，《论世变之亟：严复集》，辽宁人民出版社1994年版，第19页。

42　《原强》，《论世变之亟：严复集》，辽宁人民出版社1994年版，第12页。

43　《原强》，《论世变之亟：严复集》，辽宁人民出版社1994年版，第15页。

44　《原强》，《论世变之亟：严复集》，辽宁人民出版社1994年版，第17页。1895年5月1日至11日，严复还在《直报》上刊文《救亡决论》，公开嘲讽那种"西方文明起源于中国"的论调。说这种人自居名流，对西学并不真的了解，只凭着一些转述耳闻，然后再从中国的古书中搜猎相似的言辞，就敢于放言讲什么"西学皆中土所已有"，这种人实在是"其语近诬，诬时讨厌"，非常可笑——"有此种令人呕哕议论，足见中国民智之卑"。见《论世变之亟：严复集》，辽宁人民出版社1994年版，第70—73页。

45　《原强》，《论世变之亟：严复集》，辽宁人民出版社1994年版，第17页。

46　《原强》，《论世变之亟：严复集》，辽宁人民出版社1994年版，第18页。

47　上海图书馆编：《汪康年师友书札》（4），上海书店出版社2017年版，第2975页。

48　《遵旨议复各臣工条陈时务事宜折》，《军机处录副·光绪朝·内政类·戊戌变法项》，03/108/5613/9，转引自李元鹏：《光绪乙未年地方督抚的自强论争》，《贵州社会科学》2009年第5期。

49　《治言》，《谭嗣同集》，岳麓书社2012年版，第250—251页。

50　《上欧阳中鹄书》，《谭嗣同集》，岳麓书社2012年版，第240—241页。

51　《仁学二》，《谭嗣同集》，岳麓书社2012年版，第365页。

52　《报贝元征》，《谭嗣同集》，岳麓书社2012年版，第210页。

53　《仁学二》，《谭嗣同集》，岳麓书社2012年版，第360—361页。

54　《仁学二》，《谭嗣同集》，岳麓书社2012年版，第362页。

55　《仁学二》，《谭嗣同集》，岳麓书社2012年版，第362—363页。

56　《仁学一》，《谭嗣同集》，岳麓书社2012年版，第359页。

57　《仁学二》，《谭嗣同集》，岳麓书社2012年版，第364—365页。

58　康有为"保中国不保大清"活动的始末，参见黄彰健《论康有为"保中国不保大清"的政治活动》，黄彰健：《戊戌变法史研究》（上），上海书店出版社2007年版，第1—67页。下文论述亦多参考该文。

59　"湖南腹地自立"的详情，参见本书后文《1897年：湖南"腹地自立"》。另，除了谭嗣同这类"思想上的叛逆者"，1895年"兴中会"诸人杨衢云、谢瓒泰、孙中山、陆皓东、郑士良、陈少白、邓荫南等，还曾计划发动广州起义，直接对清廷实施武力冲击。

第三十六章　1896年："甲午后改革"遇挫

1　光绪皇帝的改革倾向，由他在1895年7月19日下达改革谕旨，并以胡燏棻的奏章为首，将一批讨论改革的奏折下发给地方督抚们讨论，不难管窥。

2　马忠文：《荣禄与晚清政局》，社会科学文献出版社2016年版，第138—140页。

3　光绪二十一年十月二十二日督办军务处王大臣会奏，《中华民国史资料丛稿专题资料选辑》第二辑《清末新军编练沿革》，中华书局1978年版，第18页。

4　光绪二十一年十月上谕，《中华民国史资料丛稿专题资料选辑》第二辑《清末新军编练沿革》，中华书局1978年版，第18页。

5　《翁同龢日记》第五册，中华书局1989年版，第2744页。

6　《光绪二十年十月初一日军机处奏：总理各国事务衙门与德籍将领汉纳根问答节略》（摘录）。《中华民国史资料丛稿专题资料选辑》第二辑《清末新军编练沿革》，中华书局1978年版，第4页。

7　《翁同龢日记》第五册，中华书局1989年版，第2745页。1894年10月30日翁日记载："上召见恭、庆两邸，李公及余在东暖阁，恭邸奏对甚多，不甚扼要（恭邸第一次，上见）。惟汉纳根进见一节阻止，得允，余与李公亦力言不可。"另：此时距离慈禧六十大寿的正日子已只有数天，庆亲王与礼亲王稍后又去见了慈禧，"但云今日所言皆系庆典。时事如此，令人嗟诧"。（见第2756页）

8　《翁同龢日记》第五册，中华书局1989年版，第2745页。

9　《翁同龢日记》第五册，中华书局1989年版，第2746页。

10　《翁同龢日记》第五册，中华书局1989年版，第2746页。

11　《翁同龢日记》第五册，中华书局1989年版，第2750页。

12　《荣禄致鹿传霖便条》。《中国近代史资料丛刊·中日战争》（四），上海人民出版社1957年版，第576页。

13　光绪二十年十月十八日上谕，《中华民国史资料丛稿专题资料选辑》第二辑《清末新军编练沿革》，中华书局1978年版，第5页。

14　《翁同龢日记》第五册，中华书局1989年版，第2752页。

15　《汉纳根条陈节略》，转引自《中华民国史资料丛稿专题资料选辑》第二辑《清末新军编练沿革》，中华书局1978年版，第4—5页。

16　［美］林乐知译述，蔡尔康札记：《德汉纳根军门语录》。《中国近代史资料丛刊·中日战争》（七），上海人民出版社1957年版，第535—539页。

17　任青、马忠文整理：《张荫桓日记》下册，中华书局2015年版，第551页。

18　光绪二十年十月二十五日胡燏棻奏，《中华民国史资料丛稿专题资料选辑》第二辑《清末新军编练沿革》，中华书局1978年版，第6页。

19　光绪二十年十一月初七日胡燏棻致军机处电，《中华民国史资料丛稿专题资料选辑》第二辑《清末新军编练沿革》，中华书局1978年版，第6—7页。

20　光绪二十一年正月二十一日署南洋大臣张之洞电，《中华民国史资料丛稿专题资料选辑》第二辑《清末新军编练沿革》，中华书局1978年版，第7页。

21　监察御史胡景桂于光绪二十二年四月十六日上奏弹劾袁世凯，说他在小站练兵，"学习洋操，凡兵丁衣帽营官服色、营房规制悉仿泰西"，是流于形式，且用人"不论才略之高下，但论情面之大小，馈遗之多寡"，还有"层层剥扣"士兵的军饷等情况。光绪遂命荣禄前往天津勘察实情，荣禄回奏说以上指控均属子虚乌有。见《中华民国史资料丛稿专题资料选辑》第二辑《清末新军编练沿革》，中华书局1978年版，第20—22页。

22 《户部奏：裁减制兵、考核钱粮、整顿厘金、停放官兵米折、各省盐斤加价等》光绪二十一年六月初四日，中国人民银行总行参事室编：《中国清代外债史资料（1853—1911）》，中国金融出版社1991年版，第232—234页。

23 《户奏各省摊还洋款请旨饬各省赶紧设法片》，《清季外交史料》（5），湖南师范大学出版社2015年版，第2423页。

24 《谕各省将军督抚比来交涉棘手着激发天良练兵筹饷》，《清季外交史料》（5），湖南师范大学出版社2015年版，第2509页。

25 中国近代经济史资料丛刊编辑委员会编：《中国海关与英德续借款》，中华书局1983年版，第3—4页。

26 《中国海关与英德续借款》，中华书局1983年版，第5页。

27 《中国海关与英德续借款》，中华书局1983年版，第11页。

28 《中国海关与英德续借款》，中华书局1983年版，第11页。

29 《中国海关与英德续借款》，中华书局1983年版，第12页。

30 《中国海关与英德续借款》，中华书局1983年版，第24页。

31 《中国海关与英德续借款》，中华书局1983年版，第27页。

32 《中国海关与英德续借款》，中华书局1983年版，第35页。

33 《中国海关与英德续借款》，中华书局1983年版，第36页。

34 《中国海关与英德续借款》，中华书局1983年版，第37页。

35 《中国海关与英德续借款》，中华书局1983年版，第37页。

36 《中国海关与英德续借款》，中华书局1983年版，第42页。

37 《中国海关与英德续借款》，中华书局1983年版，第42页。

38 《中国海关与英德续借款》，中华书局1983年版，第40页。

39 《中国海关与英德续借款》，中华书局1983年版，第41—42页。

40 张侃：《中国近代外债制度的本土化与国际化》，厦门大学出版社2017年版，第280—281页。

41 余治国：《中国近代财政集权与分权之博弈》，安徽师范大学出版社2018年版，第48—49页。

42 《刑部左侍郎李端棻奏请推广学校折》，《中国近代学制史料》第一辑下册，华东师范大学出版社1986年版，第484—488页。

43 《总理衙门议复李侍郎推广学校折》，《中国近代学制史料》第一辑下册，华东师范大学出版社1986年版，第488—489页。

44 《总理衙门奏》光绪二十二年正月十二日，转引自茅海建：《戊戌变法史事考二集》，生活·读书·新知三联书店2018年版，第211页。

45 丁文江、赵丰田编著：《梁启超年谱长编》，上海人民出版社2009年版，第43页。

46 《从甲午到戊戌：康有为〈我史〉鉴注》，生活·读书·新知三联书店2018年版，第146页。

47 《戊戌变法史事考二集》，生活·读书·新知三联书店2018年版，第216页。

48 《管理官书局大臣孙家鼐议复开办京师大学堂折》，《中国近代学制史料》第一辑下册，华东师范大学出版社1986年版，第622—626页。

49 军机处《上谕档》，光绪二十二年八月二十一日，转引自《戊戌变法史事考二集》，生活·读书·新知三联书店2018年版，第218页。

第三十七章 1897年："湖南腹地自立"

1　《军机处寄山东巡抚李秉衡电旨》，青岛市档案馆、中国第一历史档案馆：《胶州湾事件档案史料汇编》（上册），青岛出版社2011年版，第83页。

2　《近代中国史料丛刊续编》第七十辑《李文忠公（鸿章）全集》，（台北）文海出版社1980年版，第5131页。

3　康有为：《与赵曰生书》，尹飞舟编：《湖湘文库：湖南维新运动史料》，岳麓书社2013年版，第621页。

4　梁启超：《上陈宝箴书》，《湖湘文库：湖南维新运动史料》，岳麓书社2013年版，第631页。

5　《上陈宝箴书》，《湖湘文库：湖南维新运动史料》，岳麓书社2013年版，第631—633页。

6　《梁启超年谱长编》，上海人民出版社2009年版，第32页。

7　梁启超：《戊戌政变记（外一种）》，上海古籍出版社2014年版，第131页。

8　梁启超：《时务学堂札记残卷序》。《饮冰室文集》卷三十七，中华书局1936年版，第69页。

9　梁启超：《清代学术概论》，上海古籍出版社2005年版，第71页。

10　《学堂日记梁批》，石峻等编：《中国近代思想史参考资料简编》，生活·读书·新知三联书店1957年版，第390页。

11　何树龄：《致康有为函》，《戊戌变法文献汇编》第二册，（台北）鼎文书局1973年版，第578页。

12　军机处《上谕档》，光绪二十四年八月十四日，转引自《从甲午到戊戌：康有为〈我史〉鉴注》，生活·读书·新知三联书店2018年版，第813页。

13　王先谦等：《湘绅公呈》，《湖湘文库：湖南维新运动史料》，岳麓书社2013年版，第118—119页。

14　唐才常：《致欧阳中鹄书二则》，《湖湘文库：湖南维新运动史料》，岳麓书社2013年版，第654页。

15　《湘报》第30号，转引自陈宇翔：《谭嗣同唐才常与维新运动》，湖南大学出版社2012年版，第128页。

16　罗志田：《旧中有新：戊戌前后王先谦与叶德辉对国情的认知》，邓文初主编：《历史在此转向》，东方出版社2018年版，第392—393页。

17　《湘绅公呈》，《湖湘文库：湖南维新运动史料》，岳麓书社2013年版，第119页。

18　王先谦等：《湘省学约》，《湖湘文库：湖南维新运动史料》，岳麓书社2013年版，第120页。

19　叶德辉：《答友人书》，《湖湘文库：湖南维新运动史料》，岳麓书社2013年版，第872页。

20　叶德辉：《明教》，苏舆编：《翼教丛编》，上海书店出版社2002年版，第68页。

21　杨树达等撰，崔建英整理：《郋园学行记》，《近代史资料》1985年第4期。

22　《答友人书》，《湖湘文库：湖南维新运动史料》，岳麓书社2013年版，第869—870页。

23　叶德辉：《叶吏部与南学会皮鹿门孝廉书》，《翼教丛编》，上海书店出版社2002年版，第167页。

24　《明教》，《翼教丛编》，上海书店出版社2002年版，第66页。

25　《明教》，《翼教丛编》，上海书店出版社2002年版，第66页。

26　李肖聃：《星庐笔记》，岳麓书社1983年版，第29—30页。

27　《上欧阳中鹄二十六通》，《谭嗣同集》，岳麓书社2012年版，第514页。

28　《致汪康年二十五通》，《谭嗣同集》，岳麓书社2012年版，第534页。

29　《沈荩》，《章士钊全集》第一卷，文汇出版社2000年版，第122页。

30　欧阳予倩：《上欧阳辮姜师书序》，《谭嗣同全集》，生活·读书·新知三联书店1954年版，第517—518页。

31　唐才质：《〈戊戌闻见录〉摘抄》，政协长沙市委员会文史资料研究委员会等合编：《谭嗣同研究资料汇编》，1988年，第272页。

32　《致毕永年一通》，《谭嗣同集》，岳麓书社2012年版，第577页。

33　邓潭洲：《谭嗣同传论》，上海人民出版社1981年版，第80页。据邓讲："梁启超《谭嗣同传》作'不有死者，无以酬圣主'，而黄鸿寿《清史纪事本末》则作'不有死者，无以召后起'。虽仅三字不同，而含意却有很大差异。为此，笔者特走访唐才质先生，他认为前者虽系第一手资料，但当时梁启超已成为保皇党骨干，其为谭氏作传，不免有曲笔，如依梁所言，则与谭氏《仁学》中揭示的反对为君主'死节'之说，显相抵触，故后者较可信。……兹从之。"

第三十八章　1898年：百日维新

1　金梁：《四朝佚闻》，《戊戌变法文献资料系日》，上海书店出版社1998年版，第694页。

2　胡思敬：《戊戌履霜录》，《中国近代史资料丛刊·戊戌变法》（一），上海人民出版社1957年版，第358页。

3　《戊戌变法文献汇编》第二册，（台北）鼎文书局1973年版，第17页。

4　《翁同龢日记》第六册，中华书局1989年版，第3132页。

5　《翁同龢日记》第六册，中华书局1989年版，第3134页。

6　《戊戌变法文献资料系日》，上海书店出版社1998年版，第555—556页。

7　康有为《我史》称"常熟将欲开制度局，以我直其中"。茅海建的考据结论是"我尚未读到相关史料。然从后来发生的事实来看，制度局之设，非为翁同龢所能决定之事"。见《从甲午到戊戌：康有为〈我史〉鉴注》，生活·读书·新知三联书店2018年版，第306页。此外，戊戌年总理衙门大臣向康有为问话时，《翁同龢日记》影印本第三十七册第2页有这样一段记载："传康有为到署，高谈时局。以变法为主，立制度局，新政局，练兵民，开铁路，广借洋债数大端。狂甚。灯后愤甚虑甚。"其中，"狂甚。灯后愤甚虑甚"均是篡改的痕迹。见谢俊美《翁同龢人际交往与晚清政局》，上海书店出版社2018年版，第758页。

8　《戊戌变法文献资料系日》，上海书店出版社1998年版，第716页。

9　《戊戌变法文献资料系日》，上海书店出版社1998年版，第759页。

10　《戊戌变法文献资料系日》，上海书店出版社1998年版，第828页。

11　《戊戌变法文献资料系日》，上海书店出版社1998年版，第983页。

12　《戊戌变法文献资料系日》，上海书店出版社1998年版，第993页。

13　《戊戌变法文献资料系日》，上海书店出版社1998年版，第759页。

14　《戊戌变法文献资料系日》，上海书店出版社1998年版，第906页。

15　《戊戌变法文献资料系日》，上海书店出版社1998年版，第905页。

16　《戊戌变法文献资料系日》，上海书店出版社1998年版，第966页。

17　《戊戌变法文献资料系日》，上海书店出版社1998年版，第922页。

18　《戊戌变法文献资料系日》，上海书店出版社1998年版，第720页。

19　《戊戌变法文献资料系日》，上海书店出版社1998年版，第675页。

20　笔者认为，该建议背后潜藏着两层考虑：第一，荆襄之地有康有为、谭嗣同等人经营的势力，比如唐才常的自立军；第二，让爱新觉罗氏远离其发源地满洲，有助于实现政权的全面汉化——康在戊戌年有过改服的主张。

21 洪汝冲奏折全文，见《戊戌变法文献资料系日》，上海书店出版社1998年版，第864—867页。下文引自该奏折者，不再赘注。

22 《中国近代史资料丛刊·戊戌变法》（三），上海人民出版社1957年版，第239—240页。

23 茅海建：《戊戌变法的另面："张之洞档案"阅读笔记》，生活·读书·新知三联书店2018年版，第454—461页。

24 《戊戌变法文献资料系日》，上海书店出版社1998年版，第1006页。

25 《戊戌变法文献资料系日》，上海书店出版社1998年版，第975页。

26 《戊戌变法文献资料系日》，上海书店出版社1998年版，第1036—1037页。

27 《戊戌变法文献资料系日》，上海书店出版社1998年版，第1046页。

28 《中国近代史资料丛刊·戊戌变法》（三），上海人民出版社1957年版，第527—528页。

29 高平叔：《蔡元培年谱长编》（上），人民教育出版社1996年版，第130页。

30 雷家圣：《〈大东合邦论〉与〈大东合邦新义〉互校记》，《引狼入室：晚清戊戌史事新探》，中西书局2019年版，第274页、第290—291页。

31 康梁与谭嗣同、唐才常等，在戊戌变前后确曾怀有"中日两国合邦共抗西方侵略"的美好愿景（日本政府甲午年后的对话政策中，恰也有这方面的运作）。直到1899年11月，唐才常还在《亚东时报》刊文称："日人热心保支，而有异于英、美各国用心……斯乃天所以成将来二国合邦之局。"见《日人实心保华论》，湖南省哲学社会科学研究所编：《唐才常集》，中华书局1980年版，第192—193页。

32 《戊戌变法文献资料系日》，上海书店出版社1998年版，第1086页。

33 《戊戌变法文献资料系日》，上海书店出版社1998年版，第1094页。

34 《杨锐七通》，《汪康年师友书札》（3），上海书店出版社2017年版，第2205页。

35 《戊戌变法的另面："张之洞档案"阅读笔记》，生活·读书·新知三联书店2018年版，第166—167页。

36 唐才质：《〈戊戌闻见录〉摘抄》，谭嗣同纪念馆等编：《谭嗣同研究资料汇编》，1988年版，第272页。

37 《金銮琐记》，《近代稗海》第一辑，四川人民出版社1985年版，第55页。

38 罗惇曧著，孙安邦、王开学点校：《罗瘿公笔记选》，山西古籍出版社1997年版，第213页。

39 《京师与厚弟书》，《刘光第集》，中华书局1986年版，第287页。

40 汪明特：《戊戌政变中之刘裴村》，《越风》半月刊第21期，民国二十五年（1936）十月三十一日。

41 《致京湖北枭台瞿》光绪二十四年八月十一日亥刻发，《张之洞全集》第九册，河北人民出版社1998年版，第7659页。

42 《戊戌变法文献资料系日》，上海书店出版社1998年版，第951页。

43 高楷：《刘光第传》，《刘光第集》，中华书局1986年版，第439页。

44 《晚翠轩集》附《遗札》，转引自汤志钧、汤仁泽：《维新·保皇·知新报》，上海社会科学院出版社2000年版，第67页"注释①"。

45 林旭：《春秋董氏学跋》，转引自《维新·保皇·知新报》，上海社会科学院出版社2000年版，第86页。

46 《林旭遗闻》，姜汝群编：《民国野史》，山西古籍出版社1999年版，第253页。

47 《戊戌变法文献资料系日》，上海书店出版社1998年版，第994页。

48 《梁启超年谱长编》，上海人民出版社1983年版，第122页。

49　《戊戌变法文献资料系日》，上海书店出版社1998年版，第795页。

50　《戊戌变法文献资料系日》，上海书店出版社1998年版，第1037页。

51　《仁学二》，《谭嗣同集》，岳麓书社2012年版，第364—365页。

第三十九章　1899年：底层社会全面失序

1　"门户开放"政策的实质，可参考窦国庆《霸权的兴起、均势的幻灭和地区秩序的终结》一书的叙述："门户开放的意义并不在于文字表述，而在于将道义责任引入现实主义的权力安排。美国门户开放的本质是'为尽力扩展在中国的商业利益而获取优惠与特权'，但是，美国提出保证中国领土主权完整，获得中国心理认同的同时，也赢得了道义优势，而且使其他列强感到如果不对美国门户开放做出积极回应将会陷入孤立。受到门户开放冲击最大的是在中国利益最多的英国，然而反应最强烈的是日本和俄罗斯，因为对中国的无情掠夺使它们在中国的地位最脆弱。相似的民族文化使英法对美国的做法相对容易产生心理认同，日俄对中国不仅有赤裸裸地羞辱和压榨，还对美国做法难以产生心理认同。从全球战略格局角度出发，美国和英法之间全球贸易竞争稳定按照商业原则进行。而日俄与美国在其他地区几乎没有关联，只有亚太地区存在交集。日本稀缺资源、俄罗斯天然对西方有不安全感，门户开放使列强矛盾呈现出主张开放与努力封闭势力范围的斗争。"见该书第116页，湖南科学技术出版社2016年版。

2　王照：《方家园杂咏纪事》其四，《近代稗海》第一辑，四川人民出版社1985年版，第6页。

3　《梦蕉亭杂记》，北京古籍出版社1985年版，第10页。

4　《奏定地方官接见教士章程》，路遥主编：《义和团运动文献资料汇编》中文卷（上），山东大学出版社2012年版，第174页。

5　《总理各国事务衙门奏折抄单》，四川省档案馆编：《四川教案与义和拳档案》，四川人民出版社1985年版，第339页。

6　[德]狄德满著，陶飞亚译：《晚清基督教、帝国主义与义和团的兴起》，《山东社会科学》1990年第6期。另可参见狄德满《华北的暴力和恐慌：义和团运动前夕基督教传播和社会冲突》，江苏人民出版社2011年版，第167页。

7　[德]李希霍芬：《山东及其门户——胶州》第六章，《德国侵占胶州湾史料选编》，山东人民出版社1986年版，第63—67页。

8　[美]柯文：《1900年以前的基督教传教活动及其影响》，《剑桥中国晚清史》上卷，中国社会科学出版社1985年版，第598—599页。

9　相蓝欣：《义和团战争的起源》，华东师范大学出版社2003年版，第55页。

10　George M.Stenz: *Life of Father Richard Henle*，p38-39，转引自[韩]李银子：《19世纪后半期鲁西民间宗教结社与拳会的动向》，《近代史研究》2000年第6期。

11　路遥主编：《山东大学义和团调查资料汇编》上册，山东大学出版社2000年版，第597—600页。

12　李秉衡、张汝梅、毓贤的奏折，见《义和团资料丛编：山东教案史料》，齐鲁书社1980年版，第171—176页。袁世凯的奏折，见《近代史资料专刊·筹笔偶存·义和团史料》，社会科学出版社1983年版，第157页。

13　路遥主编：《山东义和团调查资料选编》，齐鲁书社1980年版，第23—28页。

14　《山东义和团调查资料选编》，齐鲁书社1980年版，第327—332页。

15　路遥：《义和团运动起源研究》，山东大学出版社2018年版，第105页。威县在晚清整体属直隶，但境内有许多飞地属于山东的冠县、邱县和临清县。故又有"山东威县"之说。见路遥、程歐著

《义和团运动史研究》，齐鲁书社1988年版，第358—360页。

16　《山东大学义和团调查资料汇编》上册，山东大学出版社2000年版，第94—95页。

17　《山东义和团调查资料选编》，齐鲁书社1980年版，第138页。

18　《山东义和团调查资料选编》，齐鲁书社1980年版，第216—218页。

19　《山东义和团调查资料选编》，齐鲁书社1980年版，第218页。

20　小横香室主人：《清朝野史大观》第三册，中央编译出版社2009年版，第397页。

21　《清朝野史大观》第三册，中央编译出版社2009年版，第396页。

22　［美］柯文著，杜继东译：《历史三调：作为事件、经历和神话的义和团》，江苏人民出版社2000
　　年版，第37页。

23　《义和团战争的起源》，华东师范大学出版社2003年版，第117页。

24　刘大鹏著，乔志强标注：《退想斋日记》，山西人民出版社1990年版，第94—95页。

25　《退想斋日记》，山西人民出版社1990年版，第97页。另见乔志强编《义和团在山西地区史料》，
　　山西人民出版社1980年版，第16页。两书系同一人整理的刘大鹏日记，但内容存在差异，不知缘故
　　何在。

26　《退想斋日记》，山西人民出版社1990年版，第98页。

27　乔志强编：《义和团在山西地区史料》，山西人民出版社1980年版，第17页。该则日记未收入山西
　　人民出版社1990年出版的《退想斋日记》（乔志强标注）中，未知是何缘故。

28　《义和团在山西地区史料》，山西人民出版社1980年版，第16—17页。该则日记也未收入山西人民
　　出版社1990年出版的《退想斋日记》（乔志强标注）。

29　《义和团在山西地区史料》，山西人民出版社1980年版，第33—34页。

30　《山东义和团调查资料选编》，齐鲁书社1980年版，第47页。

31　《拳时北京教友致命》第9卷第37页，转引自赵树好：《教案与晚清社会》，中国文联出版社2001
　　年版，第171页。

32　《近代中国社会和民众运动的综合研究》，第87页，转引自《教案与晚清社会》，中国文联出版社
　　2001年版，第171页。

33　周作人：《知堂回想录》，（香港）三育图书文具公司1980年版，第155页。

第四十章　1900年："庚子之变"

1　《清代通史》（四），（台北）商务印书馆1962年版，第2196页。

2　关于该照会，马士的《中华帝国对外关系史》认为出于伪造；《剑桥中国晚清史》认为伪造者是端
　　郡王载漪。牟安世推测认为，这四条意见，尤其是最后一条"勒令皇太后归政"，是促使慈禧转
　　向与列强开战的主要原因。其出处则是京师大学堂总教习丁韪良受英国驻华公使窦纳乐委托拟定的
　　《丁教习题良条陈》，该条陈曾于1900年6月18日送交各国驻华使节讨论。不料信息泄露，其主要
　　内容被江苏粮道罗嘉杰知悉，密报给了荣禄，再由荣禄告知了慈禧。见牟安世《义和团抵抗列强瓜
　　分史》，经济管理出版社1997年版，第322—326页。

3　《清代通史》（四），（台北）商务印书馆1962年版，第2197页。

4　《张之洞全集》第十册《电牍》，河北人民出版社1998年版，第7974页。《刘坤一集》第三册，岳
　　麓书社2018年版，第362—363页。

5　李希圣：《庚子国变记》，中国史学会主编：《义和团》（一），上海人民出版社1957年版，第
　　14页。

6　《清代通史》（四），（台北）商务印书馆1962年版，第2198页。

7　《庚子西狩丛谈》，《义和团》（三），上海人民出版社1957年版，第378页。

8　《恽毓鼎澄斋日记》第二册，浙江古籍出版社2004年版，第786页。

9　罗惇曧：《拳变余闻》之"廷议和战之争执"，《清朝野史大观》（二），上海书店1981年版，第145页。

10　《许景澄集》第五册，浙江古籍出版社2015年版，第1561页。

11　《唐文治自订年谱（选录）》，《近代史资料专刊：义和团史料》（下），知识产权出版社2013年版，第743页。

12　《史馆本传》，《许景澄集》第三册，浙江古籍出版社2015年版，第574页。

13　《庚子西狩丛谈》，《义和团》（三），上海人民出版社1957年版，第433页。

14　《金銮琐记》，《近代稗海》第一辑，四川人民出版社1985年版，第49页。

15　《唐文治自订年谱（选录）》，《近代史资料专刊：义和团史料》（下），知识产权出版社2013年版，第743—744页。

16　《近代史资料专刊：义和团史料》（上），知识产权出版社2013年版，第183页。

17　高拜石：《古春风楼琐记》第一集，（台北）新生报出版部1981年版，第1122页。

18　《许景澄集》第五册之"许文肃公年谱"，浙江古籍出版社2015年版，第1568页。

19　故宫博物院明清档案部编：《义和团档案史料》上册，中华书局1959年版，第152页。

20　吴相湘：《近代史事论丛》第一册，（台北）传记文学出版社1978年版，第76页。杜士兰的文件送出后，1900年6月17日，八国联军攻陷了大沽炮台。

21　《谕内阁以外邦无礼横行当召集义民誓张挞伐》，《义和团档案史料》上册，中华书局1959年版，第162—163页。

22　早在19世纪60年代，总理衙门便已组织学者翻译了《万国公法》。按照国际法如何才算对外宣战，清廷是很清楚的，甲午年的对日宣战诏书，便是一次基于国际法的应用。

23　《军机处寄出使俄国使臣杨儒等电旨》，《义和团档案史料》上册，中华书局1959年版，第202页。

24　《致俄国国书》《致日本国书》《致英国国书》，《义和团档案史料》上册，中华书局1959年版，第228—229页。

25　《光绪宣统两朝上谕档》第二十六册，广西师范大学出版社2008年版，第198—199页。

26　《刘坤一张之洞致总署及荣禄请专力剿匪电》，《清季外交史料》（6），湖南师范大学出版社2015年版，第2759—2760页。

27　张汉清：《卖国贼袁世凯怎样镇压山东义和团运动》，史学双周刊社辑：《义和团运动史论丛》，生活·读书·新知三联书店1956年版，第5页。袁世凯在庚子年对待义和团的手段，随着时局和清廷中枢的立场变动而有许多不同的因应，具体可参见张玉法《近代变局中的历史人物》，九州出版社2013年版，第38—40页。

28　《义和团档案史料》上册，中华书局1959年版，第162—163页。

29　《盛宣怀行述》，《义和团》（三），上海人民出版社1957年版，第538页。

30　《盛京堂来电并致南洋》，《李鸿章全集·27·电报七》，安徽教育出版社2008年版，第74页。

31　《盛京堂来电》，《张之洞全集》第十册，河北人民出版社1998年版，第8028页。

32　《寄盛京堂》，《李鸿章全集·27·电报七》，安徽教育出版社2008年版，第75页。

33　罗惇曧：《罗瘿公笔记选》，山西古籍出版社1997年版，第7页。

34　《刘制台来电》，《张之洞全集》第十册，河北人民出版社1998年版，第8049页。

35　关于毕德格的"倒清拥李"计划，可参见夏良才《关于中日甲午战争中一起"倒清拥李"的密谋事件》，《近代史研究》1984年第6期。吉辰《昂贵的和平：中日马关议和研究》一书对此也有介绍，见该书生活·读书·新知三联书店2014年版，第72—74页。

36　可参见李吉奎《孙中山与刘学询》，《孙中山研究丛录》，中山大学出版社2014年版，第311—332页；孔祥吉：《戊戌前后的孙中山与刘学询关系发微》，《广东社会科学》2005年第2期。

37　冯自由：《革命逸史》初集，中华书局1981年版，第77页。

38　《日本李使来电》，《李鸿章全集·27·电报七》，安徽教育出版社2008年版，第56页。

39　翁飞：《试论义和团时期的李鸿章》，中国义和团研究会编：《义和团运动与近代中国社会国际学术讨论会论文集》，齐鲁书社1992年版，第646页。

40　《革命逸史》初集，中华书局1981年版，第78页。

41　《革命逸史》四集，中华书局1981年版，第92页。

42　[美]史扶林：《孙中山传》，时代文艺出版社2003年版，第132页。

43　《孙中山传》，时代文艺出版社2003年版，第134—135页。

44　《孙中山传》，时代文艺出版社2003年版，第135页。

45　《孙中山传》，时代文艺出版社2003年版，第132—133页。

46　孔祥吉：《张之洞在庚子年的帝王梦：以宇都宫太郎的日记为线索》，《学术月刊》2005年第8期。

47　廖梅：《汪康年：从民权论到文化保守主义》，上海古籍出版社2001年版，第257页。

48　参见李吉奎《容闳庚子政治活动事略》，珠海容闳与留美幼童研究会主编：《容闳与科教兴国》，珠海出版社2006年版，第159—160页。

49　裴景福：《河海昆仑录》，转引自《中华民国史事纪要初稿（1900年7月—12月）》，（台北）正中书局1977年版，第967页。裴之原文如下：“庚子六月，文忠奉诏入京，二十日将午发广州，将军巡抚以下送至天字码头日近亭。既登舟，待潮未行。……未初，公延余入见，是日热甚，公衣蓝绨短衫，着鲁凤履，倚小藤榻。余至，杖而起，坐定，公曰：‘广东斗大城中，缓急可恃者几人？尔能任事，取信于民，为地方弭患，督抚不若州县也。能遏内乱，何至招外侮，勉之！’……余曰：‘公看京师如何？’公曰：‘论各国兵力，危急当在八九月之交，但聂功亭（士成）已阵亡，马（玉崑）宋（庆）诸军零落，牵制必不得力。日本调兵最速，英国助之，恐七八月已不保矣！’言至此，公含泪以杖触地曰：‘内乱如何得止？’默然良久。……余复问曰：‘论各国公法，敌兵即入京，亦不得无礼于我。’公曰：‘然但恐无人主持，先自摇动。’余曰：‘公何不将此意陈奏。’公曰：‘我到沪后当具奏，恐亦无济。’余复问：‘万一都城不守，公入京如何办法？’公曰：‘必有三大问题：剿拳匪以示威，纠祸首以泄愤，先以此要我，而后索兵费赔款，势所必至也。’余曰：‘兵费赔款大约数目？’公曰：‘我不能预料，惟有竭力磋磨，展缓年份，尚不知作得到否？我能活几年，当一日和尚撞一日钟，钟不鸣了，和尚亦死了。’言次涕出如縻，余亦怆然，遂辞出。”

第四十一章　1901年：新政不过是权术

1　王维俭：《庚子年间的丁韪良》，中美关系史丛书编辑委员会、复旦大学历史系编：《中美关系史论文集》第二辑，重庆出版社1988年版，第91—95页。

2　《李提摩太通信集》第50号，顾长声：《传教士与近代中国》，上海人民出版社1981年版，第218页。

3　《清代通史》（四），（台北）商务印书馆1962年版，第2228页。

4　《义和团》（三），上海人民出版社1957年版，第244页。

5　《庚子年间的丁题良》，《中美关系史论文集》第二辑，重庆出版社1988年版，第104页。

6　《庚子年间的丁题良》，《中美关系史论文集》第二辑，重庆出版社1988年版，第104—105页。

7　《义和团档案史料》上册，中华书局1959年版，第945—947页。

8　胡绳：《从鸦片战争到五四运动》，红旗出版社1982年版，第450页。

9　王开玺：《"量中华之物力，结与国之欢心"新解》，《近代史研究》2006年第4期。

10　李希圣：《庚子国变记》，《义和团》（一），上海人民出版社1957年版，第34页。

11　《清代通史》（四），（台北）商务印书馆1962年版，第2228页。

12　《罗瘿公笔记选》，山西古籍出版社1997年版，第20—21页。

13　王树槐：《庚子赔款》，（台北）"中研院"近史所专刊（31）1974年版，第565页。

14　省馆编研处供稿：《庚子赔款浙江知多少》，《浙江档案》2003年第4期。

15　《光绪二十七年内阁中书许枋折》，章开沅、林增平主编：《辛亥革命史（上）》，东方出版社2010年版，第313页。

16　《谕各省将军督抚着将赔款按期拨解不准短欠》，《清季外交史料》（6），湖南师范大学出版社2015年版，第2855页。

17　马长伟：《从辛丑到辛亥：庚款摊赔背后的官民博弈》，《民族复兴的起点：贵州省纪念辛亥革命100周年学术研讨会论文集》，光明日报出版社2012年版，第100—102页。

18　《中国近代农业史资料》第1辑，生活·读书·新知三联书店1957年版，第319页。

19　《义和团档案史料》下册，中华书局1959年版，第914—916页。

20　1899年7月11日，宋恕在给友人的书信中说："近日各省志士通人无不奇衰，无论经史、时务，皆不敢谈，并孔教等极冠冕字样，今亦为极忌讳字样。有言《春秋》《孟子》者，大臣目为乱党，官场中有稍言及'爱民'者，大臣目为汉奸，竟成大闭塞世界。"（宋恕：《致孙仲恺书》，《宋恕集》下册，中华书局1993年版，第692页）若慈禧真如上谕中所言，自始至终便是一个主张"取外国之长，补中国之短"者，那戊戌政变后的这种"大闭塞世界"，又是谁造成的？

21　《清代通史》（四），（台北）商务印书馆1962年版，第2228页。

22　《致西安易道台顺鼎》，《张之洞全集》第十册《电牍》，河北人民出版社1998年版，第8497页。

23　《易道来电》，《张之洞全集》第十册《电牍》，河北人民出版社1998年版，第8497页。

24　《王抚台来电》，《张之洞全集》第十册《电牍》，河北人民出版社1998年版，第8497—8498页。

25　《致安庆王抚台》，《张之洞全集》第十册《电牍》，河北人民出版社1998年版，第8497页。

26　《致西安鹿尚书》，《张之洞全集》第十册《电牍》，河北人民出版社1998年版，第8506—8507页。

27　《辛丑正月初十日鹿尚书来电》，李细珠：《张之洞与清末新政研究》，上海书店出版社2009年版，第85页。

28　《致西安鹿尚书》，《张之洞全集》第十册《电牍》，河北人民出版社1998年版，第8526—8527页。

29　《光绪宣统两朝上谕档》第二十七册，广西师范大学出版社2008年版，第49—50页。

30　李细珠：《张之洞与清末新政研究》，上海书店出版社2009年版，第98—104页。

31　《致江宁刘制台、广州陶制台德抚台、济南袁抚台、安庆王抚台、苏州聂抚台、杭州余抚台、上海盛大臣》，《张之洞全集》第十册《电牍》，河北人民出版社1998年版，第8540—8541页。

32　陶模：《变通政治宜务本原折》，《近代中国史料丛刊》第四十五辑441册，（台北）文海出版社1966年版，第25—35页。

33　［英］苏珊·汤丽著，曹磊译：《英国公使夫人清宫回忆录》，江苏凤凰文艺出版社2018年版，第174—190页。

第四十二章　1902年：新式学堂挽不回青年

1　《中国近代学制史料》第二辑上册，华东师范大学出版社1987年版，第158页。

2　罗惇曧：《京师大学堂成立记》，《中国近代学制史料》第二辑上册，华东师范大学出版社1987年版，第957页。

3　《中国近代学制史料》第二辑上册，华东师范大学出版社1987年版，第957页。

4　《中国近代学制史料》第二辑上册，华东师范大学出版社1987年版，第957页。

5　《行人失辞》，《新民丛报》第13号，转引自严安生著、陈言译：《灵台无计逃神矢：近代中国人留日精神史》，生活·读书·新知三联书店2018年版，第331页。

6　吴汝纶：《东游丛录》，岳麓书社2016年版，第70页。

7　《中国近代学制史料》第二辑上册，华东师范大学出版社1987年版，第958页。

8　荣庆与张百熙之间的冲突，可参见戴逸《荣庆其人与〈荣庆日记〉》，《步入近代的历程》，辽宁大学出版社1992年版，第194—196页。

9　较之张百熙版本，张之洞版本的改革方案有一个明显改进，就是将初等小学明确定性为义务教育阶段。这是中国数千年来第一次以法律条文的形式明确实施义务教育。

10　张百熙：《奏请添派重臣会商学务折》，《中国近代教育史资料汇编：学制演变》，上海教育出版社1991年版，第288页。

11　《中国近代学制史料》第二辑上册，华东师范大学出版社1987年版，第958页。

12　《中国近代学制史料》第二辑上册，华东师范大学出版社1987年版，第78页。

13　《中国近代学制史料》第二辑上册，华东师范大学出版社1987年版，第151—156页。

14　《中国近代学制史料》第二辑上册，华东师范大学出版社1987年版，第178页。

15　《中国近代学制史料》第二辑上册，华东师范大学出版社1987年版，第193页。

16　《中国近代学制史料》第二辑上册，华东师范大学出版社1987年版，第385页。

17　梁启超：《新史学》，《饮冰室合集·文集·第十册》，中华书局1989年版，第7页。

18　章太炎：《致梁启超书》，《章太炎政论选集》，中华书局1977年版，第107页。

19　陈黻宸：《独史》，《陈黻宸集》上册，中华书局1995年版，第560—575页。

20　邓实：《史学通论》，《政艺通报》1902年第12期。

21　曾鲲化：《中国历史出世辞》，《政艺通报》1903年第9号。

22　梁启超：《论中国学术思想变迁之大势》，《饮冰室合集·文集·第七册》，中华书局1989年版，第4页。

23　张枬、王忍之编：《辛亥革命前十年时论选集》第一卷上册，生活·读书·新知三联书店1960年版，第529页。

24　《辛亥革命前十年时论选集》第一卷上册，生活·读书·新知三联书店1960年版，第466页。

25　高阳不才子：《电世界》，《小说时报》1909年9月。缩写内容见《中国古代科幻故事集》，中国少年儿童出版社1997年版，第121—122页。

26　碧荷馆主人：《新纪元》，小说林社1908年版。缩写内容见《中国古代科幻故事集》，中国少年儿童出版社1997年版，第118—121页。

27　苑书义主编：《20世纪中国经世文编》（1）清末卷，中国和平出版社1998年版，第282—287页。

28 李妙根编选：《国粹与西化：刘师培文选》，上海远东出版社1996年版，第134—138页。

第四十三章 1903年：《苏报》案痛击清廷

1 沈荩原名沈克诚，是戊戌年前后谭嗣同等人的同志，信奉"保中国不保大清"；庚子年，沈参与唐才常领导的自立军起义，失败后被通缉，遂化名沈荩寄居京津，在《天津日日新闻》报馆的印刷厂做事，却不慎遭人举报，被逮捕后由慈禧直接下令杖杀于狱中。

2 戈公振：《中国报学史》，湖南大学出版社2014年版，第58页。

3 《中国报学史》，湖南大学出版社2014年版，第93页。

4 《查禁各报谕》光绪二十四年八月二十四日，宋原放编，汪家熔辑注：《中国出版史料（近代部分）》第二卷，湖北教育出版社2004年版，第173页。

5 《帝国的回忆：〈纽约时报〉晚清观察记》，当代中国出版社2007年版，第297页。

6 李诗原文，见梁启超《李鸿章传》所附"李鸿章年谱"。回译诗文，见蔡尔康、林乐知编译：《李鸿章历聘欧美记》，湖南人民出版社1982版，第158—159页。

7 《复莲池书院山长吴》，《李鸿章全集·36·信函八》，安徽教育出版社2008年版，第109—110页。

8 王敏：《新式传媒应对无方与清朝的覆灭》，张华腾主编：《辛亥革命与袁世凯：清末民初社会转型时期人物研究》，河南大学出版社2014年版，第752页。

9 卢宁：《早期〈申报〉与晚清政府：近代转型视野中报纸与官吏关系的考察》，上海科学技术文献出版社2012年版。杨月楼案、杨乃武案、"海防与塞防之争"中《申报》的具体报道情形，本文限于篇幅从略，有兴趣者可参见该书相应章节。

10 见《左文襄公全集·书牍·卷十五》，转引自刘丽：《中国近代报业采访史论：以〈申报〉为中心的考察》，安徽大学出版社2014年版，第185页。

11 《上曾制帅》同治元年四月初二日，《李鸿章全集·信函》（一），安徽教育出版社2008年版，第84页。《复李鸿章》同治元年闰八月初九日，《曾国藩全集·书信4》（二五），岳麓书社2011年版，第534页。

12 《答吴桐云观察》光绪元年，《左宗棠全集·书信二》，岳麓书社2014年版，第513页。

13 顾建娣：《第二次酉阳教案的处理及余波》，中国社会科学院近代史研究所青年学术论坛2013年卷》，社会科学文献出版社2014年版，第17—18页。

14 曾、李分歧的具体情形，可参见李恩涵《外交家曾纪泽》一书的第四章"中法越南交涉"，东方出版社2014年版，第163—242页。

15 《驻朝庆军缓至明春再酌撤留折》光绪九年九月二十二日，《李鸿章全集·10·奏议十》，安徽教育出版社2008版，第276—277页。

16 《亲历晚清四十五年：李提摩太在华回忆录》，天津人民出版社2005年版，第224页。括号内文字系回忆录原文所有。

17 《从甲午到戊戌：康有为〈我史〉鉴注》，生活·读书·新知三联书店2009年版，第144—149页。

18 黄瑚：《中国新闻事业发展史》，复旦大学出版社2001年版，第61页。

19 《大公报出版弁言》，1902年6月18日。

20 《论归政之利》，1902年6月21日

21 周佳荣：《苏报及苏报案：1903年上海新闻事件》，上海社会科学院出版社2005年版，第11—12页。

22 孔祥吉：《晚清知识分子的悲剧——从陈鼎和他的〈校邠庐抗议别论〉谈起》，《历史研究》1996年第6期。

23 《中国报学史》，湖南大学出版社2014年版，第119页。

24 《建储私议》，《苏报》"论说"栏目，转引自周佳荣：《苏报及苏报案：1903年上海新闻事件》，上海社会科学院出版社2005年版，第14页。

25 《历诋篇》，《苏报》"论说"栏目，转引自《苏报及苏报案：1903年上海新闻事件》，上海社会科学院出版社2005年版，第14页。

26 《天涯子函稿照录》，《苏报》"代论"栏目，转引自《苏报及苏报案：1903年上海新闻事件》，上海社会科学院出版社2005年版，第23页。

27 章士钊：《苏报案始末记叙》，《中国出版史料（近代部分）》第二卷，湖北教育出版社2004年版，第317页。

28 《苏报案始末记叙》，《中国出版史料（近代部分）》第二卷，湖北教育出版社2004年版，第318页。

29 《苏报案始末记叙》，《中国出版史料（近代部分）》第二卷，湖北教育出版社2004年版，第318页。

30 "假孙中山"的真名叫作钱宝仁，本是个流氓，曾给康有为的弟子龙积之做过佣役。所以对晚清革命党人的事迹颇有一些耳闻。当时，张园有集会演说，钱宝仁也上台慷慨激昂了一番，然后便认识了陈范。钱对陈诡称自己是孙中山，此行是"秘密返国，策动革命"。陈范何曾有过与这等大名鼎鼎的人物亲密接触的经验，激动到不行，不但拿钱赞助钱宝仁，还给他在《苏报》弄了个办事员的身份作为掩护。钱还诓骗陈范，说自己手里有一尊金佛，变卖后一生吃用不尽，陈范于是又想卖了《苏报》，在半个银圆还没见到之前，就要把报纸交给钱宝仁打理。幸亏其子陈仲岐识破骗局，才没闹个倾家荡产。见熊月之《说假孙中山案》，《万川集》，上海辞书出版社2004年版，第80—82页。

31 《革命逸史》（初集），中华书局1981年版，第104—107页。"苏报案"期间，清廷坚称从未下达过这样一份上谕。

32 《章士钊全集》第一卷，文汇出版社2000年版，第20—24页。

33 《章士钊全集》第一卷，文汇出版社2000年版，第404—406页。

34 秦力山：《沈荩凌死》，《国民日报汇编》第四集。

35 转引自王敏：《新旧与中西之间：晚清报纸视域中的"苏报案"》，《学术月刊》2009年第7期。

36 彭平一：《关于沈荩与"沈荩案"若干史实的补证》，《中南大学学报（社会科学版）》2005年第5期。

37 转引自《新旧与中西之间：晚清报纸视域中的"苏报案"》，《学术月刊》2009年第7期。

38 牛锦红：《媒体与司法的博弈：近代中国媒体与司法重大案件研析》，中国法制出版社2015年版，第74页。

39 《章士钊全集》第八卷，文汇出版社2000年版，第206页。

40 《关于沈荩与"沈荩案"若干史实的补证》，《中南大学学报（社会科学版）》2005年第5期。

第四十四章　1904年：再一次编练新军

1 庆亲王奕劻虽身为总理练兵大臣，但他对练兵之事并无了解，高度依赖会办大臣袁世凯与铁良二人襄同办理。练兵处的组织结构主要仿照袁世凯的练兵制度而设，练兵处的成员也大多来自袁世凯麾下。

2　《清通鉴》（20），山西人民出版社2000年版，第8780—8781页。

3　《陶湘致盛宣怀"录闻四纸"》光绪三十年七月二十五日至十月二十二日，《盛宣怀档案资料·第三卷·辛亥革命前后》，上海人民出版社2016年版，第12页。

4　彭贺超：《铁良南下与清末军事改革》，《中国国家博物馆刊》2016年第4期。

5　《中国近代财政集权与分权之博弈》，安徽师范大学出版社2018年版，第53—54页。

6　关于各省土膏统捐的详细研究，可参见《鸦片税收与清末新政》，生活·读书·新知三联书店2005年版，第43—85页。本小节的叙述多处参考了该书的研究。

7　《中华民国史事纪要初稿》（1905年正月—八月），（台北）正中书局1977年版，第198—199页。

8　《致江宁周制台，苏州效护院，广州岑制台、张抚台》光绪三十一年二月初九日午刻发，《张之洞全集》第十一册，河北人民出版社1998年版，第9288页。

9　《鸦片税收与清末新政》一书认为这个献策者是九江道瑞澂。见该书生活·读书·新知三联书店2005年版第60—62页。

10　《梦蕉亭杂记》，北京古籍出版社1985年版，第85页。

11　《柯督办奏解土药税情形》，国家禁毒委员会办公室组织编写：《中国禁毒史资料（1729—1949年）》，天津人民出版社1998年版，第459页。

12　宫玉振：《铁良南下与清末中央集权》，《江海学刊》1994年第1期。

13　《鸦片税收与清末新政》，生活·读书·新知三联书店2005年版，第69页之注释[2]。

14　袁世凯在1903年初上奏称："各省兵制不一，军律不齐，饷械不同，操法互异，平居声息不相通，临战胜负不相顾，故成效难期，规定画一之法，实为扼要之图。"随后清廷便有练兵处的创设，致力于从地方督抚们手中收回兵权。见《清代通史》（四），（台北）商务印书馆1962年版，第2459页。

15　张国淦：《张国淦文集》，北京燕山出版社2000年版，第50页。

16　梁旭毅：《良弼》，中国社会科学院近代史研究所、中华民国史研究室合编：《中华民国史资料丛稿·人物传记》第二十三辑，中华书局1988年版，第128页。

17　彭贺超：《清末练兵处调动留日士官生原因考析——兼论士官生与北洋派的关系》，《近代史研究》2020年第4期。这种做法于袁世凯而言可谓一贯手段，做山东巡抚时，袁便奏请旗人荫昌"佐赞军务"；直隶总督任上，又挑选3000名旗人子弟加入新军，且保举铁良为这批士兵的统领。

18　王柯：《〈汉奸〉：想像中的单一民族国家话语》，《二十一世纪》网络版2009年3月号。

19　《谕洋商责令外商呈缴烟土稿》道光十九年二月初四日，《林则徐全集》第五册，海峡文艺出版社2002年版，第2401页。

20　《靖逆将军奕山等奏报察看粤省兵民实在情形片》道光二十一年三月二十六日，中国第一历史档案馆编：《鸦片战争档案史料》（三），天津古籍出版社1992年版，第363页。

21　《钦差大臣琦善奏陈英占炮台欲攻虎门和省垣现拒守两难折》道光二十年十二月二十一日，《鸦片战争档案史料》（二），天津古籍出版社1992年版，第746页。

22　《扬威将军奕经等奏为军营需人较多请调员差遣片》道光二十一年十二月初七日，宁波市社会科学界联合会、中国第一历史档案馆编：《浙江鸦片战争史料》（下），宁波出版社1997年版，第14页。

23　《扬威将军奕经等奏报英人呈递书函拟暂示羁縻并请调劲兵图剿折》道光二十二年二月十三日，《鸦片战争档案史料》（五），天津古籍出版社1992年版，第98页。

24　《扬威将军奕经等奏报官兵接仗不利长溪岭与营盘被焚等情折》道光二十二年二月初七日，《鸦片战争档案史料》（五），天津古籍出版社1992年版，第85页。

25　《着给予定海总兵葛云飞等三总兵以恤典事上谕》道光二十一年九月初二日，《鸦片战争档案史料》（四），天津古籍出版社1992年版，第205页。

26　《靖逆将军奕山等奏报察看粤省兵民实在情形片》道光二十一年三月二十六日，《鸦片战争档案史料》（三），天津古籍出版社1992年版，第363页。

27　如光绪二十六年（1900）六月二十二日"守城王大臣"接到上谕，内称"现在天津一带逃民纷纷来京，难保无奸细及暗藏军火"，命令"守城王大臣"须严查"汉奸"入城。

28　李炳之：《我所知道的铁良》，全国政协文史资料研究委员会编：《文史资料选辑》第120辑，中国文史出版社1990年版，第110—113页。

29　中华民国史资料丛稿：《清末新军编练沿革》，中华书局1978年版，第320页。

30　张绍程：《清末的陆军贵胄学堂》，《文史资料存稿选编·16·军事机构》（下），中国文史出版社2002年版，第212页。

31　王栋亮：《清末陆军贵胄学堂述略》，《历史档案》2008年第4期。

32　李剑农：《中国近百年政治史》，上海人民出版社2015年版，第209页。

33　《清代通史》（四），（台北）商务印书馆1962年版，第2461页。

34　来新夏主编：《中国近代史资料丛刊·北洋军阀》（一），上海人民出版社1988年版，第381页。

35　刘彦：《中国近代外交史·欧战期间中日交涉史》，湖南教育出版社2010年版，第309页。

36　《清通鉴》（20），山西人民出版社2000年版，第8920页。

37　刘成禺著，蒋弘点校：《世载堂杂忆》，山西古籍出版社1995年版，第146页。

38　《光绪宣统两朝上谕档》第三十四册，广西师范大学出版社1996年版，第325页。

39　在旧金山民国公宴会上的演讲。《黄兴自述》下册，深圳报业集团出版社2011年版，第311—312页。黄兴说这番话的背景，是抨击袁世凯的政治品德素来不佳。

40　孙中山：《我的回忆——与伦敦〈滨海杂志〉记者的谈话（一九一一年十一月中旬）》，《孙中山文粹》，广东人民出版社2009年版，第168页。

41　胡钧：《张文襄公年谱》卷六，北京天华印书馆1939年版，第19页。

42　《张文襄公年谱》卷六，北京天华印书馆1939年版，第21页。

43　羽戈：《岂有文章觉天下》，华夏出版社2014年版，第21页。

44　载涛：《载沣与袁世凯的矛盾》，《晚清宫廷生活见闻》，文史资料出版社1982年版，第79页。因为相似的原因，载沣也不放心庆亲王奕劻，先是用奕劻组阁，以缓冲载沣与隆裕太后（光绪皇后，当时有意效仿慈禧垂帘听政）之间的冲突，然后又利用奕劻的政敌来做牵制，先后开去奕劻"管理陆军部事务""管理陆军贵胄学堂"之差，后又限制责任内阁不得过问军国大事，将一应军事问题转由"军谘大臣负完全责任"。如此种种，使得奕劻的"内阁总理大臣"彻底沦为有名无实的摆设。

45　佛掌：《中央集权发微》，《克复学报》第二期，转引自张枬、王忍之编：《辛亥革命前十年时论选集》第三卷，生活·读书·新知三联书店1977年版，第845页。

46　莫理循：《中国局势》，窦坤等译著：《直击辛亥革命》，福建教育出版社2011年版，第64页。

47　郑怀义、张建设：《皇叔载涛》，华文出版社2002年版，第80页。此说最早出自朱家溍的《有关载涛种种》一文，溥杰对这一说法的补充意见是："'奴才练过兵，没有打过仗'一语，虽然可能是事实，但写出来未免寓有贬意。"见《皇叔载涛》一书附录"溥杰先生的修改意见"，第367页。

第四十五章 1905年：慈禧被迫放弃科举

1　齐陈骏：《唐代的科举与官僚入仕》，《枳室史稿》，甘肃文化出版社2005年版，第245页。

2　方健：《北宋士人交游录》，上海书店出版社2013年版，第3页。

3　冯尔康：《中国社会结构的演变》，河南人民出版社1994年版，第772页。

4　郭培贵：《二十世纪以来的明代学校与科举研究》，《明史研究论丛》2014年第2期。

5　《剑桥晚清中国史》（上卷），中国社会科学出版社1985年版，第518页。

6　王先明：《近代绅士：一个封建阶层的历史命运》，天津人民出版社1997年版，第656—657页。

7　《罪惟录》卷十八"科举志·总论"，浙江古籍出版社1986年版，第817页。

8　《刘坤一集》第二册，岳麓书社2018年版，第602页。

9　《袁世凯等奏请废科举折》，《中国近代学制史料》第二辑上册，华东师范大学出版社1987年版，第110—111页。

10　《光绪三十一年八月初四日上谕》，《中国近代学制史料》第二辑上册，华东师范大学出版社1987年版，第113页。

11　《袁世凯等奏请废科举折》，《中国近代学制史料》第二辑上册，华东师范大学出版社1987年版，第110页。

12　《论中国宜及时力行改革》，《大公报》1904年3月29日。

13　胡香生辑录：《朱峙三日记（1893—1919）》，华中师范大学出版社2011年版，第113页。

14　《清通鉴》（20），山西人民出版社2000年版，第8720页。

15　《张百熙、荣庆、张之洞奏请递减科举注重学堂折》，《中国近代学制史料》第二辑上册，华东师范大学出版社1987年版，第107页。

16　《光绪二十九年十一月二十六日上谕》，《中国近代学制史料》第二辑上册，华东师范大学出版社1987年版，第109页。

17　《退想斋日记》，山西人民出版社1990年版，第146页。

18　《退想斋日记》，山西人民出版社1990年版，第146页。

19　《退想斋日记》，山西人民出版社1990年版，第147页。

20　《退想斋日记》，山西人民出版社1990年版，第147页。

21　《退想斋日记》，山西人民出版社1990年版，第149页。

22　《退想斋日记》，山西人民出版社1990年版，第140页。

23　［美］费正清等：《剑桥中国晚清史》（下卷），中国社会科学出版社1985年版，第617页。

24　王先明：《中国近代绅士阶层的社会流动》，《山西大学历史文化学院学术论文集》（历史卷下），北岳文艺出版社2008年版，第656—657页。

25　杨国强：《近代中国社会研究》，上海社会科学院出版社2008年版，第62页。

26　张朋园：《立宪派与辛亥革命》，（台北）"中研院"近史所专刊1983年版，第26—31页。

27　金观涛、刘青峰：《观念史研究：中国现代重要政治术语的形成》，香港中文大学当代中国文化研究中心2008年版，第373—375页。虽然1907年"革命"一词的使用量下降到1600次左右，1908年减至700余次，1909年减至100余次，但这种效果显然与预备立宪的关系更大。

28　邹鲁编著：《中国国民党史稿》（下），东方出版中心2011年版，第1177—1178页。

29　李一翔、方敏：《晚清遗老吴庆坻的人生历程》，《近代中国》第二十五辑，上海社会科学院出版社2016年版，第256页。

30　刘熠：《地方的维新：戊戌前后四川省的办学运作》，《社会科学研究》2016年第3期。吴庆坻在四川的教育改革，曾引起一些担心受牵连的"官本位"者的不满。这些川省地方官员批评说，吴庆堄认可推荐的蒙学书目，以史学、天文、地理、算学居多，不适合拿来给学生"正心术"，会带偏学生的价值观。这些官员认可的蒙学书籍，是《弟子规》《名物蒙求》《性理字训》之流。

31 吴仰湘：《通经致用一代师：皮锡瑞生平和思想研究》，岳麓书社2002年版，第289页。

32 《王度传》，《湖北革命实录馆武昌起义档案资料选编》下册，湖北人民出版社1983年版，第553页。

33 周秋光、莫志斌主编：《湖南教育史·第二卷（1840—1949）》，岳麓书社2008年版，第524页。

34 吕顺长：《清末中日教育文化交流之研究》，商务印书馆2012年版，第56—61页。

第四十六章　1906年：两种"预备立宪"

1 五大臣指的是：镇国公载泽、兵部侍郎徐世昌、户部侍郎戴鸿慈、湖南巡抚端方与商部右丞绍英。徐、绍二人后被李盛铎、尚其亨代替。

2 《清太后立宪政谈》1905年8月22日，《宋教仁集》上册，中华书局1981年版，第16页。

3 端方：《请改定官制以为立宪预备折》，《中国近代史资料丛刊·辛亥革命》（四），上海人民出版社1957年版，第33—38页。下文引自该奏折者，不再赘注。

4 有说法称，载泽、端方考察归国后，曾于诏对中对慈禧"极言立宪规模宜效法日本，并论官制改革的切要，谓'循此不变，则唐之藩镇，日本之藩阀，将复见于今日'"。见《近代中国史料丛刊》第二辑《现代政治人物述评》，（台北）文海出版社1973年版，第88页。载泽如此说不意外，端方是否也持相同的看法，似可存疑。原因有二：第一，此说与端方的奏折主旨有差距；第二，稍后，清廷以奕劻、载泽主持官制编制馆，直隶总督袁世凯也入京直接参与官制改革，而同为地方总督的端方，却只获允派人入京与议。

5 "梁启超代拟宪政折稿考"，夏晓虹：《梁启超：在政治与学术之间》，东方出版社2014年版，第17—77页。

6 载泽：《奏请宣布立宪密折》，《中国近代史资料丛刊·辛亥革命》（四），上海人民出版社1957年版，第27—30页。下文引自该奏折者，不再赘注。

7 出洋考察五大臣分作两路，载泽、尚其亨与李盛铎为一路，考察的是日、英、法、比四国；戴鸿慈与端方为一路，考察的是美、德、奥、俄、意五国。这也是载泽与端方分别向慈禧提交改革方案的缘故之一。

8 蔡尔康、戴鸿慈、载泽：《李鸿章历聘欧美记·出使九国日记·考察政治日记》，岳麓书社1986年版，第579—581页。

9 以英国为例。英王具有首相任命权、法律批准权、解散议会权和主持议会开幕、闭幕仪式等权力，但这些权力往往是仪式化的。即便是法律批准权（当然也包括不批准权），也是自安妮女王以来便没有实行过，君主对法律有不同意见时，会选择与内阁讨论，而不是直接否决内阁的成案。参见常士闿等编著《比较政治制度》，天津人民出版社2013年版，第98页。

10 《李鸿章历聘欧美记·出使九国日记·考察政治日记》，岳麓书社1986年版，第576页。

11 《盛宣怀档案资料·第三卷·辛亥革命前后》，上海人民出版社2016年版，第28页。"本初"即袁世凯，取"袁绍字本初"之意而为代号。

12 戴鸿慈：《出使九国日记》，湖南人民出版社1982年版，第271页。

13 赵炳麟：《赵柏岩集》（上），广西人民出版社2001年版，第292页。

14 另：时人陶湘说"本初另有深意，盖欲借此以保其后来，此固人人所料及者。端借此可以安于南洋之位，倘不力赞立宪，恐有刺客随。泽为留学生所迷，极力推陈出新，专为沽名钓誉起见"，称袁世凯主张责任内阁制的动机，是为了保全自己的后半生（袁与光绪因戊戌年之事交恶）。此说流传甚广，但过于诛心，笔者颇怀疑其可信度。见《盛宣怀档案资料·第三卷·辛亥革命前后》，上海人民出版社2016年版，第28页。

15 《京师近信》，《时报》光绪三十二年八月二十日第2版，转引自李细珠：《论清末预备立宪时期的责任内阁制》，《明清论丛》第八辑，紫禁城出版社2008年版，第5页。

16 《本馆接某亲王与直督冲突电》，《申报》1906年9月27日。

17 张国淦：《北洋述闻》，上海书店出版社1998年版，第18页。

18 黄濬：《花随人圣庵摭忆》，山西古籍出版社1999年版，第585页。

19 李细珠：《论清末预备立宪时期的责任内阁制》，《明清论丛》第八辑，紫禁城出版社2008年版，第7—8页。

20 陈安仁编：《中国近代政治史》，商务印书馆1933年，第100页。

21 《中国近百年政治史》，上海人民出版社2015年版，第202页

22 李细珠：《张人骏其人及其对新政的态度》，《河北广播电视大学学报》2012年第4卷。

23 许同莘：《张文襄公年谱》卷六，商务印书馆1947年版，第7页，转引自李振武：《丙午年外官官制改革讨议——侧重各督抚视角》，《社会科学研究》2016年第4期。

24 《致军机处厘定官制大臣、天津袁宫保》，光绪三十二年十二月二十四日丑刻发，《张之洞全集》第十一册，河北人民出版社1998年版，第9577页。

25 《京师近信》，《时报》光绪三十二年九月二十二日第2版，转引自李细珠：《论清末预备立宪时期的责任内阁制》，《明清论丛》第八辑，紫禁城出版社2008年版，第9页。

26 曹汝霖：《曹汝霖一生之回忆》，（台北）传记文学出版社1981年版，第64—65页。

27 恽毓鼎著，史晓风整理：《澄斋日记》第二册，浙江古籍出版社2004年版，第561页。

第四十七章 1907年：刺杀安徽巡抚

1 《帝国的回忆：〈纽约时报〉晚清观察记》，生活·读书·新知三联书店2001年版，第365—366页。

2 万尚庆：《恩铭被刺不是严复辞职离皖的原因》，《近代史研究》1993年第9期。

3 刺杀后的具体情形，可参见王道瑞《新发现的徐锡麟刺杀恩铭史料浅析——读恩铭幕僚张仲炘给端方的信》，《历史档案》1991年第4期。

4 《革命逸史》第五集，中华书局1981年版，第72—73页。

5 《革命逸史》第五集，中华书局1981年版，第86页。

6 《中国近代史资料丛刊·辛亥革命》（三），上海人民出版社1981年版，第114页。

7 《张香帅留心民党》，《申报》1905年4月12日。

8 《出使九国日记》，湖南人民出版社1982年版，第42页。

9 《时报》1905年9月25日。

10 《时报》1905年10月9日。据说，章太炎当年亦有"但愿满人多桀纣，不愿见尧舜。满洲果有圣人，革命难矣"之语。

11 孙传瑗：《安徽革命纪略》，中国人民政治协商会议安徽省委员会文史资料研究委员会编：《安徽文史资料集萃丛书·辛亥风雷》，安徽人民出版社1987年版，第79页。

12 癸巴生：《徐锡麟皖江革命史》，《安徽文史资料集萃丛书·辛亥风雷》，安徽人民出版社1987年版，第81页。

13　《徐锡麟》14—17页，北京师范大学图书馆藏，未刊著作出版者。转引自王开玺：《1907年安庆起义与晚清政局简论》，《安徽大学学报（哲学社会科学版）》2001年第5期。

14　尹郎：《皖变始末记》，浙江省辛亥革命史研究会、浙江省图书馆编：《辛亥革命浙江史料选辑》，浙江人民出版社1981年版，第444页。

15　《中国近代史资料丛刊·辛亥革命》（三），上海人民出版社1981年版，第48页。

16　尹郎：《皖变始末记》，《辛亥革命浙江史料选辑》，浙江人民出版社1981年版，第444—445页。

17　徐锡麟绝命词全文："为排满事，蓄志十几年，多方筹划为我汉人复仇，故杀死满人恩铭，后再杀端方、铁良、良弼等满贼，别无他故，灭尽满人为宗旨。"落款是"光汉子徐锡麟"。此外，徐还在供词里说："众学生程度太低，无一可用之人，均不知情。你们杀我好了，将我心剖了，两手两足斩了，全身砍碎了，均可。不要冤杀学生，是我诱逼他去的。……我与孙文宗旨不合，他也不配使我行刺。我自知即死，可拿笔墨来，将我宗旨大要，亲书数语，使天下后世皆知我名，不胜荣幸之至。"见绍兴县政协文史资料工作委员会编《绍兴文史资料》第四辑"徐锡麟史料"，浙江人民出版社1986年版，第34页。

18　孙传瑗：《安徽革命纪略》，《安徽文史资料集萃丛书·辛亥风雷》，安徽人民出版社1987年版，第79页。

19　《革命逸史》第五集，中华书局1981年版，第81页。

20　潘赞华：《徐锡麟刺杀皖抚恩铭》，《绍兴文史资料选辑》第四辑"徐锡麟史料"，浙江人民出版社1986年版，第96页。

21　《拣选知县举人褚子临等条陈宪政八大错十可虑》，《清末筹备立宪档案史料》第801卷，（台北）文海出版社1981年版。

22　《程德全》，吴晓晴、范崇山主编：《江苏文史资料·第四十九辑·民国江苏的督军和省长》，《江苏文史资料》编辑部1993年版，第6页。

23　邵雍：《端方与晚清政局》，《辛亥革命与中国近代化学术讨论会文集》，上海人民出版社2012年版，第37页。

24　《八月初七日张之洞入京奏对大略》，转引自孔祥吉：《张之洞与清末立宪别论》，《历史研究》1993年第1期。

25　《盛宣怀档案资料·第三卷·辛亥革命前后》，上海人民出版社2016年版，第57页。

26　《近代稗海》第一辑，四川人民出版社1985年版，第100—101页。

27　《近代稗海》第一辑，四川人民出版社1985年版，第100—103页。

28　张朋园：《梁启超与清季革命》，吉林出版集团2007年版，第107—109页。

29　徐佛苏：《劝告停止驳论意见书》，《新民丛报》第83号，转引自董方奎：《清末政体变革与国情之论争：梁启超与立宪政治》，华中师范大学出版社1991年版，第187—188页。

30　《申论种族革命与政治革命之得失》，王蓬常编：《梁启超选集》，人民文学出版社2004年版，第12页。

31　陈孟坚：《民报与辛亥革命》下册，（台北）正中书局1986年版，第635—636页。

32　《民报与辛亥革命》下册，（台北）正中书局1986年版，第640页。

33　本书编辑组编：《辛亥革命史丛刊》第四辑，中华书局1982年版，第4页。

34　《梁启超全集》第三卷，北京出版社1999年版，第1482页。

35　赖建诚：《梁启超与〈民报〉对社会主义和土地国有论的经济争辨》，《中山人文社会科学期刊》2004年第1期。

第四十八章　1908年：老太后的终极布局

1　《清通鉴》（20），山西人民出版社2000年版，第8941—8942页。

2　武斌：《百年政治风云》，中国经济出版社2000年版，第48—49页。

3　《中国近代学制史料》第二辑上册，华东师范大学出版社1987年版，第953页。

4　刘光永：《大清的挽歌：清末改革管窥》，三秦出版社1999年版，第124页、128页。

5　李建新、李锦顺：《近代中国的议会与宪政》，甘肃人民出版社2005年版，第14—16页。

6　丁进军编选：《清末宪政编查馆拟订政事结社集会律》之《宪政编查馆大臣奕劻等为遵旨拟订政事结社集会律事奏折》，《历史档案》1994年第4期。

7　《清末宪政编查馆拟订政事结社集会律》之《宪政编查馆拟订结社集会律清单》，《历史档案》1994年第4期。

8　关于《大清报律》各条的具体解读，可参见于衡《大清报律之研究》之"大清报律之检讨"，（台北）中华书局1985年版，第36—56页。

9　赵建国：《分解与重构：清季民初的报界团体》，生活·读书·新知三联书店2008年版，第63—79页。

10　赖骏楠编著：《宪制道路与中国命运：中国近代宪法文献选编（1840—1949）》上卷，中央编译出版社2017年版，第299—300页。

11　钟里满、耿左车、李军、邢宏伟、王珂、张永保、邹淑芸、夏普、李义国、张新威、张大明、宋朝锦、潘冠民：《国家清史纂修工程重大学术问题研究专项课题成果：清光绪帝死因研究工作报告》，《清史研究》2008年第4期。

12　屈桂庭：《诊治光绪帝秘记》，《逸经》第29期。屈桂庭即屈永秋，见郑洪《晚清民国西医"御医"屈永秋生平考略》，《华医史杂志》2018年第3期。另可参考朱金甫、周文泉《从清宫医案论光绪帝载湉之死》，《故宫博物院院刊》1982年第3期。

13　《澄斋日记》第二册，浙江古籍出版社2004年版，第792页。

14　杜钟骏：《德宗请脉记》，庄建平主编：《近代史资料文库》第一卷，上海书店出版社2009年版，第184页。

15　《清史实录：政治、外交、文化与革命》（上），东方出版社2018年版，第139页。

16　《戊戌变法文献汇编》第二册，（台北）鼎文书局1973年版，第17页。

17　《致西安鹿尚书》，《张之洞全集》第十册《电牍》，河北人民出版社1998年版，第8506—8507页。

18　《清宫二年记》，云南人民出版社1994年版，第60—61页、第186页。

19　《澄斋日记》（2），浙江古籍出版社2004年版，第632页。

第四十九章　1909年：谘议局与地方自治

1　刁振娇：《清末地方议会制度研究》，上海人民出版社2008年版，第55页。

2　《宪政编查馆、资政院王大臣会奏各省谘议局章程及议员选举章程折》，孟森、杜亚泉：《各省咨议局章程笺释》，商务印书馆2015年版，第9页。

3　王道编辑：《中国选举史略》，内务部编译处1917年版，第4—5页。

4　胡钧：《张文襄公年谱》卷六，第19页。

5　《中国民主政治的困境：1909—1949晚清以来历届议会选举述论》，上海三联书店2013年版，第53

页"表一"。

6　《中国民主政治的困境：1909—1949晚清以来历届议会选举述论》，上海三联书店2013年版，第64页。

7　《中国民主政治的困境：1909—1949晚清以来历届议会选举述论》，上海三联书店2013年版，第55—56页。

8　胡春惠：《近代中国社会转型与变迁》，珠海书院亚洲研究中心2004年版，第562页。

9　《宪政编查馆、资政院王大臣会奏各省谘议局章程及案语并议员选举章程折》，《各省咨议局章程笺释》，商务印书馆2015年版，第9页。

10　《中国民主政治的困境：1909—1949晚清以来历届议会选举述论》，上海三联书店2013年版，第58页。

11　《宪制道路与中国命运：中国近代宪法文献选编（1840—1949）》上卷，中央编译出版社2017年版，第299—300页。

12　熊范舆：《国会与地方自治》，《中国新报》第5期，《张锡勤文集》第二卷，黑龙江大学出版社2017年版，第326页。

13　《论国会不与内阁并立之弊》，《时报》1910年11月7日，《张锡勤文集》第二卷，黑龙江大学出版社2017年版，第327页。

14　梁启超：《论政府阻挠国会之非》，《梁启超全集》（四），北京出版社1999年版，第2267页。

15　梁启超：《谘议局权限职务十论》，《梁启超全集》（四），北京出版社1999年版，第2221页。

16　《宪政编查馆、资政院王大臣会奏各省谘议局章程及案语并议员选举章程折》，《各省咨议局章程笺释》，商务印书馆2015年版，第81—84页。

17　奕劻等：《遵旨复考察行政大臣于式枚奏陈谘议局章程权限折》，1909年7月，宪政编查馆印行单行本。

18　张謇：《本省单行程规则截清已行未行界限分别交存交议案》1909年11月18日，《张謇全集》（1），上海辞书出版社2012年版，第182页。

19　《浙江谘议局第一届常年会议事录》第2册，第61—62页，转引自耿云志：《论谘议局的性质与作用》，《近代史研究》1982年第2期。

20　中国第二历史档案馆编：《中华民国历史档案汇编》第一卷，江苏人民出版社1979年版，第132页。

21　按《城镇乡地方自治章程》与《府厅州县地方自治章程》，城镇设议事会或董事会，乡设议事会或乡董、乡佐；府厅州县则设议事会、参事会。

22　[美]周锡瑞，杨慎之译：《改良与革命：辛亥革命在两湖》，中华书局1982年版，第132页。

23　《城镇乡地方自治章程》，故宫博物院明清档案部编：《清末筹备立宪档案史料》下册，中华书局1979年版，第728—729页。

24　《城镇乡地方自治章程》，《清末筹备立宪档案史料》下册，中华书局1979年版，第728页。

25　《城镇乡地方自治章程》，《清末筹备立宪档案史料》下册，中华书局1979年版，第738页。

26　《江苏自治公报类编：宣统三年》，（台北）文海出版社1988年版，第14页。

27　《御史萧丙炎奏各省办理地方自治流弊滋大请严加整顿折》宣统三年闰六月初七日，《清末筹备立宪档案史料》下册，中华书局1979年版，第757页。

28　《宣统政纪》卷一一，武汉师范学院科研历史系编：《辛亥革命论文集——纪念辛亥革命七十周年》（下册），1981年版，第377页。

29　《安陆令票版婚书捐被斥》，《申报》宣统三年一月二十一日。

30　周新国、陆和健：《辛亥革命前后的江苏社会研究》，甘肃人民出版社2011年版，第85—87页。

31 郑若玲编著：《科举、高考与社会之关系研究》，华中师范大学出版社2007年版，第132页。

32 《改良与革命：辛亥革命在两湖》，中华书局1982年版，第165页。

第五十章 1910年：请开国会运动

1 张謇：《请速开国会建设责任内阁以图补救意见书》，《张謇全集》（1），上海辞书出版社 2012 年版，第187—188页。

2 《请速开国会建设责任内阁以图补救意见书》，《张謇全集》（1），上海辞书出版社2012年版，第187—189页。

3 心史：《宪政篇·请愿速开国会各省代表在上海会议记事》，《东方杂志》1909年第13期，第446—447页。

4 天津档案馆等编：《天津商会档案汇编（1903—1911）》下册，天津人民出版社1989年版，第1852页。

5 梁启超：《国民筹还国债问题》，《梁启超全集》（四），北京出版社1999年版，第1940—1943页。

6 《时报》1909年12月18日，侯宜杰《二十世纪初中国政治改革风潮：清末立宪运动史》，人民出版社1993年版，第273页。

7 《天津商会档案汇编（1903—1911）》（下册），天津人民出版社1989年版，第1927页。

8 《国会代表上都察院请愿书》，《张謇全集》（1），上海辞书出版社2012年版，第193—196页。

9 《译电》，《时报》1910年2月2日，《二十世纪初中国政治改革风潮：清末立宪运动史》，人民出版社1993年版，第277页。

10 《俟九年预备完全定期召集议院谕》，《清末筹备立宪档案史料》（下册），中华书局1979年版，第641—642页。

11 《中国时事汇录·记国会请愿代表进行之状况》，《东方杂志》1910年第2期，第27—29页。

12 章开沅、林增平主编：《辛亥革命史》（中册），东方出版社2010年版，第821—822页。

13 《二十世纪初中国政治改革风潮：清末立宪运动史》，人民出版社1993年版，第289页。

14 中国第二历史档案馆编：《中华民国历史档案汇编》第一卷，江苏人民出版社1979年版，第131—135页。

15 《仍俟九年预备完全再定期召集议院谕》，《清末筹备立宪档案史料》（下册），中华书局1979年版，第645页。

16 耿云志：《辛亥革命前夕的各省谘议局联合会》，《福建论坛（人文社会科学版）》2002年第2期。

17 《二十世纪初中国政治改革风潮：清末立宪运动史》，人民出版社1993年版，第290页。

18 《中国大事记》，《东方杂志》1910年第6期。

19 《为资政院起草请速开国会疏》，赵炳麟：《赵柏岩集》（上册），广西人民出版社2001年版，第515页。

20 《二十世纪初中国政治改革风潮：清末立宪运动史》，人民出版社1993年版，第303页。

21 《二十世纪初中国政治改革风潮：清末立宪运动史》，人民出版社1993年版，第303页。

22 章开沅主编：《清通鉴·同治朝光绪朝宣统朝·4》，岳麓书社2000年版，第1156页。

23 《资政院议场会议速记录》，第75—77页，章博：《"机构强似人"：资政院对清季国会请愿运动的推进》，《近代史学刊》2018年第2期。

24　《立宪派与辛亥革命》，上海三联书店2013年版，第62页。

25　《立宪派与辛亥革命》，上海三联书店2013年版，第63页"注释1"。

26　《缩改于宣统五年开设议院谕》，《清末筹备立宪档案史料》（上册），中华书局1979年版，第78—79页。

27　《令民政部及各省督抚解散请开国会之代表谕》，《清末筹备立宪档案史料》（下册），中华书局1979年版，第646页。

28　卫春回：《张謇评传》，南京大学出版社2001年版，第101页。

29　《二十世纪初中国政治改革风潮：清末立宪运动史》，人民出版社1993年版，第323页。

30　《东三省总督锡良奏奉省绅民呈请明年即开国会折》，《清末筹备立宪档案史料》（下册），中华书局1979年版，第648—649页。

31　《伦贝子奏对之秉直》，《广益丛报》1910年第255期，第2页，转引自周增光：《宗室王公与清末新政》，华夏出版社2017年版，第142页。

32　《开设议院年限不能再议来京请愿人等迅速送回原籍谕》，《清末筹备立宪档案史料》（下册），中华书局1979年版，第652—653页。

33　侯宜杰：《温世霖请愿获罪》，《夭折的转型：侯宜杰读史随笔二集》，东方出版社2018年版，第145—149页。

34　《立宪派与辛亥革命》，上海三联书店2013年版，第67页。

第五十一章　1911年：清帝国土崩瓦解

1　孙应祥：《严复年谱》，福建人民出版社2014年版，第304页。

2　《管韩合刻四十四卷·韩非子书序》，转引自陈奇猷：《韩非子集释·附录》，中华书局1964年版，第1197页。

3　张树声：《遗折》，《张靖达公奏议》第八卷，清光绪间刻本，第32—33页。

4　《戊戌变法史事考初集》，生活·读书·新知三联书店2012年版，第291—292页。

5　孔祥吉：《关于康有为的一篇重要佚文》，《戊戌维新运动新探》，湖南人民出版社1988年版，第57页。

6　《汪康年师友书札》（2），上海书店出版社2017年版，第1475页。

7　孙中山：《有志竟成》，《孙中山全集》第6卷，中华书局1985年版，第235页。

8　钱玄同：《三十年来我对于满清的态度的变迁》，《语丝》1925年第8期；冯自由：《革命逸史》（上），新星出版社2009年版，第54页。

9　陶模：《变通政治宜务本原折》，《陶勤肃公奏议》卷十一，第28页。

10　载泽：《奏请宣布立宪密折》，《中国近代史参考资料》1984年第7期。

11　《中国近百年政治史》，上海人民出版社2015年版，第204—209页。

12　《宪政编查馆会奏各省谘议局章程及按语并选举章程折》1908年7月22日，《政治官报》光绪三十四年（1908）六月二十六日。

13　《立宪派与辛亥革命》，上海三联书店2013年版，第117页。

14　各省谘议局在辛亥年的详细活动，可参见《立宪派与辛亥革命》一书的第六章至第十章。

15　《宪法重大信条十九条》，《宪制道路与中国命运：中国近代宪法文献选编（1840—1949）》上卷，中央编译出版社2017年版，第328—329页。

16　亨廷顿对"革命"的解释是："对一个社会据主导地位的价值观念和神话，以及其政治制度、社会结构、领导体系、政治活动和政策，进行一场急速的、根本性的、暴烈的国内变革。"这段话的前半部分，指向变革的目的，后半部分则指向变革的手段。［美］塞缪尔·亨廷顿著，王冠华、刘为等译：《变化社会中的政治秩序》，生活·读书·新知三联书店1989年版，第241页。

17 《申论种族革命与政治革命之得失》，《梁启超全集》（三），北京出版社1999年版，第1644页。

18 鲁迅：《无声的中国》，1927年2月16日在香港青年会讲，李新宇、周海婴主编：《鲁迅大全集》（四），长江文艺出版社2011年版，第25—26页。

19 《梅兰芳全集》第四卷，中国戏剧出版社2016年版，第210—211页。

20 胡滨译：《英国蓝皮书有关辛亥革命资料选译》下册，中华书局1984年版，第443—444页。

21 《英国蓝皮书有关辛亥革命资料选译》上册，中华书局1984年版，第231页。

22 《剪辫之风潮》，《越铎日报》1912年1月18日。

23 《剪发风潮之剧烈》，《汉民日报》1912年3月6日。

24 杜春和、丘权政整理：《胡绍之等致胡适的信》，《辛亥革命史丛刊》第一辑，中华书局1980年版，第216页。

25 《自由谈话会》，《申报》1914年4月20日。

26 《劝诫剪辫条规》，《申报》1914年7月12日。

27 阎锡山：《呈大总统筹补山西人民生计，先办六政，特设考核处暨办理情形文》，1918年5月25日。

28 胡朴安：《中华全国风俗志》，吉林出版集团股份有限公司2017年版，第467页。

29 梁实秋：《雅舍忆旧》，天津教育出版社2006年版，第6页。

30 王汎森：《权力的毛细管作用》，北京大学出版社2015年版，第385页。

31 钱穆：《八十忆双亲·师友杂忆》，生活·读书·新知三联书店2005年版，第46页。

32 《湘绮楼日记》，岳麓书社1996年版，第32页。

33 王霞亭：《回忆昌邑县"五·一八"惨案》，山东省昌邑县文史资料委员会编：《文史资料选辑第一辑》，1983年发行。

34 《大总统莅任宣言书》，章佰锋、李宗一主编：《北洋军阀1912—1928》第二卷，武汉出版社1990年版，第1386页。

35 《大总统莅任宣言书》，《北洋军阀1912—1928》第二卷，武汉出版社1990年版，第1388—1389页。

后 记

1 《中国国民党史稿》（下），东方出版中心2011年版，第1177—1178页。

2 梁启超：《现政府与革命党》，《新民丛报》第89号，1907年3月。